Jürgen Zarusky
Die deutschen Sozialdemokraten und das sowjetische Modell

Studien zur Zeitgeschichte

Herausgegegen vom Institut für Zeitgeschichte

Band 39

R. Oldenbourg Verlag München 1992

Jürgen Zarusky

Die deutschen Sozialdemokraten und das sowjetische Modell

Ideologische Auseinandersetzung und
außenpolitische Konzeptionen 1917–1933

R. Oldenbourg Verlag München 1992

Die Deutsche Bibliothek – CIP-Einheitsaufnahme

Zarusky, Jürgen:
Die deutschen Sozialdemokraten und das sowjetische Modell:
ideologische Auseinandersetzung und außenpolitische
Konzeptionen 1917–1933 / Jürgen Zarusky. – München:
Oldenbourg, 1992
  (Studien zur Zeitgeschichte; Bd. 39)
  Zugl.: München, Univ., Diss., 1990
  ISBN 3-486-55928-1
NE: GT

© 1992 R. Oldenbourg Verlag GmbH, München

Das Werk einschließlich aller Abbildungen ist urheberrechtlich geschützt. Jede Verwertung außerhalb der Grenzen des Urheberrechtsgesetzes ist ohne Zustimmung des Verlages unzulässig und strafbar. Das gilt insbesondere für Vervielfältigungen, Übersetzungen, Mikroverfilmungen und die Einspeicherung und Bearbeitung in elektronischen Systemen.

Umschlaggestaltung: Dieter Vollendorf, München
Satz: Text-, Druck- und Verlags-GmbH, Nördlingen
Druck und Bindung: R. Oldenbourg Graphische Betriebe GmbH, München

ISBN 3-486-55928-1

Inhalt

Vorwort 9

1. Fragestellung, Forschungsstand, Quellen 11

2. Die „russische Barbarei" und ihre sozialistischen Gegner – Skizzen zur Vorgeschichte 19
„Unter der Knute des Zarismus" (19) Inkompatible Hoffnungen: Die Bedeutung der russischen Februarrevolution für die deutsche Sozialdemokratie (25)

I. Teil: Jahre der Entscheidung (1917–1922)

3. Von der russischen Oktober- zur deutschen Novemberrevolution 32
Neue Friedenschancen (33) Die große Debatte beginnt (34) Brest-Litowsk, die Sozialdemokraten und die Bolschewiki (40) Die Bolschewismusdebatte spitzt sich zu: Lenin gegen Kautsky (50) Krisenzeichen. Bruch mit Sowjetrußland (57)

4. Diktatur des Proletariats? Die deutsche Revolution 1918/19 und Sowjetrußland . 64
Profile zweier Revolutionen (64) Weichenstellungen: November 1918 bis Februar 1919 (66) Polarisierung des internationalen Sozialismus. Radikalisierung der USPD (79) Sowjetmythos und Antibolschewismus (85) Annäherungen an Sowjetrußland (95) Außenpolitik: Die SPD entdeckt den Osten wieder (96) Abstoßung und Anziehung: USPD zwischen II. und III. Internationale (98)

5. „Wolke im Osten" oder „Ex Oriente Lux"? Der polnisch-sowjetische Krieg und die Spaltung der USPD 102
Hoffnung auf Zusammenarbeit (102) Sowjetrußland hautnah: Die deutsche Sozialdemokratie und der polnisch-sowjetische Krieg (104) „Die Wolke im Osten (104) Zwischen Neutralität und Solidarität: Einheitsfront gegen Militärtransporte (105) Der Widerhall des Krieges in Deutschland: Einschätzungen und Folgen (111) Anschluß an Moskau? Die Spaltung der USPD (117)

6. Zwiespältige Beziehungen: Die deutsche Sozialdemokratie und Sowjetrußland 1920–1922 126
Die Klärung der Fronten (126) „... nicht wegen, sondern trotz des Bolschewismus": Für die Aufnahme wirtschaftlicher und diplomatischer Beziehungen zu Sowjetrußland (128) Roter Imperialismus, neuer Kapitalismus: Georgien, Kronstadt, NEP (132) Die Zentristen sammeln sich (132) Die Rote Armee erobert Georgien (134) Kanonen statt Argumente: Lenins Rückzug (139) „Helft dem russischen Volk!" (142) Der Hungerstreik der Butyrki-Häftlinge (146) Konferenzvorbereitungen (149) Die Berliner Konferenz der drei internationalen Exekutivkomitees (153) Rapallo (155) Todesurteile gegen Sozialrevolutionäre: Ein Schauprozeß und seine Folgen (160)

II. Teil: Den Blick nach Westen gerichtet (1923–1927)

7. SPD und Sowjetunion im Krisenjahr 1923 169
Ruhrbesetzung: „Kann Rußland uns retten?" (169) Die Gründung der Sozialistischen Arbeiter-Internationale und ihre Stellungnahme zur Sowjetunion (173) Die „Schlagiterlinie" als Manöver des russischen Imperialismus. Kein „Oktober" in Deutschland (176)

8. Mit dem Rücken zur Sowjetunion: SPD und Außenpolitik 1924–1927 182
Neue Perspektiven im Westen (182) Der Fall Botzenhardt (184) Völkerbund oder Bündnis mit Sowjetrußland? Völkerbund! (187) Vom Dawes-Plan zum Sicherheitspakt (187) Der Kindermann-Wolscht-Zwischenfall (190) Westorientierung und Ostpolitik: Von Locarno zum Berliner Vertrag (193) „Sowjetgranaten" (198) Weltfriede in Gefahr? (208)

9. „Die Wahrheit über Sowjetrußland": Sozialdemokratische Perspektiven 1924–1927 212
Die Solowezkij-Gefangenen und der georgische Aufstand (212) Was sahen deutsche Arbeiter in Sowjetrußland? Der Streit um die Arbeiterdelegationen (219) Zehn Jahre nach der Oktoberrevolution (230)

III. Teil: Zwischen Koexistenz und Konfrontation (1928–1933)

10. Das Kabinett Hermann Müller II und die Krise der deutsch-sowjetischen Beziehungen 234
Belasteter Auftakt (235) Die Sowjetunion zwischen „rotem Militarismus" und „sozialdemokratischer Außenpolitik" (240) Kein Asyl für Trotzki (248) Konfrontation (251)

11. Sozialistischer Aufbau im Reich des „Roten Duce"? SPD und Sowjetunion am Ende der Weimarer Republik 262
Stalins Durchbruch – sozialdemokratische Reaktionen (262) Sozialdemokratie auf der Anklagebank (268) Schwerindustrielle im Kreml (272) Neuer Sonnenaufgang im Osten? Die Debatte über den Fünfjahresplan (274) Kein „Nichtangriffspakt" mit der SPD (281)

12. Zusammenfassende Überlegungen 286
Phasen und Faktoren der Interaktion (286) Perzeption: Das sozialdemokratische Bild von der Sowjetunion und sein politischer Rahmen (288) „Fernwirkungen" (291) Kampfplatz Sowjetunion: Der Streit zwischen SPD und KPD (293) Die außenpolitische Stellung zur Sowjetunion (293) Sozialdemokratisches Selbstverständnis und Sowjetunion (296)

Abkürzungen 297
Zur Schreibweise russischer Namen und Begriffe 298
Quellen und Literatur 299
Personenregister 325

Vorwort

Die vorliegende Arbeit ist die gekürzte und überarbeitete Fassung meiner Dissertation, die im Sommer 1990 von der Ludwig-Maximilians-Universität München angenommen wurde. Ihre Fertigstellung fiel in die Zeit der demokratischen Umbrüche in den ehemaligen Satellitenstaaten der Sowjetunion. Vor dem Hintergrund der historischen Auseinandersetzung der deutschen Sozialdemokratie mit dem sowjetischen Modell war es hochinteressant und geradezu verblüffend, zu beobachten, wie schleunig sich eine Reihe der ihres Herrschaftsmonopols beraubten kommunistischen Parteien dieser Staaten umbenannte. Sie firmieren nun als „Sozialisten", „Sozialdemokratie" oder „Partei des Demokratischen Sozialismus". Nur noch kleine Fraktionen und Splittergruppen bekennen sich in Deutschland und Ostmitteleuropa zur Diktatur des Proletariats, wie Lenin sie verstand. Selbst die KPdSU nähert sich mittlerweile vorsichtig sozialdemokratischen Positionen. Der Konflikt zwischen Kommunismus und Sozialdemokratie scheint mit dem vollständigen Sieg der letzteren geendet zu haben. Allerdings: Die Sozialdemokratie von heute unterscheidet sich erheblich von derjenigen der Jahre nach dem Ersten Weltkrieg. Ihre Wandlung war nicht zuletzt eine Folge der intensiven Auseinandersetzung mit dem sowjetischen Modell. Als ich meine Untersuchung begann, zeigte sich die kommunistische Herrschaft in Osteuropa – mit Ausnahme Polens – noch festgefügt und unerschütterlich. Es war eine eigentümliche und anregende Koinzidenz, daß ich meinem historischen Thema näher kam, während dieses plötzlich durch die politische Entwicklung ganz nah an die Gegenwart gerückt wurde. Die Recherchen waren zu diesem Zeitpunkt allerdings schon abgeschlossen, und die Konzeption stand weitgehend fest.

Ich danke Herrn Prof. Dr. Gerhard A. Ritter, der mich zu dieser Arbeit ermutigt und sie stets gefördert hat. Er hat es verstanden, kritische Begleitung mit völliger Freiheit für den Autor zu verbinden. Ich danke weiter der Friedrich-Ebert-Stiftung für die Gewährung eines Promotionsstipendiums. Harold Marcuse, Birgit Rätsch und Dr. Jutta Krispenz haben Korrektur gelesen, was dem orthographischen und stilistischen Niveau der Arbeit sehr förderlich war. Henning Nordholz' beständiger Hilfsbereitschaft bei allen EDV- und Druckerproblemen war kein technisches Hindernis gewachsen. Meiner Frau Sabine danke ich für jahrelange Geduld und Unterstützung.

Dachau, Juli 1991   Jürgen Zarusky

1. Fragestellung, Forschungsstand, Quellen

„Hier lernt man praktisch, wie der Sozialismus nicht gemacht werden darf", schrieb Anfang 1929 eine Mitarbeiterin des *Vorwärts* in einem Artikel über die Sowjetunion. Es war einer von Hunderten von Artikeln, die das SPD-Zentralorgan in der Zeit der Weimarer Republik über dieses Land veröffentlichte. Das Zitat gibt den Tenor der meisten dieser Artikel und auch die in der deutschen Sozialdemokratie vorherrschende Meinung wieder. Nicht untypisch ist darüber hinaus, daß der Artikel von einer emigrierten russischen Sozialdemokratin verfaßt wurde[1].

Die Entstehung eines Staates, der den Anspruch erhob, auf dem Weg zur Verwirklichung des Sozialismus – also des „sozialdemokratischen Endziels" – zu sein, war für die deutsche Sozialdemokratie eine größere Herausforderung als für alle anderen politischen Strömungen in Deutschland. Daß die bürgerlichen Parteien das neue Staatswesen ideologisch ablehnten, ist nicht weiter überraschend. Daß die in der Folge der russischen und deutschen Revolution von der Sozialdemokratie abgespaltenen deutschen Kommunisten alles billigten, wenn nicht sogar bewunderten, was in Sowjetrußland geschah, gehört geradezu zum Wesen des Begriffs „Kommunist". Die Identität der Sozialdemokratie wurde hingegen durch die Existenz der Sowjetunion in Frage gestellt, und so verstrickte sie sich in einen häufig erbittert geführten „Familienstreit"[2] mit den Kommunisten und deren sowjetischem Ideal. Das gilt in verschiedenen Ausprägungen für alle sozialdemokratischen Parteien. Die besondere Herausforderung der deutschen Sozialdemokratie bestand jedoch nicht nur im Hinblick auf das politische Spektrum der Weimarer Republik, sondern auch im Rahmen der internationalen Sozialdemokratie.

Auf die Oktoberrevolution sollte gemäß der Vision der russischen Kommunisten der proletarische Umsturz in Deutschland folgen, das in ihren Überlegungen die zweite – und wichtigere – Station der Weltrevolution darstellte. Dieser Faktor war, insbesondere in den ersten Jahren ihres Bestehens, prägend für die Beziehungen zwischen Sowjetrußland und der Weimarer Republik. Die deutsche Sozialdemokratie sah sich zudem seit 1920 einer kommunistischen Massenpartei gegenüber, deren Agitation auf dieselbe Klientel zielte wie ihre eigene. Die Kombination dieser beiden Faktoren unterschied ihre Situation nicht nur von derjenigen der sozialdemokratischen Parteien in Ländern, in denen die kommunistischen Parteien Splittergruppen geblieben waren, wie Großbritannien oder Österreich, sondern auch von der Lage etwa der französischen Sozialisten, die in größerer geographischer und politischer Entfernung zu Sowjetrußland existierten[3].

Die vorliegende Arbeit ist der Versuch, zu beschreiben, wie die deutsche Sozialdemokratie auf die Herausforderung „Sowjetunion" reagierte, und zwar sowohl in der ideologischen Auseinandersetzung als auch auf dem Gebiet der zwischenstaatlichen Beziehungen Deutschlands und Rußlands. Die Blickrichtung der Arbeit geht also von We-

---

[1] Judith Grünfeld: Sozialismus in Rußland? in: Vorwärts Nr. 77 vom 15. 2. 1929, 2. Beilage.
[2] Diese naheliegende Metapher verwenden auch Erich Matthias: Die deutsche Sozialdemokratie und der Osten 1914–1945. Köln usw. 1954, S. VI und S. 75, und Israel Getzler: Martov. A Political Biography of a Russian Social Democrat. Cambridge usw. 1967, S. 222.
[3] Zum Stärkeverhältnis von sozialdemokratischen und kommunistischen Parteien siehe Julius Braunthal: Geschichte der Internationale. Band 2. Berlin usw. ³1978, S. 159–162 und S. 339 (Österreich), S. 328f. und S. 341 (Großbritannien), S. 212 und S. 341 (Frankreich).

sten nach Osten. Natürlich kann die Haltung, die die politische Führung der Sowjetunion zur deutschen Sozialdemokratie einnahm, dabei nicht außer acht gelassen werden, doch stellt sie keinen eigentlichen Gegenstand dieser Untersuchung dar[4]. Diese konzentriert sich auf die folgenden fünf Teilfragen: 1. Wie wurde die sowjetische Entwicklung in ihren verschiedenen Phasen in der deutschen Sozialdemokratie beurteilt? 2. Welche „Fernwirkungen" übte diese Entwicklung auf sie aus? 3. Welche Rolle spielte die Sowjetunion als Streitobjekt in den Auseinandersetzungen zwischen Sozialdemokraten und Kommunisten? 4. Welche Stellung wurde der Sowjetunion in den außenpolitischen Konzeptionen der deutschen Sozialdemokratie zugewiesen? 5. Welcher Zusammenhang bestand zwischen der grundsätzlichen, „ideologischen" und der außenpolitischen Haltung der deutschen Sozialdemokratie gegenüber der Sowjetunion? Diese Fragen beziehen sich einerseits auf Probleme der Perzeption, d.h. der Wahrnehmung der Sowjetunion durch die deutsche Sozialdemokratie[5], und andererseits auf die Interaktion zwischen beiden.

Da es sich um zwei sehr verschiedene politische Einheiten handelt, einen großen Staat einerseits und eine zeitweise organisatorisch gespaltene politische Bewegung andererseits, ist das Beziehungsgeflecht zwischen beiden relativ kompliziert. Die Graphik auf S. 13 versucht zu veranschaulichen, wie es sich um die beiden Grundkategorien „Perzeption" und „Interaktion" strukturiert.

In die Perzeption fließen alle beobachteten Handlungen der Sowjetunion ein, sowohl diejenigen, die die deutsche Sozialdemokratie nicht direkt tangierten, als auch diejenigen, die in irgendeiner Weise eine politische Reaktion von ihr erforderten. Nur die letzteren aber sind natürlich auch zugleich unter die Kategorie der Interaktion einzuordnen. Die Medien der Perzeption sind die Theoriebildung, sofern sie sich mit der Sowjetunion befaßt oder Bezug auf sie genommen wird, ferner die Berichterstattung über die UdSSR und schließlich deren Behandlung in der sozialdemokratischen Propaganda. Großen Einfluß auf die Perzeption hatte die menschewistische Emigration, die daher als eigener Faktor in der Graphik dargestellt wird. Einschränkend ist anzumerken, daß Probleme der Perzeption nur insoweit untersucht werden, als sie die politische Auseinandersetzung der deutschen Sozialdemokratie mit der Sowjetunion betreffen. Es wird also beispielsweise keine systematische Inhaltsanalyse der Sowjetunion-Berichterstattung in der sozialdemokratischen Publizistik erstellt. Die Kommentierung des Geschehens in Sowjetrußland und seine theoretische Aufarbeitung werden nur insofern detaillierter erörtert, als sie in politischen Wirkungszusammenhängen stehen.

Die Interaktion der deutschen Sozialdemokratie mit der Sowjetunion war nur zu einem Teil eine direkte. Zu einem bedeutenden Teil geschah sie über vermittelnde Institutionen, insbesondere über den Einfluß deutscher Sozialdemokraten auf die Stellungnahmen der internationalen Zusammenschlüsse sozialistischer Parteien und auf die Formulierung der Außenpolitik der Weimarer Republik. Diesen beiden Bereichen korrespondieren entsprechende Aktionen der sowjetischen Außenpolitik und der Komintern.

---

[4] Vgl. dazu Dietrich Geyer: Sowjetrußland und die deutsche Arbeiterbewegung 1918–1932, in: VfZ 24 (1976), S. 2-37.
[5] Zum Begriff „Perzeption" vgl. Gottfried-Karl Kindermann: Weltverständnis und Ideologie als Faktoren auswärtiger Politik, in: ders. (Hrsg.): Grundelemente der Weltpolitik. München ²1981, S. 107–126, v.a. S. 109–113.

DEUTSCHE SOZIALDEMOKRATIE UND SOWJETUNION IN DER ZEIT DER WEIMARER REPUBLIK

Graphische Darstellung des Beziehungsgeflechts

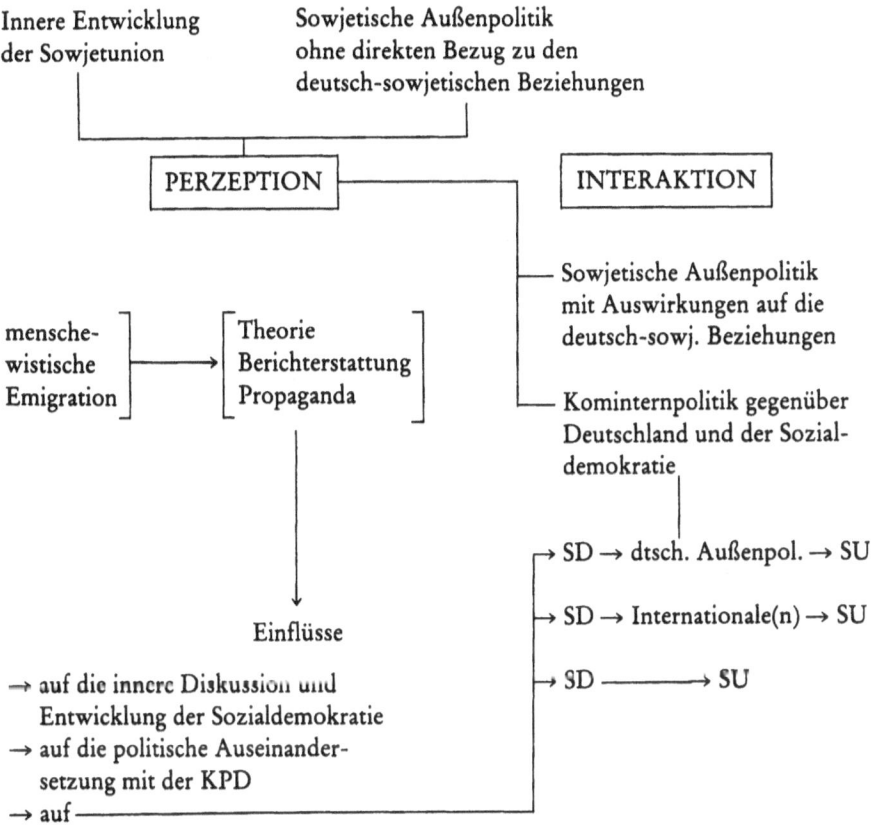

SD = deutsche Sozialdemokratie
SU = Sowjetunion

Mit dem Begriff „Sozialdemokratie" sind hier die beiden sozialdemokratischen Parteien SPD und USPD bzw. die später wieder vereinigte SPD gemeint. Ausgespart bleibt die Spartakusgruppe um Karl Liebknecht und Rosa Luxemburg, die zwar bis Ende 1918 der USPD angehörte, dabei jedoch ihre Autonomie wahrte und bereits Ende Dezember 1918 in der KPD aufging. Auch die Sozialistische Arbeiterpartei (SAP), die Ende 1931 aus einer Linksabspaltung der SPD entstand, wird nur ganz am Rande betrachtet. Sie begab sich, nicht zuletzt unter Einfluß oppositioneller Kommunisten, die in ihr eine neue politische Basis suchten, sehr bald auf politische Positionen, die nicht mehr als sozialdemokratisch zu bezeichnen sind[6].

---

[6] Vgl. dazu Hanno Drechsler: Die Sozialistische Arbeiterpartei Deutschlands. Meisenheim 1965.

Ferner bezieht sich der Begriff „Sozialdemokratie", wie er hier verwendet wird, vor allem auf die zentralen Institutionen und Organe von SPD und USPD. Es wird weder eine regionale Differenzierung vorgenommen noch werden Unterorganisationen, wie beispielsweise die Sozialistische Arbeiterjugend in die Betrachtung mit einbezogen. Diese Einschränkungen beruhen teilweise auf arbeitsökonomischen Notwendigkeiten, sie sind aber auch dadurch gerechtfertigt, daß die Auseinandersetzung mit der Sowjetunion in hohem Maße von den Zentralinstanzen geprägt wurde[7]. Die Perspektive wäre allerdings verzerrt, wenn nicht auch der Versuch unternommen würde, die von der Vorstandslinie teilweise abweichende Haltung der Linksopposition in der SPD zur Sowjetunion darzustellen. Ein Seitenblick wird ferner auf die Haltung der freien Gewerkschaften geworfen.

Die trotz aller Einschränkungen breit angelegte Fragestellung wurde bewußt gewählt. Die Herausforderung der deutschen Sozialdemokratie durch die Sowjetunion manifestierte sich in verschiedenen Politikbereichen, aber es blieb *eine* Herausforderung.

Die historische Forschung hat dem hier dargelegten gesamten Fragenkomplex bislang wenig Aufmerksamkeit geschenkt. Für den thematisierten gesamten Zusammenhang und Zeitraum ist das entscheidende Werk nach wie vor die skizzenhafte Studie „Die deutsche Sozialdemokratie und der Osten" von Erich Matthias. Eine detailliertere Untersuchung zu einem enger begrenzten Aspekt hat vor über 20 Jahren Peter Lösche mit seinem Buch „Der Bolschewismus im Urteil der deutschen Sozialdemokratie 1903 bis 1920" vorgelegt. Er richtet den Fokus auf die Jahre 1917 bis 1920 und arbeitet die grundlegenden Denkfiguren heraus, die die Haltung der deutschen Sozialdemokratie zu Sowjetrußland bestimmten. Aufgrund des von ihm gewählten Untersuchungszeitraumes kann er deutlich die Kontinuitäten zwischen dem sozialdemokratischen Rußlandbild der Zeit vor dem Ersten Weltkrieg und der Kritik am bolschewistischen Rußland aufzeigen. Lösches zentrale These, ein irrational übersteigerter Antibolschewismus habe die zögerliche Haltung der SPD in der Novemberrevolution entscheidend beeinflußt und sei zur neuen Integrationsideologie geworden, ist stark rezipiert worden, wenn sie auch vereinzelt auf Kritik gestoßen ist[8]. Neben diesen beiden Studien gibt es einige Überblicksaufsätze und essayistische Arbeiten, die sich mit dem Thema der vorliegenden Arbeit enger berühren[9]. Dichter gesät sind Arbeiten zur Geschichte der Revolutionsperiode, in denen die Beziehungen zwischen den deutschen und den russischen

---

[7] So zeigt etwa die Auswertung der Leipziger Volkszeitung, daß Nachrichten und auch Kommentare über das Geschehen in der Sowjetunion weit überwiegend vom zentralen Sozialdemokratischen Pressedienst übernommen wurden. In ähnlicher Weise zeigt die Auswertung der Protokolle der Landesversammlungen der USPD Sachsens, daß die Auseinandersetzung über Sowjetrußland von exakt denselben Argumenten geprägt war, die auf der zentralen Ebene vorgegeben worden waren. Schließlich war die Außenpolitik, die traditionell und teilweise ideologisch bedingt keine sozialdemokratische Domäne war und auch auf den Parteitagen nur selten diskutiert wurde, in hohem Maße dem Parteivorstand und der Reichstagsfraktion vorbehalten.

[8] Susanne Miller: Burgfrieden und Klassenkampf. Die deutsche Sozialdemokratie im Ersten Weltkrieg. Düsseldorf 1974, S. 26.

[9] Geyer, Sowjetrußland; Karl Dietrich Erdmann/Hartmut Grieser: Die deutsch-sowjetischen Beziehungen als Problem der deutschen Innenpolitik, in: GWU 26 (1975) S. 403–423; Willy Strzelewicz: Die russische Revolution und der Sozialismus. Hannover 1956; Peter Lübbe: Kommunismus und Sozialdemokratie. Bonn usw. 1978.

Sozialisten (mit)beleuchtet werden. Insbesondere die Historiographie der DDR hat sich eingehend mit dem Einfluß der Oktoberrevolution auf die deutsche Novemberrevolution befaßt[10], neigt allerdings wohl dazu, diesen zu überschätzen[11].

Den stärksten Einfluß übte, wie zu zeigen sein wird, das sowjetische Modell auf die Entwicklung und schließliche Spaltung der USPD aus. Robert F. Wheeler hat diesen Prozeß detailliert untersucht[12]. Seine Ausgangsthese, die Frage der Internationale sei das einzige politische Problem gewesen, das in der USPD nicht „letzten Endes zur Zufriedenheit der meisten Unabhängigen Sozialdemokraten gelöst" wurde[13], läßt ihn jedoch übersehen, daß in der Partei eine tiefe Kluft in den essentiellen Fragen von Demokratie oder proletarischer Diktatur, von Parlamentarismus oder Rätesystem bestand, die letztlich aus der Beurteilung des sowjetischen Weges resultierte.

Für die mittlere Phase der Weimarer Republik ist keine Arbeit anzuführen, die sich eingehender mit den hier behandelten Fragestellungen befaßt. Für die Spätphase hingegen hat Wilhelm Braun 1959 seine in Tübingen entstandene Dissertation „Sowjetrußland zwischen SPD und KPD" vorgelegt, in der das Verhältnis der SPD zur Sowjetunion allerdings verhältnismäßig knapp abgehandelt wird und teilweise fragwürdige Wertungen getroffen werden[14]. Die Konfrontation zwischen SPD und KPD in dieser Periode ist vor allem durch das Stichwort „Sozialfaschismus"-Theorie gekennzeichnet. Den verschiedenen Erklärungsversuchen für die Motive dieses verhängnisvollen Kurses ist gemeinsam, daß sie den unmittelbaren Beziehungen zwischen der Sozialdemokratie und der Sowjetunion dabei große Bedeutung beimessen[15].

Dünn gesät sind Untersuchungen zu den außenpolitischen Konzeptionen der Weimarer Sozialdemokratie. Ein entsprechendes Dissertationsprojekt an der Universität Bochum wurde leider abgebrochen, so daß man nach wie vor auf einige ältere, keineswegs erschöpfende Arbeiten[16] sowie ferner auf die allgemeine Literatur zu den deutsch-sowjetischen Beziehungen angewiesen bleibt.

---

[10] Siehe die bei Kurt Klotzbach, Bibliographie zur Geschichte der deutschen Arbeiterbewegung 1914–1945. Bonn ³1981, S. 130–140 genannte Literatur.
[11] Vgl. zu diesem Problem die Forschungsübersicht in Ulrich Kluge Die deutsche Revolution 1918/19. Frankfurt a.M. 1985, S. 33–38, sowie aus der westlichen Literatur vor allem Walter Tormin: Die deutschen Parteien und die Bolschewiki im Weltkrieg, in: Helmut Neubauer (Hrsg.): Deutschland und die russische Revolution. Stuttgart usw. 1968. S. 54–68, v.a. S. 62; Erich Matthias: Die Rückwirkung der russischen Oktoberrevolution auf die deutsche Arbeiterbewegung, ebenda, S. 69–93; Robert F. Wheeler: „Ex oriente lux?" The Soviet Example and the German Revolution 1917–1923, in: Charles L. Bertand (Hrsg.): Revolutionary Situations in Europe 1917–1922. Quebec 1977, S. 39–50, hier: S. 40.
[12] Robert F. Wheeler: USPD und Internationale. Sozialistischer Internationalismus in der Zeit der Revolution. Frankfurt a.M. usw. 1975.
[13] Ebenda, S. III.
[14] Dies gilt insbesondere für Brauns These, die innerparteiliche Diskussion über die Sowjetunion sei eine Angelegenheit von „liberalen Revisionisten auf der Rechten" und „Orthodoxen" gewesen, zwischen denen die Parteiführung laviert habe. Die Gesamtpartei habe dadurch „effektiv die Möglichkeit verloren, dem ‚Sowjetmythos' der Kommunisten mit einer klar und gemeinsam ausgesprochenen Kritik entgegenzutreten" (S. 102).
[15] Thomas Weingartner: Stalin und der Aufstieg Hitlers. Berlin 1970, S. 31f., Leonid Luks: Die Entstehung der kommunistischen Faschismustheorie. Stuttgart 1984, S. 135 und S. 152f. Beide Arbeiten richten das Hauptaugenmerk jedoch auf die sowjetische und kommunistische Seite.
[16] William Maehl: The German Socialists and the Foreign Policy of the Reich from the London Conference to Rapallo, in: Journal of Modern History 19 (1947), S. 35–54; Hermann Lange:

Erheblich besser ist die Forschungssituation, was die internationalen Zusammenschlüsse sozialistischer Parteien angeht, die wichtige Tribünen für die Diskussion über die Sowjetunion waren[17]. Mehrere Autoren haben sich auch – aus unterschiedlichen Blickwinkeln – mit Karl Kautskys Bolschewismuskritik befaßt, wobei der bislang wichtigste, wenn auch nur auf publiziertem Material fußende Beitrag derjenige Massimo L. Salvadoris ist[18]. Kautsky hielt engen Kontakt mit der menschewistischen Emigration, die nicht nur in Hinblick auf die Beurteilung der Sowjetunion einen außergewöhnlichen Einfluß auf die SPD ausübte, ein Phänomen, das bislang noch nicht eingehender untersucht wurde[19].

Die Quellenlage für die Bearbeitung des Themas ist bei den verschiedenen Quellengruppen sehr unterschiedlich. Die Protokolle von Parteitagen und internationalen Konferenzen liegen gedruckt – häufig im Reprint – vor[20]. Problematischer wird die Situation bereits, wenn es um Führungsgremien geht. Die Protokolle des Parteiausschusses der SPD sind für die Jahre 1912–1921 ediert, die Protokolle für die folgende Zeit gelten als verschollen[21]. Nur einige wenige Protokolle des Parteiausschusses und des Parteivorstandes von 1932/33 sind noch überliefert. Die Protokolle des Parteivorstandes

---

Ideen und Praxis der sozialdemokratischen Außenpolitik in der deutschen Republik (1918–1926). (Diss. masch.) Erlangen 1949; Reimund Klinkhammer: Die Außenpolitik der Sozialdemokratischen Partei Deutschlands in der Zeit der Weimarer Republik. (Diss. masch.) Freiburg 1955. In allen diesen Arbeiten stehen die Beziehungen zu den westlichen Siegermächten im Vordergrund.

[17] Braunthal, Internationale; André Donneur: Histoire de l'Union des Partis Socialistes Pour l'Action Internationale. Sudbury/Ontario 1967; Die II. Internationale 1918/19. Protokolle, Memoranden, Berichte und Korrespondenzen. Herausgegeben, eingeleitet und kommentiert von Gerhard A. Ritter. Berlin, usw. 1980; Protokoll der Internationalen Sozialistischen Konferenz in Wien: vom 22.–27. Februar 1921. Mit einer Einleitung von Konrad von Zwehl. Nachdruck der 1921 erschienenen 1. Auflage, Berlin usw. 1978; Protokoll der internationalen Konferenz der drei Exekutivkomitees: in Berlin vom 2.–5. 4. 1922. Nachdruck der Ausgabe Wien 1922. Mit einer Einleitung von Konrad von Zwehl, Berlin usw. 1980; Robert Sigel: Geschichte der Zweiten Internationale 1918–1923. Frankfurt a.M. usw. 1986.

[18] Tageb Lahdiri: Lenins Revolutionstheorie und Kautskys Kritik an der bolschewistischen Revolution (Diss.) Frankfurt a.M. 1965; Jakob Schissler: Gewalt und gesellschaftliche Entwicklung. Meisenheim 1967; Massimo L. Salvadori: Sozialismus und Demokratie. Karl Kautsky 1880–1938. Stuttgart 1983.

[19] Einige Aspekte dazu in der Autobiographie des Menschewiken und späteren Leiters der statistischen Abteilung des ADGB, Wladimir Woytinski, Stormy Passage. A Personal History Through Two Russian Revolutions to Democracy and Freedom. 1905–1960. New York 1961. Zu Georg Decker siehe Werner Plum (Hrsg.): Georg Denicke – Georg Decker. 7. November 1887–29. Dezember 1964. Erinnerungen eines Menschewiken und Sozialdemokraten. Bonn 1980. Wie Decker gehörte auch Alexander Schifrin zu den Hauptmitarbeitern der SPD-Theoriezeitschrift Die Gesellschaft. Boris Sapir verdanke ich die Kenntnis folgender Anekdote, die die Bedeutung der beiden menschewistischen Mitarbeiter der nominell von Rudolf Hilferding geleiteten Zeitschrift unterstreicht: Bei einem Kongreß oder Parteitag gehen Hilferding, Decker und Schifrin gemeinsam auf der Straße spazieren. Ein Kongreßteilnehmer, der sie erblickt, ruft aus: „Da kommt ja die ganze ‚Gesellschaft'!" Zu den Beziehungen Hilferdings zu den Menschewiki (mit dem Schwerpunkt in der Emigrationszeit): André Liebich: Marxism and Totalitarianism. Rudolf Hilferding and the Mensheviks, in: Dissent 34 (1987), S. 223–240.

[20] Siehe Quellenverzeichnis.

[21] Protokolle der Sitzungen des Parteiausschusses der SPD 1912–1921, hrsg. von Dieter Dowe. 2 Bde. Berlin usw. 1980. Bd. 1, S. IX.

fehlen ansonsten für den ganzen hier betrachteten Zeitraum[22]. Dasselbe gilt für einen Teil der Protokolle der SPD-Fraktion in der Nationalversammlung und sämtliche Protokolle der SPD-Reichstagsfraktion[23]. Dagegen liegen die Protokolle der USPD-Fraktion für die Jahre 1919 bis 1922 im Internationalen Institut für Sozialgeschichte, Amsterdam (IISG), im Original vor und als Mikrofilm im Archiv der sozialen Demokratie, Bonn. Allerdings wurde das Protokollbuch mit einem Minimum an Aufwand geführt. Es erscheint lückenhaft und hält im wesentlichen nur die Beschlüsse fest.

Ausführlicher wird die Haltung der deutschen Sozialdemokratie zur Sowjetunion in den Reden dokumentiert, die von ihren Reichstagsabgeordneten bei entsprechenden Anlässen gehalten wurden und in den Stenographischen Protokollen des Reichstages festgehalten sind.

Eine weitere Quellengruppe bilden die Nachlässe deutscher und russischer Sozialdemokraten, in denen die Hinweise zum Thema dieser Arbeit ebenso wie in den Archivbeständen der Labour and Socialist International (1921–1923) und der Sozialistischen Arbeiterinternationale (1923ff.)[24] sowie den oben genannten Quellen allerdings häufig fragmentiert und verstreut sind. Eine gewisse Ausnahme bildet der 18 Regalmeter umfassende Nachlaß von Karl Kautsky, der eine Fülle von Material über die Sowjetunion sowie Briefe von menschewistischen und anderen sowjetischen Emigranten enthält.

Da auch die edierten Akten der Reichskanzlei und die Akten zur deutschen auswärtigen Politik sowie die neue große Quellenedition zur Gewerkschaftsgeschichte[25] sich mit den Fragestellungen dieser Arbeit nur streckenweise oder punktuell berühren, kommt den publizistischen Quellen und hier vor allem den Tageszeitungen besondere Bedeutung zu. Ausgewertet wurden der *Vorwärts* als Zentralorgan der SPD, die *Freiheit*, die dieselbe Funktion in der USPD erfüllte, ohne formell als „Zentralorgan" zu firmieren, und die *Leipziger Volkszeitung*, die bis Herbst 1918 die Stelle der *Freiheit* einnahm und nach der Wiedervereinigung von SPD und USPD eines der wichtigsten Organe der linken Opposition in der Partei war. Neben den Tageszeitungen sind die Zeitschriften anzuführen, die sich zumeist auf grundsätzlichere Fragen beschränkten. Da sie durchgehend ausgesprochene Richtungsorgane waren, lassen sie gut die Standpunkte der verschiedenen Strömungen in der Sozialdemokratie erkennen. Um den Einfluß der menschewistischen Emigration auf das Verhältnis der deutschen Sozialdemokratie zur Sowjetunion zu untersuchen, wurde auch die von der Auslandsdelegation der Russischen Sozialdemokratischen Arbeiterpartei (RSDAP) herausgegebene Zeitschrift *Socialističeskij Vestnik* (Sozialistischer Bote) ausgewertet, ferner auch das deutschsprachige Mitteilungsblatt der Menschewiki *RSD*. Einige Jahrgänge von letzterem scheinen allerdings in bundesdeutschen Bibliotheken nur noch fragmentarisch vor-

---

[22] Hagen Schulze (Hrsg.): Anpassung oder Widerstand? Aus den Akten des Parteivorstandes der deutschen Sozialdemokratie 1932/33. Bonn 1975, S. VIIf.; Klaus E. Rieseberg: Die SPD in der „Locarnokrise", in: VfZ 30 (1982), hier: S. 130.
[23] Die SPD-Fraktion in der Nationalversammlung 1919–1920. Eingeleitet von Heinrich Potthoff, bearbeitet von Heinrich Potthoff und Hermann Weber. Düsseldorf 1986, S. LIII.
[24] Die Bestände der genannten Organisationen befinden sich im IISG Amsterdam, ebenso die Materialien der Internationalen Arbeitsgemeinschaft Sozialistischer Parteien, die mir aus technischen Gründen nicht zugänglich gemacht werden konnten. Es handelt sich jedoch ausweislich des Beständeverzeichnisses nur um einen ziemlich kleinen Bestand.
[25] Siehe Quellenverzeichnis.

handen zu sein. Über die umfangreichsten Bestände verfügt die Bibliothek der Friedrich-Ebert-Stiftung in Bonn. Von dem Vorläufer der Zeitschrift *RSD*, dem *Russischen Bulletin*, von dem 1922 in Berlin 28 Nummern erschienen, konnte weder in der Bundesrepublik noch in der DDR ein Standort ermittelt werden[26]. Auch im IISG ist diese Zeitschrift nicht vorhanden.

Zur Gruppe der publizistischen Quellen gehören schließlich noch zeitgenössische Bücher, vor allem aber aus aktuellem Anlaß verfaßte Broschüren. Hierbei wurden nicht nur sozialdemokratische, sondern auch eine Reihe kommunistischer und anderer Publikationen herangezogen, die in einem Zusammenhang mit dem Thema der Arbeit stehen. Für die autobiographischen Literatur gilt ähnliches wie für Kongreßprotokolle und Archivalien: Die Informationsdichte ist im Vergleich zu den publizistischen Quellen eher gering. Anzumerken ist, daß die Quellenrecherchen abgeschlossen wurden, ehe der Umbruch in der ehemaligen DDR den Zugang zu den dortigen, wahrscheinlich ergiebigen Archiven ermöglicht hat.

Drei Zeitzeugen waren so freundlich, mir brieflich und im Gespräch Auskunft zu geben: Josef Felder, Fritz Heine und Boris Sapir. Josef Felder war SPD-Funktionär seit 1920 und wurde 1932 und 1933 in den Reichstag gewählt. Fritz Heine war Juni 1925 Jahre Angestellter beim Parteivorstand der SPD und dort u. a. technischer Leiter der Werbeabteilung. Er hatte gute Kontakte zu menschewistischen Emigranten und reiste auf ihren Wunsch Ende der 20er Jahre in die Sowjetunion. Boris Sapir, der am 11. Dezember 1989 im Alter von 87 Jahren gestorben ist, war seit seinem 17. Lebensjahr Mitglied der menschewistischen Partei. Er nahm auf seiten der Roten Armee am russischen Bürgerkrieg teil, war aktiv in der illegalen Arbeit der Menschewiki, wurde deswegen mehrfach verhaftet und war unter anderem als politischer Gefangener in dem berüchtigten Insel-Lager Solowez im Weißen Meer. Mitte der 20er Jahre flüchtete er aus Rußland. Er studierte in Deutschland und war aktiv in der Sozialistischen Jugendinternationale, in der er in den 30er Jahren eine führende Position einnahm. Nach der Machtübernahme des Nationalsozialismus emigrierte er in die Niederlande, wo er zu den ersten Mitarbeitern des Internationalen Instituts für Sozialgeschichte zählte. Die Flucht vor den deutschen Besatzern führte ihn in die USA, von wo er 1967 in die Niederlande zurückkehrte, um sich wieder Studien über die russische sozialistische Bewegung zu widmen. Er war damit zugleich Akteur und Historiker auch des Geschehens, um das es in dieser Arbeit geht.

Die Gespräche und der Schriftwechsel mit den Zeitzeugen brachten eine Reihe wichtiger Einzelinformationen, vor allem aber waren sie für mich von großer Bedeutung für das Verständnis der politischen Situation und auch der Atmosphäre jener Zeit, um die es in dieser Arbeit geht.

---

[26] Das Bulletin ist nachgewiesen in den Bibliographien Anna M. Bourguina: Russian Social Democracy: the Menshevik Movement. A Bibliography. Stanford 1968, S. 353; Institut po izučeniju istorii i kultury SSSR [Institut für Erforschung der Geschichte und Kultur der UdSSR]: Ukazatel' periodičeskich izdanij emigracii iz Rossii i SSSR za 1919–1952 g. g. [Verzeichnis periodischer Publikationen der Emigration aus Rußland und der UdSSR] München 1953, Nr. 2279.

2. Die „russische Barbarei" und ihre sozialistischen Gegner – Skizzen zur Vorgeschichte

In der Auseinandersetzung der deutschen Sozialdemokratie mit der Sowjetunion lassen sich deutliche Kontinuitäten zur Kritik am zaristischen Rußland feststellen[1]. Nur vor dem Hintergrund der über mehr als ein halbes Jahrhundert weitgehend unveränderten Haltung der deutschen Linken zum vorrevolutionären Rußland ist diese Auseinandersetzung richtig zu verstehen.

„Unter der Knute des Zarismus"

Rußland war für die deutsche Sozialdemokratie der fremdeste unter den Nachbarn des deutschen Reiches. Ungeachtet der Kritik am politischen System Deutschlands, das sie im Vergleich zu den Verfassungen der westlichen Staaten als rückständig einstuften, waren die deutschen Sozialdemokraten doch stolz, einer der großen „Kulturnationen" anzugehören[2].

> „Außerhalb dieser Kulturgemeinschaft stand im Osten das Zarenreich. Deutschland hatte mit ihm langgestreckte gemeinsame Grenzen. Hinter ihnen war das Grauen. Schon daß man sie ohne Paß nicht überschreiten konnte – Rußland war damals neben der Türkei das einzige Land mit Paßzwang – war unheimlich genug. Kein Buch, keine Zeitung durfte mitgenommen werden, das Gepäck wurde sorgfältig nach Gedrucktem durchstöbert, kurz, man erlebte Dinge, bei denen sich jedem Bürger des liberalen Europa die Haare sträubten. Sah man sich im Lande um, so fand man neben protzenhaftem Reichtum nichts als Armut, Schmutz, Unwissenheit und eine alles niederdrückende Polizeiwirtschaft."[3]

So, wie der sozialdemokratische Journalist Friedrich Stampfer in seinen Erinnerungen das zaristische Rußland schildert, sahen es auch seine Genossen. Ihr „antirussischer Komplex" (Geyer) war schon von Marx und Engels her überliefert[4].

Für die Haltung der beiden Revolutionäre zu Rußland war dabei zunächst allein die Rolle des Zarenreichs als reaktionäre Vormacht Europas ausschlaggebend gewesen. Die *Neue Rheinische Zeitung*, das Sprachrohr von Marx und Engels in den Revolutionsjahren 1848/49, propagierte von Anfang an den revolutionären Krieg gegen Rußland. Dieser war nicht nur als Angriff gegen die Bastion der Reaktion gedacht. Er sollte auch die Befreiung Polens und vor allem die Einigung der fortschrittlichen Kräfte Deutschlands und dessen Revolutionierung im Inneren bewirken, gemäß der Formel, daß das revolutionäre Deutschland „sich nach innen frei macht, indem es nach außen befreit"[5].

---

[1] Matthias, Die deutsche Sozialdemokratie und der Osten, S. VI; Peter Lösche: Der Bolschewismus im Urteil der deutschen Sozialdemokratie 1903–1920. Berlin 1967, S. 250.
[2] Matthias, Rückwirkung, S. 80.
[3] Friedrich Stampfer: Erfahrungen und Erkenntnisse. Köln 1957, S. 103 f.
[4] Dietrich Geyer: Zur „Ostpolitik" der deutschen Sozialdemokratie vor dem Ersten Weltkrieg, in: GWU 35 (1984), S. 145–154, hier: S. 145.
[5] Werner Blumenberg: Karl Marx in Selbstzeugnissen und Bilddokumenten. Reinbek bei Hamburg ¹²1973, S. 88 f.

2. Die „russische Barbarei" und ihre sozialistischen Gegner

In diesem Sinne ist es zu verstehen, wenn Friedrich Engels in Entgegnung auf Bakunins Aufruf an die Slawen erklärte, „daß der Russenhaß die erste revolutionäre Leidenschaft bei den Deutschen war und noch ist"[6].

In seiner Schrift *Enthüllungen der diplomatischen Geschichte des achtzehnten Jahrhunderts* (1856/57) vertrat Marx die These, die Wurzeln der zaristischen Politik bis hinein in seine Gegenwart gingen auf die Zeit der Tatarenherrschaft zurück. Die in der internationalen Sozialdemokratie fest verankerten und besonders für die SPD am Vorabend des Ersten Weltkriegs so bedeutsamen Topoi vom asiatisch-verschlagenen und eroberungslüsternen Rußland werden hier in ungeschminkter Deutlichkeit vorgeprägt:

„Moskau ist in der scheußlichen und erbärmlichen Schule mongolischer Sklaven aufgewachsen und großgezogen worden. Seine Stärke erwarb es nur dadurch, daß es in den Künsten des Sklaventums zum Virtuosen wurde. Sogar nachdem Moskau frei wurde, spielte es seine hergebrachte Rolle des Sklaven als Herrscher noch weiter. Peter der Große war es endlich, der die politische Verschlagenheit des mongolischen Sklaven mit dem stolzen Streben des mongolischen Herrschers verband, dem Dschingis Khan in seinem letzten Willen die Eroberung der Erde vermacht hatte."[7]

Als nach dem verlorenen Krimkrieg in Rußland die Diskussion über die Aufhebung der Leibeigenschaft einsetzte, begann Marx sich zunehmend auch für die inneren Verhältnisse des Zarenreiches zu interessieren. Er begann deshalb seit 1869 sogar mit dem Studium der russischen Sprache[8].

Beeindruckt von der Entwicklung einer revolutionären Bewegung in Rußland setzten Marx und Engels zunehmend auf einen Umsturz im Zarenreich als Auslöser für eine gesamteuropäische Revolution[9]. Wenige Monate nach dem tödlichen Attentat auf Zar Alexander II. erklärten sie im Vorwort zur zweiten russischen Ausgabe des Kommunistischen Manifestes: „Rußland bildet die Vorhut der revolutionären Aktion von Europa."[10] Wie für die terroristischen Aktivitäten zeigten Marx und Engels auch Sympathie für die politisch-ökonomischen Auffassungen der russischen Narodniki, die die Meinung vertraten, der Sozialismus könne in Rußland direkt an das agrarische Gemeineigentum der Dorfgemeinde („mir", „obščina") anknüpfen und so die Phase der industriell-kapitalistischen Entwicklung überspringen[11]. Engels machte die Chancen der

---

[6] Maximilien Rubel (Hrsg.): Karl Marx/Friedrich Engels, Die russische Kommune. Kritik eines Mythos. München 1972, S. 298.
[7] Ebenda, S. 124; zu dieser Schrift von Marx siehe die kritische Untersuchung von N. Rjasanoff (moderne Schreibweise: Rjazanov): Karl Marx über den Ursprung der Vorherrschaft Rußlands in Europa. Ergänzungshefte zur Neuen Zeit Nr. 5, 1909.
[8] Rubel, Russische Kommune, S. 13 und S. 51.
[9] Harmut Mehringer: Permanente Revolution und Russische Revolution. Die Entwicklung der Theorie der permanenten Revolution im Rahmen der marxistischen Revolutionskonzeption 1848–1907. Frankfurt a. M. usw. 1978, S. 62 f.
[10] Karl Marx, Friedrich Engels: Manifest der Kommunistischen Partei. Berlin (O) ³¹1969, S. 21. Der Zar sei „Kriegsgefangener der Revolution in Gatschina" (Schloß im gleichnamigen Ort unweit Sankt Petersburgs) heißt es darin in Anspielung auf den Umstand, daß sich der Nachfolger des Ermordeten, Alexander III., aus Angst vor Anschlägen vorwiegend außerhalb der Hauptstadt aufhielt; a. a. O.
[11] Vgl. Solomon M. Schwarz: Populism and Early Russian Marxism on Ways of Economic Development of Russia (The 1880's and 1890's), in: Ernest J. Simmons (ed.): Continuity and Change in Russian and Soviet Thought. Cambridge, Harvard University 1955, S. 40–62; Mehringer,

2. Die „russische Barbarei" und ihre sozialistischen Gegner 21

von den russischen Volkstümlern angestrebten agrarisch-sozialistischen Revolution allerdings stärker als Marx von einer anschließenden Revolution im Westen abhängig[12]. Ironischerweise stellten sich die beiden Altmeister damit in Gegensatz zu den russischen Marxisten, die aus der Lektüre des Kapital den Schluß gezogen hatten, Rußland müsse, bevor es „reif für den Sozialismus" sei, erst eine industriell-kapitalistische Gesellschaft und eine sozialistische Massenbewegung der Industriearbeiterschaft hervorbringen[13]. Diese Ansicht bildete später ein wesentliches Element in der Kritik Karl Kautskys und der Menschewiki an der Oktoberrevolution, während die auf die Weltrevolution gerichtete Strategie Lenins und Trotzkis deutliche Kontinuitäten zu Engels' Konzeption aufwies.

Mit der nach dem gewaltsamen Tod Alexanders II. einsetzenden Reaktionsperiode rückten die revolutionären Perspektiven in den Hintergrund. Die grausame Verfolgung der subversiv arbeitenden Revolutionäre bestimmte das Rußlandbild der deutschen Sozialdemokraten um die Jahrhundertwende. Sie waren voller Bewunderung für die Genossen aus der jungen russischen Sozialdemokratie und gewährten ihnen tatkräftige Unterstützung bei der Einrichtung von Geheimdruckereien in Deutschland und beim Schmuggel von illegalem Propagandamaterial[14]. Ein spektakulärer Hochverratsprozeß in Königsberg im Juli 1904, bei dem deutsche und russische Sozialdemokraten wegen dieser Tätigkeit angeklagt waren, konnte von den Verteidigern Hugo Haase und Karl Liebknecht in einen Propagandasieg für die Sozialdemokratie verwandelt werden[15].

Die russische Revolution von 1905/6 wurde von der SPD mit Enthusiasmus begrüßt. Man erwartete mit „freudiger Genugtuung" den vermeintlich unmittelbar bevorstehenden Sturz des „mit Korruption und Verbrechen beladenen Despotismus" in Rußland, wie es in der einstimmig angenommenen Rußland-Resolution des Jenaer Parteitags vom September 1905 heißt[16]. Daß es zunächst um demokratische Freiheiten ging und der Kampf um den Sozialismus eine Sache der ferneren Zukunft sein würde, war dabei

---

Revolution, S. 45–65. Ein knapper Überblick über Grundzüge und Entwicklung des „Populismus" in: Hans-Joachim Torke (Hrsg.): Lexikon der Geschichte Rußlands. München 1985, S. 18 f.(„Agrarsozialismus") und S. 244–47 („Narodniki") sowie in Georg von Rauch: Geschichte der Sowjetunion. 7., verbesserte und erweiterte Auflage. Durchgesehen und ergänzt von Wolfgang Geierhos. Stuttgart 1987, S. 3–8.

[12] Schwarz, Populism, S. 51–53; Helmut Krause: Marx und Engels über das zeitgenössische Rußland. Gießen 1958, S. 113 f. Mehringer, Revolution, S. 57–61.

[13] Rubel, Russische Kommune, S. 51 f.; Mehringer, Revolution, S. 65 ff.

[14] Stampfer, Erfahrungen, S. 104; Julius Martow: Geschichte der russischen Sozialdemokratie. Mit einem Nachtrag von Th. Dan: Die Sozialdemokratie Rußlands nach dem Jahre 1908. Berlin 1926. [Nachdruck Erlangen 1973], S. 59; Botho Brachmann: Russische Sozialdemokraten in Berlin 1895–1914. Berlin (O) 1962, S. 13; Claudie Weill: Deutsche und russische Sozialdemokraten um die Jahrhundertwende, in: IWK 15 (1979), S. 54–57, hier: S. 56. Paul Löbe berichtet sogar von Unterstützung bei der Waffenbeschaffung zur Zeit der ersten russischen Revolution. Paul Löbe: Der Weg war lang. Lebenserinnerungen. 3., erw. Neuausgabe 1954 ([1]1949), S. 52.

[15] Vgl. die Schilderung eines der Angeklagten: „Der Geheimbund des Zaren. Erinnerungen an den Königsberger Prozeß 1904" Von Wilhelm Paetzel, in: Vorwärts Nr. 306 vom 3. 7. 1929, Beilage Der Abend; der Artikel erschien in Auszügen auch in russischer Sprache in: Socialističeskij Vestnik Nr. 14 (204) vom 15. 7. 1929 (25-letie Kenigsbergskogo processa). Kenneth R. Calkins: Hugo Haase – Demokrat und Revolutionär. Berlin 1978, S. 16 f.; Helmut Trotnow: Karl Liebknecht. Eine politische Biographie. Köln 1980, S. 63–67.

[16] Protokoll SPD-PT Jena (17. bis 23. September 1905), S. 141 f. und S. 359.

2. Die „russische Barbarei" und ihre sozialistischen Gegner

weithin Konsens unter den russischen wie den deutschen Sozialdemokraten[17]. Umstrittener war die Frage, welche Bedeutung die russische Revolution für das deutsche Proletariat hatte. Für Rosa Luxemburg war sie „weniger ein letzter Nachläufer der alten bürgerlichen, wie ein Vorläufer der neuen Serie der proletarischen Revolution des Westens"[18].

In Deutschland aber war man gar nicht so sehr geneigt, „russisch zu reden". Zwar kam nicht zuletzt unter dem Eindruck der Revolution eine heftige Debatte über den Massenstreik als politische Waffe in Schwung, doch zeigte sich dabei, daß das konservative Eigengewicht der gewerkschaftlichen Organisationen, aber auch deren ernüchternde Erfahrungen gegenüber dem revolutionären Ostwind die ausschlaggebende Bedeutung hatte.

So ließ schließlich eben jener Parteitag in Jena, der sich so sehr für die russische Revolution begeistert hatte, den Generalstreik allenfalls noch als Defensivmittel zur Abwehr von Angriffen auf das allgemeine, gleiche und direkte Wahlrecht zum Reichstag oder das Koalitionsrecht gelten, was die Gewerkschaften widerwillig akzeptierten[19].

Die sozialpsychologische Bedeutung der russischen Kämpfe für die vom „revolutionären Attentismus"[20] geprägte SPD hat Friedrich Stampfer treffend gekennzeichnet: „All die Revolutionslust, die sich im Inland nicht auswirken konnte, entlud sich in Reden und Artikeln über die Schmach der Zarenknechte und das Heldentum der Revolutionäre."[21]

Irritierend für das Bild von den revolutionären Helden war allerdings, daß diese untereinander heftig zerstritten waren, wobei die Gründe für die Zerwürfnisse in der russischen Sozialdemokratie allenfalls für eine Handvoll deutscher Genossen begreifbar waren. Erst mit einem Jahr Verspätung hatte die kleine Gruppe der Leser des theoretischen Organs *Neue Zeit* 1904 aus einem Artikel Rosa Luxemburgs erfahren, daß in der SDAPR aus Differenzen über Organisationsfragen zwei Fraktionen entstanden wa-

---

[17] Einen Überblick über die Einschätzungen der Revolution gibt Lösche, Bolschewismus, S. 36–40. Vgl. auch Bebels Aufruf an die deutschen Arbeiter in Russisch-Polen und Litauen vom 9. April 1905, abgedruckt bei Brachmann, Russische Sozialdemokraten, S. 141–144, hier: S. 143; ferner die mit stürmischem Beifall begrüßten Äußerungen der russischen Gastrednerin Angelica Balabanoff auf dem Magdeburger Parteitag der SPD 1906 („Das russische Proletariat weiß genau, daß es im Moment noch nicht für das Endziel kämpft, sondern daß es sich niedermetzeln lassen muß, um für Rußland überhaupt erst einmal eine konstitutionelle Verfassung zu schaffen, damit sich dort die Klassenkämpfe entwickeln können."), Protokoll über die Verhandlungen des Parteitages der Sozialdemokratischen Partei Deutschlands, abgehalten zu Mannheim vom 23. bis 29. September 1906. Berlin 1906, S. 160 f.; Mehringer, Revolution, S. 165–177; zur Entwicklung von Trotzkis und Parvus' abweichender Position der „permanenten Revolution" siehe ebenda, S. 197–255 und Winfried B. Scharlau; Zbynek A. Zeman: Freibeuter der Revolution. Parvus-Helphand. Eine politische Biographie. Köln 1964, S. 94.

[18] Zit. nach Lösche, Bolschewismus, S. 37

[19] Carl E. Schorske: Die große Spaltung. Die deutsche Sozialdemokratie von 1905 bis 1917. Berlin 1981, S. 63–69; Salvadori, Sozialismus und Demokratie, S. 131–162; Julius Braunthal: Geschichte der Internationale. Berlin usw., Bd. 1, ³1978, S. 304.

[20] Zu diesem Begriff: Dieter Groh: Negative Integration und revolutionärer Attentismus. Die deutsche Sozialdemokratie am Vorabend des Ersten Weltkrieges. Frankfurt a.M. usw. 1973, S. 57–63.

[21] Stampfer, Erfahrungen, S. 106

ren²². Eine Entgegnung Lenins zu drucken, lehnte Karl Kautsky, der die *Neue Zeit* redigierte, mit der Begründung ab: „Dieser Zwist ist ein derartiger, dass ihn die deutschen Parteigenossen nie begreifen werden. Ein Zwist, den man nicht begreift, wirkt aber abstoßend."²³.

Mit besonderem Unverständnis registrierten die deutschen Sozialdemokraten, daß die Spaltung auch während der Revolution aufrechterhalten wurde und die Bolschewiki gar die Wahl zur ersten Duma, dem vom Zaren im Oktober 1905 zugestandenen scheinkonstitutionellen Parlament boykottierten²⁴. Die mehrfachen, bis zum Vorabend des Ersten Weltkrieges fortgesetzten Versuche der SPD-Führung, die verfeindeten Flügel der russischen Sozialdemokratie zu einigen, endeten ebenso mit Mißerfolgen, Verärgerung und Frustration wie der Versuch Kautskys, Franz Mehrings und Clara Zetkins, die Treuhänderschaft für das russische Parteivermögen zu übernehmen²⁵.

Auch die Internationale schaltete sich in diese Bemühungen ein und entsandte im Mai 1914 sogar den Belgier Emil Vandervelde nach Petersburg, damit er dort Informationen über den russischen Parteikonflikt sammle. Noch in seiner letzten, vom drohenden Krieg schon überschatteten Sitzung am 29./30. Juli 1914 faßte das Internationale Sozialistische Büro einen Beschluß über die formelle Einigung der beiden Strömungen der russischen Sozialdemokratie²⁶. Zwei Tage darauf begann der Erste Weltkrieg, an dessen Ende die unüberbrückbare Spaltung nicht nur der russischen, sondern der gesamten internationalen sozialistischen Arbeiterbewegung stand.

Als Hugo Haase, der Vorsitzende der SPD-Fraktion, am 4. August 1914 im Reichstag erklärte, man werde den von der Regierung beantragten Kriegskrediten zustimmen, führte er als Begründung an, es stehe „für unser Volk und seine freiheitliche Zukunft [...] bei einem Siege des russischen Despotismus, der sich mit dem Blute der besten des eigenen Volkes befleckt hat, viel, wenn nicht alles auf dem Spiel" ²⁷. Die Erklärung – basierend auf einem Entwurf des Reichstagsabgeordneten Eduard David mit einem Zusatz von Karl Kautsky und von Haase nur auf Drängen der Mehrheit seiner Fraktionskollegen gegen seine eigene Überzeugung vorgetragen²⁸ – war geeignet, den Eindruck zu erwecken, daß das deutsche Reich allein gegen Rußland Krieg führen würde. Die anderen „Feindstaaten", Frankreich und England, wurden ebensowenig erwähnt wie der Einmarsch in das neutrale Belgien. Nur als Krieg gegen das reaktionäre Rußland war der Krieg für die SPD zu rechtfertigen.

Die im Anschluß an die Revolution einsetzende, verschärfte politische Verfolgung in Rußland hatte die Feindseligkeit der deutschen Sozialdemokraten gegen den Zarismus

---

²² Lösche, Bolschewismus, S. 29. Die Bolschewiki („Mehrheitler") favorisierten das Leninsche Modell einer Partei von Berufsrevolutionären, die Menschewiki („Minderheitler") wollten all jene als Mitglieder anerkennen, die sich zu den Zielen der Partei bekannten und unter ihrer Kontrolle arbeiteten.
²³ Dietrich Geyer: Die russische Parteispaltung im Urteil der deutschen Sozialdemokratie 1903–1905, in: IRSH 3 (1958), S. 195–219 und S. 414–444, hier: S. 217f.
²⁴ Geyer, Parteispaltung S. 419f. und 428ff.; Lösche, Bolschewismus, S. 56–58 und S. 66.
²⁵ Geyer, „Ostpolitik" S. 152; ders.: Kautskys russisches Dossier. Frankfurt a.M. usw. 1981, S. 70; Lösche, Bolschewismus, S. 60–65.
²⁶ Martow/Dan, Geschichte der russischen Sozialdemokratie, S. 267f.
²⁷ Dokumente und Materialien zur Geschichte der deutschen Arbeiterbewegung. Reihe 2. Bd. I. Berlin (O) 1958, S. 22f.; Groh, Negative Integration, S. 703f., Fußnote 182.
²⁸ Groh, Negative Integration, S. 695f.

nur verstärkt. Keinesfalls wollte man Deutschland unter dessen Einfluß geraten lassen. Diese sozialdemokratische Furcht vor der russischen Gefahr hatte sich Reichskanzler Bethmann Hollweg in den letzten Tagen vor dem Kriegsbeginn souverän zunutze gemacht.

Die militärische und die politische Führung des deutschen Reiches waren sich bewußt, daß die Zeit der Kabinettskriege endgültig vorbei war. Es kam daher insbesondere darauf an, die Anhängerschaft der Sozialdemokratie – 1912 bereits immerhin mehr als ein Drittel der Gesamtwählerschaft, in den größeren Städten in der Regel sogar mehr als die Hälfte[29] – für den Krieg zu gewinnen. Rußland als den Angreifer erscheinen zu lassen, war dafür das geeignete Mittel[30]. Die alte Idee des revolutionären Volkskrieges gegen die reaktionäre Vormacht Europas aus der 1848er Zeit mußte in diesem Falle die pazifistischen Tendenzen in der Sozialdemokratie überwinden. Damit war, wenn auch in der Erklärung der Reichstagsfraktion unausgesprochen, auch die Bereitschaft zum Kampf gegen die Bündnispartner des Zarenreiches verbunden. Die Feststellung von Engels aus dem Jahre 1892 „[...] sollte die französische Republik sich in den Dienst seiner Majestät des Zaren und Selbstherrschers aller Reußen stellen, so würden die deutschen Sozialisten sie mit Leidwesen bekämpfen, aber bekämpfen würden sie sie"[31], hatte auch 20 Jahre später noch Gültigkeit.

Zwar fanden noch am 28. Juli 1914 in allen deutschen Großstädten Massendemonstrationen gegen den Krieg statt[32], doch letztlich hatte die Taktik Bethmann Hollwegs, Rußland ins Unrecht zu setzen, Erfolg. Auch und gerade die Vertreter des linken Flügels der SPD glaubten, die Regierung wolle das Risiko einer bewaffneten Auseinandersetzung nicht eingehen[33]. War es Bethmann gelungen, bei den Sozialdemokraten den Eindruck zu erwecken, die deutsche Regierung sei friedenswillig, so aktualisierte sich andererseits die Furcht vor der russischen Gefahr mit der russischen Generalmobilmachung am Abend des 30. Juli und der folgenden deutschen Erklärung drohender Kriegsgefahr am 31. Juli. Die Stimmung schlug nun auch bei der Mehrheit der SPD und ihrer Anhängerschaft um. Die nationale Einheitsfront war hergestellt.

Doch die Integration der Sozialdemokratie in diese Einheitsfront war von Anfang an prekär. Schon in der Sitzung der SPD-Reichstagsfraktion am 3. August hatten sich 14 von 92 Abgeordneten gegen die Bewilligung der Kriegskredite ausgesprochen. Der Kern der künftigen Opposition gegen die „Burgfriedenspolitik", mit der die Mehrheit der Sozialdemokratie die Kriegführung unterstützte, war von Anfang an vorhanden[34].

Die SPD-interne Opposition gegen den Krieg mündete bekanntlich in die Spaltung der Partei im April 1917. In die neugegründete Sammelorganisation der entschiedenen Kriegsgegner, die Unabhängige Sozialdemokratische Partei Deutschlands (USPD), trat

---

[29] Gerhard A. Ritter: Die Sozialdemokratie im deutschen Kaiserreich in sozialgeschichtlicher Perspektive, in: HZ 249 (1989), S. 295–362, hier: S. 348 und S. 350.
[30] Zum folgenden siehe vor allem Egmont Zechlin: Bethmann Hollweg, Kriegsrisiko und SPD 1914, in: Wolfgang Schieder (Hrsg.): Erster Weltkrieg. Ursachen, Entstehung und Kriegsziele. Köln usw. 1969, S. 165–190, hier: S. 172.
[31] Zitiert nach Helmut Hirsch: Friedrich Engels in Selbstzeugnissen und Bilddokumenten. Reinbek bei Hamburg 1968, S. 112.
[32] Groh, Negative Integration, S. 637–640; Zechlin, Bethmann Hollweg, S. 173.
[33] Groh, Negative Integration, S. 643 f.; Zechlin, Bethmann Hollweg, S. 175 f.
[34] Ebenda, S. 692.

2. Die „russische Barbarei" und ihre sozialistischen Gegner

auch die Spartakusgruppe um Rosa Luxemburg und Karl Liebknecht ein. Liebknecht war der erste, der die Fraktionsdisziplin durchbrach und schon am 2. Dezember 1914 gegen neuerliche Kriegskredite stimmte[35]. Liebknecht, der aktivste Kämpfer gegen den Zarismus in der deutschen Sozialdemokratie, ließ sich durch den Mythos des Verteidigungs- und Befreiungskrieges gegen Rußland nicht täuschen, und auch Rosa Luxemburg stellte in ihrer erstmals Anfang 1916 erschienenen Junius-Broschüre fest, daß die 1892 von Engels in seinen Erörterungen über den Krieg mit Rußland angenommenen Voraussetzungen nicht mehr zuträfen[36].

Für die Mehrheit der Sozialdemokraten blieb jedoch die Feindschaft gegen Rußland der integrierende Faktor bis in das Jahr 1917. Der Krieg erhielt durch den Kampf gegen Rußland für sie die Weihen einer Befreiungsmission für die vom Zarismus unterdrückten Völker, einschließlich des russischen Volkes[37]. Eine klare politische Konzeption lag dem jedoch nicht zugrunde, und so schwamm der an der „Politik des 4. August" festhaltende Flügel der Sozialdemokratie, wie Erich Matthias es ausgedrückt hat, „im Kielwasser der Bethmann Hollwegschen Ostpolitik mit"[38].

Als in der Februarrevolution 1917 der Zarismus endgültig unterging, war auch die Grundlage des Befreiungsmythos hinfällig. Die deutsche Sozialdemokratie stand damit vor der Aufgabe, ihr Verhältnis zu Rußland neu zu definieren.

Inkompatible Hoffnungen: Die Bedeutung der russischen Februarrevolution für die deutsche Sozialdemokratie

„Seine unmittelbare psychologische Wirkung auf die Stimmung in der deutschen Arbeiterschaft war enorm", stellte Wilhelm Dittmann über den Sturz des Zarismus im März 1917 fest[39]. Ähnlich erinnerte sich Alexander Stein: „Man kann sich heute nur noch schwer eine Vorstellung davon machen, welch' gewaltigen Eindruck die russische Märzrevolution von 1917 [...] auf die oppositionellen Kreise in Deutschland gemacht hat."[40] Die Begeisterung, mit der die Nachricht vom Sturz des Zaren in Deutschland aufgenommen wurde, war um so größer, als es sich um eine gute Botschaft in schlechten Zeiten handelte, fiel sie doch auf das Ende des härtesten und entbehrungsreichsten der bisherigen Kriegswinter[41]. Zur Genugtuung über den Untergang der verhaßten russischen Selbstherrschaft kam die Hoffnung auf einen baldigen Frieden. Auch für jene Sozialdemokraten, die an der „Politik des 4. August" festhielten und nicht von der wachsenden Opposition gegen den Kurs der Parteimehrheit erfaßt worden waren, war

---

[35] Immanuel Geiss: Das Deutsche Reich und der Erste Weltkrieg. München ²1985, S. 149. In der vielfältigen Literatur zur Entwicklung der Sozialdemokratie im Ersten Weltkrieg nimmt den Rang eines Standardwerkes ein Susanne Miller: Burgfrieden und Klassenkampf. Die deutsche Sozialdemokratie im Ersten Weltkrieg. Düsseldorf 1974.
[36] Junius (= Rosa Luxemburg): Die Krise der Sozialdemokratie. Zürich ²1917, S. 83 f.
[37] Miller, Burgfrieden, S. 234.
[38] Matthias, Die deutsche Sozialdemokratie und der Osten, S. VII.
[39] Wilhelm Dittmann: Erinnerungen, Typoskript im IISG Amsterdam, S. 799.
[40] Alexander Stein: Rosa Luxemburg und der Kommunismus. Typoskript (New York 1948). Nl. A. Stein, IISG Amsterdam, Mappe 39, S. 30.
[41] Erich Matthias: Die Rückwirkung der russischen Oktoberrevolution auf die deutsche Arbeiterbewegung, in: Helmut Neubauer (Hrsg.): Deutschland und die russische Revolution. Stuttgart usw. 1968 S. 69–93, hier: S. 75.

mit der Revolution in Rußland die Hauptlegitimation für die Unterstützung der deutschen Kriegführung weggefallen[42]. Der Petrograder Sowjet – neben der provisorischen Regierung das zweite und bedeutsamere Machtzentrum des revolutionären Rußland – wies in seinem Appell An die Völker der ganzen Welt vom 14. (27.) März 1917 in einer eigens an die deutschen Arbeiter gerichteten Passage auf diesen Sachverhalt hin:

„Seit den ersten Kriegstagen hat man euch die Überzeugung beizubringen gesucht, daß, indem ihr gegen das absolutistische Rußland die Waffe erhebt, ihr die Kultur Europas gegen den asiatischen Despotismus verteidigt. Viele von euch sahen darin eine Rechtfertigung jener Unterstützung, die ihr dem Krieg zuteil werden ließet. Nunmehr gibt es auch diese Rechtfertigung nicht, denn das demokratische Rußland kann Freiheit und Kultur nicht bedrohen."[43]

Das von Maxim Gorki entworfene Manifest enthielt darüber hinaus mit der Forderung nach einem „Frieden ohne Annexionen und Kontributionen" eine Formel, die nach Wilhelm Dittmanns Worten „wie ein Funke im Pulverfaß des deutschen Proletariats, auch bei den Anhängern der sozialistischen Parteien" gezündet habe[44]. Insbesondere die entschiedenen sozialdemokratischen Kriegsgegner, die sich Anfang April 1917 in Gotha als Unabhängige Sozialdemokratische Partei konstituierten, erhielten durch die Revolution in Rußland verstärkten Auftrieb[45]. Sie fühlten sich dadurch in ihrer eigenen Politik bestätigt. Die USPD nahm in das Manifest ihres Gründungsparteitages eine der Petrograder Friedensformel analoge Formulierung auf. Die Revolution wurde mit einer „begeisterten Huldigung" begrüßt[46]. Allerdings ging nur die radikale Spartakusgruppe, die sich unter Wahrung ihrer Autonomie der USPD angeschlossen hatte, so weit, die deutschen Arbeiter zur unmittelbaren Nachahmung des russischen Beispiels aufzufordern[47].

„Wir begrüßen mit leidenschaftlicher Anteilnahme den Sieg der russischen Revolution", bekundeten auch Parteivorstand, Parteiausschuß und die Fraktionsvorstände von Reichstag und preußischem Abgeordnetenhaus der MSPD in einer gemeinsamen Erklärung Anfang April 1917[48]. Doch in die „leidenschaftliche Anteilnahme" mischte sich auch eine deutliche Spur von Skepsis und Zurückhaltung. „Die Hoffnungen, die auf die russische Revolution gesetzt werden, sind vielfach übertrieben", warnte Philipp Scheidemann. Die bürgerlichen Repräsentanten der neuen Regierung, wie Außenminister Miljukov und Kriegsminister Gučkov, hätten die Revolution nicht mitgemacht, um zum Frieden zu kommen, sondern weil sie den Krieg im Interesse bürgerlicher Schich-

---

[42] Auf die vielfach behandelte Entwicklung der innerparteilichen Opposition während des Ersten Weltkrieges, kann hier nicht ausführlicher eingegangen werden. Vgl. aus der Literatur vor allem Miller, Burgfrieden sowie Horst Lademachers Edition Die Zimmerwalder Bewegung. Den Haag 1967.
[43] Dokumente und Materialien II, 1, S. 579f.
[44] Manfred Hildermeier: Die Russische Revolution 1905–1921. Frankfurt a. M. 1989, S. 158. Dittmann, Erinnerungen, S. 799.
[45] Dittmann, Erinnerungen, S. 806; Stein a. a. O.
[46] Protokoll über die Verhandlungen des Gründungsparteitages der USPD vom 6. bis 8. April 1917 in Gotha. Berlin 1921, S. 81 [Protokolle der USPD, Bd. 1. Nachdr. Glashütten 1975].
[47] Dokumente und Materialien, II,1, S. 630–633.
[48] Protokoll der Sitzung des erweiterten Parteiausschusses der SPD, Berlin, 18./18. April 1917, in: Protokolle der Sitzungen des Parteiausschusses der SPD 1912 bis 1921, hrsg. von Dieter Dowe. 2 Bde. Berlin, Bonn 1980. Bd. 1, S. 74 [504]. Nach der Gründung der USPD wurde die „Mutterpartei" zur Unterscheidung vielfach als Mehrheits-SPD = MSPD bezeichnet.

2. Die „russische Barbarei" und ihre sozialistischen Gegner 27

ten zu forcieren wünschten. Dennoch werde sich die revolutionäre Bewegung in Rußland mit Sicherheit auf den Frieden zubewegen. Eine Revolution wie in Rußland – wo die revolutionären Kräfte auf die Unterstützung des Bürgertums bauen konnten – sei in Deutschland aber undenkbar[49].

Trotz dieser zurückhaltenden Einschätzung bewog der Umsturz des alten Systems in Rußland die MSPD, ihre Forderungen nach Demokratisierung und einem Verständigungsfrieden mit erhöhtem Nachdruck zu stellen. In einer einstimmig verabschiedeten Resolution forderte der erweiterte Parteiausschuß die sofortige Beseitigung der staatsbürgerlichen Ungleichheit und die Parlamentarisierung des Reiches. Er machte sich ferner weitgehend die Friedensformel des Petrograder Sowjet zu eigen. Anstelle der dort enthaltenen Berufung auf das Selbstbestimmungsrecht der Völker sprach die Resolution allerdings einschränkend von der „freien nationalen Entwicklung aller Völker"[50].

Im Gegensatz zu dem Petrograder Aufruf, der auf einen allgemeinen Frieden abzielte, erklärte im übrigen Scheidemann vor dem Parteiausschuß in aller Deutlichkeit: „Wenn wir den allgemeinen Frieden nicht bekommen können, dann werden wir selbstverständlich auch einen Separatfrieden akzeptieren."[51] Vorerst war aber weder der eine noch der andere aktuell. Das Manifest des Petrograder Arbeiter- und Soldatenrates hatte keine sofortige Waffenruhe gefordert. Bei den russischen Revolutionären bestanden erhebliche Zweifel an der Friedensfähigkeit des deutschen Kaiserreiches. Der Vorsitzende des Sowjets, der georgische Menschewik N. Čcheidze, interpretierte das Manifest am Tag nach seiner Verabschiedung mit dem Hinweis, bevor man über Frieden verhandle, rufe man den Deutschen zu, Kaiser Wilhelm zu stürzen[52].

Mit der Februarrevolution war eine eigenartige Umkehrung der Verhältnisse eingetreten. Die Bedrohung durch das reaktionäre Rußland konnte den deutschen Sozialdemokraten nicht mehr zur Rechtfertigung des Krieges dienen. Für die russischen Sozialisten dagegen war nunmehr das halbautokratische Deutschland zum Inbegriff des reaktionären Staates geworden[53]. Gegen diesen galt es das revolutionäre Rußland zu verteidigen, bis es zu einem allgemeinen Verständigungsfrieden kam. Dabei hoffte man nicht so sehr auf die Einsicht des alten Regimes in Deutschland als auf eine deutsche Antwort auf die russische Revolution. Das war die Linie der sogenannten „revolutionären Defensisten", die in der ersten Phase der Revolution sowohl die menschewistische Partei als auch den Petrograder Sowjet führten. Ihre wichtigsten Vertreter waren I. G. Ceretelli und F. I. Dan[54]. Ein Separatfrieden mit Deutschland wurde von allen sozialisti-

---

[49] Ebenda, S. 43f. [473f.]
[50] Ebenda, S. 74 [504]; Miller, Burgfrieden, S. 288.
[51] a.a.O. S. 46 [476]; Ebert allerdings hatte Reichskanzler Bethmann Hollweg vor Separatfriedensbestrebungen, die nur den russischen Kriegswillen stärken müßten, gewarnt. Friedrich Ebert jun. (Hrsg.): Friedrich Ebert. Schriften, Aufzeichnungen, Reden. 2 Bde. Dresden 1926. Bd. 1, S. 380.
[52] Hildermeier, Revolution, S. 158.
[53] Abraham Ascher: Russian Marxism and the German Revolution, 1917–1920, in: Archiv für Sozialgeschichte 5/6 (1966/67), S. 391–439, hier S. 394.
[54] Ziva Galili y Garcia: The Origins of Revolutionary Defensism: I. G. Tsereteli and the „Siberian Zimmerwaldists", in: Slavic Review 41 (1982), S. 454–476. Zur Haltung der anderen Flügel des Menschewismus, der Internationalisten und des rechten Flügels um Plechanow, der für einen „entscheidenden Sieg" eintrat, vgl. Ascher, Russian Marxism, S. 395f.; ders.: The Mensheviks in the Russian Revolution. London 1976, S. 24–29; Martow/Dan, S. 294f.

schen Parteien, inklusive der Bolschewiki, abgelehnt. Man fürchtete, dies würde die Restauration der alten Ordnung in Rußland und seinen Kampf gegen die Westalliierten an der Seite der Mittelmächte zur Folge haben[55].

Kein Sozialist hätte einen solchen Frontwechsel rechtfertigen können. Dagegen erschien nach der Februarrevolution der Krieg nunmehr eindeutig als ein Kampf der Demokratien gegen die autokratischen Staaten. Insbesondere die englischen und französischen Sozialisten, die die Kriegführung ihrer Regierungen unterstützten, waren durch die Revolution der Peinlichkeit enthoben, als Bündnispartner der reaktionärsten Macht Europas zu fungieren[56]. Führende sozialdemokratische Politiker der Ente-Länder, wie der Belgier Emile Vandervelde, der französische Munitionsminister Albert Thomas, Arthur Henderson von der Labour Party und andere reisten im Frühjahr 1917 nach Rußland, um ihre russischen Genossen vom Abschluß eines Sonderfriedens zurückzuhalten und von der Notwendigkeit der Weiterführung des Krieges bis zur Vernichtung des deutschen Imperialismus zu überzeugen[57].

Der „demokratische Schulterschluß" – der Sturz des Zarismus erleichterte auch den USA den durch den deutschen U-Bootkrieg provozierten Kriegseintritt[58] – stand den Friedenshoffnungen, die die deutsche Sozialdemokratie mit der Februarrevolution verband, entgegen. Die Auflösung dieses Knotens durch eine Revolution gegen den Kaiser, wie sie die russischen Sozialisten von ihren deutschen Genossen erhofften, stand aber weder für Mehrheits- noch für Unabhängige Sozialdemokraten aktuell zur Debatte. Daran änderten auch die von Friedenssehnsucht inspirierten Massenstreiks in den Rüstungsbetrieben Berlins, Leipzigs und anderer Städte und die Flottenunruhen vom August nichts[59].

Weniger die Sozialdemokraten als die bürgerliche Mitte revidierte infolge der Februarrevolution ihre Positionen und näherte sich in der Frage des Friedens wie der staatsbürgerlichen Gleichberechtigung sozialdemokratischen Standpunkten[60]. Ausdruck dieser Entwicklung war die Zusammenarbeit von Zentrum, Fortschrittlicher Volkspartei und SPD im sogenannten „Interfraktionellen Ausschuß" des Reichstages und die von der Reichstagsmehrheit am 19. Juli beschlossene Resolution für einen Verständigungsfrieden[61].

---

[55] Ju. Denike: Men'ševiki v 1917 godu. [Die Menschewiki im Jahre 1917], in: Ju. Fel'štinskij (Hrsg.): Men'ševiki. Benson, Vermont 1988, S. 34–54, hier: S. 42 und S. 46; Ascher, Mensheviks, S. 95.

[56] Gerhard A. Ritter: Großbritannien und die Provisorische Regierung in Rußland 1917, in: Ders.: Parlament und Demokratie in Großbritannien. Göttingen 1972, S. 182–228, hier: S. 187; Christian Jelen: L'Aveuglement. O. O. [Paris] 1984, S. 82f.; Rudolf Klepsch: Die Auswirkungen der russischen Revolutionen von 1917 in der britischen Arbeiterbewegung, in: GWU 38 (1987) S. 193–203.

[57] Braunthal, Internationale, Bd. 2, S. 80–82; von Rauch, Sowjetunion, S. 46f.

[58] George F. Kennan: Sowjetische Außenpolitik unter Lenin und Stalin. Stuttgart 1961, S. 31f.

[59] Vgl. die zitierten Äußerungen von Scheidemann auf der Tagung des erweiterten Parteiausschusses; zur Haltung der USPD-Mehrheit zitiert Ascher, Russian Marxism, S. 395, Fußnote 7, einen interessanten Briefwechsel zwischen Kautsky und Hilferding vom Jahresende 1917; Miller, Burgfrieden, S. 292–295.

[60] Matthias, Rückwirkung, S. 77; Miller, Burgfrieden, S. 351.

[61] Karl Dietrich Erdmann: Der Erste Weltkrieg. München 1980, S. 199f. und S. 205f.

2. Die „russische Barbarei" und ihre sozialistischen Gegner

Diesem Ziel sollte auch eine Konferenz von Sozialisten aller Länder in Stockholm dienen. Der erste Anstoß dazu war von holländischen und skandinavischen Sozialisten im April 1917 gekommen. Dann hatte der Petrograder Sowjet sich diese Initiative zu eigen gemacht, die in der deutschen Sozialdemokratie große Hoffnungen auslöste[62]. Die Konferenz kam jedoch nie zustande, es blieb bei Vorsondierungen. Die unmittelbare Ursache für das Scheitern des Stockholmer Konferenzprojekts, war die Weigerung der westlichen Entente-Regierungen, sozialistischen Politikern ihrer Länder Pässe für die Teilnahme auszustellen. Es ist aber zweifelhaft, ob selbst beim Zustandekommen der Konferenz eine Einigung möglich gewesen wäre, da zwischen den sozialistischen Mehrheitsparteien der kriegführenden Länder in wesentlichen Punkten – etwa über die staatliche Zugehörigkeit Elsaß-Lothringens – grundlegende Differenzen bestanden.

Nicht nur die Hoffnung der deutschen Sozialdemokraten auf eine sozialistische Friedenskonferenz wurde enttäuscht, auch die Entwicklung in Rußland verlief nicht in ihrem Sinne. Bezeichnend ist, daß der erste Allrussische Kongreß der Räte der Arbeiter- und Soldatendeputierten, der am 3. Juni in Petrograd zusammentrat, gleichermaßen die Initiative des Petrograder Sowjet für die Stockholmer Konferenz wie auch die geplante Kerenskij-Offensive an der galizischen Front billigte[63]. Hermann Müller, der sich im August zu politischen Sondierungen in Stockholm aufhielt, äußerte sich in einem Brief an Friedrich Ebert schwer enttäuscht über seine dortigen russischen Kontaktleute Panin und Axelrod, die nicht bereit seien, vorhandenen Verhandlungsspielraum überhaupt auszuloten, wie über die russische Entwicklung im allgemeinen: „Von Rußland kommt das Heil nicht so bald. [...] Die heutige Lage enttäuscht alle und treibt die, die den Frieden von der Revolution erhoffen, z.T. aus Enttäuschung in das Lager der Konterrevolution, z.T. in das der Bolschewik[en] und Anarchisten."[64]

Die enttäuschten Friedenshoffnungen manifestierten sich beim Würzburger Parteitag der SPD vom 14.-20. Oktober 1917 – dem ersten seit Kriegsausbruch – in einer Bekräftigung der „Politik vom August 1914". Der Reichstagsabgeordnete Eduard David, der in der wichtigsten Frage des Parteitages, der von Krieg und Frieden, die dominierende Rolle spielte, wertete die Februarrevolution als Bestätigung dieser Politik. Hätte die SPD nicht den Kriegskrediten zugestimmt und Burgfriedenspolitik betrieben, so argumentierte er, wäre der Zar als Sieger in Berlin eingezogen, und die Frucht des Krieges wäre somit nicht die russische Demokratie sondern die zaristische Hegemonie über ganz Ost- und Mitteleuropa gewesen[65]. Aufforderungen russischer und französischer Sozialisten, die deutschen Sozialdemokraten sollten nun ebenfalls Revolution machen, um einen Friedensschluß zu ermöglichen, erteilte David eine Absage. Deutschland und

---

[62] Braunthal, Internationale, S. 82–84; Agnes Blänsdorf: Friedrich Ebert und die Internationale, in: Archiv für Sozialgeschichte 9 (1969) S. 321–428, hier: S. 340. Zur Friedenspolitik der russischen Sozialisten insbesondere unter dem Gesichtspunkt ihrer Beziehungen zu den englischen und französischen Sozialisten siehe Jürgen Stillig: Die russische Februarrevolution und die sozialistische Friedenspolitik. Köln, Wien 1977.
[63] Hildermeier, Revolution, S. 172f.; Braunthal, Internationale, S. 84; vgl. auch Ceretelis Stellungnahme zugunsten der Offensive in seiner Ansprache auf dem Kongreß, auszugsweise abgedruckt in Ascher, Mensheviks, S. 95–97.
[64] Müller an Ebert, 21. August 1917, abgedruckt bei Blänsdorf, Ebert, S. 398ff., hier: S. 400.
[65] Protokoll über die Verhandlungen des Parteitages der SPD, abgehalten in Würzburg vom 11. bis 20. Oktober 1917, S. 67. Berlin 1917 [Nachdr. Glashütten 1973].

Rußland seien nicht zu vergleichen. Die USPD, an die sich die russischen Appelle vor allem richteten, habe die Pflicht, „die nötige Antwort auf diese Aufforderungen zu geben, um drüben Hoffnungen zu zerstören, die, wenn sie nicht zerstört würden, den Krieg verlängern müßten."[66] Das allerdings hatte die USPD-Führung schon vorher getan. In Gesprächen mit Vertretern des Petrograder Sowjet, die Ende Juni in Stockholm im Rahmen der Vorbereitung der geplanten Konferenz stattfanden, hatten die USPD-Vertreter Haase, Herzfeld und Ledebour klargemacht, daß mit einer Revolution in Deutschland wegen der Stärke der Bourgeoisie und des Militärs nicht zu rechnen sei. Einig war man sich in der Ablehnung eines deutschrussischen Separatfriedens gewesen[67].

Peter Lösche vertritt in seinem grundlegenden Werk Der Bolschewismus im Urteil der deutschen Sozialdemokratie, 1903–1920 die These, angesichts des von der Mehrheit der russischen Sozialisten verfolgten Kurses der „revolutionären Landesverteidigung" seien zunehmend die Bolschewiki zu den Trägern der Friedenshoffnungen der deutschen Sozialdemokraten geworden[68]. Jedoch lehnten diese zugleich die bolschewistischen Revolutionserwartungen ab. Die russische Regierung, einschließlich der meisten sozialdemokratischen Vertreter in ihr, sei in der Hand der Entente, erklärte Eduard David bei der Tagung des Parteiausschusses am 26. Juni 1917. Er kritisierte aber auch die Leninsche Friedenspolitik. Sie stütze sich auf die falsche Hoffnung eines baldigen Zusammenbruchs und einer Revolutionierung Deutschlands, die durch die Politik der deutschen Sozialdemokraten nicht gestärkt werden dürfe. David sprach sich in diesem Zusammenhang ausdrücklich gegen eine Ablehnung der Kriegskredite aus. Er verwies auf das Friedensbedürfnis der russischen Massen. Nur wenn Deutschland stabil bleibe, bestünde auch die Hoffnung, daß diejenigen in Rußland, die den Frieden wollten, auch das Heft in die Hand bekämen. Diese Kräfte bezeichnete er als „die russische Demokratie", ohne näher zu erklären, was er darunter verstand. Carl Severing nannte als Träger des russischen Friedenswillens den zu dieser Zeit noch von Menschewiki und Sozialrevolutionären dominierten allrussischen Arbeiter- und Soldatenrat[69]. Das Verhältnis der deutschen Mehrheitssozialdemokratie zu den Bolschewiki war also gespaltener, als Lösche es beschreibt. Im Bild von Lenins Partei als der entschiedensten Friedenskraft tauchten widersprechende Züge auf, so das Fortwirken ihres Images als einer linksextremen Sekte[70], vor allem aber die Ablehnung ihrer weltrevolutionären Aspirationen. Lösches Feststellung, „Mehrheitspartei und Unabhängige unterstützten propagandistisch und, soweit es möglich war, auch politisch – wie etwa bei der Reise Lenins durch Deutschland – die Bolschewiki als die Partei in Rußland, die sich am entschiedensten für den Frieden und die Demokratie einsetzte", ist in dieser apodiktischen Form nicht

---

[66] Ebenda, S. 323.
[67] Wheeler, USPD, S. 31.
[68] Vgl. den Abschnitt „Die Bolschewiki als Repräsentanten von Frieden und Parlamentarismus nach der russischen Märzrevolution 1917" in Lösche, Bolschewismus, S. 84–99. Wegen ihrer Forderung nach unverzüglicher Einberufung der Konstituante erschienen die Bolschewiki auch als Vorkämpfer der Demokratie, siehe ebenda, S. 97f.
[69] Protokoll Parteiausschuß Berlin, 26. Juni, S. 542–544; auch auf dem Würzburger Parteitag wurde an keiner exponierten Stelle eine besondere Hoffnung auf die Bolschewiki ausgesprochen.
[70] Lösche, Bolschewismus, S. 88.

2. Die „russische Barbarei" und ihre sozialistischen Gegner

haltbar[71]. Insbesondere können die mit wenig Nachdruck betriebenen Kontaktversuche der SPD zu den durchreisenden Emigranten verschiedener(!) sozialistischer Richtungen nicht als Unterstützung der Bolschewiki gewertet werden[72].

---

[71] Lösche, Bolschewismus, S. 99. Die Protokolle des Parteiausschusses, die erst erhebliche Zeit nach Entstehung seiner Arbeit ediert wurden, hat Lösche nicht benutzt.

[72] Die Reise war von dem russisch-deutschen Sozialisten Parvus im Alleingang zusammen mit deutschen Regierungsstellen organisiert worden. Die Gespräche die Parvus namens der SPD mit Lenins Begleiter Karl Radek führte, waren politisch ohne wesentliche Bedeutung. Vgl. dazu Scharlau/Zeman, Freibeuter, S. 254–257. (Ein weiterer Irrtum ist Lösches Annahme, der Plan zur Stockholmer Konferenz stamme von der SPD, a.a.O. S. 95.)

I. Teil: Jahre der Entscheidung (1917–1922)

3. Von der russischen Oktober- zur deutschen Novemberrevolution

Die Februarrevolution in Rußland hatte zwar das morsche, ineffektive und undemokratische System des Zarismus beseitigt, jedoch keine stabile politische Situation geschaffen. Es existierte kein einheitliches Machtzentrum. Die Situation war gekennzeichnet durch die „Doppelherrschaft" der provisorischen Regierung einerseits und der Sowjets andererseits. Vor allem aber herrschte trotz des Umsturzes, der ganz wesentlich von der Friedenssehnsucht der Massen ausgelöst worden war, weiter Krieg. Nicht nur der Wunsch nach baldigem Frieden, sondern auch verbreitete Erwartungen grundlegender politischer Reformen, wie vor allem der Einberufung der Konstituante und der Agrarreform, wurden enttäuscht, da die Regierung diese Maßnahmen geordnet in Friedenszeiten vollziehen wollte. Die weitere Verschlechterung der ökonomischen Situation verschärfte die Unzufriedenheit. Autonomiebestrebungen der nichtrussischen Nationalitäten des Zarenreiches und Putschversuche von links und rechts heizten die politische Atmosphäre weiter auf. In der Armee zeigte sich zunehmend Desintegration[1].

Das Konzept des revolutionären Verteidigungskrieges konnte sich unter diesen Umständen, wie einer seiner Verfechter, Theodor Dan, rückblickend bemerkte, nur auf „eine dünne Schicht politisch geschulter Arbeiter" stützen, während die breiten Massen immer stärker auf den sofortigen Frieden drängten[2]. Insbesondere durch die unglückliche Kerenskij-Offensive machte sich die ursprüngliche Mehrheit der Landesverteidiger unter den Sozialisten unpopulär[3].

Von dieser Situation profitierten die Bolschewiki, die seit Lenins Ankunft in Rußland im April auf die Zuspitzung der Revolution bis zum Sturz der provisorischen Regierung und der kapitalistischen Ordnung festgelegt waren. Mit ihrer zugkräftigen Parole „Frieden und Land" gaben sie zweifelsohne den Wünschen und Interessen der Volksmehrheit Ausdruck. Ihre Anhängerschaft und ihr Einfluß in den Sowjets wuchs beträchtlich. Am 25. Oktober, dem 7. November moderner Zeitrechnung, übernahmen die Bolschewiki unter der Parole „Alle Macht den Räten" die Herrschaft[4]. Bereits am Tag danach verabschiedete der Allrussische Sowjet die von Lenin vorgelegten Dekrete über die Landverteilung und einen „demokratischen Frieden". Anders als die Friedenskundgebung des Petrograder Sowjet vom März enthielt Lenins Friedensdekret das Angebot eines sofortigen Waffenstillstandes[5].

---

[1] Siehe dazu das Kapitel „Demokratische Revolution (Februar-Oktober 1917) in Hildermeier, Russische Revolution, S. 133–228.
[2] Martow/Dan, Russische Sozialdemokratie, S. 300.
[3] Denike, Men'ševiki v 1917 godu, S. 46.
[4] Einen Überblick über Forschungspositionen zum Verhältnis der Bolschewiki zu den russischen Unterschichten und zur Einschätzung der Oktoberrevolution gibt Dietrich Beyrau: Die russische Revolution im Meinungsstreit, in: NPL 30 (1985) S. 51–71, hier: S. 58–67.
[5] Von Rauch, Sowjetunion, S. 72.

3. Von der russischen Oktober- zur deutschen Novemberrevolution

Neue Friedenschancen

Die deutschen Sozialdemokraten begriffen den Oktoberumsturz daher zunächst vor allem als eine Revolution für den Frieden. Mehrheitssozialdemokraten und Unabhängige sahen nunmehr ihre Aufgabe gleichermaßen darin, auf die Regierung Hertling Druck auszuüben, um sie zur Annahme eines Friedens ohne Annexionen und Entschädigungen zu bewegen[6]. „Freilich", schreibt Susanne Miller, „erfolgte bei der USPD das Echo auf die Petersburger Ereignisse früher als bei der MSPD und sein Ton war wärmer und pathetischer als bei dieser."[7] Doch die Unterschiede der Reaktionen beider Parteien auf die Oktoberrevolution waren nicht nur emotionaler Natur. Personelle Konstellationen, die stärkere Einbindung der SPD in die Reichspolitik, aber auch die Tatsache, daß die USPD in höherem Maße als die SPD die Tradition theoretischer Rechtfertigung der Politik bewahrt hatte, führten dazu, daß in den ersten Wochen nach der Oktoberrevolution die SPD den aktiveren Part in der Friedensfrage spielte, während gerade in der USPD die Grundsatzdebatte zwischen Kritikern und Anhängern der Bolschewiki begann.

Für die SPD leistete erneut der wendige Helphand-Parvus Vermittlerdienste. Den von ihm vorgetragenen Wunsch der Bolschewiki, sie mit großen Streiks und Demonstrationen zu unterstützen, wiesen Ebert und Scheidemann aus Rücksicht auf die deutsche Regierung zurück. Wohl aber wollten sie auf einer ohnehin geplanten Agitationstour durch Deutschland für einen Verständigungsfrieden mit Rußland werben. Zur propagandistischen Unterstützung wurde ein Austausch von Solidaritätsbotschaften vereinbart. Parvus überbrachte der Auslandsvertretung der Bolschewiki in Stockholm die Glückwünsche der SPD. Er legte ihnen ferner den Text einer Resolution vor, die in den geplanten Massenversammlungen der SPD in Dresden und Elberfeld verabschiedet werden sollte. In der kurzen Erklärung wurden „die Errungenschaften der Arbeiter in der russischen Revolution" begrüßt, die Forderung nach einem sofortigen Waffenstillstand und einem demokratischen Frieden gutgeheißen und Solidarität mit den „russischen Klassengenossen" bekundet[8].

„Die russischen Arbeiter und Soldaten haben die Macht aus den Händen derer gerissen, welche die Friedens- und sozialen Ziele der Revolution fallengelassen haben", hieß es in dem Antworttelegramm des Stockholmer Büros der Bolschewiki. Die Aufforderung zu Streiks und Demonstrationen war fallengelassen worden. Das Telegramm enthielt nur einen allgemein gehaltenen Hinweis auf die Notwendigkeit der Unterstützung der russischen Friedensbemühungen durch die sozialdemokratische Arbeiterschaft aller kriegführenden Länder[9].

In drei großen Versammlungen in Elberfeld, Hamburg und Bremen am 18., 22. und 24. November forderte Ebert eine positive Antwort der Mittelmächte auf das russische Friedensangebot; Scheidemann tat dasselbe am 18. November vor mehr als 6000 Zuhörern in Dresden[10].

---

[6] Miller, Burgfrieden, S. 352; „Proletarische Diktatur in Rußland", LVZ Nr. 262 vom 9. 11. 1917.
[7] A.a.O.
[8] Scharlau/Zeman, Freibeuter, S. 284–286.
[9] Ebenda, S. 286; „Eine russische Kundgebung an die deutschen Arbeiter", SPK Nr. 30 vom 24. 11. 1917.
[10] Blänsdorf, Ebert, S. 345; „Eine russische Kundgebung..." a.a.O.

Das Telegramm der bolschewistischen Auslandsvertretung war auch an die USPD gerichtet, erreichte sie jedoch nicht. Legationsrat Kurt Riezler in der Stockholmer deutschen Gesandtschaft, dem Parvus das Telegramm zur Übermittlung an die beiden sozialdemokratischen Parteien übergeben hatte, schickte es nur an die SPD. Die USPD boykottierte er wegen ihrer Gegnerschaft zur Kriegspolitik der deutschen Regierung[11]. Dieses Verhalten entsprach deren Linie, Friedenskundgebungen der SPD zuzulassen, Versammlungen der USPD aber zu verhindern[12]. Das mag die Verbitterung des USPD-Vorsitzenden Hugo Haase über die Haltung der SPD noch verstärkt haben. Am 25. November schrieb er in einem Privatbrief: „Die Scheidemänner haben die Gelegenheit nicht versäumen wollen, sich den Bolschewiki, als ihre Macht im Aufsteigen war, zu nähern, nachdem sie sie als ‚Putschisten', ‚Anarchisten' lange Zeit von oben herab behandelt haben. [...] Wenn sie in dieser Woche wieder die Kriegskredite bewilligen, so ist das die charakteristische Illustration zu dieser ‚revolutionären Aufwallung'."[13]

Von einer revolutionären Aufwallung konnte jedoch keine Rede sein. Die Oktoberrevolution und die Fühlungnahme mit den Bolschewiki veränderte nichts an der politischen Linie der Mehrheitssozialdemokraten, und sie betonten auch durchaus die Kontinuität. So erklärte Eduard David in Fortsetzung seiner Argumentation vom Würzburger Parteitag am 1. Dezember im Reichstag, ohne die Kriegspolitik der SPD säße jetzt in Petersburg der siegreiche Zar, die Bolschewiki hingegen wären im Gefängnis oder in sibirischen Verbannungsorten. Seine früheren Vorbehalte gegen Lenin schien David jedoch aufgegeben zu haben, denn er bezeichnete die neue russische Regierung als „eine demokratische Regierung, die ernstlich zum Frieden bereit ist"[14].

Die große Debatte beginnt

Die Friedensbereitschaft war der entscheidende Faktor für das Verhältnis der SPD zu den Bolschewiki in den ersten Wochen nach der Oktoberrevolution. Alle anderen politischen Fragen wurden ausgeklammert. „In den russischen Richtungsstreit mischen wir uns nicht ein", hatte Scheidemann in seiner Dresdener Ansprache gesagt, „aber die Sache des Friedens ist die Sache aller internationalen Sozialisten, [...] und zu dieser Sache stehen wir mit jedem, der das gleiche Ziel verfolgt, bis zum äußersten."[15]

Während Scheidemann die Auseinandersetzung um die Oktoberrevolution auf einen „russischen Meinungsstreit" reduzieren wollte, war in der USPD das Bewußtsein der grundsätzlichen Bedeutung der russischen Vorgänge viel stärker ausgeprägt. Die Ereignisse in Rußland erklärte das Berliner *Mitteilungs-Blatt* der USPD, seien „die entscheidende Feuerprobe, die zu erweisen hat, ob der revolutionäre Sozialismus schon heute seine Theorien in ökonomische und politische Wirklichkeiten umsetzen kann". Es handle sich also keineswegs um eine rein russische Angelegenheit, vielmehr gelte für jeden Proletarier „Tua res agitur, um deine Sache handelt es sich!"[16]

---

[11] Scharlau/Zeman, Freibeuter S. 287f.
[12] Miller, Burgfrieden S. 352.
[13] Ernst Haase: Hugo Haase. Sein Leben und Wirken. Berlin 1929, S. 154.
[14] Miller, Burgfrieden, S. 357.
[15] Ebenda, S. 353.
[16] „Eine entscheidende Wendung der russischen Revolution", Mitteilungs-Blatt vom 18. 11. 1917, auszugsweise abgedruckt bei Horst Naumann: Revolutionäre Berliner Sozialdemokraten

3. Von der russischen Oktober- zur deutschen Novemberrevolution

Skeptisch über den Ausgang der „Feuerprobe" äußerte sich schon in seiner ersten Stellungnahme Karl Kautsky. Nach der Februarrevolution hatte er in einer Analyse der russischen Verhältnisse hervorgehoben, daß zwar der sozio-ökonomische Entwicklungsstand des Landes nur eine bürgerliche Revolution zulasse, gleichwohl aber das Proletariat eine führende Rolle beim Sturz des Zarismus übernommen habe. Nach Kautskys Meinung folgte als Konsequenz aus dieser widersprüchlichen Situation der Aufbau einer Demokratie mit einer starken sozialen Komponente, in der sich die Grundlagen für den Übergang zum Sozialismus entwickeln könnten[17]. Kautsky stimmte darin weitgehend mit den Ideen der Menschewiki überein. Auch sie hielten in Rußland auf absehbare Zeit nur eine bürgerliche Revolution für möglich, wobei dem Proletariat die Rolle zukam, das Bürgertum zu kontrollieren und auf eine progressive Linie festzulegen. Daher hatten die Menschewiki anfangs auch keine Ämter in der provisorischen Regierung übernehmen wollen[18].

In seinem Artikel „Die Erhebung der Bolschewiki", der am 15. November in der *Leipziger Volkszeitung* erschien, führte Kautsky seine Überlegungen zur russischen Revolution fort und wandte sie auf die neue Situation an. In dem Bestreben, die kriegsverlängernde Alleinherrschaft des Bürgertums zu verhindern, hätten die beiden Flügel der russischen Sozialdemokratie unterschiedliche Konzepte verfolgt. Während die Menschewiki sich auf eine Koalitionsregierung einließen, propagierten die Bolschewiki die Diktatur des Proletariats. „Der Gedanke der Bolschewiki war der einfachste, der Klassenlage des Proletariats am meisten entsprechende. Aber auch derjenige, der den Widerspruch zwischen dem hohen proletarischen Streben und der niedrigen Entwicklungsstufe des Reichs aufs äußerste zu steigern drohte", schrieb Kautsky. Er äußerte die klarsichtige Befürchtung, die Diktatur des Proletariats in Rußland werde die Einstellung der Produktion, den Zerfall des Staatsapparates und separatistische Tendenzen zur Folge haben[19].

Clara Zetkin hingegen schienen die theoretischen Zweifel im Hinblick auf die Rückständigkeit Rußlands „im Angesicht der bolschewistischen Tat" nicht haltbar: „Die Dinge und Menschen sind reif zur Revolution, wenn breite Volksschichten bestimmte Zustände als unerträglich empfinden...", antwortete sie wenig später in der Frauenbeilage der LVZ[20].

Am 17. Dezember erschien in der LVZ eine entschiedene Kritik der bolschewistischen Politik aus der Feder von Alexander Stein. Sie hob die Diskussion von der theoretischen auf eine konkrete Ebene. Der Autor stützte sich dabei auf detaillierte Informationen über die jüngste Entwicklung in Rußland. Alexander Stein – sein eigentlicher Name war Rubinstein – war ein Menschewik jüdischer Herkunft aus Riga. Nach

---

1917/18 zur Oktoberrevolution, in: ZfG 35 (1987) S. 912–920, hier: S. 915. Ähnlich „Proletarische Diktatur..."

[17] Salvadori, Sozialismus und Demokratie, S. 316–319.
[18] Ausführlich zum menschewistischen Konzept: Boris Sapir: Notes and Reflections on the History of Menshevism, in: Leopold Henry Haimson (ed.): The Mensheviks. From the Revolution of 1917 to World War II. Chicago 1975, S. 349–391, hier: S. 364–377 sowie Mehringer, Revolution S. 135–148.
[19] Karl Kautsky: Die Erhebung der Bolschewiki, in: LVZ Nr. 267 vom 15. 11. 1917.
[20] Clara Zetkin: Der Kampf um Macht und Frieden in Rußland. Frauenbeilage der LVZ vom 30. 11. 1917; abgedruckt in: Clara Zetkin: Für die Sowjetmacht. Berlin (O) 1977, S. 38–47, hier: S. 44f.

der Revolution von 1905/06 hatte er aus dem Zarenreich fliehen müssen und dann als Mitarbeiter von Parteizeitungen in der deutschen Sozialdemokratie Fuß gefaßt[21]. Aufgrund seiner Sprachkenntnisse und seiner Verbindungen zu Politikern der menschewistischen Partei war Stein genauestens über die Vorgänge in Rußland informiert. „Demokratie oder Diktatur?" lautete die Überschrift seines Artikels[22], und damit war ein Streitthema formuliert, das die deutsche Sozialdemokratie in den folgenden Jahren intensiv beschäftigen sollte.

Stein führte aus, daß sich die sogenannte „Diktatur des Proletariats und der ärmeren Bauernschaft" schon in den ersten Tagen als die Diktatur einer einzigen Partei, nämlich der Bolschewiki, entpuppt habe. Verhandlungen über eine Koalition aller sozialistischen Parteien, die die Eisenbahnergewerkschaft vermittelt hatte, seien an der Unnachgiebigkeit Lenins und Trotzkis gescheitert. Kompromißbereite Bolschewiki wie Nogin und Rykow, Sinowjew und Kamenew seien aus Protest aus dem Rat der Volkskommissare beziehungsweise dem Zentralkomitee ausgeschieden[23]. Die Vorgänge zeigten, daß in Rußland die „Diktatur einer Gruppe der Bolschewikipartei, die die Leitung der Bewegung an sich gerissen hat", herrsche. Die gesamte innere und äußere Politik der Regierung Lenin-Trotzki ergebe sich zwangsläufig aus dieser Diktatur, deren Basis mit jedem Tag schmäler werde. Stein zitierte Äußerungen führender Bolschewiki, die als Folge der von dem Führungsduumvirat betriebenen Politik den Bürgerkrieg in den Reihen der Arbeiterklasse und die Niederlage der Revolution befürchteten. Er wies auf die Vernichtung der andersdenkenden Presse, Razzien, willkürliche Verhaftungen und Repressionen und die Aufhebung des Koalitionsrechts hin. Häufig werde gedroht, die Konstituante bei einem unerwünschten Wahlergebnis aufzulösen. Schon jetzt gebe es unzulässige Eingriffe in das Wahlverfahren. „Das internationale Proletariat kann nicht wünschen, daß die revolutionäre Bewegung in Rußland eine so verhängnisvolle Wendung nimmt, die alle an sie geknüpften Hoffnungen vernichten würde."

Steins spätere Feststellung, er habe mit seinem Artikel „bei vielen lebhafte Zustimmung" gefunden[24], erscheint fragwürdig. Schon die LVZ-Redaktion hatte ihn mit einem distanzierenden Vorspann versehen. Die Kritik scheine etwas weit zu gehen. In bewegter Zeit seien auch harte diktatorische Maßnahmen notwendig, die aber nicht dauerhaft werden dürften. Die Bolschewiki sollten, meinte die Redaktion der Volkszeitung, eine Koalition „aller wahrhaft sozialistischen und demokratischen Elemente" herbeiführen[25]. Welche Gruppierungen damit gemeint waren, wurde allerdings nicht erläutert. Auch der von Stein ausführlich geschilderte Unwille Lenins und Trotzkis, die Macht zu teilen (außer mit den linken Sozialrevolutionären, mit denen für einige Monate eine bolschewistisch dominierte Koalition bestand), wurde offenkundig einfach nicht zur Kenntnis genommen. In der Folge verteidigten dann auch Franz Mehring und Clara Zetkin die Politik der Bolschewiki gegen Steins Kritik, wobei Mehring ebenso wie das

---

[21] Autobiographische Aufzeichnungen im Nl. Stein, Mappe 5.
[22] Alexander Stein: Demokratie oder Diktatur?, in: LVZ Nr. 293 vom 17. 12. 1917.
[23] Ausführlich behandelt diese sogenannten Vikžel-Verhandlungen (nach der Abkürzung der Bezeichnung des Vorstandes des Eisenbahnerverbandes „Vserossiskij Isponitel'nyj Komitet Železnodorožnikov") Vladimir Brovkin: The Mensheviks after October. Socialist Opposition and the Rise of the Bolshevik Dictatorship. Ithaca and London 1987, S. 21–35.
[24] Alexander Stein: Sowjetrußland und Europa. Karlsbad o.J. [1936] S. 33.
[25] Stein, Demokratie.

Mitteilungs-Blatt die Repressionsmaßnahmen der Bolschewiki rechtfertigte. Daß man Revolutionen „nicht mit Samthandschuhen" oder „mit Rosenwasser" machen könne, wurde zum Topos der linksradikalen Argumentation[26].

In einem Anfang Januar 1918 publizierten Aufsatz mit dem Titel „Demokratie und Diktatur" führte Kautsky die Überlegungen, die er im November in der LVZ angestellt hatte, fort. Er versuchte hier den Widerspruch zwischen Demokratie und Diktatur in einer Argumentationsfigur aufzulösen, die er später oft wiederholt hat. Die Diktatur des Proletariats definierte er als die Herrschaft des zur Volksmehrheit gewordenen Proletariats, die sich auf demokratische Formen und Einrichtungen wie allgemeine und gleiche Wahlen und ein Parlament stütze. Diktatorische Mittel dürften nur zur Verteidigung des Entscheidungsrechts der Mehrheit gegenüber einer sich auflehnenden Minderheit angewandt werden. „Die Diktatur kann ersprießlich nur wirken als Herrschaft der Volksmehrheit über eine Minderheit, die sie bedroht." Bei einer demokratischen Revolution in einem rückständigen Staat – womit natürlich Rußland gemeint war – beschränke sich die Aufgabe des Proletariats darauf, sich genügend zur Geltung zu bringen als eines der Glieder der arbeitenden Schichten, zu denen etwa auch die Kleinbauern gehörten. Für die Diktatur des Proletariats seien solche Verhältnisse aber noch nicht reif. Den Bolschewiki warf Kautsky daher vor, voluntaristisch den Lauf der Geschichte abkürzen zu wollen[27].

Peter Lösche sieht in dem zitierten Aufsatz Kautskys „die Nahtstelle, an der Kautsky den funktionslos gewordenen Kautskyanismus und den zur Integrationsideologie erstarrenden Antibolschewismus [...] übereinanderheftete." „Der Urheber des Kautskyanismus schuf in dem Augenblick, in dem seine politische Theorie als Integrationsideologie Schiffbruch erlitt, die Ideologie mit, die an die Stelle der aufgelösten trat: den Antibolschewismus", schreibt Lösche[28]. Ohne der eingehenderen Auseinandersetzung mit Lösches Thesen vorzugreifen[29], sei hier nur darauf hingewiesen, daß es sich bei der Stellungnahme Kautskys zur Oktoberrevolution keineswegs um einen so starken Bruch und eine Ablösung einer überkommenen Ideologie durch eine neue handelte, wie Lösche dies annimmt. Sie stand vielmehr in der Kontinuität einer Diskussion, die unter den russischen Marxisten schon seit langem geführt worden war, aber auch in der Kontinuität von Kautskys eigenen Ideen, wie er sie etwa zur russischen Revolution von 1905 geäußert hat[30].

Kurz nach dem Erscheinen von Kautskys Artikel in der Sozialistischen Auslandspolitik unternahmen die Bolschewiki einen weiteren Schritt zur Realisierung *ihrer* Vorstellung der proletarischen Diktatur. Am 6. Januar 1918, dem 19. moderner Zeitrechnung, wurde die Konstituierende Versammlung Rußlands, die einen Tag zuvor zusammengetreten war, durch ein Dekret des Rates der Volkskommissare aufgelöst. Der Grund dafür war, daß die Bolschewiki trotz vorausgegangener Wahlmanipulationen nur ein

---

[26] Stein, Sowjetrußland, S. 33; Lösche, Bolschewismus, S. 123; „Unter der Diktatur des Proletariats", Mitteilungs-Blatt vom 16. 12. 1917, auszugsweise abgedruckt bei Naumann, Revolutionäre Berliner, S. 917f.
[27] Karl Kautsky: Demokratie und Diktatur, in: Sozialistische Auslandspolitik Nr. 1 vom 3. 1. 1918.
[28] Lösche, Bolschewismus, S. 125 und S. 124.
[29] Siehe unten S. 92–95.
[30] Vgl. Salvadori, Sozialismus und Demokratie, S. 146f.

knappes Viertel der Sitze erringen hatten können, während die in entschiedener Opposition zu ihnen stehenden Sozialrevolutionäre die überwältigende Mehrheit stellten. So wurde den Deputierten der Zugang zu ihrem Tagungsort, dem Taurischen Palais in Petrograd, von schwer bewaffneten Truppen verweigert. Schon am Tag der Eröffnung hatten den Bolschewiki ergebene Truppen mit Maschinengewehren in eine Demonstration von Unterstützern der Konstituante gefeuert und dabei eine erhebliche Anzahl von Demonstranten getötet[31].

Hinweise auf die Absicht der Bolschewiki, das Ergebnis der Wahlen zur Konstituante nicht zu respektieren, hatte nicht nur Alexander Steins kritische Stellungnahme enthalten. Der *Vorwärts* hatte Anfang Januar einen Artikel Maxim Gorkis mit entsprechenden Warnungen übernommen, und die von Rudolf Breitscheid herausgegebene unabhängigsozialdemokratische *Sozialistische Auslandspolitik* brachte am 13. Januar die Übersetzung eines Artikels des führenden Menschewisten Ju. O. Martow, der am 28. Dezember in dem menschewistischen Organ *Novyj Luč* erschienen war. Darin kritisierte Martow den Anspruch der „Leninianer", eine der Konstituante übergeordnete Autorität darzustellen und hielt dem das Prinzip der Volkssouveränität entgegen[32].

Diese Besorgnisse waren für das Rußlandbild der Sozialdemokraten vor dem 19. Januar 1918 nicht von entscheidendem Gewicht. Insbesondere der mehrheitssozialdemokratische *Vorwärts* zeigte zunächst eher Sympathie gegenüber dem Wirken der Bolschewiki. So brachte er am 8. Januar in seinem Unterhaltungsblatt eine wohlwollende Beschreibung der politischen Arbeit der Bolschewiki aus der Feder eines schwedischen Reisenden und versah sie mit einer redaktionellen Einleitung, die eine eindeutige Distanzierung von den russischen sozialistischen Kritikern der Bolschewiki darstellte: „Ein solches Dokument hat oft größeren Wert, als mit theoretischen Argumenten und advokatischem Eifer arbeitende Klageschriften der in den Kämpfen des Tages unterlegenen Partei, denen die zur Würdigung der Begebenheiten notwendige Distanz fehlt."[33]

Diese Bemerkung zielte offenbar auf einen Appell des Zentralkomitees der Menschewiki an die Internationale – die zu diesem Zeitpunkt allerdings faktisch nicht existierte – vom Dezember 1917, der in dem von Paul Axelrod in Stockholm in deutscher und französischer Sprache herausgegebenen Bulletin *Stimmen aus Rußland* bzw. *Échos de Russie* veröffentlicht worden war. In diesem Appell wurden die Unterdrückungsmaßnahmen der Bolschewiki scharf kritisiert, aber auch die von ihnen geführten Friedensverhandlungen mit Deutschland, die zu einem Separatfrieden führen würden und einen Verrat an den alliierten Demokratien darstellten[34].

---

[31] Von Rauch, Sowjetunion, S. 78–81; Hildermeier, Russische Revolution, S. 260f.; Vera Broido: Lenin and the Mensheviks. The Persecution of Socialists under Bolshevism. Boulder, Colorado 1987, S. 25f.

[32] Lösche, Bolschewismus, S. 130; L. Martov: Die Revolution und die Konstituante in Rußland, in: Sozialistische Auslandspolitik Nr. 3 vom 13. 1. 1918.

[33] „Petersburger Leben von heute", Vorwärts Nr. 8 vom 8. 1. 1918, Unterhaltungsbeilage.

[34] „Appell des Socialistes a l'Internationale", Échos de Russie Nr. 1 vom 1. 1. 1918. Der einzige Bibliotheksstandort dieses, zunächst nur in hektographierter Form erschienenen Mitteilungsblattes, der ermittelt werden konnte, ist das IISG Amsterdam. Dort ist jedoch – von einer deutschsprachigen Einzelnummer abgesehen – auch nur die französischsprachige Fassung vorhanden. Inhaltlich sind jedoch beide Fassungen identisch. Man kann mit großer Wahrscheinlichkeit davon ausgehen, daß der Vorwärts-Redaktion die erste deutschsprachige Nummer mit dem Appell bei Abfassung der distanzierenden Bemerkung bereits bekannt war.

3. Von der russischen Oktober- zur deutschen Novemberrevolution

Zwar fanden sich zwei Wochen später in einem Leitartikel des russischen Mitarbeiters des *Vorwärts*, A. Grigorjanz, aus Anlaß der Eröffnung der Konstituante auch wieder kritische Töne – die Konstituante sei nur infolge von Druck gegen „die gegenwärtigen Machthaber" einberufen worden, schrieb er[35] –, doch wurden sie durch einen Grundsatzartikel Friedrich Stampfers in derselben Nummer wieder relativiert. Stampfer betonte, daß aufgrund der unterschiedlichen Entwicklungsstufen Rußlands und Deutschlands auch das Verhältnis zwischen Sozialismus und Demokratie ein ganz anderes sein müsse. Während in Rußland die volle Machtergreifung des Proletariats der Demokratie vorausgehe, müsse in Deutschland die Reihenfolge umgekehrt sein. Von einer Kritik der russischen Entwicklung nahm Stampfer jedoch Abstand. „Es wäre so unmarxistisch wie möglich, wenn wir den Versuch machen wollten, einer geschichtlichen Begebenheit vom Range der russischen Revolution die Regeln unseres Katechismus vorzuschreiben."[36]

Einen Tag später war diese Zurückhaltung allerdings schon hinfällig. Die Auflösung der Konstituante löste beim *Vorwärts* helle Empörung aus. Die bolschewistische Regierung habe „an dem Parlament des revolutionären Rußland nicht anders gehandelt wie [sic!] der Zar an der Duma", kommentierte er die ersten Nachrichten über das Geschehen in Petrograd, und zwei Tage später erklärte er, die Auflösung der Konstituante sei zwar abzusehen gewesen, doch habe es für die unterdrückte Mehrheit gegolten, „eine historische Tat zu vollbringen, an welche die gegen den bolschewistischen Terror kämpfenden Parteien später wieder anknüpfen können"[37].

Zwiespältig waren die Reaktionen der Unabhängigen Sozialdemokraten auf die Auflösung der Konstituante. In der Tatsache, daß die *Leipziger Volkszeitung* den Vorgang einfach kommentarlos meldete, zeichnet sich die beginnende „Kritik-Abstinenz" gegenüber den Bolschewiki ab, die bis 1920 immer mehr Boden in der Partei gewinnen sollte[38]. Das Berliner *Mitteilungs-Blatt* der USPD reagierte auf die Auflösung der Konstituante mit zwei kritischen Artikeln[39], schwenkte aber bald darauf wieder auf den Kurs der Unterstützung der Bolschewiki ein[40].

Eine Zäsur in der Haltung zu den Bolschewiki bewirkte die Zerschlagung der Konstituante, wie Peter Lösche zutreffend festgestellt hat, in erster Linie bei den Mehrheitssozialdemokraten. Dieser Vorgang habe sie, ebenso wie die Unabhängigen des rechten Flügels, „an ihrer empfindlichsten Stelle" getroffen, nämlich „dem Glauben an den Sieg

---

[35] A. Grigorjanz: Ein großer Tag für Rußland, in: Vorwärts Nr. 20 vom 20. 1. 1918.
[36] Friedrich Stampfer: Demokratie und Revolution, in: Vorwärts Nr. 20 vom 20. 1. 1918, Beilage Sonntag. Lösches Ansicht, Stampfer habe mit diesem Artikel Kautskys Gedankengang über Demokratie und Diktatur aufgenommen, (Lösche, Bolschewismus, S. 132) ist irrig. Gerade die zitierte Bemerkung ist eine deutliche Distanzierung von Kautsky, dem Verfasser eines „sozialdemokratischen Katechismus" (NZ 12 (1893/94) Bd. 1, S. 361–369). Stampfers hier vertretene Auffassung entspricht vielmehr der später von Kautskys Kontrahenten Otto Bauer vertretenen These von unterschiedlichen Wegen zum Sozialismus.
[37] „Auflösung der Konstituante", Vorwärts Nr. 21 vom 21. 1. 1918 und „Die Ereignisse in Rußland", ebenda, Nr. 22–23 vom 23.1 1918.
[38] „Auflösung der russischen Konstituante", LVZ Nr. 17 vom 21. 1. 1918.
[39] Lösche, Bolschewismus, S. 134.
[40] „Die Sünden der Bolschewiki", Mitteilungs-Blatt vom 24. 2. 1918, abgedruckt bei Naumann, Revolutionäre Berliner, S. 918–920.

des Sozialismus durch Wahlerfolge und parlamentarische Taktik"[41]. Ganz abgesehen von der Frage, ob Lösches Einschätzung, die Sozialdemokraten hätten eine „nahezu mystische Einstellung zum Wahlakt" gehabt[42], die Kritik am „revolutionären Attentismus" (Groh) der deutschen Sozialdemokratie nicht in unrealistischem Maße überspitzt, ist festzustellen, daß die Empörung über die Zerschlagung der Konstituante nicht aus Differenzen über die strategischen Wege zum Sozialismus resultierte. Dann hätte sie schon direkt mit der Oktoberrevolution einsetzen müssen, was nicht der Fall war. Lösches Annahme wird durch Stampfers Hinweis widerlegt, es sei für Rußland ein gangbarer Weg, daß zuerst das Proletariat die volle Macht ergreife, um dann die Demokratie herzustellen.

Die Auflösung der Konstituante ließ sich allerdings schwerlich als Station auf diesem Weg verstehen. Diese Maßnahme betraf nicht nur strategische oder taktische Vorstellungen, sondern verletzte die von der Sozialdemokratie verfochtenen Grundprinzipien der politischen Gleichberechtigung und der Volkssouveränität.

Allerdings ist einzuräumen, daß bei den Verteidigern der Bolschewiki in der USPD und der Spartakusgruppe die Mittel-Zweck-Relation eine andere war. Sie gingen, wie Lenin und seine Gesinnungsgenossen, vom Vorrang sozialistischer Politik vor formaldemokratischen Prinzipien aus. Parlamentarische Institutionen erschienen ihnen allenfalls als geeignetes „Kampffeld" ohne Eigenwert. Die Machtergreifung und -behauptung des Bolschewismus in Rußland wurde so keineswegs nur zu einem Streitpunkt zwischen Verfechtern verschiedener sozialistischer Strategien. Sie bildete vielmehr die Scheidewand zwischen zwei fundamental verschiedenen Auffassungen des Sozialismus. Mit der Zerschlagung der Konstituante war nicht nur die Entstehung einer diktatorischen Herrschaft mit sozialistischem Anspruch offenbar geworden, sondern zugleich auch der demokratische Sozialismus zum Bewußtsein seiner selbst gekommen.

Brest-Litowsk, die Sozialdemokraten und die Bolschewiki

Die Haltung, die die SPD 1918 zu den Bolschewiki einnahm, wurde aber nicht nur von grundsätzlichen Erwägungen, sondern in erheblichem Maße von der Frage des Friedensschlusses mit Rußland beeinflußt.

Mit dem Machtantritt der Bolschewiki hatten die Friedenshoffnungen der deutschen Sozialdemokraten erneuten Auftrieb bekommen. Neben der Propaganda für einen Verständigungsfrieden versuchte die SPD durch direkte Kontakte zu einem Stockholmer Vertreter der Bolschewiki, dem späteren Sowjetdiplomaten V. V. Vorovskij, die bevorstehenden Friedensverhandlungen zu beeinflussen. Scheidemanns Gespräche mit Vorovskij am 14. Dezember 1917 zeitigten jedoch kein Ergebnis[43].

Gleichzeitige Versuche der USPD, zu den Bolschewiki Verbindung aufzunehmen, verhinderte die deutsche Regierung, indem sie einer USPD-Abordnung die Pässe für Stockholm verweigerte[44].

---

[41] Lösche, Bolschewismus, S. 133.
[42] Ebenda, S. 129.
[43] Miller, Burgfrieden, S. 355f.
[44] Wheeler, USPD, S. 36.

Die am 22. Dezember 1917 in Brest-Litowsk aufgenommenen Friedensverhandlungen verfolgten die Sozialdemokraten mit gespannter Aufmerksamkeit[45]. Die SPD drängte auf einen „demokratischen Frieden ohne Annexionen", wobei die westlichen Grenzvölker Rußlands in unbeeinflußten und freien Abstimmungen über ihr Schicksal entscheiden sollten[46]. Die sozialdemokratische Reichstagsfraktion erklärte die Entschlossenheit, „jedem Mißbrauch des Selbstbestimmungsrechts zum Zwecke verschleierter Annexionen mit Entschiedenheit entgegenzutreten"[47]. Diesen Grundsätzen fühlte sich auch die USPD verpflichtet, die jedoch zunehmend den Akzent ihrer politischen Tätigkeit auf außerparlamentarische Arbeit legte, während sich die parlamentarische Orientierung der SPD durch die Zusammenarbeit mit Zentrum und Liberalen im interfraktionellen Ausschuß noch verstärkt hatte. In einem von sämtlichen Mitgliedern ihrer Reichstagsfraktion unterzeichneten Flugblatt vom 10. Januar 1918 forderte die USPD die Arbeiter auf, ihre Stimme für einen Frieden ohne Annexionen und Kontributionen auf der Grundlage des Selbstbestimmungsrechts zu erheben[48].

Appelle an die deutsche Arbeiterklasse kamen aber nicht nur aus Deutschland selbst. Seit ab Januar 1918 Leo Trotzki als Volkskommissar für Auswärtiges selbst die Verhandlung führte, beschäftigte sich die russische Delegation weniger mit der konkreten Auseinandersetzung um die Friedensbestimmungen als mit an die Soldaten und das Proletariat der Mittelmächte gerichteter revolutionärer Agitation. Trotzki hoffte, die Verhandlungen so lange verschleppen zu können, bis in Deutschland und Österreich revolutionäre Unruhen ausbrechen würden[49]. Als dort im Januar Massenstreiks stattfanden, wähnten sich die Bolschewiki bereits am Ziel[50].

Die Streikwelle begann Mitte Januar in Wien, dehnte sich dann auf fast alle Teile des Habsburger-Staates aus und fand vom 28. Januar bis 4. Februar mit Ausständen von über einer Million Arbeiter – davon etwa die Hälfte in Groß-Berlin – ihr Echo in Deutschland. Gründe für die Bewegung waren die verschlechterte Lebensmittelversorgung, aber auch die offenkundig annexionistische Politik der Mittelmächte bei den Verhandlungen in Brest-Litowsk[51].

Die erste Forderung der deutschen Streikenden lautete: „Schleunige Herbeiführung des Friedens ohne Annexionen, ohne Kriegsentschädigung, auf Grund des Selbstbestimmungsrechts der Völker entsprechend den Ausführungsbestimmungen, die dafür von den russischen Volksbeauftragten in Brest-Litowsk formuliert wurden". Außerdem sollten Arbeitervertreter aller Länder zu den Friedensverhandlungen hinzugezogen werden. Darüber hinaus wurden eine bessere Nahrungsmittelversorgung, die Frei-

---

[45] Zum Verlauf der Verhandlungen siehe Gerhard Schulz: Revolutionen und Friedensschlüsse 1917–1920. München ⁶1985, S. 115–120.
[46] „Gefährdung des Friedens", Vorwärts Nr. 5 vom 5.1.1918
[47] Vorwärts Nr. 7 vom 7.1.1918
[48] Miller, Burgfrieden, S. 371.
[49] Zur Rolle Trotzkis bei den Friedensverhandlungen von Brest-Litowsk siehe Isaac Deutscher: Trotzki. Bd. 1: Der bewaffnete Prophet. Stuttgart 1962, S. 329–381.
[50] Ascher, Russian Marxism, S. 398 und S. 400.
[51] Hartfried Krause: USPD. Zur Geschichte der Unabhängigen Sozialdemokratischen Partei Deutschlands. Köln 1975, S. 105–108; Wheeler, USPD S. 37–40; Geiss, Erster Weltkrieg, S. 177–182; Günther Rosenfeld: Sowjetrußland und Deutschland 1917–1922. Köln 1984, S. 209–213.

lassung der politischen Gefangenen und die Aufhebung der Militarisierung der Arbeit verlangt[52].

Während die USPD den Streik vorbehaltlos unterstützte[53], sah die SPD-Führung darin eine Gefahr für ihre Friedensstrategie, die sich auf eine ungeschwächte Stellung Deutschlands bis zum Friedensschluß einerseits und die Zusammenarbeit mit Zentrum und Fortschrittspartei im Reichstag andererseits stützte. Da der Streik bei den Kriegsgegnern als eine Schwächung Deutschlands und bei den parlamentarischen Verbündeten als Schmälerung der sozialen Basis der SPD ausgelegt werden konnte, war man auf seine schnelle Beendigung bedacht. Mit diesem Ziel traten die SPD-Vertreter Friedrich Ebert, Philipp Scheidemann und Otto Braun in die Streikleitung ein. Sie bestand außerdem aus elf Vertretern der Revolutionären Obleute, die zumeist dem linken Flügel der USPD angehörten, und Hugo Haase, Georg Ledebour und Wilhelm Dittmann als offiziellen USPD-Vertretern[54].

Obwohl Hugo Haases Einschätzung des Januar-Streiks als „eines der größten Ereignisse in der Geschichte der Arbeiterbewegung Deutschlands"[55], nicht übertrieben ist, da ein derartiger Massenausstand mit so eindeutig politischen Zielsetzungen in der Tat noch nicht dagewesen war, war er letztlich doch ein Mißerfolg. Auf den Gang der Verhandlungen in Brest-Litowsk hatte er keinen Einfluß.

Die Schwäche der sowjetrussischen Position zeigte sich dort, als die Mittelmächte dort am 9. Februar 1918 einen Frieden mit den Vertretern der ukrainischen Rada (ein ukrainisches Wort für „Volksvertretung") schlossen und damit die staatliche Selbständigkeit der Ukraine de jure anerkannten. Die separatistische ukrainische Regierung stand allerdings auf schwachen Beinen und suchte den Schutz der Mittelmächte vor den feindlichen bolschewistischen Truppen. Das führte sie in eine Abhängigkeit, die nicht zuletzt durch die Zusage umfangreicher Getreidelieferungen an die deutschen Truppen in dem sogenannten „Brotfrieden" vom 9. Februar deutlich wurde[56].

Noch bevor die Bestimmungen des Friedens öffentlich bekannt wurden, reagierte der *Vorwärts* verhalten positiv. Zwar sei die Auflösung Rußlands aus deutscher Sicht kein erstrebenswertes Ziel und ein Friede mit ganz Rußlands wäre vorzuziehen gewesen, doch seien die Gründe für die eingetretene Situation in der inneren Entwicklung Rußlands zu suchen. Die Verantwortung dafür liege bei den Bolschewiki. Der Bolschewismus habe „seine Rolle als Welterlöser ausgespielt, nachdem ihm eine sozialistische Regierung anderer Richtung [gemeint ist die ukrainische] mit dem Friedensschluß zuvor gekommen ist"[57].

---

[52] „Die Forderungen der Arbeiter", Vorwärts Nr. 29 vom 29. 1. 1918. Im Anschluß an die Januarstreiks verlangte auch Trotzki in Brest-Litowsk die Zuziehung österreichischer und deutscher Sozialisten zu den Verhandlungen; Deutscher, Trotzki, Bd. 1, S. 356.
[53] Krause, USPD; Wheeler, USPD, wie Anm. 51.
[54] Geiss, Erster Weltkrieg S. 178–180; Peter-Christian Witt: Friedrich Ebert. Bonn 1987, S. 78f.
[55] Zitiert nach Krause, USPD, S. 108.
[56] Von Rauch, Sowjetunion, S. 85, S. 94f. und S. 98f.; Michail Heller: Geschichte der Sowjetunion. Bd. 1. 1914–1939. Kronstein/Ts. 1981, S. 63f.
[57] „Der erste Friedensschluß!", Vorwärts Nr. 41 vom 10. 2. 1918. In der gleichen Nummer des Vorwärts betonte A. Grigorjanz die Bindung der Ukraine an Rußland: „Republik Ukraina", ebenda. Die Friedensbestimmungen fanden aber die Zustimmung des Vorwärts, der seine Hoffnung auf weitere Friedensschlüsse ausdrückte; „Der Wortlaut des Friedensvertrags", Vorwärts Nr. 42 vom 11. 2. 1918.

Der Friede mit der Ukraine markiert eine Wende der Verhandlungen in Brest-Litowsk. General Hoffmann, der Vertreter der deutschen Obersten Heeresleitung, präsentierte ultimativ die Forderung der Eingliederung Polens, Litauens und Kurlands in den Einflußbereich der Mittelmächte. Trotzki reagierte darauf am 10. Februar mit einer Erklärung, die seine Kontrahenten verblüffte: „In Erwartung der nicht mehr fernen Stunde, in der die arbeitenden Klassen aller Länder die Macht ergreifen werden [...], ziehen wir unsere Armee und unser Volk aus dem Krieg zurück", verkündete er[58]. Das mag eine großartige Geste gewesen sein, von politischer Weitsicht zeugte sie nicht. Da nun auch der deutsch-russische Waffenstillstand auslief, und ein Friede nicht geschlossen worden war, nahmen die deutschen Truppen ihren Vormarsch wieder auf, ohne dabei auf nennenswerten Widerstand zu stoßen[59].

Der *Vorwärts*, der zwar – wirkungslos – vor einer Fortsetzung des Krieges warnte, verwarf entschieden Trotzkis Vorstellung, ein revolutionärer Umsturz in Deutschland werde Rußland retten.

„Ein solches Beginnen wäre nicht nur aussichtslos, sondern auch den demokratischen Grundsätzen widersprechend und im Hinblick auf den fortdauernden Kriegszustand im Westen gefährlich. Denn wir hätten, wenn Deutschland in die Lage geriete, in der sich Rußland jetzt befindet, sicher nicht mit einer Erhebung der englischen und französischen Arbeiterklasse zu rechnen, die für die Unversehrtheit des deutschen Gebietes einträte."[60]

Die Enttäuschung über die Haltung der Bolschewiki in Brest-Litowsk rief die heftige Kritik Otto Brauns vom SPD-Vorstand hervor. Sie hätten den Waffenstillstand nicht zum Friedensschluß, sondern zur Übertragung der Revolution auf das Gebiet der Mittelmächte ausnutzen wollen. Da dieses Ziel noch immer nicht erreicht sei, hätten sie ohne Rücksicht auf die leidenden Menschen die Verhandlungen kurzerhand abgebrochen. Die Hoffnung auf eine Revolution in Deutschland sei aber ein „Irrwahn". Deutschland sei Rußland in politischer, kultureller und ökonomischer Hinsicht um hundert Jahre voraus. Es müsse auch offen ausgesprochen werden, daß die Sozialdemokraten die Gewaltmethoden der Bolschewiki auf das schärfste verurteilten. Die Bolschewiki hätten in Rußland eine „Säbelherrschaft etabliert, wie sie brutaler und rücksichtsloser unter dem Schandregiment des Zaren nicht bestand". Dieses Regime werde bald zusammenbrechen. „Was die Bolschewiki in Rußland treiben, ist weder Sozialismus noch Demokratie, es ist vielmehr gewalttätiger Putschismus und Anarchie. Deshalb müssen wir zwischen die Bolschewiki und uns einen dicken, sichtbaren Trennungsstrich ziehen."[61]

Hier wird der enge Zusammenhang zwischen der grundsätzlichen Haltung der SPD zu den Bolschewiki und den außenpolitischen Hoffnungen, die auf sie gesetzt wurden, offenbar. So deutlich wie Otto Braun – und kurz nach ihm Friedrich Stampfer[62] – das nach dem scheinbaren Scheitern von Brest-Litowsk tat, war die Forderung nach dem

---

[58] Zit. nach Deutscher, Trotzki I, S. 360.
[59] Ebenda, S. 361.
[60] „Trotzki erklärt den Kriegszustand für beendet", Vorwärts Nr. 43 vom 12. 2. 1918.
[61] Otto Braun: Die Bolschewiki und wir, in: Vorwärts Nr. 46 vom 15. 2. 1918. In Auszügen verbreitete später auch die Sozialdemokratische Parteikorrespondenz Otto Brauns Artikel: „Die Bolschewiki und die deutsche Sozialdemokratie", SPK Nr. 6 vom 16. 3. 1918.
[62] Friedrich Stampfer: Das Ende von Brest-Litowsk, in: Vorwärts, Nr. 49 vom 18. 2. 1918.

„dicken, sichtbaren Trennungsstrich" trotz aller Empörung nach der Auflösung der Konstituante nicht erhoben worden. Entscheidend war dabei nicht etwa eine Angst vor dem bolschewistischen Weltrevolutionskonzept, das Braun ja als „Irrwahn" einstufte, sondern die Empörung über eine utopistische Politik, die ohne Rücksicht auf ihre Opfer praktische Erfolge verhinderte[63].

Der linke Flügel der USPD sah hingegen in den Bolschewiki „Vertreter eines konsequenten Sozialismus", die sozialistische Grundsätze nicht „als phantastische Zukunftsträume ansehen, sondern sie zur Tat werden lassen wollen", wie es das *Mitteilungs-Blatt* ausdrückte. Das Berliner USPD-Organ erklärte, „vom ehrlich sozialistischen Standpunkte aus" könne trotz einzelner Fehler den Bolschewiki kein Vorwurf gemacht werden. Sie bedienten sich im Klassenkampf nur derselben Waffen, die ihre gegenrevolutionären Widersacher schon zuvor gegen sie ins Feld geführt hätten. „Die gleichen Leute, die feierlich ihre Solidarität mit den Bolschewiki versicherten, weil sie hofften, diese an den Wagen ihrer kläglichen Friedenspolitik spannen zu können, werfen jetzt mit Steinen auf diese Vertreter eines konsequenten Sozialismus", warf das *Mitteilungs-Blatt* der SPD und insbesondere Braun und Stampfer vor. Sie seien „nichts anderes als Schleppenträger der Reaktion", weil sie deren Verdammungsurteile gegen die Bolschewiki wiederholten[64].

Trotz Brauns scharfer Polemik blieb der SPD nach wie vor kein anderer Hoffnungsträger für den Frieden im Osten als die Bolschewiki. Das zeigte sich, als Eduard David am 20. Februar im Reichstag deren Friedensbereitschaft hervorhob und daran erinnerte, daß sie als einzige Partei in Rußland für einen sofortigen Frieden eintraten. Vorwürfe, die Bolschewiki würden die Verhandlungen in Brest-Litowsk verschleppen, da ihr eigentliches Ziel die Weltrevolution sei, wies David – ohne zu berücksichtigen, daß solches auch seine eigenen Genossen geäußert hatten – zurück. Die neueingeleiteten militärischen Operationen sollten rückgängig gemacht werden, nachdem sich die bolschewistische Regierung tags zuvor zur Annahme des Friedensdiktats von Brest-Litowsk bereiterklärt hatte. Er warnte vor einer Intervention in Rußland mit dem Ziel des Sturzes der Regierung. Jede Einmischung in die inneren russischen Verhältnisse sei zu vermeiden[65].

Keine Einmischung in die russischen Verhältnisse sah die Reichstagsfraktion der SPD offenbar in dem „Brotfrieden" mit der Ukraine, dem sie am 22. Februar trotz einiger Bedenken zustimmte. Die USPD dagegen votierte gegen den Vertrag. Ihr Sprecher Oscar Cohn verdammte ihn als annexionistisch und erklärte, der Vertrag mit der Ukraine habe keinen friedlichen Zweck, sondern solle die Mittel zur Führung des Krieges im Westen beschaffen[66].

Was Cohn über den Ukraine-Frieden gesagt hatte, galt in noch höherem Maße für den Vertrag von Brest-Litowsk, der am 3. März unterzeichnet wurde. Mit dem demo-

---

[63] Lösche, der Brauns Artikel ohne Berücksichtigung des außenpolitischen Kontextes als Fortsetzung und Systematisierung der Kritik an der Zerschlagung der Konstituante betrachtet, berücksichtigt diesen Zusammenhang nicht; Lösche, Bolschewismus, S. 138f.

[64] „Die Sünden der Bolschewiki", Mitteilungs-Blatt vom 24. 2. 1918, abgedruckt bei Naumann, Revolutionäre Berliner, S. 918–920.

[65] Verhandlungen des Reichstags. Stenographische Protokolle. Bd. 311, S. 4007–4013, S. 4007.

[66] Verhandlungen Reichstag, Bd. 311, S. 4081–4086. Friedrich Stampfer hatte den Friedensvertrag mit der Ukraine zuvor im Vorwärts scharf kritisiert. Stampfer, Das Ende ...

kratischen Frieden, den die Sozialdemokraten angestrebt hatten, hatte er weder von der Art seines Zustandekommens, noch von seinem Inhalt her etwas gemein. Es war ein Friede *mit* Kontributionen und Annexionen, auch wenn letztere durch die Berufung auf das Selbstbestimmungsrecht verschleiert wurden. Diesen Frieden und die „Unabhängigkeit" der Ukraine hatte die russische Regierung ebenso zu akzeptieren wie die schrittweise oder schon vollständige Lostrennung der baltischen Länder, Polens und Finnlands sowie einiger armenischer Gebiete, die der Türkei zugeschlagen wurden[67]. Insbesondere die Abtrennung der Ukraine war ein schwerer Verlust von weitreichender ökonomischer Bedeutung. „Wie die Dinge lagen, verlor Rußland im Frieden von Brest-Litovsk 26% seiner Bevölkerung, 27% des anbaufähigen Landes, 26% des Eisenbahnnetzes, 33% der Textilindustrie, 73% der Eisenindustrie und 75% der Kohlenbergwerke", stellt Georg von Rauch fest[68].

Das Ergebnis von Brest-Litowsk war für die SPD ebenso unbefriedigend wie problematisch, denn einen Frieden im Osten wollte man unbedingt – jedoch nicht diesen. Neben der offenkundigen Tendenz zur Schaffung deutscher Vasallenstaaten unter dem Deckmantel des „Selbstbestimmungsrechts" stieß in der SPD vor allem auch die Labilität des Friedens auf Kritik. Er werde über kurz oder lang den Sturz der Bolschewikiregierung zur Folge haben, prophezeite der *Vorwärts*, und Philipp Scheidemann erklärte im Reichstag, der Friede werde russische Revancheideen fördern[69]. Die SPD machte aber nicht allein die Mittelmächte, sondern auch in erheblichem Maße die Bolschewiki für den Ausgang der Verhandlungen verantwortlich. Mit ihrer leichtfertigen Preisgabe von Gebieten hätten sie den deutschen Imperialismus geradezu gefördert und die Forderungen der SPD nach einem Frieden „ohne Balkanisierung des Ostens" konterkariert. Mit der Zerschlagung der Konstituante hätten sie auch ein „moralisches Bindemittel des [russischen J. Z.] Reiches" zerschlagen, schrieb Friedrich Stampfer[70]. Ähnlich äußerte sich Scheidemann im Reichstag und vor dem erweiterten Parteiausschuß[71]. Nicht ganz zu Unrecht stuft der sowjetische Historiker A. Korsunskij diese Haltung als zynisch ein[72], denn im SPD-Zentralorgan war auch zu lesen, Brest-Litowsk sei zwar ein Mißerfolg gewesen, aber das sei immer noch besser als wenn Deutschland das russische Schicksal widerfahren wäre[73]. Die Frage, ob man dem Vertrag von Brest-Litowsk im Reichstag zustimmen sollte, löste erhebliche Kontroversen innerhalb der SPD aus. So plädierte Paul Kampffmeyer im *Vorwärts* dafür, den „Gewaltfrieden" im Parlament abzulehnen. Befürchtungen, dies könnte die Wiederaufnahme der Kriegshandlungen

---

[67] Erdmann, Der Erste Weltkrieg, S. 217f.; zur Einschätzung des Vertrags von Brest-Litowsk siehe Winfried Baumgart: Brest-Litowsk und Versailles. Ein Vergleich zweier Friedensschlüsse, in: HZ 210 (1970) S. 582–619. Wenig überzeugend darin allerdings der Versuch, die annexionistischen Motive der deutschen Seite zu relativieren; siehe besonders S. 607–610.
[68] Von Rauch, Sowjetunion, S. 89
[69] „Die Bedingungen des deutsch-russischen Friedens", Vorwärts Nr. 58 vom 27. 2. 1918; Verhandlungen Reichstag, Bd. 311, S. 4162–4171, S. 4162.
[70] Friedrich Stampfer: Bolschewismus, in: Vorwärts Nr. 55 vom 14. 2. 1918.
[71] Vgl. Anm. 69; Protokoll der Sitzung des erweiterten Parteiausschusses vom 31. 5. 1918, in: Protokolle Parteiausschuß, Bd. 2, S. 561.
[72] A. Korsunskij: Rapall'skij dogovor i nemeckaja social-demokratija. [Der Rapallo-Vertrag und die deutsche Sozialdemokratie], in: Voprosy istorii Nr. 8, 1950, S. 91–101, hier: S. 92.
[73] „Die Bedingungen..."

zur Folge haben, teilte er nicht[74]. Auch Philipp Scheidemann ist nach eigenem Bekunden entschieden für die Ablehnung eingetreten, die er als Konsequenz aus der Übernahme der Petersburger Friedensformel betrachtet habe[75]. Die Reichstagsfraktion sprach sich jedoch mit einer deutlichen Mehrheit gegen die Ablehnung des Vertrages aus. Mit einer noch größeren Mehrheit beschloß sie, sich der Stimme zu enthalten[76]. Philipp Scheidemann begründete diese Haltung am 22. März im Reichstag. Zwar, so führte er aus, sei man weder mit dem Inhalt noch dem Zustandekommen des Vertrags zufrieden, „da aber durch diesen Vertrag der Kriegszustand im Osten tatsächlich beendet wird, wollen wir ihn auch nicht ablehnen"[77]. Die USPD-Fraktion hingegen stimmte als einzige gegen den Vertrag – die logische Konsequenz aus ihrer Haltung in der Friedensfrage[78].

Mit dem ganzen russischen Volk, nicht nur mit den augenblicklichen Machthabern wolle man Frieden schließen, hatte der *Vorwärts* nach der Zerschlagung der Konstituante erklärt. Ein Frieden mit dem ganzen Volk war der Vertrag von Brest-Litowsk mit Sicherheit nicht. Lenin hatte Mühe gehabt, seine eigene Partei zur Zustimmung zu bewegen. Alle anderen politischen Kräfte des Landes waren ohnehin gegen den Vertrag. Auf dem Mitte März außerordentlich einberufenen vierten allrussischen Sowjetkongreß, der ihn ratifizieren sollte, stieß er nicht nur bei den oppositionellen Parteien auf scharfe Ablehnung, sondern auch bei den Linken Sozialrevolutionären (SR). Sie zogen aus Protest ihre Vertreter aus der gemeinsam mit den Bolschewiki gebildeten Regierung zurück. Das markierte den Beginn eines scharfen Oppositionskurses der Linken SR gegen die nunmehr rein bolschewistische Regierung[79]. Trotz der scharfen Gegnerschaft wurde der Vertrag von einer starken Mehrheit des Kongresses ratifiziert. Es gibt allerdings deutliche Hinweise, daß das Zustandekommen dieser Mehrheit auf kräftige Manipulationen seitens der Bolschewiki zurückzuführen ist[80].

Die Vorgänge auf dem Sowjetkongreß fanden in der sozialdemokratischen Publizistik keine besondere Aufmerksamkeit, doch bestimmten der Konflikt, der dort sichtbar geworden war, und die weiteren Folgen des Vertrages von Brest-Litowsk ganz wesentlich das Verhältnis der SPD zu den Bolschewiki in den nächsten Monaten. Wenn sie auch die Bedingungen des Friedens abgelehnt hatte, so lag ihr doch ganz entscheidend am Zustandekommen und am Erhalt des Friedens im Osten, den allein die Bolschewiki politisch trugen. Aufgrund dieser Interessengemeinschaft traten etwa bis zum Oktober 1918 die kritischen Töne zur Politik der Bolschewiki in den Hintergrund.

Bestärkt wurde die Interessengemeinschaft noch durch die alliierten Interventionen in Rußland, die zunächst auf die Sicherstellung der in mehreren russischen Häfen lagernden, von den Entente-Staaten gelieferten umfangreichen Vorräte von Kriegsmate-

---

[74] Paul Kampffmeyer: Russenfriede und Reichstag, in: Vorwärts Nr. 72 vom 13. 3. 1918.
[75] Philipp Scheidemann: Der Zusammenbruch. Berlin 1921, S. 154.
[76] Miller, Burgfrieden, S. 352.
[77] Verhandlungen Reichstag, Bd. 311, S. 4536.
[78] Wheeler, USPD, S. 40. A. Korsunskijs Behauptung, SPD und USPD hätten gleichermaßen den Vertrag von Brest-Litowsk unterstützt, ist falsch.
[79] Von Rauch, Sowjetunion, S. 108; Brovkin, Mensheviks after October, S. 67. Eine Kernstelle von Martows Ablehnungsrede ist abgedruckt bei Ascher, Mensheviks in the Russian Revolution, S. 110.
[80] Brovkin, Mensheviks after October, S. 68–71.

rial zielten, aber nahezu nahtlos in die Unterstützung der bewaffneten antibolschewistischen Kräfte übergingen[81]. Der *Vorwärts* stimmte ausdrücklich dem Urteil der „Volksregierung der Sowjets" zu, daß es sich auch um eine gegenrevolutionäre Maßnahme handle[82].

Unversehens war so die „Säbelherrschaft" zur „Volksregierung" avanciert. Die sozialistischen Gegner der Bolschewiki betrachtete der *Vorwärts* hingegen mit unverhohlener Ablehnung. Die Meldung, bei den Wahlen zum Petrograder Sowjet hätten die Bolschewiki 436 von 544 Sitzen gewonnen, erläuterte er mit dem Satz: „Einen besseren Beweis für die Unrichtigkeit der Behauptung der Menschewiki und Sozialrevolutionäre, die Bolschewiki verlieren [sic!] immer breitere Massen der Petersburger Arbeiter, kann man sich nicht wünschen."[83] Das Mißtrauen gegenüber den Zerstörern der Konstituante, das hier durchaus am Platz gewesen wäre[84], war völlig verschwunden.

Die ablehnende Haltung den Sozialrevolutionären gegenüber verschärfte sich naturgemäß noch, als diese den deutschen Gesandten in Moskau, von Mirbach, ermordeten, um so das Abkommen von Brest-Litowsk zu sabotieren und zugleich das Signal für einen bewaffneten Aufstand gegen die Bolschewiki zu geben[85]. Die Fronten waren klar: Während eine außenpolitische Erklärung des neuen Außenministers Čičerin nach Meinung des *Vorwärts* Möglichkeiten barg, „mit denen sich verständigungspolitisch in die Zukunft bauen läßt", konstatierte er andererseits: „Die Sozialrevolutionäre spielen das Spiel der Entente."[86]

Diese Sympathieverteilung blieb jedoch nicht auf außenpolitische Aspekte beschränkt. Wohlwollend kommentierte der *Vorwärts* etwa das Dekret über die Nationa-

---

[81] Zu den Motiven und zum Verlauf der Interventionen siehe ausführlich Kennan, Sowjetische Außenpolitik, S. 91–163.

[82] „Die Moskauer Ententevertreter zur Landung in Wladiwostok", Vorwärts Nr. 97 vom 9. 4. 1918; „Der Protest des Arbeiterrates von Wladiwostok", ebenda Nr. 101 vom 13. 4. 1918.

[83] „Das Endergebnis der Neuwahlen des Petersburger Sowjets", Vorwärts Nr. 182 vom 5. 8. 1918.

[84] Brovkin, Mensheviks after October, S. 238–243, hat die Wahl einer detaillierten Analyse unterzogen. Unter Berücksichtigung des komplizierten Wahlmodus und der differierenden Angaben über die Gesamtdelegiertenzahl und die Wahlergebnisse kommt er zu dem Schluß, daß die bolschewistische Mehrheit vor allem durch die Ernennung von Deputierten aus bolschewistisch kontrollierten Organisationen – häufig „tote Seelen" – zustandekam. Bei der Minderheit, die die direkt von Arbeitern gewählten Deputierten darstellten, verfügten Menschewiki und Sozialrevolutionäre über eine deutliche Mehrheit. Es ist anzunehmen, daß der Vorwärts über die Details nicht im einzelnen informiert war, doch waren ihm, wie aus dem Zitat hervorgeht, offenkundig auch menschewistische und sozialrevolutionäre Quellen zugänglich, vor allem das in Stockholm erscheinende Bulletin Stimmen aus Rußland, seit Juni das offizielle Mitteilungsblatt der Auslandsdelegationen der Menschewiki und der Sozialrevolutionäre; Échos de Russie Nr. 15/16 vom 15. 6. 1918, vgl. auch Anm. 34. In der genannten Nummer fand sich etwa auch ein Bericht über die gewaltsame Niederschlagung einer Arbeiterdemonstration für Neuwahlen der Sowjets durch die Roten Garden, bei der drei Demonstranten erschossen wurden, „Le Massacre des ouvriers à Kolpino", ebenda; siehe auch Brovkin, Mensheviks after October, S. 178–185. Der Vorwärts nahm davon keine Notiz.

[85] „Der deutsche Gesandte in Moskau ermordet", Vorwärts Nr. 184 vom 7. 7. 1918, ferner die Berichterstattung über den Aufstand in Nr. 185 vom 8. und Nr. 186 vom 9. 7. 1918. Dazu von Rauch, Sowjetunion, S. 109–111.

[86] „Die auswärtige Politik der Sowjetregierung", Vorwärts Nr. 189 vom 12. 7. 1918; „Die Arbeit der Entente in Rußland", ebenda, Nr. 217 vom 9. 8. 1918. In der Tat unterhielten die Sozialrevolutionäre enge Beziehungen zum französischen Botschafter in Rußland, Noulens, von dem sie auch finanziell unterstützt wurden; von Rauch, Sowjetunion, S. 110.

lisierung der Industrie, in dem er einen Beweis dafür sah, daß die Bolschewiki „die organische Umwandlung der kapitalistischen Wirtschaft in eine sozialistische mit tauglichen Mitteln anstreben, die von den aus den ersten Zeiten der proletarischen Revolution gemeldeten primitiven Entthronungsversuchen der Kapitalisten sehr verschieden sind"[87]. Das allerdings rief den entschiedenen Widerspruch des russischen *Vorwärts*-Mitarbeiter A. Grigorjanz hervor, der in einer Entgegnung auf den Verfall der Industrie verwies, die nur noch 10 Prozent der Vorkriegsleistung erbringe. Die Betriebe seien in den Händen ungeschulter und unerfahrener Arbeiter und würden von der Regierung mit Subventionen von schwindelnder Höhe am Leben erhalten[88]. Auch die am rechten Parteiflügel angesiedelten *Sozialistischen Monatshefte* glaubten zur gleichen Zeit eine reformistische Entwicklung des Bolschewismus ausmachen zu können[89]. Diese Einschätzungen reflektieren die kurze Phase des sogenannten „Neuen Kurses" in Sowjetrußland zwischen März und Juni 1918, in der zwar vorübergehend die Angriffe auf das Bürgertum gemildert wurden, die aber letztlich – abgesehen von der Zurückdrängung der Arbeiterselbstverwaltung in den Betrieben – den Charakter des sogenannten „Kriegskommunismus" nicht wesentlich änderte[90].

Bezeichnend für die Haltung der SPD in dieser Phase ist die – von einem gewissen Maß an „wishful thinking" gekennzeichnete – sensible Aufmerksamkeit für diese Entwicklung, während die gewaltsame Festigung der bolschewistischen Diktatur kaum Gegenstand kritischer Betrachtung war. Das zeigte sich deutlich, als Paul Axelrod mit seiner Initiative einer sozialistischen Intervention hervortrat. Axelrod war, wie es auch der Linie seiner Partei entsprach, gegen die Intervention der Alliierten. Er war jedoch zutiefst besorgt über die Sympathien, die den Bolschewiki in den westlichen sozialistischen Parteien entgegengebracht wurden. Dies betrachtete er als eine moralische Unterstützung der Bolschewiki. Dem setzte er seine Idee einer internationalen sozialistischen Untersuchungskommission entgegen, die die Verhältnisse vor Ort überprüfen sollte. Damit, so hoffte er, würden einerseits die Illusionen westlicher Sozialisten über den Charakter des bolschewistischen Regimes zerstört, andererseits könnte so ein moralischer Druck auf die Bolschewiki ausgeübt werden, die in ihrer prekären Situation Wert auf die Unterstützung der westlichen sozialistischen Parteien legen mußten. Axelrod trieb diese Initiative in den Jahren 1918/19 mit großer Energie voran[91]. Nach einem ersten Appell im Februar, in dem die Aufhebung der Grundfreiheiten durch die Bolschewiki angeklagt worden war – er war auch im *Vorwärts* erschienen[92] –, konkretisierte Axelrod Anfang August zusammen mit dem Vertreter der sozialrevolutionären Aus-

---

[87] „Die Nationalisierung der russischen Industrie", Vorwärts Nr. 193 vom 16. 7. 1918.

[88] A. Grigorjanz: Die Nationalisierung der russischen Industrie. Vorwärts Nr. 195 vom 18. 7. 1918.

[89] Ludwig Quessel: Vom Bolschewismus zum Reformismus, in: SM Nr. 17 vom 16. 7. 1918, S. 667–675. Quessel hatte sich bereits früher gegen die These gewandt, Rußland sei noch nicht reif für den Sozialismus, ders.: Der Aufbau des neuen Rußland, in: SM Nr. 1/2 vom 8. 1. 1918, S. 7-12.

[90] Brovkin, Mensheviks after October, S. 77–81; Hildermeier, Russische Revolution S. 278–280.

[91] Ascher, Mensheviks, S. 34 f.

[92] „Das Schicksal der russischen Revolution. Axelrod an die Internationale", Vorwärts Nr. 54 vom 23. 2. 1918. Lösche, Bolschewismus, S. 141, meint wohl nicht zu Unrecht, in der Veröffentlichung zugleich eine Zustimmung zu erkennen, verfolgt jedoch die weitere Entwicklung von Axelrods Initiative nicht.

landsdelegation Rusanov sein Anliegen an die Internationale. Eine sozialistische Untersuchungskommission sollte nach Rußland entsandt werden mit dem Auftrag, den Vorwurf zu überprüfen, die Herrschaft der Bolschewiki sei zu einer terroristischen Konterrevolution entartet, die sich auch und gerade gegen das Proletariat und die Bauern richte und in ökonomischer Hinsicht nicht den Sozialismus, sondern Massenarbeitslosigkeit und Hunger gebracht habe. Geprüft werden sollte andererseits auch der bolschewistische Vorwurf, die anderen sozialistischen Parteien würden im Bunde mit bürgerlichen und monarchistischen Gruppen die Gegenrevolution betreiben.

Während der eigentliche Untersuchungsauftrag sich nur auf die innenpolitischen Verhältnisse Rußlands bezog, wurde in der Erläuterung dazu auch beklagt, daß die Bolschewiki durch die Demobilisierung der Armee das Land der Verteidigung beraubt und damit letztlich den Weg zu einem allgemeinen Frieden versperrt hätten. Außerdem ist der Aufruf durchdrungen von der Klage darüber, daß bei den westlichen Sozialisten Illusionen über den wahren Charakter der bolschewistischen Herrschaft dominierten, und deren sozialistische Kritiker als unglaubwürdig und konterrevolutionär eingestuft würden[93].

Der *Vorwärts*, der zunächst – abgesehen von einer distanzierten Überschrift – kommentarlos über den Aufruf berichtet hatte, wandte sich vier Wochen später, als sich die als deutschfeindlich eingestuften schwedischen Sozialdemokraten für die Untersuchungskommission ausgesprochen hatten, schroff gegen ihn. Es wäre die denkbar schlechteste Anwendung einer wiederbelebten Internationale, „wenn sie zur Anklagebehörde über diejenigen ihrer Mitglieder werden sollte, die als erste den praktischen Versuch gemacht haben, den Sozialismus für ein ganzes Volk in die Wirklichkeit zu übertragen". Hinter dem Beschluß des schwedischen Parteivorstandes stehe der Geist Brantings und dahinter der „Geist der Entente-Chauvinisten", die jene, die „nicht ihre Tätigkeit in den Dienst des Ententesieges gestellt haben, vor den Richterstuhl schleppen möchten, sei es die deutsche Sozialdemokratie, sei es den russischen Bolschewismus"[94]. Informationen über den bolschewistischen Terror, der nach dem Attentat auf Lenin Ende August zur offiziellen Politik erhoben wurde, verschwanden zwar nicht völlig aus dem *Vorwärts*, sie wurden jedoch in äußerst allgemeiner und vorsichtiger Form präsentiert[95]. Ein wesentlicher Grund für diese Zurückhaltung war gewiß auch die Presselen-

---

[93] Die russische Revolution und die sozialistische Internationale. Aus dem literarischen Nachlaß von Paul Axelrod. Jena 1932, S. 159–163; „Rechtssozialdemokraten und Sozialrevolutionäre gegen die Bolschewiki", Vorwärts Nr. 211 vom 3. 8. 1918.

[94] „Eine Aktion der Internationale gegen die Bolschewiki?", Vorwärts Nr. 236 vom 28. 8. 1918. Zur Stützung seiner Position zitierte der Vorwärts zudem Vorwürfe aus den Iswestija, wonach die Sozialrevolutionäre konterrevolutionäre Aktivitäten betrieben und ihr rechter Flügel für die Wiederherstellung des Großgrundbesitzes und der Monarchie eintrete. Nicht zutreffend ist Abraham Aschers Einschätzung, die deutschen Sozialdemokraten hätten Axelrods Initiative abgelehnt, weil die Politik ihrer Regierung, Rußland durch ein „bolschewistisches Chaos" zu schwächen und so die deutsche Position im Westen zu stärken, unterstützt hätten; Ascher, Mensheviks, S. 35. Nicht um die Schwächung Rußlands, sondern um die Aufrechterhaltung des Friedens im Osten ging es der SPD. Von einem „bolschewistischen Chaos", war in ihrer Publizistik in dieser Phase nicht die Rede.

[95] „Die Gegenrevolution in Rußland", Vorwärts Nr. 175 vom 28. 6. 1918; „Nach dem Attentat", ebenda, Nr. 242 vom 3. 9. 1918. Hildermeier, Russische Revolution, S. 287f., hält 280 000 Todesopfer des roten Terrors vom Dezember 1917 bis Februar 1922 für die zutreffendste Schätzung.

kung durch das Auswärtige Amt. So wandte sich der Staatssekretär des Außenministeriums Paul von Hintze gegen Proteste gegen den roten Terror, erklärte am 24. September im Reichstagsausschuß Zeitungsberichte über den Terror für übertrieben und bemühte sich allgemein, Nachrichten, die für die Bolschewiki-Regierung ungünstig waren, zu unterdrücken[96].

Die Bolschewismusdebatte spitzt sich zu: Lenin gegen Kautsky

Die Auseinandersetzung mit den Bolschewiki, die sich seit März 1918 als Kommunistische Partei bezeichneten, entwickelte sich in der USPD unter anderen Vorzeichen. Sie stand in Fundamentalopposition zur Politik des Reiches. Außenpolitische Rücksichten, die auf die Haltung der SPD großen Einfluß hatten, spielten daher bei ihr keine Rolle. Die Bewertung der russischen Ereignisse betraf jedoch in viel höherem Maße, als das bei der SPD der Fall war, ihr politisches Selbstverständnis. Trotz des vielfach vertretenen Opportunitätsgesichtspunktes, die prekäre Lage der Bolschewiki nicht noch durch Kritik zu erschweren, setzten Karl Kautsky und Alexander Stein ihre kritische Auseinandersetzung mit den Bolschewiki fort. So bekräftigte Kautsky seine Einwände gegen das bolschewistische Revolutionskonzept, das in Rußland mangels der sozioökonomischen Voraussetzungen scheitern müsse und die ganz andersartigen Bedingungen für eine Revolution im Westen verkenne. Vorsichtig erklärte er, bürgerliche Berichte über Greueltaten bedürften der Überprüfung[97].

Den anderen Pol bildeten die überzeugten Bewunderer der Bolschewiki, die sich zunächst vor allem in der Spartakusgruppe fanden[98]. Anhänger wie Clara Zetkin und Franz Mehring waren vor allem durch deren Tatkraft beeindruckt, der gegenüber theoretische Bedenken für sie wenig wogen[99]. Im Mai erschien in der bolschewistischen Presse ein Artikel von Clara Zetkin mit dem eindeutigen Titel „Für die Bolschewiki", in dem sie sich gegen Alexander Steins Kritik wandte. „In der Gegenwart Not und Kleinmut steht der Bolschewiki Erhebung und Kampf [als] ein Riesenwegweiser der Zukunft", schrieb sie pathetisch[100]. Ähnlich äußerte sich in einem offenen Brief an die Bolschewiki, der am 13. Juni in der *Pravda* und am 4. Juli auch in der *Leipziger Volkszeitung* veröffentlicht wurde, Franz Mehring. Er bezeichnete Kautsky als einen „ge-

---

[96] Winfried Baumgart: Deutsche Ostpolitik 1918. Von Brest-Litowsk bis zum Ende des Ersten Weltkrieges. Wien usw. 1966, S. 316–319.
[97] Karl Kautsky: Verschiedene Kritiker der Bolschewiki, in: Sozialistische Auslandspolitik Nr. 11 vom 13. 3. 1918, S. 1–4.
[98] Rosa Luxemburg, das geistige Haupt dieser Gruppe, trotz starker Sympathie für deren revolutionären Aktivismus eine sehr kritische Stellung zur Politik der Bolschewiki ein, die sie im Herbst 1918 im Gefängnis von Breslau in ihrem berühmten Aufsatz über die russische Revolution formulierte. Mit dem bekannten Argument der Rücksichtnahme auf die bedrängte Lage der Bolschewiki brachte sie Paul Levi dazu, auf die Veröffentlichung zu verzichten. Helmut Hirsch: Rosa Luxemburg. Reinbek bei Hamburg [8]1979, S. 113 f. Erst 1921 publizierte Levi den Aufsatz postum, nachdem er aus der KPD ausgeschlossen worden war. Da er erst zu diesem Zeitpunkt politische Wirksamkeit erhielt, wird er hier noch nicht behandelt.
[99] Lösche, Bolschewismus, S. 155–157.
[100] Katja Haferkorn, Peter Schmalfuß: Für die Bolschewiki. Eine bisher unbekannte Arbeit Clara Zetkins vom Jahre 1918, in: BzG (1988) S. 620–631, hier: S. 631.

lehrten Schulmeister" ohne revolutionären Geist und rechnete scharf mit der USPD ab. Sie sei eine schwankende und unentschlossene Partei, die ihre Unentschiedenheit und ihren Mangel an politischen Erfolgen mit der von Kautsky und Stein betriebenen Kampagne gegen die Bolschewiki kompensieren wolle. Kautsky warf er vor, „daß es einfach unanständig ist von Leuten, die im Auslande in Ruhe und Sicherheit sitzen, zur Freude der Bourgeoisie die Stellung revolutionärer Kämpfer, die unter den schwierigsten Verhältnissen wirken und große persönliche Opfer bringen, zu erschweren"[101].

Die Führung der USPD wies Mehrings harsche Kritik zurück, distanzierte sich aber zugleich von Kautsky und Stein. Die Parteileitung habe durch ihre Führer im Parlament erklärt, daß sie jede Kritik an den Bolschewiki gegenwärtig ablehne. Kautsky und Stein hätten nur ihre persönlichen Ansichten geäußert[102].

Neben der „solidarischen Kritikabstinenz" bestimmten zwei weitere Gesichtspunkte die Haltung der Mehrheit der Unabhängigen Sozialdemokraten gegenüber den Bolschewiki: die Ablehnung eines inneren ideologischen Zwistes, der die Kräfte der Partei schwächen könnte[103], und die Faszination des sozialistischen Experiments, die auch auf Vertreter der Parteimitte wie Rudolf Breitscheid ausstrahlte[104].

Besorgt hatte schon Mitte Juni Ju. O. Martow in einem Brief an Alexander Stein vor Illusionen über den Charakter der bolschewistischen Herrschaft gewarnt. „Aus einer unlängst hier veröffentlichten Grußadresse Mehrings an die Bolschewiki und einem (früheren) Artikel Zetkins ersehe ich, wie stark noch das Vorurteil zugunsten der Bolschewiki ist", schrieb er[105]. Er wolle mit seinem Brief vor allem Stein Material für seine „wertvolle Aufklärungsarbeit" übermitteln. Er warnte vor Falschdarstellungen, wie sie außer dem sowjetrussischen Botschafter Joffe vor allem Larin und Bucharin verbreiteten[106], und bat Stein, diese Warnung auch an „Kautsky und die anderen Freunde" zu übermitteln. Martows Mitteilungen über die jüngsten Ereignisse in Rußland zeigten, daß sich die Diktatur der Bolschewiki in zunehmenden Maße auch gegen die sozialistischen Oppositionsparteien und die Arbeiterschaft wendete. Zwei Tage zuvor waren Menschewiki und Sozialrevolutionäre aus dem Zentralen Exekutivkomitee der Sowjets ausgeschlossen worden. Damit, so schrieb Martow, seien das Prinzip der Arbeiterrepräsentation in den Räten und der Boden der Sowjetverfassung zerstört. Der Ausschluß der Menschewiki sei mit der falschen Anschuldigung begründet worden, sie

---

[101] „Ein offenes Schreiben Franz Mehrings an die Bolschewiki", LVZ Nr. 153 vom 4. 7. 1918; „Franz Mehring an die Bolschewiki über den Zusammenbruch der Unabhängigen", SPK Nr. 11 vom 13. 7. 1918.
[102] „Die Parteileitung der Unabhängigen gegen Mehring", SPK Nr. 11 vom 13. 7. 1918.
[103] Das gab Hugo Haase in einem Brief an Karl Kautsky vom 6. August 1918 zu bedenken, abgedruckt in: Haase, Hugo Haase, S. 161 f.
[104] Rudolf Breitscheid: Gefühl oder Erkenntnis? LVZ Nr. 175 vom 30. 7. 1918. Die Bolschewismusdebatte war auch Gegenstand einer Reichskonferenz der USPD-Funktionäre Ende September. Die Mehrheit setzte sich für die Unterstützung der Bolschewiki ein, ohne den Terror und die bolschewistische Außenpolitik zu billigen; Wheeler, USPD, S. 41.
[105] „Iz neizdannich pisem Ju. O. Martova" [„Aus unveröffentlichten Briefen Ju. O. Martows"], Ju. O. Martov – A. N. Šteinu [Martow an Stein] Moskau 16. 6. 1918, in: Socialističeskij Vestnik, Nr. 7/8 vom 25. 4. 1926.
[106] Letzterer hatte bei seiner Durchreise durch Deutschland Franz Mehring besucht und ihm ein positives Bild von der Entwicklung in Rußland gezeichnet; Lösche, Bolschewismus, S. 156.

hätten sich am Aufstand der tschechoslowakischen Legion beteiligt[107]. Vielerorts werde von der Arbeiterschaft die Forderung nach Neuwahlen der Sowjets erhoben. Dort, wo sie durchgesetzt werden konnte, sei entweder die Opposition erstarkt oder die Menschewiki und Sozialrevolutionäre hätten sogar die Mehrheit gewonnen. Aber fast überall seien die neugebildeten Sowjets entweder durch bewaffnete Kräfte der Bolschewiki aufgelöst oder die gestärkte Opposition sei ausgeschlossen worden. Die Verfolgung der Sozialdemokraten werde immer grausamer. Fast alle menschewistischen Zeitungen seien geschlossen worden. Martow gab Beispiele von Verhaftungen und sogar einigen Erschießungen von Mitgliedern seiner Partei. Die bolschewistischen Fabrikräte hätten sich in Strafbeamte verwandelt, die Streiks und eigenständige Fabrikversammlungen ahndeten. Der Unwille über die bolschewistische Herrschaft äußere sich zunehmend in bewaffneten Überfällen auf Sowjets und sogar Morden an bolschewistischen Kommissaren.

In der USPD war eine derartige Sicht der Dinge immer weniger vermittelbar. Hier breitete sich eine schematisierte Wahrnehmung aus, die nur die revolutionären Bolschewiki auf der einen und die vereinigte Konterrevolution auf der anderen Seite sah. So druckte die *Leipziger Volkszeitung* einen Artikel aus den *Izvestija* nach, in dem „Schwarzhundertschaften", Sozialrevolutionäre und Menschewiki als eine reaktionäre Masse dargestellt wurden. In einer Vorbemerkung erklärte die Redaktion ohne weitere Erläuterung, die Menschewiki würden die erhobenen Vorwürfe bestreiten[108]. Auch die Ankündigung des „roten Terrors" nach dem Attentat auf Lenin, die der *Vorwärts* noch milde als Ausdruck der Schwäche der bolschewistischen Herrschaft getadelt hatte, fand bei der LVZ volles Verständnis[109]. Angesichts dieser Stimmungslage war es wenig verwunderlich, daß Alexander Steins Werben für Axelrods Vorschlag, eine sozialistische Untersuchungskommission nach Rußland zu entsenden, ohne Widerhall blieb[110].

David W. Morgan stuft die Auseinandersetzung über den Bolschewismus, die 1918 in der USPD geführt wurde, als eine „abstrakte Debatte" ein, die die Partei nur in einer

---

[107] Der Aufstand der tschechoslowakischen Legion war, ohne geplant gewesen zu sein, auf das engste mit der alliierten Intervention und der vor allem von Sozialrevolutionären getragenen Aufstandsbewegung an der Wolga verknüpft; Kennan, Sowjetische Außenpolitik, S. 134–141; Hildermeier, Russische Revolution, S. 269f. Das Zentralkomitee der Menschewiki untersagte den Parteimitgliedern jegliche Beteiligung an antibolschewistischen Aufständen, die als Wegbereiter für eine reaktionäre und monarchistische Konterrevolution betrachtet wurden, konnte aber nicht in allen Fällen seine Autorität durchsetzen; Martow/Dan, Russische Sozialdemokratie, S. 312f.; Broido, Lenin and the Mensheviks, S. 39–42; George Denicke: From the Dissolution of the Constituent Assmbly to the Outbreak of the Civil War, in: Haimson, Mensheviks, S. 107–155, hier: S. 154f.

[108] „Die Feinde der Sowjetmacht", LVZ Nr. 174 vom 29. 7. 1918. Als „Schwarze Hundertschaften" wurden gegenrevolutionäre Terrorgruppen der Zeit von 1905–07 bezeichnet, die Morde an linken Politikern begingen und eine Reihe von Judenpogromen veranstalteten. Torke (Hrsg.), Lexikon der Geschichte Rußlands, S. 340.

[109] „Eine gegenrevolutionäre Verschwörung in Rußland", LVZ Nr. 204 vom 2. 9. 1918; „Nach dem Attentat", Vorwärts Nr. 242 vom 3. 9. 1918. Zum Terror siehe Broido, Lenin and the Mensheviks, S. 35f. Heller, Sowjetunion, S. 57–60.

[110] Alexander Stein: Rußland und die Internationale, in: Sozialistische Auslandspolitik Nr. 36 vom 6. 9. 1918.

Periode relativer Inaktivität und Frustration so stark in Anspruch nehmen konnte[111]. Sicher haben die Unmöglichkeit, effektiv ins politische Tagesgeschehen einzugreifen, und die damit verbundene Handlungsentlastung die Entwicklung der Diskussion gefördert. Als die USPD wenig später voll von den Ereignissen der deutschen Revolution in Beschlag genommen wurde, trat die Auseinandersetzung um die russischen Ereignisse zunächst in den Hintergrund. Dennoch war der Disput des Jahres 1918 keine rein akademische Übung. Nicht nur, daß sich hier bereits die Trennlinien, entlang deren sich die USPD – und die sozialistische Arbeiterbewegung insgesamt – später spalten sollte, abzeichneten[112], das Thema war durchaus von aktueller politischer Brisanz. Dies zeigt die Tatsache, daß sich Lenin, der zu jener Zeit wohl kaum Muße für rein theoretische Erörterungen hatte, mit einem umfangreichen Beitrag einschaltete.

Daß es sich um eine Debatte von allgemeiner Bedeutung handelte, betonte im August 1918 Karl Kautsky. Die Erhebung der Bolschewiki sei die einer sozialistischen Partei gegen andere sozialistische Parteien. Ihre Abschottung gegen Kritik, mit dem Argument, man dürfe sie in ihrer prekären Lage nicht gefährden, komme einem Schweigegebot allein für Verfechter der Demokratie gleich. Kautsky wies auf einen Artikel Wilhelm Düwells hin, in dem die diktatorischen Methoden der Bolschewiki verteidigt worden waren. Damit sei der bisher in der Sozialdemokratie unumstrittene Grundsatz der Demokratie zur Disposition gestellt worden. Das aber sei eine allgemeine, nicht nur auf Rußland begrenzte Streitfrage. Kautsky kündigte an, darauf ausführlich in einer eigenen Broschüre einzugehen[113].

In der Broschüre *Die Diktatur des Proletariats*, die im September 1918 erschien[114], erläuterte Kautsky eingehend seine Auffassung von der Untrennbarkeit von Sozialismus und Demokratie und legte diesen Maßstab kritisch an die sowjetrussische Wirklichkeit an. Der neben anderen von Düwell vertretenen Auffassung, Demokratie sei für Sozialisten nur ein Mittel zum Zweck, trat Kautsky entschieden entgegen. Beide seien Mittel für den gleichen Zweck, nämlich die Aufhebung jeglicher Ausbeutung und Unterdrückung. Als „Sozialismus" bezeichnete Kautsky dabei die auf Vergesellschaftung beruhende Produktionsweise. Eine „kommunistische Wirtschaft" ohne Demokratie sei zwar möglich, sie müsse aber geradezu zu einer Basis des Despotismus werden[115]. Die Demokratie sei der notwendige Rahmen des Klassenkampfes, der auf ein Minimum an Freiheitsrechten angewiesen sei. Nur in der Demokratie könne das Proletariat die politische Reife erwerben, die neben den objektiven Bedingungen der industriellen

---

[111] David W. Morgan: The Socialist Left and the German Revolution. A History of the German Independent Social Democratic Party, 1917–1922. Ithaca and London 1975, S. 103.
[112] Gerhard A. Ritter vertritt gegen Robert F. Wheeler und Hartfried Krause die These, der Zerfall der USPD sei bereits bei Kriegsende absehbar gewesen. Er lehnt sich dabei an Morgan an. Gerhard A. Ritter: Die sozialistischen Parteien in Deutschland zwischen Kaiserreich und Republik, in: Werner Pöls (Hrsg.): Staat und Gesellschaft im politischen Wandel. [Festschrift für Walter Bußmann]. Stuttgart 1979, S. 100–155, hier: S. 131 f., Fußnote 110. Die Bedeutung der Bolschewismusdebatte für den Prozeß der Spaltung der USPD stuft Morgan m. E. zu gering ein. Sie gehört zu den wichtigsten, schon 1918 wirksamen Faktoren für die Spaltung.
[113] Karl Kautsky: Demokratie oder Diktatur, in: Sozialistische Auslandspolitik, Nr. 34 vom 22. 8. 1918; Wilhelm Düwell: „Mittel und Zweck", ebenda Nr. 33 vom 15. 8. 1918.
[114] Karl Kautsky: Die Diktatur des Proletariats. Wien 1918.
[115] Ebenda, S. 4 f.

Entwicklung eine unabdingbare Voraussetzung des Sozialismus sei[116]. Kautskys Demokratiebegriff war eindeutig. Plebiszitären Anschauungen erteilte er eine Absage. Direkte Kontrolle der Regierung und direkte Gesetzgebung durch das Volk seien unpraktikabel. Er befürwortete dagegen eine auf dem allgemeinen und gleichen Wahlrecht basierende parlamentarische Demokratie mit Minderheitenschutzrechten. Diese Staatsform könne dem Proletariat den friedlichen Weg zur Macht eröffnen. Das habe auch schon Marx erkannt[117]. Die Bolschewiki beriefen sich bei der Rechtfertigung ihrer Diktatur hingegen zu Unrecht auf Marx. Seine in der „Kritik des Gothaer Programms" getroffene Feststellung, zwischen Kapitalismus und Kommunismus liege notwendigerweise die Übergangsperiode der „revolutionären Diktatur des Proletariats", habe sich nicht auf eine Regierungsform, sondern auf einen gesellschaftlichen Zustand bezogen. Marx habe auf die Pariser Kommune als historisches Beispiel der Diktatur des Proletariats verwiesen. In der Kommune habe es ein pluralistisches Parteiensystem, allgemeines Stimmrecht und die Freiheit des Wortes gegeben[118]. Kautsky übergeht allerdings, daß Marx seine Darstellung der Pariser Kommune mit einer scharfen Parlamentarismuskritik verband und die Kommune „arbeitende Körperschaft" ohne Gewaltentrennung war[119]. Die ansonsten beeindruckend geschlossene Argumentation Kautskys hat ihre größte Schwäche darin, daß er, in scheinbarer marxistischer Orthodoxie verharrend, den Begriff der „Diktatur des Proletariats" bewahren will, ihn aber letztlich in nichts auflöst, indem er ihn mit einer sozialdemokratischen Mehrheit in einer parlamentarischen Demokratie gleichsetzt[120].

Im Anschluß an seine demokratietheoretischen Erörterungen, die später auch als gesonderte Publikation erschienen[121], ging Kautsky scharf mit der Politik der Bolschewiki ins Gericht. Ihre Erwartung, durch ihre Erhebung werde eine allgemeine europäische Revolution ausgelöst werden, verkenne die andersartigen sozialen und politischen Bedingungen in den anderen Ländern[122]. Im Inneren zerstörten sie die Demokratie und etablierten die Diktatur ihrer Partei. Lenin habe erklärt, die Ergebnisse der Wahlen zur Konstituante, die vor der Oktoberrevolution und der Spaltung der Sozialrevolutionäre stattfand, drückten nicht mehr den tatsächlichen Volkswillen aus. Statt aber konsequenterweise Neuwahlen der Konstituante herbeizuführen, habe er kurzerhand die Sowjets zur höheren Form der Demokratie erklärt – allerdings erst, nachdem die Bolschewiki bei den Wahlen zur Konstituante in der Minderheit geblieben seien[123]. Kautsky betonte

---

[116] Ebenda, S. 9f.
[117] Ebenda, S. 13–18.
[118] Ebenda, S. 20–22. Wilhelm Mautners Skizze Zur Geschichte des Begriffs ‚Diktatur des Proletariats', in: Archiv für die Geschichte des Sozialismus und der Arbeiterbewegung, hrsg. von Carl Grünberg, 12 (1926) [Nachdr. Graz 1966] S. 280–283 bestätigt im wesentlichen Kautskys Darstellung.
[119] Karl Marx: Der Bürgerkrieg in Frankreich, in: MEW Bd. 17. Berlin (O) 1973, S. 313–365, hier: S. 335–342.
[120] Siehe dazu auch Salvadori, Sozialismus und Demokratie, S. 389; die Inkohärenz von Kautskys Leninismuskritik mit seinen eigenen philosophischen Voraussetzungen weist in einer scharfsinnigen Analyse Leszek Kolakowski nach: Die Hauptströmungen des Marxismus. Entstehung, Entwicklung, Zerfall. 2. Bd. München, Zürich 1978, S. 65–71. Allerdings hat Kautsky die Bedingungen für die „Reife" zum Sozialismus präziser definiert als Kolakowski dies wahrnimmt.
[121] Karl Kautsky: Demokratie oder Diktatur. Berlin 1920.
[122] Kautsky, Die Diktatur, S. 28.
[123] Ebenda, S. 30.

die Bedeutung der Sowjets als neuartiger Kampforganisationen des Proletariats in revolutionären Situationen. Dies gelte nicht nur für Rußland[124]. Die Bolschewiki aber wollten diese für den Kampf geschaffenen Einrichtungen zur Staatsorganisation machen. „Sie hoben die Demokratie auf, die das russische Volk in der Märzrevolution erobert hatte. Dementsprechend hörten die Bolschewiki auf, sich Sozialdemokraten zu nennen. Sie bezeichnen sich als Kommunisten."[125] Eine höhere Form der Demokratie vermochte Kautsky in den Sowjets nicht zu sehen. Nicht nur seien große Gruppen der Gesellschaft des Wahlrechts beraubt, dieses sei auch so unklar definiert, daß selbst der Kreis der an sich Wahlberechtigten nach Belieben eingeengt werden könne. Überdies zeige die Praxis, daß unliebsame oppositionelle Gruppen einfach ausgeschlossen würden[126]. Gegen den sozialistischen Anspruch der Bolschewiki betonte Kautsky den bürgerlichen Charakter der russischen Revolution. Ihre Leistungen entsprächen derjenigen der französischen Revolution und ihrer Nachwehen in Deutschland: „Sie hat durch Hinwegfegung der Reste des Feudalismus das Privateigentum am Boden reiner und stärker zum Ausdruck gebracht, als es vorher gewesen."[127]

Kautskys Broschüre rief eine wütende Replik Lenins hervor[128]. Er warf Kautsky vor, die Marxsche Lehre vom Staat entstellt und Marx in einen „Dutzendliberalen" verwandelt zu haben[129]. In der Tat hat Lenins Definition der Diktatur vor Kautskys theoretischem Konstrukt den Vorzug der Eindeutigkeit und Klarheit. Hier sprach ein Praktiker: „Die Diktatur ist eine sich unmittelbar auf Gewalt stützende Macht, die an keine Gesetze gebunden ist. Die revolutionäre Diktatur des Proletariats ist eine Macht, die erobert wurde und aufrechterhalten wird durch die Gewalt des Proletariats gegenüber der Bourgeoisie, eine Macht, die an keine Gesetze gebunden ist."[130]

Lenins Staatsbegriff war denkbar schlicht. Der Staat, erklärte er mit Engels, sei „nichts als eine Maschine zur Unterdrückung einer Klasse durch eine andere". Das gelte auch und gerade für die bürgerliche Demokratie, die stets „ein Paradies für die Reichen, eine Falle und ein Betrug für die Ausgebeuteten, die Armen" sei[131].

Folgerichtig stellte Lenin das Sowjetsystem als die höhere Form der Demokratie dar. Es sei eine wirkliche Demokratie für die gigantische Mehrheit der Bevölkerung. Lenins Lobpreisungen des Abschieds von der Geheimdiplomatie, der Realisierung einer wirklichen Pressefreiheit, indem die Druckereien und das Papier der Bourgeoisie fortgenommen würden, und der Versammlungsfreiheit für die Proletarier, die in dem in Rußland realisierten Maße in keinem anderen Land der Welt existiere[132], krankten daran, daß den Arbeitern, die Anhänger der Menschewiki oder Sozialrevolutionäre

---

[124] Ebenda, S. 31f.
[125] Ebenda, S. 31f.
[126] Ebenda, S. 33.
[127] Ebenda, S. 50.
[128] N. Lenin (Vl. Ul'janov): Die proletarische Revolution und der Renegat Kautsky. (Moskau, Petrograd 1918), in: Lenin, Werke. Bd. 28, S. 225–337. Die Bezeichnung „Renegat" gehört noch zu den charmanteren Koseworten, die Lenin zu Kautsky einfielen. Das ganze Opus ist durchsetzt mit Invektiven wie „der süßliche Dummkopf Kautsky" (S. 225) oder „ein Lump, der sich der Bourgeoisie verkauft" (S. 264) und dergleichen mehr.
[129] Ebenda, S. 229 und S. 240.
[130] Ebenda, S. 234.
[131] Ebenda, S. 241f.
[132] Ebenda, S. 244–247.

waren, ihr Genuß weitgehend vorenthalten wurde. Die Definitionsmacht darüber, wer zum Proletariat zu zählen sei und wer nicht, behielt sich Lenin vor. Die Menschewiki wurden so kurzerhand zu Kleinbürgern erklärt[133]. Kautskys Kritik am Ausschluß der sozialistischen Oppositionsparteien aus dem Allrussischen Zentralexekutivkomitee wies Lenin zurück, indem er diese der Verstrickung in konterrevolutionäre Aufstände beschuldigte. Dabei subsummierte er großzügig die Kritik der Menschewiki am bolschewistischen Regime unter die Rubrik „Unterstützung des tschechoslowakischen Aufstandes"[134].

Auf Kautskys Einwände gegen die Landverteilung entgegnete er mit dem Hinweis auf die De-jure-Vergesellschaftung des gesamten Grundes und Bodens. Die Bolschewiki würden den Bauern helfen, ihre kleinbürgerlichen Vorstellungen zu überwinden[135]. Lenin hielt damit am Postulat des sozialistischen Charakters der Revolution in Rußland fest und nicht nur das. Die Weltrevolution reife „vor unser aller Augen" heran, stellte er fest. Dabei werde es den Massen der Proletarier in allen Ländern mit jedem Tag klarer, „daß sich der Bolschewismus als Vorbild der Taktik für alle eignet"[136].

Lenin maß seiner Auseinandersetzung mit Kautsky größte Bedeutung bei. Nachdem er im September von der bevorstehenden Veröffentlichung von Kautskys Broschüre erfahren hatte (möglicherweise aus der *Sozialistischen Auslandspolitik*), hatte er die diplomatischen Vertreter Sowjetrußlands in Berlin, Bern und Stockholm angewiesen, ihm die Publikation sofort nach ihrem Erscheinen zuzusenden. Eine Fülle von Anstreichungen und Randbemerkungen in seinem Exemplar der Broschüre zeugt von einer intensiven Lektüre[137].

Es stellt sich die Frage, weshalb sich der wahrlich vielbeschäftigte Staatsmann Lenin die Zeit für eine literarische Polemik mit einem ausländischen Theoretiker nahm. Die Antwort lautet: Lenins Replik auf Kautsky war mehr als ein theoretischer Beitrag oder eine Selbstrechtfertigung. Sie war eine politische Aktion, die sich geradezu zwingend aus Lenins Revolutionskonzept ergab. Die Selbstbehauptung der proletarischen Revolution in Rußland, mehr noch, „der Sieg des Weltsozialismus" hing nach seiner Auffassung von der baldigen proletarischen Umwälzung in Deutschland ab[138]. Ohne die deutsche Revolution „werden wir verschwinden", hatte Lenin schon im März 1918 erklärt[139], und die Lage der Bolschewiki war seither noch kritischer geworden. Die beginnende Krise in Deutschland nach der fehlgeschlagenen Westoffensive wurde daher in Rußland aufmerksam registriert. Nachdem am 3. Oktober 1918 das deutsche Waffenstillstandsersuchen an die USA ergangen war, herrschte in Moskau enthusiastische Stimmung[140]. Lenins Schrift fügt sich in dieser Situation in die Kette der sowjetischen

---

[133] Ebenda, S. 282.
[134] Ebenda, S. 276.
[135] Ebenda, S. 307–310.
[136] Ebenda, S. 294.
[137] Ja. G. Rokitjanskij: V. I. Lenin i Nezavisimaja social-demokratičeskaja partija Germanii. [W. I. Lenin und die Unbhängige Sozialdemokratische Partei Deutschlands], in: Novaja i Novějšaja Istorija 2/1977, S. 24–40, hier: S. 27, Fußnote 14.
[138] Geyer, Sowjetrußland und die deutsche Arbeiterbewegung, S. 5 f.; Leo Lux [= Leonid Luks]: Lenins außenpolitische Konzeptionen in ihrer Anwendung. Diss. phil. München 1976, S. 124–133.
[139] Ascher, Russian Marxism, S. 400.
[140] Ebenda, S. 403; Baumgart, Ostpolitik, S. 330–332.

Maßnahmen zur Förderung der Revolution in Deutschland ein. Vor allem aber besteht ihre Bedeutung in dem Anspruch, dieser Revolution die Richtung zu weisen. Zwar erschien sie 1918 nicht in Deutschland, doch hatte Lenin gleich zu Beginn seiner Auseinandersetzung mit Kautskys Broschüre den Kern seiner Auffassungen in einem Artikel zusammengefaßt, der am 25. Oktober im *Vorwärts* erschien[141]. Noch bevor er seine Entgegnung auf Kautsky abgeschlossen hatte, glaubte Lenin, seine Hoffnungen seien in Erfüllung gegangen. Am 10. November 1918 beendete er die Arbeit an seiner Schrift mit der Bemerkung:

„In der Nacht vom 9. zum 10. [November] trafen aus Deutschland Nachrichten ein über den Beginn der siegreichen Revolution zuerst in Kiel und anderen Städten im Norden und an der Küste, wo die Macht in die Hände der Arbeiter- und Soldatenräte übergegangen ist, dann auch in Berlin, wo der Rat ebenfalls die Macht übernommen hat.
Der Schluß, den ich noch zu der Broschüre über Kautsky und die proletarische Revolution zu schreiben hätte, erübrigt sich dadurch."[142]

Krisenzeichen. Bruch mit Sowjetrußland

Im Juli/August 1918 begann sich die endgültige Niederlage des deutschen Reiches im Weltkrieg abzuzeichnen. Auf die deutsche Westoffensive folgte eine alliierte Gegenoffensive, die am 8. August in der Schlacht bei Amiens, dem „schwarzen Tag" der deutschen Armee, zu einem erheblichen Einbruch in die deutschen Linien führte. In seiner Reaktion auf diese Entwicklung wandte der *Vorwärts* den Blick nach Osten: „Die furchtbaren Erfahrungen Rußlands lehren, daß der Frieden um jeden Preis eben auch kein Frieden ist, und daß ein kriegführendes Volk, so entsetzlich auch die Leiden des Krieges sind, immer noch besser dastehen kann als eines, das sich dem Frieden zuliebe willenlos dem Machtanspruch seiner Gegner gebeugt hat."[143]

In der Argumentation der SPD wurde der Hinweis auf Brest-Litowsk zum ständigen Menetekel, mit dem verdeutlicht werden sollte, was Deutschland drohe, wenn Defätismus und Disziplinlosigkeit um sich greifen oder gar revolutionäre Unruhen ausbrechen sollten[144].

Die Haltung der SPD zum Vertrag von Brest-Litowsk war weiter zwiespältig. Die Zusatzvereinbarungen vom August 1918, in denen der deutsche Einfluß im Baltikum gefestigt und russische Reparationszahlungen festgelegt wurden, stießen zwar auf scharfe Kritik. Friedrich Ebert bezeichnete sie in einer Besprechung der Fraktionsvorsitzenden mit dem Staatssekretär im Auswärtigen Amt, Hintze, als die „Fortführung einer falschen Politik"[145]. Obwohl klar sei, daß auf die Bolschewiki keine deutsch-

---

[141] Rokitjanskij, Lenin i NSDPG, S. 27; „Die Proletarier-Revolution und der Renegat Kautsky", Vorwärts Nr. 294 vom 25. 10. 1918, 2. Beilage.
[142] Lenin, Renegat, S. 320.
[143] „Ein kritischer Punkt", Vorwärts Nr. 218 vom 10. 8. 1918.
[144] Z. B. „Nach dem Attentat", Vorwärts Nr. 242 vom 3. 9. 1918; „Für Frieden und Demokratie", ebenda, Nr. 275 vom 6. 10. 1918.
[145] Baumgart, Ostpolitik, S. 294f. Die Besprechung sollte als Ersatz für die Zustimmung des Reichstages fungieren, der von der Beratung der Zusatzverträge ausgeschlossen wurde. Ebert hatte erfolglos die Einberufung des Reichstages oder wenigstens des Hauptausschusses verlangt; vgl. den Bericht Scheidemanns auf der Sitzung des Parteiausschusses und der Reichstagsfraktion der SPD am 23. 9. 1918, Protokolle Parteiausschuß, S. 566f.

freundlichere Regierung folgen werde, laufe die deutsche Politik auf eine ständige Schwächung der Bolschewiki hinaus[146], kritisierte der *Vorwärts*. Als seit Mitte September die Frage einer sozialdemokratischen Regierungsbeteiligung auf der Tagesordnung stand, wurde dies aber nicht als Chance für eine grundlegende Revision der Friedensregelungen mit Rußland begriffen. Der Frieden von Brest-Litowsk dürfe „kein Hindernis für den allgemeinen Friedensschluß" bilden, hieß es nur zurückhaltend und interpretationsfähig in den vom Parteivorstand formulierten Bedingungen für eine Regierungsbeteiligung. Als Max Cohen-Reuß in der gemeinsamen Sitzung von Parteiausschuß und Reichstagsfraktion am 23. September verlangte, es solle ausdrücklich eine Revision des Vertrags von Brest-Litowsk noch vor Kriegsende gefordert werden, da sonst England und Amerika auf einer allgemeinen Friedenskonferenz als Retter Rußlands erscheinen würden, wies Ebert dies entschieden zurück. „Man soll nicht aus Rechthaberei [...] bei der Auffassung der Revision des Ostfriedens beharren", erklärte er. Die erhobenen Forderungen würden schwer genug durchzusetzen sein[147].

Sechs Wochen später erledigte sich das Problem auf anderem Wege: Im Waffenstillstand von Compiègne wurde am 11. November der Frieden von Brest-Litowsk aufgehoben, zwei Tage später annullierte ihn die Sowjetregierung ihrerseits[148].

Während der ganzen kurzen Geltungsdauer des Friedens von Brest-Litowsk war die Haltung der SPD von Passivität gekennzeichnet gewesen. Ebenso wie ihre Fraktion bei der Debatte über den Vertrag im Reichstag durch Stimmenthaltung letztlich dokumentiert hatte, daß sie für einen Frieden im Osten bereit war, auf energischen Protest gegen Annexionen zu verzichten, so ließ sie im Herbst 1918 zunächst ihren bürgerlichen (und adeligen) Koalitionspartnern und während der Regierung der Volksbeauftragten den Beamten des Auswärtigen Amtes freie Hand bei dem Bemühen, die Kriegserfolge im Osten zu sichern[149]. Daß das den Grundsatz vom Frieden ohne Annexionen und Kon-

---

[146] „Die deutsch-russischen Zusatzverträge", Vorwärts Nr. 238 vom 30. 8. 1918; „Attentat auf Lenin", ebenda Nr. 240 vom 1. 9. 1918.

[147] Protokolle Parteiausschuß, S. 580 und S. 584. Die von Cohen-Reuß erhobene Forderung entsprang dem außenpolitischen Konzept der sogenannten „Kontinentalpolitiker", deren Organ die Sozialistischen Monatshefte waren. Diese in innenpolitischen Fragen auf dem rechten Parteiflügel angesiedelte Gruppe, vertrat außenpolitisch eine durch extreme Anglophobie geprägte Konzeption der engen Zusammenarbeit der großen Kontinentalmächte Frankreich, Deutschland und Rußland. Letzteres sollte dabei in seinem territorialen Bestand unangetastet bleiben. Bis zur deutschen Revolution glaubten die Kontinentalpolitiker, diese Konzeption auch in Zusammenarbeit mit einem bolschewistisch regierten Rußland verwirklichen zu können, auch wenn ihnen das Bekenntnis der Bolschewiki zum Selbstbestimmungsrecht der Völker mißfiel. Die außenpolitische Konzeption der Kontinentalpolitiker blieb allerdings stets eine extreme Außenseiterposition in der SPD. Zum Grundsätzlichen vgl. Matthias, Deutsche Sozialdemokratie und der Osten, S. 30–32; Heinrich August Winkler: Von der Revolution zur Stabilisierung. Arbeiter und Arbeiterbewegung in der Weimarer Republik 1918–1924. Berlin, Bonn 1984, S. 223. Zur Rußlandpolitik die folgenden Beiträge in den Sozialistischen Monatsheften: Max Schippel: Rundschau Außenpolitik, Nr. 3 vom 22. 1. 1918; Max Cohen: Rußland und die deutsche Zukunft. Nr. 4/5 vom 5. 2. 1918; Ludwig Quessel: Die industriellen Kräfte Rußlands, Nr. 6 vom 19. 2. 1918; ders.: Rußland und der angelsächsische Wirtschaftskrieg, Nr. 7 vom 12. 3. 1918; ders.: Eduard David und der bolschewistische Separatismus, Nr. 20 vom 3. 9. 1918; Hermann Kranold: Die Einheit Rußlands, Nr. 21/22 vom 24. 9. 1918.

[148] Schulz, Revolutionen und Friedensschlüsse, S. 164f.

[149] Vgl. dazu Peter Grupp: Vom Waffenstillstand zum Versailler Vertrag. Die außen- und friedenspolitischen Zielvorstellungen der deutschen Reichsführung, in: Karl Dietrich Bracher/Man-

tributionen verletzte, wurde ebensowenig thematisiert wie die dadurch bedingte Kompromittierung der eigenen Position und ihre möglichen Rückwirkungen auf die angestrebten allgemeinen Friedensverhandlungen. Das traditionelle außenpolitische Defizit der Sozialdemokratie[150] zeitigte bei der Übernahme von Regierungsgewalt bedenkliche Folgen.

Mit der deutschen Niederlage trat auch eine Änderung im Verhältnis der SPD zu Sowjetrußland ein. Die Grundlagen des eigentümlichen „Brest-Litowsk-Flirts" waren entfallen. Das bolschewistische Interesse an einer Revolution in Deutschland dagegen war aktuell wie nie zuvor – ein Interesse, das die SPD-Führung nicht teilte. Schon bei den Beratungen von Reichstagsfraktion und Parteiausschuß über den Regierungseintritt hatte Ebert erklärt: „Wollen wir jetzt keine Verständigung mit den bürgerlichen Parteien und der Regierung, dann müssen wir die Dinge laufen lassen, dann greifen wir zur revolutionären Taktik, stellen uns auf die eigenen Füße und überlassen das Schicksal der Partei der Revolution. Wer die Dinge in Rußland erlebt hat, der kann im Interesse des Proletariats nicht wünschen, daß eine solche Entwicklung bei uns eintritt."[151]

Den Mehrheitssozialdemokraten mußte dies um so unerwünschter erscheinen, als mit der Parlamentarisierung des Reiches und der absehbaren Aufhebung des preußischen Dreiklassenwahlrechts wesentliche, von ihnen seit langem geforderte Strukturreformen Wirklichkeit zu werden begannen.

Die Erwartung einer kommenden Regierung Haase-Ledebour, die in einigen Berliner Fabriken kursierte, gab dem *Vorwärts* Anlaß, die Befürchtungen zu konkretisieren, die man mit der Vorstellung einer Revolution verband. Für diejenigen, die die Führer der USPD an der Spitze des Staates sehen wollten, sei Haase-Ledebour „ungefähr die deutsche Übersetzung von Trotzki-Lenin". Entsprechend solle sich diese Regierung auf die Diktatur des Proletariats in Form der Arbeiterräte stützen. Da die Unabhängigen Sozialdemokraten aber nicht die Mehrheit des Volkes hinter sich hätten, die vor allem Demokratie und „wahrscheinlich auch weitgehende Reformen im Sinne des Sozialismus" wolle, würde eine Regierung Haase-Ledebour diktatorisch herrschen müssen. Als erstes müßte sie dazu den Belagerungszustand, der soeben abgebaut werde, wieder einführen. Eine rein proletarische Regierung wäre darüber hinaus nicht im Stande, die Volksernährung zu sichern. Den Verfechtern einer Regierung Haase-Ledebour schwebe das russische Vorbild vor, das sie nicht kennten. „Der Bolschewismus hat bisher das russische Volk nicht glücklich gemacht, leider!"[152] In derselben Nummer des SPD-Zentralorgans wurde in scharfer Form der Beschluß des Allrussischen Zentralexekutivkomitees kritisiert, die Unterstützung der in Deutschland und Österreich bevorstehenden Revolution vorzubereiten. Das Versprechen, Waffen und Lebensmittel zu liefern, während das eigene Volk hungere, könne „nicht anders denn als kindische Renommisterei bezeichnet werden" schrieb der *Vorwärts*. Die Völker der Welt würden, „nachdem die Erde soviel Blut getrunken hat, nicht neue Blutströme fließen lassen,

---

fred Funke/Hans-Adolf Jacobsen (Hrsg.): Die Weimarer Republik 1918–1933. Politik, Wirtschaft, Gesellschaft. Bonn 1987, S. 285–302, hier: S. 298–300.

[150] Ebenda S. 286f.; Reimund Klinkhammer: Die Außenpolitik der Sozialdemokratischen Partei Deutschlands in der Zeit der Weimarer Republik. Diss. phil. (masch.) Freiburg 1955, S. 1–3.

[151] Protokolle Parteiausschuß, [23. 9. 1918] S. 586.

[152] „Regierung Haase-Ledebour?", Vorwärts Nr. 286 vom 17. 10. 1918.

um am Ende auch nur ein vielleicht bald verkrachendes sozialdilettantisches Experiment mitzumachen."[153]

Eine so eindeutige und herbe Kritik an der Politik des Bolschewismus war im *Vorwärts* seit der Zerschlagung der Konstituante und der Krise der Verhandlungen von Brest-Litowsk nicht mehr zu lesen gewesen. In der theoretischen Zeitschrift *Neue Zeit*, die nach der Spaltung der SPD ihren zur USPD gewechselten Chefredakteur Kautsky verloren hatte und in die Hände von Heinrich Cunow übergegangen war, war noch Anfang Oktober ein Artikel eines gewissen N. E. Verow erschienen, der die Politik der russischen Kommunisten in vollem Umfang rechtfertigte und diese, trotz der Änderung ihres Parteinamens, als Sozialdemokraten bezeichnete. Auf die Kritik der Menschewiki und Sozialrevolutionäre sowie diejenige der deutschen Unabhängigen Sozialdemokraten Kautsky, Stein und Ströbel wolle er nicht eingehen, schrieb Verow, „da die Redaktion der Neuen Zeit zurzeit [sic!] aus Rücksicht auf die Situation in Rußland ein Eingreifen in den zwischen den russischen sozialistischen Parteien wütenden Parteienstreit nicht für angebracht hält"[154]. Der *Vorwärts* hingegen erklärte nun mit einigen Wochen Verspätung, in der „soeben erschienenen" Broschüre Kautskys *Die Diktatur des Proletariats* finde sich „kaum ein Wort das wir nicht unterschreiben möchten"[155].

Nachdem sich eine Waffenruhe mit der Entente anbahnte und ein Wiederaufleben des Krieges im Osten bei einem Sturz der Bolschewiki nicht mehr zu befürchten war, waren von Kritik an ihnen keine schädlichen Rückwirkungen für Deutschland mehr zu befürchten, im Gegenteil, sie diente der Abwehr revolutionärer Strömungen im eigenen Land. So dachte offensichtlich nicht nur die SPD-Führung, sondern auch die gesamte Reichsregierung. Bei einer Ressortbesprechung am 14. Oktober im Reichsamt des Innern wurde beschlossen, die bisherige Politik der Unterdrückung unliebsamer Nachrichten über die Bolschewiki aufzugeben und nunmehr insbesondere die linke Presse ohne Rücksicht auf den Brester Vertrag gegen den Bolschewismus schreiben zu lassen[156]. Daß der *Vorwärts* nicht schon nach dem Waffenstillstandsersuchen Anfang Oktober seinen bolschewismuskritischen Kurs einschlug – obwohl Ebert schon Ende September vor einer Revolution nach russischem Muster gewarnt hatte –, sondern erst gut zwei Wochen später, deutet darauf hin, daß er das „Startsignal" der Reichsregierung abgewartet hat.

Die offizielle Freigabe der Kritik am Bolschewismus war eine Reaktion auf die intensivierte bolschewistische Propaganda für eine deutsche Revolution. Die Möglichkeiten für die russische Regierung, auf die deutsche Entwicklung Einfluß zu nehmen, waren

---

[153] „Bolschewik-Phantasien. Der Weltputsch." a.a.O.
[154] N. E. Verow: Die Staatsauffassung der Bolschewiki, in: NZ Nr. 1 vom 4. 10. 1918.
[155] „Diktatur oder Demokratie?", Vorwärts Nr. 290 vom 21. 10. 1918. Kautskys Broschüre war mit Sicherheit schon mindestens drei Wochen vor ihrer Besprechung im Vorwärts erschienen. Den Anhaltspunkt für die Datierung liefert Rokitjanskis (Lenin i NSDPG, S. 27.), Angabe, Lenin habe Kautskys Broschüre von P. Stučka erhalten, der Ende September aus Deutschland nach Moskau zurückkehrte. Trotz der eigenen positiven Stellungnahme publizierte der Vorwärts vier Tage später Lenins erste polemische Entgegnung, allerdings an wenig prominenter Stelle. Siehe Anm. 141. Auch Heinrich Cunow, der Chefredakteur der Neuen Zeit, bekannte sich wenig später zu Kautskys Auffassungen; Heinrich Cunow: Diktatur des Proletariats, in: NZ Nr. 8 vom 22. 11. 1918.
[156] Baumgart, Ostpolitik, S. 349f.

allerdings sehr begrenzt[157]. Sie beschränkten sich im wesentlichen auf Agitation unter den deutschen Kriegsgefangenen[158], vor allem aber auf Kontakte mit und finanzielle Unterstützung von deutschen Revolutionären. So referierte auf einer Konferenz von 60 führenden USPD-Funktionären am 11./12. September 1918 in Berlin ein Vertreter der Russischen Kommunistischen Partei, P. Stučka, ausführlich über die Erfahrungen der Bolschewiki am Vorabend und im Verlauf der Oktoberrevolution. Stučka hatte auch eine separate Begegnung mit Repräsentanten des linken Flügels der USPD[159].

Die entscheidende Schaltstelle für die Kontakte zwischen Sowjetrußland und den deutschen Linken aber war die russische Botschaft in Berlin[160]. Sie pflegte vielfältige Kontakte mit USPD-Politikern. So fungierte der Reichstagsabgeordnete Oscar Cohn als ihr Rechtsbeistand[161], die Ehefrau von Rudolf Breitscheid war Angestellte der Botschaft[162], und Emil Eichhorn, der später eine kurze, aber heftig umstrittene Rolle als Polizeipräsident von Berlin spielte, war Mitarbeiter des Berliner Büros der sowjetischen Nachrichtenagentur[163]. Oscar Cohn erhielt vom sowjetischen Botschafter Joffe nach dessen eigenen Bekunden große Summen zur Förderung der Revolution[164].

Die Aktivitäten der Sowjetbotschaft erregten das Mißtrauen und das Mißfallen der deutschen Behörden. Bereits am 19. Oktober forderte der preußische Innenminister Drews in einer Mitteilung an Reichskanzler Max von Baden, die Sowjetbotschaft aus Deutschland zu entfernen. Nur so könne dem „hetzerischen Treiben" Abhilfe geschaffen werden[165].

Die deutsche Regierung operierte zunächst zurückhaltend. Noch in einer Besprechung am 28. Oktober hatten der Leiter des Rußlandreferats im Auswärtigen Amt, Nadolny, und auch der SPD-Staatssekretär ohne Portefeuille, Scheidemann, Bedenken gegen eine Ausweisung der Botschaft geäußert. In derselben Sitzung wurde jedoch die Idee entwickelt, man könne, um der Beweisnot gegen die sowjetische Botschaft abzu-

---

[157] Klaus Meyer: Sowjetrußland und die Anfänge der Weimarer Republik, in: Forschungen zur osteuropäischen Geschichte 20 (1973) S. 77–91, hier: S. 81.
[158] Siehe dazu Willy Brandt/Richard Löwenthal: Ernst Reuter. Ein Leben für die Freiheit. München 1957, S. 85–91; Andrej Markelow: „Die russische Revolution ist unsere Hoffnung". Deutsche Internationalisten im Kampf für die Sowjetmacht, in: Sowjetunion heute Nr. 11, November 1987, S. 36–39. Als Beispiel: A[lexandra] Kollontai: Wem nützt der Krieg – Komunužna vojna? Hrsg. vom Komitee der kriegsgefangenen Sozialdemokraten Internationalisten, Hotel Dresden Zimmer 361–64. Moskau 1918. Die Auswirkungen dieser Agitation auf die Entwicklung in Deutschland 1918 dürften jedoch nicht allzu groß gewesen sein, da viele der rund 160–187 000 deutschen Kriegsgefangenen erst im Laufe des Jahres 1919 zurückkehrten, vgl. Markelow, Hoffnung.
[159] Rokitjanskij, Lenin i NSDPG, S. 27.
[160] Lionel Kochan: Rußland und die Weimarer Republik. Düsseldorf 1955, S. 19 meint, die Bedeutung der Botschaft in Berlin sei in Moskau so hoch eingeschätzt worden, daß man auch nach dem deutschen Waffenstillstandsersuchen noch die fällige Rate der im Zusatzabkommen zum Vertrag von Brest-Litowsk festgelegten Kriegsentschädigungen gezahlt habe. Demgegenüber stellt Baumgart, Ostpolitik, S. 334, fest, daß die Mitteilung der russischen Regierung, sie werde die zum 31. Oktober fällige Goldrate nicht bezahlen, den unmittelbaren Anstoß zum Abbruch der diplomatischen Beziehungen zu Sowjetrußland gab.
[161] Hermann Müller: Die November-Revolution. Erinnerungen. Berlin 1928, S. 13.
[162] Baumgart, Ostpolitik, S. 340; Lösche, Bolschewismus, S. 209 f.
[163] Dittmann, Erinnerungen, S. 876.
[164] Siehe dazu unten S. 73 f.
[165] Rosenfeld, Sowjetrußland und Deutschland, S. 128 und S. 135.

helfen, eine der russischen Kurierkisten in einem arrangierten Unfall entzwei gehen lassen. Der Vorschlag, der ursprünglich wohl von Nadolny stammt, wurde von Scheidemann positiv aufgegriffen, ohne daß über die Durchführung ein definitiver Beschluß gefaßt worden wäre[166]. Noch am 4. November erschien eine amtliche Erklärung, in der von der Rechtspresse erhobene Vorwürfe, die Sowjetbotschaft führe Geld und Waffen für den Umsturz in Deutschland ein, zurückgewiesen wurden – allerdings in reichlich sibyllinischer Form. Es gebe nur entsprechende Absichtserklärungen in russischen Presseorganen, aber bislang noch keine Beweise, ließ die Regierung verlauten[167]. Die Ausweisung der Sowjetbotschaft war zu diesem Zeitpunkt schon beschlossene Sache. Sie wurde vom Auswärtigen Amt betrieben. Joffes Mitteilung vom 29. Oktober, die Sowjetregierung beabsichtige, die am 31. Oktober fällige Goldrate der Zahlungen nach dem Zusatzabkommen zum Vertrag von Brest-Litowsk nicht zu leisten, gab den endgültigen Ausschlag dafür[168].

Am Abend des 4. November wurde eine der Kisten, mit denen der Kurier der Sowjetbotschaft soeben aus Rußland am Bahnhof Friedrichstraße eingetroffen war, absichtlich von den Gepäckträgern beschädigt, wobei Flugblätter der Spartakusgruppe mit einem revolutionären Aufruf und ein anderes mit Anweisungen für terroristische Kampfmethoden herausfielen. Das gesamte Kuriergepäck daraufhin der deutschen amtlichen Darstellung zufolge von der Bahnbehörde sichergestellt[169]. Die sowjetische Seite hingegen sah in dem Vorgang eine gezielte Provokation und hatte damit zweifellos recht, was die Beschädigung der Kiste betraf[170]. Möglicherweise war man deutscherseits auch bezüglich des Inhalts auf „Nummer Sicher" gegangen. Jedenfalls erklärte die linkssozialdemokratische Zeitschrift *Klassenkampf* 1927, nachdem Hermann Müller in der *Gesellschaft* Scheidemann als den Urheber des Tricks mit der Kiste benannt hatte, auch die Flugblätter seien erst von der deutschen Polizei in die Kiste bugsiert worden. Es habe sich um Aufrufe des Spartakusbundes gehandelt, die Paul Levi verfaßt hätte[171]. Dennoch war eine ganze Portion Diplomatenscheinheiligkeit mit im Spiel, wenn Joffe

---

[166] Baumgart, Ostpolitik, S. 151–154; Rosenfeld, Sowjetrußland und Deutschland, S. 128–130. Scheidemann schreibt in seinen Memoiren eines Sozialdemokraten, Bd. 2, Dresden 1928, S. 252f. die Idee mit der Kurierkiste sich selbst zu. Auch Rosenfeld stellt, deutlich erkennbar in dem Bestreben, die antisowjetische Haltung der SPD zu betonen, Scheidemann als den Urheber des Plans dar. Er stützt sich dabei nicht auf Scheidemanns Memoiren, sondern auf ein Protokoll der Sitzung, a.a.O. S. 129. Dennoch ist die Auffassung Baumgarts, der die obige Darstellung folgt, überzeugender. Sie kann sich auf die Aussage Wiperts von Blücher (Deutschlands Weg nach Rapallo. Erinnerungen eines Mannes aus dem zweiten Gliede. Wiesbaden 1951, S. 34) stützen, der Geheimrat Nadolny als Urheber nennt, sowie auf die Nadolnys eigene Aussagen. Daß die ursprüngliche Idee von Nadolny stammt, wird insbesondere dadurch wahrscheinlich, daß er auf einen vorausgegangenen ähnlichen Vorfall beim Petrograder deutschen Konsulat verweist: Rudolf Nadolny: Mein Beitrag. Erinnerung eines Botschafters des Deutschen Reiches. Köln ²1985, S. 118f.

[167] „Russische Botschaft und bolschewistische Agitation", Vorwärts Nr. 304 vom 4.11.1918.

[168] Baumgart, Ostpolitik, S. 334 und S. 354. Es ist allerdings nicht ganz klar, welche Funktion unter diesen Umständen die amtliche Erklärung vom 3. November hatte.

[169] Abgedruckt bei Gerhard A. Ritter/Susanne Miller (Hrsg.): Die deutsche Revolution 1918/19. 2., erheblich erweiterte und überarbeitete Ausgabe. Hamburg 1975, S. 338f.

[170] Rosenfeld, Sowjetrußland und Deutschland, S. 130.

[171] „Die geplatzte Kiste", in: KK Nr. 5 vom 1.12.1927.

3. Von der russischen Oktober- zur deutschen Novemberrevolution 63

am 5. November bei Staatssekretär Solf im Auswärtigen Amt Protest erhob[172]. Keiner wußte besser über die subversiven Aktivitäten der sowjetischen Vertretung Bescheid als er, und er scheute sich auch nicht, sich wenige Wochen später ihrer zu öffentlich zu rühmen. Joffes Protest blieb wirkungslos. Die Botschaft wurde binnen 24 Stunden ausgewiesen, das deutsche Botschaftspersonal aus Rußland zurückgerufen[173].

Die Abwehr umstürzlerischer Propaganda war nur eines der Motive für diesen Schritt und möglicherweise nicht einmal das wichtigste. So hatte sich Philipp Scheidemann bei einer Kabinettssitzung am 2. November 1918 noch wenig beeindruckt von der revolutionären Propaganda des kurz zuvor aus dem Gefängnis freigekommenen Karl Liebknecht gezeigt. „Liebknecht macht gar keinen Eindruck bei seinen Reden. Er kann allerlei Unfug anrichten, aber nicht mehr."[174] Sehr wahrscheinlich diente der Abbruch der diplomatischen Beziehungen zu Rußland auch dem Zweck, durch die Betonung der gemeinsamen Front gegen den Bolschewismus die Entente-Staaten und insbesondere die USA zu einem Entgegenkommen bei den Waffenstillstands- und Friedensverhandlungen zu bewegen[175]. Doch kaum war der Bruch vollzogen, schien es, als ob seine Voraussetzungen hinfällig geworden wären. Noch bevor das sowjetische Botschaftspersonal Moskau erreicht hatte, wurde in Deutschland das alte Kaiserreich von der Revolution gestürzt.

---

[172] Rosenfeld, Sowjetrußland und Deutschland S. 131; auch Rosenfeld spricht von einer Provokation, läßt aber Joffes spätere Enthüllungen außer acht. Einer amtlichen Erklärung vom Dezember 1918 zufolge hat Joffe den Tatbestand, der ihm von Solf vorgehalten wurde, nicht bestritten, sondern nur erklärt, die Flugblätter seien für die Schweiz bestimmt gewesen. Die Aufrufe seien aber offensichtlich an die deutsche Arbeiterschaft gerichtet gewesen. „Gegen die russische Einmischung", Vorwärts Nr. 322 vom 23. 11. 1918.
[173] A. a. O.; Ritter/Miller, Revolution, S. 338 f.
[174] Arnold Brecht: Aus nächster Nähe. Lebenserinnerungen 1884–1927. Stuttgart 1966, S. 180. Brecht gibt auf den Seiten 74 ff. das von ihm aufbewahrte Protokoll dieser Sitzung wieder.
[175] Rosenfeld, Sowjetrußland und Deutschland, S. 132; Grupp, Vom Waffenstillstand, S. 294. Dagegen meint Baumgart, erst die Feststellung, daß die Ausweisung der sowjetischen Botschaft bei den Alliierten mit Befriedigung registriert worden sei, habe zu dem Versuch geführt, die antibolschewistische Haltung als Gewicht in die Waffenstillstandsbedingungen einzuführen. Baumgart, Ostpolitik, S. 359 f.

4. Diktatur des Proletariats?
Die deutsche Revolution 1918/19 und Sowjetrußland

Profile zweier Revolutionen

„Der Erkenntnis, daß die Revolutionen in Rußland und Deutschland Erscheinungsformen ein- und desselben weltgeschichtlichen Prozesses sind, liegt der den Sozialismus unüberwindlich machende Kerngedanke vom proletarischen Internationalismus zugrunde." Albert Schreiner, spartakistischer Veteran der deutschen Revolution und späterer marxistisch-leninistischer Historiker derselben, wandte sich mit dieser Aussage 1957 explizit gegen die „antibolschewistische Lüge vom ‚russischen Weg'", der für den Westen nicht geeignet sei[1].

Demgegenüber betonen neuere westliche Forschungen die Unterschiedlichkeit der Voraussetzungen und des Verlaufs der Revolutionen in Rußland und Deutschland[2]. Entscheidend bei diesen Überlegungen ist der unterschiedliche sozioökonomische Entwicklungsgrad Deutschlands und Rußlands, auf den bereits zeitgenössische Sozialdemokraten hingewiesen hatten. Aber auch die jeweils aktuelle Situation, in der beide Revolutionen stattfanden, ist von Bedeutung.

Die russische Revolution des Jahres 1917 war eine Erhebung zur Beendigung des Krieges. Die „revolutionären Defensisten" unter den russischen Sozialisten mußten teuer dafür bezahlen, daß sie das nicht rechtzeitig verstanden hatten. Die deutsche Revolution fand bereits während laufender Waffenstillstandsverhandlungen statt. Ihr erster Anstoß, die Meuterei der Matrosen in Wilhelmshafen und Kiel, war eine Rebellion nicht gegen die Regierung, sondern letztlich für sie[3]. Sie richtete sich gegen die rebellierende Seekriegsleitung, die nicht nur einen militärischen Vorstoß zur Rettung der „Ehre" der Marine plante, sondern damit auch eine politische Wende einleiten wollte[4]. Der Krieg hatte zwar zur Spaltung der sozialistischen Arbeiterbewegung in Deutschland geführt, aber anders als in Rußland existierte zur Zeit der Revolution kein Streit über die sofortige Beendigung oder die zeitweise Fortführung des Krieges mehr, der diese Spaltung hätte weiter vertiefen und verschärfen können. Damit entfiel für Deutschland auch ein wichtiger Grund, der in Rußland zur Entstehung einer Massenbasis des Linksradikalismus beigetragen hatte. Wichtiger noch aber sind die Unterschiede der Sozialstrukturen.

Die russische Revolution war vor allem auch eine Agrarrevolution. Für die Bauern, die die weit überwiegende Mehrheit der Bevölkerung stellten, brachte sie die lange ersehnte Landverteilung. Die Bolschewiki waren klug genug gewesen, den Volkswillen

---

[1] Die Oktoberrevolution und Deutschland. Referate und Diskussionen zum Thema: Der Einfluß der Großen Sozialistischen Oktoberrevolution auf Deutschland. Redaktion: Albert Schreiner. Berlin (O) 1958, S. 26.
[2] Geyer, Sowjetrußland und die deutsche Arbeiterbewegung, S. 10f.; Winkler, Revolution, S. 19–26. Der Abschnitt trägt die treffende Überschrift „Fortschritt als Fessel". Als Pendant dazu aus „russischer Sicht" das Kapitel „Revolution und Rückständigkeit" in Hildermeier, Russische Revolution, S. 294–307.
[3] Wolfram Wette: Gustav Noske. Eine politische Biographie. Düsseldorf 1987, S. 204.
[4] So überzeugend dargelegt von Leonidas E. Hill: Signal zur Konterrevolution? Der Plan zum Vorstoß der deutschen Hochseeflotte am 30. Oktober 1918, in: VfZ 36 (1988), S. 113–129.

zu erkennen und hatten kurzerhand das Agrarprogramm der Sozialrevolutionäre übernommen, das die Landverteilung an individuelle Bauernwirtschaften vorsah. Ihre eigenen, traditionell marxistischen Vorstellungen von agrarischen Großbetrieben hatten sie zurückgestellt[5]. Damit machten sie sich die Bauern zu zeitweiligen Bündnispartnern. In Deutschland hingegen gehörte die Agrarproblematik, die in Rußland erheblich zur Dynamik der Revolution beigetragen hatte, bereits der Geschichte des 19. Jahrhunderts an[6].

Der weitaus höhere Stand der Industrialisierung bedingte auch ein komplexeres und für Störungen erheblich anfälligeres Sozialgefüge. Eine Revolution von der Radikalität der russischen hätte hier noch weitaus katastrophalere Auswirkungen haben müssen. „Bei uns freilich hätte es mehr zu zerschlagen gegeben als in Rußland, denn was war das bißchen russische Industrie und Handel im Vergleich mit der hochentwickelten deutschen Wirtschaft?" drückte Philipp Scheidemann diesen Umstand nicht ohne eine gewisse Herablassung aus[7]. Ein Zurückfluten eines Großteils der Arbeiterschaft von den Städten, in denen Massenelend herrschte, aufs Land (wo die Situation allerdings auch nicht unproblematisch war) war in Rußland möglich. Dort hatte die relativ „junge" Arbeiterklasse noch viele enge Verbindungen zum Dorf. Der Anteil der Bevölkerung, der von der Industrie lebte, machte auch nur rund zehn Prozent aus. In Deutschland dagegen waren es zwei Drittel[8]. Die möglichst ungestörte Fortführung der industriellen Produktion war daher hier eine zwingende Notwendigkeit, die dem Ausmaß und der Schärfe der Klassenkämpfe klare und nicht sehr weite Grenzen setzte. Es ist nicht zuletzt auf diesen Umstand zurückzuführen, daß in der deutschen Revolution die Positionen der alten Funktionseliten weitgehend unangetastet blieben. Für die Revolution in Deutschland gilt so gerade nicht, was Manfred Hildermeier in Bezug auf die russische Revolution feststellt: „Der Untergang des Zarismus war mehr als ein Machtwechsel an der Staatsspitze. Mit der Monarchie brachen so gut wie alle staatlichen und sozialen Autoritäten der alten Ordnung zusammen."[9]

Gerade der Kontrast zwischen der Radikalität des Umbruchs in Rußland und des durch strukturelle Faktoren, aber auch durch politische Halbherzigkeit bedingten „Steckenbleibens" der Revolution in Deutschland[10] ließen im enttäuschten linken Flügel der deutschen Arbeiterbewegung die Sympathien für Sowjetrußland stark anwachsen. Mit der Kommunistischen Internationale schufen die Bolschewiki einen zweiten organisatorischen Pol in der internationalen Arbeiterbewegung, der seine Anziehungskraft gerade auch auf die Linke in Deutschland aus der Attraktivität des sowjetischen Modells bezog.

---

[5] Heller, Sowjetunion, S. 34f.
[6] Zur Rolle der Agrargesellschaft in der deutschen Revolution siehe Kluge, Deutsche Revolution, S. 60–62.
[7] Scheidemann, Memoiren Bd. 2, S. 251.
[8] Winkler, Revolution, S. 25.
[9] Hildermeier, Russische Revolution, S. 300.
[10] Zum politischen Gestaltungsspielraum der sozialdemokratischen Parteien in der Revolution und ihren Versäumnissen: Winkler, Revolution, S. 146–150; Ritter, Die sozialistischen Parteien, S. 113f.; Kluge, Die deutsche Revolution, S. 200–205.

Weichenstellungen: November 1918 bis Februar 1919

Zwei Faktoren prägten das Verhältnis der deutschen Sozialdemokratie zu Sowjetrußland, nachdem sie infolge der Novemberrevolution die politische Führungsrolle in Deutschland übernommen hatte:
1. eine innenpolitische Bolschewismusfurcht, die durch sowjetische Einmischungsversuche bestärkt wurde,
2. außenpolitisch der Versuch, möglichst milde Friedensbedingungen zu erreichen, was die Fortdauer des schon vor der deutschen Revolution herbeigeführten Bruchs mit Sowjetrußland als Konsequenz hatte.

Der erste Faktor war fast ausschließlich nur für die SPD von Bedeutung. Nur einige Vertreter des rechten USPD-Flügels wie Kautsky, Bernstein oder Ströbel teilten die Sorge, die deutsche Revolution könne in bolschewistische Strudel geraten. Der zweite Faktor basierte auf Realitäten, die auch die USPD-Vertreter im Rat der Volksbeauftragten anerkennen mußten.

Die Konfrontation zwischen den Mehrheitssozialdemokraten und den Verfechtern einer Revolution nach russischem Muster wurde sofort mit dem Sturz der alten Ordnung aktuell. Am Samstag, den 9. November, gegen 14 Uhr rief Philipp Scheidemann von einem Fenster des Reichstagsgebäudes aus die Republik aus, nach eigenem Bekunden, um Karl Liebknecht zuvorzukommen, der, wie Scheidemann mitgeteilt worden war, die sozialistische Republik proklamieren wollte. „Ich sah den russischen Wahnsinn vor mir, die Ablösung der zaristischen Schreckensherrschaft durch die bolschewistische. ‚Nein! Nein! Nur nicht auch das noch in Deutschland nach all dem anderen Elend –!'" schilderte Scheidemann dramatisierend aus der Rückschau, was ihn – zu Eberts großem Zorn – bewog, der Entscheidung der einzuberufenden Nationalversammlung über die künftige Staatsform Deutschlands vorzugreifen[11]. Scheidemann verband dies mit dem Appell, Ruhe, Ordnung und Sicherheit zu wahren[12].

Liebknecht stufte in seiner Proklamation der „freien sozialistischen Republik" die deutsche Revolution als ein Glied in der von Rußland ausgehenden Weltrevolution ein. „Wir rufen unsere russischen Brüder zurück. Sie haben bei ihrem Abschied zu uns gesagt: ‚Wenn ihr in einem Monat nicht das erreicht, was wir erreicht haben, so wenden wir uns von Euch ab.' Und nun hat es kaum vier Tage gedauert."[13]

Liebknecht hatte starken Einfluß auf die Bedingungen ausgeübt, die die USPD am selben Tag der SPD für ihre Beteiligung an einer gemeinsamen Regierung stellte. Die gesamte exekutive, legislative und jurisdiktionelle Macht solle ausschließlich in den Händen von gewählten Vertrauensmännern der gesamten werktätigen Bevölkerung und der Soldaten liegen, lautete die entscheidende Forderung. Das war unschwer als das Postulat der Diktatur des Proletariats auf der Basis des Rätesystems zu erkennen. Die Antwort der SPD darauf fiel deutlich aus: „Ist mit diesem Verlangen die Diktatur eines Teils einer Klasse gemeint, hinter dem nicht die Volksmehrheit steht, so müssen wir diese Forderung ablehnen, weil sie unseren demokratischen Grundsätzen wider-

---

[11] Scheidemann, Memoiren, Bd. 2, S. 310 und S. 313. Kritisch zu dieser Darstellung Scheidemanns Lösche, Bolschewismus, S. 167.
[12] Scheidemanns Aufruf in Ritter/Miller, Revolution, S. 77.
[13] Ein Bericht der Vossischen Zeitung mit ausführlicher Wiedergabe von Liebknechts Aufruf ist auszugsweise abgedruckt in: Ritter/Miller, Revolution, S. 77f.

spricht."[14] Auf die wenig später vorgebrachte Bedingung der USPD, die gesamte politische Gewalt solle den Arbeiter- und Soldatenräten zustehen, ging die MSPD dagegen in der begründeten Hoffnung ein, auf einem Reichskongreß der Arbeiter- und Soldatenräte die Mehrheit erringen zu können. Der Termin der Einberufung einer Nationalversammlung, den die USPD bis zur Sicherung der revolutionären Errungenschaften verschoben wissen wollte, würde dann von ihm bestimmt werden[15]. In einer Versammlung der Berliner Arbeiter- und Soldatenräte am Abend des 10. November zeigte sich, daß diese Strategie erfolgversprechend war. Gegen den Widerspruch der „Revolutionären Obleute" vom linken USPD-Flügel wurde nicht zuletzt aufgrund energischer Unterstützung der Soldatenräte die Vereinbarung über eine paritätisch von SPD und USPD zu bildende Regierung gebilligt.[16] Jeweils einstimmig wurden ferner eine von Ernst Däumig entworfene Resolution, die die Bewunderung der Versammelten für die revolutionären Arbeiter und Soldaten Rußlands zum Ausdruck brachte und die rasche Sozialisierung der Produktionsmittel forderte, und eine von Hugo Haase eingebrachte Entschließung, die die sofortige Wiederherstellung der Beziehungen zu Sowjetrußland verlangte, angenommen[17].

Dort löste die Nachricht von der deutschen Revolution Freude und große Erwartungen aus. Die Führungsgruppe der Menschewiki glaubte, nunmehr sei Berlin und nicht mehr Moskau das Zentrum der Revolution. In einem *Brief an die deutschen Genossen* drückte Martow die Hoffnung aus, die Revolution im fortgeschrittenen Deutschland werde der durch den Krieg ausgelösten Revolution im rückständigen Rußland den Weg aus der Sackgasse weisen, in die sie geraten sei[18].

Noch größer waren Begeisterung und Hoffnung bei den Bolschewiki. Die Erwartung der kommenden Revolution in Deutschland war eine tragende Säule ihrer Strategie gewesen. Nun schienen sich ihre Vorhersagen, die von den Menschewiki als illusionär abgetan worden waren, bewahrheitet zu haben. Die Bolschewiki erhofften sich die Durchbrechung ihrer Isolation und – zumindest passive – Unterstützung in ihrem Kampf gegen Weiße und ausländische Interventen. Das Bild der Lage in Deutschland war in Moskau zunächst nicht ganz klar. Lenin war am 10. November von einer Machtübernahme der Arbeiter- und Soldatenräte ausgegangen. Die Meldung über die Ernennung Eberts als Reichskanzler traf offenbar erst später ein, so daß die Chronologie der Ereignisse in Rußland etwas verworren wahrgenommen wurde[19]. Ihre politische Be-

---

[14] Der USPD-Forderungskatalog und die Antwort der SPD in ebenda, S. 89f.
[15] Winkler, Revolution, S. 53.
[16] Ebenda, S. 56.
[17] A.a.O.; Ritter/Miller, Revolution, S. 96; Wheeler, USPD, S. 45.
[18] L. Martow: Ein Brief an die deutschen Genossen, in: Der Sozialist, Nr. 52 vom 28.12.1918. Der Brief datiert vom 5.12.1918. Ausführlich zur Einschätzung der deutschen Revolution durch die Menschewiki Ascher, Russian Marxism, S. 415–422.
[19] Lenin, Renegat Kautsky, S. 320: „In der Nacht vom 9. zum 10. [November] trafen aus Deutschland Nachrichten ein über den Beginn der siegreichen Revolution zuerst in Kiel und anderen Städten im Norden und an der Küste, wo die Macht in die Hände der Arbeiter- und Soldatenräte übergegangen ist, dann auch in Berlin, wo der Rat ebenfalls die Macht übernommen hat." Telegramm der Sowjetregierung vom 11. November 1918, in: Ritter/Miller, Revolution, S. 339f.: „Wie wir durch Meldungen der Station genau erfuhren, steht noch an der Spitze der Regierung Prinz Max von Baden, und Reichskanzler soll Ebert werden, der vier Jahre lang Wilhelm und die Kapitalisten unterstützt hat."

deutung wurde jedoch durchaus richtig erfaßt. Die Nachrichten über die wichtige politische Rolle der Mehrheitssozialdemokraten veranlaßte die Sowjetregierung zu einem Aufruf an die Arbeiter-, Soldaten- und Matrosenräte in Deutschland. „Die Scheidemänner werden zusammen mit den Erzbergern Euch an das Kapital verkaufen. [...] Es gilt, mit den Waffen in der Hand wirklich die Macht überall zu übernehmen, eine Arbeiter-, Soldaten- und Matrosenregierung mit Liebknecht an der Spitze zu bilden. Laßt Euch keine Nationalversammlung aufschwatzen: Ihr wißt wohin Euch der Reichstag gebracht hat", gab sie als Direktive aus. Zugleich forderte sie die deutschen Räte zum gemeinsamen Kampf gegen die weißen Truppen in der Ukraine unter den Generälen Skoropadski, Denikin und Krasnov auf. Es gelte, den Engländern zuvorzukommen, die einen Flottenvorstoß über das Schwarze Meer zur Unterstützung der weißen Truppen planten. Die deutschen Arbeiter könnten durch die Unterstützung der Roten Armee Zugang zu dem in der Ukraine reichlich vorhandenen und von ihnen so dringend benötigten Brot bekommen[20].

Der sowjetische Funkspruch enthielt keine Angriffe auf die USPD, über deren Rolle man sich in Moskau zunächst nicht im Klaren war. Erst durch ein Fernschreibergespräch zwischen dem Volkskommissar des Auswärtigen Čičerin und Oscar Cohn, dem USPD-Politiker und Rechtsbeistand der Sowjetbotschaft, das am 12. November stattfand, erfuhr man dort von den Vereinbarungen zwischen SPD und USPD und der Weigerung Liebknechts, in die Regierung einzutreten[21].

Die Nachricht von der Koalition der USPD mit den „Scheidemännern" war wohl geeignet, die erste Begeisterung für die deutsche Revolution bei den Bolschewiki zu dämpfen. Weitere Enttäuschungen brachte die erste direkte Kontaktaufnahme zwischen Vertretern der Sowjetregierung und der neuen deutschen Regierung mit sich. Am 15. November kam es auf sowjetische Initiative hin zu einem Fernschreibergespräch zwischen Hugo Haase, der im Rat der Volksbeauftragten für Außenpolitik zuständig war, und seinem sowjetischen Amtskollegen Čičerin und dessen Mitarbeiter Karl Radek[22].

Čičerins und Radeks erste Sorge galt der Lage in der Ukraine. Sie bedrängten Haase, darauf hinzuwirken, daß die deutschen Truppen die Rote Armee nicht daran hinderten, Stellung gegen die erwartete englische Landung an der Schwarzmeerküste zu beziehen. Ferner sollten sie sich an der Entwaffnung konterrevolutionärer Truppen, die zuvor

---

[20] Telegramm Sowjetregierung 11.11. 1918; noch deutlicher als in dem Telegramm wird das Bemühen der Bolschewiki um eine gemeinsames Vorgehen mit den deutschen Truppen gegen die weißen Truppen in der Ukraine in einer Anweisung Lenins vom 13. November und einem Aufruf der RKP(b) von Mitte November; siehe Ritter/Miller, Revolution, S. 341–343.
[21] Ascher, Russian Marxism, S. 405 f.
[22] Eine undatierte Abschrift des Gespräches befindet sich im Nl. Emil Barth, AsD Bonn. Sie ist, mit geringfügigen Kürzungen abgedruckt in Ritter/Miller, Revolution, S. 343–351; dort auf den 14. 11. datiert. Eine vollständige Wiedergabe, die auf einer Quelle aus dem Politischen Archiv des Auswärtigen Amtes beruht, findet sich in Akten zur deutschen Auswärtigen Politik (ADAP), Serie A: 1918–1925, Bd. 1: 9. November 1918 bis 5. Mai 1919. Göttingen 1982, Nr. 18, S. 23–31. Das Gespräch wird dort auf den 15. November datiert. In der Kabinettsitzung vom 15. November, in der erstmals kurz über die Beziehungen zu Sowjetrußland beraten wurde, erwähnte Haase das Gespräch jedoch noch nicht. Die Regierung der Volksbeauftragten. Bearb. von Susanne Miller und Heinrich Potthoff. 2 Bde., Bd. 1, S. 44 f. Zum Zustandekommen des Gesprächs siehe Nadolny, Mein Beitrag, S. 122.

von Deutschland ausgerüstet worden seien, beteiligen. Außerdem machte Čičerin das Angebot, im Hafen von Reval liegende deutsche Schiffe zu kaufen und forderte ein dilatorisches Vorgehen bei der Entfernung von Minensperren in der Ostsee, um das Vordringen der Engländer zu bremsen. Haase verwies demgegenüber auf die Kriegsmüdigkeit der deutschen Soldaten, die „stürmisch die rascheste Herbeiführung des Friedens" verlangten. Die Frage des Verkaufs von Schiffen und der Entminung erledigten sich damit, wie er erklärte, von selbst. Beide Ansinnen waren mit dem Waffenstillstand von Compiègne nicht zu vereinbaren.

Der zweite wichtige Komplex des Gespräches war die Entsendung sowjetischer Kontaktleute und Propagandisten nach Deutschland. Sie sollten den russischen Kriegsgefangenen, die nach wie vor in Lagern zu leben gezwungen waren, die Schwierigkeit der Lage erklären und sie zu einem Einvernehmen mit der deutschen Regierung bewegen, wie Čičerin erklärte. Vor allem aber sollte unter den englischen und französischen Kriegsgefangenen und an der Westfront agitiert werden. Offenkundig sah man in Moskau den Umbruch in Deutschland als Beginn der Weltrevolution an, die es nun nach Westen weiterzutreiben galt. Die sowjetischen Vertreter forderten außerdem die Rückrufung des sowjetischen Botschaftspersonals, das sich wartend in Borissow in Weißrußland aufhielt, und die Einreiseerlaubnis für sowjetische Delegierte zum Rätekongreß in Berlin. Sie teilten mit, daß bereits zwei Züge mit Mehl zur Erleichterung der deutschen Ernährungslage abgegangen seien.

Haases Zurückhaltung wurde dadurch nicht geringer. Die Entsendung von Agitatoren zu den englischen und französischen Kriegsgefangenen lehnte er rundheraus ab. Das würde die sofortige Fortsetzung des Krieges und die Unterbindung der dringend erforderlichen Nahrungsmittelzufuhr bedeuten. Die Lage der russischen Kriegsgefangenen solle erleichtert werden. Zwei russische Mitarbeiter würden in die Redaktion des für sie bestimmten Mitteilungsblattes *Russkij Vestnik* eintreten[23].

Haase monierte die Festnahme des Personals des deutschen Generalkonsulats durch deutsche Kriegsgefangene, die einen deutschen Soldatenrat bildeten[24], und erklärte, er werde die Frage der Beziehungen zu Sowjetrußland erneut dem Kabinett vorlegen und dabei seinen bekannten alten Standpunkt vertreten. Haase spielte damit auf seine von den Berliner Arbeiter- und Soldatenräten verabschiedete Resolution für die sofortige Wiederherstellung der Beziehungen zu Sowjetrußland an.

Tatsächlich aber hatte er, wohl nicht zuletzt unter dem Eindruck des Gesprächs mit Čičerin und Radek, seine Meinung geändert. Noch am 13. November war sich Geheimrat Nadolny nicht sicher gewesen, ob es die neue Regierung beim Abbruch der Beziehungen belassen würde[25]. In einer Kabinettssitzung am 18. November wurde dann der Kurs Sowjetrußland gegenüber festgelegt, nachdem Philipp Scheidemann zufolge in Kenntnis des Gesprächs am 16. November einstimmig beschlossen worden war, in dem

---

[23] Das Ergebnis dieser Maßnahme entsprach allerdings wohl kaum den Wünschen der Bolschewiki. Das neue Organ für die russischen Kriegsgefangenen erschien vom 19. November 1918 bis 8. Februar 1919 dreimal wöchentlich unter dem Titel Russkij Socialist. Schwerpunkt der Berichterstattung war die Situation der Gefangenen. Politisch verfolgte das Blatt eine sozialdemokratische Linie und übernahm Artikel aus dem Vorwärts und dem USPD-Organ Freiheit.

[24] Siehe dazu Brandt/Löwenthal, Ernst Reuter, S. 109–111.

[25] Fernschreibergespräch zwischen Geheimen Legationsrat Nadolny und Generalkonsul Thiel (Kiew), vom 13. 11. 1918. ADAP, Serie A, Bd. 1, Nr. 10, S. 13f.

Konflikt zwischen Rußland und der Entente neutral zu bleiben[26]. Haase empfahl, die Beziehungen zu Sowjetrußland dilatorisch zu behandeln. Dies wurde durch Berichte verschiedener Gesandtschaften gestützt, wonach die Entente die Versorgung Deutschlands gewährleisten wolle, sofern das „Kabinett Ebert" in seinem Bestand und seiner Zusammensetzung gesichert wäre. Gegen eine bolschewistische Regierung würde dagegen bewaffnet vorgegangen werden. Schon eine Rückkehr Joffes werde den Friedensschluß nachteilig beeinflussen[27]. Karl Kautsky, Beigeordneter des Staatssekretärs des Äußeren Solf, schlug vor, den Aufruf der Sowjetregierung zur Bildung einer Regierung unter Liebknecht sowie die Festnahme der Generalkonsuln in Petersburg und Moskau als strittige Verhandlungspunkte in den Vordergrund zu stellen und damit Zeit zu gewinnen. Die Sowjetregierung, so meinte er, würde wohl in einigen Wochen erledigt sein. Zugleich schloß er aber auch eine Rückkehr Joffes nicht absolut aus, wenn die Sowjets in die Bedingung einwilligten, auf die Agitation unter den englischen und französischen Kriegsgefangenen zu verzichten. Emil Barth teilte mit, daß auch Liebknecht und Rosa Luxemburg mit einer dilatorischen Behandlung des Verhältnisses zu Rußland einverstanden seien. „Auch die linksstehenden Kreise müßten sich den unabänderlichen Tatsachen unterwerfen", erklärte er. Haase machte aber deutlich, daß es für Deutschland ausgeschlossen sei, sich an einem internationalen Bündnis zur Bekämpfung der sozialistischen Revolution zu beteiligen, was der Mehrheitssozialdemokrat Eduard David mit dem Zwischenruf „Sehr wahr!" quittierte[28].

Der gegenüber Rußland eingeschlagene Kurs war von dem Versuch bestimmt, auf friedlichem Wege für Deutschland möglichst günstige Übereinkünfte mit den westlichen Siegermächten zu erzielen. Dazu bestand in der Situation des Jahres 1918 ohnehin keine realistische Alternative, wie nach Emil Barths Aussage offenbar auch die Führer der radikalen Linken erkannten[29]. Von Sowjetrußland hatte man nichts zu erwarten.

Die Lage der Bolschewiki war prekär. Wie lange sie sich noch gegen die alliierte Intervention und die weißen Truppen behaupten konnten, war ungewiß. Die Avancen, die sie Deutschland machten, entsprachen ausschließlich ihren eigenen Interessen. Doch das Kalkül Lenins, der mit der Unterstützung durch ein revolutionäres Deutschland gerechnet hatte, erwies sich – so läßt sich aus der Rückschau feststellen – schon

---

[26] Philipp Scheidemann: Der Zusammenbruch. Berlin 1921, S. 224.
[27] Regierung der Volksbeauftragten, Nr. 16, S. 98 f. Vgl. die Gesandtschaftstelegramme aus dem Haag vom 12. u. 13. 11. 1918, in der maschinenschriftl. Zusammenstellung "Bisher festgestellte Meldungen darüber, daß die Ausbreitung des Bolschewismus in Deutschland und seine Begünstigung durch die deutsche Volksregierung eine ernste Gefahr für den Friedensschluß und die Versorgung der Bevölkerung bilden würde" (insgesamt 23 Meldungen bis 23. 11.), im Nl. Barth.
[28] A. a. O., S. 99 f.
[29] Allerdings hat sich Barth von dieser Einsicht schon ein halbes Jahr später distanziert. Für die Entscheidung des 18. November machte er dann die MSPD-Vertreter im Rat der Volksbeauftragten verantwortlich: „Die Herren Landsberg, Ebert und Scheidemann hatten ihren Solf schon für das Notwendige sorgen lassen, und so kamen sie mit einem Funkspruch von Radek, in dem er den gemeinsamen Kampf am Rhein gegen die kapitalistische Entente ankündigte." Emil Barth: Aus der Werkstatt der Revolution. Berlin 1919, S. 68. Über den erwähnten Funkspruch Radeks berichtete der Vorwärts erst am 29. November 1918; siehe William Maehl: The Anti-Russian Tide in German Socialism 1918–1920, in: American Slavonic and East European Review 18 (1959), S. 187–196, hier: S. 191.

eine Woche nach der deutschen Revolution als falsch. Die Kräfte, die die Revolution dominierten, hatten nicht Lenins unbeirrbaren Glauben an die Weltrevolution, die auch die Regierungen der Entente-Staaten aus dem Sattel heben würde. Und nur dieser Glaube hätte die enge Anlehnung an Sowjetrußland rechtfertigen können, die unweigerlich in eine Konfrontation mit den Westmächten geführt hätte, welche sich faktisch im Krieg mit Sowjetrußland befanden.

Angesichts dieser Sachlage ist der Einfluß der Beamten des Auswärtigen Amtes auf die Entscheidung des Rates der Volksbeauftragten nicht allzu groß zu veranschlagen. Zwar rühmt sich Rudolf Nadolny, der Leiter der Ostabteilung im AA, nur die Funksprüche aus Moskau weitergeleitet zu haben, die ihm ins Konzept gepaßt hätten[30], und Staatssekretär Solf bat um den 13. November herum die Entente-Mächte um die Erklärung, sie würden bei einem Überhandnehmen des Bolschewismus in Deutschland einmarschieren[31].

Aber Haase hatte sich andererseits im direkten Kontakt ein Bild von den Auffassungen der Sowjetregierung machen können, und die antibolschewistische Haltung der Westmächte war auch kein Geheimnis[32].

Am Tag nach der Kabinettssitzung ging, wie beschlossen, ein von Solf und Kautsky gezeichnetes Telegramm an das russische Volkskommissariat des Äußeren ab, in dem gegen den sowjetischen Funkspruch vom 11. November und die Absetzung der deutschen Generalkonsuln protestiert wurde. Die Wiederaufnahme der Beziehungen wurde von der Klärung dieser Streitpunkte abhängig gemacht[33].

Eine Woche später traf die Antwort Čičerins in Berlin ein. Das Personal der Generalkonsulate sei bereits aus Rußland abgereist, und die sowjetische Führung sei bereit, auf Propaganda gegen die deutsche Regierung zu verzichten, teilte er mit, auch wenn es ihr demokratischer erschiene, sich in dieser Hinsicht gegenseitig keine Beschränkungen aufzuerlegen. Sie würde auch gegen deutsche Propaganda für die Positionen der Menschewiki nichts einzuwenden haben. Čičerin drängte auf die Rückkehr Joffes nach Berlin[34]. Die Regierung hielt jedoch trotz dieses Einlenkens an ihrer Politik fest.

Bei der Reichskonferenz der Regierung, des Vollzugsrates und der Landesregierungen am 25. November kritisierten allerdings mehrere USPD-Vertreter, darunter die zur Parteimitte zu zählenden Ströbel und Crispien, die von Staatssekretär Solf betonte

---

[30] Nadolny, Mein Beitrag, S. 121 f.
[31] Winkler, Revolution, S. 73; Eberhard Kolb: Internationale Rahmenbedingungen einer demokratischen Neuordnung in Deutschland 1918/19, in: Bracher/Funke/Jacobsen, Die Weimarer Republik, S. 257–284, hier: S. 278 f.
[32] Die erste Gesandtschaftsmeldung, die mitteilte, von „maßgeblicher amerikanischer Seite" sei erklärt worden, eine bolschewistische deutsche Regierung würde als nicht verhandlungsfähig erachtet werden stammt vom 9. November; „Bisher festgestellte Meldungen...".
[33] Regierung der Volksbeauftragten, Bd. 1, S. 101; Text des Telegramms in Scheidemann, Zusammenbruch, S. 225–227; Ritter/Miller, Revolution, S. 353 f.; ADAP Serie A, Bd. 1, Nr. 28, S. 43–45. Nadolnys Schilderung, er habe unmittelbar nach Haases Gespräch mit Moskau den Text einer negativen Antwort auf die Anfragen Čičerins entworfen und dabei auf die Waffenkäufe der sowjetischen Botschaften verwiesen, ist offensichtlich unzutreffend. Den Fund von Rechnungen über gekaufte Waffen, auf den er sich bezieht, meldete der Vorwärts am 3. Dezember, „Das Waffenlager der russischen Botschaft" (Nr. 332).
[34] ADAP Serie A, Bd. 1, Nr. 41, S. 62–64.

antibolschewistische Linie. Die bolschewistische Gefahr sei in Wirklichkeit gering. Ihre Beschwörung diene nur dazu, das Bürgertum gegen die Revolution einzunehmen[35].

Innenpolitisch wurde Rußland im November/Dezember 1918 immer mehr zu einer Vergleichsgröße in der Auseinandersetzung über den Weg der deutschen Revolution. Dabei verlief die Trennlinie nicht zwischen den beiden sozialdemokratischen Parteien, sondern quer durch die USPD. Warnte der mehrheitssozialdemokratische Staatssekretär Gustav Bauer in der Kabinettssitzung vom 21. November vor der „Schwätzerei von der sofortigen Vergesellschaftlichung [sic!]", die zu „russischen Zuständen" führen werde[36], so wandte sich einen Tag später Eduard Bernstein im USPD-Organ Freiheit gegen eine „rücksichtslose Gewaltpolitik" gegenüber der Volkswirtschaft mit dem Argument: „Was dabei herauskommt, hat man in Rußland gesehen."[37] Aber nicht nur Vertreter des rechten USPD-Flügels, auch Leute der Parteimitte wie Hilferding und Haase warnten vor einer „sklavischen Nachahmung der bolschewistischen Revolution". Diese Warnung richtete sich vor allem an die Linke in der Partei, insbesondere den Spartakusbund. Vertreter dieser Richtung hatten – ohne Erfolg – versucht, die Partei auf den Austritt aus der Regierung, die Ablehnung einer Nationalversammlung und das Rätesystem festzulegen[38].

Außenpolitisch wirkte der Zwang zur Rücksichtnahme auf die Position der Entente fort. Das zeigte sich erneut, als die Einreiseerlaubnis für sowjetische Delegierte zum Reichskongreß der Arbeiter- und Soldatenräte Mitte Dezember zur Debatte stand. Der Vollzugsausschuß der Berliner Arbeiter- und Soldatenräte hatte auf sowjetisches Ersuchen hin eine entsprechende Einladung ausgesprochen. Doch am 5. Dezember meldete der Vorwärts, in Kreisen der Entente und besonders bei den USA habe das „den schlechtesten Eindruck gemacht". „Man fragt sich in diesen Kreisen, ob die deutsche Regierung und die deutschen Arbeiterräte nicht wüßten, daß die Entente nicht zugleich mit den Bolschewiki Krieg führen und mit einem Deutschland, das mit der Räteregierung brüderlich verbunden sei, Frieden schließen könne."[39]

Am 9. Dezember beschloß der Rat der Volksbeauftragten gegen die Stimme Emil Barths, der russischen Delegation die Einreise zu verweigern. Der Berliner Vollzugsrat nahm daraufhin am 10. Dezember mit 13 gegen 9 Stimmen seine Einladung zurück[40].

Die Warnung vor dem Bolschewismus wurde jedoch zugleich auch funktionalisiert. Den Siegermächten sollte signalisiert werden, daß die Ausbreitung des Bolschewismus in Deutschland nicht aufzuhalten sein werde, wenn die Friedensbedingungen zu hart ausfielen. Allerdings scheinen hinter dieser Politik mehr die Oberste Heeresleitung und das Auswärtige Amt als treibende Kräfte gestanden zu sein, als die sozialdemokrati-

---

[35] Regierung der Volksbeauftragten, S. 155–159, S. 172–176 und S. 183.
[36] Ebenda, S. 115.
[37] Eduard Bernstein: Aufgaben der Revolution, in: Freiheit Nr. 13 vom 22. 11. 1918.
[38] „Deutsche Taktik für die deutsche Revolution", Freiheit Nr. 54 vom 14. 12. 1918 [Der Leitartikel stammt vermutlich vom damaligen Chefredakteur der Freiheit Rudolf Hilferding.] „Was uns trennt", ebenda Nr. 56 vom 15. 12. 1918; „Endlich Klarheit", ebenda Nr. 57 vom 16. 12. 1918; „Verbands-Generalversammlung Groß-Berlins", a.a.O., 1. Beilage; „Die Auseinandersetzung Luxemburg – Haase. Die Schlußreden auf der Berliner Generalversammlung", ebenda Nr. 59 vom 17. 12. 1918.
[39] „Der geplante Russenbesuch in Deutschland.", Vorwärts Nr. 334 vom 5. 12. 1918; Regierung der Volksbeauftragten Bd. 1, S. 303, Fußnote 10; Ritter/Miller, Revolution, S. 354–356.
[40] Regierung der Volksbeauftragten, Bd. 1, S. 303; Ritter/Miller, Revolution, S. 356f.

schen Volksbeauftragten[41]. Diese Taktik war allenfalls von mäßigem Erfolg gekrönt. In Frankreich ließ man sich dadurch von Anfang an nicht sehr beeindrucken, und auch die ersten britischen und amerikanischen Missionen, die im Dezember 1918 nach Deutschland kamen, durchschauten die deutschen Manöver schnell[42].

Noch vor der Entscheidung des Rates der Volksbeauftragten, keine russische Delegation zum Rätekongreß zuzulassen, machte der ausgewiesene Botschafter Joffe eine Art Test, um festzustellen, welchen Kurs die USPD-Volksbeauftragten verfolgten, und das Bündnis zwischen SPD und USPD nach Möglichkeit aufzubrechen. Nachdem in Deutschland Meldungen über Waffenkäufe der Sowjetbotschaft veröffentlicht worden waren[43], erklärte er in einem Funkspruch, er habe in weit höherem Umfang als gemeldet „im Einverständnis mit den unabhängigen Ministern Barth, Haase und anderen" Geld für Waffenkäufe und auch Propagandaschriften zur Verfügung gestellt[44].

Sollte Joffe gehofft haben, mit diesen Enthüllungen den Rat der Volksbeauftragten zu sprengen und die USPD-Vertreter eventuell gar auf die Seite Sowjetrußlands zu ziehen[45], so wurde er enttäuscht. Haase und Barth beeilten sich, Joffes Behauptungen zu dementieren bzw. richtigzustellen. Haase erklärte, der Parteivorstand der USPD habe sich in keiner Weise an der Verteilung von Propagandaschriften der Sowjetbotschaft beteiligt. Barth habe ohne Rücksprache mit dem Parteivorstand vor der Revolution Waffen angeschafft, aber nur eigene und Mittel von deutschen Genossen dazu verwendet[46]. Joffe, der inzwischen wohl auch schon von der Aufhebung der Einladung zum Rätekongreß wußte, reagierte darauf mit einem weiteren Funkspruch, in dem er seine Behauptungen bekräftigte. Die USPD habe finanzielle Beihilfe für den Verlag von Druckschriften erhalten. Das Geld für den Waffenkauf habe er Barth über Mittelsmänner zukommen lassen. Bei einer Begegnung habe Barth ihm gegenüber aber erklärt, er wisse, woher die Mittel kämen[47]. Haase distanzierte sich erneut von Joffes Behauptun-

---

[41] Kolb, Rahmenbedingungen, S. 277f.; ADAP Serie A, Bd. 1 Nr. 89, S. 140–143 (Aufzeichnung des Geheimen Legationsrates Nadolny vom 29. 12. 1918).

[42] Kluge, Deutsche Revolution, S. 182; Lösche, Bolschewismus, S. 236–247; Peter Borowski: Die „bolschewistische Gefahr" und die Ostpolitik der Volksbeauftragten in der Revolution 1918/19, in: Industrielle Gesellschaft und politisches System. Beiträge zur politischen Sozialgeschichte. Festschrift für Fritz Fischer zum 70. Geburtstag hrsg. von Dirk Stegmann, Bernd-Jürgen Wendt, Peter-Christian Witt. Bonn 1978, S. 389–403, hier: S. 402.

[43] „Das Waffenlager der russischen Botschaft. Die Rechnungen aufgefunden." Vorwärts Nr. 332 vom 3. 12. 1918.

[44] „Die Waffenkäufe der Sowjetgesandtschaft", Freiheit Nr. 45 vom 9. 12. 1918.

[45] So Kolb, Rahmenbedingungen, S. 267, Anm. 32, und Baumgart, Deutsche Ostpolitik 1918, S. 366. Moritz Schlesinger: Erinnerungen eines Außenseiters im diplomatischen Dienst. Köln 1977, meint, Joffe habe die USPD an die Seite der Spartakisten zwingen wollen.

[46] „Die Waffenkäufe ..."; Regierung der Volksbeauftragten, S. 302f.

[47] „Joffe gegen Barth und Haase", Freiheit Nr. 63 vom 19. 12. 1918. Über Barths Waffenkäufe liegen zwei Dokumente in seinem Nachlaß vor. Mit Eingangsstempel vom 23. November 1918 mahnte ihn der Waffenhändler Bruno Peggau, Berlin Halensee, den Betrag von 64 707,50 Mark für 500 Pistolen und 20 000 Schuß Munition sofort zu bezahlen, da er sonst Klage erheben werde. Offenbar waren die Waffen aber gar nicht an Barth ausgeliefert worden, da er am 12. Dezember 1918 einen Brief der Waffenhändlerin Eva Beneckendorff aus Berlin-Friedenau erhielt, die für Peggau die Waffen besorgt hatte und ihm nun mitteilte, sie könne sie nicht mehr an die Fabrik zurückgeben. Sie fürchte ihren geschäftlichen Ruin. Sie könne Barth nicht persönlich aufsuchen, schrieb die Dame mit dem damals wohl frauenuntypischen Gewerbe, „da ich Weihnachten ein Kindchen erwarte"; Nl. Barth, Nr. 34 u. 35.

gen. Die USPD habe allenfalls Tatsachenmaterial für ihre politische Arbeit, aber keine Beihilfe für Druckschriften erhalten. Im Kabinett erklärte er, Joffes Angaben bezögen sich wohl auf die Spartakusgruppe[48].

In seinem zweiten Funkspruch versuchte Joffe offenkundig, die USPD-Führung als Verräter an der Revolution zu diskreditieren. Barth und Haase titulierte er mit dem unter Sozialisten nahezu beleidigenden Ausdruck „Herr" anstelle von Genosse und erklärte: „Ich würde mir diese Erinnerungen an unsere frühere gemeinsame Tätigkeit nicht wachrufen, wenn Herr Haase nicht den Standpunkt der Herren Kühlmann, Solf und Nadolny eingenommen hätte, wonach gerade unsere engen Beziehungen mit der USP uns als ein Verbrechen ausgelegt wurden, wofür man uns alsdann durch Ausweisung aus Deutschland strafte."[49] Joffe gab darüber hinaus Oscar Cohn die Anweisung, die noch in Deutschland zur Förderung der Revolution deponierten Mittel nicht mehr an die USPD auszuzahlen. Er bezifferte diese Mittel auf 550000 Mark und 150000 Rubel, die er Cohn vor seiner Abreise aus Berlin persönlich übergeben habe, sowie ein Bankguthaben von zehn Millionen Rubel[50].

Mit einer Woche Verspätung erklärte Cohn dazu, nur vier Millionen Rubel der von Joffe in Deutschland hinterlegten Werte seien für Zwecke der deutschen Revolution bestimmt gewesen. Wegen formeller Bedenken der Bank seien sie ihm aber nicht ausgehändigt worden. Ebenso habe er von den anderen Geldern nur einen Teil ausgeben können, und zwar ausschließlich für propagandistische Zwecke. Mit Waffenkäufen habe er nichts zu tun[51]. Hugo Haases Dementis waren damit erheblich erschüttert. Allerdings hatte Cohn mit der Annahme des Geldes eindeutig gegen den Beschluß der USPD verstoßen, keine russischen Staatsgelder anzunehmen[52].

Obwohl es der USPD-Führung einigen Ärger verursacht haben mag, bewirkte das Joffesche Manöver letztlich nicht mehr als den Rücktritt des Staatssekretärs Solf. Bereits auf den ersten Funkspruch hin weigerte sich dieser, weiter mit den Volksbeauftragten Haase und Barth zusammenzuarbeiten. Er wollte Haase nicht einmal mehr die Hand zur Begrüßung geben und reichte infolge des Vorfalls seine Demission ein[53]. In der großen Debatte auf der Generalversammlung der Berliner USPD am 15. Dezember, bei der eine Minderheit um Rosa Luxemburg erfolglos die Regierungsbeteiligung der USPD in Frage stellte, spielte Joffes Funkspruch dagegen keine Rolle[54].

---

[48] „Joffe gegen ..."; Regierung der Volksbeauftragten, S. 394f.
[49] Regierung der Volksbeauftragten, S. 395, Anm. 2.
[50] „Noch einmal der Joffesche Funkspruch", Freiheit Nr. 65 vom 20. 12. 1918.
[51] „Eine Erklärung des Genossen Dr. Cohn", Freiheit Nr. 75 vom 27. 12. 1918.
[52] „Noch einmal..."; Hermann Müller: Die November-Revolution. Erinnerungen. Berlin 1928, S. 13.
[53] Baumgart, Ostpolitik, S. 366; Nadolny, Mein Beitrag, S. 123; Borowski, „Bolschewistische Gefahr", S. 393.
[54] „Endlich Klarheit"; „Verbands-Generalversammlung Groß-Berlins"; „Die Auseinandersetzung Luxemburg – Haase." (wie Anm. 38); Baumgart, Ostpolitik, S. 366, vertritt die These, Joffes Aktion habe auch dazu gedient, die Waffenstillstandsbedingungen zu beeinflussen, dem sei aber durch die Dementis Haases und Barths sowie eine Note der deutschen Waffenstillstandskommission vom 12. Dezember, in der den Siegermächten die gemeinsame Bekämpfung des Bolschewismus im Osten vorgeschlagen worden sei, vorgebeugt worden. Vor allem der zweite Teil der These ist höchst zweifelhaft. Die von Baumgart für die Note vom 12. Dezember

Tags darauf begann in Berlin der erste allgemeine Kongreß der Arbeiter- und Soldatenräte Deutschlands. Zwei eng miteinander verknüpfte Themen bestimmten den Kongreß: Die Debatte über das Rätesystem und die Bestimmung des Termins für die Wahl der Nationalversammlung. Wie die Entscheidung fallen würde, war von vornoherein ziemlich klar, denn die SPD, die auf eine baldige Wahl der Nationalversammlung drängte, hatte eine deutliche Mehrheit auf dem Kongreß[55]. Nichtsdestoweniger wurde er zum Schauplatz einer Grundsatzdebatte zwischen den Verfechtern des Rätesystems und den Anhängern der parlamentarischen Demokratie, die unausweichlich auch eine Debatte über Sowjetrußland war.

Der Mehrheitssozialdemokrat Max Cohen-Reuß, der für die baldige Wahl der Nationalversammlung plädierte, erinnerte daran, daß eine konstituierende Versammlung auch das erste Ziel der Februarrevolution in Rußland gewesen war. Einer Minderheitendiktatur erteilte er eine Absage. Marx habe dieser nie das Wort geredet. Auch die praktischen Erfahrungen Rußlands sprachen nach Cohens Meinung gegen ein solches System. Alles, was der Bolschewismus und die Diktatur des Proletariats in Rußland erreicht hätten, sei nur dazu geeignet, den Sozialismus auf Jahrzehnte hinaus zu diskreditieren. „Rußland friert und hungert." Im Gegensatz zum russischen Versuch, ein neues Wirtschaftssystem auf einmal an die Stelle des alten zu setzen, sei Sozialisierung, so Cohen, „ein organischer Entwicklungs- und Umbildungsprozeß, bei dem neue Wirtschaftsformen neben werdenden und auch alten Formen zusammen existieren werden".[56]

Ernst Däumig von den Revolutionären Obleuten, der in der USPD zum wichtigsten Verfechter des Rätesystems wurde, hingegen erklärte, er sei zwar gegen eine mechanische und sklavische Nachahmung des russischen Beispiels. Doch gelte es, sich die Erfahrungen der russischen Revolution nutzbar zu machen und auch den „Verzweiflungskampf der Bolschewisten" zu unterstützen. Wie diese vertrat auch Däumig die Ansicht, die Revolution sei weder in Deutschland noch in Europa abgeschlossen. Sie werde auch auf Frankreich und Großbritannien übergreifen. „Es ist weltgeschichtlich nicht anders möglich: ein Weltkrieg muß zur Weltrevolution führen, hier früher, dort später."[57] Im weiteren Verlauf der Debatte führten Vertreter der Linken die Not in Rußland auf den Vertrag von Brest-Litowsk und die ausländische Intervention zurück[58], während Scheidemann und Cohen-Reuß erklärten, ein Rätesystem würde in Deutschland zu denselben Ergebnissen führen wie in Rußland. Insbesondere müßte die politische Entrechtung des Bürgertums zwangsläufig zur Anwendung von Terror führen, um dessen Gegenwehr zu brechen. Scheidemann erklärte in diesem Zusammenhang: „Ich bin nicht der Meinung, daß der Bolschewismus eine bestimmte politische

---

als Quelle angegebene Aussage Erzbergers in der Nationalversammlung (Stenographische Berichte, Bd. 1, S. 470) steht in keinerlei Zusammenhang mit den Joffe-Telegrammen.
[55] Winkler, Revolution, S. 102.
[56] Allgemeiner Kongreß der Arbeiter- und Soldatenräte Deutschlands. Vom 16. bis 21. Dezember 1918 im Abgeordnetenhause zu Berlin. Stenographische Berichte. Unveränderter Nachdruck der Ausgabe Berlin 1919. Glashütten 1972. Eingeleitet von Friedrich Helm und Peter Schmitt-Egner, Sp. 215–217.
[57] Ebenda, Sp. 232.
[58] Ebenda, Sp. 240f. (Heckert, Chemnitz) und Sp. 279f. (Däumig).

Doktrin ist, die man zielbewußt und zielklar herbeiführen will. Der Bolschewismus ist die Folge einer irrigen Politik."[59]

Däumigs Antrag, das Rätesystem als Grundlage des neuen Staates festzuschreiben, wurde am 19. Dezember mit 344 gegen 98 Stimmen abgelehnt. Dagegen erhielt der Antrag von Cohen-Reuß, die Wahlen zur Nationalversammlung bereits am 19. Januar 1919 abzuhalten, eine Mehrheit von rund 400 zu 50 Stimmen[60].

Eine Niederlage erlitt die USPD-Fraktion auf dem Rätekongreß auch mit dem Antrag, die diplomatischen Beziehungen zu Sowjetrußland unverzüglich wieder aufzunehmen. Gegen die Proteste der USPD wurde der Antrag an die Regierung überwiesen[61]. An diesem Vorgang zeigt sich, daß die Volksbeauftragten der USPD bereits das Vertrauen eines großen Teils ihrer Basis verloren hatten. Noch deutlicher wurde dies bei der Auseinandersetzung um die Kompetenz des zu wählenden Zentralrats, der den Berliner Vollzugsrat als Instanz zur Kontrolle der Regierung ablösen sollte. Der linke Flügel der USPD setzte schließlich durch, daß die Partei dieses Gremium boykottierte, in das daraufhin ausschließich Vertreter der SPD gewählt wurden[62]. Ausgerechnet in diesem Gremium aber wurde die Regierung bereits am 20. Dezember erneut mit der Frage der diplomatischen Beziehungen zu Sowjetrußland konfrontiert. Mit demselben Argument, das schon der USPD-Delegierte Heckert beim Rätekongreß vorgebracht hatte, nämlich daß die geordnete Rückführung der Truppen von der Ostfront dies erfordere, sprachen sich die dortigen Soldatenräte einhellig für die Wiederaufnahme der Beziehungen aus. Mehr als die Zusage, dies werde geprüft werden, war Hugo Haase jedoch nicht bereit, zuzugestehen[63].

Doch auch dazu sollte es nicht mehr kommen, denn die nächsten Wochen brachten den Bruch der Regierungskoalition von SPD und USPD und eine Verschlechterung des deutsch-sowjetischen Verhältnisses. Die blutige Auseinandersetzung, in die der eigentlich unpolitische Konflikt mit der Volksmarinedivision mündete, führte am 29. Dezember zum Austritt der USPD-Vertreter aus dem Rat der Volksbeauftragten. Er bestärkte andererseits das „Ordnungsbündnis" zwischen der SPD-Führung und dem Militär[64]. Die offene Meuterei der Volksmarinedivision, die Geiselnahme des sozialdemokratischen Stadtkommandanten Otto Wels und die Schläge und Scheinhinrichtungen, die

---

[59] Ebenda, Sp. 270 (Scheidemann) und Sp. 274 (Cohen-Reuß); Ähnlich die Einschätzung des Historikers Heinrich August Winkler: „So sehr die Anhänger des neuen Rätesystems eine Parteidiktatur, wie sie sich in Sowjetrußland unter dem Deckmantel von Räten bereits herausgebildet hatte, verabschieden mochten: Nichts schützte ihre Vorstellungen von direkter Demokratie davor, einer undemokratischen Wirklichkeit den Weg zu ebnen." Winkler, Revolution, S. 103. Allerdings nahm die radikale Linke, anders als dies Winklers Formulierung vermuten läßt, die Realität der Parteidiktatur in Sowjetrußland nicht zur Kenntnis. Zur modernen Kritik an der Idee des Rätesystems siehe Gerhard A. Ritter: „Direkte Demokratie" und Rätewesen in Geschichte und Theorie, in: Erwin K. Scheuch: Die Wiedertäufer der Wohlstandsgesellschaft. Eine kritische Untersuchung der „Neuen Linken" und ihrer Dogmen. Köln ²1968, S. 215–243.
[60] Winkler, Revolution, S. 102f.
[61] Allgemeiner Kongreß, Sp. 353–355.
[62] Winkler, Revolution, S. 108f.
[63] Der Zentralrat der Deutschen Sozialistischen Republik 19. 12. 1918-8. 4. 1919. Vom ersten zum Zweiten Rätekongreß. Bearbeitet von Eberhard Kolb unter Mitwirkung von Reinhard Rürup. Leiden 1968, S. 34f.
[64] Winkler, Revolution, S. 109–113.

dieser über sich ergehen lassen mußte[65], verstärkten notwendigerweise die Furcht der SPD vor unkontrollierten Massenbewegungen. Die in den Kämpfen um das Berliner Schloß umgekommenen Matrosen erschienen der radikalen Linken andererseits als Märtyrer der Revolution. Die SPD stand in ihren Augen bereits im Lager der Konterrevolution.

Doch ging durch das Lager der Linken ein zusätzlicher Riß. Ende Dezember brach der Spartakusbund endgültig mit der USPD und konstituierte sich zusammen mit anderen Linksgruppen als Kommunistische Partei Deutschlands[66]. Nicht nur die nicht unumstrittene Namensgebung, sondern vor allem die Anwesenheit Karl Radeks zeigte die enge Verbundenheit der neuen Partei mit Sowjetrußland. Radek, dem es trotz des Einreiseverbots gelungen war, nach Deutschland zu gelangen, hielt eine Rede, die viel Beachtung, aber keinesfalls ungeteilte Zustimmung erhielt. Er verurteilte Ebert und Scheidemann als Lakaien des Kapitalismus und beschwor die künftige Kampfgemeinschaft eines von der KPD regierten Deutschlands mit Sowjetrußland: „In dem Moment aber, wo Ihr zur Macht kommt, wird sich der Ring schließen, in dem Moment werden die deutschen und russischen Arbeiter Arm in Arm kämpfen. Nichts ruft einen solchen Enthusiasmus bei den russischen Arbeitern hervor, als wenn wir ihnen sagen, es kann die Zeit kommen, wo Euch die deutschen Arbeiter zu Hilfe rufen und wo Ihr zusammen mit ihnen am Rhein kämpfen müßt, wie sie an unserer Seite im Ural kämpfen werden."[67]

Für die SPD war das nichts als pure Kriegshetze. Ihr Zentralorgan *Vorwärts* schrieb: „[...] was soll man dazu sagen, daß ein Vertreter der russischen Regierung, der hierzulande uns so gut bekannte Radek, die Frechheit besitzt, nach Berlin zu kommen, um hier zu einem neuen Krieg gegen England zu hetzen. Kann man denn den Burschen nicht hinauswerfen?"[68]

Auf der Gründungskonferenz der KPD herrschten die ultraradikalen Kräfte, die zwar den von Rosa Luxemburg verfaßten Programmentwurf annahmen, aber tatsächlich einen putschistischen Kurs verfolgten[69]. Dies wurde bei einer Reihe von Fragen deutlich, so bei der Ablehnung der von Rosa Luxemburg geforderten Teilnahme an den Wahlen zur Nationalversammlung und auch in der Diskussion über die Notwendigkeit terroristischer Methoden in der Revolution. So stieß Rosa Luxemburgs Ablehnung des revolutionären Terrors auf den Widerspruch Paul Böttchers, der darin eine Kritik an den Bolschewiki sah und erklärte, Konterrevolutionäre müßten als Geiseln genommen werden[70]. Max Levien wandte ein, die Bolschewiki seien Gegner des Terrorismus, wie er von den Sozialrevolutionären betrieben worden sei. Sie praktizierten „höchstens Konterterror". Zugleich tat er aber kund, er wäre „der erste, der bereit ist, wenn ein Revolutionstribunal Scheidemann und Ebert zum aufknüpfen verurteilt, Bravo zu ru-

---

[65] Schlesinger, Erinnerungen, S. 27.
[66] Hermann Weber (Hrsg.): Der Gründungsparteitag der KPD. Protokoll und Materialien. Frankfurt a. M. 1969.
[67] Ebenda, S. 84; allgemein zu Radeks Aktivitäten in Deutschland: Marie-Luise Goldbach: Karl Radek und die deutsch-sowjetischen Beziehungen 1918–1923. Bonn 1973.
[68] „Reichskonferenz des Spartakus-Bundes", Vorwärts Nr. 359 vom 31. 12. 1918.
[69] Winkler, Revolution, S. 118f.
[70] Gründungsparteitag KPD, S. 202–204.

fen."[71]. Auch Karl Liebknecht versuchte zwischen den Positionen zu vermitteln und erklärte, aus dem von Rosa Luxemburg entworfenen Programm gehe hervor, daß Widerstand gegen die Revolution mit „eiserner Faust" zerschmettert werden solle[72].

Daß es Liebknecht und Luxemburg an Konsequenz fehlte, sich dem putschistischen Radikalismus zu widersetzen, zeigte sich erneut im sogenannten „Spartakus-Aufstand" vom Januar 1919, der sich aus einer Massendemonstration gegen die Entlassung des Berliner Polizeipräsidenten Emil Eichhorn (USPD) entwickelte[73]. Daß die Bezeichnung „Spartakusaufstand" für die Berliner Januar-Kämpfe irreführend ist, weil sie den Eindruck einer kommunistisch inspirierten und gelenkten Erhebung erweckt, während tatsächlich die vermeintlichen Führer von einer siegessicheren Massenstimmung mitgerissen wurden, ist in der historischen Forschung weithin Konsens[74]. Vielen Zeitgenossen, die unter dem Eindruck der kraftmeierisch radikalen Parolen der äußersten Linken standen, stellte sich das anders dar. In einem Aufruf der Regierung nach der Erhebung wurde diese als zielgerichtetes, von Sowjetrußland unterstütztes Unternehmen dargestellt: „Irregleitete Fanatiker verbanden sich mit dunklen Elementen der Großstadt, um mit ihrer Hilfe und der Hilfe einer fremden Macht die Gewalt an sich zu reißen", hieß es darin[75]. Der Rat der Volksbeauftragten protestierte in einem Telegramm an die russische Regierung gegen die „unzulässige verbrecherische Einmischung" „russischer offizieller Personen" in die inneren Angelegenheiten Deutschlands, für die es unwiderlegliche Beweise gebe[76]. Das *Correspondenzblatt* der freien Gewerkschaften sah die Aufständischen „im Solde der russischen Sowjetrepublik" stehen[77].

Die tatsächlichen Einflußmöglichkeiten Sowjetrußlands waren allerdings geringer als je zuvor, da die sowjetische Botschaft in Berlin nicht mehr existierte. Am 9. Januar, als die Entscheidung für ein gewaltsames Vorgehen gegen die Aufständischen schon gefallen war, kam von der Ostfront die beruhigende Mitteilung, daß ein „Durchmarsch der Russen" ganz ausgeschlossen sei. Kein Soldat werde eine Einmischung der russischen Truppen „in unsere revolutionären Kämpfe" dulden[78]. Eine solche Intervention wäre aber angesichts des andauernden russischen Bürgerkrieges ohnehin kaum vorstellbar gewesen. Daß im Büro der russischen Nachrichtenagentur Rosta, das die Berliner Polizei am 11. Januar durchsuchte, eine große Anzahl von Organisationslisten der Spartakusgruppe gefunden wurde, kann wohl auch nicht als entscheidende Einflußnahme gewertet werden[79]. Aber natürlich war dies ein Verstoß gegen die diplomatischen Regeln des zwischenstaatlichen Verkehrs. Karl Radek konnte die Beihilfe zum „Spartakusputsch", wegen der er verhaftet wurde, nicht nachgewiesen werden. Tatsächlich hatte

---

[71] Ebenda, S. 216f.
[72] Ebenda, S. 222.
[73] Winkler, Revolution, S. 120–126; mit dem Schwerpunkt auf der Niederschlagung des Aufstandes: Wette, Noske, S. 289–333; sehr anschaulich: Sebastian Haffner: Die deutsche Revolution 1918/19. Wie war es wirklich? München ²1979, S. 139–163.
[74] Lösche, Bolschewismus, S. 170; Winkler, Revolution, S. 122 und 128f.
[75] „An das deutsche Volk", Vorwärts Nr. 23 vom 14. 1. 1919.
[76] Das Telegramm ist abgedruckt in der Sozialdemokratischen Parteikorrespondenz (SPK) Nr. 3 vom 15. 2. 1919 und bei Müller, Novemberrevolution, S. 245.
[77] „Die Niederlage des Spartakismus und die Gewerkschaften", Correspondenzblatt Nr. 2/3 vom 18. 1. 1919, S. 9ff.
[78] Zentralrat, S. 278.
[79] Ebenda, S. 338; Regierung der Volksbeauftragten, S. 212.

ihn schon der Verlauf des Gründungsparteitages der KPD skeptisch gestimmt, was die Chancen einer revolutionären Erhebung der radikalen Linken anging[80].

In Moskau kritisierte die *Prawda* den Aufstand ebenfalls als verfrüht, schlecht geführt und organisiert. Man glaubte aber nicht, daß damit die revolutionäre Welle schon gebrochen sei. Die Berliner Ereignisse wurden als Bestätigung der bolschewistischen Taktik betrachtet. Nur im bewaffneten Kampf und unglücklicherweise auch nur mit dem Mittel des roten Terrors könne sich das deutsche Proletariat den Weg zur Macht bahnen, schrieb ein Kommentator des bolschewistischen Zentralorgans[81].

Ähnliche Schlußfolgerungen zogen nach den Januarereignissen wohl auch viele Anhänger der Linken. Es war, wie Karl Kautsky schrieb, „zur tiefsten Zerreißung der deutschen Arbeiterbewegung" gekommen[82]. Die Niederschlagung des Aufstandes hatte an die 200 Menschenleben gekostet, aber nur etwa zehn Prozent der Gefallenen waren Angehörige der Regierungstruppen. Gustav Noskes Versuch, den Radikalismus durch ein abschreckendes Beispiel einzudämmen, hatte die gegenteilige Wirkung und diskreditierte die SPD-Führung insgesamt[83]. Das Argument, dem „weißen Terror" müsse mit „rotem Konterterror" begegnet werden, der ja nichts anderes sei als notwendige Gegenwehr, wurde nach den Berliner Ereignissen bis weit in die USPD hinein vielen plausibel und beeinflußte auch die Wahrnehmung der Ereignisse in Rußland. Dessen Beispiel mußte vielen radikalen Sozialisten um so interessanter erscheinen, als bei den Wahlen zur Nationalversammlung vom 19. Januar 1919 selbst beide sozialdemokratischen Parteien zusammengenommen keine Mehrheit erzielten[84] und die SPD daraufhin am 13. Februar mit den republikanischen bürgerlichen Parteien, Zentrum und Deutscher Demokratischer Partei, eine Regierungskoalition einging.

Polarisierung des internationalen Sozialismus.
Radikalisierung der USPD

Eine Polarisierung zwischen den verschiedenen Strömungen des internationalen Sozialismus wurde Anfang 1919 auch auf der internationalen Ebene deutlich. Dabei spielte ebenfalls Sowjetrußland und seine Einschätzung durch die mittel- und westeuropäischen Sozialisten eine wesentliche Rolle.

Anfang Februar wurde in Bern die Arbeiter- und Sozialistenkonferenz eröffnet, an der 103 Delegierte aus 26 Ländern teilnahmen. Es war die, wie Julius Braunthal schreibt, „repräsentativste internationale sozialistische Konferenz seit dem außerordentlichen Kongreß in Basel im Jahre 1912"[85]. Dennoch fehlten wichtige Parteien. Die eher zum rechten Flügel zählenden Belgier waren wegen der Teilnahme der Deutschen

---

[80] AdR Kabinett Bauer, S. 17, Fußnote 6; Ascher, Russian Marxism, S. 412f.
[81] Ebenda, S. 414.
[82] Karl Kautsky: Mein Lebenswerk, in: Benedikt Kautsky (Hrsg.): Ein Leben für den Sozialismus. Erinnerungen an Karl Kautsky. Hannover 1954, S. 11–34, hier: S. 32.
[83] Winkler, Revolution, S. 132f.; Wette, Noske, S. 319–321. Daß das Vorgehen der Regierung die konterrevolutionären Kräfte stärkte, darin stimmten Karl Kautsky und kommunistische Beobachter in Moskau überein; Winkler, Revolution, S. 130; Ascher, Russian Marxism, S. 414f.
[84] Eine Analyse der Wahl bei Winkler, Revolution, S. 135–144.
[85] Braunthal, Internationale, Bd. 2, S. 168. Zur schwierigen Vorgeschichte der Berner Konferenz siehe Ritter, II. Internationale, Bd. 1, S. 18–33.

nicht erschienen, die Schweizer und Italiener, die zur Zimmerwalder Bewegung gehörten, aus Mißtrauen gegenüber der „sozialpatriotischen" Mehrheit des Kongresses. Es fehlten ferner die Bolschewiki sowie die Linken Sozialrevolutionäre. Aus Deutschland waren Vertreter beider sozialdemokratischer Parteien gekommen, für die SPD Otto Wels, Hermann Molkenbuhr und Hermann Müller, für die USPD Karl Kautsky, Hermann Jäckel und Hugo Haase, der aber wegen der Eröffnung der Nationalversammlung bald abreisen mußte. Auf eigene Initiative war Kurt Eisner nach Bern gekommen. Er wurde von der offiziellen Delegation kooptiert. Dem von der Mecklenburgischen Parteiorganisation entsandten Radikalen Joseph Herzfeld wurde dagegen nur Gaststatus zuerkannt[86].

Mit dem Kongreß wollte man einerseits die in Paris stattfindenden Friedensverhandlungen beeinflussen, andererseits war er ein erster Versuch, die im Ersten Weltkrieg zerbrochene Internationale zu rekonstruieren. Voraussetzung der Einigung war die Klärung zweier wichtiger grundsätzlicher Fragen: derjenigen der Kriegsschuld und insbesondere des Anteils, den die SPD wegen ihrer Unterstützung der deutschen Kriegsführung daran hatte, und zum zweiten der Frage von Demokratie und Diktatur, konkret: der Frage, wie man sich zur Herrschaft der Bolschewiki in Rußland stellen sollte.

Es zeigte sich, daß in der ersten Frage leichter eine Einigung – wenn auch vielleicht nur ein Formelkompromiß – zu finden war, als in der zweiten[87]. Die Frage der Kriegsschuld war, trotz der Bedeutung, die sie durch den Versailler Vertrag erhalten sollte, letztlich bereits ein historisches Thema, die Beurteilung der bolschewistischen Revolution in Rußland hingegen betraf unmittelbar die Gegenwart und Zukunft des internationalen Sozialismus.

Die Debatte um die Frage von Demokratie und Diktatur auf der Berner Konferenz war eigentlich keine Auseinandersetzung zwischen Gegnern und Anhängern der Bolschewiki. Nur wenige Delegierte, wie etwa der Franzose Fernand Loriot waren eindeutig probolschewistisch. Den Führern der linken Opposition, dem Österreicher Friedrich Adler und dem Franzosen Jean Longuet, ging es vor allem darum, die Grundlagen für eine umfassende Internationale zu sichern, die auf dem Boden des Klassenkampfes stand. Das hieß, die Bolschewiki möglichst einzubeziehen oder wenigstens ihre Ausgrenzung zu verhindern, ohne daß diese Haltung gleichbedeutend mit ihrer vorbehaltlosen Unterstützung war[88].

Den Gegenpol zur Adler-Longuet-Gruppe bildeten die Delegationen der Menschewiki und der Partei der Sozialrevolutionäre. Während die „Berner Linke" bemüht war, das Thema „Demokratie und Diktatur" gar nicht erst auf die Tagesordnung kommen zu lassen[89], war es für die russischen Sozialisten zur Lebensfrage geworden, in der sie

---

[86] Ritter, II. Internationale, Bd. 1, S. 55 f.; zu Herzfeld auch: Robert F. Wheeler: The Failure of „Truth and Clarity" at Berne: Kurt Eisner, the Opposition and the Reconstruction of the International, in: International Review of Social History 18 (1973), S. 173–201, hier: S. 175.
[87] Zur besonderen Bedeutung Kurt Eisners für die Entstehung von Kompromißlösungen auf der Berner Konferenz, besonders in der Kriegsschuldfrage, aber auch in der von Demokratie und Diktatur: Wheeler, Failure (passim)
[88] Longuet hatte sich bemüht, die Bolschewiki zur Teilnahme an der Berner Konferenz zu bewegen; Ritter, II. Internationale, Bd. 1, S. 44. Zu Adlers Position ebenda, S. 48.
[89] Wheeler, Failure, S. 184.

die Hilfe der Internationale zu gewinnen suchten. Insbesondere Paul Axelrod hoffte, daß der Kongreß seine Idee einer „sozialistischen Intervention" in Rußland der Verwirklichung einen Schritt näher bringen würde, von der er sich die Rettung der Demokratie in Rußland erhoffte[90]. Voraussetzung für einen solchen Schritt war allerdings, den Bann der Illusionen über den Charakter der sogenannten „Sowjetmacht" zu brechen, unter dem weite Teile des westlichen Proletariats standen. Zu diesem Zweck hatte Axelrod gemeinsam mit Auslandsrepräsentanten der Sozialrevolutionäre bereits im August 1918 die sozialistischen Parteien aller Länder zur Entsendung einer Untersuchungskommission nach Rußland aufgerufen, die die Richtigkeit der von Menschewiki und Sozialrevolutionären gegen die Bolschewiki erhobenen Vorwürfe prüfen sollte[91].

Albert Thomas vom rechten Flügel der französischen Sozialisten forderte in Bern, das Verhältnis zum Bolschewismus auf die Tagesordnung zu setzen[92]. Thomas erklärte, die Tendenzen des Bolschewismus seien gefährlich für die Zukunft des Sozialismus und betonte die Rolle der Demokratie bei der Schaffung einer sozialistischen Gesellschaft[93]. Damit war eine von vielen befürchtete Diskussion vom Zaun gebrochen worden[94]. Daß es sich tatsächlich um ein für das Selbstverständnis der Sozialisten zentrales Thema handelte, zeigte sich an dem ungewöhnlich großen Zulauf zu der beratenden Kommission, in der die russischen Sozialisten mit sieben Teilnehmern die größte Gruppe stellten. Die SPD war mit Wels, die USPD mit Kautsky und Eisner vertreten[95].

Eine förmliche Abstimmung über die zum Thema „Demokratie und Diktatur" eingebrachten Resolutionen fand auf Drängen der Opposition nicht statt. Eine Mehrheit der Delegierten bekannte sich aber zu der von Hjalmar Branting eingebrachten Resolution, die, ohne Sowjetrußland oder die Bolschewiki namentlich zu erwähnen, doch deutliche Kritik an ihnen enthielt. „Eine vom Sozialismus fortschreitend bestimmte Neugestaltung der Gesellschaft läßt sich nicht durchführen und erst recht nicht erhalten, wenn sie nicht in den von der Demokratie errungenen und weiterentwickelten freiheitlichen Grundsätzen fest verankert ist", lautete ihr zentraler Satz. Außerdem betonte die Resolution „manchen Erscheinungen der Zeit gegenüber den aufbauenden Charakter der sozialistischen Wirtschaftsordnung", auch dies ein deutlicher Fingerzeig auf das bolschewistische Rußland[96].

---

[90] Zum Konzept der „sozialistischen Intervention": I. Tseretelli [Certeli]: Paul Axelrod, in: Die russische Revolution und die sozialistische Internationale. Aus dem literarischen Nachlaß von Paul Axelrod. Jena 1932, S. XVII-L, hier: S. XLVIII f.; David Dallin: Between the World War and the NEP, in: Haimson, The Mensheviks, S. 191–239, hier: S. 228 f.; Ascher, Mensheviks in the Russian Revolution, S. 34 f.; R. Abramovič: Men'ševiki i socialističeskij internacional 1918–1940 [Die Menschewiki und die sozialistische Internationale 1918–1940], in: Fel'štinskij, Men'ševiki, S. 253–297, hier: S. 260. (Der Titel des Aufsatzes ist nicht ganz korrekt, da er nur die Zeit von 1918 bis zur Gründung der SAI 1923 behandelt.) Axelrods Rede in Bern, in: Ritter, II. Internationale, S. 524–526, ergänzend die in dem Nachlaßband Die russische Revolution..., S. 168–176 abgedruckte „Rede auf der internationalen sozialistischen Konferenz in Bern" mit einem anderen Wortlaut.
[91] „An die sozialistischen Parteien aller Länder", in: Die russische Revolution..., S. 159–162. Zuerst erschienen in Stimmen aus Rußland, Nr. 4/5, 8. 1918.
[92] Ritter, II. Internationale, Bd. 1, S. 44.
[93] Ebenda, S. 207
[94] Wheeler, Failure, S. 183 f.
[95] Ebenda, S. 185.
[96] Ritter, II. Internationale Bd. 1, S. 507.

Diese Entschließung war aber bereits vom Bemühen um einen Kompromiß geprägt. So hatte Wels in der Kommission einen Text vorgeschlagen, der nicht nur ein Bekenntnis zum Parlamentarismus und den bürgerlichen Freiheiten enthielt, sondern auch explizit jede Verletzung dieser Rechte, „sei sie imperialistisch oder bolschewistisch", verurteilte[97]. Die linke Opposition rechnete es sich zwar als Erfolg an, daß keine derart eindeutige Resolution aus der Kommission hervorgegangen war[98], distanzierte sich aber dennoch in einer eigenen Resolution heftig von derjenigen Brantings.

„Wir verwahren uns gegen jede wie immer geartete Brandmarkung der Zustände in der russischen Sowjetrepublik, da wir keinerlei zureichende Grundlage der Beurteilung besitzen. [...] Wir wünschen die Tür offenzuhalten den klassenbewußten revolutionären sozialistischen Parteien aller Länder. [...] Wir wollen nicht zu Mitschuldigen einer Aktion gegen die Internationale werden und stimmen gegen die Resolution, da gewisse Abschnitte von der Bourgeoisie gegen die russische Revolution ausgebeutet werden können."[99]

Diese zentralen Passagen aus der Resolution Adler-Longuet bilden gewissermaßen die Gründungserklärung der „zentristischen" Richtung des internationalen Sozialismus. Die Anhänger dieser Strömung, die der reformistischen und „sozialpatriotischen" Mehrheit in Bern kritisch gegenüberstanden, erstrebten eine umfassende Internationale, in der auch die russischen Kommunisten vertreten und der politische Schwerpunkt insgesamt weiter nach links verschoben sein sollte. In Bern blieb diese Richtung in der Minderheit, nicht zuletzt, weil einige ihr zuzurechnende Parteien erst gar nicht teilgenommen hatten[100]. Von den anwesenden Deutschen unterstützte nur Joseph Herzfeld die Resolution Adler-Longuet. Die beiden offiziellen Delegationen von SPD und USPD (nach der Abreise Haases und Eisners waren dies nur noch Kautsky und Jäckel) stellten sich hingegen hinter die Resolution Branting[101].

Einmütigkeit herrschte dagegen über die Entsendung einer Studienkommission nach Rußland, wenn auch aus verschiedenen Motiven. Während die Mehrheit sich von der Kommission Argumente für die auf dem nächsten Kongreß geplante Auseinandersetzung mit dem Problem des Bolschewismus erhoffte, sah die Opposition darin ein dilatorisches Mittel. Vor einer Entscheidung sollte auch die andere Seite, nämlich die Bolschewiki, gehört werden[102].

Menschewiki und Sozialrevolutionäre hatten jedenfalls ihr primäres Ziel auf der Berner Konferenz erreicht. Sie konnten darauf hoffen, daß jene, die ihnen in Bern mit Mißtrauen entgegengetreten waren, sich in Rußland von den Tatsachen überzeugen

---

[97] Ebenda, S. 505.
[98] Ebenda, S. 529 (Adler).
[99] Ebenda, S. 533f.
[100] Zu der Versammlung der Opposition am Rande der Konferenz, an der auch Mitglieder der Schweizer und der italienischen sozialistischen Parteien teilnahmen, siehe Wheeler, Failure, S. 184f.
[101] Wheeler, USPD, S. 57 und S. 59.
[102] Ritter, II. Internationale, Bd. 1, S. 503, 507 und 529. Auch die SPD, die im August 1918 Axelrods Initiative noch vehement abgelehnt hatte (siehe oben, S. 64–66), hatte nichts mehr einzuwenden. Zur geplanten Zusammensetzung der Kommission siehe Sigel, Zweite Internationale, S. 186, Anm. 13. Als deutsche Mitglieder waren Kautsky oder Hilferding vorgesehen. Axelrod empfahl, vertrauenswürdige russischsprechende Genossen hinzuzuziehen und bedingungslos auf völliger Bewegungsfreiheit zu bestehen. Axelrod an „Werte Genossen", Zürich 4. 3. 1919, IISG Amsterdam, Nl. Kautsky, G 17, 42–44.

lassen würden. Dazu kam es jedoch nicht. Die Entente-Mächte, die über Rußland eine Blockade verhängt hatten, verweigerten der Delegation die Pässe. Paul Axelrod, der größte Erwartungen in sie gesetzt hatte, reagierte tief enttäuscht[103].

So blieben die eigentlichen „Konferenzgewinner von Bern", wie Heinrich August Winkler festgestellt hat, die deutschen Mehrheitssozialdemokraten. In der Kriegsschuldfrage sei ihnen, ohne daß sie ihre Mitverantwortung eingestanden hätten, die „Absolution" erteilt worden. Entscheidend dafür sei weniger das Faktum der deutschen Revolution als ihre antikommunistische Haltung gewesen[104]. Die MSPD profitierte allerdings auch stark vom wirkungsvollen Auftreten Kurt Eisners, der den Bruch mit dem alten System in Deutschland betonte und sich gegen eine Aufrechnung des Versagens unter den sozialdemokratischen Parteien aussprach[105].

Auf dem sogenannten „Revolutionsparteitag" der USPD, der vom 2. bis 6. März stattfand, berichtete anstelle des zwei Wochen zuvor ermordeten Eisner Karl Kautsky über die Berner Konferenz. Er stellte sie als Erfolg für die deutschen Unabhängigen dar. Ihr Geist, und nicht der der Mehrheitssozialisten, habe sie beherrscht[106]. Kautsky hob Eisners Rolle auf dem Kongreß hervor und stellte sich hinter die von diesem beeinflußte Resolution über Demokratie und Diktatur. Adler habe recht damit, daß man sich vor der Brandmarkung der bolschewistischen Taktik ohne ausreichende Information hüten müsse, aber man könne niemandem verbieten, daß er sein Bekenntnis zur Demokratie ausspreche[107]. Diese vorsichtige Formulierung läßt erkennen, daß Kautsky, der ja die Politik der Bolschewiki bereits eindeutig genug verworfen hatte, nicht das Gefühl hatte, bei dem Parteitag ganz auf heimischem Boden zu stehen.

In der Tat war die Mehrheit der Delegierten mit Begeisterung auf der Seite von Kautskys Koreferentin Clara Zetkin, die ätzend scharf die ausgebliebene Abrechnung mit der Kriegspolitik der Mehrheitssozialdemokraten und ihrer Entsprechung auf der Ententeseite in Bern kritisierte. Dort habe eine „Konferenz internationaler Sündenvergebung" stattgefunden[108]. Sie verurteilte die Kritik an den Bolschewiki und forderte zur Trennung vom rechten Flügel der USPD auf, der zu den Mehrheitssozialisten neige. Eine neue Internationale müsse als Fortsetzung der Zimmerwalder Bewegung entstehen. Alle auf dem Boden des revolutionären Sozialismus stehenden Parteien müßten darin zusammengeführt werden[109]. Die zweite Forderung floß in die vom Parteitag beschlossene programmatische Kundgebung ein[110].

Diese war das Ergebnis einer deutlichen Radikalisierung der USPD. Die traditionelle parlamentarische Orientierung der Partei wurde aufgegeben. Hugo Haases Idee, das

---

[103] „Comment la délégation de Berne fut-elle attendu en Russie", Les Échos de Russie, Genève, Juillet 1919. (Mittlerweile allein im Namen der Menschewiki von Axelrod in Genf hrsg.) Die Sowjetregierung hatte die Einreise der Delegation erlaubt; Ritter, Internationale Bd. 1, S. 73.
[104] Winkler, Revolution, S. 211; zum Unwillen der SPD, die Kriegsvergangenheit aufzuarbeiten ders.: Die verdrängte Schuld, in: DIE ZEIT Nr. 12 vom 17. 3. 1989.
[105] Braunthal, Internationale, S. 171; Wheeler, Failure, passim.
[106] Protokolle der USPD. Bd. 1: 1917–1919 [Nachdr. Glashütten 1975] Prot. USPD-PT Berlin 2.–6. 3. 1919, S. 123.
[107] Ebenda, S. 126.
[108] Ebenda, S. 136.
[109] Ebenda, S. 138 und S. 140.
[110] Ebenda, S. 4.

Rätesystem als Ergänzung zum Parlament in der Verfassung zu verankern[111], ging der Mehrheit nicht weit genug. Haases Kontrahent Ernst Däumig konnte sich mit seinen Vorstellungen weitgehend durchsetzen[112], obwohl er selbst das anders sah. Die programmatische Erklärung enthielt ein Bekenntnis zur Diktatur des Proletariats, „des Vertreters der großen Volksmehrheit", auf der Basis des Rätesystems. Die parlamentarische Arbeit wurde zwar bejaht, aber nicht prinzipiell, sondern nur als ein wichtiges Kampfmittel. Ausdrücklich wurde aber festgestellt, das Ziel der USPD sei „nicht die Vernichtung von Personen, sondern des kapitalistischen Systems"[113].

Auch wenn es allgemein als ein – durch harte Auseinandersetzungen erzielter – Kompromiß betrachtet wurde, war das Programm, für das die Mehrheit votiert hatte, im Grunde ein kommunistisches. Der radikale Schritt Clara Zetkins, die nach dem Parteitag zur KPD übertrat, blieb jedoch ein Einzelfall. Zu sehr haftete an der KPD noch der Ruf, eine von Abenteurern und Putschisten bestimmte Sekte zu sein. Die USPD entwickelte sich dagegen zunehmend zur Massenpartei. Zum Zeitpunkt des Revolutionsparteitages hatte sie bereits 300000 Mitglieder. Aus diesen Gründen führte die politische Polarisierung innerhalb der USPD, die auch bei den Vorstandswahlen zutage trat[114], noch nicht unmittelbar zu organisatorischen Konsequenzen. Die Voraussetzungen für diese wurden aber – gleichzeitig mit dem USPD-Parteitag – in Moskau geschaffen, wo vom 2. bis 6. März der Gründungskongreß der Kommunistischen Internationale tagte.

Die Vorbereitungen zur Berner Konferenz hatten Lenin alarmiert. Diese Konferenz drohte, sein seit Beginn des Ersten Weltkrieges verfolgtes Ziel zu gefährden, die revolutionären Elemente der internationalen Arbeiterbewegung zu einer schlagkräftigen Internationale zusammenzufassen und die „opportunistischen" Elemente auszuscheiden. Die Gründungskonferenz für diese neue, dritte Internationale war allerdings wenig repräsentativ. Außerhalb Rußlands existierten zu diesem Zeitpunkt nur in Deutschland, Österreich und Ungarn kommunistische Parteien, von denen aber keine über eine Massenbasis verfügte[115]. Von den 54 Delegierten waren 43 für den Kommunismus gewonnene Kriegsgefangene oder Revolutionäre aus verschiedenen Ländern, die sich schon längere Zeit in Rußland aufhielten. Von den verbleibenden elf Delegierten stellte sechs die KPR[116].

Zudem war der Vertreter der KPD, der nach der russischen zweitwichtigsten kommunistischen Partei[117], Hugo Eberlein, mit dem Auftrag nach Moskau gekommen, sich gegen die Gründung der neuen Internationale auszusprechen. Dahinter stand vor allem

---

[111] Ebenda, S. 80.
[112] Ebenda, S. 112.
[113] Ebenda, S. 3.
[114] Hugo Haase lehnte seine Wahl als einer der beiden Parteivorsitzenden ab, weil er mit Ernst Däumig, dem anderen Gewählten, keine Möglichkeit der Zusammenarbeit sah. Däumig trat daraufhin zurück, an seiner Stelle wurde Artur Crispien gewählt. PT-USPD März 1919, S. 254–265.
[115] Braunthal, Internationale, S. 181.
[116] Ebenda.
[117] Der I. und II. Kongreß der Kommunistischen Internationale. Dokumente der Kongresse und Reden W. I. Lenins. Hrsg. vom Institut für Marxismus-Leninismus beim ZK der SED. Berlin (Ost) 1959, S. 319.

Rosa Luxemburgs begründete Befürchtung, die Bolschewiki könnten ihren politischen Vorsprung vor den anderen jungen KPs ausnutzen, um die Komintern zu dominieren[118]. Unter dem Eindruck der revolutionären Hochstimmung auf dem Kongreß enthielt sich Eberlein schließlich bei der formellen Gründungsabstimmung und sicherte zu, er wolle sich in Deutschland für den Anschluß der KPD einsetzen[119].

Trotz ihrer Geburtsfehler war mit der neuen Internationale ein zweiter Pol im internationalen Sozialismus entstanden, der auf all jene besonders anziehend wirken mußte, die mit der alten Sozialdemokratie und ihren internationalen Reorganisationsbestrebungen unzufrieden waren. Die Komintern betrachtete als ihre Gegner allerdings nicht nur die „sozialchauvinistische" Strömung, zu der die SPD gerechnet wurde, sondern auch das in Bern ebenfalls vertretene „Zentrum". Ihm wurde vorgeworfen, sich revolutionär zu gebärden, in Wirklichkeit aber die Einheit mit den Sozialchauvinisten zu suchen. Es komme daher darauf an, die revolutionären Elemente vom Zentrum abzuspalten[120]. Das war eine klare Kampfansage und nicht nur Großsprecherei eines kleinen Vereins, denn die mangelnde Repräsentativität der Komintern wurde mehr als wett gemacht durch den Umstand, daß ihre führende Kraft, die Bolschewiki, sich als revolutionäre Beherrscher Rußlands anschickten, dort den Sozialismus zu verwirklichen.

Sowjetmythos und Antibolschewismus

Das Ansehen der Bolschewiki und Sowjetrußlands stieg unter den Anhängern des linken Flügels der Arbeiterbewegung kontinuierlich an. Robert F. Wheeler hat auf den Zusammenhang dieser Entwicklung mit der Situation in Deutschland aufmerksam gemacht: „Ironischerweise stand die aktuelle Anziehungskraft des sowjetischen Beispiels in einer umgekehrten Beziehung zum Erfolg der deutschen Revolution, d.h. deutsche Mißerfolge machten das sowjetische Modell attraktiver [...] Je mehr die deutschen Arbeiter von der Richtung, die ihre Revolution einschlug, enttäuscht waren, um so mehr wurden sie von dem sowjetischen Beispiel angezogen."[121]

Spätestens mit den Wahlen zur Nationalversammlung war ja eine Entscheidung gegen sozialistische Vorstellungen gefallen, wie sie in weiten Kreisen der Arbeiterschaft durchaus populär waren. Die 1919 zunehmend von den Vorstellungen der USPD dominierten Massenbewegungen der Arbeiterschaft[122], die großen Streiks des Frühjahrs 1919, vor allem in Mitteldeutschland, aber auch im Ruhrgebiet und in Berlin, artikulierten die politische Unzufriedenheit mit den Ergebnissen der Revolution und steigerten den Unmut noch, da sie erfolglos blieben und die Auseinandersetzungen vielfach in blutige Konflikte mündeten[123]. Ideen, wie diejenige Kautskys vom parlamentarischen Weg zum Sozialismus mußten angesichts solcher Realitäten an Anziehungskraft verlie-

---

[118] Wolfgang Leonhardt: Völker hört die Signale. Die Anfänge des Weltkommunismus 1919–1924. München 1981, S. 12.
[119] Pierre Frank: Geschichte der Komintern. Bd. 1. Frankfurt a.M. 1981, S. 63.
[120] Braunthal, Internationale, S. 185.
[121] Wheeler, „Ex oriente lux?", S. 40.
[122] Gerald Feldman, Eberhard Kolb, Reinhard Rürup: Die Massenbewegungen der Arbeiterschaft in Deutschland am Ende des Ersten Weltkrieges, in: PVS 13 (1972), S. 84–105, hier: S. 104.
[123] Winkler, Revolution, S. 182.

ren. Hingegen gewann die Vorstellung, die liberale Demokratie sei in Deutschland wie in Rußland nur eine Übergangsphase zur Diktatur des Proletariats, an Boden[124].

Für die SPD, aber auch für bürgerliche Gruppierungen von der Mitte bis hin zur extremen Rechten, war die Warnung vor dem Bolschewismus ein gängiges Mittel zur Legitimation der eigenen Politik. Nicht nur ausgesprochene Anhänger der Bolschewiki in der USPD, sondern etwa auch der Parteivorsitzende Hugo Haase sahen daher in jeglicher Bolschewismuskritik eine eigentlich gegen den Sozialismus an sich gerichtete Propaganda, die an entsprechende Angstkampagnen gegen die deutsche Sozialdemokratie im wilhelminischen Kaiserreich erinnere[125].

Für Bolschewismuskritiker wie Kautsky oder Stein blieb in der USPD immer weniger Raum. Von Bedeutung waren nur noch die eindeutig probolschewistischen Kräfte und die „Zweifler" vom Schlage Haases, die zwar im Grunde mit der bolschewistischen Revolution sympathisierten, aber auch die irritierenden kritischen Einwände eines Axelrod nicht völlig von der Hand weisen wollten. Autorität hatten Menschewiki wie Axelrod allerdings wohl nur noch bei jenen Unabhängigen, die sie aus der Vorkriegszeit als entschiedene Kämpfer gegen den Zarismus kannten. Deren Anteil verlor mit dem ständigen Zustrom junger, frisch politisierter Neumitglieder stetig an Gewicht[126].

Die Widersprüchlichkeit der Berichte über Sowjetrußland, die entweder von heißer Bewunderung der Revolution oder von scharfer Ablehnung bis zu blankem Entsetzen über die „Hölle" geprägt waren, in die sich das Land verwandelt habe, trug dazu bei, die Haltung zu den Bolschewiki zu einer Glaubensfrage zu machen. Dazu kam, daß seit dem Abzug der deutschen Truppen aus dem vom Bürgerkrieg zerrissenen Rußland nur noch sehr spärliche Nachrichten die übrige Welt erreichten[127]. Selbst aus diesem dünnen Nachrichtenfluß wurde von der USPD-Presse zumeist noch das herausgefiltert, was einen Schatten auf das leuchtende Bild der Bolschewiki hätte werfen können. Ihre Berichterstattung beschränkte sich weitgehend auf die Wiedergabe offizieller Verlautbarungen der Sowjetregierung und von Agenturmeldungen über den Verlauf des Bürgerkriegs[128]. Es war die ständige Klage der oppositionellen russischen Sozialisten im Ausland, daß die sozialistischen Zeitungen kritische Nachrichten über die Bolschewiki nicht drucken würden[129].

Paul Axelrods Warnung, diese Haltung werde sich dadurch rächen, daß ansehnliche

---

[124] D. Geyer, Sowjetrußland, S. 8–10; Karl Marchionini: Revolutionen. Ein Gang durch die Geschichte der großen Klassenkämpfe und Staatsumwälzungen. Berlin o.J. [1919], S. 51; J. P. Kasakow (Kommunistische Partei Rußlands): Der Existenzkampf der Sowjets in Rußland während der Kerenski-Periode, in: Der Arbeiterrat Nr. 5, 9. Woche 1919, S. 11–15, hier: S. 14.
[125] Protokolle der USPD, Bd. 1 [Glashütten 1974]: Prot. USPD-PT Berlin, 2. bis 6. März 1919, S. 91–93.
[126] Zur Bedeutung des Altersfaktors für die Flügel in der USPD: Wheeler, USPD, S. 252f.
[127] A. Grigorjanz: Das große Sterben in Rußland, in: Vorwärts Nr. 321 vom 26. 6. 1919.
[128] Ergebnis der Durchsicht des Jahrgangs 1919 der Freiheit (Berlin), des Kampf (München), der Leipziger Volkszeitung und, vergleichend, des Vorwärts. Vgl. auch Heinrich Ströbel: Die deutsche Revolution. Ihr Unglück und ihre Rettung. Berlin 1920, S. 187.
[129] Ritter, II. Internationale, S. 563 (Kossowsky, Bund); Axelrod, Rede auf der Konferenz in Bern, in: Die russische Revolution..., S. 169 und S. 171; Axelrod an „Werte Genossen"; Mark Lewin: Was in Rußland unter dem Namen Kommunismus getrieben wird, in: Sozialistische Monatshefte (SM) NR. 13/14 vom 10. 6. 1919, S. 534–544, hier: S. 534–536. Für den Prozeß der Ausblendung unliebsamer Informationen über Sowjetrußland und seine politischen Ergebnisse bei den französischen Sozialisten vgl. Jelen, L'Aveuglement.

Teile des revolutionären Proletariats zu Nachahmern des Bolschewismus werden würden, war berechtigt[130]. Während nämlich die USPD-Mitte (die durch die Linksentwicklung der Partei immer mehr zum rechten Flügel wurde) sich auf einen Anti-Antibolschewismus beschränkte, der der konkreten Auseinandersetzung mit Sowjetrußland auswich, propagierte die Linke zunehmend den russischen Weg als Modell, das auch für Deutschland Gültigkeit habe[131]. Die Kritik an den terroristischen Herrschaftsmethoden der Bolschewiki wurde mit dem Hinweis auf die Verantwortung der Bourgeoisie für die Massenschlächterei des Weltkrieges und den weißen Terror zurückgewiesen, wobei „Ausschreitungen" oder „Fehler" der Bolschewiki – die allerdings nie konkret benannt wurden – selbstverständlich abzulehnen seien. Im übrigen wurden entsprechende Informationen generell in Zweifel gezogen und als propagandistische Übertreibungen oder Fälschungen verdächtigt[132].

Die Enttäuschung darüber, daß die deutsche Arbeiterschaft mehrheitlich nicht der radikalen Linken folgte, kompensierte diese mit einer Idealisierung des russischen Proletariats, dem revolutionäre Eigenschaften zugeschrieben wurden, die dem deutschen Proletariat fehlten. Die günstigeren „psychischen Vorbedingungen für Revolution und Sozialismus" mußten erklären, warum im rückständigen Rußland eine erfolgreiche proletarische Revolution möglich war, während sie in den industriell entwickelten Ländern ausblieb[133]. Die russischen Arbeiter verfügten über größere Disziplin und Entbehrungsfähigkeit, meinte ein Leser des *Arbeiterrat*[134], und der Autor einer probolschewistischen Broschüre pries „den eisernen Zusammenschluß des russischen Proletariats, dem jedes Gefühl der Erschlaffung fremd"[135].

Daß es Hunger und Not im bolschewistischen Rußland gab, wurde zwar nicht betont, aber auch nicht geleugnet. Von Lenin erhielten die deutschen Bewunderer der russischen Revolution die Argumentationshilfe dazu. „Nie hätten die Arbeitermassen dies Elend, diese Hungerqualen ertragen, zu denen sie durch die militärische Einmischung der Entente verurteilt sind", schrieb Lenin in einer Proklamation an die Arbeiter Europas und Amerikas, „wenn die Arbeiter nicht zu gleicher Zeit wüßten, daß mit ihnen die Sache des Sozialismus nicht nur in Rußland, sondern auch in der ganzen Welt stehe und falle."[136]

---

[130] P. A. an „Werte Genossen".
[131] Der Arbeiterrat, Nr. 20, 26. Woche, Nr. 21, 27. Woche und Nr. 22, 28. Woche [Ende Juni/Anfang Juli] 1919; Karl Marchionini: Ist die Diktatur des Proletariats notwendig? Ebenda Nr. 18, 23. Woche [Anf. Juni] 1919; Max Sievers: Diktatur. Ebenda Nr. 26, 32. Woche [August] 1919; H. E. Hartmann: Demokratie oder Diktatur? Zittau 1919, S. 56f.
[132] Philips Price: Die Wahrheit über Sowjet-Rußland. Mit einem Vorwort von Ernst Däumig. Berlin 1919, S. 4f. (Däumig); Josef Eisenberger: Lenin aus nächster Nähe. Die russischen Genossen an der Arbeit. München 1919, S. 9 und S. 19.
[133] „Räte und Internationale", Der Arbeiterrat Nr. 37, 43. Woche [Oktober] 1919.
[134] „Evolution – Revolution – Putsch. Gedanken eines Arbeiters", Der Arbeiterrat Nr. 5, 9. Woche [Februar/März] 1919.
[135] Eisenberger, Lenin, S. 10. Auf Seite 16 derselben Broschüre heißt es aber: „Die physische und seelische Zerrüttung, die ungewöhnliche Überanstrengung des russischen Proletariats hat eine Apathie, einen Zustand der Gleichgültigkeit und Übermüdung hervorgerufen, der jegliche Schaffensfreudigkeit benimmt."
[136] „Eine Kundgebung Lenins. Sendschreiben an die Arbeiter Europas und Amerikas", Der Arbeiterrat Nr. 9, 14 Woche [Anfang April] 1919. Ähnlich: Leo Trotzki: Arbeit, Disziplin und Ordnung werden die sozialistische Sowjet-Republik retten. Berlin 1919, S. 9.

Die eigentliche Substanz des entstehenden Sowjetmythos war der mächtige Zukunftsglaube, von dem auch die führenden Bolschewiki beseelt waren. An der sowjetischen Realität des Jahres 1919, die für sich genommen wenig Erfreuliches bot, faszinierte ihre Bewunderer in Deutschland vor allem eines, nämlich die ihrer Meinung nach glänzende Zukunft, die sich dem Lande eröffnete, in dem die Macht der herrschenden Klasse gebrochen worden war. Die Strategie der Mehrheitssozialdemokraten, vor dem Linksradikalismus zu warnen, indem sie auf Not und Enttäuschungen in Rußland verwiesen[137], hatte unter diesen Voraussetzungen wenig Aussichten auf Erfolg. Ein Vergleich der deutschen Gegenwart mit der russischen Zukunft mußte stets zu Ungunsten der ersteren ausfallen.

Dieser Zukunftsgläubigkeit entsprach das hochgespannte Pathos, das kennzeichnend für viele Anhänger der Bolschewiki war. Informationsgehalt und Gefühlsbetonung verhielten sich dabei umgekehrt proportional zueinander.

„Die junge proletarische Macht scheute nicht zurück vor Gefahren, immer tiefer grub sich das Selbstbewußtsein ein in die Massen, immer unerbittlicher tobte die Schlacht, und die Massen strömten willig zu den Roten Fahnen, allen voran die Elite des Proletariats, die Arbeiter aus den Fabriken! Schwer nur läßt sich die Begeisterung beschreiben, noch schwerer die flammende Hingabe und Aufopferung schildern, die der russischen Revolution ein so eigenartiges himmelanstürmendes Gepräge verleihen."[138]

In derselben expressionistischen Tonlage wie das hier zitierte USPD-Mitglied Eisenberger schrieben viele Bewunderer der Bolschewiki in der Revolutionszeit über Rußland[139].

Der Begeisterung für Sowjetrußland und den Bolschewismus stand eine breite Front der Ablehnung entgegen. In der äußeren Form artikulierte sie sich in den ersten Monaten der Weimarer Republik sehr einheitlich. Vor allem in Berichten heimkehrender Kriegsgefangener und Baltendeutscher, die wegen des Eindringens der Roten Armee, aber auch wegen der Entmachtung der deutschen Oberschicht in den baltischen Ländern ins deutsche Reich kamen, wurde ein abschreckendes Bild der Verhältnisse in Rußland gezeichnet. Dennoch waren die Motive der Gegnerschaft zum Bolschewismus bei den verschiedenen politischen Strömungen zu unterschiedlich, als daß sie gemeinsam unter dem Begriff des „Antibolschewismus" subsummiert werden könnten. Der Begriff ist (wie andere ähnliche „Anti"-Begriffe auch) problematisch, da er eine politisch einheitliche Haltung suggeriert. Die Übereinstimmung in der Ablehnung eines politischen Phänomens konstituiert jedoch noch keineswegs eine grundlegende politische Gemeinsamkeit.

---

[137] Als Musterbeispiel hierfür neben der Berichterstattung des Vorwärts vgl. Martin Buch: Sozialdiktatur oder Sozialdemokratie? Hrsg. im Auftrag des Vorstandes des Sozialdemokratischen Wahlvereins Bielefeld-Wiedenbrück. Bielefeld (August) 1919.
[138] Eisenberger, Lenin, S. 16f. Eisenberger hatte acht Jahre in Rußland gelebt und war Zeuge der Revolution, vgl. „Lenin aus nächster Nähe", Der Arbeiterrat Nr. 8 [Februar] 1920.
[139] Price, Die Wahrheit, S. 25f.; ähnlich die Tonlage bei Wilhelm Herzog: Trauert am 9., feiert den 7. November!, in: Der Arbeiterrat, Nr. 38, 44. Woche [Ende Oktober/Anfang November] 1919. Vgl. auch Curt Geyers Bemerkungen über Herzog in Curt Geyer: Die revolutionäre Illusion. Zur Geschichte des linken Flügels der USPD. Hrsg. von Wolfgang Benz und Hermann Graml. Stuttgart 1976, S. 128–132.

Deutliche Unterschiede werden bereits im frühen „antibolschewistischen" Schrifttum sichtbar. In Publikationen rechtsradikaler bis frühfaschistischer Provenienz, etwa in den Broschüren des Generalsekretariats zum Studium des Bolschewismus und der Antibolschewistischen Liga – Organisationen, die der spätere NS-Propagandist Eduard Stadtler ins Leben gerufen hatte – ist die Ablehnung des Bolschewismus stark mit einem mehr oder weniger offenen Antisemitismus verbunden. Häufig waren dessen Ziel führende Bolschewiki, deren Pseudonyme durch ihre tatsächlichen – manchmal auch erfundenen – jüdischen Namen ergänzt wurden, womit wohl der Eindruck einer Enttarnung erweckt werden sollte[140]. Ihnen wurde vorgeworfen, persönlich im Luxus zu leben und sich zu bereichern. „Gut orientierte Leute wollen wissen, daß Trotzki-Bronstein [...] den Grundstock seines Vermögens durch Spekulation in Schinken hat machen müssen", und Joffes „Latifundien auf der Krim" seien nicht enteignet worden, ist beispielsweise in einer solcher Schrift zu lesen. Über das Land herrsche eine Clique „landfremder nichtrussischer Leute", die raffiniert die Unbildung der breiten Bevölkerung ausnutzten[141]. Der antisemitische Antibolschewismus war zu einem nicht unbedeutenden Teil ein russischer Import, der seine Wurzeln bereits in den antimodernistischen und antisemitischen Strömungen der ausgehenden Zarenzeit hatte[142]. Die vom zaristischen Geheimdienst angefertigten Protokolle der Weisen von Zion galten auch vielen deutschen Rechtsradikalen als Beleg für eine jüdische Weltverschwörung, die in Rußland bereits an die Macht gekommen sei und sich nun anschicke, ihre Herrschaft weiter auszudehnen[143]. Diese Verschwörungsideen konnten die abstrusesten Formen annehmen, wie das etwa schon im Titel einer Schrift eines der frühen Ideengeber Hitlers, Dietrich Eckart, deutlich wird: *Der Bolschewismus von Moses bis Lenin. Zwiegespräch zwischen Adolf Hitler und mir.* (München 1924). „[...] trotz des suggestiven Titels enthält das Buch [...] so gut wie nichts über den Kommunismus. Da gibt es Bemerkungen über die jüdische Geschichte, den Talmud und allerlei andere Themen – so über die Sozialdemokratie von Ebert zu Martow – aber nichts über den Bolschewismus", kennzeichnet Walter Laqueur den Inhalt der Schrift[144].

Daß es sich hierbei vielleicht um ein Extrem-, nicht aber um ein Einzelbeispiel handelt, belegt Ute Dösers Befund, daß die Autoren der deutschen Rechtspresse bei der theoretischen Auseinandersetzung mit dem Kommunismus „einen geradezu erschütternden Mangel an Sachverstand" gezeigt hätten[145].

Der „Unbegreiflichkeit" des Phänomens Bolschewismus für die Rechte entsprach ein Extremismus der Handlungsanweisungen für die Auseinandersetzung mit ihm, der

---

[140] Vgl. dazu Ute Döser: Das bolschewistische Rußland in der deutschen Rechtspresse 1918–1925. Eine Studie zum publizistischen Kampf in der Weimarer Republik. (Diss.) Berlin 1961, S. 109–112.

[141] Generalsekretariat zum Studium und zur Bekämpfung des Bolschewismus (Hrsg.): Die Wahrheit über Sowjet-Rußland! Von einem soeben aus Petersburg zurückgekehrten Internierten. O. O. 1919, S. 5 und S. 8. Allgemein: Döser, Rechtspresse, S. 66f.

[142] Vgl. Heinz-Dietrich Löwe: Antisemitismus in der ausgehenden Zarenzeit, in: Bernd Martin, Ernst Schulin (Hrsg.): Die Juden als Minderheit in der Geschichte. München 1981, S. 184–208.

[143] Zur ideologischen Befruchtung des deutschen durch den russischen Rechtsradikalismus siehe Walter Laqueur: Deutschland und Rußland. Berlin 1965, S. 62–142.

[144] Ebenda, S. 67f.; zu Eckart auch: Ernst Nolte: Der Faschismus in seiner Epoche. München 1963, S. 403f.

[145] Döser, Rechtspresse, S. 43.

bereits auf den 1941 begonnenen Vernichtungskrieg gegen die Sowjetunion vorausdeutet. So kennzeichnete etwa der Baltendeutsche Wolfgang von Reyher die Auseinandersetzung mit dem Bolschewismus als „den Kampf zweier Welten, der Hölle, wie sie schlimmer nicht gedacht werden kann, mit der Menschheit in ihren höheren Daseinsformen". Dieser Kampf müsse rücksichtslos „bis aufs Messer" ausgefochten werden. „Erbarmungslos und ohne Schonung muß der Feind der kulturellen Menschheit ausgerottet werden."[146]

Obwohl die Berichte liberaler bürgerlicher und sozialdemokratischer Beobachter sowie die Mitteilungen oppositioneller russischer Sozialisten über das Rußland des Bürgerkriegs und des Kriegskommunismus vielfach den von rechtsextremer Seite publizierten Augenzeugenberichten glichen – Verelendung und der Terror der Tscheka bestimmten das Bild –, waren die Beurteilungen doch sehr unterschiedlich[147]. Beschwor von Reyher einen apokalyptischen Endkampf herauf, so meinte der Mehrheitssozialdemokrat Erwin Barth im Februar 1919, zur Abwehr des Bolschewismus seien militärische Mittel ungeeignet, vielmehr müsse seine Wurzel, nämlich das Elend, bekämpft werden[148]. Antisemitische Verschwörungstheorien spielten bei der sozialdemokratischen Auseinandersetzung mit dem Bolschewismus keine Rolle. Auch Gerüchte über das angebliche Luxusleben bolschewistischer Funktionäre interessierten die sozialdemokratischen Kritiker des Bolschewismus nicht. Für sie standen dagegen die Rechte und die Lebensbedingungen der Arbeiterschaft in Rußland im Mittelpunkt der Aufmerksamkeit. Ende 1918 hatte der *Vorwärts* begonnen, kritische Berichte über die Versorgungssituation und die soziale Lage in Rußland zu bringen. Solche Artikel waren seither fester Bestandteil des Redaktionsprogramms, wobei teils aus Mangel an anderen Quellen, teils um die Glaubwürdigkeit der Veröffentlichung zu betonen, sehr häufig auf offizielle sowjetische Mitteilungen zurückgegriffen wurde.

Die theoretische Auseinandersetzung mit dem Kommunismus spielte ganz im Gegensatz zur Rechten für die Sozialdemokratie eine eminent wichtige Rolle. Schließlich nahmen die Bolschewiki in Anspruch, die einzig aufrechten Verfechter der Marxschen

---

[146] Wolfgang von Reyher: Caveant Consules. Berlin 1919 = Flugschrift Nr. 3 des Generalsekretariats zum Studium des Bolschewismus.

[147] Vgl. Rußland unter der Herrschaft der Bolschewiken. O. O. [Steyrermühl/Österreich] 1919; Alfons Paquet: Im kommunistischen Rußland. Briefe aus Moskau. Jena 1919; ders.: Aus dem bolschewistischen Rußland. Frankfurt 1919 = Flugschriften der Frankfurter Zeitung „Zur deutschen Revolution" 4 [Paquet war seit Anfang Juli als offizieller Leiter des amtlichen deutschen Pressebüros und Korrespondent der Frankfurter Zeitung in Rußland; Baumgart, Ostpolitik, S. 211, Fußnote 11.]. Die Neue Zeit brachte im Juli kritische Berichte des Menschewisten Paul Olberg: Petersburger Briefe , in: NZ Nr. 16 vom 18. und Nr. 17 vom 25. 7. 1919; der Vorwärts-Verlag veröffentlichte den Bericht des Kriegsgefangenen Franz Cleinow: Bürger, Arbeiter – Rettet Europa. Erlebnisse im sterbenden Rußland. Berlin 1920. Von Dimitry Gawronsky, Delegierter der Partei der Sozialrevolutionäre zur Berner Konferenz und zuvor in der Zimmerwalder Bewegung, erschien 1919 in deutscher Sprache: Die Bilanz des russischen Bolschewismus. Auf Grund authentischer Quellen dargestellt. Berlin 1919. Einen Überblick über aktuelle zeitgenössische (vorwiegend bolschewismuskritische) Literatur zum Bolschewismus gab Wally Zepler in Nr. 15/16 (Jg. 1919) der Sozialistischen Monatshefte (S. 650–653). Umfassender: Paul Böttcher: Der Klassenkampf in Rußland. Ein Leitfaden und Literaturnachweis zur Geschichte der russischen Revolution. Leipzig 1919. (Auch probolschewistische Werke.)

[148] Erwin Barth: Marxismus und Bolschewismus. Eine Auseinandersetzung. Vortrag, gehalten am 20. Februar 1919 im Kaisersaal zu Berlin. Berlin 1919, S. 30.

Lehren und auf dem Weg zur Verwirklichung des Sozialismus, also des „sozialdemokratischen Endziels", zu sein. Vielfach betrachteten daher sozialdemokratische Kritiker die Auseinandersetzung mit dem Bolschewismus nur als eine Debatte über den richtigen Weg zum gleichen Ziel[149]. Der Streit zwischen Kommunisten und Sozialdemokraten war ein „Familienstreit"[150]. Die Grundlinien der wechselseitigen Argumentation hatten bereits Kautsky und Lenin in der Debatte des Jahres 1918 gezogen, und Kautskys Vorgaben folgte denn auch im wesentlichen die gesamte sozialdemokratische Bolschewismuskritik[151].

In seinem Mitte 1919 erschienenen Buch *Terrorismus und Kommunismus* spitzte Kautsky diese Kritik weiter zu. Das entscheidend Neue gegenüber seinen vorangegangenen Veröffentlichungen zu dieser Frage war der Versuch, das kommunistisch beherrschte Rußland als Klassengesellschaft zu analysieren. Die einzige Klasse, die in Rußland tatsächlich verschwunden sei, sei die der feudalen Großgrundbesitzer. Für ihre Abschaffung seien die Verhältnisse in Rußland tatsächlich reif, nicht aber für die des Kapitalismus[152]. Das neue Klassengefüge sei gekennzeichnet durch eine Bauernschaft, die ohne „organische Vereinigung mit der städtischen Industrie [...] auf der Grundlage uneingeschränkten Privateigentums und vollster Warenproduktion" existiere. Im Klassenaufbau der städtischen Gesellschaft stünden an unterster Stelle die entrechteten, gedemütigten ehemaligen Bourgeois. „Die Hölle dieses Helotentums kann sich mit den scheußlichsten Auswüchsen messen, die der Kapitalismus je erzeugt hat", kennzeichnete Kautsky deren Lage. Als zweite Klasse folge die Lohnarbeiterschaft, die durch das Wahlrecht zu den Sowjets politisch privilegiert sei[153]. Die Arbeiterschaft sei nicht wirklich die herrschende Klasse, denn: „Um die Industrie zu retten, mußte über den Arbeitern eine neue Klasse von Beamten aufgerichtet werden, die immer mehr die wirkliche Macht an sich riß, die Freiheiten der Arbeiter in Scheinfreiheiten verwandelte."[154]

Angesichts der essentiellen Differenzen zwischen den unterschiedlichen Formen der Gegnerschaft zum Bolschewismus wird deutlich, daß Versuche, ein Kontinuum des Antibolschewismus von links bis ganz rechts zu konstruieren, an der historischen Wirklichkeit vorbeigehen. Wenn Ernst Nolte in seinem Buch *Der Europäische Bürgerkrieg 1917–1945* schreibt: „Das antibolschewistische Motiv war das am meisten euro-

---

[149] Z. B. Buch, Sozialdiktatur, S. 5.

[150] Diese naheliegende Metapher verwenden auch Matthias, Deutsche Sozialdemokratie und der Osten S. VI und S. 75. und Getzler, Martov, S. 222.

[151] Vgl. z. B. Barth, Marxismus und Bolschewismus; Buch, Sozialdiktatur; Heinrich Cunow: Die Diktatur des Proletariats, NZ Jg. 37 Nr. 8 vom 22. 11. 1918.

[152] Karl Kautsky: Terrorismus und Kommunismus. Berlin 1919, S. 134.

[153] Ebenda, S. 133. Hinweise auf die völlige Entrechtung und Demütigung von Mitgliedern der ehemals herrschenden Klassen, die in der Rechtspresse eine große Rolle spielten, sind sonst in der sozialdemokratischen Publizistik so gut wie gar nicht zu finden, vgl. Döser, Rechtspresse, S. 105.

[154] A. a. O., S. 134. Der von Kautsky hier bereits 1919 verwendete Begriff der „neuen Klasse", wurde erheblich später erneut von osteuropäischen Dissidenten zur Analyse der kommunistischen Herrschaft benutzt, ohne daß allerdings dabei auf Kautsky Bezug genommen wurde. Kautsky hat seinen Ansatz zur Analyse der „neuen Klasse" nicht ausgebaut, wahrscheinlich weil dies eine zu weitgehende Revision des marxistischen Klassenbegriffs erfordert hätte. Einen Überblick über die Verwendung des Begriffes „neue Klasse" gibt Michail Voslensky in seinem Werk: Nomenklatura. Die herrschende Klasse der Sowjetunion. TB-Ausg. Wien usw. 1982, S. 3751. Auch hier kein Hinweis auf Kautsky.

päische unter Hitlers Motiven; er teilt es mit nahezu allen bürgerlichen Europäern und Amerikanern, und dabei muß der Begriff *bürgerlich* in dem weiten Sinne gefaßt werden, der die Sozialdemokraten oder Rechtssozialisten einschließt", so verselbständigt er den Antibolschewismus zu einem eigenständigen Motiv, anstatt nach den Motiven zu fragen, die hinter der jeweiligen Ablehnung des Bolschewismus standen[155]. Genau analog zu Nolte, aber von einer entgegengesetzten politischen Position aus, verfuhr 20 Jahre vor ihm der Politologe Jakob Schissler, der erklärte, Kautsky habe sich mit seiner Bolschewismuskritik zum Vater einer Richtung gemacht, „die später von den Nationalsozialisten und den Totalitarismustheorien maßlos übersteigert wurde"[156].

Ernster zu nehmen ist Schisslers Behauptung, Kautskys Bolschewismuskritik trage stark irrationale Züge, wenn auch seine Formulierung, dieser habe den Bolschewismus „zur teuflischen Gegenwelt hochstilisiert", weit überzogen ist[157]. Auch Peter Lösche betont mehrfach, die sozialdemokratische Kritik des Bolschewismus habe ein stark irrationales Moment enthalten, da sie diesen „zum blutigen, krankhaften Despotismus, zur neuen schrecklichen Religion und zum gräßlichen Pogrom bereits in der vorstalinistischen Ära dämonisierte"[158]. Gegen diese Feststellung ist zunächst einzuwenden, daß der Stalinismus für die Sozialdemokraten in der Zeit der russischen und der deutschen Revolution schon deshalb kein Maßstab sein konnte, weil es ihn noch nicht gab. Dagegen scheint das ungeheure Ausmaß, das Terror und Unterdrückung in der Stalin-Ära annahmen, Lösche den Blick auf die vorstalinistische Repressionspraxis des bolschewistischen Regimes verstellt zu haben[159]. Sie aber bestimmte das Urteil der zeitgenössischen Sozialdemokraten, dem der Begriff der „Dämonisierung" nicht gerecht wird. Die Verfolgungen und willkürlichen Hinrichtungen erreichten ein Ausmaß, das das Entsetzen unter Sozialdemokraten durchaus verständlich macht, zumal dieses Unrecht im Namen des Sozialismus begangen wurde. So spricht Kautsky in seinem im Mai 1919 abgeschlossenen Buch *Terrorismus und Kommunismus* von mindestens 6000 Opfern der Tscheka[160].

Eine zweite Frage ist, wie berechtigt die vor allem in der SPD virulente innenpolitische Bolschewismusfurcht war. Für Lösche ist auch sie weitgehend irrational. Er stellt fest, „daß die Gefahr des bolschewistischen Umsturzes in Deutschland oder der Ausbreitung des Bolschewismus von seinem Heimatland aus objektiv nicht bestand."[161] Die weitgehende Identifikation der deutschen Linksradikalen mit den Bolschewiki und die

---

[155] Ernst Nolte: Der Europäische Bürgerkrieg 1917–1945. Berlin 1987, S. 122. (Hervorhebung im Original) Dieser mehr als zweifelhaften These ist die schlichte Aussage des Vorwärts ent gegenzuhalten: „[...] der Antibolschewismus ist an sich noch kein Programm"; „Sammelpolitik in Rußland?" a.a.O. Nr. 79 vom 12. 2. 1920.

[156] Jakob Schissler: Gewalt und gesellschaftliche Entwicklung. Die Kontroverse zwischen Sozialdemokratie und Bolschewismus. Meisenheim a. Glan 1967, S. 172.

[157] Ebenda; diese Formulierung trifft eher auf antibolschewistische Äußerungen rechtsradikaler Provenienz zu; sie ist eine exakte Inhaltswiedergabe des Zitats von von Reyher.

[158] Lösche, Bolschewismus, S. 256. Kritisch dazu 1974 Susanne Miller, allerdings ohne Konkretisierung. Susanne Miller: Burgfrieden und Klassenkampf. Düsseldorf 1974, S. 28.

[159] Zur Gewalt im vor- und im stalinistischen Kommunismus: Hermann Weber: Stalinismus. Zum Problem der Gewalt in der Stalin-Ära, in: Reinhard Crusius, Manfred Wilke (Hrsg.): Entstalinisierung. Der XX. Parteitag der KPdSU und seine Folgen. Frankfurt a.M. 1977, S. 263–284.

[160] Kautsky, Terrorismus, S. 139.

[161] Lösche, Bolschewismus, S. 282.

4. Diktatur des Proletariats 93

Erfolge Lenins und seiner Anhänger hätten aber bei der SPD eine Furcht ausgelöst, die subjektiv ihre Entscheidungsfreiheit erheblich eingeschränkt habe. Diese Furcht sei allerdings erst nach dem „Spartakusaufstand" und den Märzunruhen 1919 tatsächlich wirksam geworden[162].

Dem ist entgegenzuhalten, daß Friedrich Ebert schon Ende September 1917 bei seinem Plädoyer für den Regierungseintritt davor gewarnt hatte, die Dinge laufen zu lassen, weil dann eine Entwicklung nach russischem Muster zu erwarten sei[163]. Unter einer solchen Entwicklung verstanden die Sozialdemokraten 1918/19 aber nicht die Errichtung einer gefestigten kommunistischen Diktatur. In Rußland hatten ja die Bolschewiki zur gleichen Zeit um ihre Existenz zu kämpfen. Kautsky hielt es im November 1918 für möglich, daß sich die Sowjetregierung nur noch wenige Wochen halten könnte[164], und knapp ein Jahr später, als General Judenič mit seinen Truppen bereits die Vororte von Petrograd besetzt hatte, brachte der *Vorwärts* etwas voreilig einen wenig freundlichen Nachruf auf das Regime der Bolschewiki[165]. Wenn die deutschen Sozialdemokraten Befürchtungen über „russische Zustände" in ihrem Land äußerten, hatten sie nicht die später stabilisierte Diktatur einer linksradikalen Minderheit vor Augen, sondern die Kämpfe, die der Versuch, eine solche Diktatur zu etablieren, notwendig auslösen mußte. Sie dachten an die ungeordnete Auflösung der russischen Armee und die durch die Revolution verschärften Versorgungsschwierigkeiten. Die geläufigste Assoziation zu „Bolschewismus" war „Chaos" und noch nicht „Diktatur".

So erklärte etwa Friedrich Ebert am 1. Dezember 1918 in einer Volksversammlung: „Es ist sehr bezeichnend, daß Lenins letzte Schrift den Titel trägt: ‚Ordnung, Disziplin und Arbeit müssen jetzt die Sowjetrepublik retten!' [...] Die deutschen Arbeiter mögen nach Rußland sehen und sich warnen lassen!"[166] Und Max Cohen-Reuß sagte auf dem zweiten deutschen Rätekongreß im April 1919: „Wenn die Räterepublik in Deutschland kommt, so wird sie keinen Bestand haben; in einem halben Jahr ist sie erledigt. Aber, meine Herren, was dabei zugrunde geht an Menschenleben und an anderen Werten, bevor wir an der anderen Seite des Abgrunds wieder heraufgekrabbelt sind, das ist so unendlich viel, daß man es nicht wird verantworten können."[167]

Angesichts der prekären Situation bei Kriegsende, der notwendigen Demobilisierung von acht Millionen Soldaten unter Waffenstillstandsbedingungen, die diese Aufgabe

---

[162] Ebenda, S. 282 und S. 166f.
[163] Protokolle Parteiausschuß, Bd. 2, S. 586.
[164] Regierung der Volksbeauftragten, S. 99.
[165] „Das Ende eines Wahnes", Vorwärts Nr. 536 vom 20. 10. 1919.
[166] Ebert, Schriften..., Bd. 2, S. 123f. Der Autor der von Ebert angeführten Schrift ist Trotzki, nicht Lenin, vgl. Anm. 136.
[167] II. Kongreß der Arbeiter-, Bauern- und Soldatenräte Deutschlands. Vom 8. bis 14. April 1919 im Herrenhaus zu Berlin. Stenographisches Protokoll. Anhang: Vom I. Rätekongreß zur Nationalversammlung. Die Tätigkeit des Zentralrates der sozialistischen Republik Deutschlands. Berlin o.J. [Nachdr. Glashütten im Taunus 1975], S. 164. Weitere Beispiele: Philipp Scheidemann: An die Heimgekehrten! Rede am 22. Dezember 1918 beim Einzug der Gardetruppen. O. O. o.J.; Sozialismus und Bolschewismus in Stimmen führender Männer. Berlin o.J. [1918/19]; Sozialismus ist Arbeit. Ein Aufruf der Regierung. O. O. o.J.; „Der internationale Zusammenbruch der Rätediktatur", Vorwärts Nr. 427 vom 22. 8. 1919; vgl. auch: Prinz Max von Baden: Erinnerungen und Dokumente. Stuttgart u.a. 1927, S. 584: „Noske war im letzten Augenblick eingetroffen, um in Kiel ein bolschewistisches Chaos zu verhindern."

nicht gerade erleichterten, angesichts der vorausgegangenen Leiden des Krieges und der Mobilisierung breiter, politisch oft unerfahrener Massen in der revolutionären Umbruchsituation war die Furcht vor „teuren Experimenten", nicht unberechtigt. Entschieden verlangten in dieser Situation auch die freien Gewerkschaften, zur Vermeidung „russischer Verhältnisse" dem wirtschaftlichen Wiederaufbau Vorrang vor Sozialisierungsversuchen zu geben. Als seine Voraussetzung sahen sie die baldige Einberufung der Nationalversammlung[168].

Zwar waren die entschiedenen Nachahmer des russischen Weges eine kleine Minderheit in Deutschland, aber ihr Gedankengut hatte doch erheblichen und zunehmenden Einfluß auf die USPD, die, wie Eduard Bernstein in seinem *Abschiedswort* an die „Unabhängigen" schrieb, eine „Politik des Schwankens zwischen Spartakismus und demokratischem Sozialismus" verfolgte[169].

Nicht ganz zu Unrecht sahen sich die Mehrheitssozialdemokraten und die Unabhängigen vom rechten Flügel durch die revolutionären Unruhen und die kurzlebigen Räterepubliken des Frühjahrs 1919 in ihren Befürchtungen bestätigt. Dennoch ist die Kritik an den Konsequenzen, die die SPD daraus zog, nicht von der Hand zu weisen. Beim „Spartakusaufstand" hatte sie nicht nur die Haltung großer Teile der Arbeiterschaft nicht richtig eingeschätzt, sondern sich auch ohne zwingende Not von reaktionären Freikorps abhängig gemacht. Die durchaus mögliche Option, sich vor allem auf regierungstreue Kräfte der Arbeiterschaft und der Sozialdemokratie zu stützen, wurde gar nicht ernsthaft erwogen[170]. Ebenso wurde die Chance, das Scheitern der nach dem Januaraufstand in Bremen ausgerufenen Räterepublik zu einem politischen Lehrstück reifen zu lassen, durch eine sinnlose militärische Intervention verspielt[171]. Ähnliches gilt für die Liquidation der kommunistischen Münchner Räterepublik, die ebenfalls „in eigener Bürokratie und Inkompetenz erstickte"[172]. Vorhandene Verhandlungsmöglichkeiten wurden hier nicht ausgenutzt, das Resultat war das von den einmarschierenden Freikorps angerichtete Blutbad[173].

Zusammenfassend läßt sich feststellen, daß weniger die Warnungen vor dem „Bolschewismus" irrational waren als vielmehr das teilweise blinde Vertrauen, das die führenden Mehrheitssozialdemokraten den Funktionseliten des alten Kaiserreiches entgegenbrachten, wobei „Bolschewismus" in der Revolutionszeit weithin als Synonym für

---

[168] „Zur Sicherung der Übergangswirtschaft", in: Correspondenzblatt Nr. 46 vom 16. 11. 1918, S. 417f.; „Die Nationalversammlung", ebenda, Nr. 49 vom 7. 12. 1918, S. 453 f.; „Zum Delegiertentag der Arbeiter- und Soldatenräte", ebenda, Nr. 50 vom 14. 12. 1918, S. 459–461; Quellen zur Geschichte der deutschen Gewerkschaftsbewegung im 20. Jahrhundert. Hrsg. von Hermann Weber, Klaus Schönhoven und Klaus Tenfelde, Bd. 1: Die Gewerkschaften im Weltkrieg und Revolution 1914–1919. Bearb. von Klaus Schönhoven. Köln 1985, Dok. 59: 3. 12. 1918: Konferenz der Verbandsvorstände, S. 539–598, hier: S. 549. Zur Einschätzung der Befürchtungen: Feldman u.a., Massenbewegungen, S. 89; Richard Löwenthal: Vorwort zu: George Eliasberg: Der Ruhrkrieg von 1920. Bonn 1974, S. XIII.

[169] Eduard Bernstein: Auf Wiedersehen! Ein Abschiedswort an die unabhängige Sozialdemokratie, in: Freiheit, Nr. 137 vom 22. 3. 1919. Die Entgegnung der Freiheit-Redaktion mit ihrer Forderung nach dem Rätesystem ist eine Bestätigung von Bernsteins Einschätzung.

[170] Winkler, Revolution, S. 125; Wette, Noske, S. 327f.

[171] Winkler, Revolution, S. 131–133.

[172] Kluge, Revolution, S. 134.

[173] Ebenda; Winkler, Revolution, S. 189f.; Wette, Noske, S. 437–441; Rosenfeld, Sowjetrußland und Deutschland, S. 169 (betont den Druck der Entente).

„Chaos" stand. Zu Recht hat Peter Lösche darauf hingewiesen, daß Philipp Scheidemanns Darstellung seiner Proklamation der Republik als notwendiger Schritt zur Abwendung einer kommunistischen Räterepublik Züge einer nachträglichen Stilisierung trägt, die durch eine dazwischenliegende mehrjährige scharfe Auseinandersetzung mit dem Kommunismus und seiner späteren Ausformung geprägt sind[174]. Noch deutlicher wird dies bei Otto Landsberg, der um das Jahr 1925 die Gefahr der Nachahmung der russischen Entwicklung während der deutschen Revolution mit dem Argument begründete: „Für Zeiten einer gänzlichen Zerrüttung von Staat und Wirtschaft hat die Lehre Blanquis, daß eine wenn auch nur kleine Zahl entschlossener zielbewußter Männer die Masse mit sich fortzureißen vermag, Geltung."[175] Doch Blanquis Lehre galt für vorindustrielle Gesellschaften. Das war den Sozialdemokraten in der Revolutionszeit bewußt.

Annäherungen an Sowjetrußland

In der zweiten Jahreshälfte 1919 begannen beide sozialdemokratische Parteien, sich jeweils auf ihre Weise Sowjetrußland anzunähern. In der USPD wurde die Frage des Anschlusses an die Kommunistische Internationale nach und nach zum beherrschenden Thema der innerparteilichen Auseinandersetzung. Die SPD begann nach dem Frieden von Versailles ihre außenpolitische Haltung gegenüber der Sowjetunion vorsichtig zu verändern. Dabei behielt sie jedoch stets ihre ablehnende Haltung dem Bolschewismus gegenüber bei. Die Entwicklung in Sowjetrußland war für sie ein Negativexempel, das in der Auseinandersetzung mit USPD und KPD ausgiebig herangezogen wurde.

Diese Tendenzen wurden bereits auf dem zweiten deutschen Rätekongreß im April 1919 deutlich. Max Cohen-Reuß (SPD) hielt dort ein Plädoyer für ein System wirtschaftlicher Räte, das die parlamentarische Ordnung ergänzen sollte, wandte sich aber engagiert gegen das reine Rätesystem. Als er einen Bericht über die wirtschaftliche Desorganisation, die Verelendung und die terroristischen Herrschaftsmittel der Bolschewiki zitierte, um das Versagen dieses Systems zu belegen, konnte er kaum einen Satz aussprechen, ohne von wütenden Zwischenrufern der USPD unterbrochen zu werden[176].

Ähnlich lebhaft ging es zu, als Ernst Däumig Cohens Ausführungen als „tendenziöse Mache" und „wüste Bolschewistenhetze" zurückwies. Er stellte sie in eine Reihe mit wilden Sensationsberichten, die unter anderem behaupteten, in Rußland würden die Frauen sozialisiert[177]. Ähnlich wie auf der Berner Konferenz wurde auch auf dem zweiten Rätekongreß beschlossen, zur Klärung der tatsächlichen Verhältnisse eine Untersuchungskommission nach Rußland zu entsenden[178]. Offenbar wurde dieser Beschluß jedoch nie verwirklicht. Interessanterweise konnten sich aber beide sozialdemokratischen Fraktionen trotz des heftigen Streits über Rußland auf eine gemeinsame

---

[174] Wie Anm. 11.
[175] Otto Landsberg: Der Rat der Volksbeauftragten, in: Friedrich Ebert und seine Zeit. Ein Gedenkwerk über den ersten Präsidenten der deutschen Republik. Charlottenburg o. J. [ca. 1925], S. 183–209, hier: S. 186.
[176] II. Kongreß, S. 164f.
[177] Ebenda, S. 170.
[178] Ebenda, S. 274.

Entschließung zur Außenpolitik einigen. Darin wurde „die unverzügliche Einstellung der Feindseligkeiten gegen Rußland und die Anknüpfung freundschaftlicher Beziehungen zu allen Völkern" gefordert[179].

Außenpolitik: Die SPD entdeckt den Osten wieder

Damit zeichnete sich bereits die Abwendung der SPD von der Taktik ab, die Gefahr des Bolschewismus und die gemeinsame Frontstellung gegen Rußland hervorzuheben, um die Siegermächte zu einem günstigen Frieden zu bewegen[180]. Auf dem Weimarer Parteitag der SPD, der im Juni noch vor dem Ultimatum der Alliierten zur Annahme des Friedensvertrages stattfand, legte Eduard Bernstein dann Grundsätze der SPD für das Verhältnis zu Sowjetrußland dar, die im wesentlichen während der ganzen Zeit der Weimarer Republik beibehalten wurden:

„Wir wollen auch und müssen wollen ein gutes Verhältnis mit Rußland. Wir müssen es haben aus einer ganzen Reihe auch wirtschaftlicher Gründe. Wir wollen keine Einmischung der Republik in die inneren Verhältnisse Rußlands, es soll sich selbst entwickeln. Wir wollen das denkbar beste Verhältnis herstellen, aber wir müssen eines von jeder russischen Regierung verlangen, ob sie demokratisch, menschewistisch oder bolschewistisch ist, wir müssen Gegenseitigkeit verlangen (Sehr richtig!). Keine Intrigen, keine Geheimagenten ins andere Land, keine Zettelungen verursacht!"[181]

Es entsprach auch diesen Grundsätzen, wenn der Parteitag energisch die Räumung des Baltikums von den deutschen Truppen unter dem antibolschewistischen General von der Goltz verlangte[182].

Bei seiner Antrittsrede als Außenminister im neuen Kabinett Bauer Ende Juli 1919 machte Hermann Müller (SPD) deutlich, daß er von Spekulationen mit einem Sturz der Bolschewiki wenig hielt: „Wir müssen uns [...] an die Tatsache halten, daß in den Zentren des russischen Lebens, insbesondere in Moskau, Lenin noch herrscht."[183] Das war eine vorsichtige Abkehr vom bisherigen Kurs des Auswärtigen Amtes, der „auf enge freundschaftliche Beziehungen zu einem nichtbolschewistischen Rußland gerichtet" war[184].

---

[179] Ebenda, S. 267.
[180] Beispielhaft für diese Taktik die Entschließung der Parteikonferenz, Weimar, 22./23. März 1919: „Die Sozialdemokratische Partei warnt [...] mit vollem Ernst vor jeder Vergewaltigung des deutschen Volkes und legt den Schuldigen die volle Verantwortung für die Folgen ihres Tuns, die daraus entstehenden Gefahren neuer Kriege und den drohenden Weltbrand des Bolschewismus vor der Geschichte und vor der Menschheit auf." Protokolle Parteiausschuß, Bd. 2, S. 657f.
[181] Protokoll über die Verhandlungen des Parteitages der Sozialdemokratischen Partei Deutschlands, abgehalten in Weimar vom 10. bis 15. Juni 1919. Berlin 1919 [Nachdr. Glashütten 1973], S. 248f.
[182] Ebenda, S. 515; Matthias, Deutsche Sozialdemokratie und der Osten, S. 55. Zu von der Goltz' Aktivitäten: Wette, Noske, S. 561–578; Wipert von Blücher: Deutschlands Weg nach Rapallo. Erinnerungen eines Mannes aus dem zweiten Gliede. Wiesbaden 1951, S. 73–80; Rüdiger von der Goltz: Meine Sendung in Finnland und im Baltikum. Leipzig 1920, S. 285.
[183] Verhandlungen der Verfassunggebenden Nationalversammlung 1919/20. Stenographische Berichte, 64. Sitzung, 23. 7. 1919, S. 1855.
[184] ADAP, Serie A, Bd. 2. Nr. 80, S. 138: Auswärtiges Amt an den Gesandten in Stockholm, Freiherr Lucius von Stoedten, Berlin 26. Juni 1919; Horst Günther Linke: Deutsch-sowjetische Beziehungen bis Rapallo. Köln 1970, S. 83.

Im August 1919 kam es dann auf Vermittlung des USPD-Reichstagsabgeordneten Oscar Cohn zu einem Gespräch zwischen dem als Vertreter der Sowjetregierung ausgewiesenen Viktor A. Kopp und Hermann Müller und seinem Kabinettskollegen Wissell, dem sozialdemokratischen Wirtschaftsminister. Thema war die Wiederaufnahme wirtschaftlicher Beziehungen zu Sowjetrußland. Das Kabinett beschloß allerdings, vorerst abzuwarten[185].

In die antibolschewistische Politik der Alliierten, die Deutschland am 9. Oktober 1919 aufforderten, sich der seit Herbst 1918 bestehenden Blockade gegen Sowjetrußland anzuschließen, ließ sich die sozialdemokratisch geführte Regierung allerdings nicht integrieren. Als die alliierte Note bekannt wurde, wandte sich der *Vorwärts* strikt dagegen, sie zu befolgen: Eine Blockade gegen ein Volk, mit dem man nicht im Kriegszustand sei, sei „im besonderen Maß verbrecherisch und unsittlich". Die äußere Einmischung in Rußland lehnte das SPD-Zentralorgan entsprechend der Bernsteinschen Linie vom Weimarer Parteitag ab: „Was wir selbst nicht wollen, sollen wir nicht gegen andere ausüben." Überdies sei eine Blockade Rußlands durch Deutschland zwecklos, da ohnehin alle Verbindungen durch die Alliierten kontrolliert würden. Ferner könnte die deutsche Beteiligung an der Blockade innere Unruhen auslösen. „Soweit es Herr seiner eigenen Entscheidungen ist", solle Deutschland daher das Ansinnen des Obersten Rates ablehnen[186].

Die deutsche Regierung ließ sich Zeit mit ihrer Antwort, und kurzzeitig schien es gar, als sei die Frage angesichts der erfolgreichen Oktoberoffensive des „weißen" Generals Judenič bereits überholt. Am 20. Oktober 1919 besetzten seine Truppen die Vororte Petrograds, sie wurden jedoch in einer erfolgreichen Gegenoffensive von der Roten Armee zurückgeschlagen[187]. Der Nachruf des *Vorwärts* auf die Herrschaft der Bolschewiki, deren Untergang kein Grund zur Freude sei, der nachzutrauern man aber auch keinen Anlaß habe, da sie mit Sozialismus nichts gemein gehabt habe, war etwas voreilig[188]. Otto Wels, der sich drei Tage später in der außenpolitischen Debatte der Nationalversammlung gegen die Blockade Rußlands aussprach, erklärte dagegen, die Sowjet-Regierung sei zwar ein Unglück für den Sozialismus, aber ein noch größeres Unglück wäre ein Sieg der Reaktion in Rußland, der einen jahrelangen Bürgerkrieg zur Folge haben würde[189]. Auch Außenminister Müller wandte sich gegen die Blockade, mit der die Entente letztlich den Bolschewismus fördere und den demokratischen Kräften schade. Dieses Argument fand sich dann auch in der offiziellen – ablehnenden – deutschen Antwort auf die alliierte Note wieder. Darin wurde auch auf die Gefahr einer innenpolitischen Radikalisierung in Deutschland verwiesen[190].

In der Tat hatte die alliierte Note die USPD alarmiert, deren Zentralleitung und Nationalversammlungsfraktion das deutsche Proletariat zum „Kampf gegen die Russenpolitik der Westmächte" aufforderten. Dieser Kampf richte sich zugleich gegen die

---

[185] AdR Kabinett Bauer, S. 166–168, S. 171 und S. 232.
[186] „Entente/Baltikum/Sowjetblockade", Vorwärts Nr. 523 vom 13. 10. 1919.
[187] Von Rauch, Sowjetunion, S. 128 f.
[188] „Das Ende eines Wahnes", Vorwärts Nr. 536 vom 20. 10. 1919.
[189] Verhandlungen Nationalversammlung, 106. Sitzung, S. 3362.
[190] Ebenda, S. 3359; „Gegen die Blockade Rußlands", Vorwärts Nr. 557 vom 31. 10. 1919.; Linke, Deutsch-sowjetische Beziehungen, S. 85 f.

deutsche Gegenrevolution, die im Osten erstarke[191]. Die Haltung der SPD und der Regierung erschien den Unabhängigen dabei unzuverlässig. In der Nationalversammlung warf Curt Geyer Präsident Ebert vor, er wünsche, daß Deutschland zur Beteiligung an der Blockade gezwungen werde[192], und die *Freiheit* bezeichnete die deutsche Antwortnote als „zweideutiges Spiel"[193].

Der Verdacht der USPD war, jedenfalls soweit er sich gegen die SPD richtete, nicht berechtigt. Die Erbitterung über den Versailler Vertrag ließ bei den Mehrheitssozialdemokraten sogar vereinzelt erneut außenpolitische Sympathien für Sowjetrußland wachwerden. So schrieb Arthur Zickler, als sich das Ende der alliierten Intervention abzeichnete, Deutschland dürfe „das für uns auf die Dauer höchst wichtige freundschaftliche Verhältnis zu Rußland" nicht der Entente überlassen, zumal „sich ein dem Sozialismus entgegenreifendes Deutschland selbst den Sowjet-Russen näher fühlen muß, als den kapitalistischen Raubstaaten der Entente"[194].

Außenminister Hermann Müller schien die Zeit für die Wiederherstellung der Beziehungen zu Sowjetrußland, die auch von der USPD gefordert wurde, im Oktober 1919 aber noch nicht gekommen. Die Verhältnisse in Rußland seien zu verworren, führte er aus, und verlangte im übrigen Garantien für die sowjetische Nichteinmischung in deutsche innere Angelegenheiten[195].

Abstoßung und Anziehung: USPD zwischen II. und III. Internationale

Die USPD wurde ideologisch immer stärker in das Kraftfeld Moskaus gezogen. Mit einer zum Teil durch die schwierige Nachrichtenübermittlung bedingten Verzögerung begann die im März gegründete Kommunistische Internationale, ihre Anziehungskraft auf breite Kreise in der USPD zu entfalten[196].

Dazu trug die sich verstärkende Unzufriedenheit mit der II. Internationale erheblich bei. Nach den Märzunruhen und der blutigen Liquidierung der Münchner Räterepu-

---

[191] „Gegen die internationale Verschwörung des Kapitals", Freiheit Nr. 508 vom 21. 10. 1919.
[192] Verhandlungen Nationalversammlung, 106. Sitzung, S. 3380.
[193] „Zweideutiges Spiel. Bedingte Ablehnung der Blockade Rußlands", Freiheit Nr. 527 vom 31. 10.1919.
[194] Artur Zickler: Frieden mit Rußland, in: Vorwärts Nr. 464 vom 11. 9. 1919. Vgl. auch: „Russische Stimmen zum Friedensvertrag", Vorwärts Nr. 248 vom 16. 5. 1919; siehe auch Nr. 256 vom 20. 5. 1919; ferner: „Dokumente zur Kriegsschuld. Russische Enthüllungen", Vorwärts Nr. 272 vom 29. 5. 1919.
[195] „Die Auslandsdebatte", Vorwärts Nr. 546 vom 25. 10. 1919, Beilage; „Deutsche Nationalversammlung", Freiheit Nr. 516 vom 25. 10. 1919; „Deutschland und Sowjetrußland", Der Kampf Nr. 101 vom 27. 10. 1919.
[196] Das Standardwerk zu diesem Thema ist die in vieler Hinsicht erschöpfende und auf einer außerordentlich breiten Quellenbasis erarbeitete Studie USPD und Internationale von Robert F. Wheeler. Wheeler unterschätzt m. E. jedoch die Bedeutung Sowjetrußlands. Die Auseindersetzung um die Internationale, die nach seiner Meinung „schließlich den Untergang dieser Partei besiegelte" (S. II), war aber auf weite Strecken ein Streit über das sowjetische Modell. Auch andere Fragen, wie vor allem die des Rätesystems und des Parlamentarismus, waren mit diesem vorrangigen Orientierungsthema eng verknüpft. Sie wurden nicht, wie Wheeler meint, „letzten Endes zur Zufriedenheit der meisten Unabhängigen Sozialdemokraten gelöst" (S. II), sondern durch Formelkompromisse, deren Unhaltbarkeit die Kompromißlosigkeit der Führer der Dritten Internationale schließlich an den Tag brachte. Zur Kritik an Wheeler siehe auch Ritter, Sozialistische Parteien, S. 131 f., Fußnote 110.

blik hatte sich die Konfrontation zwischen SPD und USPD weiter verschärft, und es war immer schwerer vorstellbar, daß beide Parteien in derselben Internationale vertreten sein konnten. Daß der Versuch international koordinierter Protestaktionen gegen den Versailler Vertrag und die Intervention in Rußland am 20./21. Juli in einigen Ländern wie Deutschland, Italien, Norwegen und Österreich zwar auf erhebliche Resonanz gestoßen war, ausgerechnet in den meistbetroffenen Ländern Großbritannien und Frankreich aber nur schwache Reaktionen ausgelöst hatte und die gesamte Aktion letztlich erfolglos blieb, mußte das Bedürfnis nach einer wirklich aktionsfähigen Internationale weiter stärken[197]. Unbefriedigend blieb auch die sozialistische Konferenz in Luzern Anfang August 1919, deren Hauptaufgabe die Erörterung der Rekonstruktion der Internationale war. Nur auf Druck der linken Minderheit kam es dort zu einer klaren Verurteilung der Pariser Friedensverträge sowie der Konterrevolution in Rußland und Ungarn und ihrer Unterstützung durch die alliierten Regierungen[198]. Auf scharfe Kritik stieß der Statutenentwurf für die Internationale bei der USPD-Delegation, der Rudolf Hilferding, Artur Crispien und Oscar Cohn angehörten. Sie vermißte „eine scharfe Umschreibung des revolutionären Geistes" und das Bekenntnis zur Diktatur des Proletariats[199]. Rudolf Hilferding ging scharf mit der SPD ins Gericht und forderte, die Internationale müsse sich auf ihrem nächsten Kongreß auf den Boden der revolutionären Entwicklung stellen. In der Zwischenzeit behalte sich die USPD ihre Stellungnahme vor[200].

Am nächsten Kongreß nahm die USPD allerdings schon gar nicht mehr teil. Zu groß war „der Drang der Parteibasis nach Moskau" (Wheeler). Angesichts der unbefriedigenden Entwicklung der II. Internationale und der Radikalisierung der USPD-Mitgliedschaft waren nur noch zwei Möglichkeiten denkbar: die Bildung einer wie immer gearteten „sozialrevolutionären Internationale" oder der Anschluß an die Komintern. Kautsky hielt die erste Möglichkeit für irreal. Weil es nur in Deutschland „Unabhängige" gebe und in allen anderen Ländern eine Spaltung in kommunistische und sozialdemokratische Parteien existiere, könne es eine Internationale von „Unabhängigen" nicht geben. Die Alternative laute: Kommando Moskaus oder Gemeinschaft mit dem westeuropäischen Proletariat. Sie sei gleichbedeutend mit der Entscheidung zwischen II. und III. Internationale[201]. Ähnlich argumentierte Rudolf Hilferding. Er betonte, daß der Beitritt zur Komintern gleichbedeutend mit der Annahme bolschewistischer Vorstellungen einerseits und mit der Isolation von der englischen und französischen Arbeiterklasse andererseits sei. Gerade in den Ländern der Sieger aber entscheide sich das Schicksal der sozialistischen Revolution[202].

---

[197] Wheeler, USPD, S. 99f.; Krause, USPD, S. 143.
[198] Braunthal, Internationale, S. 175f.
[199] Ritter, II. Internationale Bd. 1, S. 623.
[200] Ebenda, S. 637f.
[201] Karl Kautsky: Judas in Luzern, in: Freiheit, Nr. 397 vom 20. 8. 1919.
[202] Rudolf Hilferding: Die Internationale. 2. Der Kampf um die internationale Solidarität, in: Freiheit Nr. 345 vom 23. 7. 1919. Auch die Haltung vieler USPD-Politiker zum Versailler Vertrag war stark durch die Hoffnung auf eine Linksentwicklung in den Siegerländern bestimmt, vgl. Annehmen oder Ablehnen? Die Unabhängige Sozialdemokratie und der Friede. Mit Beiträgen von K. Kautsky, Gg. E. Graf, C. Ballod, A. Stein, R. Hilferding u. H. Haase. Berlin 1919; Hugo Haase: Sollen wir den Frieden unterzeichnen? Rede in den Comeniussälen in Berlin vom 13. 5 1919, in: Haase, Hugo Haase, S. 242-248, hier: S. 247f.

Obwohl Hilferdings Argumentation nicht ohne Resonanz blieb[203], entsprach sie doch nicht der in der USPD vorherrschenden Stimmung. Man glaubte sich mitten in der Weltrevolution, deren Vorkämpfer man in Rußland, zeitweise auch in der ungarischen Räterepublik sah[204]. Der Verlauf der internationalen Protestaktion vom Juli und die Tatsache, daß zu den führenden englischen und französischen Repräsentanten in der II. Internationale Leute wie Arthur Henderson und Albert Thomas gehörten, die während des Krieges Regierungsämter ausgeübt hatten, sprachen überdies gegen Hilferdings Westorientierung. Im Osten dagegen boten die Bolschewiki, die sich erfolgreich gegen die weiße Konterrevolution und die alliierte Intervention behaupteten, ein Beispiel für tatkräftiges Handeln und entschiedene sozialistische Politik, das im Gegensatz zu Hilferdings ökonomisch-strategischen Überlegungen auch emotionale Sympathien mobilisierte. „[...] die Moskauer Internationale hat ihre Kraft nicht durch Worte bewiesen, sondern durch Taten. Deshalb muß für uns am entscheidenden Tag nur die Losung sein: Hinein in die dritte Internationale [...] Dadurch beweisen wir dem russischen Bruder, daß wir regen Anteil nehmen an ihrem [sic!] langjährigen schwebenden Kampfe und sie dabei unterstützen", schrieb im Oktober ein Arbeiter an die Münchner USPD-Zeitung *Der Kampf* und gab damit einer Stimmung Ausdruck, die sich in der USPD immer weiter ausbreitete[205].

Die Protagonisten des Anschlusses an die III. Internationale sahen einerseits in den Führern der alten Internationale Bremser, die weitere Fortschritte der Revolution verhinderten, und erhofften sich andererseits vom Beitritt zur Komintern eine Stärkung der revolutionären Kräfte. Dahinter stand der überkommene Glaube an die Kraft des internationalen Zusammenschlusses der Arbeiterklasse und die Meinung, die Durchsetzungsfähigkeit der Bolschewiki müsse sich bei Übernahme ihrer Organisationsprinzipien auch auf die deutsche Arbeiterbewegung übertragen lassen[206].

Diese Tendenz wurde durch den enormen Zustrom von Neumitgliedern in die USPD gestärkt. Zwischen dem Märzparteitag und dem außerordentlichen Parteitag in Leipzig vom 30. November bis 6. Dezember 1919 wuchs die Partei um 150 Prozent von 300 000 auf 750 000. Besonders anziehend war sie für jüngere, durch die Revolution erst politisierte Arbeiter[207]. Auf diese Neumitglieder, erinnert sich Wilhelm Dittmann, hätten „Putschpolitik" und das bolschewistische Rußland eine besonders starke Faszination ausgeübt[208]. Diese Entwicklung der USPD kam auf dem Leipziger Parteitag voll zum Tragen. Das dort verabschiedete Aktionsprogramm bekannte sich ohne die Einschränkungen der „programmatischen Kundgebung" vom März zur Diktatur des Proletariats,

---

[203] Nahezu identisch die Ausführungen Fritz Segers auf der außerordentlichen Landesversammlung der USP Sachsens in Leipzig, 10./11. August 1919, Prot., S. 84 f, in: Protokolle der Landesversammlungen der USPD Sachsens 1919–1922. Mit einer Einleitung von Hartfried Krause. Berlin, Bonn 1979.
[204] Vgl. den Maiaufruf des Zentralkomitees der USPD in LVZ Nr. 83 vom 11. 4. 1919. Verantwortlich für den Aufruf zeichneten Crispien, Dittmann, Haase, Laukant, Moses, Nemitz, Hertz, also keineswegs eine Auslese von Vertretern des linken Flügels der Partei.
[205] „Zur Frage der Internationale", Der Kampf Nr. 92 vom 16. 10. 1919, Beilage; Wheeler, USPD, S. 132–161; Alexander Stein: Das Problem der Internationale. Berlin 1919, S. 22.
[206] So aus der Rückschau Curt Geyer, Illusion, S. 146f.
[207] Winkler, Revolution, S. 251.
[208] Dittmann, Erinnerungen, S. 1066.

4. Diktatur des Proletariats

zur Zerstörung des bürgerlichen Staates und seiner Ersetzung durch das Rätesystem[209]. Auch in der Frage der Internationale zeigte sich eine deutliche Linksentwicklung. Auf dem Leipziger Parteitag wurde der endgültige Bruch mit der II. Internationale vollzogen. Allerdings konnten sich die Befürworter eines sofortigen Beitritts zur Komintern noch nicht vollständig durchsetzen. Nach langen Verhandlungen, die sich zum Großteil in einer ad hoc gebildeten Kommission abspielten[210], einigte man sich auf einen Kompromiß. Der Parteivorstand sollte demnach Kontakte mit allen „sozialrevolutionären" Parteien knüpfen, um sie mit der Komintern zu einer „aktionsfähigen Internationale" zusammenzuschließen. Das Parteitagsplenum ergänzte diesen Vorschlag um den Passus „Sollten die Parteien der anderen Länder nicht gewillt sein, mit uns in die Moskauer Internationale einzutreten, so ist der Anschluß der U.S.P. allein vorzunehmen."[211]

Für die so entstandene Endfassung der Resolution stimmten 227 Delegierte, 114 sprachen sich für den unverzüglichen Beitritt zur Komintern aus[212]. Rudolf Hilferdings Warnung, die Bolschewiki seien in ihrer bedrängten Lage auf die schleunige Fortsetzung der Weltrevolution angewiesen und würden die USPD daher zu einer putschistischen Taktik treiben, verfing offenbar bei der großen Mehrheit der Delegierten ebensowenig wie seine Verurteilung des bolschewistischen Terrors, den er als unvereinbar mit sozialistischen Grundwerten bezeichnete[213]. Walter Stoecker, der den Antrag, der Komintern beizutreten, eingebracht hatte, vertrat die Ansicht, grundsätzlich trenne die USPD nach der Annahme des neuen Aktionsprogramms nichts mehr von der Komintern[214]. Hilferdings Anklage des bolschewistischen Terrors hielt er Beispiele weißen Terrors entgegen. Diesem sei eben nur mit Gewalt zu begegnen. Außerdem sei zu bedenken, „daß das meiste, was wir von Rußland hören, von kapitalistischer Seite in unsere Presse gelangt, nicht etwa von unseren russischen Freunden"[215]. Sofern Stoecker sich auf die USPD-Presse bezog, war seine Feststellung unzutreffend. Gerade weil in der USPD-Presse 1919 keine Nachrichten mehr erschienen, die die Bolschewiki in einem schlechten Licht hätten erscheinen lassen können[216], hing Hilferdings Argument gleichsam in der Luft. Für Stoeckers Saat hingegen war der Boden gut vorbereitet.

---

[209] Protokolle der USPD. Bd. 2: 1919–1920 [Nachdr. Glashütten 1976], Prot. USPD-PT Leipzig 30.11.–6.12.1919, S. 3f.
[210] Siehe dazu detailliert: Dittmann, Erinnerungen, S. 1070.
[211] Prot. USPD-PT Leipzig 1919, S. 369 und S. 535.
[212] Prot. USPD-PT Leipzig 1919, S. 388–395.
[213] Ebenda, S. 317–321.
[214] Ebenda, S. 331.
[215] Ebenda, S. 336.
[216] Wie Anm. 128.

5. „Wolke im Osten" oder „Ex Oriente Lux"?
Der polnisch-sowjetische Krieg und die Spaltung der USPD

Hoffnung auf Zusammenarbeit

Anfang 1920 waren die Voraussetzungen für die Anbahnung einer deutsch-sowjetischen Zusammenarbeit erheblich besser als wenige Monate zuvor. Schien noch im Herbst des Vorjahres die Herrschaft der Bolschewiki durch die Offensive der weißen Truppen ernstlich gefährdet, so zeichnete sich nunmehr der endgültige Sieg der Roten Armee im Bürgerkrieg ab. Im Dezember hatte der Oberste Rat der Alliierten beschlossen, die Unterstützung der weißen Armeen einzustellen. Mit Estland trat Rußland in Friedensverhandlungen, ein Waffenstillstand mit Lettland folgte im Februar. Die Fronten beruhigten sich. Entscheidend für Deutschland aber war, daß der Oberste Rat am 16. Januar 1920 die Blockade Rußlands aufhob.

Nicht nur Handels- und Industriekreise[1], auch Stimmen aus der SPD drängten jetzt die sozialdemokratisch geführte Regierung, sich in den Beziehungen zu Sowjetrußland keiner Versäumnisse schuldig zu machen. Der *Vorwärts* reagierte alarmiert auf die Aufhebung der alliierten Blockade. Während die Entente beginne, „den russischen Markt wieder aufzusuchen", solle Deutschland von Rußland weiterhin abgeschlossen bleiben. „Gegen diese Infamie muß der schärfste Protest erhoben werden."[2]

Die Furcht, Deutschland könne bei der Erschließung des russischen Marktes „von den Ententekaufleuten überholt werden" war Anfang 1920 auch unter Sozialdemokraten verbreitet[3]. Rußland erschien jetzt mehr als Chance denn als Gefahr. Die ideologisch-politische Konfrontation war nicht mehr wie noch 1919 der einzige bestimmende Faktor für die Rußlandpolitik der SPD. „Deutschland kann dem bolschewistischen Rußland gegenüber keine andere Politik treiben als die, die es auch einem menschewistischen oder kadettistischen Rußland gegenüber treiben würde", erklärte der *Vorwärts*[4]. Die Unterbrechung der Beziehungen zu Sowjetrußland schien unter diesen Voraussetzungen nicht mehr angebracht. Die SPD-Fraktion in der preußischen Landesversammlung stellte denn auch den Antrag, die Landesregierung „möge beim Reiche für die rasche Wiederaufnahme der Beziehungen zu Rußland wirken". Zwei wesentliche Bedingungen sollten dabei jedoch erfüllt sein: Sowjetrußland sollte sich jeglicher Einmischung in die inneren Angelegenheiten Deutschlands enthalten, und die Wiederaufnahme der Beziehungen sollte nicht den Charakter eines Bündnisses annehmen, der den Frieden mit anderen Staaten gefährden könne[5]. Die zweite Bedingung wandte sich gegen die „nationalbolschewistische" Welle, die um die Jahreswende 1919/20 als Reaktion auf den Versailler Friedensvertrag entstanden war. Pläne für eine deutsch-russische

---

[1] Akten der Reichskanzlei. Das Kabinett Bauer 21. Juni 1919 bis 27. März 1920, bearb. von Anton Golecki. Boppard 1980, S. 64f. (Aufzeichnung Außenminister Müller: Protokoll über die Sitzung des Reichsrates, Ausschuß für Auswärtige Angelegenheiten vom 16. Februar), hier: S. 64.
[2] „Handel mit Rußland", Vorwärts Nr. 31 vom 17. 1. 1920.
[3] Hermann Polak: Deutschland und Rußland, in: Der Arbeiterrat Nr. 7, 7. Woche [Februar] 1920.
[4] „Wir und Sowjetrußland", Vorwärts Nr. 94 vom 20. 2. 1920.
[5] „Berlin Moskau", Vorwärts Nr. 105 vom 6. 2. 1920.

Allianz, die einen Revanchekrieg gegen die Entente führen sollte, lehnte die SPD strikt ab[6].

Der Berliner Vertreter der Sowjetregierung, Viktor Kopp, hatte zu diesem Zeitpunkt dem Auswärtigen Amt bereits Grundsätze für die künftige Entwicklung der sowjetisch-deutschen Beziehungen dargelegt, zu denen auch die gegenseitige Nichteinmischung zählte[7]. Ein Artikel Karl Radeks, in dem er nicht nur die innere Einmischung in deutsche Angelegenheiten, sondern auch den Gedanken eines Bündnisses gegen die Entente verwarf und den beiderseitigen Nutzen wirtschaftlicher Zusammenarbeit betonte, löste eine hochoptimistische Reaktion des Mitarbeiters der *Neuen Zeit* Arthur Heichen aus. Skepsis gegenüber dem wirtschaftlichen Nutzen der deutsch-sowjetischen Zusammenarbeit wies er zurück: „Es kommt nicht so sehr darauf an, was uns Rußland heute schon ist, sondern was es uns werden kann!"[8] Die Aufhebung der Isolation Rußlands von Deutschland sei möglich, weil einerseits die Bolschewiki ihre Herrschaft stabilisiert hätten, Deutschland andererseits „jetzt gegen den bolschewistischen Bazillus ziemlich immun sein dürfte"[9]. Heichen wollte auch ein zukünftiges engeres Verhältnis zwischen Deutschland und Sowjetrußland nicht ausschließen. „Wir befinden uns bei den Bolschewiki wenigstens nicht mit Rückerstattungen und ‚Wiedergutmachungen' in der Kreide und brauchen nicht alle paar Wochen auf Kommando die armen Sünder zu spielen. [...] wenn die Entente es zu toll treibt, dann kann der Bund der unterdrückten Proletariervölker Europas eines Tages doch noch Wirklichkeit werden."[10]

Den Gegenpol zu Heichens von nationalbolschewistischen Untertönen nicht ganz freier Auffassung stellte die Position der Kontinentalpolitiker um die *Sozialistischen Monatshefte* dar. Kurz nach der Oktoberrevolution hatten sie noch gehofft, ihr Konzept einer engen Zusammenarbeit der großen kontinentalen gegen die angelsächsischen Mächte werde sich auch mit einem bolschewistisch regierten Rußland verwirklichen lassen. Bald aber dominierte bei den Kontinentalpolitikern, die ideologisch auf dem rechten Flügel der SPD standen, ihr vehementer Antibolschewismus. Entsprechend mißtrauisch betrachteten sie die „nahezu geschlossene Einheitsfront der Ostorientierung", der sie sich Anfang 1920 gegenüber sahen. Mit Rußland werde man erst zusammenarbeiten können, wenn dort in der Zukunft einmal ein demokratisch-sozialistisches System bestehen werde, führte Ludwig Quessel in den *Sozialistischen Monatsheften* im März 1920 aus. Vorrangig für die ökonomische Gesundung Europas seien nicht die Wirtschaftsbeziehungen zu Rußland, sondern Hilfe für den Wiederaufbau Nordfrankreichs[11]. Der Standpunkt der Kontinentalpolitiker blieb jedoch eine Außenseiterposition in der SPD[12].

---

[6] Döser, Rechtspresse, S. 24; Louis Dupeux: „Nationalbolschewismus" in Deutschland 1919–1933. Kommunistische Strategie und konservative Dynamik. München 1985, S. 99–154. Zur Reaktion der SPD: „Deutschland und Rußland", Vorwärts Nr. 93 vom 20. 2. 1920; Linke, Deutsch-sowjetische Beziehungen, S. 93, Fußnote 91.

[7] Linke, Deutsch-sowjetische Beziehungen, S. 92.

[8] Arthur Heichen: Rußland und wir, in: NZ Nr. 24 vom 12. 3. 1920, S. 545–551, hier: S. 551.

[9] Ebenda, S. 550.

[10] Ebenda.

[11] Ludwig Quessel: Alte und neue Ostorientierung, in: SM Nr. 4 vom 8. 3. 1920 S. 169–176.

[12] Eduard David hatte auf dem Weimarer Parteitag vom Juni 1919 die „Kontinentalpolitik" als eine „Politik des Wahnsinns" bezeichnet. Protokoll über die Verhandlungen des Parteitages der Sozialdemokratischen Partei Deutschlands, abgehalten in Weimar vom 10. bis 15. Juni 1919, Berlin 1919 [Nachdruck Glashütten 1973], S. 265.

Aber auch Heichens Optimismus über die Zukunft der deutsch-sowjetischen Beziehungen war eher eine Ausnahmehaltung in der SPD. Als am 13. Februar das Reichskabinett über das Thema beriet, erklärte Wirtschaftsminister Wissell, der Augenblick sei gekommen, um ökonomische Beziehungen mit Rußland anzuknüpfen. Er schlug vor, Viktor Kopp halboffiziell als Bevollmächtigten der Sowjetregierung anzuerkennen. Ähnlich wie Großbritannien solle man zunächst über den Austausch von Kriegsgefangenen verhandeln. Wenn die Herstellung wirtschaftlicher Beziehungen von der Moskauer Regierung politisch mißbraucht werde, müsse „die Tür wieder zugeschlagen werden". Das Kabinett stimmte Wissels Überlegungen zu und beschloß, den „Versuch" zu machen[13].

Sowjetrußland hautnah:
Die deutsche Sozialdemokratie und der polnisch-sowjetische Krieg

Die tastenden Annäherungsversuche zwischen Deutschland und Sowjetrußland waren überschattet von der Drohung eines Krieges zwischen Polen und Rußland. Die Grenzziehung zwischen beiden Staaten war ungeklärt, und seit Februar 1919 kam es an der polnisch-weißrussischen Grenze zu ständigen Scharmützeln[14].

„Die Wolke im Osten"
Die Kriegsgefahr war bereits in der Kabinettssitzung am 13. Februar erörtert worden. Innenminister Eduard David befürchtete, ein Sieg Rußlands über Polen werde den Einzug des Kommunismus in Deutschland zur Folge haben. Daher müsse der Platz Deutschlands in dieser Auseinandersetzung an der Seite der Entente sein[15]. Außenminister Hermann Müller teilte Davids Befürchtungen nicht. Die Russen seien zu sehr von der „Notwendigkeit des Zusammengehens mit Deutschland" überzeugt[16] – ein Eindruck, den er offenbar aus den Gesprächen mit Viktor Kopp gewonnen hatte. Müller meinte, man solle „auf das russische Pferd" setzen, um bei einem Zerfall Polens Oberschlesien beim Reich zu halten, dessen künftige staatliche Zugehörigkeit noch nicht geklärt war und wo bereits im August 1919 ein polnischer Aufstandsversuch stattgefunden hatte[17].
Schon vor der Diskussion im Kabinett hatte ein Leitartikel des *Vorwärts* vom 4. Februar tiefe Sorge über die Konfrontation zwischen Polen und Rußland zum Ausdruck gebracht. Unter der Überschrift „Die Wolke im Osten" führte sein nicht genannter Verfasser aus, daß die Streitigkeiten zwischen den beiden östlichen Staaten sich schnell zu einer Gefahr für ganz Europa ausweiten könnten. Wenn der Krieg eskaliere und das militärisch überlegene Sowjetrußland Polen überrolle, „gäbe es östlich von Deutschland einen ungeheuren Machtkomplex, der sich von Wladiwostok bis an die deutsch-polni-

---

[13] AdR Kabinett Bauer, S. 602f.
[14] Zur Vorgeschichte und zum Verlauf des polnisch-sowjetischen Krieges: Gerhard Wagner: Deutschland und der polnisch-sowjetische Krieg 1920. Wiesbaden 1979, S. 5–26; Kai von Jena: Polnische Ostpolitik nach dem Ersten Weltkrieg. Stuttgart 1980, S. 21–42; Heller, Sowjetunion, S. 84–90.
[15] AdR Kabinett Bauer, S. 603, Fußnote 8.
[16] ADAP, Serie A, Bd. 3, Nr. 35, S. 64.
[17] AdR Kabinett Bauer S. 603, Fußnote 8.

sche Grenze erstreckte". Insbesondere wäre dann Ostpreußen von diesem Machtkomplex gänzlich eingeschlossen, aber auch auf das übrige Deutschland würde er „den allerstärksten Druck ausüben". Deutschland mit seinem 100 000-Mann-Heer könnte in dieser Situation nur noch „allerbescheidenste Friedenspolitik" treiben, ohne daß diese eine Garantie für den Erhalt des Friedens wäre. Die Außenpolitik Sowjetrußlands nämlich sah der Autor durch einen imperialistischen Expansionsdrang geprägt: „Der Bolschewismus ist nicht nur neumilitaristisch, sondern auch neuimperialistisch, er erstrebt die Verwirklichung seiner Idee mit den Mitteln der Gewalt und träumt von der Entscheidungsschlacht am Rhein. Aber wie würden die am Rhein antworten, wenn er einmal an der Oder stünde?"[18]

Damit war das Motiv ausgesprochen, das die Mehrheitssozialdemokraten am meisten bewegte, als dann der polnisch-sowjetische Krieg tatsächlich ausbrach: die Furcht, Deutschland könne zum Schlachtfeld in einem Krieg zwischen der Entente und dem bolschewistischen Rußland werden. Im Falle einer Eskalation des Konfliktes könnte Deutschland nur versuchen, soweit wie möglich seine Neutralität zu wahren, hatte der Leitartikler des *Vorwärts* geschrieben und damit exakt die Linie vorgezeichnet, der die SPD folgte, als wenige Monate später die Befürchtungen Wirklichkeit zu werden drohten.

In der USPD-Presse tauchten solche Befürchtungen nicht auf. Alexander Stein vertrat vielmehr im *Sozialist* die Auffassung, die polnische herrschende Klasse werde von einem Angriff auf die Sowjetunion durch die Furcht vor der als Folge zu erwartenden proletarischen Revolution in Polen abgehalten[19].

Zwischen Neutralität und Solidarität: Einheitsfront gegen Militärtransporte

Ende April ging die polnische Armee in die Offensive und nahm am 6./7. Mai Kiew ein. Deutschland solle in diesem Konflikt strikte Neutralität wahren, forderte der *Vorwärts*, erklärte aber zugleich, die Sozialdemokratie werde gegen eine etwaige deutsche Unterstützung „eines Versuchs, Rußland mit dem Schwert zu einer Änderung seiner inneren Verfassung zu zwingen" entschieden Stellung beziehen[20].

Die Parteien links von der SPD hielten Neutralität keineswegs für die gebotene Haltung. Sie sahen hinter dem polnischen Angriff den langen Arm der Entente, die nun die Aufgabe, die die weißen Armeen Rußlands und die alliierten Interventionstruppen nicht hatten bewältigen können, Pilsudski übertragen habe. Ohne „den strikten Auftrag der leitenden Ententekreise" hätte sich Polen gewiß nicht in das militärische Abenteuer gestürzt, schrieb die *Freiheit*, die den „heroischen Verteidigungskampf der russischen Revolution" zur ureigenen Sache der deutschen Arbeiterklasse erklärte[21].

Das war kein Ruf ins Leere. Bereits am 9. Mai bekundeten weit über 5000 Groß-Berliner Betriebsräte im Circus Busch und in Haverlands Festsälen ihre Solidarität mit Sowjetrußland, und das obwohl die SPD ihre Anhänger dazu aufgerufen hatte, der

---

[18] „Die Wolke im Osten", Vorwärts Nr. 63 vom 4. 2. 1920.
[19] Alexander Stein: Sowjetrußland und der Friede, in: Der Sozialist, Nr. 6 vom 7. 2. 1920, S. 102–108, hier: S. 103 f.
[20] „Der polnisch-russische Krieg", Vorwärts Nr. 220 vom 30. 4. 1920; „Der Krieg im Osten und Deutschland", ebenda, Nr. 236 vom 8. 5. 1920.
[21] „Hände weg von Sowjetrußland!", Freiheit Nr. 161 vom 6. 5. 1920. Analog: W[alter] O[ehme]: Der neue Krieg gegen Sowjet-Rußland, in: LVZ Nr. 77 vom 7. 5. 1920.

Veranstaltung fernzubleiben. Zu deren Attraktivität hatte sicher erheblich beigetragen, daß der sowjetische Gewerkschaftsführer A. G. Šljapnikov als Redner auftrat[22]. Die von den Versammlungen einstimmig verabschiedete Resolution sprach von den „vom imperialistischen Größenwahn befallenen Machthabern Polens", die „als Schergen des Entente-Kapitals" fungierten, und stellte fest, der Kampf Sowjetrußlands gegen die Weltreaktion sei der gleiche, den die deutsche Arbeiterklasse gegen die kapitalistische und militaristische Gegenrevolution führe.[23]

Zwei Tage später, am Abend des 11. Mai, richteten USPD und KPD gemeinsam eine Solidaritätskundgebung aus, bei der sich ebenfalls zeigte, wie stark sich die Arbeiterschaft mit Sowjetrußland verbunden fühlte. Der *Vorwärts* berichtete am folgenden Morgen, der Berliner Lustgarten sei „von einer nach Zehntausenden zählenden dichtgedrängten Menge gefüllt" gewesen[24].

Zweifelsohne waren weite Kreise der Arbeiterschaft für die Solidarität mit Sowjetrußland zu mobilisieren. Von dieser Sympathie profitierten in der innerdeutschen Auseinandersetzung USPD und KPD. Die SPD versuchte, vor allem angesichts der bevorstehenden Reichstagswahlen am 6. Juni 1920, dem mit einer verstärkten kritischen Berichterstattung über die russischen Verhältnisse zu begegnen und erklärte ihr Motiv auch in aller Öffentlichkeit: „Sowjetrußland kann [...] nicht unser Ideal sein, und wer es in der gegenwärtigen Wahlbewegung als solches hinstellt, dem müssen die Tatsachen gründlich vor Augen geführt werden."[25]

Auch wenn es an Gründlichkeit nicht fehlte, mangelte es den Bemühungen der SPD doch an Erfolg. Sie mußte in erheblichem Maße Stimmen an die USPD abgeben und fiel gegenüber ihrem Ergebnis bei den Nationalversammlungswahlen von 37,9 auf nunmehr 21,6 Prozent. Die USPD konnte demgegenüber ihren Stimmanteil mehr als verdoppeln und stieg von 7,6 auf 18,6 Prozent. Die KPD kam auf 1,7 Prozent[26]. Der rasante Zuwachs an Mitgliedern und Wählern erfüllte die Unabhängigen Sozialdemokraten mit Siegeszuversicht. Er sei von der weiteren Stärkung der USPD nach den Reichstagswahlen überzeugt gewesen, erinnert sich Wilhelm Dittmann. Die Unabhängigen seien „auf dem besten Wege der Aufsaugung der mehrheitssozialistischen Partei" gewesen[27]. Der Erfolg ließ offenkundig die weniger optimistisch stimmenden Tatsachen in den Hintergrund treten, nämlich, daß SPD und USPD zusammen 5,1 Prozent weniger Stimmen als bei der Wahl zur Nationalversammlung erhalten hatten, was auch durch die 1,7

---

[22] „Aufmarsch der Groß-Berliner Betriebsräte", Der Arbeiterrat, Nr. 17 [Anfang Mai 1920], S. 1-3.
[23] „Hände weg von Sowjet-Rußland", ebenda, S. 1.
[24] „Demonstration für Rußland", Vorwärts Nr. 242 vom 12. 5. 1920; „Für die russischen Brüder! Riesendemonstration in Berlin", LVZ Nr. 81 vom 12. 5. 1920.
[25] „Das Ideal Sowjetrußland", Vorwärts Nr. 254 vom 19. 5. 1920; siehe auch Eduard Bernstein: Die Kommunisten, ebenda Nr. 255 vom 19. 5. 1920; ders.: Militarismus in Sowjetrußland, ebenda Nr. 266 vom 26. 5. 1920; „USPD und Todesstrafe", ebenda Nr. 273 vom 30. 5. 1920; „Lenin unter der Lupe", ebenda Nr. 282 vom 4. 6. 1920; vgl. auch die Ausführungen des SPD-Vorstandsmitgliedes Hermann Molkenbuhr auf der Parteikonferenz vom Mai 1920, die der Vorbereitung des Wahlkampfes diente: Protokoll über die Verhandlungen der Reichskonferenz der Sozialdemokratischen Partei Deutschlands. Abgehalten in Berlin am 5. und 6. Mai 1920, in: Protokolle Parteiausschuß, Bd. 2, S. 43 [905].
[26] Winkler, Revolution, S. 350; eingehende Wahlanalyse S. 350-359.
[27] Dittmann, Erinnerungen, S. 1103f. und S. 1106.

Prozent der erstmals angetretenen KPD nicht ausgeglichen wurde[28], und daß bereits ein tiefer Spalt durch die USPD ging.

In der Haltung zum polnisch-sowjetischen Krieg wirkte sich dieser Gegensatz allerdings nicht aus. Im Gegenteil, der Krieg führte sogar zu einer – allerdings kurzfristigen und begrenzten – Zusammenarbeit aller Organisationen der sozialistischen Arbeiterbewegung, wie sie bis zur Kampagne gegen die Fürstenabfindung 1926 einmalig blieb. Dabei ging es um die Verhinderung von Waffentransporten der Entente für Polen durch Deutschland, bei der sich die Motive der Wahrung der deutschen Neutralität und der Solidarität mit Sowjetrußland ineinander verschränkten. Das Exekutivkomitee der Kommunistischen Internationale forderte in einem Aufruf „An die Proletarier aller Länder" vom 16. Mai die deutschen Eisenbahner auf, keine Züge aus Frankreich nach Polen zu abzufertigen. Die deutschen Hafenarbeiter in Danzig sollten die für Polen bestimmten Schiffe nicht ausladen[29].

Londoner Dockarbeiter hatten bereits im Mai entsprechend gehandelt. Sie hatten sich geweigert, die „Jolly George" mit Munition und anderem Material für Polen zu beladen[30]. Für Deutschland wurde das Problem der Militärtransporte aber erst akut, nachdem es der Roten Armee gelungen war, den polnischen Vorstoß aufzuhalten und sie nun ihrerseits am 4. Juli eine Offensive begann. Je bedrohlicher die Lage für Polen wurde, um so wahrscheinlicher wurde ein Eingreifen der Entente, vor allem Frankreichs. Polen nahm in dem gegen Sowjetrußland und Deutschland gleichermaßen gerichteten osteuropäischen „Cordon sanitaire" die zentrale Stellung ein.

Die Komintern erkannte die Gefahr. Ihr Westeuropäisches Sekretariat rief daher noch vor Beginn der sowjetischen Juli-Offensive erneut zum Boykott von Militärtransporten der Entente für Polen auf. Die Presse der USPD und der KPD veröffentlichte den Appell Ende Juni[31]. Aber auch die Gewerkschaft deutscher Eisenbahner und Staatsbediensteter hatte, alarmiert durch Gerüchte über Militärhilfe der Entente für Polen, bereits Ende Juni empfohlen, „den Dienst zur Beförderung von Ententetruppen zu verweigern"[32].

Militärtransporte für Polen über deutsches Gebiet lagen auch nicht im Interesse der deutschen Reichsregierung. Zwischen Deutschland und Polen herrschten wegen noch offener Gebietsfragen und der Behandlung der deutschen Minderheit im neuentstandenen polnischen Staat starke Spannungen, die sich gerade im Sommer 1920 erheblich verschärft hatten[33]. Die Regierung wahrte strikte Neutralität und bekräftigte diese zuvor schon praktizierte Politik am 20. Juli durch eine offizielle Neutralitätserklärung[34], die am 25. Juli durch ein Verbot der „Ausfuhr und Durchfuhr von Waffen, Munition,

---

[28] Winkler, Revolution S. 350–352.
[29] Aufrufe des Exekutivkomitees der Kommunistischen Internationale zur polnischen Frage. Hrsg. vom Westeuropäischen Sekretariat der Kommunistischen Internationale. Berlin 1920, S. 11–15, hier: S. 14.
[30] Stephen Richards Graubard: British Labour and the Russian Revolution 1917–1924. Cambridge, Mass. 1956, S. 92.
[31] Wagner, Polnisch-sowjetischer Krieg, S. 72.
[32] Heinrich Potthoff: Gewerkschaften und Politik zwischen Revolution und Inflation. Düsseldorf 1979, S. 288.
[33] Wagner, Polnisch-sowjetischer Krieg, S. 36.
[34] Akten der Reichskanzlei. Das Kabinett Fehrenbach. 25. Juni 1920 bis 4. Mai 1921. Bearb. von Peter Wulf. Boppard 1972, S. 74; Wagner, Polnisch-sowjetischer Krieg, S. 76.

Pulver und Sprengstoffen, sowie von anderen Artikeln des Kriegsbedarfs" für Polen und Rußland gleichermaßen ergänzt wurde[35]. Bei diesen Entscheidungen spielte nicht zuletzt auch die Furcht eine Rolle, wenn sich die Reichsregierung gegen Rußland stelle, könne es zu inneren Unruhen kommen[36].

Bis zu einem gewissen Grade deckten sich jedoch die Interessen der Reichsregierung und die der Arbeiter, die begannen, aus eigener Initiative Züge auf Militärgüter für Polen zu überprüfen. So hatten am 25. Juli, dem Tag des Aus- und Durchfuhrverbots, in Marburg Eisenbahner einen ihnen verdächtig erscheinenden Zug angehalten. Als sich am Tag darauf herausstellte, daß er tatsächlich Kriegsmaterial für Polen transportierte, wurde er von der Reichsregierung nach Konstanz zurückgeschickt[37]. Bereits kurz zuvor hatten 50 Erfurter Eisenbahner einen für Polen bestimmten Munitionszug zerstört. Ähnliche Vorfälle ereigneten sich bald darauf in Anhalt, Chemnitz, Stuttgart, Stettin, Halle, Hamburg und anderen Städten[38].

Nicht immer trafen bei diesen Aktionen die Arbeiter ihr eigentliches Ziel. So zerstörten in Harburg bei Hamburg 500 Teilnehmer einer USPD-Versammlung am 30. Juli einen Waffentransportzug, der für die Tschechoslowakei bestimmt war[39]. Fünf Tage später, am 3. August, demolierten Arbeiter in Untertürkheim bei der Daimler-Motorengesellschaft drei für die Reichswehr bestimmte Kraftwagengeschütze. Sie hatten geglaubt, diese seien für Polen bestimmt[40].

Die Situation war besonders kompliziert, weil Militärtransporte unterschiedlichster Herkunft und Zielorte in Deutschland unterwegs waren. Eindeutig als Hilfeleistung für Polen bestimmt waren die sogenannten „Poloniazüge". In Artikel 16 des deutsch-polnischen Wirtschaftsabkommens vom 22. Oktober 1919 hatte sich Deutschland verpflichtet, 105 Züge mit militärischem Material und 50 Züge mit Zivilgütern von Frankreich nach Polen passieren zu lassen. Insgesamt waren davon bis Ende Juni 110 Züge durch Deutschland gefahren[41]. Mit der Erklärung der Neutralität war die Rechtsgrundlage für die Militärtransporte zumindest nach deutscher Auffassung entfallen, und so erklärte Außenminister Walter Simons am 2. August 1920 zum Anhalten des Poloniazuges in Marburg: „Ich bin den Transportarbeitern für die Energie, mit der sie die ehrlich neutrale Haltung Deutschlands ihrerseits unterstützt haben, durchaus dankbar."[42] Simons warnte jedoch zugleich vor der Beeinträchtigung der Ablösungs- und Versorgungstransporte für die in den Abstimmungsgebieten (über die Zugehörigkeit zu Polen oder Deutschland) stationierten alliierten Streitkräfte[43]. Anlaß dazu gab es: Ende Juli hatten sich deutsche Eisenbahner im ostpreußischen Lyck geweigert, italienische Truppen in das Abstimmungsgebiet nach Allenstein zu transportieren, sofern nicht die Garantie gegeben würde, daß sie nicht gegen die Russen eingesetzt würden[44].

---

[35] AdR Kabinett Fehrenbach S. 79; Wagner, Polnisch-sowjetischer Krieg, S. 78.
[36] AdR Kabinett Fehrenbach S. 33 f.; Fritz Klein: Die diplomatischen Beziehungen Deutschlands zur Sowjetunion 1917–1932. Berlin (O) 1953, S. 81.
[37] AdR Kabinett Fehrenbach, S. 100.
[38] Günther Rosenfeld: Deutschland und Sowjetrußland. Berlin (O) 1960, S. 283.
[39] Ebenda, S. 255; Wagner, Polnisch-sowjetischer Krieg, S. 241.
[40] AdR Kabinett Fehrenbach, S. 108, Fußnote 5.
[41] Wagner, Polnisch-sowjetischer Krieg, S. 75, Fußnote 8.
[42] Ebenda, S. 243.
[43] Ebenda.
[44] „Die Wahrung der Neutralität", LVZ Nr. 148 vom 31. 7. 1920.

Eine weitere Kategorie von Militärtransporten bildeten die Repatriierungszüge für die Angehörigen der Tschechoslowakischen Legion, die aus Rußland in die USA evakuiert worden waren.[45] Der in Harburg in Mitleidenschaft gezogene Transport war einer davon. Schließlich erregten, wie der Untertürkheimer Fall zeigt, vereinzelt auch für Reichswehr und Sicherheitspolizei bestimmte Waffen das Mißtrauen von Arbeitern[46]. In den sozialistischen Parteien herrschte überdies die Befürchtung, die deutsche Regierung sei ohne die Unterstützung der Arbeiterschaft nicht in der Lage, die Einhaltung der Neutralität sicherzustellen, oder, so argwöhnte man vor allem bei der radikalen Linken, sie werde sich schließlich doch noch als Werkzeug der Entente gegen Sowjetrußland mißbrauchen lassen[47]. Aufgrund dieser Skepsis, aber auch, um die spontanen Aktionen der Transportarbeiter in organisierte Bahnen zu lenken, einigten sich der Allgemeine Deutsche Gewerkschaftsbund sowie die drei Parteien SPD, USPD und KPD auf einen gemeinsamen Aufruf, in dem die Arbeiter aufgefordert wurden, Militärtransporte der Ententestaaten zu boykottieren. Er wurde am 8. August in den Zentralorganen der vier Organisationen veröffentlicht[48]. Vorausgegangen war eine ähnliche Proklamation der Leitungen der SPD, der USPD der KPD und der Allgemeinen Arbeiterunion Sachsens[49]. Der reichsweite Aufruf verweist auf Gerüchte, wonach die Entente am Rhein für die Unterstützung Polens bestimmte Truppen zusammmengezogen habe. „Erzwingt die Entente den Durchtransport von Truppen und Kriegsmaterial durch Deutschland, so bedeutet dies den Bruch der deutschen Neutralität und hat zur Folge, daß Deutschland Kriegsschauplatz wird", heißt es darin. Dies müßten die Arbeiter verhindern[50].

Die Wahrung der deutschen Neutralität war der kleinste gemeinsame Nenner, der die beteiligten Organisationen einigte. Daher läßt der Aufruf zwar die internationale Solidarität des Proletariats hochleben, enthält aber kein Wort über eine Unterstützung Rußlands. Ebendiese aber war nicht nur für die KPD, sondern auch für die USPD das eigentliche Motiv, sich an der gemeinsamen Aktion zu beteiligen, denn tatsächlich konnte sich die Neutralität nur zugunsten Rußlands auswirken. Eine Aus- oder Durchfuhr von Kriegsmaterial für Rußland stand ja überhaupt nicht zur Debatte. Daher war es kein Widerspruch, wenn die *Leipziger Volkszeitung* appellierte: „Kämpft für Sowjetrußland. Schützt die Neutralität!"[51] Zutreffend stellte Rudolf Breitscheid (USPD) angesichts der unterschiedlichen Motivationen für das Bündnis fest: „Es wäre verfehlt, in diesem geschlossenen Auftreten etwa den Anfang einer Einigung des deutschen Sozialismus zu erblicken." Seine „lebhaften Zweifel" darüber, „ob die Harmonie in allen denkbaren Phasen der Entwicklung des Neutralitätsproblems vorhalten wird", sollten sich bald als berechtigt herausstellen[52].

---

[45] Wagner, Polnisch-sowjetischer Krieg, S. 241.
[46] Potthoff, Gewerkschaften und Politik, S. 292.
[47] „Deutschlands Neutralität", Vorwärts Nr. 366 vom 23. 7. 1920; „Hütet die Neutralität", LVZ Nr. 142 vom 24. 7. 1920.
[48] Der Text findet sich auch bei Wagner, Polnisch-sowjetischer Krieg, S. 250.
[49] Arnold Reisberg: Lenins Beziehungen zur deutschen Arbeiterbewegung. Berlin (O) 1970, S. 399.
[50] Wagner, Polnisch-sowjetischer Krieg, S. 250.
[51] „Kämpft für Sowjetrußland. Schützt die Neutralität!", LVZ Nr. 153 vom 6. 8. 1920.
[52] Rudolf Breitscheid: Unsere Neutralität, in: Der Sozialist, Nr. 32/33 vom 14. 8. 1920, S. 617–619, hier: S. 617.

Die SPD war nämlich bemüht, sicherzustellen, daß die Aktionen zur Wahrung der deutschen Neutralität nicht in Sympathiekundgebungen für Sowjetrußland und die Diktatur des Proletariats mündeten[53]. Die KPD hingegen hatte am 10. August den anderen Unterzeichnern des gemeinsamen Aufrufes vorgeworfen, sie warteten nur darauf, Verrat üben zu können. Sie rief zur Wahl „politischer Arbeiterräte" als Kontrollorgane auf, die dies verhindern sollten[54]. Auf Initiative der ADGB-Vertreter wurde die KPD daraufhin am 19./20. August gegen die Stimmen der USPD aus dem „Neutralitätsbündnis" ausgeschlossen[55].

Auf derselben Zusammenkunft wurde die Bildung einer zentralen Reichskontrollkommission beschlossen, der Vertreter aller beteiligten Organisationen angehören sollten. Die zentrale Kommission sollte für jeden Eisenbahndirektionsbezirk und jede Hafenstadt eine Kontrollkommission in entsprechender Zusammensetzung berufen[56]. Diese Form der Unterstützung ihrer Neutralitätspolitik ging der Regierung allerdings zu weit. Reichsverkehrsminister General Groener erklärte in der Kabinettssitzung vom 23. August, damit werde eine zweite Hierarchie von Befehlsstellen errichtet, was für die Eisenbahnverwaltung „unerträglich" sei. Das Kabinett beschloß daraufhin, in Verhandlungen mit den Arbeiterorganisationen auf die Aufhebung des Beschlusses hinzuwirken[57]. In einem Gespräch zwischen Reichskanzler Fehrenbach und der zentralen Kontrollkommission noch am selben Tag, sagte diese allerdings nur zu, Transporte für Reichswehr und Sicherheitspolizei durchzulassen und vor allem die Nachschubtransporte der Entente nicht zu behelligen[58]. Letzteres war eine besonders heikle Frage. Die Reichsregierung war bemüht, dem bei den Westmächten vielfach gehegten Verdacht entgegenzuwirken, Deutschland strebe ein Bündnis mit Sowjetrußland an, hatte sich doch Marschall Foch eindeutig dafür ausgesprochen, beim Zustandekommen einer solchen Allianz und einem Zusammenbruch Polens das Ruhrgebiet zu besetzen, um damit Deutschland gleichsam zu „entwaffnen"[59]. Daher war bereits Anfang August Staatssekretär Heinrich Albert vom Kabinett beauftragt worden, mit SPD und USPD zu verhandeln und sie zu äußerst vorsichtigem Vorgehen zu ermahnen[60].

Fanden KPD und USPD in ihrer Sympathie für Sowjetrußland zusammen, so verlief in der Frage der Ententetransporte die Kluft zwischen den beiden sozialdemokratischen Parteien einerseits und der kommunistischen Partei andererseits. „Kein Mann, keine Waffe, keine Munition nach Osten – was immer die Bemäntelung des Transportes sei!" gab die KPD als Parole aus[61]. Dagegen warnte die *Freiheit* am 17. August davor, durch die Beeinträchtigung der Ententetransporte den Eindruck entstehen zu lassen, man sei zu einem Bruch des Versailler Vertrages bereit[62].

---

[53] „Statt Neutralität – Rätediktatur!", Vorwärts Nr. 393 vom 7. 8. 1920.
[54] Rote Fahne Nr. 151 vom 10. 8. 1920.
[55] „Der Schutz der Neutralität", Freiheit Nr. 343 vom 22. 8. 1920; „Burgfrieden oder revolutionäre Solidarität", Rote Fahne Nr. 163 vom 22. 8. 1920.
[56] Potthoff, Gewerkschaften und Politik, S. 292.
[57] AdR Kabinett Fehrenbach, S. 132–134.
[58] Correspondenzblatt des ADGB Nr. 35 vom 28. 8. 1920, S. 462f.
[59] Wagner, Polnisch-sowjetischer Krieg, S. 59 und S. 181 ff.
[60] AdR Kabinett Fechenbach, S. 109f.
[61] Rote Fahne Nr. 165 vom 25. 8. 1920.
[62] „Der russische Sieg", Freiheit Nr. 334 vom 17. 8. 1920.

Reichsverkehrsminister Groener waren die Kontrollkommissionen der Arbeiterorganisationen dennoch ein Dorn im Auge. Am 28. August erließ er eine Verfügung, die die „unbefugten Eingriffe" verbot[63]. Gespräche mit den Arbeiterorganisationen lehnte er ab. Diese riefen die Arbeiterschaft auf, sich weiterhin gemäß den Regelungen des Aufrufs vom 7./8. August zu verhalten und sagten denjenigen, die deshalb gemaßregelt werden sollten, ihre Solidarität zu[64]. Noch am 18. September appellierten die Organisationen erneut in diesem Sinne an die Arbeiterschaft[65].

Die Wahrscheinlichkeit weiterer alliierter Militärtransporte durch Deutschland für Polen hatte zu diesem Zeitpunkt allerdings bereits stark abgenommen. Am 17. August hatten in Minsk Waffenstillstandsverhandlungen zwischen Polen und Sowjetrußland begonnen, vor allem aber wendete sich zugleich das Kriegsglück. Die Rote Armee, die ihre Kräfte offenkundig überspannt hatte und deren Führung taktische Fehler beging, wurde von den polnischen Truppen kurz vor Warschau aufgehalten und anschließend weit zurückgedrängt. Man sprach vom „Wunder an der Weichsel".

Der Widerhall des Krieges in Deutschland: Einschätzungen und Folgen

Am 27. Juli 1920 nutzte Rudolf Breitscheid eine Rede im Reichstag, „um von dieser Stelle aus unsern Brüdern in Sowjetrußland unsern Gruß und unsern Glückwunsch zuzurufen". „Wir freuen uns über ihren Sieg in Polen", führte er weiter aus, „denn der Krieg den Sowjetrußland führt, ist die einzige Art des Krieges für die wir ein Verständnis und eine Sympathie besitzen [...] das ist ein Krieg zur Verteidigung der revolutionären Errungenschaften. Einen solchen Krieg begreifen und unterstützen wir."[66] Und Breitscheids Fraktionskollege Adolph Hoffmann sagte am 4. August im Reichstag: „In dem Augenblick, wo sie auch nur einen Schritt weitergehen, als die Notwehr notwendig macht, werden die Bolschewisten uns genauso zu Gegnern haben wie jeder. Aber sie werden das nicht tun."[67]

Für die Bolschewiki war der polnisch-sowjetische Krieg jedoch kein Verteidigungskrieg im herkömmlichen Sinne. Sie dachten in Klassenkategorien und glaubten, der Rückschlag des polnischen Angriffs werde die proletarische Revolution in Polen auslösen. Lew Kamenew meinte in einer gemeinsamen Sitzung des Zentralen Exekutivkomitees, der Gewerkschaften und anderer Institutionen am 5. Mai 1920 gar, das Auftreten der Roten Armee in Polen werde „in den Arbeitern und Bauern Polens Enthusiasmus hervorrufen"[68].

Diese Erwartung erwies sich als illusorisch. Die große Mehrzahl der Polen sah in der Roten Armee nicht den sozialistischen Befreier, sondern den russischen Angreifer. Für

---

[63] Potthoff, Gewerkschaften und Politik, S. 294.
[64] „An die deutsche Arbeiterschaft", Vorwärts Nr. 440 vom 4. 9. 1920.
[65] „An die deutsche Arbeiterschaft", Vorwärts Nr. 464 vom 18. 9. 1920.
[66] Verhandlungen des Reichstags. Stenographische Protokolle Bd. 344, S. 332; siehe auch Peter Pistorius: Rudolf Breitscheid 1874–1944. (Diss.) Nürnberg 1970, S. 189.
[67] Verhandlungen des Reichstags. Stenographische Protokolle Bd. 345, S. 668.
[68] Sowjetrußland und Polen. Reden von Kamenew, Lenin, Trotzki, Marchlewski, Sokolnikow, Radek und Martow in der Vereinigten Sitzung des Allrussischen Zentral-Exekutiv-Komitees, des Moskauer Rates der Arbeiter- und Bauerndelegierten, der Gewerkschaftsverbände und der Betriebsräte am 5. Mai 1920. Hrsg. von der Redaktion Russische Korrespondenz. O. O. 1920, S. 5. Ähnlich eine Kominternproklamation: Aufrufe des EKKI, S. 15.

die Bolschewiki hätte das eigentlich keine Überraschung sein dürfen, hatten sie doch teilweise selbst – und nicht ohne Erfolg – an den nationalen Gegensatz zwischen Russen und Polen appelliert. Das ZK der KPR(b) wandte sich in einem Aufruf zur Verteidigung vom 29. April 1920 nicht nur an die „Arbeiter und Bauern", sondern auch an die „verehrten Bürger Rußlands", und viele von diesen zögerten nicht, sich in die nationale Einheitsfront einzureihen. General Brusilov, der letzte Oberbefehlshaber des Zaren, wandte sich in der *Pravda* an die Generäle und Offiziere seiner ehemaligen Armee und forderte sie auf, allen Kränkungen zum Trotz ihre patriotische Pflicht zu erfüllen und das Vaterland zu verteidigen. Der Aufruf hatte eine gute Resonanz[69].

Auch die Menschewiki unterstützten die Sowjetregierung in ihren Verteidigungsbemühungen, und viele Mitglieder der menschewistischen Partei meldeten sich freiwillig zur Roten Armee. Gleichzeitig erklärte Martow in der Sitzung vom 5. Mai, die Menschewiki hofften, daß die Regierung in der Lage sein werde, alles zu vermeiden, was dem Krieg einen nationalistischen Charakter geben könnte. Sie würden jeden Schritt der Regierung unterstützen, der auf ein schnelles Ende des Krieges und den Abschluß eines für beide Seiten akzeptablen Friedens ziele[70]. Es war kein gutes Zeichen, daß die Sowjetpresse die anti-nationalistischen und auf einen Verständigungsfrieden drängenden Passagen von Martows Rede sowie seine Forderung nach Wiederherstellung der grundlegenden Freiheitsrechte unterschlug[71].

Voll unguter Ahnungen schrieb Martow am 26. Juni an Alexander Stein in Berlin, daß ein polnisches Gesuch um Frieden wahrscheinlich und auch England bereit sei, seinen Frieden mit Sowjetrußland zu machen. Er sei sich aber fast sicher, daß die Bolschewiki die mögliche Entwicklung zum Frieden sabotieren würden, um stattdessen Polen gewaltsam zu sowjetisieren. In diesem Falle würden die Menschewiki ihre Politik bedeutend ändern und ihre Agitation auf eine Absage an außenpolitisches Abenteurertum konzentrieren müssen[72]. Am 27. Juni führte Martow seine Gedanken in einem Brief an Karl Kautsky weiter aus. Lenin schwanke zwischen zwei Tendenzen. Als Oberhaupt eines Staates, der sich auf die Bauernschaft stütze und ohne die „westliche" Industrie unausweichlich auf ein ökonomisches Debakel zusteuere, neige er zu einer realistischen Politik, als „Papst" der Dritten Internationale entferne er sich aber mehr und mehr vom richtigen Weg zum Frieden und schlage einen Kurs höchst zweifelhafter Abenteuer ein. Dieselbe Zwiespältigkeit könne bei Trotzki beobachtet werden. Martow äußerte die Befürchtung, daß die „abenteuerische" Tendenz obsiegen werde und die Verhandlungen mit England und Polen absichtlich in die Länge gezogen werden würden, in der Hoffnung, schließlich doch noch die Revolution durch Polen hindurch nach Deutschland tragen zu können. Radek prophezeie bereits, daß Deutschland im Herbst reif für eine kommunistische Revolution sein werde[73].

Martows Befürchtungen wurden bald bestätigt. Auf einen für Rußland relativ günstigen Vermittlungsvorschlag des britischen Außenministers Lord Curzon wollte Lenin

---

[69] Heller, Sowjetunion, S. 86.
[70] Dallin, Between the World War and the NEP, S. 223 f.
[71] Dallin, a.a.O. Auch in der Redensammlung „Sowjetrußland und Polen" werden Martows Ausführungen nur verkürzt wiedergegeben.
[72] Ebenda, S. 222 f.
[73] Ebenda, S. 223.

5. „Wolke im Osten" oder „Ex Oriente Lux"? 113

im Gegensatz zu Trotzki nicht eingehen[74]. Die Verhandlungen über einen Waffenstillstand wurden bewußt dilatorisch geführt, und Lenin ordnete zugleich an, die Offensive zu verstärken. Am 30. Juli wurde in Byalistok das Polnische Revolutionäre Komitee unter Marchlewski als kommunistische Gegenregierung gebildet[75]. Die Absichten der Bolschewiki Deutschland gegenüber waren aber nicht ganz eindeutig. Sowohl der sowjetische Vertreter in Berlin, Viktor Kopp, als auch der Volkskommissar des Äußeren, Čičerin, versicherten der Reichsregierung und auch der deutschen Öffentlichkeit, ihr Land habe keinerlei Absicht, Deutschland durch eine Okkupation gewaltsam umzugestalten[76]. Das entsprach zwar der Wahrheit, jedoch glaubten Lenin und seine Anhänger, das Herannahen der Roten Armee werde in Deutschland einen proletarischen Aufstand auflösen. „Man muß zuweilen versuchen, mit dem Bajonett zu untersuchen, wie reif eine Situation ist", sagte Lenin zu Delegierten der KPD auf dem zweiten Kongreß der Kommunistischen Internationale vom Juli/August 1920[77], und er war überzeugt davon, daß die Situation tatsächlich reif genug war[78].

In Deutschland wuchs unterdessen bei der SPD die Beunruhigung über den sowjetischen Vormarsch. Es bestehe kein Grund zum Jubel über russische Siege, hatte der *Vorwärts* bereits in einem Leitartikel zum gemeinsamen Aufruf vom 8. August geschrieben. Deutschland habe ein Interesse an der Wiederherstellung der politischen und wirtschaftlichen Beziehungen zu Rußland. „Aber wir haben das gleiche Interesse daran, daß auch das polnische Volk auf Grund des Selbstbestimmungsrechtes sein eigenes Staatswesen bilden kann."[79] Die versteckten Befürchtungen, die sich in dieser Formulierung finden, wurden schon zwei Wochen später manifest, und es hat den Anschein, als ob Martows Mitteilungen an Stein und Kautsky dabei eine Rolle spielten.

Das sowjetische Bekenntnis zur Selbständigkeit Polens sei wenig glaubhaft, erklärte Otto Wels, Mitvorsitzender der SPD seit dem Weimarer Parteitag, am 25. August 1920 vor dem Parteiausschuß. „Im vertrauten Kreise" habe Viktor Kopp, der Vertreter der Sowjetregierung in Deutschland, erklärt, Sowjetrußland werde selbstverständlich Polen

---

[74] Deutscher, Der bewaffnete Prophet, S. 433f.
[75] Lux, Lenins außenpolitische Konzeptionen, S. 187f.; Dallin, Between the World War and the NEP, S. 222.
[76] ADAP Serie A, Bd. 3, S. 291f. (Schreiben Kopps an Ministerialdirektor von Maltzan vom 22. Juni 1920) und S. 495–500 (Schreiben Čičerins an Außenminister Simons vom 2. August 1920); „Keine Bedrohung Deutschlands durch Rußland!" LVZ Nr. 141 vom 23. 7. 1920.
[77] Esther Dischereit: Rose Fröhlich – ein Leben für den Sozialismus, in: Die Neue Gesellschaft/ Frankfurter Hefte 35 (1988) S. 157–162, hier: S. 158.
[78] Artur Crispien: Ein Proletarierleben für das Proletariat. (Typoskript) AsD Bonn, Nl. Crispien, S. 8. Für diese Haltung Lenins gibt es noch weitere Zeugnisse. Vgl. Lux, Lenins außenpolitische Konzeptionen, S. 186; Margarete Buber-Neumann: Kriegsschauplätze der Weltrevolution. Stuttgart 1967, S. 24. Bei den vereinzelten sowjetischen Interventionsversuchen in Deutschland handelte es sich höchstwahrscheinlich um nicht autorisierte Einzelaktionen. So berichtete der mehrheitssozialdemokratische Reichstagsabgeordnete Sidow am 6. Juni 1920 an die Reichsregierung über entsprechende Sondierungen eines unbekannten Russen in Brandenburg; Akten der Reichskanzlei. Das Kabinett Müller I, 27. März bis 21. Juni 1920. Bearb. von Martin Vogt. Boppard 1971, S. 309f. In den ostpreußischen Städten Straßburg und Soldau hatten Einheiten der Roten Armee versucht, örtliche Sowjets einzurichten. Sie zogen sich auf deutschen Protest jedoch schnell wieder zurück. Friedrich A. Krummacher, Helmut Lange: Krieg und Frieden. Geschichte der deutsch-sowjetischen Beziehungen. München 1970, S. 93; Linke, Deutsch-sowjetische Beziehungen, S. 117.
[79] „Sichert den Frieden", Vorwärts Nr. 394 vom 8. 8. 1920.

und jedes andere Land, in dem es die Macht dazu habe, sowjetisieren. Neben Polen und Litauen könne Ostpreußen am ehesten von einer derartigen Entwicklung betroffen werden, erklärte Wels[80]. Er berichtete außerdem über ein Gespräch mit einem Emissär der polnischen sozialdemokratischen Partei PPS, der die Bitte um Unterstützung der SPD für die Rettung der polnischen Selbständigkeit überbracht habe[81]. War Wels diesem wegen der deutsch-polnischen Spannungen noch recht reserviert gegenübergetreten, so scheint eine Aufforderung von „rechten Unabhängigen Parteiführern", den Russen klarzumachen, daß die Nichtanerkennung der Selbständigkeit Polens die Haltung des westeuropäischen Proletariats ihnen gegenüber negativ beeinflussen würde, ihn stärker beeindruckt zu haben. Der Parteivorstand habe daraufhin ein Schreiben an das Büro der Zweiten Internationale in Brüssel geschickt, mit dem Ziel, die westeuropäische, vor allem auch die britische Arbeiterbewegung über den wahren Charakter des polnisch-sowjetischen Krieges aufzuklären. Adolf Braun, der ohnehin in Parteiangelegenheiten nach England gereist sei, sei ebenfalls entsprechend instruiert worden[82].

Schon eine Woche vor der Sitzung des Parteiausschusses, als in Polen die Schlacht um Warschau anhob, hatte der Vorwärts an die Adresse Sowjetrußlands die Mahnung gerichtet, es würde sich, sollte es Polen ein Sowjetsystem aufzwingen, die Sympathien der europäischen Arbeiterklasse verscherzen, „die eigentlich noch mehr Gegnerschaft gegen die Feinde Sowjetrußlands und gegen die drohende Weltreaktion sind"[83]. Und einen Tag später erklärte im selben Blatt der emigrierte Menschewik Paul Olberg in einem Leitartikel, die westeuropäische Arbeiterschaft, die die Ententehilfe für den polnischen Imperialismus verhindert habe, müsse nunmehr darauf drängen, „daß der polnisch-russische Friede nicht eine Fortsetzung der Friedensschlüsse von Brest-Litowsk, Versailles und Saint-Germain wird"[84].

Offenkundig versuchte die SPD, eine internationale Kampagne für den Erhalt der polnischen Selbständigkeit einzuleiten, die allerdings schon wenig später durch den Wandel des Kriegsglücks überflüssig wurde. Auffallend ist dabei, daß der entscheidende Impuls hierzu aus der USPD kam. Die von Wels namentlich nicht genannten rechten USPD-Führer mußten demnach über exklusive Informationen verfügen, die sie zum einen bewogen, sich an die Mehrheitssozialdemokraten zu wenden, und die diese zum anderen von der Notwendigkeit überzeugten, entsprechend der Aufforderung der Informanten aus der USPD aktiv zu werden. Wels erwähnte nicht, wer ihm die Äußerungen Kopps zugetragen hatte. Auch hierfür kämen möglicherweise Mitglieder der USPD in Betracht, von denen eine Reihe ja bis zu deren Ausweisung gute Beziehungen zur sowjetischen Botschaft unterhalten hatten. Der Reichstagsabgeordnete Oscar Cohn hatte sich auch danach, im Sommer 1919 als Vermittler zwischen mehrheitssozialdemokratischen Ministern und Viktor Kopp betätigt. Sehr wahrscheinlich aber waren die Informanten über Kopps Äußerungen nicht identisch mit den von Wels erwähnten

---

[80] Prot. Parteiausschuß 25. 8. 1920, S. 3 [975].
[81] Ebenda, S. 2 [974]
[82] Ebenda, S. 3 [975]; zu der massiven Generalstreikdrohung von Labour Party und Gewerkschaften gegen eine britische Intervention zugunsten Polens Anfang August siehe Braunthal, Internationale, Bd. 2, S. 204–206; Graubard, British Labour, S. 105–107.
[83] „Um Warschau", Vorwärts Nr. 410 vom 18. 8. 1920.
[84] Paul Olberg: Die osteuropäische Frage, in: Vorwärts Nr. 413 vom 19. 8. 1920. Im selben Tenor: Heinrich Ströbel: Zwei Gefahren, in: Vorwärts Nr. 429 vom 28. 8. 1920.

"rechten Unabhängigen Parteiführern", da zu diesem Zeitpunkt, als bereits die Spaltung der USPD im Gange war, Exponenten des rechten USPD-Flügels kaum zu Kopps „vertrautem Kreise" gehört haben dürften. Daraus aber folgt, daß die anonymen rechten Unabhängigen über andere entscheidende Informationen verfügten.

Es ist daher anzunehmen, daß Kautsky und Stein, die durch Martow über die zweifelhaften Absichten der Bolschewiki informiert worden waren, die anonymen Kontaktpersonen waren. Dafür spricht auch, daß die Aufforderung, der Sowjetregierung den Schaden für ihr Ansehen beim europäischen Proletariat im Falle der Nichtachtung der polnischen Selbständigkeit zu verdeutlichen, sich genau in die Strategie einfügt, die Martow für eine solche Entwicklung entworfen hatte. Überdies erwähnte Wels in einem anderen Zusammenhang, daß der Parteivorstand Kontakt zu Kautsky hatte[85].

Bezeichnend an dem Vorgang ist, daß Kautsky und Stein, wenn sie denn die anonymen Unabhängigen waren, sich an die SPD gewandt hatten. In der USPD hatte eine offene Kritik an Sowjetrußland im Sommer 1920 keine Chance mehr, gehört zu werden. Seine Attraktivität bei den Anhängern der USPD verdankte der Sowjetstaat einer Kombination mehrerer Faktoren. Der von Robert F. Wheeler, aber auch bereits von Zeitgenossen wie Heinrich Ströbel beobachtete, einem System kommunizierender Röhren gleichende Zusammenhang zwischen wachsender Enttäuschung über die Ergebnisse der deutschen Revolution und steigender Begeisterung für das sowjetische Modell wirkte fort[86].

Mangel an Enttäuschungen und Mißerfolgen herrschte für die Linke nicht. Die Sozialisierung war steckengeblieben, die Arbeiterräte erschienen in dem neuen Betriebsrätegesetz als Karikaturen ihrer selbst, und bei einer ohne klare Vorstellungen über den Ablauf organisierten Demonstration gegen dieses Gesetz am 13. Januar gab es als Folge einer gewaltsamen Auseinandersetzung mit der Sicherheitswehr 42 Tote und 105 Verletzte. Zwar gelang es, den Kapp-Putsch vom März 1920 abzuwehren, aber der Versuch der „Roten Ruhrarmee", den Generalstreik zu einer revolutionären Aktion zuzuspitzen, wurde im April von einer rachedurstigen Soldateska aus Reichswehr und Freikorps blutig niedergeschlagen[87]. Dazu kam das Nachkriegselend, das der Versailler Vertrag nicht eben zu lindern versprach. Sowjetrußland, in dem die Herrschaft des Kapitals beseitigt war und das sich gegen die innere Konterrevolution und die alliierte Intervention durchgesetzt hatte, erschien unter diesen Voraussetzungen als ein positives Gegenbild.

Große Teile der Linken schauten auf Sowjetrußland wie auf einen großen Bruder, der die Kämpfe, in denen man selbst unterlegen war, erfolgreich bestand. Die Solidarität vermittelte dabei auch das Gefühl, Seite an Seite mit dem revolutionären Sieger zu stehen. Wilhelm Dittmann erinnert sich daran, daß das Gefühl der Verbundenheit nach dem Rückschlag der russischen Offensive nicht abflaute:

„Die politische Atmosphäre, die wir nach unserer Rückkehr aus Rußland in Berlin antrafen, war erfüllt von den Rückwirkungen des russisch-polnischen Krieges. Der anfängliche russische Erfolg war in eine Niederlage umgeschlagen [...] Durch den russische Rückschlag war der in der ersten, den Russen günstigen Phase des Krieges, in den deutschen Militärkreisen und im reaktionären Teil

---

[85] Prot. Parteiausschuß, 25. 8. 1920, S. 8 [980].
[86] Wheeler, „Ex oriente lux?" S. 40; Heinrich Ströbel: Die deutsche Revolution. Ihr Unglück und ihre Rettung. Berlin 1920, S. 187; siehe auch Dittmann, Erinnerungen, S. 1106.
[87] Winkler, Revolution, S. 288–290 und S. 324–342.

des Bürgertums emporgeschossene ‚Nationalbolschewismus' wieder im Abflauen. Anders in der Arbeiterschaft. Dort hatte der ursprüngliche Vormarsch der ‚Roten Armee' in Polen für die kommunistische Parole ‚Mit der ‚Roten Armee' an den Rhein gegen die Entente' einen gewaltigen Widerhall geweckt und die Massen gepackt. Der dann eingetretene russische Mißerfolg steigerte nur die Sympathie und das Solidaritätsgefühl für die ‚Rote Armee' und für Sowjetrußland. Ein gefährlicher Massenwahn hatte alle Vernunft verdrängt, eine wahre Psychose beherrschte die Massen. Man wollte Sowjetrußland helfen und sich von ihm helfen lassen, zur Macht zu kommen."[88]

Mit den Aktionen gegen die Waffentransporte hatten die radikalen deutschen Arbeiter erstmals ihre Solidarität mit Sowjetrußland auch praktisch unter Beweis stellen können. Der Schriftsteller Joseph Roth, der den polnisch-sowjetischen Krieg als Sonderberichterstatter der *Neuen Berliner Zeitung – 12-Uhr-Blatt* verfolgte, notierte sogar, es seien regelmäßig Arbeiter aus dem Rheinland nach Königsberg gekommen, um sich von dort aus zur Roten Armee durchzuschlagen und sich als Freiwillige zu melden[89].

Die Sympathie für Sowjetrußland war keineswegs nur eine Sache der linken Unabhängigen. So bekundete Rudolf Breitscheid seine erfreute Zustimmung, als der parteilose Außenminister Simons in einer umstrittenen Rede Ende Juli im Reichstag erklärte, in Sowjetrußland gebe es eine „geradezu enorme aufbauende Wirtschaft" mit „vorbildlichen Zügen"[90].

Es gibt allerdings Hinweise darauf, daß die Haltung einiger USPD-Politiker vom rechten Flügel zu Sowjetrußland mindestens teilweise durch taktische Rücksichten auf die sowjetbegeisterte Basis bedingt war. So deutete Rudolf Breitscheid nach der Spaltung der USPD an, man habe zum Teil nur so getan, als ob man die sowjetische Situation ganz in rosigen Farben sähe[91]. Und bereits Anfang Mai hatte Alexander Stein an Paul Axelrod in die Schweiz geschrieben: „Ich habe gehört, daß Sie mit unserer Position unzufrieden sind, speziell mit meiner ‚Passivität'. Da Sie unsere Arbeit aus der Ferne verfolgen, können Sie tatsächlich Grund zur Unzufriedenheit haben. Aber bei einer näheren Bekanntschaft mit unseren *inneren* Schwierigkeiten werden Sie die Notwendigkeit und Zweckmäßigkeit unserer taktischen Linie verstehen."[92]

Der Zusammenhang ist eindeutig. Axelrod sah seine Hauptaufgabe seit der Oktoberrevolution in der Aufklärung der westlichen Arbeiterbewegung über den wahren Charakter des Bolschewismus, und Stein war der Vertrauensmann der Menschewiki in der deutschen Sozialdemokratie. Der Vorwurf der Passivität kann sich also nur auf einen Mangel an Aktivität im Kampf gegen Illusionen über Sowjetrußland beziehen.

---

[88] Dittmann, Erinnerungen, S. 1151; vgl. auch Friedrich Stampfer: Die vierzehn Jahre der ersten deutschen Republik. Karlsbad 1936, S. 186; ähnlich Geyer, Revolutionäre Illusion, S. 200.

[89] Joseph Roth: Die Rote Armee, in: ders.: Berliner Saisonbericht. Reportagen und journalistische Arbeiten 1920–1939, hrsg. von Klaus Westermann. Köln 1984, S. 40–47, hier: S. 46.

[90] Wagner, Polnisch-sowjetischer Krieg S. 206f.; Eber Malcolm Carroll: Soviet Communism and Western Opinion 1919–1921 ed. by Frederic B. M. Holliday. Chapel Hill 1969, S. 147. Der Vorwärts reagierte mit einem kritischen Leitartikel auf die Debatte, in dem unter Berufung auf Äußerungen Bucharins ein pessimistisches Bild vom Stand der sowjetischen Wirtschaft gezeichnet wurde: A. Grigorjanz: Die Wirtschaft der Bolschewiki, in: Vorwärts Nr. 376 vom 29. 7. 1920.

[91] Prot. USPD-PT Halle 12.–17. 10. 1920 (USPD-Rechte), S. 287 [Protokolle der USPD, Bd. 3. Glashütten 1976].

[92] Alexander Rubinštein (Stein) an P. A. Aksel'rod, Berlin 5. Mai 1920. IISG Amsterdam, Nl. Aksel'rod, 42 IV [Übersetzung aus dem Russischen].

Auch Curt Geyer, damals einer der Exponenten des linken USPD-Flügels, spricht in seinen Erinnerungen von einer taktischen Anpassung des rechten Flügels. Er habe die revolutionäre Rhetorik übernommen, sie aber ganz im Stile der alten Sozialdemokratie in eine für die Gegenwart unverbindliche Zukunftsvision umgemünzt[93].

Alexander Steins Behauptung von der Notwendigkeit dieser Taktik hat einiges für sich. So war Karl Kautsky wegen seiner offenen Kritik an Sowjetrußland und an den Theoremen vom Rätesystem und der Diktatur des Proletariats schon Anfang 1920 in der USPD weitgehend isoliert[94]. Im Sommer 1920, als die Sowjetbegeisterung infolge des polnisch-sowjetischen Krieges und der starken Mobilisierung durch die Aktionen gegen die Waffentransporte[95] ihren Höhepunkt erreicht hatte, war Kritik an Sowjetrußland in der USPD kaum noch vermittelbar. In dieser Situation fiel die Entscheidung über den Anschluß der Partei an die Komintern.

Anschluß an Moskau? Die Spaltung der USPD

Am späten Nachmittag des 16. Oktober 1920 vollzog sich in Halle auf dem Parteitag der USPD die endgültige Spaltung der Partei. Nachdem bekannt gegeben worden war, daß 236 der 392 Delegierten für den Beitritt zur Komintern gestimmt hatten, erklärte Artur Crispien, einer der beiden Parteivorsitzenden, da diese Entscheidung einem Beitritt zur KPD gleichkomme, hätten die Komintern-Befürworter aufgehört, Mitglieder der USPD zu sein. Der Parteitag werde an einem anderen Ort fortgesetzt. Unter Hochrufen auf die USPD zog die Minderheit aus dem Kongreßsaal, während die Mehrheit die „Internationale" sang[96].

„Die Hauptfrage auf der Konferenz in Halle bildete das Verhältnis zu Sowjetrußland", schrieb Grigorij Sinowjew, der Vorsitzende der Kommunistischen Internationale, der auf Einladung der USPD-Linken nach Deutschland gekommen war[97]. Sinowjew hatte recht. Zwar ging die Diskussion formell um die bekannten „21 Bedingungen", die die Komintern auf ihrem zweiten Kongreß allen beitrittswilligen Parteien gestellt hatte, doch die Mehrheit nahm die nicht allzu populären Bedingungen in Kauf, weil bei ihr das Gefühl der Solidarität mit Sowjetrußland die Bedenken überwog[98]. Der rechte Flügel stellte zwar die Einwände gegen die Bedingungen stark heraus – so die Furcht vor einer völligen Abhängigkeit von Moskauer Instanzen und die Ablehnung der in ihnen festgelegten gewerkschaftsspalterischen Taktik[99] –, doch betrachtete er sie als

---

[93] Geyer, Illusion, S. 138.
[94] Karl Kautsky: Mein Lebenswerk, in: Benedikt Kautsky (Hrsg.): Ein Leben für den Sozialismus. Erinnerungen an Karl Kautsky. Hannover 1954, S. 11–34, S. 32. Vgl. auch Kautsky: Mein Verhältnis zur Unabhängigen Sozialdemokratischen Partei. Ein Rückblick. Berlin 1922.
[95] Diese hebt auch Reisberg, Lenins Beziehungen, S. 399, hervor.
[96] Prot. Außerordentl. USPD-PT Halle 12.–17. 10. 1920, S. 261. Da die USPD-Rechte mit einem solchen Ausgang des Parteitages gerechnet hatte, hatte sie vorausschauend bereits ein anderes Tagungslokal angemietet; Crispien, Proletarierleben, S. 9.
[97] G. Sinowjew: Zwölf Tage in Deutschland. Hamburg 1921, S. 35.
[98] Wheeler, USPD, S. 245.
[99] Vgl. Tony Sender: Diktatur über das Proletariat oder: Diktatur des Proletariats. Das Ergebnis von Moskau. Frankfurt o.J. [1920]. Zur Rolle der USPD-Gewerkschafter Günther Högl: Gewerkschaften und USPD von 1916–1922. Ein Beitrag zur Geschichte der deutschen Arbeiterbewegung unter besonderer Berücksichtigung des Deutschen Metallarbeiter-, Textilarbeiter- und Schuhmacherverbandes. (Diss.) München 1982, S. 341–357; Sinowjew, Zwölf Tage, S. 19.

Folgen einer spezifisch sowjetrussischen Politik. Dies sowie die Begegnungen und Erlebnisse der Vertreter des rechten Flügels der USPD auf dem Kominternkongreß führten dazu, daß gerade der rechte USPD-Flügel die Auseinandersetzung um den Beitritt zur Kommunistischen Internationale weithin auch als eine Debatte über Sowjetrußland führte.

Gemäß dem Beschluß des Leipziger Parteitages hatte das Zentralkomitee der USPD Kontakte zu verschiedenen linkssozialistischen Parteien und zur Komintern aufgenommen, um über die Bildung einer umfassenden Internationale zu verhandeln. Bei einer Reihe europäischer Linksparteien war die Initiative auf gute Resonanz gestoßen[100]. Die Komintern jedoch reagierte mit einem offenen Brief, in dem eine „Säuberung" der USPD und die Verschmelzung mit der KPD zur Voraussetzung für den Kominternbeitritt gemacht wurden[101].

Im Sommer fuhr dann eine Delegation der USPD zum zweiten Kongreß der Kommunistischen Internationale nach Rußland, um dort über die Modalitäten eines Beitritts zu verhandeln. Sie bestand aus je zwei Mitgliedern des linken und des rechten Flügels, Ernst Däumig und Walter Stoecker auf der einen, Artur Crispien und Wilhelm Dittmann auf der anderen Seite. Den Verlauf der Verhandlungen hat Robert F. Wheeler detailliert beschrieben. Der Kominternführung gelang es, die Gegensätze in der USPD bis zu einer unüberbrückbaren Spaltung zu verschärfen. Ebenso verschärft wurden die Beitrittsbedingungen, zu denen jetzt unter anderem die Entfernung von Reformisten und „Zentristen" von allen verantwortlichen Positionen, der Ausschluß „notorischer Opportunisten" wie Kautsky und Hilferding sowie die Bestimmung gehörte, daß die Leitungsgremien der Partei zu zwei Dritteln mit Mitgliedern zu besetzen seien, die sich schon vor dem zweiten Kongreß für den Beitritt zur Komintern ausgesprochen hatten[102]. Hier interessiert mehr die Wirkung, die die unmittelbare Begegnung mit Sowjetrußland auf die Delegierten hatte. Auch in dieser Hinsicht spiegelt sich der Riß, der durch die USPD-Delegation ging, deutlich wider.

Däumig und Stoecker blieben in ihrem Enthusiasmus für das Land der proletarischen Revolution unbeeinträchtigt, während bei Dittmann und Crispien eine möglicherweise schon vorhandene Skepsis zu scharfer Kritik an der sowjetischen Wirklichkeit führte. Unangenehm berührte sie der Kontrast zwischen der guten Versorgung der Kongreßdelegierten und der Not der einheimischen Bevölkerung[103]. Große Bedeutung für das

---

[100] Bericht des ZK USPD in: Freiheit Nr. 244 vom 25. 6. 1920, Beilage und ebenda Nr. 246 vom 26. 6. 1920, Beilage.

[101] Bibliothek der Kommunistischen Internationale. Bd. 1: Manifest, Richtlinien, Beschlüsse des ersten Kongresses. Aufrufe und offene Schreiben des Exekutivkomitees bis zum zweiten Kongreß. Hamburg 1920 [Reprint Mailand 1967], S. 195 ff. Zur Entstehungsgeschichte des Antwortschreibens: Rokitjanski, V. I. Lenin i NSDPG, S. 33 f.; Krause, USPD, S. 118 f.; Wheeler, USPD, S. 205–208.

[102] Wheeler, USPD, S. 213–231. Die „21 Bedingungen" sind abgedruckt bei Braunthal, Internationale, S. 557–561.

[103] Dittmann, Erinnerungen, S. 1127 f.; A. Crispien: Pamjati Martova [Dem Andenken Martovs], in: Socialističeskij Vestnik Nr. 8/9 vom 24. 4. 1923. Eindrucksvoll beschreibt der Linkskommunist Victor Serge die Situation und die Bewußtseinslage der Kongreßdelegierten: „Luxuriös ernährt mitten im allgemeinen Elend (obwohl man ihnen in Wirklichkeit zuviel verdorbene Eier servierte), durch Museen zu musterhaften Kindergärten geführt, machten die Delegierten des Weltsozialismus den Eindruck, als fühlten sie sich im Urlaub oder als reisten sie als

Rußlandbild der beiden „rechten" USPD-Delegierten hatte eine Begegnung mit dem Zentralkomitee der Menschewiki. Däumig und Stoecker hatten einen offiziellen Besuch des Zentralkomitees abgelehnt. Eine rein private Begegnung, wie sie Stoecker und Däumig vorgeschlagen hatten, lehnten Martow, Abramowitsch und die anderen ZK-Mitglieder ab[104]. Nicht nur sprachlich – Abramowitsch verfügte über gute Deutschkenntnisse –, auch politisch verstanden sich die beiden Unabhängigen mit den Menschewiki auf Anhieb gut. Man stellte eine große politische Übereinstimmung fest, und der Besuch vermittelte den deutschen Delegierten, wie Dittmann sich erinnert, wichtige Einblicke in die tatsächlichen Verhältnisse in Rußland[105]. In Dittmanns Nachlaß befinden sich einige Notizen, die bei diesem Gespräch entstanden sind. Sie beziehen sich insbesondere auf politische Verfolgungen. So hielt Dittmann fest, daß die jüngsten Repressionen gegen die Menschewiki mit der verleumderischen Behauptung begründet worden waren, sie seien Helfershelfer der Polen, und er notierte, daß allein vom 15. Juni bis 15. Juli 1920 893 Erschießungen aufgrund von Urteilen des Revolutionstribunals stattgefunden hatten. Unter anderem findet sich auch eine Notiz darüber, daß die neue Regierung in großem Umfang „die alten Zarenspitzel" in Dienst gestellt habe[106].

Eine zweite bedeutsame Erfahrung für Crispien und Dittmann war das Schicksal der ersten deutschen Auswanderergruppe nach Sowjetrußland, an dem sie selbst unmittelbaren Anteil hatten. Der Wunsch, nach Rußland auszuwandern, war 1919/20 vor allem unter Arbeitern weit verbreitet. Es war nicht nur der revolutionäre Nimbus des Landes, der es attraktiv erscheinen ließ. Auch die Überlegung, daß dort wegen der zerrütteten Wirtschaft Fachkräfte dringend gebraucht würden und sich eine auskömmliche Existenz schaffen könnten, während man Deutschland – obwohl die Arbeitslosigkeit inflationsbedingt sehr gering war – für ein überbevölkertes Land hielt, spielte eine Rolle[107]. Die „Interessengemeinschaft der Auswandererorganisationen nach Sowjetrußland", die sich Ende 1919 konstituiert hatte, bezifferte Anfang März 1920 ihre Mitgliederzahl auf 100000. Die Hälfte von ihnen soll bereitgewesen sein, sofort nach Sowjetrußland überzusiedeln[108]. Zwei Delegationen, die zur Sondierung nach Rußland entsandt worden waren, kehrten mit der Botschaft zurück, in Rußland sei alles, was man zum Leben benötige, reichlich vorhanden. Geld brauche man nicht, Lebensmittel müßten nur für den Transport mitgenommen werden[109]. Eine Expertenbefragung des ADGB im Som-

---

Touristen durch unsere ausgeblutete belagerte Republik. Ich entdeckte eine neue Form der Unbewußtheit, die marxistische Unbewußtheit. [...] Die Sozialdemokraten dagegen waren voll von kritischem Geist und von Unverständnis. Bei den Besten von ihnen – ich denke an die Deutschen Däumig, Krispien [sic!], Dittmann – litt ein friedlich verbürgerlichter sozialistischer Humanismus unter dem rauhen Klima der Revolution, und zwar so sehr, daß sie sich jeder Strenge des Denkens widersetzten." Victor Serge: Erinnerungen eines Revolutionärs 1901–1941. Hamburg ³1977, S. 121f.

[104] Dittmann, Erinnerungen, S. 1127.
[105] Ebenda; Abramovič, Men'ševiki i Socialističeskij internacional, S. 261.
[106] AsD Bonn, Nl. Dittmann, Kassette V (Moskaureise), Nr. 24 und 25.
[107] Engelbert G. Graf: Wir wandern aus, in: Freiheit Nr. 425 vom 4. 9. 1919. Kritisch dazu: „Die Bilanz des Bolschewismus", Vorwärts Nr. 453 vom 5. 9. 1920; Arthur Heichen: Rußland und wir, in: NZ Nr. 24 vom 12. 3. 1920, S. 545–551, hier: S. 547f.
[108] Peter Schmalfuß: Die Bewegung proletarischer deutscher Auswanderer nach Sowjetrußland 1919 bis 1921, in: BzG 28 (1986) S. 29–44, hier: S. 30 und S. 35.
[109] August Rathmann: Ein Arbeiterleben. Erinnerungen an Weimar und danach. Wuppertal 1983, S. 28.

mer 1920 hatte dagegen ergeben, daß auswärtige Arbeiter in Sowjetrußland vorläufig keine Existenz finden könnten[110].

Für den ersten Transport hoffnungsvoller Auswanderer nach Rußland kam diese Warnung zu spät. 202 Männer, 26 Frauen und 23 Kinder, schifften sich am 13. Juli 1920 in Stettin auf dem Dampfer „Oberbürgermeister Haken" ein, mit dem auch die deutschen Delegierten zum zweiten Kominternkongreß fuhren. Etwa 80 Männer wollten sich im Gouvernement Saratow als Siedler niederlassen, 120 sollten in einer Lokomotivenfabrik bei Kolomna, etwa 110 Kilometer südöstlich von Moskau, arbeiten[111]. Einen Tag vor Schluß des Kongresses, am 7. August, fuhren die USPD-Delegierten mit dem Leiter der Fürsorgestelle für deutsche Kriegsgefangene in Moskau, Gustav Hilger, in dessen Auto nach Kolomna. Die deutschen Arbeiter, die sie dort antrafen, waren zutiefst enttäuscht. Die Auswanderungsagenten hätten sie belogen und betrogen, erklärten sie. Sie beklagten sich über niedrige Löhne, die nicht einmal das Existenzminimum deckten, über mangelhafte Ernährung und die schlechte Arbeitsmoral der russischen Kollegen, von denen viele nur in die Fabrik gekommen seien, um den „paëk", die staatliche Nahrungsmittelzuteilung, zu erhalten. Sie sabotierten überdies die Arbeit der anderen. Davon, daß der Zustand des Betriebes viel zu wünschen übrig ließ, konnten sich die Besucher bei einem Rundgang selbst überzeugen. „Arbeitsstücke und Werkzeuge lagen vielfach defekt umher, Maschinen, die stillstanden, waren offensichtlich verwahrlost", berichtet Dittmann[112]. Angesichts dieser Verhältnisse wollten die meisten deutschen Arbeiter, von denen die Mehrzahl der USPD und der KPD angehörte, nur noch so schnell wie möglich zurück nachhause. Die russische Regierung verweigerte ihnen jedoch die Rückreise. Die deutschen Delegierten versprachen, sich für sie einzusetzen und wandten sich deswegen mit Erfolg an Sinowjew und andere hohe Funktionäre[113].

Unmittelbar nach der Rückkehr der Delegierten aus Rußland begann in der USPD eine heftige Auseinandersetzung über die „21 Bedingungen", die von Däumig und Stoecker akzeptiert wurden, vielen USPD-Mitgliedern aber schlichtweg als unannehmbar oder Ausdruck einer Diktatur über das Proletariat erschienen[114]. Nicht weniger kontrovers aber war die Diskussion über zwei Artikel, in denen Wilhelm Dittmann über seine Erfahrungen in Rußland berichtete. Konnte der erste, in dem er über die Begegnung mit den Arbeitern in Kolomna berichtete und der naturgemäß eine Reihe von unbequemen Wahrheiten über Sowjetrußland enthielt, noch vorwiegend als eine

---

[110] Quellen zur Gewerkschaftsbewegung, Bd. 2: Die Gewerkschaften in den Anfangsjahren der Republik 1919–1923. Bearb. von Michael Ruck. Köln 1985. Dok. 17: 17./18. 8. 1920: Sitzung des Bundesausschusses, S. 201–211, hier: S. 210f.; „Wie können wir Rußland helfen?", Korrespondenzblatt Nr. 36 vom 4. 9. 1920, S. 483. Vor der Auswanderung warnt auch die wahrscheinlich im Frühsommer 1920 anonym erschienenen Broschüre Was erwartet den deutschen Arbeiter in Sowjetrußland? O. O. 1920, die anhand offizieller sowjetischer Daten das Bild einer katastrophalen ökonomischen Lage in Rußland zeichnet.
[111] Schmalfuß, Auswanderer, S. 38.
[112] Wilhelm Dittmann: Deutsche Arbeiter in Rußland, in: Freiheit Nr. 358 vom 31. 8. 1920; Gustav Hilger: Wir und der Kreml. Frankfurt a.M., Berlin 1955, S. 118.
[113] Ebenda. Bis zum 15. 2. 1921 waren rund 100 Arbeiter aus Kolomna heimgereist; Schmalfuß, S. 39.
[114] Wheeler, USPD, S. 229–258.

Warnung vor unbedachter Auswanderung nach Sowjetrußland verstanden werden[115], so machte der zweite, in dem er unter anderem die von den Menschewiki erhaltenen Informationen verarbeitete, seine eigentliche Absicht endgültig und unmißverständlich deutlich: Dittmann eröffnete eine zweite Front im Streit über den Anschluß an die Komintern. Nicht allein der Katalog der „21 Bedingungen", auch die Tauglichkeit des sowjetischen Modells stand jetzt zur Debatte.

In seinem zweiten Artikel[116] verband Dittmann bekannte Postulate der sozialdemokratischen Bolschewismuskritik mit den neuen Informationen, die er aus Moskau mitgebracht hatte. Die Ursache für die Diktatur der Bolschewiki sei die politische Unreife der Bevölkerung, die zu 75 Prozent aus ungebildeten Bauern bestehe. Die Masse der Mitglieder der kommunistischen Partei habe vom Sozialismus keine Ahnung und betrachte das Mitgliedsbuch „als Anwartschaft auf irgendein Amt in der Sowjetbürokratie". Die Partei und damit das ganze Land werde von einer kleinen Elite von Führern diktatorisch beherrscht. „Preßfreiheit, Vereins- und Versammlungsfreiheit und persönliche Freiheit sind für andere als Kommunisten so gut wie aufgehoben, die Wahlen zu den Sowjetkörperschaften erfolgen öffentlich in Versammlungen, geheime Wahl ist verboten. Die Wahlen sind meist indirekte und erfolgen unter terroristischem Druck, so daß ein Opposition schwer aufkommen kann, unbequeme Wahlen werden kassiert", schrieb Dittmann[117]. Das waren Töne, wie man sie in der USPD seit der deutschen Revolution nicht mehr gehört hatte. Besonderes Gewicht erhielten diese Schilderungen dadurch, daß Dittmann mit der Autorität eines Augenzeugen sprach. Eine Woche später stellte er fest, seine Artikel seien in der Parteipresse vielfach nachgedruckt worden und hätten „gewirkt wie Bomben"[118]. Allerdings war diese Wirkung zwiespältig, und es wirkte sich ungünstig für Dittmann aus, daß sich auch die rechtsradikale *Deutsche Tageszeitung* beeilte, seine Berichte wiederzugeben[119]. Aber dafür, daß sich nicht nur die Kommunisten[120], sondern auch die linken Unabhängigen auf Dittmann einschossen, hätte es dessen wohl nicht bedurft.

---

[115] Dittmann, Deutsche Arbeiter.
[116] Wilhelm Dittmann: Die Wahrheit über Rußland, in: Freiheit Nr. 360 vom 1. 9. 1920.
[117] Ebenda.
[118] Wilhelm Dittmann: Die Pflicht zur Wahrheit, in: Freiheit Nr.372 vom 8. 9. 1920. Die LVZ brachte Dittmanns Artikel jeweils zwei Tage später, LVZ Nr. 176 vom 2. und Nr. 177 vom 3. 9. 1920; ausführliche Auszüge brachten der Vorwärts („Der große Betrug", Nr. 434 vom 1. 9. 1920) und die Sozialdemokratische Parteikorrespondenz (SPK) („Dittmanns Artikel über Sowjet-Rußland", Nr. 12 vom 18. 9. 1920); außerdem erschienen sie in der Broschüre Die Wahrheit über Rußland. Die Auswanderung nach Sowjet-Rußland und das Diktat der Dritten Internationale. Mitteilungen der deutschen U.S.P.-Moskau-Delegierten und anderer Zeugen. Zusammengestellt und eingeleitet von A. Franke. Hrsg. von „Aufbauen und Werden", Gesellschaft für praktische Volksaufklärung und Steigerung der nationalen Arbeitskraft. Berlin [September] 1920.
[119] Döser, Rechtspresse, S. 90 und S. 160 („Wie es im Sowjetparadies aussieht" DTZ Nr. 419 vom 1. 9. 1920).
[120] „Die Wahrheit der rechtsunabhängigen Helden", Rote Fahne Nr. 172 vom 2. 9. 1920. Lenin sagte in einem Interview mit einem englischen Journalisten: „Die Hinrichtungen scheinen Dittmanns Empörung erregt zu haben, aber in solchen Fällen, wie er sie im Auge hat, versteht es sich von selbst, daß revolutionäre Arbeiter Menschewisten hinrichten, eine Tatsache, die selbstverständlich ihm nicht zusagen kann." „Der Endkampf in der Unabhängigen Partei", SPK Nr. 13 vom 23. 10. 1920.

Robert F. Wheeler stuft Dittmanns Artikel als Ausdruck einer tiefen Enttäuschung über die Erlebnisse in Rußland ein, hält ihre Publikation aber für einen taktischen Fehler. Dies hätte Dittmann und seine politischen Freunde in den Ruch des „Antibolschewismus" gebracht, somit ihre Glaubwürdigkeit erschüttert und in nicht unerheblichem Maße dazu beigetragen, „daß das weit verbreitete Unbehagen an den ‚21 Bedingungen' allmählich hinter eine Art Abstimmung für oder gegen Moskau, das heißt für oder gegen die russische Revolution zurücktrat"[121]. Dem sind zunächst einmal Wheelers eigene Befunde entgegenzuhalten, stellt er doch selbst fest, daß der „Drang nach Moskau" vor allem an der Basis der USPD besonders stark ausgeprägt war, die sich von den „21 Bedingungen" im Gegensatz zu den Funktionären nicht so stark betroffen fühlte[122]. Wheeler verkennt aber auch, daß Dittmann nicht aus rein taktischen, sondern aus prinzipiellen Gründen handelte. Tatsachen von essentieller Bedeutung für die Entwicklung der Arbeiterbewegung zu verschweigen, hätte nach seiner Ansicht gegen das Postulat von der Selbstbefreiung des Proletariats verstoßen[123].

Dittmanns Vorstoß entsprang der Entwicklungslogik des Konflikts[124], denn die „21 Bedingungen" wurden von ihren Gegnern als der Versuch der Bolschewiki betrachtet, ihre spezifisch russischen Gegebenheiten entsprechende Taktik auch der USPD aufzuzwingen. Von der Kritik an der „Diktatur über das Proletariat" wie sie die Moskauer Kominternzentrale über die Mitgliedsparteien der Dritten Internationale ausüben wollte, zur Kritik der „Diktatur des Proletariats" wie sie die Sowjetregierung in Rußland praktizierte, war es aber nur ein – unausweichlicher – Schritt. Dieser Schritt der USPD-Rechten wurde nicht erst mit der Veröffentlichung von Dittmanns Artikeln unternommen, sondern bereits noch in Rußland, als Crispien und Dittmann die Menschewiki Martow und Abramowitsch zur Teilnahme am bevorstehenden USPD-Parteitag einluden[125]. Daß Dittmanns Artikel nicht ein isolierter „Ausfall" in der *Freiheit* blieb, sondern von der USPD-Presse vielfach nachgedruckt wurde, bezeugt die spontane Resonanz, die die Wende vom Verschweigen unliebsamer Aspekte zur offensiven Auseinandersetzung mit Sowjetrußland unter den neuen Bedingungen fand. Im übrigen begann auch *Der Sozialist* noch im September mit dem Abdruck sowjetkritischer menschewistischer Materialien[126], und der Herausgeber Rudolf Breitscheid bemerkte selbstkritisch, Dittmanns Berichte erregten vielleicht nur deshalb soviel Aufsehen, weil in der

---

[121] Wheeler, USPD, S. 237f.
[122] Ebenda, S. 245.
[123] Dittmann, Wahrheit.
[124] Den Einwand, die Auseinandersetzung um den Kominternbeitritt hätte sich auch ohne Dittmanns Artikel über kurz oder lang auf die Frage der Beurteilung Rußlands ausgedehnt, hat bereits Susanne Miller gegen Wheeler erhoben; Susanne Miller: Die Bürde der Macht. Düsseldorf 1978, S. 345, Fußnote 15.
[125] Wheeler geht auf die Begegnung in Moskau gar nicht ein. Zur Einladung und den Schwierigkeiten, ihr Folge zu leisten, siehe: Abramovič, Men'ševiki i Socialističeskij internacional, S. 261 und 264f.; Getzler, Martov, S. 205f.
[126] „Die Verkümmerung des Rätesystems in Rußland" (Denkschrift des ZK der Menschewiki vom 20. Mai 1920), Der Sozialist, Nr. 37 vom 11. 9. 1920 (Vgl. dazu auch noch mit ganz anderem Tenor: Bruno Asch: Das Ende des Rätesystems? Ebenda, Nr. 31 vom 31. 7. 1920, S. 593–601.); L. Martow: Diktatur und Demokratie, ebenda, Nr. 38/39 vom 25. 9. 1920, S. 750–754, Nr. 40 vom 2. 10. 1920, S. 773–776 und Nr. 41 vom 16. 10. 1920, S. 785–790.

USPD-Presse bislang ein unzutreffend positives Bild von Rußland gezeichnet worden sei[127].

Wie bedeutsam die Beurteilung Sowjetrußlands für die innerparteiliche Auseinandersetzung in der USPD war, zeigt die Tatsache, daß zu der Reichskonferenz vom 1. bis 3. September in Berlin, deren Hauptzweck die Berichterstattung der Rußlanddelegierten war, auch der der Partei angehörende Wirtschaftswissenschaftler Karl Ballod als Referent eingeladen worden war. Ballod hatte als Experte an den sowjetisch-lettischen Friedensverhandlungen vom Mai bis Juli 1920 teilgenommen und dabei die russischen nachrevolutionären Verhältnisse aus unmittelbarer Anschauung kennengelernt[128]. Er sah sie gekennzeichnet durch einen Produktionsrückgang um mehr als drei Viertel gegenüber der Vorkriegszeit, durch Bürokratisierung und Desorganisation der Wirtschaft und vor allem, aufgrund einer unerwarteten Dürre, durch eine bevorstehende Hungerkatastrophe. Deutschland habe daher von Rußland gegenwärtig nichts zu erwarten. Für die USPD bestehe kein Anlaß, sich den russischen Genossen unterzuordnen. Diese müßten vielmehr selbst erst unter Beweis stellen, daß sie den Sozialismus organisieren könnten[129].

Für die Verfechter des Anschlusses an die Dritte Internationale war das bittere Medizin. Walter Stoecker versuchte denn auch, die von Ballod genannten Zahlen zu relativieren und bezweifelte – sehr zu Unrecht, wie sich bald zeigen sollte – dessen Prognose einer bevorstehenden Hungersnot in Rußland[130]. Um diese zu überwinden, würde die bolschewistische Regierung „wohl ihre Methoden ändern müssen", sagte Ballod in einer Replik auf Stoecker[131]. Er sollte auch damit recht behalten.

Auch in den Berichten der Delegierten spielte neben der Stellungnahme zu den „21 Bedingungen" das Verhältnis zu Sowjetrußland eine hervorragende Rolle. Artur Crispien warf den Bolschewiki vor, sie wendeten „alle üblen kapitalistischen Methoden an, um die Diktatur auch über Arbeiter durchzusetzen. Das kann nicht zu einem guten Ende führen." Er griff auch ihre Politik gegenüber Polen an: Dort seien im Gefolge der Roten Armee Exekutivkomitees marschiert, die Räte gebildet und Instanzen eingesetzt hätten, um Polen das Sowjetsystem aufzuzwingen[132].

Ernst Däumig sprach dagegen den Kritikern der Dritten Internationale die Ehrlichkeit ab, wenn sie gleichzeitig ihre Solidarität mit Sowjetrußland bekundeten: „Jede platonische Aktion zur Unterstützung Sowjetrußlands fällt in sich zusammen bei den Angriffen der Kritik, die man gegen die 3. Internationale richtet."[133]

Wilhelm Dittmann wiederholte seine Kritik an Sowjetrußland und verteidigte seinen Artikel über die deutschen Auswanderer, wofür er sich erregte Zurufe einhandelte („Das war eine große Gemeinheit!")[134]. Ausgehend von seiner Darstellung der schwie-

---

[127] Rudolf Breitscheid: Unannehmbar!, in: Der Sozialist, Nr. 38/39 vom 25. 9. 1920, S. 729–731, hier: S. 729.
[128] Zu Ballods Biographie vgl. den Nachruf in: Das Freie Wort, Nr. 4 vom 25. 1. 1931.
[129] Prot. USPD-Reichskonferenz Berlin, 1.-3. 9. 1920, S. 140–146 [Protokolle der USPD, Bd. 2. Glashütten 1976.] Vgl. auch Ballods Ende September 1920 fertiggestelltes Buch „Sowjet-Rußland", Berlin 1920.
[130] Prot. Reichskonferenz, S. 147–152.
[131] Ebenda, S. 217.
[132] Ebenda, S. 35.
[133] Ebenda, S. 42.
[134] Ebenda, S. 59.

rigen politischen und sozialen Lage in Sowjetrußland erklärte er, die Bolschewiki sähen den Ausweg aus ihren Problemen in einer Revolution im Westen, die nach russischem Muster vonstatten gehen solle. In Deutschland sei das Proletariat jedoch keine unmündige Masse, die von wenigen Führern diktatorisch geleitet werden könne[135].

Der vierte Delegierte, Walter Stoecker, kritisierte Dittmanns Ausführungen scharf. Aus ihnen spreche derselbe Geist wie aus dem Buch *Briefe aus Sowjetrußland* des Menschewisten Paul Olberg, über das Stoecker in einer Rezension geschrieben hatte, „ein Gefühl des Ekels" habe ihn bei der Lektüre überkommen[136]. In einem Land, in dem sechs Jahre der Krieg geherrscht habe, könne nicht alles rosig sein. „Dafür, daß man in so einseitiger Weise allen kleinlichen Mist und Dreck zusammenträgt, gegen ein Land, das in einem so heldenmütigen revolutionären Kampfe steht, dafür habe ich kein Verständnis", ereiferte sich Stoecker[137]. Er machte deutlich, daß die linken Unabhängigen im Gegensatz zu ihren Kontrahenten von einer baldigen Fortsetzung der Revolution ausgingen[138].

Daß die linken Unabhängigen in ihrem Revolutionsoptimismus ganz unter dem Eindruck der Ereignisse des polnisch-sowjetischen Krieges standen, zeigte sich in ihren Reaktionen auf den Vorwurf der Rechten, sie seien bereit, Deutschland zugunsten Rußlands in einen Krieg mit der Entente zu treiben. Fast schon sprachen sie Radeks Sprache. So erwiderte Curt Geyer, es sei ein „Ausfluß von Sozialpazifismus", wenn man diejenigen der Kriegshetze verdächtige, die offen erklärten, daß der Friede von Versailles für den Fortgang ebensowenig eine unübersteigbare Grenze darstelle wie der Frieden von Brest-Litowsk[139]. Ähnlich äußerte sich Ernst Däumig auf der Landesversammlung der USP Sachsens vom 12./13. September. Allerdings, so schränkte er ein, folge aus diesen Thesen nicht ohne weiteres der Krieg gegen Frankreich. „Es gibt da eine Menge Zwischenmöglichkeiten, die wir auf dem Wege einer planmäßigen revolutionären Politik herbeiführen können und müssen."[140]

Diesem Standpunkt entsprach es, daß die Linke nun auch die gemäßigte Haltung der USPD zu den Aktionen gegen die Waffentransporte kritisierte, insbesondere ihr Verbleiben im Aktionsbündnis nach dem Ausschluß der KPD und die Zurückhaltung gegenüber Ententetransporten, die nicht für Polen bestimmt waren. Das revolutionäre Proletariat kenne keine Neutralität. Für eine revolutionäre Massenpartei müsse der Grundsatz „Solidarität mit Sowjetrußland unter allen Umständen" gelten[141].

Auf dem außerordentlichen Parteitag der USPD in Halle wurde den in den Wochen

---

[135] Ebenda, S. 53–55.
[136] Ebenda, S. 64 f.; die Rezension Stoeckers in: Kommunistische Rundschau, hrsg. von Däumig, Geyer, Stoecker, Nr. 2 vom 14. 10. 1920, S. 31 f. Stoeckers Rezension entstand auf der Rückreise von Moskau. Olbergs „Briefe" erschienen auszugsweise in der Neuen Zeit: Petersburger Briefe, Nr. 16 vom 18. und Nr. 17 vom 25. 7. 1919.
[137] Ebenda, S. 65.
[138] Ebenda, S. 69.
[139] Curt Geyer: Die USPD am Scheidewege, in: Ders. (Hrsg.): Für die Dritte Internationale. Berlin 1920, S. 9-51, hier: S. 46.
[140] Prot. LV USP Sachsen vom 12./13. 9. 1920, S. 47, in: Protokolle der USPD Sachsens. Mit einer Einleitung von Hartfrid Krause. [Reprint] Berlin usw. 1979.
[141] Walter Stoecker: Die U.S.P.D. und die Dritte Internationale, in: Geyer (Hrsg.), Für die Dritte..., S. 52–65, hier: S. 65. Vgl. auch Geyer, Scheideweg, S. 45 und Prot. Reichskonferenz, S. 78.

zuvor ausgetauschten Argumenten nicht mehr viel Neues hinzugefügt. Die Entscheidung des Parteitages war durch die Urwahl der Delegierten nach zwei Listen schon vorherbestimmt. Dabei war es nicht selten zu Manipulationen gekommen[142], doch waren sie wohl nicht ausschlaggebend. Dafür war das Ergebnis zu eindeutig. Die Befürworter des Beitritts zur Kommunistischen Internationale konnten 133 665, die Gegner 99 668 Stimmen auf sich vereinigen[143]. Die Anziehungskraft, die von Moskau ausging, hatte alle Bedenken gegen die „21 Bedingungen" überwunden[144].

An den starken Einfluß, den das russische Vorbild auf die USPD seit ihrer Entstehung ausübte, erinnerte auf dem Parteitag von Halle Ernst Däumig. In seiner Rede beschwor er so etwas wie einen „ostorientierten Gründungsmythos", in den er nicht ungeschickt auch den populären, infolge eines Attentats verstorbenen früheren Parteivorsitzenden Hugo Haase einbaute. Bei einer Sitzung am 15. März 1917 auf der die Gründung der USPD vorbereitet wurde, erzählte Däumig, habe Oscar Cohn die Nachricht von der russischen Februarrevolution überbracht. „Ich für meinen Teil rief aus: ‚Ex oriente lux'. Haase sagte: ‚Ja. Sie haben recht, aus dem Osten kommt uns das Licht.'"[145]

Als Repräsentanten dieser lichten Welt hatten die Anhänger der Komintern deren Vorsitzenden Grigorij Sinowjew nach Halle eingeladen. Nicht als Repräsentant einer internationalen Organisation, sondern als Zeuge gegen die bolschewistische Diktatur in Rußland trat der Führer der Menschewiki, Julius Martow, auf.

Aber weder das vierstündige rhetorische Feuerwerk, das Sinowjew – reichlich durchsetzt mit Kanonenschlägen gegen die USPD-Rechte – versprühte, noch die von Krankheit und Verfolgung gezeichnete Erscheinung Martows, der eine erschütternde Anklagerede gegen die brutale Verfolgung aller oppositionellen Sozialisten durch die Bolschewiki verfaßt hatte – wegen Martows Kehlkopferkrankung wurde sie von Alexander Stein vorgetragen –, änderte etwas an dem durch die Urwahl vorherbestimmten Ergebnis des Parteitages. Das gilt ebenso für die Rede Rudolf Hilferdings, der als Koreferent Sinowjews engagiert die Argumente der Kominterngegner vertrat[146].

Als die USPD-Rechte am 17. Oktober nach vollzogener Spaltung im Zoologischen Garten in Halle über die neue Lage beriet, nannte Rudolf Breitscheid als eine der Konsequenzen, die nun gezogen werden müßten: „Wir haben in unserer Presse und in unserer öffentlichen Betätigung ein anderes Verhalten gegenüber dem Bolschewismus einzuhalten, als es bisher geschehen ist. (Sehr richtig!) Wir haben bisher alles nur rosig gesehen, oder wenigstens so getan, als sähen wir alles rosig und gut. (Sehr richtig!)"[147]

---

[142] Högl, Gewerkschaften und USPD, S. 332 f.
[143] Wheeler, USPD, S. 248.
[144] Eine anschauliche Schilderung der Stimmung in den Mitgliederversammlungen der USPD gibt Karl Berg: Der Kontrakt, in: Der Sozialist Nr. 41 vom 16. 10. 1920, S. 806–808, hier: S. 807.
[145] Prot. USPD-PT Halle, S. 98.
[146] Ebenda, S. 144–179 (Sinowjew), S. 179–204 (Hilferding) und S. 208–218 (Martow). Augenzeugen heben den Kontrast zwischen den Erscheinungen des selbstgefälligen, Wohlbefinden ausstrahlenden Sinowjew und des schwerkranken Martow hervor, der geradezu symbolischen Charakter gehabt habe: Stampfer, Vierzehn Jahre; Dittmann, Erinnerungen, S. 1213; Tony Sender: Autobiographie einer deutschen Rebellin. Frankfurt/M. 1981, S. 167–171.
[147] Prot. USPD-PT Halle (USPD-Rechte), S. 287.

6. Zwiespältige Beziehungen:
Die deutsche Sozialdemokratie und Sowjetrußland 1920–1922

Die Klärung der Fronten

Die bedeutendste unmittelbare Folge der Spaltung der USPD war die Entstehung einer kommunistischen Massenpartei in Deutschland. Durch die Vereinigung mit der USPD-Linken wuchs die Kommunistische Partei von 79000 auf 448500 Mitglieder an[1]. Die Spaltung war aber auch der entscheidende Schritt zur Klärung der Fronten zwischen Sozialdemokratie und Kommunismus in Deutschland. In der Debatte über den Beitritt der USPD zur Komintern zeichnete sich ab, daß die positive Grundeinstellung zur Sowjetunion das Kriterium jedes wirklichen Kommunisten war – lange bevor Ernst Thälmann das zum Grundsatz erhoben hatte[2]. Zwar betonte auch die Rest-USPD ihr Bekenntnis zur Diktatur des Proletariats, doch stellten sich die linken Sozialdemokraten darunter allenfalls eine Regierungsform für Zeiten revolutionären Übergangs vor, wie sie etwa der Rat der Volksbeauftragten dargestellt hatte[3].

Nachdem sie selbst in Gestalt der „21 Bedingungen" mit den diktatorischen Ansprüchen der Bolschewiki konfrontiert gewesen waren und Dittmann und Crispien die Schattenseiten ihrer Herrschaft in Rußland bezeugt hatten, scheuten die Unabhängigen Sozialdemokraten vor offener Kritik an Sowjetrußland nicht mehr zurück. Dabei lehnten sie sich eng an die Menschewiki an. Die Kooperation hatte mit Crispiens und Dittmanns Besuch beim menschewistischen Zentralkomitee in Moskau begonnen und wurde mit Martows Auftritt in Halle fortgeführt. Nach der Spaltung organisierte die USPD in Berlin eine Reihe von Versammlungen, bei denen Martow und der inzwischen aus Rußland eingetroffene Raphael Abramowitsch auftraten. Die erste und größte dieser Veranstaltungen fand Ende November statt. Zirka 1300 USPD-Funktionäre und eine große Anzahl anderer Arbeiter nahmen daran teil. Unterernährung der breiten Massen und ein allgemeines wirtschaftliches Chaos benannten Martow und Abramowitsch als die Hauptkennzeichen der Situation in ihrem Lande. Das größte Hemmnis der Weiterentwicklung Rußlands sei die von den Bolschewiki ausgeübte Diktatur. Die Versammlung bildete den Auftakt für die intensive Aktivität, die die exilierten Menschewiki bis zur Machtübernahme des Nationalsozialismus in Deutschland entfalten sollten. Es ist bezeichnend für die Annäherung der Positionen von USPD und SPD bei der Beurteilung Sowjetrußlands, daß die Zentralorgane beider Parteien ausführlich über den Auftritt der russischen Sozialdemokraten berichteten[4]. Die Zusammenarbeit zwischen den Menschewiki und der USPD ergab sich nicht nur aus persönlichen Kon-

---

[1] Wheeler, USPD, S. 262–264; Winkler, Revolution, S. 504f.; Krause, USPD, S. 216f.
[2] Thälmanns programmatischer Grundsatz ist Bestandteil des Mannheimer Programms der DKP von 1978; Ossip K. Flechtheim, Wolfgang Rudzio, Fritz Vilmar, Manfred Wilke: Der Marsch der DKP durch die Institutionen. Frankfurt a.M. ²1981, S. 136.
[3] Vgl. den Aufruf der Berner Vorkonferenz zur Gründung der Internationalen Arbeitsgemeinschaft Sozialistischer Parteien, der die USPD angehörte, vom 7. 12. 1920, in: Protokoll der Internationalen Sozialistischen Konferenz in Wien vom 22. bis 27. Februar 1921. Mit einer Einleitung zum Nachdruck von Konrad von Zwehl. Berlin, Bonn 1978, S. 5–8.
[4] „Rußlands Gegenwart und Zukunft", Freiheit Nr. 499 vom 25. 11. 1920; „Die Wahrheit über Rußland", Vorwärts Nr. 579 vom 25. 11. 1920; Abramovič, Men'ševiki i socialističeskij internacional, S. 268f.

takten. Die Mehrheit und die Führung der Menschewiki standen der USPD auch politisch näher als der SPD. Man hatte gemeinsame Wurzeln in der Zimmerwalder Bewegung, und wie die USPD hatten auch die russischen Menschewiki mit der Zweiten Internationale wegen deren reformistischer Tendenzen gebrochen[5].

Seit Ende 1918 betrachtete die vorherrschende Richtung der Menschewiki unter Martow die Oktoberrevolution als eine historische Notwendigkeit. Die Politik der Partei zielte auf eine friedliche Demokratisierung des Sowjetstaates. Allen gewaltsamen Umsturzversuchen wurde eine entschiedene Absage erteilt. Gliederungen oder einzelne Mitglieder der Partei, die sich an entsprechenden Aktivitäten beteiligten, wurden ausgeschlossen. „Demokratische Liquidation der bolschewistischen Diktatur" und „den Kurs der Revolution zurechtrücken" lauteten die Parolen der Menschewiki. Erreicht werden sollte dies zunächst durch die Demokratisierung der Sowjets[6]. Die Herrschaft der Bolschewiki, in denen sie trotz aller Kritik ein revolutionäres Element sahen, betrachteten Martow und seine Anhänger als kleineres Übel gegenüber einem Sieg der konterrevolutionären Kräfte, und einer ihrer Hauptvorwürfe gegen die russischen Kommunisten war über nahezu zwei Jahrzehnte hinweg, sie würden mit ihrer Politik den „Thermidor" und die „bonapartistische Reaktion" in Rußland vorbereiten[7].

Die Menschewiki brachten daher ideale Voraussetzungen mit, um der Rest-USPD in ihrer Suche nach einer Position gegenüber Sowjetrußland beizuspringen: Sie waren nicht nur ausgewiesene revolutionäre Kämpfer gegen den Zarismus, sie waren auch nicht als „Sozialpatrioten" diskreditiert und vor allem: Sie hatten eine Kritik des Bolschewismus von einer revolutionär-marxistischen Position aus formuliert, die sich mit den Grundanschauungen und dem Selbstverständnis der „rechten" Unabhängigen deckte. Die Bolschewismuskritik der Menschewiki entsprach exakt den politischen Bedürfnissen der USPD nach der Spaltung, da sie einerseits die „Diktatur über das Proletariat", deren langen Arm auch die Unabhängigen gespürt hatten, schonungslos brandmarkte, andererseits keinen Bruch mit der auch in der Rest-USPD nach wie vor tief verankerten Solidarität mit der russischen Revolution verlangte. Diese wurde nun zu einer kritischen Solidarität oder, im Verständnis der Menschewiki und nun auch der Unabhängigen, zur Solidarität mit der eigentlichen russischen Revolution, die es von den Entstellungen der Bolschewiki zu befreien, vor allem aber vor der Konterrevolution zu retten galt.

Diese Position wies deutliche Unterschiede zur Bolschewismuskritik Kautskys auf[8],

---

[5] Vgl. die Resolution über die Internationale vom 12. 3. 1920, auszugsweise abgedruckt in Ascher, Mensheviks, S. 124f. Die georgischen Menschewiki, die sich von der Gesamtpartei lösten, als ihr Land unabhängig wurde, blieben in der Zweiten Internationale.

[6] Brovkin, Mensheviks after October, S. 285–293.

[7] Dieser Auffassung widersprach Paul Axelrod, der die bolschewistische Herrschaft als reaktionär einstufte. Vgl. seinen Ende 1920 geschriebenen Brief an Martow, in: Die russische Revolution..., S. 180–205.

[8] Kautskys Position war weitgehend identisch mit der Axelrods und der an seinen Vorstellungen orientierten innerparteilichen rechten Opposition der russischen Sozialdemokratie. Es gab auch eine „außerparteiliche" rechte menschewistische Opposition um N. I. Potresov, die eine revolutionäre Erhebung gegen die bolschewistische Diktatur propagierte. Obwohl auch die Anhänger Potresovs ihr Zentrum Anfang der 20er Jahre in Berlin hatten, hatten sie so gut wie keinen Einfluß auf die deutsche Sozialdemokratie; Simon Wolin: The Mensheviks under the NEP and in Emigration, in: Haimson, The Mensheviks, S. 241–348, hier: S. 275f.

in dessen Broschüre „Demokratie und Diktatur" die SPD ihre Position so klar und eindeutig wiederfand, daß sie der SPD-Vorstand anstelle einer eigenen Denkschrift über dieses Problem dem Genfer Kongreß der Zweiten Internationale vom Sommer 1920 vorlegte[9]. Ganz im Sinne Kautskys erklärte der Kongreß denn auch, der Sozialismus müsse auf dem Fundament der Demokratie aufgebaut werden[10].

Die theoretischen Unterschiede, die in der Beurteilung des Bolschewismus zwischen den unterschiedlichen Flügeln der Sozialdemokratie bestanden, waren jedoch weniger bedeutsam als der prinzipielle Gegensatz, der beide vom Kommunismus trennte. Noch war das vielen Unabhängigen nicht so klar wie ihrem Genossen Karl Kautsky[11]. Zu den Faktoren, die zwei Jahre später zur Wiedervereinigung der beiden sozialdemokratischen Parteien führten, gehört auch die vollständige Desillusionierung der USPD über den Kommunismus, zu der die Bolschewiki in den folgenden beiden Jahren entscheidende Beiträge leisteten.

„... nicht wegen, sondern trotz des Bolschewismus": Für die Aufnahme wirtschaftlicher und diplomatischer Beziehungen zu Sowjetrußland

„Ein Staat – und wie die Dinge liegen, kann es nur Deutschland sein – muß entschlossen die politischen und wirtschaftlichen Beziehungen wieder aufnehmen, muß den psychologischen Wall durchbrechen, den Haß und Furcht der Bourgeoisie um Rußland gezogen haben, und muß mit der jetzigen Behandlung Rußlands als eines Pestherdes aufräumen." Dies forderte Otto Wels auf dem Kasseler Parteitag der SPD Mitte Oktober 1920[12]. Zwischen Sowjetrußland und den großen europäischen Staaten gab es bis dahin nur Vereinbarungen über den Austausch von Kriegsgefangenen, die im Frühjahr 1920 abgeschlossen worden waren. Das entsprechende deutsch-sowjetische Abkommen war am 19. April unter maßgeblicher Beteiligung des stellvertretenden Vorsitzenden der Reichsstelle für Kriegs- und Zivilgefangene und SPD-Mitglieds Moritz Schlesinger zustande gekommen[13]. Der polnisch-sowjetische Krieg hatte aber gezeigt, daß derartige Verträge noch lange keine Sicherung gegen eine neuerliche europäische Krise boten. Die Furcht vor seiner Ausdehnung auf Deutschland und letztlich auf ganz Europa, die die Mehrheitssozialdemokraten während dieses Krieges bedrückt hatte, schwang in Wels' Rede noch deutlich mit. „Denkt, daß wir vielleicht schon wieder mitten im Kriege stehen, daß er auf jeden Fall am Tore droht, der Krieg einer heiligen Allianz gegen Rußland", mahnte er seine Zuhörer[14]. In der Tat war die Lage noch unsicher. Erst während des laufenden Parteitages, am 12. Oktober, schlossen Polen und Rußland – vor dem Hintergrund der Offensive General Wrangells – einen Vorfrieden ab[15].

---

[9] Protokolle Parteiausschuß, Protokoll der Sitzung in Berlin vom 13. 12. 1919, S. 39 [737].
[10] Bericht vom zehnten Internationalen Sozialistenkongreß in Genf 31. Juli bis 5. August 1920. Brüssel 1921. [Nachdruck Berlin usw. 1979], S. 36–38.
[11] Kautsky, Lebenswerk, S. 33.
[12] Protokoll SPD-PT Kassel, 10. bis 16. Oktober 1920 [Nachdr. Glashütten 1973.], S. 34.
[13] Edgar Hösch, Hans-Jürgen Grabmüller: Daten der sowjetischen Geschichte. Von 1917 bis zur Gegenwart. München 1981, S. 40; Linke, Deutsch-sowjetische Beziehungen, S. 99f.
[14] Prot. SPD-PT Kassel, S. 33.
[15] Kai von Jena: Polnische Ostpolitik nach dem Ersten Weltkrieg. Das Problem der Beziehungen zu Sowjetrußland nach dem Rigaer Frieden 1921. Stuttgart 1981, S. 32 und S. 36f.; von Rauch, Sowjetunion, S. 134f. und S. 138.

Neben der Sicherung des europäischen Friedens erwartete Wels sich von der Wiederherstellung normaler Beziehungen zu Sowjetrußland auch eine wirtschaftliche Belebung[16]. Er versäumte es jedoch nicht, auch die Grenzen der deutsch-sowjetischen Kooperation abzustecken. Er trete für diese Zusammenarbeit ein „nicht wegen, sondern trotz des Bolschewismus", sagte er. Entschieden lehnte er ein deutsch-sowjetisches Bündnis gegen die Versailler Ordnung ab, wie es die KPD und die linken Unabhängigen propagierten[17].

Einem Hamburger Antrag, der Reichstagsfraktion und Partei aufforderte, „mit allen Mitteln die wirtschaftliche Anlehnung an Rußland zu erstreben"[18], hielt Eduard Bernstein unter stürmischem Beifall entgegen: „Wir wollen eine wirtschaftliche Anbahnung mit allen Nationen, nicht mit einer einzigen"[19]. Der Antrag wurde schließlich ohne Abstimmung an die Reichstagsfraktion überwiesen[20]. Am 28. Oktober 1920 erhob Philipp Scheidemann die Forderung nach Wiederaufnahme der Beziehungen zu Sowjetrußland im Reichstag[21]. Dasselbe forderte die USPD in einer Interpellation am 24. November[22]. Es sei an der Zeit, die ökonomischen Ressourcen Rußlands für den deutschen Wiederaufbau heranzuziehen, aber die reaktionäre Führung der deutschen Politik scheue vor Beziehungen zu dem sozialistischen Rußland ängstlich zurück, kritisierte Artur Crispien im Januar 1921, als die USPD-Interpellation behandelt wurde. Er verwies auf den ungeheuren Importbedarf Rußlands[23].

Aber die Reichsregierung des Kanzlers Fehrenbach hielt den Zeitpunkt noch nicht für gekommen, um die politischen Beziehungen mit Rußland aufzunehmen. In der Kabinettssitzung vom 27. November 1920 erklärte Außenminister Simons, er werde im Parlament auf die noch ausstehende Sühne für den Mord am deutschen Botschafter Mirbach im Jahre 1918 hinweisen[24]. Das war ein nur dürftig verschleierter Vorwand für dilatorisches Vorgehen. Ebensowenig überzeugend klang wohl für jene, die sich an die lobenden Worte des Ministers für die enorme wirtschaftliche Aufbauleistung des Sowjetstaates vom Juli 1920 erinnerten, sein Einwand, ein nützlicher Warenaustausch sei vor allem wegen der durch die Revolution in Rußland etablierten Staats-, Wirtschafts- und Gesellschaftsordnung unmöglich[25].

Otto Wels widersprach für die SPD-Fraktion den Bedenken des Außenministers. Rußland und Deutschland seien aufeinander angewiesen. Der Bolschewismus sei mit Gewalt nicht zu stürzen. Der Antibolschewismus sei sogar seine Hauptstütze. „Bringt man dagegen den Bolschewismus in Beziehungen mit der äußeren Welt, und läßt man

---

[16] Prot. SPD-PT Kassel, S. 34.
[17] Ebenda, S. 29.
[18] Ebenda, S. 292.
[19] Ebenda, S. 106.
[20] Ebenda, S. 346.
[21] Verhandlungen des Reichstags. Stenographische Protokolle, Bd. 345, 23. Sitzung, S. 805. Auch Scheidemann erhob seine Forderung „nicht wegen, sondern trotz des Bolschewismus".
[22] Verhandlungen Reichstag. Anlagen, Bd. 364, S. 673. Der Beschluß, einen solchen Antrag einzubringen war von der USPD-Reichstagsfraktion bereits am 22. 6. 1920 gefaßt worden; Fraktionsprotokolle der USPD, AsD Bonn, Mikrofilm. Offenbar bedingt durch die innerparteilichen Streitigkeiten wurde er aber erst mit Verzögerung eingebracht.
[23] Verhandlungen Reichstag, Bd. 346, 53. Sitzung, S. 1982ff.; „Die Beziehungen zu Sowjetrußland", Freiheit Nr. 35 vom 22. 1. 1921.
[24] AdR Kab. Fehrenbach, S. LXV und S. 313.
[25] Wie Anm. 23.

die Macht des wirtschaftlichen Ausgleichs auf ihn wirken, so wird sich seine Umbildung von selbst ergeben." Die Befreiung des russischen Volkes könne nur dessen eigenes Werk sein, ob nun der Feind Zarismus oder Bolschewismus heiße[26]. Bemerkenswert an dieser Reichstagsdebatte ist außer der von Otto Wels formulierten Frühform der Strategie des „Wandels durch Annäherung" vor allem, daß hier nun beide sozialdemokratische Parteien in der ideologisch so stark befrachteten Frage der Beziehungen zu Sowjetrußland an einem Strang zogen.

Die Hoffnungen der deutschen Sozialdemokratie auf die Früchte einer wirtschaftlichen Zusammenarbeit mit Rußland waren zum Jahresende 1920 jedoch schon einmal heftig enttäuscht worden. Der Versuch des Allgemeinen Deutschen Gewerkschaftsbundes, sich vermittelnd in ein Geschäft einzuschalten, bei dem es um die Lieferung von Lokomotiven nach Sowjetrußland ging, war gescheitert und hatte mit gegenseitigen Schuldzuweisungen der sowjetischen Unterhändler und des ADGB geendet. Schon Anfang 1920 hatten die deutschen Gewerkschaften die Lieferung von Pharmazeutika für russische Krankenhäuser vermittelt. Da die deutschen Unternehmer zu diesem Zeitpunkt noch wenig kooperationsbereit gewesen waren und die Gewerkschaften in der sozialdemokratisch geführten Regierung einigen Einfluß besaßen, hatten sich der russische Außenhandelssachverständige Krassin und der sowjetische Bevollmächtigte in Berlin Kopp an den ADGB gewandt[27]. Dabei spielte es wohl auch eine Rolle, daß der ADGB über die Zentrale Arbeitsgemeinschaft engen Kontakt zu den Unternehmerverbänden unterhielt[28]. Kurz darauf bekundeten die Sowjets dann ihr Interesse am Kauf von Lokomotiven. Nachdem Krassin und Kopp zunächst Kontakte zu verschiedenen Anbietern geknüpft hatten, wurde schließlich die vom ADGB mit schwedischer und dänischer Unterstützung gegründete „Deutsche Ökonomiegesellschaft" von Kopp mit notarieller Bestätigung zum alleinigen Verhandlungsführer ernannt. Die Verhandlungsvollmacht befugte sie zur Bestellung von bis zu 1000 Güterzugloks. Zur Deckung der Selbstkosten, so die gewerkschaftliche Darstellung, verlangte die Ökonomiegesellschaft eine Provision von zwei Prozent[29]. Die Tatsache, daß die Sowjets auch mit britischen Firmen verhandelten, habe zur Kooperationsbereitschaft der deutschen Unternehmer geführt, und damit sei die Notwendigkeit der Vermittlung durch die Gewerkschaften – von den Unternehmern ohnehin nicht gern gesehen – hinfällig geworden. Daraufhin wurde der am 15. August in Deutschland eingetroffene Leiter der sowjetischen Eisenbahnkommission, Professor Ju. V. Lomonosov, über die Lieferung von 700 Lokomotiven und Eisenbahnmaterial im Werte von drei Milliarden Mark direkt mit Henschel und Krupp, beziehungsweise, wie Linke angibt, dem Verband der Lokomotivenfabrikanten handelseins[30]. Lomonosov hatte allerdings bereits unmittelbar nach seiner An-

---

[26] Ebenda.
[27] „Die Sowjetaktion gegen die Gewerkschaften", Korrespondenzblatt des ADGB Nr. 50 vom 11. 12. 1920, S. 674–678, hier: S. 675.
[28] Karl Dietrich Erdmann, Helmut Grieser: Die deutsch-sowjetischen Beziehungen in der Zeit der Weimarer Republik als Problem der deutschen Innenpolitik, in: GWU 26 (1975), S. 403–426, hier: S. 418.
[29] „Die Sowjetaktion...", S. 676. Zur „Ökonomiegesellschaft" siehe Quellen zur Gewerkschaftsbewegung, Bd. 2, S. 131.
[30] „Die Sowjetaktion...", S. 677; Linke, Deutsch-sowjetische Beziehungen, S. 122f. und S. 251, Anm. 3; Rosenfeld, Sowjetrußland und Deutschland, S. 325. Linke und Rosenfeld sprechen unter Berufung auf verschiedene Quellen von 700 bzw. 800 bestellten Lokomotiven.

6. Die deutsche Sozialdemokratie und Sowjetrußland (1920–1922)

kunft die deutschen Preisforderungen als überhöht kritisiert und die Regierung aufgefordert, zu vermitteln[31].

Für das Scheitern der Geschäftsverbindung mit dem ADGB wurden von der sowjetischen Seite verschiedene Begründungen vorgebracht. Dem Leiter des Rußlandreferates im Auswärtigen Amt, Ago von Maltzan, erklärte Lomonosov, er habe von Lenin die strikte Weisung, sich nicht in die inneren politischen Verhältnisse Deutschlands zu mischen[32]. Das dürfte allerdings eher eine diplomatische Verbeugung vor dem konservativen, aber außenpolitisch rußlandfreundlichen von Maltzan gewesen sein. Die gewerkschaftliche und sozialdemokratische Presse, der eine derartige Begründung sicherlich kommentierenswert erschienen wäre, beschäftigte sich ausschließlich mit Viktor Kopps Behauptung, die Provisionsforderung der Deutschen Ökonomiegesellschaft sei überhöht gewesen. In einer Presseerklärung, die der *Vorwärts* nur in Auszügen referierte, die *Freiheit* aber im Wortlaut abdruckte, führte Kopp aus, die verlangten zwei Prozent Provision hätten einen Betrag von 40 Millionen Mark ergeben, eine Forderung, der sich sogar eine kapitalistische Firma zu schämen hätte, geschweige denn eine proletarische Organisation[33].

Das *Korrespondenzblatt* und der *Vorwärts* erklärten demgegenüber, etwaige Gewinne wären voll und ganz der deutschen Arbeiterschaft und ihren Gewerkschaften zugute gekommen und sprachen von einer unsolidarischen „Sowjetaktion gegen die Gewerkschaften"[34].

Auch der sowjetische Kontrakt mit den Unternehmern scheiterte schließlich, und zwar, so das *Korrespondenzblatt*, weil es nicht gelang, einen neutralen Treuhänder für die russischen Zahlungen zu finden, die in Gold erfolgen sollten. Ein solcher, den die Ökonomiegesellschaft bereits an der Hand gehabt hatte, wäre notwendig gewesen, um die bestehende Goldblockade zu umgehen[35]. „Wir haben keine Ursache uns dessen zu freuen", erklärte das *Korrespondenzblatt*, „denn dadurch ist Tausenden deutscher Arbeiter eine willkommene Arbeitsgelegenheit verlorengegangen und der so notwendige wirtschaftliche Wiederaufbau Rußlands hinausgeschoben."[36]

Sowjetrußland allerdings war für seine ökonomische Rekonstruktion nicht allein auf Deutschland angewiesen. Noch während der Verhandlungen über einen britisch-russischen Wirtschaftsvertrag erhielt der vormalige Kanonenfabrikant Armstrong den Auftrag zur Lieferung von 1500 Lokomotiven. Nach Aussagen Krassins war damit auch die Absicht verbunden, Armstrong und die bei ihm beschäftigten Arbeiter zu einer pressure group für den Abschluß des englisch-russischen Handelsvertrages zu machen[37].

Ob dieser Handel der eigentliche Grund dafür war, daß das deutsch-sowjetische Geschäft platzte, könnte nur durch entsprechende sowjetische Quellen beantwortet werden. Fest steht jedenfalls, daß der Vorgang dem sozialdemokratisch geführten ADGB keinen Anlaß gab, seine kritische Einstellung zur Sowjetregierung zu revidie-

---

[31] „Ein in Frage gestellter deutsch-russischer Lieferungsvertrag", LVZ Nr. 163 vom 18. 8. 1920.
[32] Linke, Deutsch-sowjetische Beziehungen, S. 123.
[33] Freiheit Nr. 478 vom 12. 11. 1920; Vorwärts Nr. 556 vom 11. 11. 1920.
[34] Ebenda; „Sowjetlokomotiven", Vorwärts Nr. 547 vom 5. 11. 1920; „Die Sowjetaktion...", S. 677.
[35] Linke, Deutsch-sowjetische Beziehungen, S. 123.
[36] „Die Sowjetaktion...", S. 677.
[37] Heller, Sowjetunion, S. 115.

ren. Wäre das Geschäft unter Beteiligung der Gewerkschaften zustandegekommen, hätte das gewiß erheblichen Einfluß auf das Verhältnis der Gewerkschaften und auch der Sozialdemokratie zu Sowjetrußland gehabt, denn es hätte neben der Arbeitsbeschaffung den Arbeiterorganisationen in einem konkreten Fall zu wichtigen Mitbestimmungsmöglichkeiten im Produktionsprozeß verholfen[38]. Derlei spielte aber für die sowjetische Seite von Anfang an keine Rolle. Der Internationale Gewerkschaftsbund, dessen größte Mitgliedsorganisation der ADGB war, wurde in der kommunistischen Propaganda als Vereinigung „gelber" Gewerkschaftsverbände gebrandmarkt. Die zehnte der „21 Bedingungen" machten es Mitgliedsparteien der Komintern zur Pflicht, den Bruch mit dem IGB zu propagieren und den Aufbau einer kommunistischen „roten" Gewerkschaftsinternationale zu unterstützen[39]. Es gab daher keinen Grund, weshalb die deutschen Gewerkschaften ein privilegierter Geschäftspartner für die Sowjetunion hätten sein sollen. Die jeweiligen Vorstellungen über die Interessen der Arbeiterklasse waren zu unterschiedlich.

Die Bemühungen der Sozialdemokraten um eine Normalisierung des Verhältnisses zu Sowjetrußland gingen indessen weiter. An dem Abkommen vom 6. Mai 1921, das die Tätigkeit der beiderseitigen Delegationen für Kriegsgefangene auf die Anbahnung wirtschaftlichen Austausches ausdehnte, hatten auch sie ihren Anteil. Moritz Schlesinger, der auf der deutschen Seite maßgeblich für das Zustandekommen des Abkommens war, schreibt einen erheblichen Anteil daran seiner Unterstützung durch Gustav Bauer, Otto Braun, Hermann Müller, Philipp Scheidemann und Otto Wels zu[40].

Reichspräsident Ebert allerdings fühlte sich übergangen. Er hatte, in Erinnerung an den Oktober 1918, Bedenken wegen der möglichen Verbreitung bolschewistischer Propaganda durch eine sowjetische Handelsdelegation[41].

Bedenken hatte auch die sowjetische Regierung, und zwar gegen den als deutschen Vertreter in Moskau vorgesehenen ehemaligen Staatssekretär August Müller. Müllers Fehler, ließ die Sowjetregierung das Auswärtige Amt wissen, war seine SPD-Mitgliedschaft. An seiner Stelle ging daraufhin der Nationalökonom Wiedenfeld nach Rußland[42].

Roter Imperialismus, neuer Kapitalismus: Georgien, Kronstadt, NEP

Die Zentristen sammeln sich

Unmittelbar nach der Spaltung der USPD setzten Bemühungen um einen internationalen Zusammenschluß der linkssozialdemokratischen Parteien ein. Der französische Sozialist Jean Longuet, der als Gastdelegierter am Parteitag von Halle teilgenommen hatte, informierte die USPD-Reichstagsfraktion am 18. Oktober, er sei bestrebt, in der zweiten Novemberhälfte in Bern eine Konferenz aller sozialistischen Parteien zu organisieren, die weder der Zweiten noch der Dritten Internationale angehörten[43]. Diese

---

[38] Erdmann/Grieser, Deutsch-sowjetische Beziehungen, S. 418.
[39] Braunthal, S. 559.
[40] Herbert Helbig: Die Träger der Rapallo-Politik. Göttingen 1958, S. 46.
[41] Linke, Deutsch-sowjetische Beziehungen, S. 34f.
[42] ADAP, Serie A, Bd. 5, S. 69f. (Reichsminister des Auswärtigen Rosen an Reichspräsident Ebert, Berlin 31. 5. 1921); von Blücher, Weg nach Rapallo, S. 149f.
[43] Fraktionsprotolle der USPD, Sitzung vom 18. 10. 1920.

Initiative fiel mit parallelen Bestrebungen einer Reihe anderer sozialistischer Parteien zusammen[44].

An der Konferenz, die dann Anfang Dezember in Bern stattfand, wurde ein Aufruf zur Gründung eines internationalen Zusammenschlusses linker sozialistischer Parteien verabschiedet, der sich gleichermaßen kritisch gegen die beiden bestehenden Internationalen wandte. Die Zweite Internationale sei aufgrund ihres Versagens im Ersten Weltkrieg zugrunde gegangen. Ihre jetzige Nachfolgeorganisation sei „nur noch ein Element der Zerstörung der Einheit im proletarischen Klassenkampf". Ebensowenig könne die Kommunistische Internationale ihrem Anspruch gerecht werden, das Werk der Ersten und der Zweiten Internationale fortzusetzen, solange sie an den Beschlüssen ihres zweiten Kongresses festhalte. Sie wolle diktatorisch „eine besondere, aus den Rußland eigentümlichen kulturellen Verhältnissen erwachsene Organisationsform den sozialistischen Parteien aller Länder aufzwingen". Die Diktatur des Proletariats wurde als eine Übergangsphase zwischen kapitalistischem Klassenstaat und sozialistischem Gemeinwesen definiert[45].

Eindeutige Aussagen über die Formen dieser Diktatur finden sich in dem Aufruf nicht. Die Unschärfe ist auf die Absicht zurückzuführen, die Kommunisten auf keinen Fall auszugrenzen. Eine Verurteilung der Bolschewiki wurde daher vermieden. Die Kritik an ihnen beschränkte sich auf den Hinweis, daß sie ihren spezifisch russischen Weg für allgemeinverbindlich erklärten. Der Aufruf hob demgegenüber hervor, daß sich, „da die Stufe der kapitalistischen Entwicklung nicht in allen Ländern dieselbe ist, auch die proletarische Revolution in den einzelnen Ländern in mannigfaltigen Formen vollziehen" werde[46]. Am selben Ort, nur knapp zwei Jahre später, setzte damit Friedrich Adler, dessen Werk der Aufruf im wesentlichen war[47], der Mehrheitserklärung über Demokratie und Diktatur der Berner Konferenz, gegen die er und Longuet so heftig opponiert hatten, eine Alternative entgegen. Implizit wurde damit dem russischen, bolschewistischen Weg zum Sozialismus die gleiche Legitimität zugesprochen wie der vorwiegend parlamentarischen Strategie der westlichen sozialdemokratischen Parteien. Die Erklärung der Unterschiede zwischen Kommunismus und Sozialdemokratie als Konsequenz unterschiedlicher sozioökonomischer Ausgangssituationen und nicht als Folge gegensätzlicher Prinzipien blieb für den Austromarxismus und auch für die spätere linke Opposition in der SPD, die sich an ihm orientierte, im Grunde bis heute bestimmend[48]. Doch bereits die Konferenz linkssozialdemokratischer Parteien im Februar 1921 in Wien, auf der die Internationale Arbeitsgemeinschaft Sozialistischer Parteien (IASP) gegründet wurde, war von Begleitumständen geprägt, die die Tragfähigkeit der „zentristischen" Position sehr in Zweifel zogen. Denn während der Tagung, die vom 22. bis 27. Februar dauerte, traf in Wien die Nachricht ein, die Rote Armee habe die Grenzen Georgiens überschritten und sei dabei, das Land zu erobern.

---

[44] André Donneur: Histoire de l'Union des Partis Socialistes Pour l'Action Internationale. Sudbury, Ontario 1967, S. 47–50; Braunthal, Internationale, S. 249.
[45] Prot. Soz. Konferenz Wien, S. 5–8; Braunthal, Internationale, S. 562–565.
[46] Prot. Soz. Konferenz Wien, S. 8.
[47] Wheeler, USPD, S. 272f.
[48] Vgl. Uli Schöler: Otto Bauer und Sowjetrußland. Berlin 1987, S. 55–58.

Die Rote Armee erobert Georgien

Georgien hatte sich gemeinsam mit Armenien und Aserbeidschan im April 1918 aus dem russischen Staatsverband gelöst und zunächst mit den beiden Nachbarstaaten eine „Transkaukasische Föderation" gebildet, die jedoch schon bald an inneren Gegensätzen zerbrach[49]. Am 7. Mai 1920 erkannte die Sowjetregierung in einem Friedensvertrag die georgische Unabhängigkeit an.

Die innenpolitische Situation war gekennzeichnet durch die absolute Dominanz der Menschewiki, die in Georgien von jeher eine Hochburg hatten. Eine ganze Reihe führender Politiker der russischen Sozialdemokratie kam aus Georgien, genannt seien nur Nikolaj Čcheidze und Iraklij Cereteli[50]. Die von den russischen Menschewiki abgelehnte Unabhängigkeitserklärung Georgiens führte allerdings zum Abbruch der organisatorischen Beziehungen zwischen den russischen und den georgischen Sozialdemokraten[51]. Während die Russen mit der Zweiten Internationale brachen, verblieben die Georgier in ihr. Auf ihre Einladung kam im September eine Delegation nach Georgien, der so prominente Sozialdemokraten wie Vandervelde, MacDonald, de Brouckère, Kautsky und andere angehörten[52]. Karl Kautsky, der krankheitsbedingt erst später eintraf, hielt sich von Ende September bis Anfang Januar in Georgien auf, um die dortigen Verhältnisse zu studieren[53]. Georgien war für die internationale Sozialdemokratie nicht nur deshalb von großem Interesse, weil die georgischen Menschewiki bei den Wahlen zur Konstituierenden Nationalversammlung fast 80 Prozent der Stimmen erhalten und damit 102 der 130 Sitze gewonnen hatten, sondern vor allem auch, weil hier in einem Land mit ähnlichen sozioökonomischen Verhältnissen wie Rußland eine alternative Politik zur bolschewistischen vorexerziert wurde. So führte Paul Axelrod in seinem Disput mit Martow Georgien als glänzendes Beispiel eines rückständigen Landes an, in dem die Arbeiterklasse politisch herrsche, ohne die durch die „bürgerlich-demokratische Entwicklungsphase" bedingten objektiven Begrenzungen ihrer Politik zu verkennen[54]. Und Karl Kautsky erklärte in einem für die georgische Presse verfaßten Artikel, Georgien habe gute Aussichten, zum revolutionären Vorbild für ganz Osteuropa und den Orient zu werden[55].

In dem Buch, das die literarische Frucht seines Aufenthaltes in der Kaukasusrepublik war, stellte Kautsky der georgischen Regierung ein äußerst günstiges Zeugnis aus, ohne die prekäre wirtschaftliche Lage des Landes, vor allem die Währungskrise, zu übersehen[56].

---

[49] Von Rauch, Sowjetunion, S. 100. Zur weiteren Entwicklung: Ascher, Mensheviks, S. 40f.; Niko Imnaischwili: Die georgische Frage, in: SM vom 15. 7. 1929, S. 592–601, hier: S. 597.
[50] Braunthal, Internationale, S. 260.
[51] Ascher, Mensheviks, S. 39.
[52] Braunthal a. a. O.
[53] Karl Kautsky: Georgien. Eine sozialdemokratische Bauernrepublik. Wien 1921. Die Angabe bei Krause, USPD, S. 237, Kautsky sei „über ein Jahr in Georgien geblieben", ist falsch.
[54] Die russische Revolution, S. 193.
[55] Karl Kautsky: Aufgabe und Aussichten des Sozialismus in Georgien. Tiflis 18. 10. 1920. Manuskript im Nl. Kautsky, A 90. Vgl. auch das Geleitwort von E. Bernstein zu Noë Jordania: Marxismus und Demokratie. Ein Vortrag von Noë Jordania, Ministerpräsident der georgischen Republik, gehalten am 24. Juli 1918 vor dem Arbeiter- und Soldatenrat Tiflis. Berlin 1921, S. 10f. und S. A. Schmidt: Die kaukasischen Republiken, Vorwärts Nr. 31 vom 17. 1. 1920.
[56] Kautsky, Georgien, S. 31. Zur ökonomischen Situation siehe Wladimir, S. Woytinsky: Stormy

6. Die deutsche Sozialdemokratie und Sowjetrußland (1920–1922)   135

Durch ihre Agrarreform habe sie die „sympathische Neutralität" der Bauernschaft gegenüber der industriellen Sozialisierung errungen[57]. Die wesentlichen Elemente der Agrarreform waren Kautsky zufolge eine entschädigungslose Aufteilung des Großgrundbesitzes, die Festlegung einer Obergrenze für Landbesitz und die Einführung eines staatlichen Vorkaufsrechtes bei Landverkäufen[58].

Von entscheidender Bedeutung war für Kautsky, daß ihre Reformpolitik im Rahmen eines parlamentarisch-demokratischen Systems durchgeführt wurde[59], und daß die georgischen Menschewiki nicht den Anspruch erhoben, eine sozioökonomisch rückständige Gesellschaft direkt in den Sozialismus führen zu wollen. Ein Parlament mit einer geradezu erdrückenden sozialdemokratischen Mehrheit – genau das entsprach nach Kautskys Auffassung dem wahren marxistischen Begriff der Diktatur des Proletariats. In Georgien war sie Wirklichkeit.

Allerdings nur bis Ende Februar 1921. Dann überschritten bolschewistische Truppen, die im Jahr zuvor schon die anderen beiden Transkaukasusrepubliken eingenommen hatten, die georgische Grenze und erstickten mit ihrer gewaltigen Übermacht binnen zweier Wochen die heftige Gegenwehr der Georgier[60].

Am dritten Tag der Wiener Konferenz der linkssozialdemokratischen Parteien, dem 24. Februar, gab Friedrich Adler bekannt, es sei ein Telegramm der Gewerkschaftskommission und des sozialdemokratischen Parteivorstandes Georgiens eingetroffen, in welchem deren Sicht des Überfalls auf Georgien durch die Bolschewiki mitgeteilt werde. Auf Initiative der beiden auf der Konferenz vertretenen russischen Parteien, der Menschewiki und der Linken Sozialrevolutionäre, wurde daraufhin eine Kommission eingesetzt, die sich mit den Ereignissen in Georgien befaßte[61].

Passage. A Personal History Through Two Russian Revolutions to Democracy and Freedom. 1905–1960. New York 1961, S. 427.

[57] Kautsky, Georgien, S. 22 und 55.
[58] Ebenda, S. 23 ff.
[59] Ebenda, S. 30 f.
[60] Braunthal, Internationale, S. 260; Peter Lübbe: Kommunismus und Sozialdemokratie. Eine Streitschrift. Berlin usw. 1978, S. 67–72.
[61] Prot. Soz. Konferenz Wien, S. 55. Ein solches Telegramm befindet sich im Nl. Kautsky, KG 17,40. Es wurde am 21. Februar 1921 um 17.36 Uhr in Paris aufgegeben, ist von Iraklij Cereteli gezeichnet und war per Adresse der Wiener „Arbeiterzeitung" an Karl Kautsky gerichtet. Cereteli fordert darin, die Wiener Konferenz müsse die Invasion in Georgien als einen imperialistischen Akt brandmarken und dagegen protestieren. An diesen Appell schließt sich die Wiedergabe des Telegramms der Gewerkschaftskommission und des sozialdemokratischen Parteivorstandes Georgiens an. R. Abramowitsch zufolge trafen bei der Wiener Konferenz zuerst Telegramme des georgischen Ministerpräsidenten Noë Jordania sowie des sozialdemokratischen Parteivorstandes und der Gewerkschaftskommission ein, dann auch ein Telegramm von Cereteli; Abramovič, Men'ševiki i socialističeskij internacional, S. 274 f. Cereteli scheint demnach in Paris dasselbe Telegramm empfangen zu haben, das an die Wiener Konferenz gerichtet war und dessen Inhalt er seinerseits telegraphisch an Kautsky übermittelte. Unklar ist dann allerdings, weshalb die Konferenz erst am 24. Februar von den georgischen Hilferufen in Kenntnis gesetzt wurde. „Leider kamen die Telegramme verspätet an", schreibt Karl Kautsky (Georgien, S. 64). Doch scheint es merkwürdig, daß ein Telegramm aus Georgien, das bereits am 21. Februar Paris erreicht hat, in Wien erst zwei bis drei Tage später eingetroffen ist. Im übrigen wurde der Appell der georgischen Sozialdemokraten schon am 21. Februar in der Abendausgabe des Vorwärts abgedruckt. Es ist daher sehr wahrscheinlich, daß die Verzögerung, mit der das Thema auf der Konferenz behandelt wurde, nicht technische, sondern politische Gründe hatte. Offenbar sollte ein konfliktträchtiges Thema ausgeklammert werden. Zur

Zu einer entschiedenen Verurteilung des sowjetischen Vorgehens kam es auf der Gründungskonferenz der IASP jedoch nicht. Im Resolutionsentwurf der Kommission hieß es, „Moskauer Telegramme wie auch der Wiener Vertreter der Sowjetregierung" behaupteten, daß es sich in Georgien um lokale Aufstände der einheimischen Bevölkerung handle und daß die Sowjetregierung ihre Vermittlung angeboten habe. Allerdings gehe aus diesen Mitteilungen hervor, daß die Aufständischen zum „Machtkreis der Sowjetregierung" gehörten. Weiter wurde erklärt:

„Sollte es sich bewahrheiten, daß das große Rußland, regiert von einer kommunistischen Partei, gegen die kleine Nachbarrepublik Georgien einen Krieg, sei es direkt oder indirekt, führt, so würde dies den entschiedenen Protest des ganzen europäischen Proletariats hervorrufen müssen, welches nicht begreifen könnte, daß der Gegensatz zwischen zwei von Sozialisten regierten Staaten mit denselben Methoden ausgetragen wird, die imperialistischen Staaten eigen sind."[62]

Selbst diesen Protest im Konjunktiv machte sich die Konferenz aber nur mit halbem Herzen zueigen. Gegen fünf Stimmen, darunter die von Martow und Abramowitsch, wurde der Resolutionsentwurf auf Vorschlag Friedrich Adlers nur als Bericht „zur Kenntnis genommen" und das Exekutivkomitee der IASP beauftragt, „die weitere Klarstellung der Verhältnisse durchzuführen und dazu Stellung zu nehmen"[63].

Dem waren intensive und kontroverse Auseinandersetzungen vorausgegangen. „Drei Tage schlugen wir uns in ‚privaten Unterredungen' herum, aber die Besorgnisse um die armen Bolschewiki verwirrte die deutschen, schweizerischen und englischen Delegierten so stark, daß es tatsächlich nicht gelang, eine Protestresolution durchzusetzen", schrieb tief enttäuscht David Dalin nach der Konferenz an Paul Axelrod. Verbittert registrierte er, daß das mit der weiteren Klärung und Behandlung der Vorgänge beauftragte Exekutivkomitee auseinanderging, ohne tätig geworden zu sein[64].

Bei vielen der in Wien vertretenen Parteien herrschte noch dieselbe unreflektierte Sowjetbegeisterung wie in der USPD vor den „21 Bedingungen"[65]. Sie konnten die Vorwürfe, die die georgischen Sozialdemokraten gegen die Bolschewiki erhoben, nicht

---

Zusammensetzung der Georgien-Kommission siehe Protokoll, S. 55. Von den Menschewiki nahmen außer dem dort aufgeführten Martow auch noch Abramowitsch und Dalin an den Kommissionsberatungen teil; Abramovič, Menševiki, S. 275. Auf Vorschlag des rumänischen Delegierten Georg Gregorovici war die ursprünglich berufene Kommission um weitere russische und lettische Delegierte ergänzt worden; Protokoll, S. 55. Die USPD entsandte Alfred Henke. Er war Vorsitzender des Bremer Arbeiter- und Soldatenrats zur Zeit der kurzlebigen Bremer Räterepublik vom Januar 1919 gewesen; Winkler, Von der Revolution, S. 132 und S. 761. Henke war auch Mitglied der Zentralleitung der USPD – Wheeler, USPD, S. 271 –, aber angesichts der Tatsache, daß auch so prominente USPD-Mitglieder wie Ledebour, Hilferding und Crispien zur Wiener USPD-Delegation zählten – von denen Crispien eigene Eindrücke in Sowjetrußland hatte sammeln können, während Hilferding der intellektuelle Anführer der Komintern-Gegner gewesen war – ist die Entsendung Henkes in die Georgien-Kommission wohl auch ein Zeichen dafür, daß ihre Wichtigkeit nicht allzu hoch eingeschätzt wurde. Karl Kautsky, der die Wiener Konferenz nur als Gast verfolgte, nahm ebenfalls an den Verhandlungen der Kommission teil; Wheeler, USPD, S. 361, Fußnote 51.

[62] Prot. Soz. Konferenz Wien, S. 115f.
[63] Ebenda, S. 106.
[64] Dalin an Axelrod, 1. 3. 1921, Nl. Aksel'rod, A 9 XI [Übersetzung aus dem Russischen]. Dalin war von vornherein mit wenig Hoffnungen nach Wien gegangen; vgl. Dalin an Axelrod, Berlin 14.2. 1921, a.a.O. Ähnlich wie er bewertete Martow das Ergebnis; vgl. Wolin, Mensheviks under the NEP, S. 285.
[65] Abramovič, Men'ševiki, S. 272.

glauben, und die sowjetische Seite verstand es geschickt, diese Sympathien für sich auszunutzen. Der Vertreter der Sowjetregierung in Wien, M. G. Bronskij, der von der Kommission herbeigerufen worden war, erklärte, von nichts zu wissen und die Vorwürfe nicht für wahr halten zu können. In den offiziellen Erklärungen der Sowjetregierung, über die die Presse berichtete, war von inneren Aufständen die Rede. Insbesondere der USPD-Vertreter Henke verfocht daher in der Kommission die Ansicht, der Vorwurf einer Invasion der Roten Armee sei nicht bewiesen[66]. Neben der mangelnden Kritikfähigkeit gegenüber Sowjetrußland und der Wirkung der sowjetischen Desinformation ist ein dritter Faktor von entscheidender Bedeutung für die zögerliche Haltung der IASP zu dem sowjetisch-georgischen Konflikt: Die Mehrheit der vertretenen Parteien wollte nicht nur die Konferenz als eine Demonstration der Einigkeit gestalten und vorhandene Meinungsverschiedenheiten in den Hintergrund stellen[67], sie verstand sich vor allem auch als Keimzelle der künftigen internationalen und umfassenden Einigung des Proletariats. Der bewaffnete Überfall eines kommunistisch regierten Staates auf ein Land mit einer sozialdemokratischen Regierung mußte daher an die Wurzeln ihrer eben erst begonnenen Existenz rühren.

Daß der Auftakt der IASP nicht gerade vielversprechend war, sahen am klarsten die Menschewiki, die sich von vornherein dem Prinzip „Einheit statt Klarheit" widersetzt hatten[68]. In ihrem soeben erst in Berlin ins Leben gerufenen Organ *Socialističeskij Vestnik – Sozialistischer Bote –* unterzogen sie die Konferenz von Wien einer kritischen Analyse. Die Delegierten, die sich einer klaren Verurteilung der sowjetischen Invasion widersetzt hatten, hätten sich auf die Unklarheit der Situation in Georgien berufen. Doch das, so meinte der Kommentator des *Socialističeskij Vestnik*, sei nicht das Entscheidende gewesen: „Sie sahen nicht, daß die ‚Unklarheit' nicht bezüglich konkreter Details bestand, sondern in den grundlegenden Tendenzen, die sich bei den Ereignissen im Osten gezeigt haben [...]" Die in der Internationale Wirkenden hätten kein Recht, sich über die Versuche der Bolschewiki zur gewaltsamen Ausdehnung ihres Einflußbereiches, wie sie sich in Georgien aber etwa auch beim polnisch-sowjetischen Krieg gezeigt hätten, im „Unklaren" zu sein, ebensowenig wie bei der Beurteilung der Frage, „ob es den Interessen des russischen Proletariats entspricht, wenn seine Freiheit mit Peitschen und Bajonetten unterdrückt wird"[69].

Weit weniger zögerlich als die Wiener Konferenz reagierte die SPD auf den sowjetischen Einmarsch in Georgien. Bereits in der Abendausgabe des *Vorwärts* vom 21. Februar war der Appell der georgischen Sozialdemokraten unter der Schlagzeile „Ein Hilferuf Georgiens. Rußland greift an" abgedruckt. Der großen Mehrheit der Sozialisten Europas sei längst klargeworden, daß der Sowjetmilitarismus genau denselben Gesetzen folge wie irgendein anderer Militarismus[70].

---

[66] Ebenda, S. 275.
[67] Ebenda, S. 271; vgl. auch Wheeler, USPD, S. 274f. Seine Bemerkung „Nur die sowjetische Invasion in das sozialdemokratische Georgien drohte einen Zusammenstoß zu verursachen, aber die Frage konnte weitgehend in der Kommission beigelegt werden" (S. 274), ist ein weiteres Beispiel dafür, daß er die Bedeutung der Vorgänge in Sowjetrußland für die westlichen Sozialisten erheblich unterschätzt.
[68] Abramovič, Men'ševiki, S. 271f.
[69] „K venskoj konferencii" [„Zur Wiener Konferenz"], Socialističeskij Vestnik Nr. 4 vom 18. 3. 1921.
[70] Vorwärts Nr. 86 vom 21. 2. 1921.

Offensichtliche Orientierungsschwierigkeiten hatte dagegen die USPD-Presse. Einen Tag nach dem *Vorwärts* brachte die *Freiheit* eine kleine Meldung über die, so die Überschrift, „Russisch-georgische[n] Zwischenfälle"[71]. Erst am folgenden Morgen machte die *Freiheit* dann mit der Schlagzeile „Russischer Überfall auf Georgien" auf und druckte auch den „Hilferuf der georgischen Sozialisten"[72]. Noch zurückhaltender gab sich die *Leipziger Volkszeitung*. Zwei kleine Meldungen vom 24. und 26. Februar gaben keine volle Klarheit über die Lage in Georgien[73]. Erst am 7. März brachte das Blatt einen Protestaufruf der russischen Menschewiki gegen die Invasion und eine Darstellung der Vorgänge aus georgischer Sicht[74].

Das Büro der IASP, dem Friedrich Adler (Österreich), Robert Grimm (Schweiz), Georg Ledebour (Deutschland), Jean Longuet (Frankreich) und der Vorsitzende der britischen Independent Labour Party, Richard C. Wallhead, angehörten, entledigte sich erst in seiner Sitzung vom 8. bis 11. Juli 1921 seines Auftrages, sich über die Vorgänge in Georgien zu informieren und entsprechend Stellung zu nehmen. Bei der Sitzung wurden Nikolaj Čcheidze und Noë Ramischwili als Beauftragte der georgischen Sozialdemokratie empfangen. Sie schilderten die Entwicklung ihres Landes seit der Revolution von 1917 und die Zustände nach der Invasion. Demnach waren alle sozialdemokratischen Organisationen zerstört worden. 150 000 Soldaten der Roten Armee standen in Georgien. Das Büro der IASP stellte aufgrund dieses Berichts und des seit der Wiener Konferenz von beiden Seiten veröffentlichten Materials in dürren Worten fest, „daß es sich tatsächlich um einen Überfall der bolschewistischen Truppen aus rein militaristisch-strategischen Gründen gehandelt hat." Es seien also alle Gründe vorhanden, die „im Sinne des Berichtes der Wiener Konferenz den entschiedensten Protest des Weltproletariats gegen diesen Überfall vollauf rechtfertigen." Die sofortige Zurückziehung der bolschewistischen Truppen sei „eine selbstverständliche Forderung sozialistischer Gerechtigkeit"[75].

Bereits am 4. Juli hatte die Exekutive der Zweiten Internationale den geflohenen Ministerpräsidenten der georgischen Republik, Noë Jordania angehört. Die Exekutive wandte sich in einem Schreiben an die georgische Sowjetregierung und schlug ihr eine Volksabstimmung über die Regierungsform Georgiens vor, die von einer Kommission aus europäischen Sozialisten und Kommunisten überwacht werden sollte, was jedoch auf schroffe Ablehnung stieß[76].

Der Görlitzer Parteitag der SPD (18. bis 24. September 1921) verurteilte „auf das allerschärfste den brutalen Überfall Sowjetrußlands auf die demokratische Republik

---

[71] Freiheit Nr. 88 vom 22. 2. 1921.
[72] Ebenda, Nr. 89 vom 23. 2. 1921.
[73] „Die Lage in Georgien", LVZ Nr. 46 vom 24. 2. 1921; „Verschärfung der Lage in Georgien", LVZ Nr. 48 vom 26. 2. 1921.
[74] „An alle proletarischen Organisationen der Welt!" und „Der Überfall auf Georgien", LVZ Nr. 55 vom 7. 3. 1921.
[75] Nachrichten der Internationalen Arbeitsgemeinschaft Sozialistischer Parteien. Nr. 3, Juli 1921, S. 4f. Ein Auszug aus einem offenen Schreiben Ceretelis an die sozialistischen Parteien und Gewerkschaften Europas in: Nachrichten der IASP Nr. 1, April 1921, S. 11f. Vgl. ferner die umfangreiche Dokumentation: L'Internationale Socialiste et la Géorgie. Ed. du Comité Central du Parti Ouvrier Socialdemocratique de Géorgie. Paris 1921; Noë Jordania: Imperialismus unter revolutionärer Maske. Eine Antwort an Trotzki. Berlin 1922.
[76] Braunthal, Internationale, S. 261 f.

Georgiens und deren Vergewaltigung". Er forderte den Rückzug der bolschewistischen Truppen und die Freilassung der verhafteten georgischen Sozialdemokraten[77]. Nikolaj Čcheidze nahm als Gastdelegierter an dem Parteitag teil. In seiner Ansprache erklärte er, der Bolschewismus sei, wie ehemals der Zarismus, „die stärkste Stütze der Weltreaktion geworden, und keine reaktionäre Gewalt der Welt wäre jemals in der Lage gewesen, die sozialistische Bewegung so zu schädigen wie dies der Bolschewismus getan hat"[78]. Die von Eduard Bernstein eingebrachte Protestresolution wurde durch die Verurteilung des reaktionären ungarischen Regimes ergänzt[79] und, nachdem der Beauftragte der aserbeidschanischen Sozialdemokraten und Sozialrevolutionäre, Alibekoff, aus Baku eingetroffen war, auch noch durch die Verdammung der bolschewistischen Eroberung Aserbeidschans und Armeniens. Diese hätten aus rein imperialistischen Motiven gehandelt, nämlich um sich in den Besitz der Erdölquellen von Baku zu bringen, sagte Alibekoff[80]. Auch der Parteitag der USPD in Leipzig nahm am 8. Januar 1922 ohne Debatte eine Resolution an, in der die Invasion in Georgien verurteilt wurde[81].

Seit dem Einmarsch in Georgien wurde der Vorwurf des Imperialismus, der bereits im Zusammenhang mit dem polnisch-sowjetischen Krieg aufgetaucht war, zu einem Topos der sozialdemokratischen Bolschewismuskritik. „Nicht auf der Kraft des Proletariats beruht heute das sogenannte Sowjetregime, sondern auf der Kraft seiner Armee und auf der Ohnmacht des Proletariats gegenüber dieser Armee. [...] Damit entsteht in Rußland ein neuer Militarismus, aber auch ein neuer Imperialismus", schrieb Kautsky[82]. Die Invasion offenbarte seiner Meinung nach den bonapartistischen Charakter der kommunistischen Herrschaft. Der Umstand, daß demgegenüber die Menschewiki den Bonapartismus noch als eine drohende Gefahr betrachteten, die durch die bolschewistische Politik verstärkt werde, zeigt, wie schwer es den Sozialdemokraten fiel, angemessene Begriffe zur Beschreibung des in Rußland bestehenden Systems zu finden, zumal auch der Begriff des „Bonapartismus" nie eindeutig definiert wurde. Durch die Änderung des Wirtschaftskurses der kommunistischen Regierung wurden diese begrifflichen Schwierigkeiten nicht geringer.

Kanonen statt Argumente: Lenins Rückzug

In den Darstellungen der sowjetischen Geschichte markiert allgemein die Einführung der Neuen Ökonomischen Politik, kurz NEP (Novaja Ekonomičeskaja Politika) genannt, auf dem zehnten Parteitag der KPR(b) vom 8. bis 16. März 1921 die Wende in der Wirtschaftspolitik. Aus der Sicht der zeitgenössischen Sozialdemokraten wurde der erste Schritt dazu jedoch bereits etwas früher getan, nämlich mit dem Dekret über die Konzessionen vom 23. November 1920. Dieses Dekret des Rates der Volkskommissare ermöglichte ausländischen Firmen die Ausbeutung russischer Naturschätze und die Errichtung eigener Betriebe in Rußland.

---

[77] Protokoll über die Verhandlungen des Parteitages der Sozialdemokratischen Partei Deutschlands, abgehalten in Görlitz vom 18. bis 24. September 1921. Berlin 1921 [Nachdr. Berlin, Bonn 1973], S. 391.
[78] Ebenda, S. 123.
[79] Ebenda, S. 393.
[80] Ebenda, S. 208.
[81] Prot. USPD-PT Leipzig, 8. bis 12.1.1922, S. 86 [Protokolle der USPD Bd. 4. Glashütten 1976].
[82] Kautsky, Georgien, S. 68.

Die erste Meldung des *Vorwärts* darüber trägt bezeichnenderweise die Überschrift „Kapitalismus in Rußland" und ist mit einem sarkastischen Kommentar versehen: „Sowjetrußland hat den eigenen Kapitalismus totgeschlagen, aber dem ausländischen unterwirft es sich."[83] Ein Leitartikler des SPD-Zentralorgans bezeichnete die Konzessionen als ersten Schritt, um die kapitalistische Entwicklung nachzuholen. Der Versuch, diese zu überspringen und sofort den Sozialismus aufzubauen, müsse damit allerdings als gescheitert betrachtet werden. Darin liege „eine ungeheure Tragik, aber auch eine erschütternde Warnung"[84]. Die *Freiheit* hingegen zitierte ausführlich aus einer Rede Lenins, in der er das Dekret rechtfertigte. Sowjetrußland könne nicht allein den Kapitalismus der ganzen Welt stürzen und sei gezwungen, seine Lage zu befestigen. Das USPD-Organ attestierte Lenin, er verfolge damit eine realistische Politik[85]. Mit der Beurteilung des Dekretes über die Konzessionen war die Meinungsbildung von SPD und USPD über die NEP schon wesentlich vorgeprägt.

Die Einführung der NEP war eine Reaktion auf die tiefe Krise, in der sich Sowjetrußland Anfang 1921 befand. Die Wirtschaftspolitik des sogenannten „Kriegskommunismus", die durch weitgehende Verstaatlichungen, eine bewußte Abkehr von der Geldwirtschaft zu einem Tausch- und Rationierungssystem sowie die zwangsweise Ablieferung der von den Bauern erwirtschafteten Überschüsse gekennzeichnet war, und der fast dreijährige Bürgerkrieg hatten einen schweren wirtschaftlichen Notstand herbeigeführt[86]. Es kam zu ausgedehnten Bauernaufständen, zu einer Welle von Streiks unter anderem in Petrograd im Februar 1921, von wo der Funke Anfang März auf die Kronstädter Garnison übersprang[87]. Die Matrosen von Kronstadt strebten kein geringeres Ziel an als die Entmachtung des bürokratischen Parteiapparates, die „dritte Revolution"[88]. Vom 2. bis 18. März konnten sich die Aufständischen in Kronstadt halten. Unter Trotzkis Oberkommando wurde der Aufstand mit unerbittlicher Härte niedergeschlagen und eine beträchtliche Anzahl der Beteiligten exekutiert[89].

Die deutschen Sozialdemokraten betrachteten die Revolte ebenso wie die Menschewiki skeptisch. Man glaubte nicht an ihren Erfolg und befürchtete, sie werde konterrevolutionären Kräften Vorschub leisten[90].

---

[83] Vorwärts Nr. 590 vom 2. 12. 1920.
[84] „Die russischen Konzessionen", Vorwärts Nr. 610 vom 14. 12. 1920.
[85] Freiheit Nr. 517 vom 6. 12. 1920.
[86] Handbuch der Geschichte Rußlands. Bd. 3. 1856–1945. Von den autokratischen Reformen zum Sowjetstaat. Hrsg. von Gottfried Schramm. 1. Halbband. Stuttgart 1983, S. 705–716; Hildermeier, Russische Revolution, S. 264–293.
[87] Heller, Sowjetunion, S. 94–101; von Rauch, Sowjetunion, S. 146–149.
[88] Fritjof Meyer: Sozialistische Opposition gegen Staatskapitalismus in Rußland, in: Rudi Dutschke und Manfred Wilke (Hrsg.): Die Sowjetunion, Solschenizyn und die westliche Linke. Reinbek bei Hamburg 1975, S. 155–183, hier: S. 179.
[89] Heller, Sowjetunion, S. 100 f.
[90] A. Grigorjanz: Die Krise der Sowjetregierung, in: Vorwärts Nr. 121 vom 13. 3. 1921. Mit dem Sturz der Bolschewiki und einer auf die Genossenschaften gestützten Bauerndemokratie rechnete Heinrich Cunow: Die Zersetzung des Bolschewismus, in: NZ Nr. 26 vom 25. 3. 1921; R. Abramowitsch: Die Krise in Rußland, in: Freiheit Nr. 111 vom 8. 3. 1921; ähnlich David Dalin: Der Aufstand von Kronstadt, in: LVZ Nr. 62 vom 15. 3. 1921. Donneur, Histoire de l'UPS, S. 140, bemerkt: „La signification profonde de l'incident de Cronstadt, révolte de ce proletariat que le parti communiste prétend incarner, parait avoir échappé totalement aux leaders de l'UPS." Er übersieht die skeptischen Analysen des Kronstädter Aufstandes und überschätzt ihn in seiner Bedeutung. Er war ja keineswegs der erste Akt – auch bewaffneter –

Die *Freiheit* nannte den Aufstand am 18. März 1921 „geschichtlich betrachtet eine Episode, deren Verlauf nicht zweifelhaft sein konnte", doch wies sie zugleich darauf hin, daß die Unruhe in der Arbeiterschaft die Bolschewiki dazu zwingen werde, „ihre Regierungsmethoden radikal zu ändern". Ein Wandel habe sich bereits auf dem Parteitag der russischen Kommunisten angedeutet. Die dort beschlossenen Maßnahmen, die Ersetzung der Requisition der agrarischen Überschußproduktion durch eine Naturalsteuer, die Wiederzulassung des Handels und kleiner und mittlerer Privatunternehmen sowie die Ermutigung ausländischer Kapitalisten zu Investitionen in Sowjetrußland wurde von der *Freiheit* allerdings als „völlige Kapitulation vor den besitzenden Klassen eingestuft"[91]. In der SPD fühlte man sich durch die Einführung der NEP Rußland vollkommen bestätigt. Der *Vorwärts* sah die Bolschewiki „auf dem Wege zum Opportunismus". Ihre Abkehr von der Utopie der sofortigen Errichtung des reinen Sozialismus sei für die deutsche Sozialdemokratie „eine glänzende Rechtfertigung ihrer Politik, die auf Erreichung des Möglichen, auf Erringung des Sozialismus durch das Mittel der Demokratie gerichtet war und ist"[92].

Bestätigt fühlten sich auch die Menschewiki, die in der USPD-Publizistik schon weithin die Kommentierung der russischen Ereignisse übernommen hatten. Schon in ihrem Programm vom Frühjahr 1920 „Was ist zu tun?" hatten sie genau die Maßnahmen gefordert, die die Bolschewiki jetzt ergriffen. Noch auf dem achten Sowjetkongreß Ende Dezember hatte Lenin die Vertreter der Menschewiki deswegen scharf angegriffen[93]. „Was sozialistische Kritik, marxistische Einwände und Argumente nicht bewirken konnten, das haben die Stimmen der Kanonen zustande gebracht", schrieb Raphael Abramowitsch in der USPD-Zeitschrift *Der Sozialist*[94]. Er begrüßte die ökonomischen Reformen, die jedoch seiner Meinung nach nicht ausreichten, um die Bauernschaft in den Stand des „gegenseitigen Desinteressements" von 1917 zurückzuversetzen. Nur durch eine Verständigung mit den Bauern sei aber die Rettung der russischen Revolution möglich. Auf den Verzicht auf die utopische Agrarpolitik müsse daher ein politisches Bündnis aller revolutionären Parteien der Bauernschaft und der Arbeiterklasse folgen[95].

Zaghafte Hoffnungen auf eine Liberalisierung des Sowjetregimes im Zuge der NEP hegten etwa auch der österreichische Sozialdemokrat Otto Bauer und der menschewistische Journalist Paul Olberg, die darauf hinwiesen, daß die beabsichtigte Entwicklung des Kapitalismus in Rußland ohne rechtsstaatliche Strukturen nicht möglich sei[96]. Auch

---

Arbeiteropposition gegen die bolschewistische Herrschaft, sondern allenfalls der spektakulärste.

[91] „Kronstadt eingenommen", Freiheit Nr. 130 vom 18. 3. 1921.
[92] „Der Umschwung der russischen Agrarpolitik", Vorwärts Nr. 160 vom 6. 4. 1921. Ähnlich: Heinrich Cunow: Der Bankrott des Bolschewismus, in: NZ Nr. 4 vom 22. 4. 1921, S. 73–80 und Nr. 5 vom 29.4. 1921, S. 107–112; „Das bolschewistisch-kapitalistische Rußland", SPK Nr. 5 vom 15. 5. 1922.
[93] Dallin, Between the World War and the NEP, S. 237; Raphael Abramowitsch: Die Sowjetrevolution. Hannover 1963, S. 207; Paul Olberg: Die Bauernrevolution in Rußland. Die alte und die neue Politik Sowjetrußlands. Leipzig 1922, S. 67f.
[94] R. Abramowitsch: Bolschewistische Bauernpolitik, in: Der Sozialist Nr. 14 vom 9. 4., S. 326–330, Nr. 15 vom 16. 4., S. 344–346 und Nr. 16 vom 23. 4. 1921, S. 364–367, hier: S. 364.
[95] Ebenda, S. 365.
[96] Otto Bauer: Der „neue Kurs" in Sowjetrußland. Wien 1921, S. 27; Olberg, Bauernrevolution, S. 74.

Heinrich Ströbel sprach davon, der Bolschewismus beginne seine Fehler einzusehen, „wenn vorläufig leider auch erst in wirtschaftlicher Beziehung", und plädierte für eine Aussöhnung mit Menschewiki und Sozialrevolutionären[97].

Daß aber die Kommunisten keineswegs dabei waren, sich zu „sozialdemokratisieren", erfuhren neben den oppositionellen russischen Sozialisten, die auf Lenins Geheiß mit der Einführung der NEP verschärft verfolgt wurden[98], zuerst die deutschen Sozialdemokraten. In der zweiten Märzhälfte brach in Mitteldeutschland die KPD einen Aufstand vom Zaun. Obwohl der Generalstreikaufruf der KPD kaum befolgt wurde und die Erhebung an fehlender Resonanz in der Arbeiterschaft scheiterte, forderte er doch rund 145 Menschenleben[99]. „Der Termin ist von Moskau gesteckt worden", erklärte der *Vorwärts*, und die *Freiheit* zitierte die *Wiener Arbeiterzeitung* mit der Aussage, man habe „dort eben jetzt, da man im eigenen Lande die Arbeiter gewaltsam niederhalten, die Matrosen, einst die Kerntruppe der Roten Armee, blutig niederwerfen, die Bauern durch Preisgabe der sozialistischen Getreidebewirtschaftung beruhigen, die revolutionäre Außenpolitik aufgeben muß, ein doppelt starkes Bedürfnis, den erschütterten Glauben an die kommunistische Weltbewegung durch revolutionäre Ausbrüche im Ausland zu festigen"[100].

Daß die „März-Aktion" eine Entlastungsoffensive für das krisengeschüttelte Sowjetrußland sein sollte, hat die moderne historische Forschung bestätigt. Sie betont allerdings auch, daß der Aufstand nicht allein auf Moskauer Kommando, sondern auch durch den Aktionsdrang der KPD-Führung ausgelöst wurde, für die aber die Unterstützung der Sowjetregierung das zentrale Motiv war[101].

Die deutschen und die russischen Kommunisten wurden von den beiden sozialdemokratischen Parteien, die schon bei den ersten Anzeichen vor dem Aufstand gewarnt hatten, für die Todesopfer und das Schicksal der über 34 000 Verhafteten verantwortlich gemacht. Rudolf Hilferdings Vorhersage vom USPD-Parteitag in Halle, Moskau werde die deutsche Sektion der Dritten Internationale zu Entlastungsaufständen anstiften, war eingetroffen. Mit der „März-Aktion" hatte sich die KPD in den Augen der SPD als bloßes Werkzeug der sowjetischen Politik diskreditiert.

„Helft dem russischen Volk!"

Während die Sowjetregierung die politische Krise vom Februar/März überwinden konnte, erreichten die ökonomischen Probleme ihren Höhepunkt erst mit der katastrophalen Hungersnot im Sommer 1921. Karl Ballods Prognose von der USPD-Reichskonferenz im September 1920 wurde bestätigt[102]. Infolge einer Dürre hatten die Bauern

---

[97] Heinrich Ströbel: Die Aufgaben der Arbeiter-Internationale. Berlin 1922, S. 23 und S. 25.
[98] Abramovič, Men'ševiki, S. 278; Broido, Lenin and the Mensheviks, S. 123.
[99] Winkler, Revolution, S. 514–518. Umfassend mit sozialgeschichtlicher Perspektive: Sigrid Koch-Baumgarten: Aufstand der Avantgarde. Die Märzaktion der KPD 1921. Frankfurt a. M. usw.
[100] „Verzweiflungsstrategie", Vorwärts Nr. 141 vom 25. 3. 1921; „Zwischen Hörsing und Brandler", Freiheit Nr. 143 vom 27. 3. 1921; vgl. auch „Politische Hysteriker", ebenda, Nr. 134 vom 21. 3. und „Laßt euch nicht provozieren", ebenda, Nr. 135 vom 22. 3. 1921.
[101] Winkler, Revolution, S. 514 f.; Koch-Baumgarten, Avantgarde, S. 114–124.
[102] Siehe S. 123.

keine Vorräte mehr. Wenn sie der drohenden Katastrophe wirksam begegnen wolle, hatte Ballod ausgeführt, müsse die Sowjetregierung alsbald die Methoden ihrer Wirtschaftspolitik ändern. Das war geschehen, aber erst im März 1921. Angesichts des Ausmaßes der Hungersnot, der mindestens fünf Millionen Menschen zum Opfer gefallen sind[103], erscheint es wenig wahrscheinlich, daß Sowjetrußland auch bei einer frühzeitigen Änderung seiner Agrarpolitik aus eigener Kraft mit der Hungerkatastrophe fertiggeworden wäre. Im Sommer 1921 jedenfalls konnte Hilfe nur noch aus dem Ausland kommen.

In das Bewußtsein einer breiteren Öffentlichkeit in Deutschland trat der Hunger in Rußland Mitte Juli, nachdem Maxim Gorki ein Telegramm an Gerhart Hauptmann geschickt hatte, in dem der russische Schriftsteller seinen deutschen Kollegen bat, sich für Hilfssendungen von Brot und Medikamenten einzusetzen[104]. Gorkis Appell fand großen Widerhall. Am 23. Juli forderte die Zentrale der KPD die sozialdemokratischen Parteien und den ADGB zur Bildung eines gemeinsamen Hilfskomitees auf. SPD und ADGB lehnten ab und beteiligten sich stattdessen an der Gründung einer breiter angelegten Hilfsorganisation, der auch Vertreter der Banken und der Industrie sowie bekannte Wissenschaftler angehörten[105]. Zur Hilfe für die Hungernden riefen auch die Auslandsvertretung der Menschewiki und das ZK der USPD auf[106]. Die USPD hielt zunächst noch Kontakt zu dem kommunistisch gelenkten Komitee „Arbeiterhilfe für Sowjetrußland". Nachdem aber der Internationale Gewerkschaftsbund am 13./14. August beschlossen hatte, einen zentralen Fonds für die Rußlandhilfe zu schaffen, schloß sich die USPD ebenso wie die SPD dieser Aktion an[107].

In den zahlreichen Hilfsaufrufen, die in der sozialdemokratischen und der Gewerkschaftspresse erschienen, wurde immer wieder betont, man müsse den Opfern der Hungersnot ohne Rücksicht auf die politischen Differenzen mit den Bolschewiki helfen[108]. Dennoch hatte die Hungerhilfe von Anfang an neben der humanitären eine politische Dimension. So reihte sich die KPD nicht in die IGB-Aktion ein, sondern führte ihr eigenes Hilfskomitee weiter. Dieses stand unter der Leitung des ehemaligen Vorsitzenden der Kommunistischen Jugendinternationale, Willi Münzenberg, und bildete die Keimzelle der Internationalen Arbeiterhilfe (IAH), die die Hilfeleistung bis zur Gründung und zum Betrieb eigener Unternehmen in Sowjetrußland ausdehnte[109]. Mit

---

[103] Heller, Sowjetunion, S. 113; von Rauch, Sowjetunion, S. 150.
[104] „Rußlands Hungerkatastrophe", Vorwärts Nr. 334 vom 18. 7. 1921; „Ein Hilferuf aus Moskau", Freiheit Nr. 330 vom 18. 7. 1921.
[105] Dokumente und Materialien zur Geschichte der deutschen Arbeiterbewegung, Reihe 2, Bd. 7,1. Berlin (O) 1966, S. 526f.
[106] „Helft den russischen Arbeitsbrüdern!", Freiheit Nr. 345 vom 27. 7. 1921 und Nr. 347 vom 28. 7.1921.
[107] „Triumph der Solidarität", Freiheit Nr. 378 vom 16. 8. 1921. Die Entschließung des IGB ist im Vorwärts Nr. 382 und in der Freiheit Nr. 378 vom 15. 8. 1921 abgedruckt. Zur Enstehung der IGB-Hilfsaktion siehe Quellen zur Gewerkschaftsbewegung, Bd. 2, S. 339f., Fußnote 7.
[108] Z. B. A. Grigorjanz: Die russische Hungersnot, in: Vorwärts Nr. 365 vom 5. 8. 1921.
[109] Zu Münzenberg die Biographie seiner Lebensgefährtin Babette Gross: Willi Münzenberg. Eine politische Biographie. Stuttgart 1967. Ein Überblick über die IAH-Unternehmen in Rußland in: Werner Beitel, Jürgen Nötzold: Technologietransfer und wirtschaftliche Entwicklung. Berlin 1979, S. 78–82. Ju. A. L'vunin, I. S. Poljanskij: Pis'ma V. I. Leninu o dejatel'nosti mežrabpoma 1921–1922, in: Istorija SSSR 6/1973, S. 96–108.

der Aufrechterhaltung einer eigenen Hilfsorganisation sollte die Solidarität mit den Hungernden gemäß einer Direktive des EKKI dazu ausgenutzt werden, die Anhängerschaft der KPD zu verstärken[110].

Aber auch die Sozialdemokraten beschränkten sich nicht allein auf die Hungerhilfe. Am 29. Juli brachten der *Vorwärts* und die *Freiheit* einen gemeinsamen Aufruf von Eduard Bernstein (SPD) und Karl Kautsky (USPD), in dem sich die beiden für eine Hungerhilfe ohne Vorbedingungen aussprachen. Sie erinnerten aber zugleich daran, daß die von der Roten Armee eroberten Gebiete – also auch Georgien – ebenfalls vom Hunger bedroht waren und erklärten: „Was sie brauchen, ist die Freiheit, sich selbst zu helfen, ist der Abmarsch der roten Armeen und die Möglichkeit freier Selbstverwaltung." Auch Rußland selbst sei ohne größere Freiheit für die tatkräftigen Elemente der Nation nicht zu retten[111]. In Bochum ging eine USPD-Versammlung noch weiter und verband die Bereitschaft zur Hungerhilfe mit der Forderung nach Freilassung der inhaftierten Sozialisten in Rußland[112]. Wenn Bernstein und Kautsky die Hoffnung gehegt haben sollten, die Sowjetregierung werde die Unterdrückung Andersdenkender mildern, um Mitstreiter im Kampf gegen den Hunger zu finden, so wurden sie enttäuscht. Bei der Bildung eines Allrussischen Hilfskomitees unter Vorsitz von Lew Kamenew wurden Menschewiki von vorneherein nicht zugelassen. Seine bürgerlichen Mitglieder wurden im August verhaftet und die meisten von ihnen Anfang 1922 zur Ausreise gezwungen[113]. Die Bolschewiki erinnerten sich offenkundig noch sehr gut daran, welchen Auftrieb die Unterstützungsaktionen in der Hungersnot von 1891/92 und die Hilflosigkeit der staatlichen Behörden der antizaristischen Opposition verliehen hatten[114].

In der SPD wurde die Hungersnot als Offenbarung des politischen Bankrotts der Bolschewiki begriffen: „Wenn Sozialismus Steigerung der Produktion, Nationalisierung der Wirtschaft, sinnvollster Ausbau der Organisation ist, dann stirbt die Wolgabevölkerung im bolschewistischen Rußland nicht am Sozialismus, sondern umgekehrt am Fehlen alles dessen, was das Wesen des Sozialismus ausmacht", schrieb der *Vorwärts*[115].

Die USPD war dagegen viel mehr von der Sorge bewegt, Sowjetrußland könne in Not und Chaos untergehen, was eine Stärkung der Reaktion in ganz Europa zur Folge haben würde. Die *Freiheit* folgerte daher, es gelte nicht nur, den Hunger zu stillen, sondern auch, die Machtstellung des russischen Proletariats zu schützen, die von der nackten, erbarmungslosen Not unterdrückt werde[116]. Kritik wurde in diesem Zusammenhang vor allem an dem interalliierten Hilfskomitee geübt, dessen Vorsitzenden Noulens, dem ehemaligen französischen Botschafter in Rußland, die Sowjetregierung vorwarf, er habe seinen Diplomatenstatus dazu benutzt, gegenrevolutionäre Erhebun-

---

[110] Korrespondenzblatt des ADGB Nr. 37 vom 10. 9. 1921, S. 518.
[111] „Zum Hilfswerk für das hungernde Rußland", Vorwärts Nr. 353 und Freiheit Nr. 349 vom 29. 7. 1921.
[112] „Das hungernde Rußland. Kommunisten lehnen die Hilfe für Rußland ab.", Freiheit Nr. 360 vom 4. 8. 1921.
[113] Abramowitsch, Sowjetrevolution, S. 198; Heller, Sowjetunion, S. 114; von Rauch, Sowjetunion, S. 150f.; Broido, Lenin and the Mensheviks, S. 129.
[114] Handbuch der Geschichte Rußlands, S. 279; Hildermeier, Russische Revolution, S. 36f.
[115] „Rußlands Hungerkatastrophe", Vorwärts Nr. 338 vom 20. 7. 1921. Ähnlich: Friedrich Stampfer: Das Görlitzer Programm. Erläutert von Friedrich Stampfer. Berlin 1922, S. 21f.
[116] „Das Kinderelend in Rußland", Freiheit Nr. 440 vom 20. 9. 1921.

gen und ausländische Invasionen zu inspirieren und zu organisieren[117]. „Ein Untergang Sowjetrußlands wäre ein Unglück für Europa!" hatte es auch in einem Aufruf des IGB geheißen, den die SPD-Presse allerdings nicht veröffentlichte[118].

Trotz der politischen Differenzen im Zusammenhang mit der Hungerhilfe waren es Sozialdemokraten und Kommunisten, die in einer turbulenten Sitzung der Berliner Stadtverordnetenversammlung am 18. August 1921 gemeinsam eine Unterstützungszahlung in Höhe von 100 000 Mark für Rußland durchsetzten[119]. Bereits eine Woche zuvor, am 10. August, hatte der Stadtrat von Nürnberg mit den Stimmen seiner sozialistischen Mehrheit beschlossen, 50 000 Mark aus Stadtmitteln für die Hilfsaktion zur Verfügung zu stellen[120].

Den Hauptbeitrag zur internationalen Hilfe für die Hungernden leistete die American Relief Administration (ARA) unter dem späteren Präsidenten Herbert Hoover. Doch auch die Leistungen des IGB und der deutsche Anteil daran sind nicht gering einzuschätzen, vor allem, wenn man die schwierige wirtschaftliche Lage in Europa bedenkt. Sie wurden allerdings nach Angaben Willi Münzenbergs von den Leistungen der Internationalen Arbeiterhilfe EKKI (IAH) erheblich übertroffen. Bis zum 15. Januar 1922 waren in den IGB-Hilfsfonds aus Deutschland 83 585.75 Gulden eingegangen, nach dem damaligen Wechselkurs also 6 237 667 Mark. Insgesamt waren bis zu diesem Zeitpunkt 1 312 796,31 Gulden gespendet worden[121]. Die IAH hatte hingegen laut Willi Münzenberg bis zum 1. Juni 1922 5 214 513 Mark und 15 Millionen Mark Sachspenden aufgebracht[122]. Ein zeitgenössischer Bericht der *Pravda*, auf den sich der Historiker Michail Heller beruft, nennt etwas andere Relationen. Heller schreibt: „Im Mai 1922 versorgte die ARA 7 099 574 Menschen, die amerikanischen Quäker 265 000, die Internationale Kinderhilfsorganisation 259 751, das Nansen-Komitee 138 000, das Schwedische Rote Kreuz 87 000, das Deutsche Rote Kreuz 7 000, die englischen Gewerkschaften 92 000, die Internationale Arbeiterhilfe 78 011 Menschen."[123] Der IGB wird hier gar nicht erwähnt. Da jedoch auch die Hilfeleistungen der englischen Gewerkschaften in den gemeinsamen IGB-Fonds flossen, ist wohl dieser gemeint.

SPD und USPD stellten ihre Hilfsaufrufe bis etwa Anfang 1922 ein. Auch die IGB-Aktion erlahmte 1922 zunehmend und wurde zum Jahresende beendet[124]. Die IAH

---

[117] „Tschitscherin über die Rußlandhilfe des Obersten Rates", Freiheit Nr. 422 vom 9.9.1921; „Internationale Hilfskonferenz für Rußland", Freiheit Nr. 470 vom 7.10.1921. Noulens hatte enge Beziehungen zu den Sozialrevolutionären und wahrscheinlich auch den Aufstand der Linken Sozialrevolutionäre vom Juli 1918 unterstützt; von Rauch, Sowjetunion, S. 88 und S. 110.

[118] Gross, Münzenberg, S. 130; „Kampf gegen die Reaktion, Hilfe dem russischen Volk", Freiheit Nr. 435 vom 17.9.1921. Ein Entwurf des ADGB-Vorsitzenden Leipart für den ersten Hilfsaufruf, der scharfe Angriffe auf die Sowjetregierung enthalten hatte, war nicht zum Zuge gekommen; vgl. Quellen zur Gewerkschaftsbewegung, Bd. 2, S. 339f., Fußnote 7.

[119] Vorwärts Nr. 389 vom 19.8.1921, 1. Beilage und „Prügelszenen im Rathaus", Freiheit Nr. 385 vom 19.8.1921.

[120] „Nürnberg opfert für Rußland", Vorwärts Nr. 376 vom 11.8.1921.

[121] Korrespondenzblatt des ADGB Nr. 12 vom 25.3.1922, S. 160.

[122] Willi Münzenberg: Brot und Maschinen für Sowjet-Rußland. Ein Jahr proletarischer Hilfsarbeit. Berlin 1922, S. 19.

[123] Heller, Sowjetunion, S. 113.

[124] Münzenberg, Brot, S. 7 und S. 9. Die Durchsicht der sozialdemokratischen Zentralorgane bestätigt Münzenbergs Angaben. Vgl. auch Quellen zur Gewerkschaftsbewegung, Bd. 2, S. 622–686, hier: S. 666.

hingegen beschloß im Januar 1923, die Kampagne für Sowjetrußland auch nach dem Abschluß der Hungerhilfe unter der Parole „Produktive Wirtschaftshilfe" weiterzuführen. Sie fand auch einige Sozialdemokraten als Unterstützer[125]. Der Sozialdemokratie insgesamt fehlte dazu jedoch der Antrieb der emotionalen Identifikation mit Sowjetrußland.

Der Hungerstreik der Butyrki-Häftlinge

Ende 1921 veröffentlichte der aus der KPD ausgeschlossene ehemalige Vorsitzende dieser Partei, Paul Levi, Rosa Luxemburgs 1918 im Breslauer Gefängnis entstandene Schrift „Die russische Revolution"[126]. Diese Publikation war sensationell, denn die Vordenkerin und Märtyrerin der KPD zeigte sich darin als scharfe Kritikerin der Bolschewiki. Neben deren Agrar- und Nationalitätenpolitik tadelte sie vor allem die Beseitigung der Freiheitsrechte, wenngleich sie diesen „Fehler" relativierte, indem sie ihn auf den militärischen Druck, unter dem die Bolschewiki standen, zurückführte[127]. Ihre Ausführungen über Demokratie und Diktatur ließen Rosa Luxemburg den deutschen und russischen Sozialdemokraten als Kronzeugin ihrer eigenen Aufassungen erscheinen. Sie zitierten in ihren Organen ausführlich aus der Broschüre und attestierten der Autorin bestes sozialdemokratisches Denken[128]. Das rief ihre kommunistischen Kampfgefährten Adolf Warski und Clara Zetkin auf den Plan, die erklärten, daß Rosa Luxemburg nach der Entlassung aus dem Gefängnis den Anschluß an die Bolschewiki gefunden habe und ihre Kritik eine Folge ihrer Isolation in der Haft gewesen sei. Sie beriefen sich dabei in erster Linie auf Rosa Luxemburgs Aktionen und Schriften während der Novemberrevolution, als sie sich gegen eine Nationalversammlung, für das Rätesystem und auch für revolutionäre Gewalt ausgesprochen habe[129]. Tatsächlich hatte sie in einem in der Publikation von 1921 nicht enthaltenen Fragment schon im Oktober 1918 den Bolschewiki bescheinigt, den Weg zur Weltrevolution gebahnt zu haben. Vor diesem historischen Verdienst, so schrieb sie, „verschwinden wesenlos alle besonderen Irrtümer und Fehler der Bolschewiki"[130]. Alexander Stein nannte diese

---

[125] Edgar Lersch: Die auswärtige Kulturpolitik der Sowjetunion in ihren Auswirkungen auf Deutschland 1921–1929. Frankfurt a.M. 1979, S. 53f.

[126] Levis Publikation folgte dabei einer unkontrollierten Abschrift. Nachdem das Originalmanuskript dem Frankfurter Institut für Sozialforschung zugegangen war, stellte Felix Weil eine textkritische Untersuchung an und veröffentlichte Fragmente der Schrift, die in Levis Ausgabe nicht vorhanden waren. Felix Weil (Hrsg.): Rosa Luxemburg über die russische Revolution. Einige unveröffentlichte Manuskripte, in: Archiv für die Geschichte des Sozialismus und der Arbeiterbewegung hrsg. von Carl Grünberg. Jg. 8 (1928) (Nachdr. Graz 1966), S. 285–298.

[127] Rosa Luxemburg: Die russische Revolution, in: Ossip K. Flechtheim (Hrsg.): Rosa Luxemburg. Politische Schriften. Bd. 3. Frankfurt a.M. 1968, S. 106–141, hier: S. 135–140.

[128] „Die Stimme Rosa Luxemburgs. Kritik des Bolschewismus" und „Demokratie als Diktatur", Vorwärts Nr. 597 vom 19.12. und Nr. 601 vom 21.12. 1921; „Rosa Luxemburg gegen den Bolschewismus" und „Rosa Luxemburg gegen Dekretherrschaft und Terror", Freiheit Nr. 592 vom 20.12. und Nr. 594 vom 21.12. 1921. „Golos iz mogily" [„Die Stimme aus dem Grab"], Socialističeskij Vestnik Nr. 1 vom 1.1. 1922.

[129] A. Warski: Rosa Luxemburgs Stellung zu den taktischen Problemen der Revolution. Hamburg 1922; Clara Zetkin: Um Rosa Luxemburgs Stellung zur russischen Revolution. Hamburg 1922, insbes. S. 61–102.

[130] Vgl. Weil, Luxemburg, S. 289f.

Haltung eine „Verbeugung vor einer Illusion, deren Hohlheit sie selber durch ihre schonungslose ‚menschewistische' Kritik in ihrer Broschüre entlarvt hat, und sprach von einem tragischen Widerspruch in Rosa Luxemburgs Wesen"[131].

Daß Freiheit immer auch die Freiheit des Andersdenkenden sei, wie Rosa Luxemburg geschrieben hatte[132], war jedenfalls kein bolschewistischer Grundsatz. Die Einführung der NEP hatte Lenin mit der Ankündigung begleitet, von nun an werde man die Menschewiki und Sozialrevolutionäre „behutsam im Gefängnis halten"[133]. In einem Aufruf an alle sozialistischen Parteien und Gewerkschaften vom 28. Mai 1921 schilderten Martow und Abramowitsch die neue Verfolgungswelle gegen die oppositionellen Sozialisten. An die 2000 Mitglieder allein der Sozialdemokratischen Partei seien inhaftiert. Die Gefängnisse seien überfüllt, die hygienischen Verhältnisse unerträglich. Zwei Genossen seien infolgedessen bereits an Krankheiten gestorben. Im Moskauer Butyrki-Gefängnis seien Gefangene brutal geschlagen und Scheinhinrichtungen unterworfen worden. Die Appellanten forderten im Namen der proletarischen Solidarität zu Spenden für die Unterstützung der Verfolgten und ihrer Familien auf.[134] Der Aufruf hatte eine gute Resonanz. Der *Vorwärts*, die *Freiheit*, die *Leipziger Volkszeitung* und die gesamte USPD-Provinzpresse druckten ihn ebenso ab wie verschiedene sozialistische Zeitungen Frankreichs, Österreichs, der Schweiz und anderer Länder.[135] Ende Juli waren über 9000 Mark an Spenden eingegangen.[136] Dann allerdings wurde die Aufmerksamkeit für die verfolgten Sozialisten von der Hilfsaktion für die Hungernden Rußlands völlig verdrängt.

Unbemerkt von der deutschen Öffentlichkeit spitzte sich die Lage der sozialistischen Häftlinge, die ohne Gerichtsurteil zum Teil schon anderthalb Jahre inhaftiert waren, zu. Am 4. Januar begannen die im Moskauer Butyrki-Gefängnis inhaftierten Menschewiki, denen die Verbannung nach Turkestan drohte, einen unbegrenzten Hungerstreik mit der Forderung nach Freilassung oder einem offenen Gerichtsverfahren[137]. Bereits zwei Tage später war die sozialdemokratische Presse in Deutschland davon informiert. Lev Lande, ein 20jähriger Aktivist der Moskauer sozialdemokratischen Jugend, hatte in einem verschlüsselten Telegramm seinen in Berlin lebenden Vater über den Hungerstreik informiert[138].

---

[131] Alexander Stein: Sowjetrußland und Europa. Karlsbad o.J. [1936], S. 39f. Vgl. auch: A. Stein: Rosa Luxemburg und der Kommunismus. Typoskript (New York 1948) im Nl. Stein, IISG Amsterdam, Mappe 39. Zu ähnlichen Einschätzungen kommen: Manfred Scharrer: Von Erfurt nach Moskau. Ein ideengeschichtlicher Beitrag zu den Ursachen und Folgen der Spaltung der deutschen Arbeiterbewegung 1914–1919, in: Rolf Ebbighausen, Friedrich Tiemann (Hrsg.): Das Ende der Arbeiterbewegung in Deutschland? Ein Diskussionsband für Theo Pirker. Opladen 1984, S. 55–69; Gesine Schwan: Rosa Luxemburgs Stellung zu Freiheit und Sozialismus, in: GWU 39 (1988), S. 543–547.
[132] Luxemburg, Russische Revolution, S. 134.
[133] Abramovič, Men'ševiki, S. 278.
[134] Nachrichten der IASP, Juni 1921, S. 7f.
[135] „Presledovanija socialistov v Rossii i zapadno-evropejskij proletariat" [Die Verfolgung von Sozialisten in Rußland und das westeuropäische Proletariat], Socialističeskij Vestnik Nr. 11. vom 8. 7. 1921.
[136] „Pomošč' russkim tovariščam" [Die Hilfe für die russischen Genossen], „Socialističeskij Vestnik" Nr. 12 vom 22. 7. 1921.
[137] F. Dan: Dva goda skitanij [Zwei Jahre der Wanderschaft] (1919–1921). Berlin 1922, S. 241.
[138] Broido, Lenin and the Mensheviks, S. 131.

Am 7. Januar 1922 machten der *Vorwärts* und die *Freiheit* mit der Nachricht von dem Hungerstreik auf. Der Autor des *Freiheit*-Artikels forderte von der Sowjetregierung, „daß sie endlich mit Herrschaftsmethoden bricht, die nur geeignet sind, den Sozialismus und Kommunismus vor aller Welt zu kompromittieren und den Zusammenschluß des internationalen Proletariats aufzuhalten"[139]. Diesen Zusammenschluß sah der *Vorwärts* vor dem Hintergrund der sowjetischen Sozialistenverfolgung noch um einiges skeptischer. Im Hinblick auf eine von den französischen Sozialisten initiierte europäische Konferenz, an der Vertreter aller sozialistischen Strömungen, also auch Kommunisten, teilnehmen sollten, erklärte das SPD-Blatt: "Da erhebt sich sofort die Frage, ob es für Sozialdemokraten möglich ist, sich mit diesen Leuten an einen Tisch zu setzen, solange die russischen Greuel fortdauern." Sollte dies aber doch geschehen, so müsse als erster Tagesordnungspunkt die Behandlung von Sozialdemokraten in Rußland und in Georgien zur Sprache kommen[140].

Auf dem Leipziger USPD-Parteitag (8.–12. Januar 1922) sprach Raphael Abramowitsch als Gastdelegierter auch über den Hungerstreik im Butyrki-Gefängnis und ließ dabei seine Enttäuschung über die unzureichende Solidarität der westlichen Sozialisten mit den Opfern politischer Verfolgung in Rußland deutlich durchklingen[141]. Abramowitsch' Kritik fiel auf fruchtbaren Boden. Das Parteitagsbüro schlug unmittelbar darauf eine Resolution vor, in der die Behandlung der Butyrki-Gefangenen verurteilt und die Parteileitung aufgefordert wurde, alle geeigneten Mittel zu ergreifen, „um die sofortige Befreiung aller in Rußland und in dem von bolschewistischen Truppen besetzten Georgien zu erwirken"[142].

Am dritten Verhandlungstag, dem 11. Januar, trug am Vormittag der Verhandlungsleiter Wilhelm Dittmann eine Entgegnung der Wiener Dépendance der sowjetischen Nachrichtenagentur Rosta auf die Protestresolution des Parteitags vor. „Die Märchen über die angeblichen Leiden der Menschewiki sind einfache Verleumdungen", hieß es darin. Nicht, wie teilweise gemeldet, 300, sondern nur 34 Menschewiki sollten verbannt werden, jedoch nicht nach Turkestan. Sie hätten vielmehr die Wahl zwischen drei russischen Städten oder könnten „auf Kosten der Sowjetregierung", wie eigens hervorgehoben wurde, ins Ausland gehen. „Diese Maßnahmen sind in Anbetracht der schädigenden Handlungen außerordentlich mild."[143]

Raphael Abramowitsch erklärte dazu, er habe von 35 Gefangenen gesprochen, von denen einer wegen Flecktyphus inzwischen im Krankenhaus sei. Er wies darauf hin, daß die Gefangenen in der Verbannung von ihren Familien und Freunden getrennt seien und keine Möglichkeit hätten, ihren Lebensunterhalt zu erwerben. „Es ist höch-

---

[139] „Ein Hilferuf aus Rußland. Hungerstreik der politischen Gefangenen", Freiheit Nr. 11 vom 7. 1. 1922.

[140] Nachschrift zu dem Artikel „Die russische Tragödie" von H. Ströbel, Vorwärts Nr. 18 vom 11. 1. 1922. Zur sog. „Fünfländerkonferenz" vom Februar 1922 vgl. Konrad von Zwehls Einleitung zum Protokoll der Konferenz der drei internationalen Exekutivkomitees. Berlin, Bonn 1980, S. XVI; John F. P. Wrynn: The Socialist International and the Politics of Reconstruction. Amsterdam 1976, S. 36–38, S. 52–56, S. 93; Nachrichten der IASP, März 1922, S. 3-7. An der Konferenz nahmen, mit Ausnahme von Levis Kommunistischer Arbeitsgemeinschaft keine kommunistischen Parteien teil.

[141] Prot. USPD-PT Leipzig, S. 59.

[142] Ebenda.

[143] Ebenda, S. 140.

ster Zynismus, wenn man so was als Milde bezeichnet [...] Und doch ist es ein kleiner Sieg, daß die Leute nicht nach Turkestan verschickt werden, sondern nach dem europäischen Rußland. Es ist vielleicht der Sieg dieses Parteitages."[144]

Abramowitsch hatte recht. Was die Rosta als großzügiges Angebot der Sowjetregierung darstellte, war der Kompromiß, den sich die Gefangenen durch ihren Hungerstreik ertrotzt hatten. Dabei hatte, nach der Einschätzung Dans, die Kampagne der europäischen Arbeiterparteien und ihrer Presse eine bedeutende, vielleicht die entscheidende Rolle gespielt. Die Kampagne hatte eine Kontroverse im Politbüro ausgelöst, das mit drei gegen zwei Stimmen bei entschiedenem Widerstand Trotzkis das Kompromißangebot beschloß. Die Hungerstreikenden hatten von den Aktivitäten der westlichen Sozialisten erfahren, und es war ihnen auch zugetragen worden, welche Verstörung dies bei bei der bolschewistischen Führung hervorgerufen hatte, die damit nicht gerechnet hatte. Dies wiederum hatte den Durchhaltewillen der Gefangenen gestärkt[145].

Am 26. Januar brachen elf führende, aus der Haft entlassene menschewistische Politiker nach Deutschland auf[146]. Dies markierte zugleich das Ende der bis dahin noch halblegalen Existenz der Russischen Sozialdemokratischen Arbeiterpartei (RSDAP). Ihre letzten Vertreter verschwanden bald aus den Sowjets. Die kleine Restgruppe der Aktivisten der russischen Sozialdemokratie war fortan gezwungen, sich auf die Unterstützung der politischen Gefangenen und die illegale Verbreitung sozialdemokratischer Propaganda, insbesondere des in Berlin hergestellten *Socialističeskij Vestnik*, zu beschränken[147].

Konferenzvorbereitungen

Das Ziel der IASP oder „Wiener Union" war es, alle Strömungen des internationalen Sozialismus zu einer Aktionsgemeinschaft zusammenzuführen. Nachdem sie separate Verhandlungen mit der Zweiten Internationale abgelehnt hatte, sah sie, als im Dezember 1921 das EKKI die Einheitsfrontpolitik inaugurierte, eine günstige Situation für die Verwirklichung ihres Zieles gekommen[148]. Die IASP rief zu einer allgemeinen internationalen Konferenz aller sozialistischen Parteien auf, deren Tagesordnung zur Vermeidung politischer Zwistigkeiten auf zwei Probleme beschränkt werden sollte, nämlich: 1. die ökonomische Lage Europas und die Aktion der Arbeiterklasse und 2. den Abwehrkampf des Proletariats gegen die Reaktion[149]. Tatsächlich erklärte sich dann auch die Kommunistische Internationale zu Vorgesprächen ohne weitere Bedingungen bereit[150]. Die Exekutive der Zweiten Internationale hingegen forderte in ihrem Antwortschreiben an die IASP, die Frage Georgiens und des Selbstbestimmungsrechts der Völker sowie die Befreiung der politischen Gefangenen müßten ebenfalls auf die Tagesordnung

---

[144] Ebenda.
[145] Dan, Dva goda, S. 243–250.
[146] Zu den Umständen der Abreise ebenda, S. 257–267.
[147] Broido, Lenin and the Mensheviks, S. 132.
[148] Nachrichten der IASP, November 1921, S. 2f.; Ritter, II. Internationale, Einleitung, S. 94.
[149] „Für eine internationale sozialistische Konferenz", Freiheit Nr. 27. vom 17. 1. 1922; Nachrichten der IASP, Februar 1922, S. 1f.
[150] Braunthal, Internationale, S. 259.

gesetzt werden. Außerdem äußerte sie Vorbehalte wegen eventueller spalterischer Absichten der Kommunisten[151].

Entschieden gegen die geplante Konferenz war der Vorstand der SPD, weil er, wie Otto Wels am 31. Januar 1922 an den Vorsitzenden der Labour Party, Arthur Henderson, schrieb, in der von den Kommunisten proklamierten Einheitsfront nur ein unfaires taktisches Manöver zur Spaltung und Zerstörung der Zweiten Internationale sehe. Wels schlug stattdessen vor, Henderson solle über die britischen Gewerkschaften versuchen, die Londoner (= Zweite), die Wiener (= IASP) und die Amsterdamer Internationale (= IGB) aus Anlaß der bevorstehenden Staatenkonferenz in Genua zu gemeinsamen Aktionen zu bewegen. Auf diese Weise könne man Einfluß auf die Genua-Konferenz nehmen und gleichzeitig die Kommunisten isolieren „as much they should not like it"[152]. Die IASP hatte allerdings schon im Oktober 1921 deutlich erklärt, daß sie genau letzteres nicht wollte[153]. Und gerade wegen der Genua-Konferenz entwickelten die Kommunisten so starkes Interesse für den Vorschlag einer internationalen sozialistischen Tagung. Das Kernthema in Genua war der von Walter Rathenau inspirierte und vom britischen Premierminister Lloyd George aufgenommene und entwickelte Plan, ein internationales Wirtschaftskonsortium für den ökonomischen Wiederaufbau Rußlands zu schaffen und damit zugleich die Lösung des deutschen Reparationsproblems zu verknüpfen. Dem geplanten Konsortium sollte dabei ein starker Einfluß zukommen, so vor allem das Kontrollrecht über die Verwendung von Krediten. Die Bolschewiki, die an Wirtschaftshilfe durchaus interessiert waren, lehnten solche weitreichenden Eingriffsrechte von Kapitalisten jedoch ab[154]. Das Hauptanliegen, das die Bolschewiki bei Verhandlungen mit den beiden sozialistischen Internationalen verfolgen wollten, war daher die Einberufung eines internationalen Arbeiterkongresses nach Genua parallel zur Staatenkonferenz[155]. Damit sollte die Verhandlungsposition der Sowjetunion gestärkt werden. Für die von der IASP vorgeschlagene Tagesordnung wünschte das erweiterte Plenum des EKKI im Februar dementsprechend die zusätzlichen Punkte „Vorbereitung des Kampfes gegen einen neuen imperialistischen Krieg", „Hilfe bei der Wiederherstellung der Wirtschaft Sowjetrußlands" und „Wiederaufbau der zerstörten Gebiete und der Versailler Vertrag"[156].

Allein die anhaltende Empörung der Sozialdemokraten über die Eroberung Georgiens und politische Verfolgung in Rußland hätte Konfliktstoff genug geboten, um den Kommunisten das Erreichen ihrer Ziele auf der geplanten Konferenz zu erschweren. Da wurde Anfang März bekannt, daß in Moskau ein politischer Prozeß gegen die Führungsgruppe der Partei der Sozialrevolutionäre vorbereitet wurde und möglicherweise sogar ihr Leben bedroht war. Am 5. März hatte Raphael Abramowitsch in der *Freiheit* unter der Überschrift „Terrorismus gegen Verständigungswillen" darüber in-

---

[151] Nachrichten der IASP, März 1922, S. 2.
[152] Wels' Brief ist abgedruckt bei Ritter, II. Internationale, S. 94, Fußnote 563.
[153] Nachrichten der IASP, November 1921, S. 2–4.
[154] Krummacher/Lange, Krieg und Frieden, S. 123; Hermann Graml: Europa zwischen den Kriegen. München ⁵1982, S. 126–129.
[155] Ernst Massmann (Hrsg.): Ein Dokument der Kommunistischen Internationale zur Berliner Konferenz der drei Internationalen 1922, in: BzG 14 (1972), S. 463–470, hier: S. 469; Donneur, Histoire de l'UPS, S. 181.
[156] Massmann, Dokument, S. 466.

6. Die deutsche Sozialdemokratie und Sowjetrußland (1920–1922) 151

formiert und zur Solidarität mit den Angeklagten aufgerufen, die bereits seit 1919 im Butyrki-Gefängnis einsaßen[157]. Am 8. März forderte das Mitglied der sozialrevolutionären Auslandsdelegation Rubanovič die II. Internationale zum Protest gegen den Prozeß auf[158]. Es folgten Appelle der Auslandsdelegationen der Menschewiki und der Sozialrevolutionäre zur Solidarität mit den Angeklagten, die eine starke Resonanz fanden[159].

Die USPD protestierte am 14. März in einem Schreiben an die Sowjetregierung gegen den Prozeß[160]. Der Vorstand des ADGB sandte am 15. März ein Telegramm an Lenin, in dem er im Namen von acht Millionen organisierten Arbeitern um eine Amnestie für die Sozialrevolutionäre bat[161]. Zwei Tage später forderte Friedrich Adler als Sekretär der IASP in einem Telegramm an die Komintern ein faires Gerichtsverfahren und eine Kontrolle des internationalen Proletariats darüber, „wo es sich um Fehler, die aus der Leidenschaft für das bedrohte Schicksal des Proletariats, wo es sich um wirkliche Verbrechen konterrevolutionären Charakters handelt". Er äußerte die Besorgnis, daß der geplante Prozeß die angestrebte internationale Einheitsfront beeinträchtigen werde[162]. Adlers relativ zurückhaltendes Schreiben stieß allerdings auf scharfe Kritik der Auslandsdelegation der SR, die ihm vorwarfen, darin die bolschewistische Jurisdiktion im Grunde anerkannt zu haben[163].

In den Direktiven, die das Präsidium des EKKI am 16. März 1922 seinen Vertretern auf der für Anfang April anberaumten Sitzung der Exekutivkomitees der drei Internationalen erteilte, wurde eine offensive Haltung gegenüber der zu erwartenden sozialdemokratischen Kritik an der Komintern und an Sowjetrußland festgeschrieben. „Unverschämte Erklärungen" gegen den bolschewistischen Terror sollten mit dem Hinweis auf den schweren Kampf der russischen Arbeiter beantwortet werden, die dabei Störungen nicht erlauben würden, auch nicht, wenn solche im Namen der „Freiheit" oder „sozialdemokratischer Prinzipien" erfolgten. Hinzuzufügen sei, daß die Menschewiki seit fünf Jahren faktisch eine Block mit den Sozialrevolutionären bildeten, „die auch heute noch die aktivsten Agenten der ausländischen Intervention sind und sich mit terroristischer Tätigkeit gegen die russischen Kommunisten beschäftigen"[164]. Wenn Georgien angesprochen werde, sollten die kommunistischen Vertreter die Politik Großbritanniens, Frankreichs, Hollands und Belgiens in ihren Kolonien zur Sprache bringen[165]. Neben einer Arbeiterkonferenz in Genua hatten die Kominternvertreter außerdem einen inter-

---

[157] Freiheit, Nr. 109 vom 5. 3. 1922.
[158] Telegramm Rubanovitch an MacDonald, 8. 3. 1922, IISG Amsterdam, Archiv Labour and Socialist International (LSI), A 93/1.
[159] „Hilferuf gegen Moskau", Vorwärts Nr. 125 vom 15. 3. 1922; „An die sozialistischen Parteien aller Länder", Freiheit Nr. 125 vom 15. 3. 1922; „Die Sozialistenrevolutionäre gegen die Sowjetregierung", LVZ Nr. 63 vom 15. 3. 1922.
[160] Donneur, Histoire de l'UPS, S. 186.
[161] „Gewerkschaftsappell an Moskau", Vorwärts Nr. 127 vom 16. 3. 1922; Telegramm Auslandsdelegation der SR an MacDonald 16. 3. 1922. Archiv LSI, A 93/44. (Die SR übermittelten den Text der Proteste der USPD und des ADGB.)
[162] Nachrichten der IASP, März 1922, S. 6f.
[163] Marc Jansen: A Show Trial under Lenin. The Trial of the Socialist Revolutionaries, Moscow 1922. The Hague usw. 1982, S. 33.
[164] Massmann, Dokument, S. 468f.
[165] Ebenda, S. 469.

nationalen Streik am Tag des Beginns der Staatenkonferenz oder am 1. Mai zu fordern[166]. Begleitend sollten in allen europäischen Metropolen kommunistische Kundgebungen abgehalten[167] und die Sozialdemokratie von der kommunistischen Presse verschärft angegriffen werden[168].

Diese gleichzeitige Umarmungs- und Konfliktstrategie war ein Musterbeispiel kommunistischer Einheitsfrontpolitik. Die SPD war wohl nicht die einzige Partei in der II. Internationale, der der neue Kominternkurs sofort verdächtig war. Doch wollte man nicht als Saboteur der Einheitsbestrebungen dastehen, womit die IASP verprellt worden wäre. Otto Wels, der im Januar von der Konferenz abgeraten hatte, erklärte bei der Sitzung der Exekutive der Zweiten Internationale am 1. April 1922, eine Annäherung zwischen „Moskau und Wien" sei nicht zu befürchten, weil das für die Wiener Union den Austritt der französischen Sozialisten zur Folge hätte[169].

Für die IASP war die Herstellung einer Aktionseinheit das zentrale Motiv. Daneben war aber auch bei ihr das Mißtrauen gegen Lloyd Georges Konsortiumsprojekt verbreitet. In der *Freiheit* schrieb Alexander Stein, es liege nicht im Interesse Deutschlands, der „Sklavenaufseher und Steuereinnehmer" des internationalen Kapitals in Rußland zu werden[170], womit er auf das ursprüngliche Konzept Lloyd Georges anspielte, die Erschließung des russischen Marktes mit der Lösung des Problems der deutschen Reparationen zu verknüpfen. Gewinne deutscher Firmen im Rußlandgeschäft, mit dem man in Deutschland die größte Erfahrung hatte, hätten demnach zur Hälfte auf das Reparationskonto gehen sollen[171]. Aufgrund des französischen Widerstandes gegen eine Behandlung der Reparationsfrage in Genua war dieser Aspekt schon vor Beginn der Konferenz passé[172]. Von der Befürchtung, die in Genua versammelten bürgerlichen Regierungen würden versuchen, die Wirtschaftshilfe „in eine Versklavung Rußlands zu verwandeln", war auch ein gemeinsamer Aufruf der Zentralkomitees der RSDAP und des „Bund" („Allgemeiner Jüdischer Arbeiterbund") geprägt. In dem am 16. Februar in Moskau verabschiedeten Appell wurden alle sozialistischen Parteien und Arbeiterorganisationen aufgefordert, für die bedingungslose diplomatische Anerkennung Sowjetrußlands einzutreten[173].

Bei einem Treffen der Exekutiven der Zweiten Internationale und der IASP betonte Raphael Abramowitsch als Vertreter der Menschewiki, das Scheitern der Konferenz würde die Kommunisten von moralischen Verpflichtungen entbinden und könnte eine neuerliche Welle des Terrors in Rußland zur Folge haben[174]. Diese Haltung hatte die

---

[166] Ebenda.
[167] Ebenda, S. 470.
[168] Serge, Erinnerungen, S. 187; Eberhard Köhler: Die Politik der KPD gegenüber der SPD 1920–1933. Unveröffentlichte Magisterarbeit (masch.) München o. J., S. 47.
[169] Prot. Exekutivsitzung LSI, 1. Apr. 1922. Archiv LSI, A 6.
[170] Alexander Stein: Genua, in: Freiheit Nr. 169 vom 9. 4. 1922.
[171] Linke, Deutsch-sowjetische Beziehungen, S. 168.
[172] Ebenda, S. 171f.
[173] „Kommt Rußland zu Hilfe!", Freiheit Nr. 111 vom 7. 3. 1922; LVZ Nr. 56 selber Titel, selbes Datum; russische Fassung: „Ko vsem socialističeskim partijam i rabočim organizacijam" [An alle sozialistischen Parteien und Arbeiterorganisationen], Socialističeskij Vestnik Nr. 5 vom 5. 3. 1922.
[174] Prot. Gemeinsames Treffen der Exekutiven der Zweiten Internationale und der IASP, Berlin 3. 4. 1922. Archiv LSI, A 6.

Menschewiki schon zuvor bewogen, Friedrich Adler darin zu unterstützen, die Zweite Internationale von ultimativen Vorbedingungen für ihre Beteiligung an der Konferenz – Freilassung der gefangenen Sozialisten in Rußland, Selbstbestimmung für Georgien, keine kommunistische Zellenbildung in den Gewerkschaften – abzubringen[175]. Der Verzicht der Zweiten Internationale auf diese Vorbedingungen bedeutete jedoch keineswegs, daß sie bereit war, diese Themen ohne weiteres auszuklammern.

Die Berliner Konferenz der drei internationalen Exekutivkomitees

„Paris ist eine Messe wert. Um die internationale Zusammenarbeit mit den französischen Genossen zu ermöglichen, hat sich die Exekutive der ‚Zweiten' bereit erklärt, sich unter gewissen Voraussetzungen mit den Moskauern zu begegnen. Praktische Resultate von einer solchen Begegnung zu erwarten, wird jedoch kein Optimist optimistisch genug sein", schrieb der *Vorwärts* im Hinblick auf die Zusammenkunft der drei Exekutivkomitees. Der einzig mögliche Zweck einer solchen Konferenz könne die Diskussion der politischen Repression in Rußland sein[176]. Damit war die Marschroute der Zweiten Internationale im wesentlichen umschrieben.

Die Begegnung der drei internationalen Exekutivkomitees fand vom 2. bis 5. April im Berliner Reichstag statt. Jede Exekutive war durch zehn Delegierte vertreten, auf Wunsch Radeks konnte die Presse den Verhandlungen beiwohnen[177]. Für die Zweite Internationale sprach zunächst Emile Vandervelde. Er ging auf die Frage des Selbstbestimmungsrechts der Völker ein und erklärte, die Ukrainer, Armenier und Georgier seien dieses Rechtes beraubt. Von der Komintern verlangte er „Garantien gegen die Versuche der Zellenbildung, Garantien für die freie Vertretung der Völker, deren Gebiet ihr besetzt haltet, und endlich Garantien für das Verteidigungsrecht der Gefangenen", d. h. der 47 angeklagten Sozialrevolutionäre[178].

Der französische Sozialist Paul Faure, der für die IASP sprach, hieb in die gleiche Kerbe. Die Voraussetzung der Einheitsfront seien gleiche politische Rechte für die sozialistischen Parteien und die Arbeiter und Bauern Rußlands. Ihnen müsse die Freiheit politischer und wirtschaftlicher Selbstbetätigung wiedergegeben werden, ebenso wie den Georgiern ihr Selbstbestimmungsrecht. Todesurteile gegen die angeklagten Sozialrevolutionäre würden die Fortführung „der mit der gegenwärtigen Konferenz begonnenen Aktion unmöglich machen", stellte Faure fest[179].

Ganz im Einklang mit den EKKI-Direktiven und in äußerst polemischer Form wies Radek für die Komintern zunächst die gestellten Bedingungen zurück[180], zeigte sich aber in einer zweiten Verhandlungsrunde doch zu Zugeständnissen bereit[181].

---

[175] Brief Martow, Abramowitsch, Dan an Exekutive IASP [undatiert, ohne Ort] Archiv LSI, A 9; Getzler, Martov, S. 213; Sigel, Zweite Internationale, S. 47.
[176] „Die Fünfländer-Konferenz", Vorwärts Nr. 100 vom 28. 2. 1922.
[177] Braunthal, Internationale, S. 263.
[178] Protokoll der Internationalen Konferenz der drei Exekutivkomitees. Wien 1922. [Nachdr. Berlin, Bonn 1980], S. 6. Die SR hatten einige der in Moskau Angeklagten als Delegierte zur Berliner Konferenz benannt und dieser ein umfangreiches Memorandum über die politische Verfolgung in der Sowjetunion vorgelegt. Ein Exemplar davon in IISG Amsterdam, Nl. Dan, Nr. 15.
[179] Protokoll Exekutivkomitees, S. 16.
[180] Ebenda, S. 17–20.
[181] Ebenda, S. 41 f.

Die Konferenz endete mit einer Reihe von Kompromissen, die sich in der abschließenden gemeinsamen Erklärung der drei Exekutivkomitees widerspiegeln. Ihr Ziel eines gemeinsamen Weltarbeiterkongresses während der Konferenz von Genua konnte die Komintern wegen des Widerstandes der Zweiten Internationale nicht erreichen. Diese hatte eingewandt, ein solcher Kongreß könne so kurzfristig nicht organisiert werden. Es wurde aber prinzipielle Einigkeit über die Notwendigkeit der möglichst raschen Einberufung einer allgemeinen Konferenz bekundet[182].

Als Ersatz sollten während der Genuakonferenz am 20. April oder am 1. Mai internationale Massenkundgebungen stattfinden, in denen für die Solidarität mit der russischen Revolution, die Aufnahme voller Beziehungen zwischen allen Staaten und Sowjetrußland und die proletarische Einheitsfront demonstriert werden sollte[183]. Ein wichtiger Erfolg der Sozialdemokraten war das Zugeständnis der Komintern, die angeklagten Sozialrevolutionäre sollten freie Verteidigerwahl haben, und in ihrem Prozeß würden keine Todesurteile gefällt werden[184]. Damit konnte der Vorschlag von Ramsey MacDonald, westliche Sozialdemokraten als Verteidiger zu entsenden[185], verwirklicht werden.

Wesentlich weniger verbindlich war die gemeinsame Erklärung in Bezug auf Georgien. Die Exekutivkomitees seien bereit, „das von verschiedenen Seiten in Aussicht gestellte Material über die Frage Georgiens entgegenzunehmen und einer Prüfung zu unterziehen", heißt es darin. Das Organisationskomitee solle die Schlußfolgerungen sammeln und einer späteren Konferenz der drei Exekutivkomitees Bericht erstatten[186].

Wie brüchig das erzielte Kompromißpaket war, ließen schon die Erklärungen ahnen, die von verschiedenen Personen und Gruppen eigens zu Protokoll gegeben wurden. So legte der georgische Sozialdemokrat Iraklij Cereteli Wert auf die Feststellung, Radek habe zugegeben, daß die Invasion in Georgien wegen des transkaukasischen Erdöls erfolgt sei. Daß dies trotz der Kooperationsbereitschaft der georgischen Regierung geschehen sei, zeige, daß es sich um ganz gewöhnlichen Imperialismus handle[187]. Die SPD vermerkte zu dem Vorschlag Radeks, die Sozialrevolutionäre sollten gegen die inhaftierten Teilnehmer des mitteldeutschen Aufstandes ausgetauscht werden, dieser sei unmoralisch und abscheulich, entbehre aber nicht einer gewissen symbolischen Bedeutung, „denn sowohl die einen wie die anderen sind Ihre Opfer, die Opfer der Moskauer Internationale"[188]. In ähnlichem Tenor stellte die IASP zur kommunistischen Weigerung, eine Erklärung über die Befreiung der politischen Gefangenen zu unterstützen, fest, „daß die Kommunistische Internationale soviel Wert auf die fernere Gefangenhaltung von Sozialisten in Rußland legt, daß sie bereit war, dafür den Kampf für die Befreiung von proletarischen politischen Gefangenen, die in den Kerkern der kapitalistischen Staaten schmachteten, preiszugeben"[189].

---

[182] Ebenda, S. 47.
[183] Ebenda.
[184] Ebenda.
[185] Ebenda, S. 23. Die Idee dazu stammt von der Auslandsdelegation der Sozialrevolutionäre, die sie E. Vandervelde am 1. 4. 1922 unterbreitet hatte. Sie hoffte, dieser Akt der Solidarität würde die russischen Massen beeindrucken. Brief im Archiv LSI, A 93/30.
[186] Protokoll Exekutivkomitees, S. 47.
[187] Ebenda, S. 52.
[188] Ebenda.
[189] Ebenda.

Lenin dagegen erklärte am 11. April in der *Pravda*: „Wir haben zu teuer bezahlt." Er nannte die Zusicherung der freien Verteidigerwahl und des Verzichts auf Todesurteile im Prozeß der Sozialrevolutionäre „nichts anderes als ein politisches Zugeständnis, das das revolutionäre Proletariat der reaktionären Bourgeoisie gemacht hat"[190]. Trotzki und Radek hingegen verwiesen auf die immer noch beträchtliche Arbeitergefolgschaft der beiden nicht-kommunistischen Internationalen. Mit den Garantien für die angeklagten Sozialrevolutionäre mache man „der rückständigen Gesinnung dieser betrogenen Massen eine Konzession"[191].

Rapallo

Am 10. April waren in Genua Vertreter von 28 Staaten, darunter auch Deutschlands und Sowjetrußlands, nicht jedoch der USA, zu der von Lloyd George initiierten Wirtschaftskonferenz zusammengetreten. Am 19. Mai trennten sie sich wieder, ohne zu nennenswerten Ergebnissen gekommen zu sein. Das galt allerdings nicht für zwei der Teilnehmerstaaten, nämlich für Deutschland und Rußland. Die beiden „Parias" der Konferenz hatten am 16. April ein Abkommen geschlossen, das als Sensation empfunden wurde, freilich nicht allseits als eine erfreuliche. Der Vertrag, der im Quartier der russischen Delegation im 20 Kilometer östlich vom Konferenzort gelegenen Rapallo unterzeichnet worden war, war ausschlaggebend für die Ergebnislosigkeit der Genua-Konferenz. Deutschland hatte darin Sowjetrußland als erster großer europäischer Staat diplomatisch anerkannt und es ihm somit ermöglicht, seine politische Isolation zu durchbrechen. Es verzichtete auf Entschädigung für sozialisiertes deutsches Eigentum in Rußland, sofern nicht anderen Ländern eine solche gewährt werden würde. Außerdem verpflichtete es sich, sich an Unternehmungen wie dem Konsortiumsprojekt Lloyd Georges nur im Einvernehmen mit der Sowjetregierung – und das hieß nach Lage der Dinge: überhaupt nicht – zu beteiligen. Da Deutschland dabei die zentrale Rolle bei der Erschließung des russischen Marktes zugekommen wäre, war dieses Projekt damit hinfällig. Der Rapallovertrag ermöglichte es der sowjetischen Delegation, den Bedingungen, die die Ententestaaten für die wirtschaftliche Zusammenarbeit stellten, auszuweichen[192]. Der Preis, den die Sowjets dafür bezahlten, war der in Artikel 1 des Vertrages festgelegte gegenseitige Verzicht auf alle Erstattungen von Kriegskosten und -schulden. Damit war die Drohung des Artikels 116 des Versailler Vertrages beseitigt, in dem einer russischen Regierung das Recht vorbehalten worden war, von Deutschland Reparationen zu fordern.

Als Anfang 1922 von russischer Seite Deutschland gegenüber Andeutungen über eine mögliche Annäherung Frankreichs an Sowjetrußland gemacht wurden, war der Artikel 116 auch in der sozialdemokratischen Presse diskutiert worden[193]. Spekulationen, Ruß-

---

[190] V. I. Lenin: Wir haben zu teuer bezahlt, in: Lenin, Werke Bd. 33, S. 316–320; S. 316f. („Pravda" Nr. 81 vom 11. 4. 1922).
[191] An den Pranger! (Zum Prozeß der Sozialrevolutionäre). Hamburg 1922, S. 55f. (Trotzki, von ihm ist das Zitat) und S. 119f. (Radek).
[192] Vertragstext und ergänzende Note Čičerins bei Peter Krüger: Versailles. Deutsche Außenpolitik zwischen Revisionismus und Friedenssicherung. München 1986, S. 178–181. Zur Wirkung: S. 112f.
[193] Vgl. dazu Linke, Deutsch-sowjetische Beziehungen, S. 178ff.; „Sowjetrußland am Scheidewege!", Vorwärts Nr. 67 vom 9. 2. 1922.

land würde zur Kompensation seiner Kriegs- und Vorkriegsschulden seine Reparationsansprüche aus dem Artikel 116 an Frankreich abtreten, hielt der *Vorwärts* für wenig stichhaltig. Rußland werde kaum „für ein Linsengericht" von 800 Millionen Goldfrancs Reparationsforderungen Schulden in Höhe von 20 Milliarden Goldfrancs anerkennen, rechnete das SPD-Blatt vor. Der Artikel 116 setze außerdem für die Anerkennung Sowjetrußlands als Reparationsgläubiger eine einheitliche Entscheidung der alliierten und assoziierten Mächte voraus. Mit der Zustimmung Washingtons und Londons sei aber nicht zu rechnen[194]. Als Druckmittel gegen Deutschland ungeeignet war der Artikel 116 auch nach Meinung der *Freiheit*. Das USPD-Organ verwies auf das Londoner Ultimatum vom 5. Mai 1921, in dem 132 Milliarden Mark als Obergrenze für die Reparationen festgelegt worden sei. Reparationen für Rußland müßten aus diesem Betrag kommen[195].

Der sowjetische Historiker A. Korsunskij stuft die Diskussion über den Artikel 116 in der sozialdemokratischen Presse als ein Manöver ein, mit dem die Außenpolitik Sowjetrußlands, das ja den Versailler Vertrag ablehnte, in den Augen der deutschen Arbeiter diskreditiert werden sollte[196]. Der Vorwurf verkennt die Realität, denn die Spekulationen über ein französisch-sowjetisches Geschäft mit dem Artikel 116 gehen auf sowjetische und auf Hinweise aus der Ostabteilung des Auswärtigen Amtes in Berlin zurück, die beide eine deutsch-sowjetische Annäherung fördern wollten[197], und sie wurden in der sozialdemokratischen Publizistik weit überwiegend als unrealistisch eingestuft. Dennoch ist es bezeichnend, daß das Argument, die Sowjetregierung hätte mit einem derartigen Manöver nicht nur gegen ihre eigenen Prinzipien verstoßen, sondern sich auch „in den Augen der deutschen Arbeiterklasse hoffnungslos diskreditiert", das der westdeutsche Historiker Hermann Graml vorbringt[198], in den zeitgenössischen sozialdemokratischen Beiträgen nicht auftaucht. Man traute der sowjetischen Politik offensichtlich vieles zu und hielt die Interessen der deutschen Arbeiterschaft nicht für einen ihrer ausschlaggebenden Faktoren.

Reichspräsident Ebert und der sozialdemokratische Vizekanzler Bauer, die in Berlin geblieben waren, waren über die Nachricht vom Abschluß des Rapallo-Vertrages nicht gerade glücklich. Bauer hielt die Russen nicht für vertragsfähige Partner und den Artikel 116 nicht für eine wirkliche Bedrohung. Er werde von der sowjetischen Seite nur als Bluff benutzt. Der Rapallo-Vertrag, meinte Bauer, habe für Deutschland keine günstige Lage geschaffen[199].

In der Tat fühlten sich die Westmächte vor den Kopf gestoßen und befürchteten ein antiwestliches deutsch-russisches Bündnis. Die möglichen Rückwirkungen bereiteten Reichspräsident Ebert Sorge. In Berlin beurteile man die Lage mit Blick auf die Repara-

---

[194] „Frankreich und Rußland", Vorwärts Nr. 79 vom 16. 2. 1922.
[195] „Russisch-französisches Doppelspiel", Freiheit Nr. 86 vom 20. 2. 1922.
[196] A. Korsunskij: Rapall'skij dogovor i nemeckaja social-demokratija, in: Voprosy istorii Nr. 8, 1950, S. 91–101, hier: S. 98f.
[197] Vgl. Anm. 193 und Graml, Europa, S. 142–144.
[198] Graml, Europa, S. 143.
[199] AdR. Die Kabinette Wirth I und II, 10. Mai 1921 bis 26. Oktober 1921, 26. Oktober 1921 bis 22. November 1922. Bearb. von Ingrid Schulze-Bidlingmaier. 2 Bde. Boppard 1973, Bd. 2, Nr. 250 (Kabinettssitzung 19. 4. 1922), S. 718. ADAP, Serie A Bd. 6: März bis Dezember 1922. Göttingen 1988, Nr. 67 (Ministerialrat Kempner (Reichskanzlei) an Vortragenden Legationsrat Simon (z. Z. Genua), Berlin 21. 4. 1922), S. 143.

tionsfrage sehr ernst, telegraphierte er am 19. April an Reichskanzler Wirth, der die Genua-Delegation leitete. Er schlug vor, die deutsche Delegation solle zwischen den Russen und der Entente vermitteln und auf diese Weise das deutsch-russische Abkommen in eine allgemeine Übereinkunft einbinden[200].

Möglicherweise steht mit diesem – gescheiterten – Versuch, den Rapallo-Vertrag zu „entschärfen", auch die zurückhaltende Berichterstattung des *Vorwärts* in Zusammenhang. Er überschrieb die Meldung vom Vertragsschluß mit der Schlagzeile „Deutschrussisches Wirtschaftsabkommen", obwohl er gleichzeitig auch schon den Vertrag im Wortlaut abdruckte, und kam zu der skeptischen Einschätzung: „Rein gefühlsmäßig möchten wir zwar denen Recht geben, die glauben, daß auch später das gleiche Ergebnis zustandegekommen und für die Gegenwart außenpolitische Komplikationen zu vermeiden gewesen wären." Vorerst aber, meinte der Kommentator, müsse man sich auf die Urteilskraft der Regierungsvertreter in Genua verlassen[201]. Gegen die ausländische, vor allem die scharfe französische Kritik, betonte der *Vorwärts*, der Rapallo-Vertrag leite keinen Kurswechsel der deutschen Außenpolitik ein und sei kein deutschrussischer Zweibund gegen Frankreich. Als Voraussetzung für die allgemeine Billigung des Vertrages in Deutschland verlangte das Blatt jedoch den Nachweis, daß er das letzte Mittel gewesen sei, „um einen gegen Deutschlands Interessen gerichteten Abschluß zwischen Rußland und der Entente zu verhindern"[202].

Der Chefredakteur der *Neuen Zeit*, Heinrich Cunow, glaubte, daß die Möglichkeit eines derartigen Abschlusses durchaus bestanden habe[203], und der außenpolitische Berichterstatter der Zeitschrift, J. Steiner-Jullien, erklärte, der „Meisterstreich" von Rapallo habe verhindert, daß Rußland mittels der deutschen Technik und der deutschen Arbeiterschaft zum Ausbeutungsobjekt der Alliierten gemacht worden wäre[204]. Kaum diskussionswürdig erscheint die Stellungnahme der *Sozialistischen Monatshefte*, welche, besessen von den für ihre „Kontinentalpolitik" kennzeichnenden antibritischen Emotionen, den Vertrag als „englische Generalmobilmachung der europäischen Völker gegen Frankreich" einstuften[205].

Ähnlich uneinheitlich waren die Reaktionen bei der USPD. Schon am 4. April, als die russische Delegation zur Konferenz der drei Internationalen den Aufenthalt in Berlin zu einem Gespräch mit Reichskanzler Wirth nutzte, hatte die *Leipziger Volkszeitung* dies ausdrücklich begrüßt und die Hoffnung ausgedrückt, es werde ein deutsch-russischer Gegenpol zu dem „Machtzentrum im ententistischen Westen" geschaffen werden[206]. Folglich begrüßte die LVZ auch den Rapallo-Vertrag vorbehaltlos. Sie betrachtete die deutsch-russische Kooperation auf der Konferenz von Genua als Ausdruck der „Teilung der Welt in ausbeutende und ausgebeutete Staaten"[207]. Etwas gedämpfter, aber

---

[200] ADAP Serie A, Bd. 6, Nr. 65 (Reichspräsident Ebert an die deutsche Delegation in Genua. Berlin, 19. 4. 1922), S. 139f.
[201] Vorwärts, Nr. 181 vom 18. 4. 1922.
[202] „Kein Kurswechsel", Vorwärts Nr. 186 vom 20.4. und „Frankreichs Raserei", ebenda, Nr. 191 vom 23. 4. 1922.
[203] Heinrich Cunow: Epilog zur Genueser Tragikomödie, in: NZ Nr. 9 vom 26. 5. 1922, S. 193–199, hier: S. 197f.
[204] J. Steiner-Jullien: Außenpolitische Rundschau. Ebenda, S. 113–116.
[205] Ludwig Quessel: Ein Blick auf Genua, in: SM Nr. 10 vom 1. 5. 1922, S. 385–391, hier: S. 385.
[206] „Die russische Delegation bei Dr. Wirth", LVZ Nr. 80 vom 4. 4. 1922.
[207] „Eine deutsch-russische Bombe in Genua", LVZ Nr. 90 vom 18. 4. 1922.

dennoch wohlwollend nahm die *Freiheit* den Rapallo-Vertrag auf. Die Unabhängigen hätten schon seit langem die Herstellung voller Beziehungen zu Sowjetrußland gefordert, die Entwicklung also vorausschauend richtig beurteilt; die Gesetze der Ökonomie hätten sich einmal mehr als entscheidender Bestimmungsfaktor des politischen Geschehens erwiesen[208].

Wesentlich skeptischer zeigte sich der außenpolitische Experte der USPD, Rudolf Breitscheid. Er sah im Abschluß des Rapallo-Vertrages ein „gewagtes Spiel". Zwar, so räumte er ein, sei mit der Aufnahme voller Beziehungen zu Sowjetrußland unter Verzicht auf Entschädigungen und Wiedergutmachungen ein altes Anliegen der USPD erfüllt worden. „Und dennoch", schrieb er am 22. April in seiner Zeitschrift *Der Sozialist,* „ist uns bei der Sache keineswegs wohl." Die Art des Zustandekommens und der Zeitpunkt des Vertragsschlusses gäben Anlaß „zu den allerstärksten Bedenken". Am Anfang habe es so ausgesehen, als werde auf der Konferenz von Genua eine Atmosphäre entstehen, in der, wenn auch inoffiziell, über die Reparationen und über Entwaffnungsfragen hätte geredet werden können. Dieses Klima sei durch die „unerwartete Extratour mit Rußland" zerstört worden. Die Gründe, die die Delegation für den plötzlichen Vertragsabschluß angebe – die drohende Isolation auf der Konferenz und die Gefahr des Artikels 116 – seien keineswegs stichhaltig. „Der Eindruck läßt sich nun einmal nicht von der Hand weisen, daß Herr Rathenau und seine Kollegen von den sehr geschickt operierenden Russen, die für ihre Verhandlungen mit der Entente einen Trumpf in die Hand bekommen wollten, überrumpelt worden sind."[209] Bedenken rief bei Breitscheid auch die positive Aufnahme des Vertrages durch die DVP und die DNVP hervor. Das Motiv der DVP sah er in dem Wunsch, der deutschen Industrie eine Vormachtstellung auf dem russischen Markt zu verschaffen, während die DNVP einen deutsch-russischen Block anstrebe, „der für die Zukunft nicht nur auf wirtschaftlichem Gebiete aktiv werden könnte"[210]. Man müsse hoffen, daß „das waghalsige Unternehmen von Genua" für das deutsche Verhältnis zu England und Frankreich „keine allzuschlimmen Folgen" haben werde, erklärte Breitscheid mit einem Anflug von Resignation[211].

Breitscheid befand sich mit seinen Vorbehalten auf derselben Linie wie Reichspräsident Ebert, der geäußert haben soll, er würde den deutschen Drahtzieher der Annäherung an Sowjetrußland, den Leiter der Ost-Abteilung im Auswärtigen Amt, Ago von Maltzan, am liebsten in Pension schicken[212]. Dagegen waren die sozialdemokratischen Reichstagsabgeordneten Rudolf Hilferding (USPD) und Rudolf Wissell (SPD), die der Genua-Delegation angehörten, dort entschieden für den Vertrag eingetreten[213].

Als der Rapallo-Vertrag Ende Mai 1922 im deutschen Reichstag diskutiert wurde, sprach sich keine Partei gegen ihn aus, wohl aber gab es die verschiedensten Vorbehal-

---

[208] „Ein deutsch-russischer Vertrag", Freiheit Nr. 180 vom 18. 4. 1922.
[209] Rudolf Breitscheid: Gewagtes Spiel, in: Der Sozialist, Nr. 15/16 vom 22. 4. 1922, S. 249–251, hier: S. 251.
[210] Ebenda, S. 250.
[211] Ebenda, S. 251.
[212] Graml, Europa, S. 152; Lionel Kochan: Rußland und die Weimarer Republik. Düsseldorf 1957, S. 55.
[213] Rosenfeld, Sowjetrußland und Deutschland, S. 391; Theodor Schieder: Die Entstehungsgeschichte des Rapallo-Vertrages, in: HZ 204 (1967), S. 545–609, hier: S. 584.

te[214]. Für die SPD nannte Hermann Müller den Vertrag einen „wirklichen Friedensvertrag". Er bedeute nicht das Ende der Erfüllungspolitik. „Der Vertrag öffnet den Weg nach Osten, aber er kann sich im Grunde genommen nur auswirken im Rahmen einer versuchten Politik der Vertragserfüllung nach Westen."[215] Spekulationen über einen geheimen militärischen Zusatzvertrag wies Müller zurück. Nach der Revolution sei in Deutschland der Abschluß eines solchen Geheimabkommens unmöglich geworden. Die SPD würde ihr „Äußerstes" daran setzen, eine Regierung zu stürzen, die eine solche Politik betreiben wollte[216]. Doch in Deutschland war immer noch mehr möglich als es sich Hermann Müller und seine Fraktionskollegen vorstellten. Unabhängig vom Rapallo-Vertrag hatte die geheime militärische Zusammenarbeit zwischen Reichswehr und Roter Armee bereits begonnen. Für die USPD warnte Artur Crispien in der Reichstagsdebatte, die „Nebenregierungen" Finanzkapital und Schwerindustrie wollten „diesem Vertrag einen politischen, aggressiven, militärischen Charakter geben". Allzu große praktische Bedeutung kam dem Vertrag seiner Meinung nach zunächst nicht zu, denn Rußland brauche vor allem Warenkredite, während Deutschland nicht einmal in der Lage sei, seinen eigenen Bedarf zu decken[217]. Deutlich zeichnete sich in der Debatte ein gemeinsamer Standpunkt beider sozialdemokratischen Parteien zu dem deutsch-sowjetischen Vertrag ab. SPD und USPD begrüßten die Aufnahme voller Beziehungen zu Sowjetrußland, die sie schon seit langem gefordert hatten. Einen Vertrag mit Sowjetrußland wollten sie, aber keinen Rapallo-Vertrag, der die Westmächte verprellte. Gegenüber dem Notwehrmotiv, das als Begründung für den plötzlichen Vertragsabschluß angeführt wurde, blieben sie skeptisch, hatte doch die sozialdemokratische Presse schon vor der Konferenz von Genua das Schreckgespenst des Artikels 116 als ziemlich harmlosen Spuk entlarvt. Die schwierige Aufgabe einer Stellungnahme zum Rapallo-Vertrag versuchten die Sozialdemokraten zu lösen, indem sie ihn in den Rahmen der Erfüllungspolitik einordneten. Die praktischen Vorschläge dazu, die Ebert der Genua-Delegation unterbreitet hatte, waren allerdings nicht verwirklicht worden.

Die Rapallo-Diskussion zeigte, daß sich bei der USPD ein Wandel in ihrem Verhältnis zu Sowjetrußland vollzogen hatte. Nicht die Theorie von den proletarischen Staaten, wie sie von der *Leipziger Volkszeitung* vorgetragen worden war, und auch nicht die frühere kritiklose Unterstützung Sowjetrußlands bestimmten ihre Haltung, sondern eher die Analyse Breitscheids, der in der Erfüllungspolitik und einer Verständigungspolitik mit den Westmächten die einzige den Interessen des deutschen Proletariats entsprechende Außenpolitik sah. Die Hochzeit der Solidarität mit Sowjetrußland war für die linken Sozialdemokraten vorbei, ebenso die Hoffnung auf eine baldige Revolution. Der ökonomische Wiederaufbau Europas werde sich leider in kapitalistischen Formen vollziehen, erklärte Rudolf Breitscheid und verwies darauf, daß auch die russischen Genua-Delegierten, wie Lenin gesagt hatte, als Kaufleute und nicht als Kommunisten gekommen waren[218].

---

[214] Winkler, Revolution, S. 465.
[215] Verhandlungen des Reichstags. Stenographische Protokolle. Bd. 355, S. 7677–7682, hier: S. 7677f.
[216] Ebenda.
[217] „Abschluß der Genua-Debatte", Freiheit Nr. 231 vom 31. 5. 1922.
[218] Rudolf Breitscheid: Genua und die Arbeiterklasse, in: Der Sozialist Nr. 17/18 vom 13. 5. 1922, S. 273–276, hier: S. 275f.

Mit der Anwendung des Rapallo-Vertrages auf alle Mitgliedsstaaten der in Gründung befindlichen Sowjetunion erhielt Ende 1922 das georgische Problem neue Bedeutung. Noch im Februar hatten Friedrich Stampfer und Camille Huysmans beim Exekutivkomitee der II. Internationale eine Resolution eingebracht, in der den sowjetischen Vertretern das Recht abgesprochen wurde, anstelle der frei gewählten Regierung Georgiens etwa auf der Genua-Konferenz als Repräsentanten des georgischen Volkes aufzutreten[219]. Und am 22. September hatte sich der Völkerbund auf Initiative des belgischen Sozialdemokraten de Brouckère für eine friedliche Normalisierung in Georgien ausgesprochen[220]. Einen Tag, bevor der Rapallo-Vertrag am 5. November auch für Georgien und andere sowjetische Republiken in Kraft trat[221], versicherte das Auswärtige Amt dem georgischen Gesandten in Berlin, Achmeteli, man wolle ihm den künftigen Aufenthalt so angenehm wie möglich gestalten[222]. Wenig später sagte Otto Wels in einer Besprechung mit Achmeteli und Iraklij Cereteli zu, die SPD werde, gestützt auf diese Erklärung, für den gesicherten Aufenthalt der bisherigen georgischen Gesandtschaft, die Weitergeltung der von ihr ausgestellten Pässe und ihr Vertretungsrecht für die politischen Flüchtlinge aus Georgien eintreten. Die SPD betrachte Georgien nach wie vor als okkupiertes Territorium[223]. Mit der Ausdehnung des Rapallo-Vertrages fand sie sich allerdings offensichtlich ab.

Todesurteile gegen Sozialrevolutionäre: Ein Schauprozeß und seine Folgen

Den Weltarbeiterkongreß, über den die drei Exekutivkomitees in Berlin diskutiert hatten, brauchte Sowjetrußland nach dem Ausgang der Konferenz von Genua nicht mehr. Der Rapallo-Vertrag hatte seine Stellung dort mehr gestärkt, als es das Weltproletariat wohl je vermocht hätte. Die wichtigste Voraussetzung für das Zustandekommen der Konferenz der drei Internationalen war damit hinfällig. Auf der anderen Seite hielt in der SPD die Kritik an der Einheitsfrontpolitik als einem Manöver zum Nutzen der russischen Machtinteressen an[224]. Während USPD und KPD am 20. April 1922 gemeinsam unter den von den drei Exekutivkomitees vereinbarten Losungen im Berliner Lustgarten demonstrierten[225], blieb die SPD dieser Veranstaltung mit der Begründung fern, die Kommunisten hätten es auf der Berliner Konferenz abgelehnt, die Gemeinsamkeit aller sozialistischen Richtungen bei den Demonstrationen auch für Rußland anzuerkennen[226].

Diese Anerkennung war in der Tat nicht gegeben. Bei der Demonstration zum 1. Mai in Moskau lautete eine der Parolen „Tod der Bourgeoisie und den Sozialdemokra-

---

[219] Resolutionsentwurf zur Sitzung des Exekutivkomitees der II. Internationale am 23. Februar [1922]. Archiv LSI, A 5.
[220] Achmeteli an Bernstein, Berlin 21. Oktober 1922; IISG Amsterdam, Nl. Bernstein, K 6.
[221] AdR Kab. Wirth Bd. 2, S. 1146.
[222] Auswärtiges Amt an sehr geehrten Herrn Gesandten [= Achmeteli], Berlin 4. November 1922, Nl. Kautsky, G 17,46.
[223] Aktennotiz Otto Wels (undatiert), Nl. Kautsky, G 17, 47.
[224] „Wels über die Berliner Konferenz", Vorwärts Nr. 173 vom 12. 4. 1922; Viktor Schiff: Genua und die Einheitsfront, in: Vorwärts Nr. 225 vom 13. 5. 1922.
[225] Aufrufe in Freiheit Nr. 179 vom 16.4. und „Zum 20. April" ebenda, Nr. 191 vom 19. 4. 1922.
[226] Proklamation des SPD-Bezirksverbandes in Vorwärts Nr. 177 vom 14. 4. 1922.

ten!"²²⁷. Auf dem elften Parteikongreß der KPR(b) Ende März/Anfang April hatte Lenin gefordert, öffentliche Manifestationen von Menschewismus seien mit der Todesstrafe zu ahnden²²⁸. Und am 13. Mai beklagte sich Friedrich Adler in einem Brief an die Kommunistische Internationale heftig über die verschärften Verfolgungen oppositioneller Sozialisten in Rußland²²⁹.

All das war wenig verheißungsvoll für den Verlauf der Sitzung des von der Berliner Konferenz eingesetzten Neunerkomitees, die für den 23. Mai anberaumt worden war. Auf der Sitzung, die im Fraktionszimmer der USPD im Berliner Reichstagsgebäude stattfand, brachen die Gegensätze zwischen den Vertretern der Zweiten und der Dritten Internationale voll auf. Ramsey MacDonald trug eine Erklärung der Zweiten Internationale vor, in der den Kommunisten vorgeworfen wurde, trotz des Bekenntnisses zur Einheitsfront die Spaltungstaktik in den Gewerkschaften und die hemmungslosen Angriffe auf die Sozialdemokratie fortzusetzen. Die Vorbereitungen für den Prozeß der Sozialrevolutionäre ließen Zweifel an der Art des Verfahrens aufkommen. Lenin habe gesagt, ein Richter, der etwas anderes als ein Todesurteil fälle, sei ein Verräter. Es werde eine Kampagne gegen Emile Vandervelde betrieben, der als Verteidiger der Sozialrevolutionäre in Moskau auftreten solle. Ebenso werde systematische Haßpropaganda gegen die Angeklagten betrieben. In Georgien halte die Unterdrückung weiter an. Nach Meinung der Zweiten Internationale sei ein allgemeiner Kongreß erst möglich, wenn diese „Schwierigkeiten" beseitigt seien²³⁰.

Darauf verlas Radek eine Erklärung der Komintern, in der der Zweiten Internationale vorgeworfen wurde, sie wolle den Weltarbeiterkongreß sabotieren. Die Erklärung berief sich dabei unter anderem auf einen offenbar beschlagnahmten Brief, den Raphael Abramowitsch an Menschewiki in Rußland geschrieben hatte. Wenn der Weltarbeiterkongreß nicht schleunigst stattfinde, würden die Kommunisten aus der Neunerkommission austreten. Außerdem hieß es in der Erklärung, die Delegation der Dritten Internationale habe niemals verhüllt, daß sie die Verteidigung der angeklagten Sozialrevolutionäre durch Mitglieder der anderen beiden Internationalen als feindlichen Akt gegen die Sowjetregierung empfinde. Die vereinbarte Verteidigungsfreiheit und das Wirken der sozialdemokratischen Verteidiger der SR werde jedoch in keinem Fall geschmälert werden²³¹.

Welche Spannungen zwischen den Vertretern der Zweiten Internationale und denen der Dritten herrschten, wird noch deutlicher an einer Auseinandersetzung zwischen Otto Wels und Karl Radek zu Beginn der Sitzung. Radek hatte sich beschwert, er sei daran gehindert worden, in Deutschland vor Mitgliedern seiner Organisation über die Konferenz der drei Internationalen zu berichten. Der preußische Innenminister Severing (SPD) hatte Radek einen Auftritt vor KPD-Funktionären und eine Reise nach Düsseldorf untersagt. Daß Radek in Berlin dennoch vor einer Funktionärskonferenz sprach, hatte zu einer Beschwerde des Auswärtigen Amtes beim sowjetischen Vertreter

---

²²⁷ Braunthal, Internationale, S. 269; Jansen, Show Trial, S. 42.
²²⁸ Nachrichten der IASP, Juni 1922, S. 3.
²²⁹ Nachrichten der IASP, Mai 1922, S. 5–7.
²³⁰ Die Erklärungen der an der Neunerkonferenz teilnehmenden Delegationen sind abgedruckt in den Nachrichten der IASP, Juni 1922, S. 2–7; II. Internationale: S. 2–4
²³¹ Ebenda, S. 4–6.

Krestinskij geführt. Otto Wels erwiderte auf Radeks Vorhaltungen gereizt, er wisse nicht, ob die menschewistischen Teilnehmer der Berliner Konferenz die Möglichkeit gehabt hätten, ihren Genossen in Rußland Bericht zu erstatten. Darauf Radek: „Wenn wir in Rußland tagten, würde Wels sogar gestattet werden, im Butyrki-Gefängnis Bericht zu erstatten. (Wels: Weil ich nicht Russisch kann!) Sie dürfen ein Jahr dort bleiben, bis Sie Russisch gelernt haben. (Wels: Inzwischen möchten Sie mich gleich im Gefängnis behalten!)"[232]

Da half es wenig, wenn die IASP in einer von Fritz Adler vorgelegten Erklärung die SPD und die französischen Kommunisten – die Frossard aus der Neunerkommission zurückgezogen hatte[233] – verantwortlich für die Schwierigkeiten der Einigungsbewegung machte, zumal in der Erklärung selbst der Kominternvorsitzende Sinowjew mit den Worten zitiert wird, der Zerfall der Neunerkommission würde den Kampf der Kommunistischen Internationale um die Einheitsfront nicht schwächen, sondern stärken[234]. Demnach ging die Komintern gestärkt aus der Sitzung hervor, denn zur Verblüffung Adlers, der annahm, jede Delegation würde zunächst ihrer Exekutive Bericht erstatten, erklärte Radek, die kommunistische Delegation habe den Auftrag, aus der Neunerkommission auszuscheiden, wenn der Weltarbeiterkongreß nicht beschlossen werde[235].

Die IASP stand damit endgültig vor den Scherben ihrer Einigungsbemühungen. „Die Neunerkommission wurde von den Rechtssozialisten und den Kommunisten gesprengt", empörte sich die *Freiheit*[236], aber der *Vorwärts* verzeichnete erleichtert und zufrieden „das Ende einer Komödie"[237]. Nachdem „das Luftschloß der sozialdemokratisch-kommunistischen Einheitsfront zusammengestürzt ist", sei der Weg zu einer Zusammenarbeit zwischen der Zweiten Internationale und der IASP frei, erklärte das SPD-Zentralorgan[238].

Die Vorgänge änderten nichts daran, daß sich gemäß den Berliner Vereinbarungen drei westliche Verteidiger aufmachten, um am Prozeß der Sozialrevolutionäre mitzuwirken: der belgische Sozialdemokrat Emile Vandervelde als Repräsentant der Zweiten Internationale sowie Kurt Rosenfeld und Theodor Liebknecht, die beide der USPD angehörten, für die IASP[239]. Am 24. Mai, einen Tag nachdem die Neunerkommission geplatzt war, erreichte ihr Zug die sowjetische Grenze[240]. Schon zuvor hatten die Organe der Komintern und der Sowjetregierung die Stimmung gegen die Verteidiger geschürt. So hatte unter anderem am 21. Mai die *Pravda* an Theodor Liebknecht die Frage gerichtet: „Kain! Kain, was hast du mit deinem Bruder Karl getan?"[241] Bei jedem Halt waren die Verteidiger seit der Überquerung der russischen Grenze den Manifesta-

---

[232] Protokoll von der Sitzung der Neunerkonferenz der drei Exekutiven, Berlin, 23. Mai 1922, S. 3, Archiv LSI, A 34.
[233] Sigel, Zweite Internationale, S. 63.
[234] Nachrichten der IASP, Juni 1922, S. 6f.; Protokoll Neunerkonferenz, S. 23.
[235] Ebenda, S. 31.
[236] „Wer behindert den Arbeiter-Weltkongreß", Freiheit Nr. 224 vom 24. 5. 1922.
[237] „Das Ende einer Komödie", Vorwärts Nr. 243 vom 24. 5. 1922.
[238] „Die Neunerkommission gesprengt", Vorwärts Nr. 242 vom 24. 5. 1922.
[239] Jansen, Show Trial, S. 43f.
[240] Donneur, Histoire de l'UPS, S. 268.
[241] Ebenda; es ist recht bemerkenswert, welche Rolle aus ihrer biblischen Vorlage die „Pravda" für sich selbst übernahm.

tionen eines wahrscheinlich recht gut organisierten „spontanen Volkszornes" ausgesetzt. In Moskau wurden sie gar von einer zwei- bis dreitausend Teilnehmer starken Demonstration empfangen. Die Bewegungsfreiheit der drei Anwälte war stark eingeschränkt, und sie wurden ständig überwacht.[242]

Der Prozeß gegen die 34 Sozialrevolutionäre begann am 6. Juni 1922. Er war der erste große Schauprozeß in Sowjetrußland und daher, wie die westlichen Verteidiger schon hatten erfahren dürfen, von einer immensen Propagandakampagne begleitet[243]. Sein Zweck war, die Anhänger der Sozialrevolutionäre – im Herbst 1917 war das immerhin die Mehrheit der russischen Bevölkerung gewesen – davon zu überzeugen, daß die Führer der Partei schuldig an Verbrechen gegen die Revolution, den Sozialismus und Rußland und seine Bevölkerung überhaupt waren. In der begleitenden Propaganda wurden alle oppositionellen Strömungen von den liberalen Kadetten über die Sozialrevolutionäre bis hin zu den Menschewiki in einen Topf geworfen[244]. Die Sozialrevolutionäre eigneten sich besonders als Angeklagte eines Schauprozesses, weil sie sich an antibolschewistischen Aufständen beteiligt hatten und einzelne ihrer Mitglieder Attentate gegen hohe bolschewistische Funktionäre, unter anderem gegen Lenin selbst, verübt hatten. Allerdings hatte sich die Partei von diesen Terrorakten distanziert.

Die Anklage berief sich unter anderem auf ein Pamphlet eines der Attentäter, eines gewissen Semenov, der sich im Januar 1921 der KPR(b) angeschlossen hatte und mit der Tscheka zusammenarbeitete. In seiner im Februar 1922 in einer russischsprachigen bolschewistischen Zeitung in Berlin veröffentlichten Schrift behauptete Semenov, die Parteileitung der SR habe sich nur vordergründig von den Attentaten distanziert, in Wirklichkeit aber die Befehle dazu gegeben[245]. Neben der Organisation von Attentaten wurde den Angeklagten vorgeworfen, einen bewaffneten Kampf gegen das Sowjetregime geführt zu haben, in Verbindung mit den Kommandeuren der weißen Armeen gestanden sowie hochverräterische Beziehungen mit fremden Staaten unterhalten zu haben[246].

Juristisch war das Verfahren zweifelhaft: Die Amnestie vom Februar 1919 für die politischen Vergehen der Sozialrevolutionäre wurde auf diese Vorwürfe nicht angewandt. Die strafrechtlichen Bestimmungen unter denen die Sozialrevolutionäre angeklagt wurden, traten erst eine Woche vor Prozeßbeginn in Kraft[247]. Drei von den Menschewiki nominierte Verteidiger und Mark Liber von der „außerparteilichen" rechten Opposition der Menschewiki wurden nicht zur Verteidigung zugelassen und inhaftiert[248].

Die Angeklagten teilten sich in zwei Gruppen auf. Eine kleinere von zwölf Personen, unter ihnen Semenov, zeigte sich „reumütig" und geständnisfreudig. Die Mitglieder der

---

[242] „Vanderveldes Erlebnisse", Vorwärts Nr. 294 vom 24. 6. 1922, Beilage.
[243] Jansen, Show Trial, S. 52 und S. 141–150. Eine literarische Schilderung gibt Alexander Solschenizyn: Der Archipel GULAG. Bern usw. 1974, S. 336–345.
[244] Ebenda, S. 151; G. Sinowjew: Über die antisowjetischen Parteien und Strömungen. Referat auf der Allrussischen Konferenz der Kommunistischen Partei Rußlands. Moskau, August 1922. Hamburg 1922.
[245] Jansen, Show Trial, S. 23–25.
[246] Ebenda, S. 50.; Donneur, Histoire de l'UPS, S. 271.
[247] Ebenda, S. 51 und S. 54f.
[248] Ebenda, S. 58–60.

anderen Gruppe, angeführt von Abram Goc, waren zu keinen Konzessionen bereit und versuchten den rein politischen Charakter des Prozesses zu entlarven. Auch den „Reumütigen" hatte man westliche Verteidiger hinzugesellt. Es handelte sich um prominente Kommunisten, unter ihnen Clara Zetkin, die zugleich die „uneinsichtigen" Angeklagten heftig angriff[249].

Die drei sozialdemokratischen westlichen Verteidiger mußten von Beginn des Prozesses an erfahren, daß man ihnen bei der Inszenierung nicht die Rolle zugewiesen hatte, die sie in Anspruch nehmen wollten. Entlastungszeugen wurden nicht zugelassen, den Angeklagten und ihren Verteidigern wurde sowohl der Einblick in das offizielle Protokoll als auch die Anfertigung eines eigenen Stenogrammes verwehrt. Als sich Vandervelde daraufhin am Abend des 13. Juni auf die Berliner Vereinbarung berief, erhielt er von Generalstaatsanwalt Krylenko und Volkskommissar Lunačarskij zur Antwort, daß die Sowjetregierung weder an diese Vereinbarung gebunden sei noch dem Gericht Direktiven gebe und dieses nicht anzuerkennen habe, was zwischen den drei internationalen Exekutivkomitees abgemacht worden sei. Bucharin, der an der Berliner Konferenz teilgenommen hatte, erklärte, die Übereinkunft von Berlin existiere nicht mehr, da sich die Zweite, die „gelbe Internationale" der Einberufung des Weltarbeiterkongresses widersetzt habe[250]. Das widersprach zwar dem, was Radek ausdrücklich auf der Neunerkonferenz erklärt hatte, aber ähnlich wie Lenin hatte auch Radek bereits kurz nach der Berliner Konferenz geschrieben, die Vereinbarung über die Sozialrevolutionäre sei für die Sowjetregierung nicht bindend[251]. Die angeklagten Sozialrevolutionäre sahen nach diesen Erklärungen keinen Sinn mehr in der Anwesenheit der westlichen Verteidiger. Am nächsten Tag entband sie Goc als Sprecher der Gruppe der „Uneinsichtigen" von ihrem Mandat. Sie sollten, erklärte er, „diese Parodie der Justiz" nicht länger durch ihre Anwesenheit sanktionieren[252].

Am 19. Juni verließen die westlichen Verteidiger Rußland, allerdings erst, nachdem sie sich gegen die sowjetischen Versuche, sie zum Bleiben und zur Wiederaufnahme der Verteidigung zu bewegen, mit einem 24-stündigen Hungerstreik durchgesetzt hatten[253]. Dieses Verhalten der sowjetischen Seite ist weniger erstaunlich als Marc Jansen, der den Prozeß in einer detaillierten Studie beschrieben hat, meint[254], hatte doch Trotzki erklärt: „Wir hoffen aus der Teilnahme Vanderveldes den Nutzen ziehen zu können, im Kampfe gegen Vandervelde wenigstens einem Teil der Massen, die ihm noch Vertrauen schenken, die Augen zu öffnen."[255] Nachdem sie eingestandenermaßen vor dem Druck der sozialdemokratischen Kampagne zugunsten der Sozialrevolutionäre hatten zurückweichen müssen, starteten die Führer der Komintern eine Gegenoffensive, indem sie die Verhandlung gegen die der Sozialrevolutionäre zu einem Schauprozeß gegen die inter-

---

[249] Ebenda, S. 60f.; Johannes Ch. Traut: Rußland zwischen Revolution und Konterrevolution, Bd. 2: Berichte 1917–1922. München 1975, S. 15f.; Cara Zetkin: Wir klagen an! Aus einem Beitrag zum Prozeß der Sozialrevolutionäre, in: Für die Sowjetmacht. Artikel, Reden und Briefe 1917–1933. Redaktion: Katja Haferkorn. Frankfurt a. M. 1977, S. 201–231.
[250] Donneur, Histoire de l'UPS, S. 271f.
[251] Jansen, Show Trial, S. 40.
[252] Donneur, Histoire de l'UPS, S. 272f.
[253] Jansen, Show Trial, S. 66.
[254] Ebenda.
[255] Pranger (Trotzki), S. 56.

6. Die deutsche Sozialdemokratie und Sowjetrußland (1920—1922)

nationale Sozialdemokratie ausdehnten. So wurden auch in Deutschland von kommunistischer Seite nicht nur Schriften über die angeblichen Schandtaten der Sozialrevolutionäre veröffentlicht[256], sondern auch solche, die zugleich die westlichen Verteidiger angriffen[257]. Clara Zetkin erklärte, die verantwortlichen Führer der beiden sozialdemokratischen Internationalen gehörten neben die Sozialrevolutionäre auf die Anklagebank[258]. Daher konnte es nicht im Interesse der Kommunisten sein, wenn die sozialdemokratischen Verteidiger den Gerichtssaal nicht mehr betraten.

Die sozialdemokratischen Zeitungen in Deutschland, allen voran die *Freiheit*, verfolgten die Entwicklung des Moskauer Prozesses aufmerksam und mit wachsender Empörung. Schlagzeilen wie „Rachejustiz der Bolschewiki", „Die russische Justiz-Komödie" oder „Justizschmach im Bolschewistenreich" lösten einander ab. Am 20. Juni meldete die *Freiheit* die Rückreise der drei Verteidiger, und es darf angenommen werden, daß viele mit Spannung auf ihren Bericht warteten. Da wurde am 24. Juni Außenminister Walther Rathenau von Rechtsradikalen ermordet. Das Erschrecken über dieses Verbrechen drängte das Interesse für den Moskauer Prozeß in den Hintergrund und wurde vorübergehend zu einem Integrationsfaktor der Linken. Es kam sogar zu einem Aktionsbündnis zwischen den Gewerkschaften, den sozialdemokratischen Parteien und der KPD, aus dem die Kommunisten aber schon nach wenigen Tagen wieder ausschieden[259].

Noch deutlicher zeigte sich die Annäherung der beiden sozialdemokratischen Parteien und ihre gemeinsame Frontstellung gegen die KPD vor dem Hintergrund der weiteren Entwicklung des Prozesses der Sozialrevolutionäre in den folgenden Wochen. Am 30. Juni erschien in den sozialdemokratischen Zentralorganen ein Memorandum, in dem Vandervelde, Liebknecht und Rosenfeld ihre Erlebnisse schilderten, eindringlich auf die Gefahr von Todesurteilen gegen die Sozialrevolutionäre hinwiesen und zu einer internationalen Solidaritätskampagne aufforderten[260].

Nachdem der Generalstaatsanwalt Krylenko Abgeordnete einer Massendemonstration, die ein hartes Urteil für die Sozialrevolutionäre forderte, offiziell im Gerichtssaal empfangen hatte, legten Anfang Juli auch die russischen Verteidiger mit Zustimmung der Angeklagten ihre Mandate nieder[261]. Am 19. Juli berichtete die *Freiheit*, die Reichstagsfraktionen von SPD und USPD sowie die Gewerkschaftskommission Berlin und die Arbeitsgemeinschaft der Angestelltenverbände (AfA-Bund) hätten gegen drohende

---

[256] Die folgenden Titel erschienen 1922 im Verlag Carl Hoym Nachf., der deutschen Dépendance des Verlags der Komintern: W. Knjasew: W. Wolodarski [Volkskommissar für Presse und Agitation, der im Juni 1918 einem Attentat zum Opfer fiel]; J. Schafer: Die Ermordung der 26 Kommunare in Baku und die Partei der Sozialrevolutionäre; Ignatjew: Die Tätigkeit der Sozialrevolutionäre in Archangelsk; W. Bystranski: Menschewiki und Sozialrevolutionäre.
[257] An den Pranger!; I. Wardin: Die sozialrevolutionären Mörder und die sozialdemokratischen Advokaten (Tatsachen und Beweise). Hamburg 1922.
[258] Zetkin, Wir klagen an, S. 205.
[259] Winkler, Revolution, S. 427f. und S. 543—545. Die gemeinsamen Aufrufe in: Dokumente und Materialien, Reihe II, Bd. 7,2, S. 103—107, zur Position der KPD ebenda, S. 108—116.
[260] „Gegen die Moskauer Justizkomödie", Vorwärts Nr. 304 und „Gegen bolschewistische Rachejustiz", Freiheit Nr. 260 vom 30. 6., dass. in LVZ Nr. 151, 2. Beilage vom 1. 7. 1922. Im gleichen Sinne hatten sich die drei Verteidiger bereits am 17. Juni von Moskau aus brieflich an Adler und MacDonald gewandt; Donneur, Histoire de l'UPS, S. 274.
[261] Jansen, Show Trial, S. 66—75; „Die Moskauer Justizschande", Freiheit Nr. 264 vom 8. 7. 1922.

Todesurteile im Moskauer Prozeß protestiert und kommentierte: „Die Rachejustiz in Moskau zerschlägt alle Möglichkeiten der internationalen Einigung des Proletariats."[262] Im gleichen Sinne hatte sich bereits mehr als einen Monat zuvor das Büro der IASP geäußert, dem für die USPD Arthur Crispien angehörte[263]. Gegen die Todesurteile hatte sich auch eine ganze Reihe berühmter linker Intellektueller ausgesprochen, unter ihnen Maxim Gorki, Anatole France, Bernard Shaw und Sidney Webb[264].

Die Appelle blieben fruchtlos. Anfang August wurden die Urteile verkündet: Zwölf der „uneinsichtigen" Angeklagten wurden zum Tode verurteilt, ebenso drei der „reumütigen", zwei wurden freigesprochen alle übrigen erhielten Gefängnisstrafen zwischen zwei und zehn Jahren. Allerdings wurden den „Reumütigen" unmittelbar darauf ihre Strafen erlassen[265]. Mit dem Urteil war auch eine Reihe westlicher Kommunisten wie Clara Zetkin, Ernst Meyer und Charles Rappoport desavouiert worden, die sich am 6. August im EKKI gegen Todesurteile ausgesprochen hatten. Auf eine Initiative Trotzkis, vielleicht aber auch Lenins hin wurde die Vollstreckung der Urteile schließlich davon abhängig gemacht, ob die sozialrevolutionäre Partei Terroranschläge verüben würde oder nicht. Die Sowjetregierung entschloß sich mit anderen – Trotzkis eigenen – Worten, „die Parteiführer in Geiseln zu verwandeln"[266]. Auch die deutschen Kommunisten schienen damit hochzufrieden zu sein. Jedenfalls erklärte Clara Zetkin, die Komintern stehe überzeugt zu dem Spruch des Obersten Revolutionsgerichts und zum Geiselbeschluß der Sowjetregierung[267], und die KPD organisierte nach der Urteilsverkündung am 14. August in Berlin eine Demonstration gegen die Sozialrevolutionäre[268].

Bei den deutschen Sozialdemokraten dagegen erreichte die Empörung über das Vorgehen der russischen Kommunisten ihren Höhepunkt. Der Vorwärts sprach von der „Verwilderung" Rußlands[269], die Freiheit erklärte, die Repressionen gegen die Sozialrevolutionäre dienten der politischen Absicherung der eingeleiteten kapitalistischen Entwicklung in Sowjetrußland[270]. Die Berliner Verbände von SPD und USPD sowie die Gewerkschaftskommission von Großberlin riefen zu Großkundgebungen gegen die Todesurteile auf. In vier Versammlungslokalen sollten am 22. August sozialdemokratische Redner, unter ihnen Rosenfeld und Liebknecht, über den Moskauer Prozeß sprechen[271].

Massenmanifestationen von Arbeiterorganisationen gegen das bolschewistische Rußland – das war noch nie dagewesen in Deutschland. Ein solches Vorhaben mußte zwangsläufig die Kommunisten auf den Plan rufen. Der Vorwärts bekam Wind davon, daß etwas geplant war und warnte noch in seiner Abendausgabe vom 22. August vor den „Störenfrieden gegen die Arbeiterschaft": „Genossinnen und Genossen, haltet

---

[262] „Die Moskauer Mordjustiz", Freiheit Nr. 275 vom 19. 7. 1922.
[263] „Bürositzung der I.A.S.P. in Frankfurt am 15. Juni 1922", Nachrichten der IASP, Juli 1922.
[264] Vorwärts Nr. 329 vom 14.7. und Nr. 338 vom 20. 7. 1922; „M. Gorkiij o processe s. r." [Maxim Gorki über den Prozeß der SR], Socialističeskij Vestnik Nr. 13/14 vom 20. 7. 1922.
[265] Jansen, Show Trial, S. 128 f.; „Die Schande von Moskau.", LVZ Nr. 186 vom 11. 8. 1922.
[266] A.a.O., S. 136–138; Braunthal, Internationale, S. 269, Fußnote 2. Laut LVZ hatte Zetkin im Prozeß aber Todesurteile gefordert; „Die Schande...", a.a.O.
[267] Zetkin, Wir klagen an, S. 205.
[268] Jansen, Show Trial, S. 162.
[269] „Todesurteile im Moskauer Prozeß", Vorwärts Nr. 375 vom 10. 8. 1922.
[270] „Verlogen und erbärmlich", Freiheit Nr. 299 vom 12. 8. 1922.
[271] Freiheit Nr. 306 vom 19. 8. 1922.

strenge Diszipiin, laßt Euch keine Mordverherrlichung gefallen!"[272] Der Andrang zu den Protestversammlungen war groß, doch fanden viele SPD- und USPD-Anhänger keinen Platz mehr in den Versammlungslokalen, weil sich dort schon frühzeitig starke Abordnungen von Kommunisten niedergelassen hatten. Sie sprengten alle vier Versammlungen, wobei es teilweise zu Handgreiflichkeiten kam. Für den *Vorwärts* war das „Moskauer Terror in Berlin", die *Freiheit* schrieb, nicht weniger empört, von „Pogrom und Terror gegen die eigenen Klassengenossen"[273].

Der Mord an Walter Rathenau hatte als Katalysator für die Annäherung von SPD und USPD gewirkt. Seit Mitte Juli unterhielten die beiden Parteien eine Fraktionsgemeinschaft im Reichstag, die Wiedervereinigung wurde vorbereitet[274]. Eine der Voraussetzungen für diese Entwicklung war die Desillusionierung der USPD über die Möglichkeit einer Einheitsfront seit der Berliner Konferenz. Der Prozeß gegen die Sozialrevolutionäre spielte dabei die zentrale Rolle, und die Sprengung der Berliner Protestversammlungen machte es im wörtlichen Sinne handgreiflich klar, daß an eine partnerschaftliche Zusammenarbeit mit der KPD nicht zu denken war. Nur eine verschwindende Minderheit unter Führung von Georg Ledebour und Theodor Liebknecht sperrte sich auf dem USPD-Parteitag von Gera (20. bis 23. September 1922) noch gegen die Verschmelzung mit der SPD. Es hat fast symbolischen Charakter, daß bei diesem Parteitag die kommunistischen Presseberichterstatter aus dem Saal gewiesen wurden. Sie waren bei der Erwähnung der Todesurteile gegen die Sozialrevolutionäre in höhnisches Gelächter ausgebrochen und hatten damit bei den Parteitagsdelegierten einen leidenschaftlichen Ausbruch von Empörung und Wut ausgelöst[275].

Auf dem Parallelparteitag der SPD in Augsburg vom 17. bis 23. September 1922 rechnete Otto Wels in seinem Referat über die „Internationale und die Einigung des Proletariats" mit dem Kommunismus ab. Der von der Komintern geforderte Weltarbeiterkongreß habe nur den Zweck gehabt, in Genua „den Eindruck hervorzurufen, als ständen die sozialistischen Parteien und die Arbeiterorganisationen der ganzen Welt hinter der russischen Außenpolitik"[276]. Die dritte Internationale benutze den Kommunismus im Interesse der staatspolitischen Ziele der Großmacht Rußland, die die Politik des zaristischen Rußlands fortzusetzen gezwungen sei, erklärte Wels[277]. Den Prozeß gegen die Sozialrevolutionäre nannte er ein „Schandmal für die russischen Gewalthaber" und faßte die Entwicklung von der Oktoberrevolution bis zur NEP in den drastischen Worten zusammen: „Rußland geht vom Bolschewismus über den Kannibalismus zum Kapitalismus zurück." Er bedaure nicht, daß eine Verständigung mit der Moskauer Internationale nicht zustande gekommen sei, „denn eine Einigung von Arbeiterinternationalen mit der Regierung einer Großmacht ist unmöglich"[278].

---

[272] „Auf zum Protest gegen die Moskauer Todesurteile!", Vorwärts Nr. 395 vom 22. 8. 1922.
[273] Vorwärts Nr. 396 und Freiheit Nr. 310 vom 23. 8. 1922; vgl. ferner „Würdeloser Mameluckendienst", Vorwärts Nr. 397 vom 23. 8. 1922.
[274] Winkler, Revolution, S. 487.
[275] Krause, USPD, S. 288.
[276] Protokoll der Sozialdemokratischen Parteitage in Augsburg, Gera, Nürnberg 1922. Berlin 1923. [Nachdruck Glashütten usw. 1973], S. 56.
[277] Ebenda, S. 58.
[278] Ebenda, S. 60. Ganz ähnlich Paul Axelrods Argumentation schon vor der Berliner Konferenz. Er hatte darauf hingewiesen, daß die russischen Kommunisten die Einheitsfront vorschlügen,

Der Prozeß der Sozialrevolutionäre hatte dies den westlichen Sozialisten eindrücklich klar gemacht. Auch diejenigen unter ihnen, die ernsthafte Hoffnungen auf eine Zusammenarbeit mit den Kommunisten gesetzt hatten, wurden durch den Verlauf dieses Prozesses gezwungen zu lernen, was die Petrograder Menschewiki bereits in einem Aufruf vom Februar 1922 erklärt hatten: „Ohne Freiheit, ohne Demokratie gibt es keine Einheit der Arbeiterklasse."[279]

---

während sie zugleich Tausende von Sozialisten in russischen und georgischen Gefängnissen gefangenhielten und sie mit der Vernichtung bedrohten; „P. B. Aksel'rod ob edinom fronte" [P. B. Aksel'rod über die Einheitsfront], Socialističeskij Vestnik Nr. 7 vom 3. 4. 1922.

[279] „K edinstvu proletraskogo fronta" [Zur Arbeitereinheitsfront], Socialističeskij Vestnik Nr. 7 vom 3. 4. 1922. Die Verfolgung russischer Sozialisten und die daraus folgende Enttäuschung über die russische Revolution, hebt auch Raphael Abramowitsch als einen der wichtigsten Faktoren für die Wiedervereinigung von SPD und USPD hervor; R. Abramovič: Krizis v Germanii i ob'edinenie socialdemokratičeskich partij [Die Krise in Deutschland und die Vereinigung der sozialdemokratischen Parteien], in: Socialističeskij Vestnik Nr. 19 vom 4. 10. 1922. Gegenüber diesen klarsichtigen zeitgenössischen Einschätzungen scheint der Standpunkt, den Robert Sigel in seiner Studie über die Zweite Internationale vertritt, sehr zweifelhaft. Er schreibt: „Daß es zur Konferenz der drei Exekutiven überhaupt gekommen war, zeigte, daß neben den objektiven politischen und wirtschaftlichen Voraussetzungen, die ein gemeinsames Handeln aller Arbeiterorganisationen nahelegten, auch die internen Dispositionen in den drei Internationalen ein solches zumindest nicht ausschlossen. Die Widerstände in der Kommunistischen Internationale und vielleicht noch mehr in der 2. Internationale waren auf Dauer stärker. Was die Delegierten der 2. Internationale zur Vorbedingung einer Zusammenarbeit machten, bedeutete im Grunde eine Sozialdemokratisierung der Kommunistischen Parteien." Sigel, Zweite Internationale, S. 70. Sigels Einschätzung ist gewissermaßen eine spiegelbildliche Übertragung von Robert F. Wheelers Standpunkt zur Spaltung der USPD auf die internationale Ebene. Sah dieser in der Intransigenz der „21 Bedingungen" den eigentlichen Grund für die Spaltung der Partei, die in allen anderen essentiellen Themen zu tragbaren Kompromissen gefunden habe (Wheeler, USPD, S. 281 f.), so weist Sigel diese Funktion in Bezug auf die drei Internationalen den Bedingungen der Zweiten Internationale zu. In beiden Arbeiten tritt gegenüber den Organisationsfragen im engeren Sinn das politische Umfeld stark in den Hintergrund. Insbesondere trifft dies auf die Lage in Sowjetrußland zu. Diese gehörte aber ebenso zu den oben angesprochenen objektiven politischen Voraussetzungen, ja sie war an gewissen „Knotenpunkten" sogar ein politischer Faktor erster Ordnung. Ebendieser Faktor aber konnte ein gemeinsames Handeln nicht nahelegen. Es mag sein, daß die Forderungen der II. Internationale auf eine Sozialdemokratisierung der Kommunisten hinausgelaufen wären, doch hätte ein Verzicht auf die Solidarität mit den georgischen Sozialdemokraten und den angeklagten Sozialrevolutionären auch für sie einen Bruch mit der eigenen Identität bedeutet, nicht zuletzt, weil erstere langjährige Mitglieder der II. Internationale waren, der auch die Sozialrevolutionäre bis zu ihrem erfolglosen Übertrittsversuch zur IASP Anfang 1920 angehört hatten. Die Gegensätze sowohl in der USPD als auch in dem brüchigen „Bündnis" der drei Internationalen waren letzlich prinzipieller Natur und durch Formelkompromisse nicht zu überbrücken. Dies war von der Komintern im übrigen auch gar nicht gewollt. Ihre Einheitsfrontpolitik war nur ein Mittel, um die kommunistische Hegemonie in der internationalen Arbeiterbewegung zu erreichen. In Rußland war man über solche Ziele längst hinaus. Dort ging es um die Festigung des Machtmonopols der Kommunistischen Partei durch die politische Liquidierung der oppositionellen sozialistischen Parteien.

II. Teil: Den Blick nach Westen gerichtet (1923–1927)

7. SPD und Sowjetunion im Krisenjahr 1923

Ruhrbesetzung: „Kann Rußland uns retten?"

Am 11. Januar 1923 besetzten französische und belgische Militärverbände das Ruhrgebiet. Der französische Ministerpräsident Raymond Poincaré, der als treibende Kraft dahinter stand, hoffte damit, „produktive Pfänder" für die deutschen Reparationsleistungen zu gewinnen und die Sicherheit Frankreichs zu erhöhen. Das Sicherheitsbedürfnis war bei Deutschlands westlichem Nachbarn vor allem infolge des Rapallo-Vertrags erneut angewachsen, so daß ein unbedeutender Rückstand Deutschlands bei den Reparationsleistungen ein willkommener Vorwand für den Einmarsch in das Ruhrgebiet war. Die Reichsregierung verkündete daraufhin den passiven Widerstand gegen die Besatzer. Es kam, wie Peter Krüger schreibt, zu einer rücksichtslosen Machtprobe, „die Deutschland an den Rand des völligen Zerfalls brachte"[1].

Zwei Tage nach dem Truppeneinmarsch protestierte am 13. Januar das Allrussische Zentralexekutivkomitee gegen die Ruhrbesetzung[2]. Im Februar erklärte Außenminister Čičerin, die Ruhrbesetzung störe den Normalisierungsprozeß in Europa, der im sowjetischen Interesse liege. Genau die entgegengesetzte Meinung war jedoch auf dem 12. Kongreß der KPR(b) im April zu hören: die Ruhrbesetzung erschüttere die für Sowjetrußland gefährliche Stabilisierung des kapitalistischen Systems[3]. Hier werden die beiden Positionen deutlich, zwischen denen die Führer der Sowjetunion angesichts der kritischen Lage in Deutschland 1923 pendelten: einerseits die Solidarität mit dem Rapallo-Partner, der wegen seines „halbkolonialen" Status auch ohne proletarische Diktatur gegenüber den imperialistischen Entente-Staaten eine Art revolutionären Faktors darstellte[4], andererseits der Versuch, die Krise zur Revolutionierung Deutschlands zu nutzen.

Nicht nur letztere Option stieß auf die Ablehnung der SPD, auch die diplomatische Unterstützung, die die Sowjetunion Deutschland gewährte, wurde von ihr nicht sehr hoch eingeschätzt. Dabei hatte die sowjetische als einzige fremde Regierung gegen die Ruhrbesetzung protestiert, wie Reichskanzler Cuno in einem Gespräch mit führenden Gewerkschaftern am 23. Januar 1923 hervorhob[5]. Darüberhinaus machten die *Pravda* und die *Izvestija* am 19. und am 24. Januar gegenüber Polen deutlich, daß die Sowjet-

---

[1] Krüger, Versailles, S. 113–116, Zitat S. 116.
[2] Wolfgang Ruge: Die Stellungnahme der Sowjetunion gegen die Besetzung des Ruhrgebietes. Berlin (O) 1962, S. 45. Für den Wortlaut: Akten der Reichskanzlei. Das Kabinett Cuno. 22. November 1922 bis 13. August 1923. Bearb. von Karl-Heinz Harbeck. Boppard 1968. Nr. 52, S. 186, Fußnote 2.
[3] Luks, Kommunistische Faschismustheorie, S. 60.
[4] Geyer, Sowjetrußland und die deutsche Arbeiterbewegung, S. 21.
[5] AdR Kab. Cuno Nr. 52, S. 186.

union es nicht einfach hinnehmen würde, wenn Polen die Schwäche Deutschlands dazu nutzen würde, in Ostpreußen oder im deutschen Teil Oberschlesiens einzufallen[6]. Bezeichnend für die Haltung der SPD zu dem sowjetischen Protest ist, daß er nur in einer kurzen Meldung auf der dritten Seite der Morgenausgabe des *Vorwärts* vom 16. Januar Erwähnung fand[7]. Man maß der Sowjetunion für die Lösung des Ruhrkonflikts keinerlei Bedeutung bei. „Die Frage an das Schicksal ist", hieß es im Leitartikel der Abendnummer des *Vorwärts* vom selben Tag, „ob sich die Deutsche Republik so lange erhalten wird, bis sich in Form eines Regierungswechsels in Frankreich oder einer Wiedereinschaltung englischer und amerikanischer Einflüsse in die kontinentale Machtsphäre eine Wendung zum Besseren anbahnt."[8] Dennoch mußte sich die SPD auch mit der „russischen Option" auseinandersetzen, da sie in Deutschland eine nicht unbeträchtliche Breitenwirkung entfaltete. So beobachtete der *Vorwärts* im Januar ähnliche nationalbolschewistische Tendenzen wie während des polnisch-sowjetischen Krieges[9], und im August wandte sich Max Cohen in den *Sozialistischen Monatsheften* gegen die Hoffnung auf Rußland, an der sich „die Vielen, Allzuvielen berauschen"[10].

Zwei Hauptargumente wurden gegen diese aus sozialdemokratischer Sicht trügerische Hoffnung ins Feld geführt. Zum einen wurde bezweifelt, ob Rußland überhaupt die Macht habe, Deutschland wirksam beizustehen. Es sei ökonomisch schwach und militärisch nicht einmal in der Lage gewesen, Polen zu besiegen[11]. Viel wichtiger als diese „technischen" Überlegungen war aber das Mißtrauen der SPD gegen die sowjetische Außenpolitik. Ein sowjetisiertes Deutschland „wäre das Schlachtfeld, das der russische Imperialismus braucht, um sich von der erdrückenden Umschließung des Ententeimperialismus zu befreien", hatte Otto Wels auf dem Augsburger Parteitag der SPD im September 1922 erklärt[12]. Die Furcht, die Sowjetunion wolle Deutschland als eine Art „Rammbock" gegen die Entente benutzen, bestimmte auch die Einschätzung der sowjetischen Haltung zum Ruhrkonflikt durch die SPD. So begrüßte der *Vorwärts* zwar den sowjetischen Protest vom 13. Januar, jedoch mit erheblichen Vorbehalten, die fast einer Zurückweisung gleichkamen. Der Protest werde nicht nur von der Regierung getragen, sondern auch von den verfolgten sozialistischen Parteien Rußlands geteilt, hieß es im SPD-Zentralorgan, und im übrigen klaffe zwischen den Solidaritätskundgebungen der russischen Arbeiter und der russischen Staatspolitik, deren Werkzeug die Komintern sei, „ein Abgrund, über den sich jeder deutsche Arbeiter Rechenschaft ablegen muß, wenn er nicht als Kanonenfutter für Unternehmungen dienen will, die

---

[6] Ruge, Stellungnahme, S. 57. Schon Ende Dezember 1922 hatte Trotzki gegenüber dem deutschen Botschafter Brockdorff-Rantzau erklärt, bei einer französischen Besetzung des Ruhrgebiets würde Rußland einen polnischen Einfall in Schlesien keinesfalls dulden und eingreifen; ADAP Serie A, Bd. 6: 1. März bis 31. Dezember 1922. Göttingen 1988, Nr. 289, S. 591. Allerdings teilte wenig später Fritjof Nansen dem deutsche Geschäftsträger in Moskau von Hentig mit, Trotzki habe ihm gegenüber versichert, die Rote Armee werde nicht marschieren, wenn es zu einem deutschpolnischen Konflikt komme; von Blücher, Weg nach Rapallo, S. 172.
[7] „Ein Protestaufruf der Sowjetregierung", Vorwärts Nr. 24 vom 16. 1. 1923.
[8] „Die Schicksalsfrage", Vorwärts Nr. 25 vom 16. 1. 1923.
[9] „Die Hoffnung auf Rußland", Vorwärts Nr. 27 vom 17. 1. 1923.
[10] Max Cohen: Kann der Völkerbund helfen? in: SM Nr. 8 vom 23. 8. 1923, S. 467–471, hier: S. 471.
[11] Karl Kautsky: Kann Rußland uns retten? in: Vorwärts Nr. 106 vom 4. 3. 1923.
[12] Prot. SPD-PT Augsburg, S. 59.

mit den Zielen der sozialistischen Arbeiterbewegung nichts gemein haben"[13]. Der *Vorwärts* verwies dabei auf die Thesen, die Bucharin auf dem vierten Kongreß der Komintern im November 1922 vertreten hatte. Der proletarische Staat müsse von den Proletariern aller Länder verteidigt werden, hatte er postuliert. Sowjetrußland behalte sich dabei vor, auch mit einem bürgerlichen Staat ein militärisches Bündnis zu schließen, um mit seiner Hilfe „ein anderes Bürgertum niederzuschmettern". Dabei seien dann die Kommunisten des Bündnislandes verpflichtet, diesem Block zum Siege zu verhelfen[14]. Der *Vorwärts* erblickte darin ein „Abschwenken der Kommunistischen Internationale ins imperialistische Fahrwasser"[15]. Karl Kautsky formulierte seine Meinung über die Rolle der Sowjetunion im Ruhrkonflikt noch eindeutiger: „Wollten wir an ihre Hilfe appellieren, sie würde kein Bedenken tragen, uns in die wildesten Abenteuer hineinzureiten, um uns im entscheidenden Moment zu verraten und im Stich zu lassen." Hilfe und Unterstützung gelte es dagegen in den USA, Großbritannien, Italien, Frankreich und Belgien zu mobilisieren[16]. Dabei zielten die Hoffnungen im Falle Englands und Amerikas auf die Regierungen – England hatte in der Reparationskommission gegen die Feststellung eines deutschen Zahlungsrückstandes gestimmt[17] –, im Falle der anderen Länder vor allem auf die dortige Sozialdemokratie, die die Ruhrbesetzung verurteilt hatte, ebenso wie dies eine eigens zu diesem Zweck einberufene internationale Konferenz des IGB, der Zweiten Internationale und der IASP am 26. u. 27. Januar 1923 in Amsterdam getan hatte[18].

Wichtiger als die sozialdemokratischen Oppositionsparteien in den Besatzerstaaten waren aber die Mächte, die als Vermittler in Betracht kamen. Zu Sondierungen über eine mögliche englische Unterstützung Deutschlands reiste daher im Februar Rudolf Breitscheid nach London, ohne daß diese Mission allerdings unmittelbare Ergebnisse gezeitigt hätte[19]. Die Gewerkschaften aller Richtungen, der ADGB, der AfA-Bund, der christliche Deutsche Gewerkschaftsbund und der Hirsch-Dunckersche Gewerkschaftsring forderten Anfang Februar in einem Appell an den US-amerikanischen Kongreß die Entsendung einer unparteiischen Untersuchungskommission, deren Arbeit eine Basis für eine friedliche Regelung des Ruhrkonflikts ergeben sollte[20]. Obwohl die beabsich-

---

[13] „Die Hoffnung...".
[14] Geyer, Sowjetrußland, S. 20f.
[15] „Die Hoffnung..."
[16] „Kann Rußland uns retten?"; Manfred Niemeyers Behauptung, Kautsky habe mit diesem Artikel die Sowjetunion in ein militärisches Abenteuer hineinziehen wollen, kann nur als Ausfluß eines paranoiden Kautsky-Feindbildes erklärt werden, das für die marxistisch-leninistische Historiographie kennzeichnend ist. Manfred Niemeyer: Zur Formung des Sowjetunion-Bildes durch das Zentralorgan der KPD „Rote Fahne" und durch das Zentralorgan der SPD „Vorwärts", dargestellt am Beispiel der sowjetischen Verfassungsgesetzgebung von 1918 bis 1937. (Diss.) Greifswald 1980, S. 221.
[17] Hermann Graml: Europa zwischen den Kriegen. München ^{5}1982, S. 163f.
[18] Nachrichten der IASP, April 1923, S. 2f.
[19] „Ein Appell an England", Vorwärts Nr. 69 vom 10.2. und Rudolf Breitscheid: Englische Eindrücke, in: Vorwärts Nr. 91 vom 23. 2. 1923. Die kleine Minderheit der Kontinentalpolitiker bewies im Ruhrkonflikt wieder einmal einen schweren Mangel an außenpolitischem Realitätssinn, indem sie, geprägt von ihrer Phobie gegen alles Angelsächsische, Vermittlungsaktionen Großbritanniens und des Völkerbundes ablehnte und stattdessen direkte Verhandlungen mit Frankreich empfahl; vgl. Cohen, Völkerbund, v.a. S. 468f.
[20] „Appell an Amerika", Vorwärts Nr. 58 vom 4. 2. 1923.

tigte Völkerbundsinitiative des schwedischen Ministerpräsidenten Hjalmar Branting gegen die Ruhrbesetzung vom Januar gescheitert war[21], begann die SPD, sich über Appelle an westliche Staaten hinaus Mitte 1923 nachdrücklich für den Beitritt Deutschlands zum Völkerbund einzusetzen. Das Ziel eines demokratisierten Völkerbundes, eines „Weltparlamentes", in dem auch Deutschland und Sowjetrußland vertreten sein sollten und das als Instrument einer friedlichen Konfliktregelung dienen sollte, war bereits 1921 ins Görlitzer Programm der SPD aufgenommen worden[22]. Der Ruhrkonflikt verlieh diesem Ziel neue Dringlichkeit. In einem Leitartikel des *Vorwärts* plädierte Hermann Müller im Juli für den deutschen Beitritt zum Völkerbund, von dem er eine anziehende Wirkung auch auf die Sowjetunion und die USA erwartete[23], und die SPD-Reichstagsfraktion forderte den Antrag auf Beitritt in ihrem Beschluß vom 11. August, mit dem sie der Regierung Cuno das Vertrauen entzog[24]. Von der Sowjetunion erwarteten die Sozialdemokraten nicht nur keine Hilfe, auch die Hilfe, die dann tatsächlich aus Rußland für die deutschen Arbeiter im Ruhrgebiet kam, nämlich eine größere Geld- und eine Getreidespende, war ihnen nicht willkommen. Sie betrachteten sie, nicht ganz zu Unrecht, weniger als uneigennützige Hilfeleistung, denn als propagandistische Unterstützung der KPD. Am 28. Januar faßte der Allrussische Gewerkschaftsrat den Beschluß, 100000 Goldrubel – beim damaligen Stand der deutschen Währung etwa zwei Milliarden Mark – für den Streikfonds der im passiven Widerstand befindlichen Ruhrarbeiter zu spenden. Überwiesen wurde das Geld an die Zentrale der KPD. Diese gab es an den „Reichsausschuß der Betriebsräte" weiter[25]. Der *Vorwärts* bezeichnete den „Reichsausschuß" als „kommunistische Deckfirma", die zum Zweck der Zerstörung der Gewerkschaften gegründet worden sei. Die Spende sei ohnehin nur ein Teil dessen, was die KPD aus Rußland an Unterstützung beziehe[26]. Einen weiteren Spendenbeschluß faßte der Allrussische Gewerkschaftsrat am 4. März. Aus Mitteln, die russische Arbeiter gestiftet hatten, sollten 500000 Pud (zirka 8000 Tonnen) Getreide für die Ruhrarbeiter beschafft werden. Ein erster Getreidedampfer verließ am 25. März Tallin (Reval)[27]. Bei der Ankunft des Getreidetransport in Hamburg am 5. April hielt Ernst Thälmann eine Dankrede[28]. Der Reichsausschuß der Betriebsräte richtete zur Verteilung des Getreides eigene Kontrollausschüsse ein, die zugleich auch als Organe der Einheitsfronttaktik dienen sollten. Vielerorts aber wurde den Kontrollausschüssen von sozialdemokratischen Wohlfahrtspflegern die Herausgabe von Adressen unterstüt-

---

[21] Graml, Europa, S. 164f.
[22] Hermann Müller[-Franken]: Völkerbeziehungen und Internationale, in: Adolf Braun (Hrsg.): Programmentwurf der SPD. Ein Kommentar. Berlin 1921, S. 75–83, insbes. S. 79.
[23] Hermann Müller: Sollen wir in den Völkerbund? in: Vorwärts Nr. 373 vom 19. 7. 1923.
[24] Dokumente und Materialien zur Geschichte der deutschen Arbeiterbewegung. Reihe 2, Bd. 7,2. Berlin (O) 1966, S. 403.
[25] AdR Kab. Cuno, S. 265, Fußnote 3; Ruge, Stellungnahme, S. 66.
[26] „Russische Hungerhilfe", Vorwärts Nr. 56 vom 3. 2. 1923; AdR Kab. Cuno, S. 265, Fußnote 3. Marie Luise Goldbachs Bemerkung zu der Rubelspende, „anders als nach der Novemberrevolution" sei die Spende diesmal nicht zurückgewiesen worden, geht am Kern der Sache vorbei. Es war eine sozialdemokratische Regierung, die sich mit den Westmächten zu arrangieren hatte, die das Angebot vom November 1918 ausschlug, während der Spendenempfänger 1923 die KPD war; Goldbach, Radek, S. 119.
[27] Ruge, Stellungnahme, S. 67.
[28] Ebenda, S. 72.

zungsbedürftiger Familien verweigert. Stattdessen wurde verlangt, das Brot solle den Wohlfahrtsstellen zur Verteilung überlassen werden[29].

Die Gründung der Sozialistischen Arbeiter-Internationale und ihre Stellungnahme zur Sowjetunion

Der gescheiterte Versuch einer Kooperation der drei Internationalen und die anhaltende Verfolgung von Sozialisten in Rußland hatten die letzten Hoffnungen auf eine baldige allgemeine Einigung der sozialistischen Arbeiterbewegung zerstört. SPD und USPD, die jeweils zu den bedeutendsten Parteien der internationalen Zusammenschlüsse zählten, denen sie angehörten, hatten sich wiedervereinigt. In Europa wuchsen die Spannungen, wie die Ruhrbesetzung augenfällig deutlich machte, und zugleich bedrohliche reaktionäre und rechtsextreme Tendenzen: In Italien hatte der Faschismus die Macht errungen, in Ungarn unterdrückte das Horthy-Regime die Arbeiterbewegung und in Deutschland war – insbesondere in Bayern – die NSDAP im Aufwind. Diese Faktoren bewogen die II. Internationale und die IASP, ihre Kräfte zu bündeln und zur Gründung einer geeinten sozialistischen Internationale aufzurufen[30]. Der Gründungskongreß der Sozialistischen Arbeiter-Internationale (SAI) fand vom 21. bis 25. Mai 1923 in Hamburg statt. Das Verhältnis zur Sowjetunion war dabei eines der zentralen und zugleich eines der wenigen kontroversen Themen.

Am 4. April hatte das zehnköpfige Vorbereitungskomitee des Hamburger Kongresses erneut gegen die Ruhrbesetzung protestiert und zugleich die Verfolgung von Sozialisten in Rußland und Georgien scharf gebrandmarkt[31]. Als der Kongreß Ende Mai zusammentrat, herrschten jedoch andere Voraussetzungen. Es hatte kaum Wirkung, daß die Partei der Sozialrevolutionäre demonstrativ fünf der in Moskau zum Tode Verurteilten als Delegierte nominiert hatte[32], denn die Stimmung wurde von der Sorge beherrscht, „die Westmächte könnten wieder einen Kreuzzug gegen Rußland unternehmen"[33]. Anlaß dazu gab ein Ultimatum des britischen Außenministers Curzon an die Sowjetunion. Es war ausgelöst worden durch eine ganze Reihe britisch-sowjetischer Konflikte. So waren die britische Appelle zugunsten eines in der Sowjetunion zum Tode verurteilten Priesters brüsk zurückgewiesen worden. Auch ein britischer Staatsbürger war in der Sowjetunion hingerichtet worden, ein anderer befand sich in Haft. Schließlich waren mehrfach im hohen Norden britische Fischkutter von den Sowjets beschlagnahmt worden. Vor allem aber wandte sich das Ultimatum vom 8. Mai 1923[34] gegen die antibritische sowjetische Propaganda in Indien, Persien und Afghanistan und drohte mit dem Abbruch der 1921 aufgenommenen Handelsbeziehungen. Dieser akute Konflikt wurde, während der SAI-Kongreß in Hamburg tagte, am 23. Mai durch ein

---

[29] Ruge, Stellungnahme, S. 74.
[30] Vgl. die gemeinsame Erklärung der Exekutiven der II. Internationale und der IASP vom 8. 12. 1922 in: Nachrichten der IASP, Januar 1923, S. 2–4. Auch in: Kongreßprotokolle der Sozialistischen Arbeiter-Internationale. [Nachdr. Glashütten 1974], Bd. 1: Protokoll des Internationalen Sozialistischen Arbeiterkongresses in Hamburg 21.-25. Mai 1923, S. 3ff. Berlin 1923.
[31] Nachrichten der IASP, April 1923, S. 4.
[32] Prot. SAI Hamburg, S. 30.
[33] Braunthal, Internationale, S. 289.
[34] Also nicht vom Vortag des Beginns des SAI-Kongresses, wie Braunthal, a.a.O., annimmt.

Einlenken der Sowjetregierung beigelegt, was aber die Atmosphäre des Kongresses nicht wesentlich beeinflußte[35]. Das Klima war zu gespannt, war doch am 10. Mai auch noch der sowjetische Diplomat und alte Bolschewik V. V. Vorovskij in Lausanne von einem in Rußland geborenen Schweizer Rechtsradikalen erschossen worden[36]. Die KPD organisierte aus diesem Anlaß in Berlin ihre bislang größte Massendemonstration[37].

Am 22. Mai, dem zweiten Tag des Hamburger Kongresses und dem eigentlichen Verhandlungsbeginn, wandten sich Raphael Abramowitsch und Arthur Henderson von der Labour Party unisono gegen die britische Drohung, die Handelsbeziehungen abzubrechen. Dies beschwöre die Gefahr einer erneuten Hungerblockade und eines neuen Bürgerkrieges herauf, erklärte Abramowitsch[38]. Trotz dieser Übereinstimmung waren die Menschewiki und die Labour Party Kontrahenten in der Behandlung der russischen Frage. Die Hauptresolution des Kongresses, überschrieben „Der internationale Kampf gegen die internationale Reaktion", enthielt eine längere Passage, die sich mit der Sowjetunion befaßte. Sie verurteilte in allgemeiner Form „die fortgesetzte Anwendung terroristischer Methoden durch die russische Regierung und die Beseitigung der demokratischen Grundrechte", stellte aber die Ablehnung jeglicher Intervention und die Forderung nach diplomatischer Anerkennung Sowjetrußlands in den Vordergrund[39]. Diese Resolution wurde einstimmig verabschiedet[40], nachdem die Sozialrevolutionäre in den Kommissionsverhandlungen zuvor erfolglos versucht hatten, die Formulierung über die diplomatische Anerkennung abzuschwächen, wogegen neben anderen sich auch die Menschewiki gewandt hatten[41].

Konfliktträchtiger war dagegen eine spezielle Rußland-Resolution, die von den Menschewiki eingebracht wurde. Die Sozialdemokraten in Rußland erwarteten vom Hamburger Kongreß eine entschiedene Verurteilung der Politik der Bolschewiki, besonders der sich ständig verschärfenden Verfolgungsmaßnahmen gegen oppositionelle Sozialisten[42]. Der Resolutionsentwurf, den Raphael Abramowitsch für die menschewistische Delegation vortrug, wurde dieser Erwartung voll gerecht. Der Versuch der Bolschewiki, den Sozialismus zu errichten, habe eine schreckliche Niederlage erlitten, heißt es darin. Privateigentum und kapitalistische Beziehungen seien faktisch wieder-

---

[35] von Rauch, Sowjetunion, S. 229 f.; Graubard, British Labour, S. 236 ff.; „Englisch-russische Verständigung", Vorwärts Nr. 238 vom 24. 5. 1923.
[36] „Faschistisches Attentat in der Schweiz", Vorwärts Nr. 218 vom 11. 5. 1923.
[37] Ruge, Stellungnahme, S. 175.
[38] Prot. SAI Hamburg, S. 19 f.
[39] Ebenda, S. 11 f.
[40] Ebenda, S. 86.
[41] „Obeditel'nyj Kongress" [Der Vereinigungskongreß], Socialističeskij Vestnik Nr. 11 vom 12. 7. 1923.
[42] Vgl. das Flugblatt des Büros des ZK der RSDAP „An den Internationalen Sozialistischen Kongreß in Hamburg", Nl. Dan, Mappe 16 (Das Büro des ZK wurde nach der Emigration der Butyrki-Häftlinge als menschewistische Parteileitung in Rußland 1922 eingerichtet. Die ZK-Mitglieder im Ausland bildeten die Auslandsdelegation der RSDAP; Broido, Lenin and the Mensheviks, S. 139), ferner den erst im Juli im Westen eingetroffenen Appell einer Gruppe von Sozialdemokraten auf dem Weg in die Verbannung: „An Appeal to the Hamburg Congress", IISG Amsterdam, Archiv SAI, 2593/1–4, sowie „Privet peterburgskich rabočich Gamburgskomu kongressu" [Ein Gruß von Petersburger Arbeitern an den Hamburger Kongreß], Socialističeskij Vestnik Nr. 12 vom 1. 7. 1923.

hergestellt. Statt der Diktatur des Proletariats herrsche die Diktatur der kommunistischen Partei, die durch die Verfolgung jeder unabhängigen Bewegung der Arbeiterklasse die Möglichkeit der internationalen Einigung des Proletariats zerstöre. Auf dem Boden der bolschewistischen Diktatur wachse die Gefahr einer Konterrevolution, die für die ganze europäische Politik gefährlich sei. In dem Resolutionsentwurf wurde die allgemeine diplomatische Anerkennung der bestehenden russischen Regierung gefordert und von dieser zugleich verlangt, die politische Verfolgung einzustellen und den Übergang zu Freiheit und Demokratie einzuleiten. Der Entwurf endete mit einem Gruß an die Opfer bolschewistischer Verfolgung[43].

In den Kommissionsverhandlungen, über die keine offiziellen Aufzeichnungen vorliegen, stieß der Antrag vor allem bei den englischen Delegierten auf Widerstand. Da auch ihre Regierung mit der politischen Verfolgung in der Sowjetunion argumentierte – wenngleich sie dabei nicht die Sozialisten im Blick hatte –, fürchteten sie, ihren Kampf gegen die antisowjetische Linie Lord Curzons zu schwächen, wenn sie ihrerseits die Repressionen der russischen Kommunisten gegen Andersdenkende öffentlich anprangern würden[44]. Daß die Sozialrevolutionäre versuchten, auch in dieser Resolution die Forderung nach Anerkennung der Sowjetregierung abzuschwächen, verstärkte die Abneigung die Briten gegen den menschewistischen Antrag[45]. Manche Labour-Vertreter sympathisierten zudem nach wie vor mit den Bolschewiki. So erklärte sich die britische Sozialistin Beatrice Webb als Vorsitzende des Ausschusses, der unter anderem über den Beitritt der Menschewiki und der Sozialrevolutionäre zur SAI zu beraten hatte, gegen die Aufnahme von Leuten, die in ihrem eigenen Land eine sozalistische Regierung bekämpften, allerdings ohne für diese Haltung eine Mehrheit zu finden[46]. Der menschewistische Resolutionsentwurf erfuhr in der Kommission einige nicht unbedeutende Veränderungen. So wurde das Bekenntnis zum Kampf gegen imperialistische Interventionen in die inneren Angelegenheiten Rußlands an die Spitze gestellt und stark betont. Die Feststellung, der bolschewistische Versuch, den Sozialismus aufzubauen, sei gescheitert, fiel heraus. Die Warnung vor einer konterrevolutionären Entwicklung, die durch die bolschewistische Politik vorbereitet würde[47], tauchte nur noch en passant auf. Dagegen wurde an den Forderungen nach Einstellung der politischen Verfolgung und Wiederherstellung der demokratischen Rechte festgehalten, ebenso wie an der Sympathieerklärung für die Opfer bolschewistischer Verfolgungen[48]. Die neue Fassung der Resolution beschränkte sich somit im wesentlichen auf die Solidarität mit den verfolgten Sozialisten in der Sowjetunion, ohne sich die menschewistische Kritik an der Politik der russischen Kommunisten zu eigen zu machen. Der Berichterstatter der Kommission, H. N. Brailsford von der britischen Independent Labour Party, relativierte zudem die Verurteilung der Repression insofern, als er erklärte, die Exzesse der Revolution in

---

[43] „Proekt rezolucii", Socialističeskij Vestnik Nr. 12 vom 1. 7. 1923.
[44] Zur Haltung der Labour Party siehe Graubard, British Labour, S. 239ff. und „Gamburkskij kongress", Socialističeskij Vestnik Nr. 11 vom 12. 6. 1923.
[45] „Gamburkskij Kongress".
[46] Abramowitsch, Sowjetrevolution, S. 252.
[47] Vgl. zu diesem „ceterum censeo" der Menschewiki ausführlich: Raphael Abramowitsch: Die Zukunft Sowjet-Rußlands. Jena 1923.
[48] Prot. SAI Hamburg, Anhang „Beschlüsse", S. 14.

Rußland seien letztlich auf die Politik der kapitalistischen Regierungen zurückzuführen – eine Äußerung, die mit lebhaftem Beifall quittiert wurde[49].

In der neuen Form wurde die Rußland-Resolution vom Kongreß mit Mehrheit verabschiedet, allerdings bei Stimmenthaltung der britischen, schweizerischen und ukrainischen Vertreter sowie des Delegierten der zionistischen Poale Zion. Gegen die Resolution stimmten die Unabhängige Sozialistische Partei Polens und die tschechische Sozialistische Vereinigung[50]. Weder im Kongreßprotokoll noch in den anderen Quellen findet sich ein Hinweis darauf, daß die SPD in der Diskussion um die Rußlandresolution eine besondere Rolle gespielt hat. Aber nicht nur ihre Zustimmung zur Endfassung des Antrags läßt keinen Zweifel daran, auf wessen Seite sie in dieser Debatte stand. Deutlicher noch wurde das bereits in Otto Wels Begrüßungsansprache, als er den Delegierten zurief: „Nie, Genossen, werden wir stark sein gegen die Reaktion, wenn wir schwach sind gegen ihren Helfer, den Zerstörer der Arbeiterbewegung, den die Proletarier der Welt vereinigenden Kommunismus."[51]

Die „Schlageterlinie" als Manöver des russischen Imperialismus. Kein „Oktober" in Deutschland

Daß Wels' eigene Parteifreunde in Thüringen, vor allem aber in Sachsen zur gleichen Zeit die Kooperation mit den Kommunisten erprobten, ist ein Vorgang, der hier nicht genauer behandelt werden kann[52]. Im Jahre 1923 zeigte sich jedenfalls das seltsame Bild, daß es einerseits eine partielle Zusammenarbeit von Sozialdemokraten und Kommunisten bis hin zur Bildung von Koalitionsregierungen auf Länderebene gab, und andererseits ein zeitweiliges Werben der Kommunisten um die Anhänger rechtsextremer Ideen.

Anfang 1923 hatte die KPD auf sowjetischen Druck hin darauf verzichtet, die revolutionäre Situation, die sich durch die Ruhrbesetzung ergeben hatte, auszunutzen. Der deutsche Widerstand gegen Frankreich, der den sowjetischen Interessen entsprach, sollte nicht geschwächt werden[53]. Schon im Frühjahr verbreitete sich jedoch in Deutschland die Einsicht, daß der passive Widerstand auf längere Sicht nicht durchzuhalten sein würde[54]. Die Noten der Regierung Cuno an die Alliierten vom Mai/Juni über die Sicherung der deutschen Reparationszahlungen und einen Garantiepakt für die Westgrenze erreichten ihre beabsichtigte Wirkung zwar nicht, können aber als Auftakt

---

[49] Ebenda, S. 80.
[50] Prot. SAI Hamburg, S. 86f. Eine informative Zusammenstellung von Angaben zu den einzelnen Mitgliedsparteien der SAI findet sich bei Werner Kowalski u. a.: Geschichte der Sozialistischen Arbeiter-Internationale (1923–1940). Berlin (O) 1985, S. 285–338. Ansonsten ist dieses Werk von den üblichen Defekten kommunistischer Partei-Geschichtsschreibung geprägt. So erfährt man beispielsweise über die Position der Menschewiki auf dem Hamburger Kongreß nur, sie sei „eine offen konterrevolutionäre, vom blindwütigen Antikommunismus geprägte" gewesen. Ihre klare Ablehnung ausländischer Interventionen in Sowjetrußland und ihr Eintreten für dessen diplomatische Anerkennung wird unterschlagen; ebenda, S. 46. Auch die Haltung der Labour Party auf dem Hamburger Kongreß wird in dem Werk nicht beleuchtet.
[51] Prot. SAI Hamburg, S. 15f.
[52] Dazu detailliert: Ernst Wolowicz: Linksopposition in der SPD von der Vereinigung mit der USPD 1922 bis zur Abspaltung der SAPD 1931. (Diss.) 2 Bde. München 1983, S. 190–240.
[53] Luks, Kommunistische Faschismustheorie, S. 60; Braunthal, Internationale, S. 295.
[54] Karl Dietrich Erdmann: Die Weimarer Republik. München 1980, S. 169.

für eine Verständigung mit den Westmächten betrachtet werden[55]. Angesichts ihres gespannten Verhältnisses zu Großbritannien konnte dies nicht im Interesse der Sowjetunion liegen. Das war der Hintergrund für die von der Komintern verordnete Annäherung der deutschen Kommunisten an die nationalistischen und rechtsextremistischen Kreise. Infolge der Verständigungsbereitschaft von Regierung und Industriekreisen mit den Alliierten sollte der nationale Widerstand auf eine neue Basis gestellt und zugleich das „proletarisierte Kleinbürgertum" für den Kampf gegen die Bourgeoisie des eigenen Landes gewonnen werden[56].

Karl Radek leitete diesen neuen Kurs mit seiner berühmten Rede „Leo Schlageter, der Wanderer ins Nichts" ein. Diese Rede, gehalten in der Sitzung der Erweiterten Exekutive der Kommunistischen Internationale am 20. Juni 1923, ist ein Appell von hochgespannter Emotionalität und zugleich ein Meisterstück kühler Dialektik[57]. Am Beispiel des Freikorpsmannes und ehemaligen Baltikum-Kämpfers Albert Leo Schlageter, den die französischen Besatzungsbehörden im Ruhrgebiet wegen Sabotageakten hatten hinrichten lassen und der daraufhin zum Märtyrer und Idol der deutschen Nationalisten wurde, versuchte Radek zu zeigen, daß der Kampf der Rechtsextremen gegen das Proletariat ein Irrweg war. Die Befreiung des gesamten deutschen Volkes sei identisch mit der Befreiung des kämpfenden deutschen Proletariats. „Schlageter kann nicht mehr diese Wahrheit vernehmen. Wir sind sicher, daß Hunderte Schlageter sie vernehmen und sie verstehen werden."[58]

Auch die deutschen Sozialdemokraten vernahmen Radeks Wahrheit, da sie aber keine Schlageter waren, konnten sie sie auch nicht in seinem Sinne verstehen. Der *Vorwärts* sprach am 3. Juli vom Übergang der Kommunisten „in das Lager der extremsten Nationalisten", der „offensichtlich auf russische Einflüsse zurückzuführen" sei. Deren Wurzel liege in einem „neuen Patriotismus" der Sowjetregierung, der sich durch die Fortführung der imperialistischen Außenpolitik der Zarenregierung, verbrämt mit „radikalen, sowjetistischen Redensarten", auszeichne. Die Klassengrundlage dieses Imperialismus sah der *Vorwärts* in dem Umstand, daß die Bolschewiki „Vertreter, nicht der russischen Arbeiterklasse, sondern des russischen, zum Kapitalismus und zum Schutz der Interessen des Bauerntums zurückgekehrten Sowjetstaates" seien. Eines der Hauptmittel der russischen Außenpolitik sei „die Aufpeitschung und Unterstützung nationaler Leidenschaft nicht nur in den asiatischen Kolonialländern, sondern auch in dem industriellen Deutschland", um diese Länder gegen England und Frankreich auszuspielen[59].

Daß einem Rechtsradikalen wie dem Grafen Reventlow – wegen seines Eintretens für den unbeschränkten U-Boot-Krieg im Ersten Weltkrieg bezeichnete ihn der *Vorwärts* als „alldeutschen U-Boot-Apostel" – die *Rote Fahne* Raum für einen Beitrag zu Radeks Schlageterrede gab, bestätigte dem SPD-Zentralorgan, „was wir immer gesagt haben,

---

[55] Erdmann, Weimarer Republik S. 170; Krüger, Versailles, S. 128.
[56] Winkler, Revolution, S. 578.
[57] Abgedruckt in: Internationale Pressekorrespondenz 3 (1923) Nr. 105 vom 25.6., S. 885f. Radek hat solche Ansichten schon länger verfochten; vgl. Ernst Troeltsch: Spektator-Briefe. Tübingen 1924, S. 269f.
[58] Ebenda, S. 886.
[59] „Nationalkommunismus", Vorwärts Nr. 306 vom 3. 7. 1923.

daß Kommunisten und Faschisten sich offen in die Hände arbeiten"[60]. Auch der sich 1923 neu formierende linke Flügel der SPD, der eine weitgehende Zusammenarbeit mit der KPD gefordert hatte[61], war von Reventlows Erscheinen in der *Roten Fahne* deutlich irritiert und warf der KPD vor, sie leiste mit ihrer Taktik einer faschistischen Diktatur Vorschub[62].

Der Eindruck, den die „Schlageterlinie" auf die SPD machte, war nachhaltig, obwohl diese Position kaum den Sommer 1923 überdauerte und auch keine nationalbolschewistische Welle auslöste[63]. Auf dem Berliner Parteitag der SPD im Juni 1924 erklärte Artur Crispien: „Der Bolschewismus endet im Faschismus. Das sehen wir in Ungarn, in Bayern, in Italien und auch in Rußland, wo im Grunde nichts anderes als der Faschismus wütet."[64]. Zur gleichen Zeit, als in der deutschen Sozialdemokratie eine Tendenz zur Gleichsetzung von Faschismus und Kommunismus und damit ein Kernelement der Totalitarismustheorie auftauchte[65], entwickelten interessanterweise führende Kominternfunktionäre, vor allem Sinowjew, mit Blick auf die deutsche Sozialdemokratie die ersten Ansätze zur „Sozialfaschismus"-Theorie. Bereits im November 1923 erklärte Sinowjew, General Seeckt einerseits und Ebert und Noske andererseits repräsentierten nur verschiedene Spielarten des Faschismus[66], eine These, die 1924 auf dem fünften Kominternkongreß auch von Stalin in leicht modifizierter Form aufgenommen wurde[67].

Bedeutender als diese Tendenzen, die sich erst Ende der zwanziger Jahre voll entfalteten, war für die kommenden Jahre der Umstand, daß die KPD zu einem Zeitpunkt mit außenpolitischen Vorstellungen der Rechtsradikalen sympathisierte, als sich Wege zu einvernehmlichen Lösungen des Reparations- und Sicherheitsproblems mit den Westmächten eröffneten. Diese Wege wollten die Sozialdemokraten beschreiten. Die „Schlageterlinie" hatte bei ihnen den ohnehin vorhandenen Imperialismusvorwurf gegen die Sowjetunion bestätigt und verstärkt. Nach diesem Interpretationsmuster beurteilte die SPD-Mehrheit dann auch die Widerstände der Sowjetunion gegen die deutsche Verständigung mit den Westmächten Mitte der zwanziger Jahre.

Trotz des gespannten Verhältnisses zur KPD, das für die SPD insgesamt kennzeichnend ist, kam es in Sachsen und Thüringen, Hochburgen des linken Flügels der Sozialdemokratie, zur Kooperation von Sozialdemokraten und Kommunisten. Diese tolerierten sozialdemokratische Minderheitsregierungen, es wurden gemeinsame sogenannte „proletarische Hundertschaften" zur Abwehr des anwachsenden Faschismus aufge-

---

[60] „Von Radek bis Reventlow. Große völkisch-kommunistische Koalition", Vorwärts Nr. 358 vom 2.8.1923.
[61] „Zur Lage der Partei", Sozialistische Politik und Wirtschaft (SPW) Nr. 45 vom 31.7.1923; Winkler, Revolution, S. 586; sehr kritisch zur Position der Linken: „Die Sonderkonferenz von Weimar", Vorwärts Nr. 359 vom 3.8.1923.
[62] „Ein Gespann?", SPW Nr. 47 vom 7.8.1923, S. 2ff.
[63] Winkler, Revolution S. 584f.; Louis Dupeux: Nationalbolschewismus in Deutschland 1919–1933. München 1985, S. 192–205.
[64] Sozialdemokratischer Parteitag 1924. Protokoll. Berlin 1924 [Nachdr. Glashütten 1974], S. 49.
[65] So auch schon bei Karl Kautsky: Maifeier und Internationale, in: Vorwärts Nr. 201/202 vom 1.5.1923.
[66] Luks, Kommunistische Faschismustheorie, S. 79.
[67] Ebenda, S. 85; Siegfried Bahne: „Sozialfaschismus" in Deutschland. Zur Geschichte eines politischen Begriffs, in: IRSH 10 (1965) S. 211–245, hier: S. 224.

baut, und am 10. beziehungsweise 16. Oktober wurden in Sachsen und Thüringen sozialdemokratisch-kommunistische Koalitionsregierungen gebildet[68]. Die Kommunisten verfolgten dabei weitreichende Ziele. Die Regierungen in Sachsen und Thüringen sollten zur Ausgangsbasis der kommunistischen Revolution in Deutschland werden. Die Entscheidung darüber war im August/September in der Sowjetunion zwar unter Beteiligung von KPD-Vertretern, aber auf Initiative und unter maßgeblichem Einfluß der KPR(b)-Führung getroffen worden. Der Eintritt der KPD in die sächsische und die thüringische Landesregierung war auf Weisung Sinowjews erfolgt[69].

Den Verdacht, die KPD wolle „die Zersplitterung der deutschen Arbeiterklasse, um auf dem sich dann entwickelnden Chaos die außenpolitischen Ziele der russischen Sowjetregierung zu verwirklichen", äußerte bereits Ende September die *Leipziger Volkszeitung*, die, wie auch der Leipziger Unterbezirk der SPD die Zusammenarbeit mit der KPD skeptisch beobachtete[70]. Bekanntlich wurde aber aus dem geplanten Aufstand nichts, weil der Beschluß dazu erst gefaßt worden war, nachdem die Krise in Deutschland ihren Höhepunkt bereits überschritten hatte. Nachdem der kommunistische Aufruf zum Generalstreik bei der Betriebsrätekonferenz in Chemnitz am 21. Oktober völlig ohne Widerhall geblieben war, wurde das Unternehmen abgeblasen, und es kam – aus nicht ganz geklärten Gründen – nur in Hamburg zu einem lokalen Aufstand[71]. Sozialdemokratische Angriffe auf die Sowjetunion, die angesichts dieser Entwicklung zu erwarten gewesen wären, blieben nach dem Hamburger Aufstand weitgehend aus. Die Hintergründe der KPD-Politik waren ja noch nicht vollständig bekannt. Außerdem beherrschten die Reichsexekution gegen Sachsen und Thüringen, die zum Austritt der SPD aus der Reichsregierung und zu einem scharfen innerparteilichen Konflikt führte[72], und die gleichzeitige Rechtsentwicklung in Bayern, die ihren Höhepunkt im Hitlerputsch vom 9. November 1923 hatte, die Aufmerksamkeit der SPD[73]. Allerdings hatte der *Vorwärts* kurz vor dem Hamburger Aufstand durchaus die Möglichkeit einer sowjetischen Einflußnahme auf die deutsche Entwicklung registriert. Am 13. Oktober brachte er einen Aufsatz aus der Feder eines Professors G. Tschachotin, der Redakteur der in Berlin erscheinenden probolschewistischen Zeitschrift *Nakanune* [Am Vorabend] war[74]. Tschachotin erklärte, Rußland habe kein Interesse an einem deutschen Bürgerkrieg, da dieser für seine ruhige Entwicklung und den „endgültigen Triumph des Arbeiterstaatsgedankens in Europa" äußerst schädlich wäre. Ein Bürgerkrieg in Deutschland würde die Reaktion und den Faschismus stärken. Falls ihn aber die Kommunisten gewinnen würden, hätte Rußland davon nur den zweifelhaften Gewinn eines geschwächten, unterstützungsbedürftigen Verbündeten. Die *Vorwärts*-Re-

---

[68] Wolowicz, Linksopposition, S. 215f. und S. 233f.
[69] Winkler, Revolution, S. 622–624; Luks, Kommunistische Faschismustheorie, S. 70–72.
[70] „Einheitsfront des Proletariats", LVZ Nr. 225 vom 26. 9. 1923; Wolowicz, Linksopposition, S. 193 und S. 203.
[71] Winkler, Revolution, S. 652–654; Luks, Kommunistische Faschismustheorie, S. 72.
[72] Siehe dazu Winkler, Revolution, S. 655–669 und S. 696f.
[73] Diese Einschätzung gründet sich auf die Durchsicht des Vorwärts und der LVZ für den betreffenden Zeitraum.
[74] Zu Nakanune und der mit ihr verbundenen Rückkehrbewegung russischer Emigranten: Heller, Sowjetunion, S. 135–141; Hans-Erich Volkmann: Die russische Emigration in Deutschland 1919–1929. Würzburg 1966, S. 57.

daktion erklärte in einem Vorspann, sie drucke den Artikel Tschachotins ab, „um einer der mehr realistisch eingestellten Auffassungen in russischen politischen Kreisen Geltung zu verschaffen"[75]. Am 18. Oktober erläuterte Raphael Abramowitsch, Tschachotins Artikel müsse als Widerspiegelung der Stimmungen einflußreicher russischer Regierungskreise betrachtet werden. Auch Trotzki und Radek seien gegen eine Revolution in Deutschland, es gebe aber auch andere Kräfte[76].

Mit seiner Aussage über Trotzki und Radek befand sich Abramowitsch im Irrtum, ebenso wie der *Vorwärts*, sollte er geglaubt haben, mit dem Tschachotin-Artikel kommunistische Aufstandspläne konterkarieren zu können. Sein Appell an die „realistisch eingestellten Auffassungen in russischen politischen Kreisen" hatte ein konkretes Ereignis als Hintergrund.

Am 25. September 1923 berichtete der *Vorwärts* über die Entdeckung zweier Waffenlager der KPD in Berlin und erklärte, sie seien von „amtlichen Organen der hiesigen russischen Botschaft errichtet". Einige der an der Anlegung der Arsenale Beteiligten waren bereits verhaftet worden, und die Ermittlungen führten auf die Spur des sowjetischen Militärattachés Petrov, der die Waffen bezahlt hatte. Das SPD-Zentralorgan kommentierte: „Das Vorgehen des ‚Petroff' bedeutet jedenfalls einen ungeheuren Mißbrauch des Rapallo-Vertrages, den sich die Reichsregierung auf keinen Fall gefallen lassen darf."[77] Der Artikel blieb nicht ohne Folgen. Der russische Botschafter Krestinskij beschwerte sich im Auswärtigen Amt über den Bericht[78], die *Izvestija* wiesen wenig später die Vorwürfe zurück und bedauerten, daß sich die deutsche Regierung davon nicht distanziert habe[79]. Diese hatte es vorgezogen, die Behauptungen des *Vorwärts* zunächst zu überprüfen, wobei sie sich vollständig bestätigten[80].

Der sowjetische Außenminister Čičerin und Karl Radek erhoben in Moskau gegenüber dem deutschen Botschafter Brockdorff-Rantzau den Vorwurf, der Bericht sei offiziell inspiriert und ein Signal für eine Änderung der deutschen Außenpolitik[81]. Angesichts der genauen Detailkenntnis des *Vorwärts* und der Tatsache, daß sowohl das preußische als auch das Reichsinnenministerium von Sozialdemokraten, nämlich von Carl Severing und Wilhelm Sollmann, geleitet wurden, erscheint ein „guter Draht" des SPD-Zentralorgans zu den befaßten Behörden nicht gerade unwahrscheinlich. Čičerins und Radeks Bedenken richteten sich aber wohl vor allem gegen die erst seit einigen Wochen im Amt befindliche Regierung Stresemann, in der der Kanzler zugleich das Amt des Außenministers einnahm. Die neue Regierung hatte einen Tag nach dem Erscheinen des *Vorwärts*-Artikels den Abbruch des passiven Widerstandes im Ruhrgebiet verfügt und arbeitete zielstrebig auf eine Verständigung mit den Westmächten hin[82]. Zumindest bei Radek muß aber neben einem außenpolitischen Motiv auch das

---

[75] G. Tschachotin: Rußland und die deutsche Krise, in: Vorwärts Nr. 480 vom 13. 10. 1923.
[76] Raphael Abramowitsch: Moskauer Realpolitik, in: Vorwärts Nr. 448 vom 18. 10. 1923.
[77] „Russisch-kommunistische Waffenlager", Vorwärts Nr. 447 vom 25. 9. 1923.
[78] AdR Kab. Cuno Nr. 83 (Kabinettssitzung 27. 9. 1923), S. 385f.
[79] Ebenda, S. 386, Fußnote 29.
[80] Ebenda, S. 385f. und Nr. 152 (Der Reichskommissar für die Überwachung der Öffentlichen Ordnung an den Reichswehrminister, 19. 10. 1923), S. 648.
[81] Kurt Rosenbaum: Community of Fate. New York 1965, S. 73f.
[82] Krüger, Versailles, S. 116f.

Interesse unterstellt werden, die tatsächlich laufenden kommunistischen Aufstandsvorbereitungen zu vertuschen.

Die Befürchtungen der sowjetischen Außenpolitiker waren jedoch weitgehend grundlos, denn das Auswärtige Amt unter Stresemann verstand es, den Fall mit diplomatischer Delikatesse beizulegen. Die Wilhelmstraße dementierte, wie zuvor schon die sowjetische Botschaft, die Beteiligung Petrovs an der Anlegung der Waffenlager. Zugleich erhielt Botschafter Brockdorff-Rantzau allerdings die Instruktion, in Moskau darauf zu drängen, daß Petrov zurückgerufen werde, was dann Ende Januar 1924 auch geschah[83]. Die Waffenkäufe für die KPD scheinen im übrigen für Petrov nur ein kleinerer „Deal" gewesen zu sein. Jedenfalls hatte er Anfang 1923 Gespräche mit Vertretern der deutschen Marineleitung und des Heeres über eine mögliche Zusammenarbeit beim Wiederaufbau einer russischen Ostseeflotte geführt[84].

---

[83] Rosenbaum, Community, S. 72 und S. 76.
[84] Francis L. Carsten: Reichswehr und Politik 1918–1933. Köln usw. ²1965, S. 156f.

8. Mit dem Rücken zur Sowjetunion: SPD und Außenpolitik 1924–1927

Neue Perspektiven im Westen

Mit dem abgesagten „deutschen Oktober" endete die fünfjährige Phase der bolschewistischen Hoffnungen auf eine baldige Revolution in Deutschland. Ein Jahr später verkündete Stalin seine These von der Möglichkeit des „Sozialismus in einem Land". Die weltrevolutionäre Perspektive verlor an Bedeutung. Sowjetisch inspirierte kommunistische Aufstandsversuche wie 1921 und 1923 wiederholten sich nicht. Der Zwang zur Auseinandersetzung mit Sowjetrußland als einem die deutsche Innenpolitik beeinflussenden Faktor wurde damit auch für die SPD geringer. Allerdings erwuchsen in den Jahren 1924 und 1925 einige deutsch-sowjetische Konflikte gewissermaßen aus „Altlasten" des gescheiterten „Oktobers".

Das Jahr 1923 leitete auch eine verstärkte Wendung der deutschen Sozialdemokratie nach Westen ein. Die SPD war in die Regierung der großen Koalition unter Reichskanzler Stresemann eingetreten, um die deutsche Krise zu bewältigen, und das hieß vor allem: den passiven Widerstand an der Ruhr abzubrechen und die Verständigung mit den Westmächten zu suchen. Auch als Stresemann nicht mehr Reichskanzler und die SPD nicht mehr Regierungspartei war, erwies sie sich als die zuverlässigste parlamentarische Stütze seiner Westpolitik[1].

Seit der Gründung der Sozialistischen Arbeiter-Internationale im Mai 1923 war die vereinigte SPD nach neun Jahren überdies wieder zusammen mit den sozialdemokratischen Parteien Großbritanniens und Frankreichs in einer Internationale, was E. H. Carr als einen Faktor ihrer Westorientierung hervorhebt[2]. Die Stimmengewinne der Labour Party in der Wahl vom Dezember 1923 und die im Januar 1924 folgende Bildung einer Labour-Minderheitsregierung unter Ramsey MacDonald[3] gaben den sozialdemokratischen Hoffnungen auf Großbritannien weiteren Auftrieb[4]. Mitte Januar nahm eine alliierte Sachverständigenkommission zur Untersuchung des Reparationsproblems die Arbeit auf, wie das die Gewerkschaften im Februar 1923 gefordert hatten[5].

---

[1] Zum Verhältnis der SPD zu Stresemans Außenpolitik: SPD-Parteivorstand (Hrsg.): Jahrbuch der Deutschen Sozialdemokratie für das Jahr 1927. Berlin 1928 [Reprint Berlin usw. 1976] S. 18; Rudolf Breitscheid: Was war uns Stresemann? in: Das Freie Wort, Nr. 2 vom 13. 10. 1929, S. 5–9; Lange, Sozialdemokratischen Außenpolitik, S. 68. Zur „östlichen Komponente" von Stresemanns Politik, die weder den zeitgenössischen Sozialdemokraten noch Hermann Lange hinreichend bewußt war: Martin Walsdorff: Westorientierung und Ostpolitik-Stresemanns Rußlandpolitik in der Locarno-Ära. Bremen 1971.

[2] Edward Hallet Carr: The Bolshevik Revolution 1917–1923. London 1961, S. 306. Vor Gründung der SAI waren SPD und Labour Party in der Zweiten Internationale, USPD und Parti Socialist SFIO in der IASP organisiert gewesen.

[3] Braunthal, Internationale, S. 324f.

[4] Matthias, Deutsche Sozialdemokratie und der Osten, S. 61f.

[5] Siehe S. 171; Gerd Meyer: Die Reparationspolitik. Ihre außen- und innenpolitischen Rückwirkungen, in: Bracher/Funke/Jacobsen (Hrsg.), Die Weimarer Republik, S. 285–302, hier: S. 336.

In dieser Situation bekräftigte die SPD ihr Verlangen, Deutschland solle dem Völkerbund beitreten, und Hermann Müller aktualisierte die außenpolitische Konzeption, die er schon in seinem Kommentar zum Görlitzer Programm von 1921 dargelegt hatte. Das wichtigste Instrument der von ihm propagierten „Demokratischen Außenpolitik"[6] war für Müller ein demokratisierter Völkerbund, ein Völkerparlament mit der Vollmacht, Sanktionen gegen Friedensstörer zu verhängen. Auch solle dieser Völkerbund Organe schaffen, in denen auf der Grundlage von Selbstbestimmungsrecht und Minderheitenschutz „die Wiedergutmachung des Unrechts zu erfolgen hätte, das 1919 verübt wurde"[7]. Der Aufstieg eines neuen Deutschlands sei nur in einem solchen Völkerbund möglich. Als Hauptproblem der Außenpolitik bezeichnete Müller die Verständigung zwischen Frankreich, Deutschland und England und als wichtigste Kraft für seine Lösung die britische Labour-Regierung. Von dieser wurde Deutschland im September 1924 dann auch förmlich aufgefordert, in den Völkerbund einzutreten[8].

Zur internationalen Entspannung trug die Regierung MacDonald auch durch die diplomatische Anerkennung der Sowjetunion im Februar 1924 bei. Bald darauf folgten sieben weitere Staaten diesem Schritt. Nach dem Wahlsieg des „Linkskartells" aus Radikalsozialisten und Sozialisten in Frankreich im Mai 1924, der zur Ablösung der Regierung Poincaré durch den Liberalen Herriot führte, war auch die französische Anerkennung zu erwarten[9]. Da diplomatische Beziehungen zwischen Deutschland und der Sowjetunion schon seit 1922 bestanden, gab es aus Sicht der SPD hier keine wesentliche außenpolitische Aufgabe mehr zu lösen. So führte Rudolf Hilferding auf dem Berliner Parteitag im Juni 1924 aus:

„Wir deutschen Sozialdemokraten sind mit großer Energie für die bedingungslose Anerkennung der Sowjetregierung eingetreten und für den Abschluß von wirtschaftlichen Verträgen mit Rußland. Wir haben es abgelehnt, irgendwelchen Gläubigerinteressen zu dienen, sei es deutscher, sei es ausländischer Schichten. Aber damit sind unsere Pflichten erfüllt, um so mehr als jetzt, seit der Wendung in Frankreich, die Gefahr einer imperialistischen Unterjochung Rußlands nicht mehr gegeben ist."[10]

Die Zukunft der deutschen Wirtschaft und Politik könne nur „in enger Zusammenarbeit mit den westlichen Demokratien liegen", betonte Hilferding[11], und warnte die Reichsregierung davor, die Verständigungspolitik mit dem Westen durch eine Bindung an die russische Politik zu bremsen[12]. Energisch sprach er sich für die Annahme des von der Sowjetunion scharf kritisierten Gutachtens der Sachverständigenkommission aus[13]. Wenngleich die Sozialdemokraten auch die UdSSR als Mitglied im Völkerbund sehen wollten[14], standen sie ihr doch voller Mißtrauen gegenüber. Die sowjetische Außenpo-

---

[6] Hermann Müller: Demokratische Außenpolitik, in: DG 1 (1924), Bd. 1, S. 42–46; gekürzt in: Vorwärts Nr. 199 vom 3. 4. 1924.
[7] Ebenda, S. 42.
[8] Krüger, Versailles, S. 135, vgl. auch S. 128.
[9] Heller, Sowjetunion 1914–1939, S. 198.
[10] Sozialdemokratischer Parteitag 1924. Berlin 1924 [Nachdr. Glashütten 1974] S. 173.
[11] Ebenda, S. 196.
[12] Ebenda, S. 172.
[13] Ebenda, S. 169; Helmut Grieser: Die Sowjetpresse über Deutschland in Europa 1922–1932. Revision von Versailles und Rapallo-Politik in sowjetischer Sicht. Stuttgart 1970, S. 86.
[14] Prot. SPD-PT 1924, S. 172.

litik erschien ihnen als Fortsetzung des zaristischen Imperialismus. „Die Welt zeigt sich, von den Fenstern des Kreml aus gesehen, politisch immer in gleichem Licht, mag auch Nikolaus II., Lenin oder Trotzki hinaussehen", stellt Otto Wels auf dem Berliner Parteitag fest.[15]

Erstaunlicherweise erhielt der hartgesottene Antikommunist Wels in diesem Punkt sogar eine gewisse Zustimmung von dem ehemaligen KPD-Vorsitzenden und führenden Kopf der neu entstehenden Linksopposition in der SPD, Paul Levi. Obwohl er am Wert des Sachverständigengutachtens zweifelte, weil er die deutsche Bourgeoisie für nicht wirklich friedensfähig hielt[16], sah er in der Orientierung auf die Sowjetunion keine außenpolitische Alternative. Das Charakteristikum der russischen Revolution sei das Erwachen von 170 Millionen Bauern zum nationalen Selbstbewußtsein. „Der russische Bauernstaat wird in kurzer Zeit ein imperialistisches Machtgebilde von unerhörter Kraft sein, ob er nun Republik oder Sowjetstaat ist", sagte Levi[17].

Trotz dieser Gemeinsamkeiten bei der Einschätzung der außenpolitischen Rolle der Sowjetunion gab es zwischen der linken Opposition und der Parteimehrheit erhebliche Differenzen über den politischen Umgang mit der UdSSR, wie sich kurz zuvor gezeigt hatte.

Der Fall Botzenhardt

Der Berliner Parteitag fand zu einer Zeit statt, in der die deutsch-sowjetischen Beziehungen ihre erste schwere Krise seit dem Abschluß des Rapallo-Vertrages erlebten. Die Ursache war ein Konflikt um die sowjetische Handelsmission, an dem der sozialdemokratische preußische Innenminister Carl Severing maßgeblich beteiligt war[18]. Als der württembergische Kommunist Johannes Botzenhardt von zwei Gemeindebeamten[19] zu einem Hochverratsprozeß nach Stargard gebracht werden sollte, gelang ihm bei einem Zwischenaufenthalt in Berlin am 3. Mai gegen 10.15 Uhr die Flucht in die sowjetische Handelsmission, wo er früher gearbeitet hatte. Angestellte der Mission hinderten die Beamten Grüner und Käser an der Verfolgung Botzenhardts, hielten sie einige Zeit in dem Gebäude fest und ließen sie erst nach Feststellung ihrer Namen wieder frei. Gegen Mittag wurde die Handelsmission von der durch Grüner und Käser alarmierten preußischen Polizei umstellt. 75 Beamte begannen mit einer Durchsuchung der Mission. Der davon verständigte sowjetische Botschafter Krestinskij intervenierte sofort bei Außenminister Stresemann. Dieser forderte das preußische Innenministerium auf, die Razzia zu stoppen, erklärte aber gleichzeitig gegenüber Krestinskij, das Gebäude sei nicht exterritorial. Trotz Stresemanns Einspruch wurde die Durchsuchung fortgesetzt[20].

---

[15] Ebenda, S. 71.
[16] Vgl. dazu insbesondere Paul Levi: Sachverständigen-Gutachten und was dann? – Zur innen- und außenpolitischen Orientierung. Berlin 1924.
[17] Prot. SPD-PT 1924, S. 181. Dem Abschnitt über Rußland in seiner etwa gleichzeitig verfaßten programmatischen Schrift „Sachverständigen-Gutachten – und was dann?" stellte Levi ein Zitat des sowjetischen Außenministers Čičerin als Motto voran: „Unsere Regierung ist nicht die des Zaren, und unsere Methoden sind genau entgegengesetzt, aber das Ergebnis bleibt dasselbe." Levi, Sachverständigen-Gutachten, S. 17.
[18] Dazu vor allem die detaillierte Schilderung bei Rosenbaum, Community, S. 87–112.
[19] Sie waren nicht, wie u. a. Rosenbaum, Community, S. 87, schreibt, Kriminalbeamte. Vgl. dazu die Erklärung der württembergischen Kriminalpolizei im Vorwärts Nr. 210 vom 6. 5. 1924.
[20] Rosenbaum, Community, S. 87–89.

8. Mit dem Rücken zur Sowjetunion: SPD und Außenpolitik (1924–1927) 185

In einer deutschen Verbalnote wurde das Verhalten der Angestellten der Handelsmission verurteilt und mitgeteilt, daß fünf Angestellte bei der Razzia verhaftet worden waren[21].

Von sowjetischer Seite wurde der Vorfall als Provokation eingestuft. Die Räume der Handelsmission seien exterritorial und das Eindringen der Polizei unrechtmäßig. Botschafter Krestinskij reiste noch am 3. Mai nach Moskau ab. Die Sowjetregierung brach die seit einem Jahr laufenden Wirtschaftsverhandlungen ab und stornierte alle noch nicht fest abgeschlossenen Aufträge an deutsche Firmen. Sie bezeichnete die Aussagen von Grüner und Käser als unglaubwürdig und Botzenhardt als Polizeispitzel. Diese Deutung übernahm auch die KPD[22].

Der *Vorwärts* reagierte zunächst mit heller Empörung auf den Vorfall in der Handelsmission. Das Blatt fragte rhetorisch, was die Sowjetregierung tun würde, wenn sich eine ausländische Handelsmission in Moskau als weißgardistischer Stützpunkt betätigen würde und antwortete, man zweifle nicht daran, „daß die Herren sich nicht der liebenswürdigen Formen bedienen würden, die bei uns zu Lande üblich sind."[23]

Gar nicht so liebenswürdig fand dagegen die *Sozialistische Politik und Wirtschaft*, die von Paul Levi als Sprachrohr der SPD-Linken herausgegebene Zeitschrift, das Verhalten der Polizei. Sie habe Schreibtische durchsucht, in denen wichtige handelspolitische Dokumente aufbewahrt worden seien, kritisierte die SPW. Mit dem Hinweis, daß der preußische Innenminister Severing am betreffenden Tag nicht in Berlin gewesen sei, sollte dieser offensichtlich aus der Schußlinie der Kritik genommen und das Feuer auf die Polizei konzentriert werden[24].

Severing aber billigte, wie in seinem Schriftwechsel mit Außenminister Stresemann deutlich wurde, die Polizeiaktion voll und ganz. Das Vorgehen der Polizei stellte den Außenminister vor unerwartete und weitreichende Probleme. Der sowjetische Außenminister Čičerin interpretierte den Zwischenfall als einen Vorwand für einen beabsichtigten Bruch Deutschlands mit Sowjetrußland. Dazu, so argwöhnte er gegenüber dem deutschen Botschafter Brockdorff-Rantzau, habe sich Deutschland als Gegenleistung für die Annahme des Reparationsgutachtens durch die alliierten Mächte verpflichtet[25]. Das Vorgehen des Polizeipräsidiums Berlin stelle eine „schwere Schädigung wichtiger außenpolitischer Interessen des Reiches" dar, schrieb daher Stresemann am 6. Mai an Severing. Er beschwerte sich, daß die Durchsuchung ohne vorherige Rücksprache mit dem Auswärtigen Amt durchgeführt worden war, und forderte Severing dazu auf, eine Mißbilligung des Handelns der Polizei auszusprechen[26]. Dazu sehe er gar keine Veran-

---

[21] „Polizei in der Sowjet-Handelsdelegation", Vorwärts Nr. 203 vom 4. 5. 1924.
[22] Rosenbaum, Community S. 90 ff.; Krummacher/Lange, Krieg und Frieden, S. 162. Botzenhardt, der am 16. Mai verhaftet worden war, veranlaßte die Art, wie ihn seine Genossen fallenließen, zu einem Selbstmordversuch. Später sagte er sich – vorübergehend – von der KPD los. Vgl. „Die Tragödie eines Kommunisten", Vorwärts Nr. 518 vom 2. 11. 1924; „Die Wahrheit über Rußland", Vorwärts Nr. 580 vom 8. 12. 1927.
[23] „Polizei in der Sowjet-Handelsdelegation" a. a. O.
[24] „Der deutsch-russische Streitfall", SPW Nr. 28 vom 9. 5. 1924.
[25] Akten der Reichskanzlei. Die Kabinette Marx I und II, 30. November 1923 bis 3. Juni 1924, 3. Juni 1924 bis 15. Januar 1925, bearb. von Günther Abramowski. 2 Bde. Boppard 1973, Nr. 193 (Ministerbesprechung vom 6. 5. 1924), S. 614.
[26] Ebenda, Nr. 194 (Der Reichsminister des Auswärtigen an den Preußischen Minister des Inneren, 6. 5.1924), S. 617–619.

lassung, ließ Severing den Außenminister in seiner Antwort wissen . Er bedauerte im Gegenteil, daß die Razzia vorzeitig abgebrochen werden mußte. Dem entsprechenden Ersuchen des Außenministers habe er nur unter schwersten Bedenken zugestimmt, weil er überzeugt gewesen sei, daß sich der entflohene Häftling noch in den Räumen der Handelsmission befunden habe und weil der Fund von Restbeständen eines an Angehörige der Reichswehr und der Schutzpolizei gerichteten Flugblattes den Verdacht bestätigt habe, daß die Zersetzungspropaganda der KPD gegen diese Verbände von der Handelsmission ausgehe. Nach der Durchsuchung werde man dort zurückhaltender sein. Wegen außenpolitischer Rücksichten dürfe nicht die Sicherheit von Reich und Staat gefährdet werden[27]. Aus Severings Schreiben geht ferner hervor, daß das Berliner Polizeipräsidium schon am 23. Oktober 1923, also zu Beginn des Hamburger Aufstandes, die Durchsuchung der sowjetischen Handelsmission für dringend erforderlich erklärt und Severing dieses Anliegen an die Reichsregierung weitergetragen hatte. Das Außenministerium hatte dem jedoch widersprochen. Auch der Reichsinnenminister hatte erklärt, die vorhandenen Verdachtsmomente reichten nicht aus[28]. Offenkundig hatte die Berliner Polizei die Gelegenheit des Zwischenfalls mit Botzenhardt genutzt, um die gewünschte Durchsuchung doch noch durchzuführen[29].

Daß die Polizei bei der Razzia über die Fahndung nach Botzenhardt hinausgegangen war, kritisierte in der folgenden Woche der *Vorwärts* in einem Artikel, der auf beiden Seiten Fehler feststellte. Es scheint, daß dieser Artikel vom Auswärtigen Amt angeregt wurde, um die sowjetischen Befürchtungen über die hinter der Durchsuchung stehenden Absichten zu zerstreuen. Der *Vorwärts* führte aus, der SPD sei an einem guten deutsch-sowjetischen Verhältnis gelegen. Wenn es in Deutschland Mißtrauen gegen die sowjetischen Absichten gebe, so liege dies nicht an der deutschen Sozialdemokratie, sondern an der Sowjetunion. Der Grundsatz der gegenseitigen Nichteinmischung müsse eingehalten werden[30].

Eduard Bernstein, der sich kurz darauf an gleicher Stelle zu Wort meldete, ging selbst diese mit verhaltenem Grimm und vielen Einschränkungen formulierte Erklärung guten Willens zu weit. Da er keine offizielle oder halboffizielle Stelle einnehme, brauche er nicht die Zurückhaltung zu üben, die den redaktionellen Beitrag des *Vorwärts* gekennzeichnet habe, erklärte er (was die Vermutung, der Beitrag sei offiziell inspiriert worden, verstärkt) und zog heftig gegen die Sowjetregierung vom Leder. Sie führe von Anfang an einen „Vernichtungskrieg gegen die deutsche Republik". Ihre Forderung nach Exterritorialität ihrer unverhältnismäßig großen Handelsmission sei nicht gerecht-

---

[27] Ebenda, Nr. 195 (Der Preußische Minister des Innern an den Reichsminister des Auswärtigen, 8. 5. 1924), S. 619–623.
[28] Wahrscheinlich der sozialdemokratischen Innenminister Sollmann, möglicherweise aber auch sein Nachfolger (11. November 1923) von der DVP, Jarres.
[29] Daß Botzenhardts Fluchtversuch ein „abgekartetes Spiel" war, wie Günther Rosenfeld „mit Sicherheit" annimmt, ist damit aber noch nicht gesagt. Rosenfeld erwähnt nicht, daß Botzenhardt Kommunist war. Das Verhalten des Personals der Handelsmission wäre bei einer Provokation nicht vollständig kalkulierbar gewesen. Günther Rosenfeld: Sowjetunion und Deutschland 1922–1933. Köln 1984, S. 96f. Ferner Rosenbaum, Community, S. 142, der für möglich hält, daß Botzenhardt gezielt Fluchtgelegenheit erhielt.
[30] „Deutschland und Rußland", Vorwärts Nr. 225 vom 14. 5. 1924.

fertigt. An die deutsche Regierung appellierte Bernstein: „Halte fest an Deutschlands Recht, dann wird Deutschland sein Recht behalten."[31]

Auch Carl Severing hatte sich in seinem Brief an Außenminister Stresemann gegen den sowjetischen Anspruch auf Exterritorialität der Handelsvertretung gewandt[32]. Die *Sozialistische Politik und Wirtschaft* hingegen brachte eine Stellungnahme von „Kreisen, die der Botschaft der U.d.S.S.R. nahestehen", zur Frage der Exterritorialität[33].

Erst nach fast einem Vierteljahr wurde der Konflikt am 29. Juli mit einem Protokoll, das Außenminister Stresemann und der sowjetische Chargé d'Affaires Bratmann-Brodovskij unterzeichneten, endgültig beigelegt. Während die sowjetische Seite zusagte, dem Personal der Handelsmission Einmischungen in die inneren Angelegenheiten Deutschlands zu verbieten, gestand die deutsche Seite die teilweise Exterritorialität der Mission zu und garantierte, daß Durchsuchungen künftig nur noch mit Erlaubnis des deutschen Außenministeriums stattfinden würden[34].

Der *Vorwärts* begrüßte diese Regelung. Die deutsche Regierung habe nicht auf Prestigegesichtspunkte geachtet. Der Standpunkt der preußischen Polizei, die Handelsmission sei nicht exterritorial gewesen, sei durchgedrungen, erklärte der *Vorwärts* etwas spitzfindig. Trotzdem habe die deutsche Seite ihr Bedauern über die Durchsuchung ausgedrückt[35].

Weniger zufrieden war Severing. Er protestierte gegen die Exterritorialitätsregelung[36], ebenso wie übrigens der Reichswehrminister[37]. In dem Protokoll vom 29. Juli war von deutscher Seite auch zugesagt worden, der für die Polizeiaktion verantwortliche Regierungsdirektor Weiß werde von seinen früheren Pflichten entbunden werden. Severing hatte widersprochen und hielt sich nicht an die deutsch-sowjetische Übereinkunft. „Ich war [...] nicht gesonnen, das Auswärtige Amt zum Richter über das Verhalten der preußischen Beamten anzuerkennen", schreibt er in seinen Memoiren. Nach Abschluß der Untersuchungen sei die Dienstsuspendierung von Regierungsdirektor Weiß aufgehoben worden und dieser über die Grundsätze des diplomatischen Verkehrs belehrt worden. „Das war die Strafe, zu der ich mich verstehen konnte, zu schärferen Maßnahmen lag kein Anlaß vor."[38]

Völkerbund oder Bündnis mit Sowjetrußland? Völkerbund!

Vom Dawes-Plan zum Sicherheitspakt

Bei ihrem Drängen auf die Annahme des Sachverständigengutachtens, die Verabschiedung der dazugehörigen Ausführungsgesetze und vor allem auf den deutschen Beitritt zum Völkerbund stieß die SPD-Führung auf scharfe Opposition der nationalistischen Rechten und der Kommunisten, aber auch auf Vorbehalte der linken Opposition in der

---

[31] Eduard Bernstein: Moskaus Forderungen, in: Vorwärts Nr. 231 vom 17. 5. 1924.
[32] Wie Anm. 27.
[33] „Zum deutsch-russischen Konflikt", SPW Nr. 32 vom 20. 5. 1924.
[34] AdR Kab. Marx I und II, Nr. 248, S. 874; Rosenbaum, Community, S. 110.
[35] „Deutsch-russisches Kompromiß", Vorwärts Nr. 354 vom 30. 7. 1924.
[36] Rosenfeld, Sowjetunion und Deutschland, S. 109.
[37] AdR Kab. Marx I und II, S. 874, Fußnote 32.
[38] Carl Severing: Mein Lebensweg. 2 Bde. Köln 1950, Bd. 2, S. 17f.

eigenen Partei. Sie dachte auch in der Außenpolitik in geradezu schematisch strengen marxistischen Kategorien[39]. Da sie Kriege als Folge der unausweichlichen Gegensätze zwischen verschiedenen nationalen herrschenden Klassen betrachtete, war für sie die Zusammenarbeit bürgerlicher Staaten kein zuverlässiges Mittel der Friedenspolitik. Ihr führender Kopf, Paul Levi, stufte den Völkerbund als Garanten der angelsächsischen Weltstellung ein, räumte jedoch ein, man könne dieses Gremium nicht ignorieren. Levi betonte dabei besonders die in der SPD allgemein verbreitete Ansicht, die Sozialistische Internationale müsse als Ergänzung und gegebenenfalls als Korrektiv zum Völkerbund wirken[40].

Mit diesen dogmatisch verengten Klassenkategorien war jedoch kein alternatives außenpolitisches Konzept zu entwickeln. Die Stellungnahmen der Linken in der SPD zur Verständigungspolitik mit dem Westen beschränkten sich auf den Kommentar, daß diese vom deutschen Bürgertum nur notgedrungen betrieben und, sobald die Möglichkeit dazu bestehe, erneut durch eine offen imperialistische Linie ersetzt werden würde, ferner auf den besonders entschiedenen Kampf gegen die Abwälzung der Reparationslasten auf die Arbeiterschaft und auf das stete Mißtrauen gegen mögliche antisowjetische Tendenzen in den Übereinkünften mit den Westmächten. Die Linke zeigte sich somit in manchen Punkten – insbesondere, was die Aspirationen des deutschen Bürgertums betraf – stark in der Kritik, aber schwach in der Politik. Da sie im Grunde an Wilhelm Liebknechts Maxime von 1882 „Die beste Außenpolitik ist gar keine" festhielt[41], war ihr Einfluß auf den außenpolitischen Kurs der Gesamtpartei kaum von Gewicht.

Diese Konzeption erforderte es vor allem, auf weitere Fortschritte der in Gang gekommenen Verständigung mit den Westmächten zu drängen, sie parlamentarisch mitzutragen und gegen störende Einflüsse abzusichern. So forderte am 24. Juni der Parteivorstand die baldige Verabschiedung der Ausführungsgesetze zum Sachverständigen-Gutachten. Er drohte der Regierung Marx an, andernfalls ein entsprechendes Volksbegehren einzuleiten und die Auflösung des Reichstages anzustreben[42]. Entschieden trat die SPD der Kritik der KPD und der Sowjetunion am Dawes-Plan entgegen, die in ihm die „Ausplünderung Deutschlands durch die Entente" sah. „Die Verständigung Europas wäre für den Kreml der schwerste Schlag [...] Rußland will keinen europäischen Frieden, da es vom Streit lebt", schrieb der *Vorwärts*[43]. Die SPD wies dabei vor allem auf die Übereinstimmung von Kommunisten und Rechtsradikalen hin,

---

[39] Hans-Ulrich Ludewig: Die „Sozialistische Politik und Wirtschaft". Ein Beitrag zur Linksopposition in der SPD 1923–1928, in: IWK 17 (1981), S. 14–41, hier: S. 35f.
[40] Levi, Sachverständigen-Gutachten, S. 37–39; vgl. z.B. auch F. Petrich: Friedlicher Imperialismus? in: SPW Nr. 59 vom 24. 9. 1924.
[41] Zit. nach Reimund Klinkhammer: Die Außenpolitik der SPD in der Zeit der Weimarer Republik (Diss.), Freiburg 1955.
[42] Ernst Wolowicz: Linksopposition in der SPD von der Vereinigung mit der USPD 1922 bis zur Abspaltung der SAPD 1931. (Diss.) München 1983, S. 290. Vgl. auch Eduard Bernsteins Plädoyer für den Dawes-Plan „Arbeiter- und Erfüllungspolitik", Vorwärts Nr. 274 vom 13. 6. 1924.
[43] „Nationalbolschewistische Phantasien. Schlimmer als die Deutschnationalen", Vorwärts Nr. 274 vom 13. 6. 1924; siehe auch Artur Crispien: Kommunistisches Doppelspiel, in: Vorwärts Nr. 404 vom 28. 8. 1924.

die statt der Verständigung mit dem Westen auf ein Bündnis mit der Sowjetunion setzten[44].

Im Juli/August 1924 wurde auf einer Konferenz in London das Dawes-Abkommen von den Alliierten und von der deutschen Regierung akzeptiert. An der Regelung über den teilweisen vorzeitigen Truppenabzug aus den besetzten Gebieten hatte der außenpolitische Sprecher der SPD, Rudolf Breitscheid, durch seine Kontakte zum neuen französischen Ministerpräsidenten Herriot und zu Parlamentariern der regierungstragenden linken Mehrheit entscheidend mitgewirkt[45]. Konsequenterweise half die SPD dann auch den Ausführungsgesetzen zu dem Reparationsabkommen über die parlamentarischen Hürden, wenngleich das wegen ihres zunehmend gespannten Verhältnisses zum Minderheitskabinett Marx nicht ganz ohne Reibungen ablief[46].

Den Dawes-Plan nannte der SPD-Vorstand nach der Verabschiedung der Ausführungsgesetze einen „Wendepunkt in der Geschichte Deutschlands und Europas". Scharf kritisierte er nochmals die Ablehnung der Kommunisten: „Sie haben den Vertrag bekämpft und im Bund mit den Hakenkreuzlern die wahnsinnige Idee des russisch-deutschen Revanchekrieges gegen den Westen gepredigt"[47]. Die *Pravda* attestierte der SPD im Gegenzug eine „fetischistische Verehrung für Herriot und Dawes"[48]. Doch das war erst der Auftakt der außenpolitischen Konfrontation zwischen der SPD und der Sowjetunion.

Nachdem der Dawes-Plan unter Dach und Fach war, schien die Frage des deutschen Beitritts zum Völkerbund entscheidungsreif. Schon im Juli hatte Hermann Müller darauf hingewiesen, daß nach dem Regierungswechsel nun auch Frankreich für die Mitgliedschaft Deutschlands im Völkerbund sei. Bei dem neben der Reparationsfrage zweiten entscheidenden Problem der Verständigungspolitik, den Garantien für die französische Sicherheit, würden mit Gewißheit Völkerbundsinstanzen eingeschaltet sein. All das spreche für einen schleunigen Eintritt Deutschlands, und zwar unabhängig davon, ob auch Rußland beitrete[49].

Die sowjetische Außenpolitik war trotz der diplomatischen „Anerkennungswelle" des Jahres 1924 noch auf die Fortsetzung der Rapallo-Politik eingestellt. Sie fürchtete den Verlust ihres deutschen Partners durch dessen zunehmende Westorientierung und mehr noch: seine Einbindung in ein antisowjetisches Kriegsbündnis. Der Angelpunkt dieser Ängste war der Artikel 16 der Völkerbundssatzung, der gemeinsame Sanktionen gegen Friedensstörer vorsah[50].

Die SPD nahm auf diese Befürchtungen keine Rücksicht. Sie wollte, daß die deutsche Regierung der englischen Aufforderung zum Völkerbundsbeitritt vom 4. September 1924[51] Folge leiste. Im Vorfeld der Sitzung des Völkerbundsplenums im September, zu

---

[44] SPD-Parteivorstand (Hrsg.): Die Arbeit der Sozialdemokratie im Reichstag vom Mai bis August 1924. Berlin o.J. [1924], S. 21.
[45] Heinrich August Winkler: Der Schein der Normalität. Arbeiter und Arbeiterbewegung in der Weimarer Republik 1924 bis 1930. Berlin usw. 1985, S. 190f.
[46] Ebenda, S. 189–193; Wolowicz, Linksopposition, S. 290–295.
[47] „An die Partei", Vorwärts Nr. 414 vom 3. 9. 1924.
[48] Grieser, Sowjetpresse, S. 100.
[49] Hermann Müller: Hinein in den Völkerbund, in: Vorwärts Nr. 316 vom 8. 7. 1924.
[50] Rosenfeld, Sowjetunion und Deutschland, S. 123 und S. 131.
[51] Krüger, Versailles, S. 135.

dem eine Stellungnahme der Regierung zur Beitrittsfrage zu erwarten war, warnte daher der *Vorwärts* davor, mit diesem Schritt zu warten, bis auch die Sowjetunion dazu bereit sei, wie das eine starke Strömung im Auswärtigen Amt wünsche. Das sowjetische Interesse sei, ganz in der Tradition des Zarismus, die Gegensätze in der internationalen Politik geschickt auszunützen, um die Grenzen des ehemaligen russischen Reiches wiederherzustellen, mit dem amerikanischen und britischen Imperialismus in Asien in Konkurrenz zu treten und das westliche Kapital in den Dienst des sowjetischen Wirtschaftsaufbaus zu stellen. „Diese ganze Politik ist im Grunde die eines Wegelagerers an der Peripherie der europäischen Politik, der mit den Mitteln des Bluffs und der Erpressung fortgesetzt Elemente der Unruhe und der Zerstörung in die internationale Politik hineinträgt." Es sei daher klar, daß die Sowjetunion kein Interesse daran habe, dem Völkerbund beizutreten[52].

Obwohl die Reichsregierung am 23. September 1924 entgegen den Wünschen der SPD nur den „alsbaldigen Eintritt" Deutschlands in den Völkerbund ankündigte, ohne aber den entsprechenden Antrag zu stellen, bekundete diese, man könne sich auf den „ernsten Willen" der Regierung verlassen[53]. Umgekehrt hatte offenbar auch Außenminister Stresemann großes Vertrauen zu den Sozialdemokraten. Jedenfalls informierte er im Februar 1925 Breitscheid und Hilferding noch vor seinen deutschnationalen Kabinettskollegen von seiner Absicht, der französischen Regierung den Vorschlag einer gegenseitigen Garantie der Grenzen zu unterbreiten[54]. Dieses Angebot entsprach vollkommen den außenpolitischen Auffassungen der SPD. Als es öffentlich bekannt wurde, nannte es der *Vorwärts* „das Vernünftigste, was die Regierung Luther bisher auf außenpolitischem Gebiet getan hat"[55] – und sie unterstützte die Stresemannsche Initiative von Anfang an. Hilferding, der Gastdelegierter beim Parteitag der französischen Sozialisten in Grenoble (8. bis 12. Februar) war, konnte dort – möglicherweise schon vor der Übermittlung der deutschen Note an Frankreich am 8. Februar – den Parteivorsitzenden Léon Blum zur Unterstützung des deutschen Sicherheitsvorschlages bewegen[56].

Der Kindermann-Wolscht-Zwischenfall

Neben dem Mißtrauen der Sowjetunion gegen Stresemanns Außenpolitik belastete ein neuerlicher Konflikt die deutsch-sowjetischen Beziehungen 1924/25 schwer. Abermals zeigten sich die deutschen Sozialdemokraten hierbei als „Falken" im Verhältnis zur Sowjetunion.

Mitte September 1923 hatte Trotzki im Zuge der Vorbereitungen auf den „deutschen Oktober" einen Stab politischer Berater und militärischer Fachleute unter der Führung des Generals Peter Alexander Skoblewski nach Deutschland entsandt[57]. Ebendieser

---

[52] „Rußland und der Völkerbund", Vorwärts Nr. 443 vom 19. 9. 1924. Kurz zuvor hatte die Sowjetunion zur Empörung der internationalen Sozialdemokratie eine Vermittlung des Völkerbundes im dann blutig niedergeschlagenen georgischen Aufstand abgelehnt; vgl. „Rußland will keine Vermittlung" und „Sowjetrussische Methoden. Nach kapitalistisch-imperialistischem Vorbild", Vorwärts Nr. 436 vom 16. und Nr. 440 vom 18. 9. 1924. Siehe dazu Kapitel 9.
[53] „Beschlossen und vertagt", Vorwärts Nr. 450 vom 24. 9. 1924.
[54] Klaus E. Rieseberg: Die SPD in der „Locarnokrise", in: VfZ 30 (1982), S. 130–161, hier: S. 135.
[55] „Ein deutsches Sicherheitsangebot", Vorwärts Nr. 107 vom 4. 3. 1925.
[56] Rieseberg, „Locarnokrise", S. 134f.
[57] Braunthal, Internationale, S. 301; Krummacher/Lange, Krieg und Frieden, S. 151.

8. Mit dem Rücken zur Sowjetunion: SPD und Außenpolitik (1924–1927)

Skoblewski stand im Frühjahr 1925 im Zentrum eines aufsehenerregenden Gerichtsverfahrens, des Leipziger Tscheka-Prozesses. Im Zusammenhang mit der Ermordung eines als Polizeispitzel verdächtigten Kommunisten, des Friseurs Johann Rausch, war Ende April 1924 neben Felix Neumann, einem politischen Sekretär der KPD-Reichszentrale sowie einigen weiteren Verdächtigen ein Russe verhaftet worden. Neumann, der zum Kronzeugen des Verfahrens wurde, sagte aus, er kenne diesen unter dem Namen Hellmuth Gorew. Gorew habe von der russischen Botschaft aus den Aufbau einer „deutschen Tscheka" geleitet. Daß eine Verschwörung von erheblicher krimineller Energie aufgedeckt worden war, zeigt die Tatsache, daß bei den Verhaftungen neben Waffen, Sprengstoff und Kulturen mit Ruhr-, Typhus- und Cholerabakterien auch Pläne für die Ermordung Generals von Seeckt, des württembergischen Ministers Bolz und der Großindustriellen Borsig und Stinnes gefunden worden waren[58]. Diese Pläne, die politische Dimension und die von Neumann bezeugte Beteiligung der sowjetischen Botschaft sowie der geheimnisvolle Russe Gorew, der bestritt, Skoblewski zu sein, gaben dem Prozeß sein sensationelles Gepräge. Die Verhandlung endete nach über zwei Monaten Dauer Ende April 1925 mit Todesurteilen gegen Neumann, Skoblewski-Gorew und einen weiteren Angeklagten sowie Freiheitsstrafen für elf Beschuldigte[59]. Der *Vorwärts* stufte das Urteil als übertrieben hart ein. Er übte aber zugleich heftige Kritik an der Sowjetunion und der KPD und ließ die Gelegenheit zu einem Seitenhieb gegen die Rußlandpolitik der Regierung nicht aus: „Für die deutsche Regierung entsteht nun die ernste Frage, ob sie nicht in Zukunft dafür Sorge tragen will, daß eine ihr befreundete Regierung nicht auf deutschem Boden Mordorganisationen unterhält und den bewaffneten Umsturz mit eigens entsandten militärischen Fachmännern vorbereitet."[60]

Der „Tscheka-Prozeß" hatte ein eigenartiges Gegenstück. Am 25. Juni 1925 wurde in Moskau das Verfahren gegen die drei deutschen Studenten Karl Kindermann, Theodor Wolscht und Max von Ditmar eröffnet. Ihnen wurde Spionage und die Vorbereitung von Attentaten auf Stalin und Trotzki vorgeworfen. Dabei seien sie in Verbindung mit der rechtsradikalen deutschen Femenmördergruppe „Organisation Consul" und der Abteilung I a des Berliner Polizeipräsidiums gestanden, die für die Durchsuchung der sowjetischen Handelsmission in Berlin verantwortlich gewesen war[61].

Die drei Studenten waren im Oktober 1924 in die Sowjetunion gereist. Sie hatten sich vom *Berliner Tageblatt* Aufträge für Reportagen geben lassen und allerhand andere Pläne, zum Teil wohl recht abenteuerliche, verfolgt. So berichtet Theodor Liebknecht, die drei hätten ihn kurz vor ihrer Abreise aufgesucht und gefragt, ob er ihnen nicht irgendwelche geheimen Aufträge für die Russen mitzugeben habe – ein Anerbieten, das er dankend ablehnte[62]. Der deutsche Botschaftsrat Hilger, dem sie bei der Reise von

---

[58] „Eine linksradikale Mörderzentrale", Vorwärts Nr. 197 vom 26. 4. 1924; Krummacher/Lange, Krieg und Frieden S. 169; Lamar Cecil: The Kindermann Wolscht Incident. An Impasse in Russo-German Relations 1924–1926, in: Journal of Central European Affairs 21 (1961/62), S. 188–199, S. 193 f.
[59] „Todesurteile im Tschekaprozeß", Vorwärts Nr. 189 vom 22. 4. 1925.
[60] „Die Todesurteile von Leipzig", Vorwärts Nr. 190 vom 23. 4. 1925.
[61] Cecil, Kindermann Wolscht, S. 192; „Der Deutschenprozeß in Moskau", Vorwärts Nr. 298 vom 26. 6. 1925; „Der Kindermann-Skandal", ebenda, Nr. 302 vom 29. 6. 1925.
[62] Theodor Liebknecht: Wahrheit, Freiheit, Frieden, Brot. Aphoristische Memoiren. Typoskript im IISG, Amsterdam, Nl. Liebknecht, Mappe 10, S. 148. Liebknechts Angabe, der Besuch habe nach dem Urteil im „Tscheka-Prozeß" stattgefunden, kann nicht zutreffen.

Berlin in die Sowjetunion begegneten, hatte ihnen von ihren teils recht romantischen Vorhaben abgeraten[63]. Schon Ende Oktober wurden sie verhaftet. Die genaue Anklage wurde allerdings erst nach den Todesurteilen im „Tscheka-Prozeß" ausgearbeitet.

Die Widersprüchlichkeit und Unhaltbarkeit dieser Vorwürfe war offensichtlich. So wurde etwa Kindermann, der Jude war, die Mitgliedschaft in der antisemitischen „Organisation Consul" angedichtet[64]. Warum auch dem deutschen Botschaftsrat Hilger eine Rolle als Instrukteur der angeblichen „Attentäter" zugedacht wurde, ist unklar. Möglicherweise sollte der deutschen Regierung signalisiert werden, daß der Sowjetregierung viel an einem Austausch Skoblewskis lag, denn daß der Prozeß den einzigen Zweck hatte, Austauschobjekte zu schaffen, war eindeutig. Weil deshalb auch adäquate Strafen verhängt werden mußten, gab das Gericht den Anträgen des Anklägers Krylenko statt und verurteilte Kindermann, Wolscht und von Ditmar zum Tode[65].

Die Empörung über dieses Manöver und eine Prozeßführung, die mit rechtsstaatlichen Maßstäben nichts zu tun hatte, war in der deutschen Presse ziemlich einhellig[66]. Für den *Vorwärts* war das zugleich Anlaß für eine Generalabrechnung mit der deutschen Rußlandpolitik. Der Reichsregierung warf er vor, sie habe „ihre Landsleute schmählich im Stich gelassen"[67]. Dem Auswärtigen Amt und der Botschaft in Moskau attestierte er „verhängnisvolle Schwäche" und „Mangel an Festigkeit und Würde". Schon angesichts der Enthüllungen im „Tscheka-Prozeß" hätte eine Regierung mit Selbstachtung die sofortige Abberufung des sowjetischen Botschafters verlangt[68]. Doch die „östliche Richtung" im Auswärtigen Amt wolle selbst um den Preis deutscher Interessen und deutscher Menschenleben jede deutsch-russische Verstimmung vermeiden. Das zeige sich nicht nur in der Skoblewski-Kindermann-Affäre, sondern auch in der Frage des Sicherheitspaktes und des Beitritts zum Völkerbund[69]. Die Befürchtungen des *Vorwärts* waren nicht ganz unberechtigt. Immerhin war der deutsche Botschafter in Moskau Graf Brockdorff-Rantzau ein so entschiedener Gegner des Sicherheitspaktes, daß er nach Abschluß der Locarno-Verträge nur mit Mühe vom Rücktritt abgehalten werden konnte, und ähnliche Einstellungen gab es auch im Auswärtigen Amt[70].

Der *Leipziger Volkszeitung*, einem Sprachrohr des linken SPD-Flügels, war die Kampagne des *Vorwärts* für eine harte Haltung gegenüber der Sowjetunion nicht ganz geheuer. „Der ‚Vorwärts' nun schlug gewaltigen Lärm, prügelte die Passivität der Reichsregierung und forderte weiß Gott alle möglichen Staatssanktionen", beschrieb das Leipziger SPD-Blatt deutlich distanziert die Haltung des Zentralorgans. Die Linie, die die LVZ stattdessen empfahl, zeigt deutlich, wie ausschließlich sich die SPD-Linke in außenpolitischen Fragen vom Mißtrauen gegen den innenpolitischen Gegner leiten

---

[63] Hilger, Wir und der Kreml, S. 140–147.
[64] Ebenda; Cecil, Kindermann Wolscht, S. 191 und 194.
[65] Cecil, Kindermann Wolscht, S. 195.
[66] Wolfgang Müller: Deutsch-sowjetische Beziehungen 1924–1934 im Spiegel der deutschen Presse (Diss.), Saarbrücken 1982, S. 120 und S. 127f.
[67] „Der Kindermann-Skandal"
[68] „Moskauer Echo", Vorwärts Nr. 312 vom 4. 7. 1925.
[69] „Der Kindermann-Skandal"; mit gleicher Tendenz: „Rußland und wir. Ein paar notwendige Feststellungen", Vorwärts Nr. 304 vom 30. 6. 1925.
[70] Krüger, Versailles, S. 145.

ließ und wie unpolitisch daher ihre Haltung in diesem Politikbereich im Grunde war. Ob man denn wirklich von einer Regierung, die sich im eigenen Lande der krassesten Klassenjustiz gegenüber ohnmächtig erkläre, verlangen könne, sie solle außerhalb ihrer Grenzen nach dem Rechten sehen, fragte die LVZ. Die Reaktion, die jetzt Zeter und Mordio rufe, vergesse, daß sie die Lehrmeisterin der Moskauer Gerichtsherrn gewesen sei. Nur die Arbeiterklasse sei daher zu Protesten legitimiert. „Das Moskauer Urteil ist ein Schandurteil. Aber auch hier gilt für uns der Grundsatz sozialdemokratischer Taktik: ‚Der Feind steht im eigenen Land!'"[71]

Daß sich zwischen Deutschland und der Sowjetunion ein Gefangenenaustausch anbahnte, zeigte sich bereits Anfang November, als sowohl die in Moskau als auch die in Leipzig verhängten Todesurteile auf dem Gnadenweg in Freiheitsstrafen umgewandelt wurden[72]. Bis zum tatsächlichen Austausch dauerte es dann allerdings fast noch ein Jahr, währenddessen von Ditmar im Lubjanka-Gefängnis starb[73].

Westorientierung und Ostpolitik: Von Locarno zum Berliner Vertrag

Die deutsche Initiative für einen Sicherheitspakt mit Frankreich verstärkte die Einkreisungs- und Isolierungsängste der Sowjetunion. Sie wähnte ein antisowjetisches Bündnis im Entstehen, und entsprechend agitierte auch die KPD. Doch auch beim linken Flügel der Sozialdemokratie wurden solche Befürchtungen laut[74]. In der SAI äußerte vor allem die Labour Party derartige Besorgnisse. Sie war zudem besorgt, der Abschluß von zweiseitigen Garantieverträgen würde das von Ramsey MacDonald initiierte „Genfer Protokoll" entwerten, das ein System kollektiver Sicherheit mit obligatorischer Schiedsgerichtsbarkeit vorsah. Von der konservativen Regierung, die seit Oktober 1924 in Großbritannien amtierte, war das Protokoll im Völkerbund abgelehnt worden[75].

Mitte Juni hatte sich Frankreich grundsätzlich mit dem deutschen Garantievorschlag einverstanden erklärt, jedoch Deutschlands Beitritt zum Völkerbund zur Voraussetzung gemacht. In der deutschen Antwortnote wurde das Problem des Artikels 16 der Völkerbundssatzung aufgeworfen, der dem Auswärtigen Amt aus Rücksicht auf die Sowjetunion unannehmbar schien[76]. Die *Izvestija* sahen darin eine deutliche Bekundung des deutschen Willens, sich nicht durch die Sanktionsklausel in einen Krieg mit der Sowjetunion verwickeln zu lassen und eine Fortsetzung der Rapallo-Politik. Die SPD-Führung lehnte eine solche Rücksichtnahme ab. Den ständigen Hinweis auf eine angebliche „Einheitsfront gegen Rußland" stufte sie als „pathologisch" ein. Die wahren Motive der Sowjetunion sah sie in dem Versuch, die europäischen Mächte zu ihren Gunsten gegeneinander auszuspielen[77]. Schon im März hatte Rudolf Breitscheid in aller Deutlichkeit erklärt, die Rücksicht auf die „mehr oder weniger platonische Freund-

---

[71] „Der Moskauer Prozeß", LVZ Nr. 154 vom 6. 7. 1925.
[72] „Kindermann und Wolscht begnadigt", Vorwärts Nr. 524 vom 5. 11. 1925.
[73] Cecil, Kindermann Wolscht S. 197f.; Harvey Leonhard Dyck: Weimar Germany and Soviet Russia 1926–1933. A Study in Diplomatic Instability. London 1966, S. 47.
[74] Auch der sozialdemokratische Berufsdiplomat Adolf Köster, der zur Zeit der Vertragsverhandlungen Dienst als Botschafter in Riga tat, hatte Bedenken wegen einer gegen Rußland gerichteten Spitze des Sicherheitspakts; Rieseberg, „Locarnokrise", S. 139 und S. 157.
[75] Graml, Europa, S. 229–232.
[76] Ebenda, S. 204 und S. 207f.
[77] „Russische Sirenenklänge", Vorwärts Nr. 365 vom 5. 8. 1925.

schaft" Rußlands sei für Deutschland weniger nützlich als die Zusammenarbeit mit den westlichen Staaten[78].

Die Befürchtungen der Sozialdemokraten vor einer zu engen Kopplung der deutschen Außenpolitik an die Sowjetunion waren aber nur teilweise berechtigt. Außenminister Stresemann hatte zwar der sowjetischen Seite zugesichert, Deutschland werde sich bei einem Beitritt zum Völkerbund nicht an den Sanktionsartikel gebunden fühlen und dies auch gegenüber den Westmächten bekunden[79], doch stellten interne Richtlinien des Auswärtigen Amtes für die weiteren Verhandlungen mit Rußland im Sommer 1925 fest, auch wenn die Alliierten die deutschen Bedenken gegen den Artikel 16 nicht formell anerkannten, sei kein Schade für die deutsch-sowjetischen Beziehungen zu befürchten[80].

Der geplante Sicherheitspakt war auch ein Beratungsgegenstand auf dem zweiten Kongreß der Sozialistischen Arbeiter-Internationale Ende August in Marseille. Charles Buxton, der dort die obengenannten Bedenken der Labour Party vortrug[81], sah sich einer deutsch-französischen Einheitsfront gegenüber. Rudolf Hilferding verteidigte den geplanten Garantievertrag als ersten Schritt zu umfassenderen Sicherheitssystemen und widersprach dem Verdacht, das Abkommen habe eine gegen Rußland gerichtete Komponente[82]. Der französische Parteivorsitzende Léon Blum, den Hilferding und Breitscheid ja schon im Februar beim Parteitag von Grenoble überzeugt hatten, erlärte, die deutsche und die französische Partei seien sich in dieser Frage „im wesentlichen einig"[83]. Da sie die Hauptbetroffenen in dieser Sache waren, konnte die Labour Party schwerlich die Zustimmung verweigern. Sie akzeptierte schließlich den Sicherheitspakt, nicht ohne trotzdem den Vorrang des Genfer Protokolls zu betonen[84].

Das Einverständnis der SAI erleichterte es der Parteimehrheit auf dem Heidelberger Parteitag (13. bis 18. September 1925), die Bedenken des linken Flügels über einen möglichen antisowjetischen Akzent des Sicherheitspaktes zurückzudrängen. Dieser dürfe nicht dazu mißbraucht werden, „einen Ring um Rußland zu bilden", erklärte etwa Tony Sender, die für Dresden delegiert war[85]. Der Frankfurter Delegierte Loeb behauptete, solche Einkreisungsideen gebe es auch in der SPD, ohne allerdings seinen Vorwurf zu konkretisieren. Er setzte sich außerdem für den Antrag seines Parteibezirks ein, ein Handelsabkommen mit der Sowjetunion abzuschließen[86].

Breitscheid trat dagegen für das Sicherheitsabkommen ein, auch wenn es von der ungeliebten Regierung Luther abgeschlossen werde. Die Beseitigung der im Westen liegenden Gefahren sei jetzt vorrangig. Loeb sei der Beweis für seine Behauptung, der Sicherheitspakt habe eine versteckte Spitze gegen Sowjetrußland, schuldig geblieben.

---

[78] Rudolf Breitscheid: Sicherheitspakt im Völkerbund, in: Vorwärts Nr. 130 vom 18. 3. 1925.
[79] Graml, Europa, S. 207.
[80] Hans W. Gatzke: Von Rapallo nach Berlin, in: VfZ 4 (1956), S. 1–29, hier: S. 11.
[81] Zweiter Kongreß der Sozialistischen Arbeiter-Internationale Marseille, 22.–27. August 1925. Bericht des Sekretariats und Verhandlungsprotokoll. Berlin o.J., S. 257f. [Kongreßprotokolle der Sozialistischen Arbeiter-Internationale. Nachdr. Glashütten 1974, Bd. 2].
[82] Ebenda, S. 265.
[83] Ebenda, S. 272.
[84] Ebenda, S. 317–319.
[85] Sozialdemokratischer Parteitag 1925 in Heidelberg. Protokoll mit dem Bericht der Frauenkonferenz. Berlin 1925. [Nachdr. Glashütten usw. 1974], S. 244f.
[86] Ebenda, S. 247.

Eine Orientierung nach Osten wäre für die deutsche Stellung dem Westen gegenüber „zumindest keine Erleichterung". Deutschland würde dadurch zudem in die imperialistische Asienpolitik der Sowjetunion verstrickt. Ungeachtet dieser Einwände gelte aber für die deutsche Sozialdemokratie nach wie vor die Losung „Hände weg von Sowjetrußland". Den Vorschlag eines neuen Handelsabkommens mit Rußland lehnte Breitscheid mit dem Hinweis auf das bestehende Abkommen ab[87]. Schließlich wurde trotz der vorgetragenen Einwände die von Hermann Müller eingebrachte Resolution einstimmig verabschiedet, die Deutschlands Beitritt zum Völkerbund forderte, um ihm die gleichberechtigte und direkte Mitwirkung bei der Lösung der Sicherheitsfrage zu ermöglichen. Vom Artikel 16 war darin nicht die Rede[88].

Es war den Mehrheitsvertretern in Heidelberg gelungen, die Bedenken des linken Flügels zurückzudrängen, nicht aber sein Mißtrauen gegen den Vertrag mit den Westmächten zu zerstreuen. Eine Verständigungspolitik, die von einer Bürgerblocksregierung mit Einschluß der DNVP betrieben wurde, konnte seiner Meinung nach nicht aufrichtig sein. Auch wenn sie aktuell nicht nachweisbar war, vermutete man, daß auf lange Sicht die antisowjetische Stoßrichtung dieser Politik zutage treten werde[89]. Wenn in Heidelberg dennoch Einstimmigkeit zustande kam, so lag dies wohl vor allem daran, daß die Linke keine Alternative zu der von der Mehrheit vertretenen Politik aufzuweisen hatte. Paul Levis außenpolitische Devise „Fernbleiben von den Händeln der großen Weltstaaten"[90] konnte wohl kaum als eine solche gelten.

Kurz nach dem Parteitag trat der sowjetische Außenminister Čičerin eine Reise nach Deutschland an, die vom *Vorwärts* mit Argwohn beobachtet wurde. Den Zwischenaufenthalt des Ministers in Warschau wertete das SPD-Zentralorgan als taktisches Manöver im Hinblick auf die bevorstehenden Verhandlungen über den Sicherheitspakt in Locarno. Dadurch solle eine mögliche – für Deutschland natürlich unerwünschte – polnisch-sowjetische Annäherung signalisiert werden[91]. Der *Vorwärts* wurde während der Reise Čičerins nicht müde zu versichern, daß für sowjetische Einkreisungsängste kein Anlaß bestehe[92].

Tatsächlich unternahm der sowjetische Außenminister einen letzten Versuch, seinen deutschen Amtskollegen von den Vereinbarungen mit den Westmächten abzubringen. Er erreichte dieses Ziel jedoch auch mit der Erneuerung eines bereits zur Jahreswende 1924/25 unterbreiteten Angebots einer deutsch-sowjetischen Allianz zur „Zurückdrängung Polens auf seine ethnographischen Grenzen" nicht[93]. Natürlich blieb dieses Ange-

---

[87] Ebenda, S. 248–250.
[88] Text der Resolution ebenda, S. 316, Abstimmung S. 258.
[89] Vgl. „Stellung der Leipziger Partei-Genossen zum Heidelberger Parteitag", LVZ Nr. 222 vom 23. 9.1925; „Bahn frei!", LVZ Nr. 228 vom 30. 9. 1925; „Von Genua bis Locarno", LVZ Nr. 232 vom 5. 10.1925; Paul Levi: Westlich oder östlich? in: SPW Nr. 40 vom 8. 10. 1925, auch in LVZ Nr. 237 vom 10. 10. 1925.
[90] Paul Levi: Zur außenpolitischen Lage, in: SPW Nr. 30 vom 30. 7. 1925.
[91] „Tschitscherins [sic!] in Warschau", Vorwärts Nr. 459 vom 29. 9. 1925.
[92] Ebenda,; „Ein beschämendes Dokument. Englische Gewerkschafter als Handlanger russischer Außenpolitik", ebenda, Nr. 460 vom 29. 9. 1925; „Tschitscherin in Berlin", ebenda, Nr. 461 vom 30. 9. 1925
[93] Karl Dietrich Erdmann: Das Problem der Ost- und Westorientierung in der Locarno-Politik Stresemanns, in: GWU 6 (1955) S. 133–162, hier: S. 153ff.; Walsdorff, Westorientierung, S. 63, S. 67–70 und S. 76.

bot geheim. Dagegen wurde als Ergebnis des Besuchs die Paraphierung eines deutsch-sowjetischen Handelsvertrages bekanntgegeben.

Die sozialdemokratischen Reaktionen auf dieses überraschende Abkommen waren gespalten. Der *Vorwärts* kommentierte es ähnlich wie seinerzeit die SPD-Mehrheit den Rapallo-Vertrag. Der Handelsvertrag an sich wurde begrüßt, die Umstände seiner Entstehung stießen aber auf Kritik. Das SPD-Zentralorgan tadelte vor allem, daß die Reichsregierung die deutsch-sowjetische Freundschaft zu einem Zeitpunkt betone, wo einerseits Čičerin den englisch-russischen Gegensatz hervorhebe und andererseits Großbritannien die Rolle der Garantiemacht im deutsch-französischen Sicherheitspakt übernehmen solle[94]. Genau entgegengesetzt aber äußerte sich die linke *Leipziger Volkszeitung*: „Wir haben über unsere Bedenken hinsichtlich der einseitigen Orientierung der Republik nach Westen keinen Zweifel gelassen. Darum begrüßen wir im besonderen die prinzipielle Zustimmung der Reichsregierung zum deutsch-russischen Handelsvertrag am Vorabend der Konferenz von Locarno."[95]

Auf die Konferenz von Locarno (5. bis 16. Oktober) hatte der Vertragsabschluß entgegen den Befürchtungen des *Vorwärts* keinen Einfluß. Der gewünschte Sicherheitspakt kam zustande. Deutschland verpflichtete sich zur Achtung der deutsch-französischen und der deutsch-belgischen Grenze. Dies wurde ergänzt durch einen wechselseitigen Nichtangriffspakt der drei Staaten. Großbritannien und Italien fungierten als Garantiemächte. Außer mit Belgien und Frankreich schloß Deutschland auch mit Polen und der Tschechoslowakei Schiedsverträge, mit letzteren allerdings nur wenig verbindliche. Deutschland verpflichtete sich ferner, dem Völkerbund beizutreten. Hier gelang es Außenminister Stresemann, eine Relativierung des Artikels 16 durchzusetzen, derzufolge Deutschland nur in dem Maße zur Beteiligung an Sanktionen gehalten sei, „das mit seiner militärischen Situation vereinbar ist und das seine geographische Lage in Betracht zieht"[96].

Der *Vorwärts* feierte dieses Ergebnis in dicken Lettern als den „Sieg des Friedens" und erklärte es zu einem „Teilsieg der sozialistischen Bewegung"[97]. Wieder war die LVZ anderer Meinung. Reserviert kennzeichnete sie die Locarno-Beschlüsse als die politische Umsetzung der wirtschaftlichen Beschlüsse des Dawes-Planes unter Führung des angelsächsischen Kapitals. Es gelte nun, die kapitalistische Lösung proletarischen Interessen dienstbar zu machen[98]. Die Ratlosigkeit der SPD-Linken in außenpolitischen Fragen zeigte sich an der Uneinheitlichkeit der Reaktionen ihrer Presseorgane auf Locarno. Sie stimmten teils mit dem diffusen Unbehagen der LVZ, teils aber auch mit der sehr positiven Reaktion des *Vorwärts* überein[99].

Da Locarno in der SPD überwiegend positiv gesehen wurde, stand es außer Frage, daß sie dem Abkommen trotz Opposition zur Regierung über die parlamentarischen Hürden helfen würde. Am 27. November stimmte die SPD-Reichstagsfraktion geschlossen für die Verträge, die von den Deutschnationalen und den anderen Parteien

---

[94] „Was ist's mit Rußland?", Vorwärts Nr. 467 vom 3. 10. 1925.
[95] „Der deutsch-russische Handelsvertrag", LVZ Nr. 231 vom 3. 10. 1925.
[96] Graml, Europa, S. 208f.
[97] „Der Sieg des Friedens", Vorwärts Nr. 491 vom 17. 10. 1925.
[98] „Die Beschlüsse von Locarno", LVZ Nr. 244 vom 19. 10. 1925.
[99] „Das Vertragswerk von Locarno", LVZ Nr. 246 vom 21. 10. 1925.

der extremen Rechten sowie den Kommunisten abgelehnt wurden[100]. Die KPD brandmarkte den Völkerbund als „Instrument des Angriffskrieges gegen die Sowjetunion"[101]. Offenkundig gegen diese kommunistische Agitation war eine Broschüre gerichtet, in der der SPD-Vorstand die Grundzüge seiner Außenpolitik erläuterte. Sie trug den bezeichnenden Titel „Völkerbund oder Bündnis mit Sowjetrußland", und ist wahrscheinlich im November 1925 erschienen[102]. Obwohl der SPD-Vorstand an der sozialdemokratischen Antwort auf die gestellte Alternative keinen Zweifel ließ und die Außenpolitik der Sowjetunion in gewohnt scharfen Tönen kritisierte, wies er doch die Kategorien der West- oder Ostorientierung zurück. Während das deutsche Verhältnis zur Sowjetunion „im Geiste des friedlichen und freundschaftlichen Austauschs geregelt" sei, sei nun das Zentralproblem das Verhältnis zu Frankreich[103]. Beim Locarno-Pakt gehe es aber nicht um eine einseitige Entscheidung für oder gegen den Westen oder den Osten, „sondern es geht darum, eine Etappe zu gewinnen auf dem Wege, der nicht nur den Westen, sondern auch den Osten Europas in einem großen Vertragssystem zusammenführen soll"[103]. Zu diesem Zweck solle Deutschland im Völkerbund auf einen Beitritt Rußlands hinwirken. Man glaubte bereits erste Anzeichen für eine sowjetische Annäherung an den Völkerbund zu erkennen[104]. Doch schien sich wenig später eine entgegengesetzte Entwicklung anzubahnen.

Anfang April brachte die Londoner *Times* die sensationelle Nachricht, daß Verhandlungen über ein neues politisches Abkommen zwischen Deutschland und der Sowjetunion im Gang waren, was kurz darauf von der deutschen Regierung bestätigt wurde[105]. Die strikte Geheimhaltung der Verhandlung bis dahin – nicht einmal der Auswärtige Ausschuß des Reichstages war informiert worden – und die Befürchtung, der Locarnopakt und der Völkerbundsbeitritt könnten konterkariert werden, beunruhigte die SPD stark. Wenn Čičerin die Entscheidung zwischen Rapallo und Locarno wolle, „dann sind wir für Locarno!" schrieb der *Vorwärts*[106]. Die Erregung legte sich jedoch bald, als bekannt wurde, daß der am 24. April abgeschlossene „Berliner Vertrag" nicht im Widerspruch zu den Verträgen von Locarno und zur Völkerbundssatzung stand[107]. Die wichtigste Bestimmung des Berliner Vertrages war, daß sich Deutschland und die Sowjetunion für den Fall unprovozierter Angriffe Dritter gegenseitig Neutralität zusicherten. Die sowjetische Seite hätte diese Vereinbarung gerne auf jegliche Angriffe ausgedehnt. Da dies aber auch mit der relativierten Sanktionsklausel der Völkerbundssatzung unvereinbar gewesen wäre, lehnte Stresemann diesen Wunsch ab[108].

---

[100] Debatte und Abstimmung: Verhandlungen des Reichstags. Stenographische Protokolle, Bd. 388, S. 4619–4658; zum Verhalten der SPD in der Regierungskrise, die durch den Austritt der DNVP aus dem Kabinett wegen Locarno ausgelöst wurde: Rieseberg, „Locarnokrise".
[101] Winkler, Normalität, S. 258f.
[102] SPD-Parteivorstand (Hrsg.): Völkerbund oder Bündnis mit Sowjetrußland – Der Kampf um den europäischen Frieden. Berlin o.J. [1925/26].
[102] Ebenda, S. 10.
[103] Ebenda, S. 7.
[104] Ebenda, S. 12 und S. 15.
[105] „Die Verhandlungen mit Rußland", Vorwärts Nr. 175 vom 15. 4. 1925; „Rückversicherungsvertrag mit Rußland?", LVZ Nr. 87 vom 15. 4. 1925.
[106] „Zwischen Ost und West. Jedenfalls für Locarno", Vorwärts Nr. 181 vom 18. 4. 1926; Rudolf Breitscheid: Das deutsch-russische Geheimnis, in: LVZ Nr. 87 vom 15. 4. 1926.
[107] „Der Vertrag mit Rußland", Vorwärts Nr. 193 vom 25. 4. 1926.
[108] Graml, Europa, S. 215.

Als der Vertrag am 10. Juni 1926 im Reichstag behandelt wurde, nannte ihn Rudolf Breitscheid als Sprecher der SPD-Fraktion „ein Instrument des Friedens". Sein Wert liege vor allem darin, daß die russische Regierung über die Absichten Deutschlands beruhigt worden sei, und daß er einen Schritt zur Einbeziehung Rußlands in das europäische Friedenssystem darstelle[109]. Diese Ansicht hatte er auch schon in der *Leipziger Volkszeitung* vertreten, die den Vertrag ebenfalls begrüßte[110].

Diesmal nahm Paul Levi auch auf der Linken eine Außenseiterposition ein. Er hob die antipolnische Note des Berliner Vertrages hervor und erklärte, dieser ermögliche Deutschland im Falle eines Konfliktes zwischen den Westmächten und der Sowjetunion die Wahl des Meistbietenden. Ihn störte die gesamte deutsche Vertragspolitik: „Wir waren gegen Rapallo, denn es bedeutete eine gefährliche Tendenz, wie u. E. Völkerbund, Locarno, Genf gefährliche Tendenzen bedeuten nach der anderen Seite."[111].

Auch die auf dem äußersten rechten Flügel der SPD angesiedelten *Sozialistischen Monatshefte* verwarfen zusammen mit dem Berliner Vertrag zugleich den Rapallo-Vertrag. Ihr Autor Ludwig Quessel hob ebenfalls eine antipolnische Note des Abkommens hervor. Allerdings durfte bei den Kontinentalpolitikern der Hinweis nicht fehlen, daß wahrscheinlich England hinter dem Vertragsabschluß stehe, welches Deutschland vom Völkerbund fernhalten wolle[112].

Diese Stimmen hatten keinen Einfluß auf die Haltung der Gesamtpartei. Die Reichstagsfraktion der SPD stimmte, wie alle anderen Fraktionen mit Ausnahme dreier aus der KPD ausgeschlossener Linkskommunisten, für den Vertrag[113].

„Sowjetgranaten"

Kurz nach der Ratifikation des Berliner Vertrages begannen Verhandlungen über einen deutsch-sowjetischen Gefangenenaustausch. Das sowjetische Interesse richtete sich dabei vor allem auf den im „Tscheka-Prozeß" verurteilten Skoblewski, das deutsche unter anderem auf Kindermann und Wolscht, vorrangig aber auf den leitenden Angestellten der Junkerswerke, Scholl. Er hatte einen Offizier der sowjetischen Luftwaffe bestochen, um für die Geschäftspolitik der Firma Junkers wertvolle Informationen zu erhalten[114]. Diese unterhielt nämlich in der Sowjetunion eine Fabrik für Militärflugzeuge, über die Deutschland nach den Bestimmungen des Versailler Vertrags eigentlich gar nicht verfügen durfte. Dies war nur eine Komponente der geheimen militärischen Zusammenarbeit zwischen Reichswehr und Roter Armee, die schon 1921 in die Wege geleitet worden war und sich unter anderem auch auf die Fliegerausbildung und die Herstellung von Giftgas erstreckte[115]. Die Furcht, bei einem Prozeß gegen Scholl würde

---

[109] Verhandlungen Reichstag, Bd. 390, S. 7436f.
[110] Rudolf Breitscheid: Unterzeichnung des deutsch-russischen Vertrages. Die Brücke zwischen Ost und West, in: LVZ Nr. 96 vom 26. 4. 1926; „Der Berliner Vertrag", LVZ Nr. 98 vom 28. 4. 1926.
[111] Paul Levi: Der Kopf und die Hand, in: SPW Nr. 17 vom 29. 4. 1926.
[112] Ludwig Quessel: Eine neue Tragödie Deutschlands? in: SM Nr. 5 vom 17. 5. 1926, S. 291–296.
[113] Winkler, Normalität, S. 291.
[114] ADAP Serie B, Band 2,2: 8. Juni bis 31. Dezember 1926, Nr. 48 (Aufzeichnung des Legationsrates Hencke (Moskau) z. Zt Berlin, 10. 7. 1926), S. 111.
[115] Vgl. dazu Cecil F. Melville: The Russian Face of Germany. An Account of the Secret Military Relations between the German and the Russian Governments. London 1932; Edward Hallett

die sowjetische Seite keine Rücksicht auf die delikate Lage Deutschlands nehmen und durch die Offenbarung der militärischen Zusammenarbeit einen internationalen Skandal verursachen, bewog die deutsche Botschaft in Moskau, auf die schleunige Durchführung des Gefangenenaustausches zu drängen[116]. Erstaunlicherweise zeigte sich ausgerechnet Reichswehrminister Otto Gessler als hartnäckiger Gegner der Forderungen der Botschaft, die von Mitte Juli bis Mitte August energisch gegen seine Halsstarrigkeit anargumentierte[117]. Erst Ende August kam dann eine Regelung über den Austausch zustande, Mitte September wurde er vollzogen[118].

Die von Botschafter Brockdorff-Rantzau beschworene Gefahr der Enthüllung der deutsch-sowjetischen militärischen Zusammenarbeit war damit jedoch nicht gebannt. Sie ging nur von einer ganz anderen Seite aus. Seit Ende Oktober griff die SPD Reichswehrminister Otto Gessler scharf an. Er dulde Beziehungen der Reichswehr zu illegalen Wehrverbänden. Ferner warf sie ihm eine politisch einseitige, nämlich rechtslastige, Rekrutierungspraxis der Armee vor[119]. Kurz zuvor hatte der Chef der Heeresleitung General von Seeckt seinen Abschied nehmen müssen, weil er dem ältesten Sohn des hohenzollerschen Kronprinzen erlaubt hatte, an einem Manöver teilzunehmen. Die SPD wollte offenkundig die durch Seeckts Rückzug und seine Ersetzung durch den „schwachen" General Heye entstandene Lage nutzen, um die politischen Mißstände in der Reichswehr zu beseitigen[120]. „Es ist an der Zeit, daß im Reichstag in aller Öffentlichkeit die illegalen Beziehungen und Organisationsversuche der Reichswehr aufgedeckt werden", schrieb der *Vorwärts*[121].

Zunächst aber brachten die Sozialdemokraten ihre Gravamina unter Ausschluß der Öffentlichkeit vor. Am 1. Dezember 1926 hatten die Reichstagsabgeordneten Hermann Müller, Otto Wels, Rudolf Breitscheid, Philipp Scheidemann und Otto Eggerstedt Gelegenheit, die Beschwerden der SPD dem Reichswehrminister in Anwesenheit des Reichskanzlers Marx und des Außenministers Stresemann vorzutragen. Scheidemann eröffnete das Gespräch mit dem Hinweis, das, was jetzt zur Sprache komme, stelle nicht nur innen-, sondern auch außenpolitisch eine große Gefahr dar. „Wenn diese Dinge bekannt würden, müsse die Politik Stresemanns platzen", gibt das Protokoll seine Ausführungen wieder[122]. Außer Beschwerden gegen die geheime Aufrüstung und die Beziehungen der Reichswehr zu rechtsradikalen Verbänden trug Scheidemann dann

---

Carr: Berlin, Moskau. Stuttgart 1954, S. 75–82; Helm Speidel: Reichswehr und Rote Armee, in: VfZ 1 (1953), S. 9–45 (S. 9–16 Einleitung von Hans Rothfels); Carsten, Reichswehr, S. 141–157, S. 253–259 und S. 276–278; Rosenbaum, Community, S. 227–241.

[116] ADAP Serie B, Band 2,2: 8. Juni bis 31. Dezember 1926, Nr. 48, S. 110f. und Nr. 83 (Aufzeichnung ohne Unterschrift [wahrscheinlich von Botschafter Brockdorff-Rantzau, 12. 8. 1926]), S. 186–189.
[117] Vgl. zu der Auseinandersetzung ebenda, Nr. 50, 54, 55–59, 61, 63, 64, 68, 82.
[118] Ebenda, Nr. 99 (Aufzeichnung des Staatssekretärs im AA von Schubert, Berlin 28. 8. 1926), S. 241f.; „Deutsch-russischer Gefangenenaustausch", Vorwärts Nr. 438 vom 17. 9. 1926.
[119] Winkler, Normalität, S. 299; Otto-Ernst Schüddekopf: Das Heer und die Republik. Quellen zur Politik der Reichswehrführung 1918 bis 1933. Hannover, Frankfurt a.M. 1955, S. 217ff.; Berichte des Vorwärts dazu u.a. in Nr. 248 vom 20., Nr. 550 vom 22. und Nr. 553 vom 24.11. 1926.
[120] Carsten, Reichswehr, S. 267–S. 271 und S. 275f.
[121] „Illegale Betätigung der Reichswehr", Vorwärts Nr. 548 vom 20. 11. 1926.
[122] Protokoll der Besprechung in Schüddekopf, Das Heer, S. 214–217, hier: S. 214.

auch Erkenntnisse der SPD über die russischen Unternehmungen der Firma Junkers, die Herstellung von Giftgas und Munition durch deutsche Betriebe in der Sowjetunion und die Munitionseinfuhr nach Deutschland vor. Gessler bestätigte diese Angaben. Die Munitionsproduktion sei allerdings inzwischen eingestellt. Über konkrete Forderungen der SPD-Vertreter hinsichtlich der Beziehungen zu Rußland berichtet das Protokoll nichts, doch stellte Otto Wels ganz allgemein fest, es müsse bald etwas Sichtbares geschehen, damit die Kursänderung, die Gessler unter Hinweis auf Heyes Berufung angekündigt hatte, erkennbar werde. „Reichskanzler Marx dankt den Herren, daß sie diesen Weg gewählt hätten, um das Material der Regierung zur Kenntnis zu bringen", ist abschließend in der Aufzeichnung vermerkt[123].

Doch nur wenig später erfuhr auch die deutsche Öffentlichkeit von der geheimen militärischen Zusammenarbeit zwischen der Reichswehr und der Sowjetunion. In großer Aufmachung präsentierte der *Vorwärts* unter der Überschrift „Sowjetgranaten für Reichswehrgeschütze" am 5. Dezember die Übersetzung eines Artikels, der zwei Tage zuvor im *Manchester Guardian* erschienen war und von dem Berliner Korrespondenten des liberalen englischen Blattes, Voigt, stammte. Voigt schrieb, daß die deutschen Junkerswerke seit fünf Jahren in der Sowjetunion Flugzeuge für den deutschen und den sowjetischen Gebrauch herstellten, daß dort unter deutscher Regie Giftgase produziert würden, daß es einen Offiziersaustausch zwischen Reichswehr und Roter Armee gebe, und daß im November sechs Schiffe mit Waffen und Munition aus der Sowjetunion in Stettin vor Anker gegangen seien[124]. In einem Kommentar dazu erklärte das SPD-Zentralorgan, es liege ein klarer Verstoß gegen den Versailler Vertrag vor und forderte eine wesentlich stärkere Kontrolle der Reichswehr. Zugleich wandte es sich kritisch gegen die Sowjetunion. „Rußland bewaffnet die deutsche Gegenrevolution!" erklärte der *Vorwärts* und fragte polemisch: „Waren die Gewehre, die in Sachsen, Thüringen, Hamburg auf kommunistische Arbeiter losgingen, etwa mit russischen Kugeln geladen?"[125]

Der Bericht des *Manchester Guardian* und seine Übernahme durch den *Vorwärts* waren von besonderer Brisanz, weil zur gleichen Zeit die Abschlußverhandlungen über die deutsche Entwaffnung und die Abberufung der Interalliierten Kontrollkommission unmittelbar bevorstanden. Das offiziöse Wolffsche Telegraphenbüro dementierte denn auch sofort den Bericht. Er solle offenkundig die Verhandlungen in Genf stören[126]. Der *Manchester Guardian* brachte jedoch einen weiteren Artikel zu den deutsch-sowjetischen Militärbeziehungen, der wiederum vom *Vorwärts* übernommen wurde. Der neue Bericht befaßte sich mit den Verträgen, die das Reichswehrministerium mit der Firma Junkers über die geheime Flugzeugproduktion in Rußland abgeschlossen hatte[127]. Auch andere sozialdemokratische Zeitungen brachten die Enthüllungen[128].

Das Vorgehen der SPD-Presse stieß links und rechts auf heftige Ablehnung. Die Rechtspresse warf der Sozialdemokratie vor, sie habe sich zum „Anwalt unserer Fein-

---

[123] A.a.O.
[124] „Sowjetgranaten für Reichswehrgeschütze", Vorwärts Nr. 573 vom 5. 12. 1926.
[125] Ebenda.
[126] Müller, Deutsch-sowjetische Beziehungen, S. 316.
[127] „Rußland und Reichswehr", Vorwärts Nr. 575 vom 7. 12. 1926.
[128] „Reichswehr und Sowjetregierung", LVZ Nr. 283 vom 6. 12. 1926; „Eine Militärkonvention mit Rußland", LVZ Nr. 284 vom 7. 12. 1926.

8. Mit dem Rücken zur Sowjetunion: SPD und Außenpolitik (1924–1927)

de" gemacht und lastete ihr „schurkische Landesverräterei" an, die kommunistische *Rote Fahne* sprach von „sozialdemokratischen Lügengranaten"[129].

Am 6. Dezember hatten Otto Wels und Hermann Müller Reichswehrminister Otto Geßler ihre Beschwerden und das zugrundeliegende Material in einer schriftlichen Zusammenfassung zugestellt. Darin wurde unter anderem die volle Aufklärung über die Lieferung und Finanzierung von Rüstungsgütern aus dem Ausland (sprich: Rußland) verlangt[130]. Doch für die Reichsregierung war jetzt vorrangig, Schaden für die in Genf laufenden Verhandlungen über die Aufhebung der alliierten Rüstungskontrolle zu vermeiden. So wurde die Presse angewiesen, das Thema möglichst nicht mehr zu behandeln[131]. Die SPD nahm insofern Rücksicht auf die Genfer Verhandlungen, als sie durch ihre Stimmenthaltung bei dem kommunistischen Mißtrauensantrag gegen Innenminister Külz (DDP) am 10. Dezember half, eine Krise der Minderheitsregierung Marx zu vermeiden und damit einem Wunsch Außenminister Stresemanns nachkam[132]. Doch zugleich, ebenfalls am 10. Dezember, verlas im Preußischen Landtag der SPD-Abgeordnete Erich Kuttner einen Brief der sowjetischen Staatsbank an die „Gesellschaft zur Förderung gewerblicher Unternehmen" (Gefu), eine Tarnorganisation für die Abwicklung der Transaktionen zwischen der Reichswehr und sowjetischen Stellen[133].

Der befürchtete außenpolitische Schaden der Enthüllungen blieb allerdings aus. Am 12. Dezember erreichte Stresemann in Genf sein Ziel der Aufhebung der alliierten Militärkontrolle, ohne daß die deutsche Rüstungszusammenarbeit mit der Sowjetunion auch nur erwähnt worden wäre[134].

Dennoch war die Regierung, insbesondere Außenminister Stresemann, bemüht, aus außenpolitischen Gründen weitere Diskussionen zu vermeiden. Hermann Müller und Philipp Scheidemann, die den Eintritt der SPD in die Regierung anstrebten, machten sich das zunutze und signalisierten Bereitschaft zum Verzicht auf eine eingehende Aussprache im Reichstag, wenn die Regierung ihrerseits dort Verhandlungen über die Bildung einer großen Koalition ankündigen werde. Außenminister Stresemann und Reichskanzler Marx waren diesem Gedanken auch durchaus nicht abgeneigt[135]. Dagegen war der Fraktionsvorsitzende der Deutschen Volkspartei Scholz, der rechten Flügelpartei des Minderheitskabinetts Marx, ein entschiedener Gegner einer solchen politischen Umgruppierung. Bereits am 5. Dezember hatte er in einer Rede im ostpreußischen Insterburg erklärt, die DNVP stehe der bürgerlichen Mitte innerlich näher als die Sozialdemokratie und eine große Koalition mit dieser könne keinen Bestand haben, was von der SPD als eine „offene Kriegserklärung" aufgefaßt worden war[136].

---

[129] Müller, Deutsch-sowjetische Beziehungen, S. 317.
[130] AdR. Die Kabinette Marx III und IV, 17. Mai 1926 bis 19. Januar 1927, 29. Januar 1927 bis 29. Juni 1929. Bearb. von Günther Abramowski. 2 Bde. Boppard 1988. Nr. 138, S. 400–411, hier: S. 411.
[131] Müller, Deutsch-sowjetische Beziehungen, S. 317.
[132] Winkler, Normalität, S. 300; gegen die Stimmenthaltung hatte sich in der Fraktionssitzung vom 9. Dezember Siegfried Aufhäuser, der Vorsitzende des AfA-Bundes, ausgesprochen; Aufzeichnung über die Fraktionssitzung 9. 12. 1926, AsD Bonn, Nl. Carl Giebel, Kassette II/1, Mappe 3, Nr. 292.
[133] „Reichswehr und russische Staatsbank", Vorwärts Nr. 583 vom 11. 12. 1926.
[134] Winkler, Normalität S. 300; ADAP Serie B, Bd. 2, Nr. 173, S. 439.
[135] ADAP Serie B, Bd. 2, Nr. 174, S. 441, Fußnote 1; Winkler, Normalität, S. 300f.
[136] Stampfer, Vierzehn Jahre, S. 452.

Trotzdem machten Müller und Scheidemann eine Woche später ihre Offerte, und bei einer Besprechung mit dem Reichskanzler und dem Außenminister am 15. Dezember erklärte Hermann Müller, man werde die Bedenken der Regierungsvertreter gegen eine außenpolitische Debatte im Reichstag respektieren. Der sozialdemokratische Redner werde bei der bevorstehenden Aussprache „insbesondere über die russischen Angelegenheiten im Plenum nicht oder nur mit äußerster Vorsicht sprechen"[137]. Doch am Abend desselben Tages ergab sich in der Sitzung der SPD-Reichstagsfraktion eine Wende. Eine starke Strömung opponierte gegen die große Koalition und wollte ein Mißtrauensvotum gegen die Regierung Marx einbringen. Der schließlich erzielte Kompromißbeschluß, als Voraussetzung für Koalitionsverhandlungen sei der Rücktritt der Regierung erforderlich, klang, wie Heinrich August Winkler schreibt, wie ein Ja, lief aber tatsächlich auf ein Nein hinaus[138]. Die Fraktion verschärfte auch die Forderungen bezüglich der Rüstungszusammenarbeit mit der Sowjetunion. Hatten Otto Wels und Hermann Müller in ihrem Schriftsatz vom 6. Dezember nur die volle Aufklärung über die Lieferungen und ihre Finanzierung gefordert, so wurde jetzt in einem „Sofortprogramm" der Abbruch der Beziehungen zu Auslandsfabriken, die Rüstungsgüter lieferten, verlangt[139]. Die Fraktion beschloß außerdem, Minister Gessler das Mißtrauen auszusprechen[140].

Was Philipp Scheidemann dann am Nachmittag des nächsten Tages namens der SPD-Fraktion vortrug, war mitnichten das, was Hermann Müller dem Reichskanzler und dem Außenminister versprochen hatte. Scheidemann lieferte eine Generalabrechnung mit den illegalen Aktivitäten der Reichswehr. Ungesetzliche Finanzierungsmethoden und die Zusammenarbeit mit rechtsradikalen Verbänden behandelte er dabei etwa gleichgewichtig mit den Beziehungen der Reichswehr zur Sowjetunion, doch war letzteres zweifellos der sensationellste Aspekt in seiner Rede. Scheidemann äußerte ein gewisses Verständnis für Munitionslieferungen in der Zeit, als die Munitionsherstellung in Deutschland vertragswidrig von den Alliierten verboten gewesen sei. Diese Voraussetzung sei jedoch seit langem entfallen. Die Berichte des *Vorwärts* ergänzte er durch Informationen über die Entladung von Munitionsschiffen in Stettin. Die kommunistische Hafenzelle sei davon unterrichtet gewesen, habe aber geschwiegen, erklärte Scheidemann. Die geheimen Rüstungen schädigten die Interessen der deutschen Außenpolitik. Das Verhältnis zur Sowjetunion solle gut, aber auch ehrlich und sauber sein. Die geheime Aufrüstung sei es nicht. „Wir wollen gern Moskaus Freunde sein, aber wir wollen nicht Moskaus Narren sein. [...] Keine Sowjetmunition mehr für deutsche Geschütze!" rief Scheidemann aus[141].

„Die Rechte schleuderte dem Redner eine Spritzflut von Schimpfworten entgegen und verließ dann den Saal. Die Kommunisten kreischten wie besessen", berichtete der *Vorwärts* am folgenden Tag über die Reaktionen auf Scheidemanns Auftritt. Auch beim

---

[137] AdR, Kab. Marx III und IV, S. 458.
[138] Winkler, Normalität, S. 301.
[139] AdR, Kab. Marx III und IV, S. 458, Fußnote 1; daß die Forderung erst am Abend in der Fraktionssitzung gestellt wurde, geht hervor aus den Aufzeichnungen Carl Giebels über diese Sitzung; Nl. Carl Giebel, Kassette II/1, Mappe 3, Nr. 296f.
[140] Winkler, Normalität, S. 301.
[141] Verhandlungen Reichstag, Bd. 391, S. 8577–8586 (Zitat S. 8585).

Zentrum und bei der DDP habe es starke Unruhe gegeben. Die Rede habe eingeschlagen „wie eine Bombe"[142].

Über die Wirkungen dieser Bombe gehen die Meinungen allerdings auseinander. Eines steht fest: Die Zusammenarbeit zwischen Reichswehr und Roter Armee sprengte sie nicht. Klar war auch, daß die SPD nicht mehr auf eine Regierungsbeteiligung setzte. Unmittelbar nach dieser Rede hätte sie dafür keinen Partner gefunden. „Sie gab all denen einen willkommenen Anlaß, von der Reichswehrfeindlichkeit der Sozialdemokratie zu sprechen, die unter allen Umständen das Zustandekommen einer Koalition mit den Sozialdemokraten verhindern wollten", urteilte Carl Severing in seinen Erinnerungen[143].

Die Tatsache, daß das vierte Kabinett Marx – nach dem Sturz des dritten durch ein von der SPD unterstütztes Mißtrauensvotum – am 17. Dezember unter Einschluß der DNVP und nicht der SPD gebildet wurde, scheint für diese Auffassung zu sprechen. Dagegen rechtfertigte Friedrich Stampfer das Auftreten Scheidemanns: „In dem Augenblick, in dem die außenpolitischen Fesseln der Reichswehr fielen, mußte die parlamentarische Kritik ihre Freiheit wiedergewinnen."[144] Der Historiker Heinrich August Winkler führt aus, daß die SPD als Regierungspartner in einer großen Koalition bessere Chancen für eine Reform der Reichswehr gehabt hätte als durch Scheidemanns Frontalangriff[145]. Hermann Müller begründete am 16. Dezember 1926 Scheidemanns Vorstoß mit den Worten: „Wir haben das getan, weil eine rasche Klärung über die Frage der Reichswehr herbeigeführt werden muß und weil wir berechtigte Zweifel haben, ob alle Regierungsparteien die ernste Absicht haben, sich in dieser Frage mit uns zu einigen"[146]. Er verwies in diesem Zusammenhang auf Scholz' Insterburger Rede vom 5. Dezember. Aus Müllers Mund klingt dieses Argument insofern nicht ganz überzeugend, als er ja noch bis zum 15. Dezember eine große Koalition anstrebte. Allerdings gab Müller mit dieser Äußerung wohl die Meinung der Fraktionsmehrheit wieder. Es scheint, daß es ähnlich wie zur Frage der großen Koalition auch bei derjenigen des Umgangs mit den „heißen Informationen" über die Sowjetgranaten zwei Tendenzen in der SPD gab. Die SPD-Vertreter, die in dieser Sache Kontakte zur Regierung unterhielten, gingen von der Vertraulichkeit der Informationen aus. Aber schon vier Tage nach dem internen Gespräch mit dem Reichskanzler und dem Außenminister, erschien im *Vorwärts* der erste Bericht aus dem *Manchester Guardian*. Die Drohung mit einer Enthüllung war damit weitgehend wirkungslos geworden. Es blieb nur noch der Verzicht auf eine breite öffentliche Debatte als „bargaining chip". Zudem hatte Scheidemann in der Besprechung vom 1. Dezember davor gewarnt, daß ein Bekanntwerden der Informationen Stresemanns Politik „platzen" lassen könnte. Es liegt daher nahe, daß die Veröffentlichung im *Vorwärts* nicht auf Initiative und wohl auch nicht mit dem Einverständnis der Führung der Reichstagsfraktion erfolgte.

Diese war im übrigen nicht die schlichte Übernahme der Berichte einer von der SPD unabhängigen ausländischen Zeitung, denn der Korrespondent des *Manchster Guar-*

---

[142] „Reichswehrkrise – Regierungskrise", Vorwärts Nr. 593 vom 17. 12. 1926.
[143] Severing, Lebensweg, Bd. 2, S. 104.
[144] Stampfer, Vierzehn Jahre, S. 453.
[145] Winkler, Normalität, S. 303.
[146] „Sturz des Kabinetts Marx wahrscheinlich", Vorwarts Nr. 594 vom 17. 12. 1926.

dian, Voigt, konnte das Material für seine Berichte nur aus sozialdemokratischen Kreisen erhalten haben. Einen ähnlichen Verdacht äußerte unmittelbar nach den Veröffentlichungen des *Vorwärts* auch die *Rote Fahne*. Sie erklärte, Rudolf Breitscheid habe die Berichte lanciert. Dies dementierten sowohl Breitscheid als auch Voigt[147]. Damit war allerdings nicht gesagt, daß Voigt nicht eine andere Quelle aus der SPD hatte. Daß die Informationen über die sowjetischen Verbindungen der Reichswehr nicht nur der engeren Führungsgruppe der Partei bekannt waren, zeigt Erich Kuttners Auftreten im preußischen Landtag am 10. Dezember.

Im Auswärtigen Amt hatte man offenbar sehr schnell nach den ersten Hinweisen recherchiert, über welche Informationen aus welchen Quellen die SPD verfügte. In einer Aufzeichnung vom 15. Dezember stellte Legationsrat von Dirksen aus der Ostabteilung fest, die SPD verfüge über Material zu den Junkerswerken und zu der Gasfabrik in der Sowjetunion sowie zu den Munitionstransporten von Leningrad nach Stettin vom Sommer des Jahres. Die Informationen über Junkers habe sie einem Memorandum der Firma entnommen, das schon im Frühsommer an eine Reihe von Reichstagsabgeordneten verteilt worden war[148]. Das Unternehmen wollte damit seinen finanziellen Forderungen an das Reichswehrministerium Nachdruck verleihen. In der Sitzung des Haushaltsausschusses vom 25. Juni 1926 verlangten die Abgeordneten Koch, Groß (Zentrum), Stücklen und Müller (SPD) Aufschluß über die Forderungen von Junkers an das Reichswehrministerium[149]. Aus dem Junkersmaterial und zusätzlichen Mitteilungen von unbekannten Personen habe die SPD die Kenntnisse über die Giftgasproduktion bezogen, vermerkte von Dirksen. Wahrscheinlich waren die Unbekannten zwei sozialdemokratische Arbeiter, die im ersten Halbjahr 1926 in der Giftgasfabrik in Trotzk gearbeitet hatten. Am 11. Januar 1927 veröffentlichte der *Vorwärts* ein Interview, das der Berliner SPD-Vorsitzende und Reichstagsabgeordnete Franz Künstler mit ihnen geführt hatte[150]. Die Informationen über den Seetransport von 300000 Granaten von Leningrad nach Stettin schließlich bekam die SPD von dem sozialdemokratischen Polizeipräsidenten Stettins, Fenner, der dienstlich mit Vorgängen bei der Entladung befaßt war[151]. Möglicherweise verfügte sie aber auch schon im Dezember über die Informationen, die Franz Künstler aus einem Gespräch mit Stettiner Hafenarbeitern erhielt, das im Februar vom *Vorwärts* veröffentlicht wurde[152].

Unabhängig davon steht jedenfalls fest, daß nur führende SPD-Politiker Voigt unterrichtet haben konnten. Auch wenn er auf anderem Wege in den Besitz des Junkers-Memorandums gekommen wäre, die Informationen über die Giftgasfabrik und den

---

[147] „Landesverratshetze!", Vorwärts Nr. 576 vom 7. 12. 1926; „Neue Geßler Dokumente", LVZ Nr. 285 vom 8. 12. 1926.
[148] ADAP Serie B, Bd. II, 2, Nr. 168, S. 425f.
[149] ADAP Serie B, Bd. II, 2, Nr. 21, S. 50.
[150] „Die Giftgasfabrik in Trozk", Vorwärts Nr. 16 vom 11. 1. 1927. Es illustriert die Mentalitätsunterschiede zwischen dem Reichswehrminister Gessler und seinen sozialdemokratischen Kontrahenten sehr anschaulich, daß der Vorwärts in einem Kommentar zu dem Interview Giftgas das „entsetzlichste aller Kampfmittel" nennt, während Gessler in seinen Memoiren unter Berufung auf eine amerikanische Zeitschrift von der „menschlichste[n] aller Erfindungen zum Töten" spricht; Otto Gessler: Reichswehrpolitik in der Weimarer Zeit. Stuttgart 1958, S. 199.
[151] Wie Anm. 148.
[152] „Wie war es in Stettin?", Vorwärts Nr. 87 vom 21. 2. 1927.

8. Mit dem Rücken zur Sowjetunion: SPD und Außenpolitik (1924–1927) 205

Munitionstransport konnte er nur von ihnen haben. Der umgekehrte Weg, nämlich daß Voigt die SPD-Politiker informiert hätte, ist nicht nur unwahrscheinlich, sondern ausgeschlossen, denn diesen war, wie Botschafter Brockdorff-Rantzau und Generalkonsul Moritz Schlesinger (der selbst SPD-Mitglied war) der Munitionstransport schon Mitte November bekannt[153]. Hätte der Journalist Voigt schon zu diesem Zeitpunkt darüber Bescheid gewußt, hätte für ihn kein Grund bestanden, eine Veröffentlichung hinauszuschieben.

Das Motiv für das umständlich anmutende Verfahren, die Informationen zunächst in einer ausländischen Zeitung zu publizieren, wurde in den Reaktionen auf die *Vorwärts*-Berichte schnell sichtbar: Insbesondere die Rechte erhob den Vorwurf des Landesverrats. Der *Vorwärts* konnte darauf mit – wahrscheinlich gespielter – Unschuld entgegnen: „Wer dem deutschen Volk mitteilt, was in ausländischen Zeitungen steht, der begeht demnach – ‚Landesverrat'."[154] Daß der Landesverratsvorwurf eine durchaus ernstzunehmende Drohung darstellte, zeigt die Tatsache, daß zwischen Reichswehrministerium und Oberreichsanwalt Absprachen stattfanden, die offenkundig dem Ziel dienten, zu prüfen, ob Franz Künstler beziehungsweise der verantwortliche LVZ-Redakteur Hugo Saupe aufgrund der Interviews mit den Mitarbeitern der Giftgasfabrik in Trotzk und den Stettiner Hafenarbeitern wegen Landesverrats angeklagt werden könnten[155].

Die Tatsache, daß Voigts Berichte aus SPD-Kreisen lanciert waren, läßt zwei Schlüsse zu: Entweder war der Umgang mit dem Wissen über die deutsch-sowjetischen Militärbeziehungen schlecht koordiniert oder ein Teil derer, die Zugang zu den Informationen hatten, konterkarierte bewußt die Bestrebungen Müllers und Scheidemanns, sie zum Hebel für eine große Koalition zu machen. Angesichts der Brisanz des Materials erscheint die zweite Möglichkeit als wahrscheinlicher, doch gibt es für keine der beiden Alternativen klare Belege. Wer immer Voigt die Informationen überlassen hat, muß jedenfalls davon überzeugt gewesen sein, daß daraus kein Schaden für die Westpolitik entstehen würde, denn keiner der führenden Sozialdemokraten hätte versucht, Stresemanns Politik zu sabotieren. Für diese Auffassung gab es gute Gründe. Scheidemann selbst hatte in der Besprechung vom 1. Dezember erklärt, ein Teil des Materials sei „den Franzosen bekannt"[156]. Daß die militärischen Aktivitäten der Reichswehr in der Sowjetunion für die Ententemächte ein offenes Geheimnis waren, war auch der Grund dafür, daß Generalkonsul Moritz Schlesinger, wie er dem Legationsrat im Auswärtigen Amt von Dirksen am 18. Dezember mitteilte, nicht an außenpolitische Komplikationen infolge der sozialdemokratischen Enthüllungen glaubte[157]. „Den fremden Regierungen sind diese Tatsachen seit vielen Jahren bekannt", schrieb Schlesinger, der diesen Umstand auf die unvorsichtige Art zurückführte, mit der sich die deutschen Militärs in Rußland bewegten[158]. Wahrscheinlich hat Schlesinger das auch seinen sozialdemokrati-

---

[153] ADAP Serie B, Bd. II, 2, Nr. 138 (Aufzeichnung d. StS im AA von Schubert, Berlin 19. 11. 1926), S. 343; Nr. 175 (Generalkonsul Schlesinger, z. Z. Moskau, an Vortragenden Legationsrat von Dirksen, Moskau 18. 12. 1926), S. 443.
[154] „Rußland und Reichswehr".
[155] Bundesarchiv Potsdam, Bestand 30.01 (Reichsjustizministerium), Mikrofilm 21438, 5036/109.
[156] Schüddekopf, Das Heer, S. 214.
[157] Schlesinger an von Dirksen, S. 443.
[158] Ebenda, S. 443f.

schen Parteifreunden mitgeteilt, mit denen er Mitte November über die Angelegenheit gesprochen hatte. Die ersten Informationen über die russischen Aktivitäten der Reichswehr habe die SPD im übrigen schon 1922 von den polnischen Sozialisten erhalten[159].

Auch Alexander Kerenskij berichtet in seinen Memoiren, daß die SPD schon lange vor 1926 von den Beziehungen der Reichswehr zur Sowjetunion wußte. Im Herbst 1923 hätten ihn drei Deutsche, die als Vorarbeiter in einer deutschen Sprengstoffabrik in Samara an der Wolga beschäftigt gewesen seien, über ihre Arbeit informiert. Später habe er auch von einem Flugplatz, einem Artillerieversuchsgelände und einer Flugzeugfabrik in Lipezk erfahren. Ebenfalls 1923 habe er Eduard Bernstein alle seine Informationen mitgeteilt. Dieser sei aufgrund eines Artikels zu dem Thema, den er 1922 publiziert habe, von Reichspräsident Ebert gewarnt worden, daß er bei Fortsetzung seiner Enthüllungen wegen Landesverrats angeklagt werden würde. Allerdings sind Kerenskijs Aussagen mit Vorsicht zu betrachten, da seine Ortsangaben unpräzise sind, der erwähnte Artikel Bernsteins nicht ausfindig gemacht werden konnte – und er hätte doch wohl Aufsehen erregen müssen – und nicht zuletzt, weil die Haltung, die Kerenskij Ebert zuschreibt, äußerst unwahrscheinlich ist[160].

Daß die SPD von ihrem Wissen erst 1926 politischen Gebrauch machte, hat mehrere Gründe. Vorrangig ist, daß sie im Sommer und Herbst 1926 eine ganze Reihe gut gesicherter zusätzlicher Informationen erhielt. Vor Friedrich Eberts Tod im Februar 1925 hätten Enthüllungen wie die von 1926 zudem den sozialdemokratischen Reichspräsidenten diskreditiert, der nach Artikel 47 der Weimarer Verfassung ja der Oberbefehlshaber der Reichswehr war[161]. 1926 hingegen legten die politischen Konstellationen die Nutzung der wesentlich angewachsenen Informationen nahe. Die „Sowjetgranaten" waren erstklassige Munition nicht nur gegen Reichswehrminister Gessler, sondern auch gegen die Kommunistische Partei, die seit zwei Jahren mit den sogenannten „Arbeiterdelegationen" eine intensive Sympathiewerbung für die Sowjetunion betrieb, wodurch SPD-Mitglieder für eine „Einheitsfront von unten" mit der KPD gewonnen werden sollten. Auf mögliche Schaden für die deutsch-sowjetischen Beziehungen nahm die SPD bezeichnenderweise während der ganzen „Sowjetgranaten"-Affäre, in der für sie ausschließlich innenpolitische Aspekte entscheidend waren[162], keinerlei Rücksicht. Im Gegenteil: Nach Scheidemanns Rede spitzte sich die Kampagne der SPD gegen die KPD und gegen die Sowjetunion zu. Zwar blieb die SPD auf Konfrontationskurs gegen Gessler und stellte aus Anlaß der Debatte über den Reichswehretat im März 1927 einen Mißtrauensantrag gegen ihn, doch spielten dabei die Militärbeziehungen zur Sowjetunion keine Rolle mehr[163].

Was dieses Thema betraf, gab sich die SPD mit sehr allgemeinen Auskünften Gesslers

---

[159] Ebenda. Möglicherweise hat Schlesinger Scheidemann über den Wissensstand Frankreichs informiert.
[160] Aleksandr F. Kerenskij: Die Kerenskij Memoiren. Rußland und der Wendepunkt der Geschichte. Wien 1966, S. 551–553.
[161] Zu Eberts Haltung zu der geheimen militärischen Kooperation mit der Sowjetunion siehe Carsten, Reichswehr, S. 148.
[162] ADAP Serie B, Bd. II,2, Nr. 159 (Ministerialdirektor Köpke an die deutsche Delegation in Genf, Berlin 6. Dezember 1926), S. 406.
[163] Verhandlungen Reichstag Bd. 393, S. 10024–10028. Siehe auch: Karl [sic!] Severing: Warum Mißtrauen? in: Vorwärts Nr. 150 vom 30. 3. 1927.

8. Mit dem Rücken zur Sowjetunion: SPD und Außenpolitik (1924–1927) 207

zufrieden und stimmte im Auswärtigen Ausschuß sogar gegen einen völkischen Antrag auf öffentliche Behandlung des Themas, dem auch die KPD zugestimmt hatte[164]. Dagegen entspann sich eine heftige Polemik zwischen sowjetischen und deutschen kommunistischen Zeitungen und der sozialdemokratischen Presse. Auf sowjetischer Seite war man der Meinung, das Beste sei, die sozialdemokratischen Enthüllungen in Bausch und Bogen zu dementieren. Botschafter Krestinskij versuchte erfolglos, auch die Reichsregierung auf diese Linie einzuschwören[165]. Die kommunistische Presse verfuhr entsprechend, mit der Folge, daß der *Vorwärts* im ersten Vierteljahr 1927 mit immer neuen Artikeln zu dem Thema und weiteren Enthüllungen, zum Teil mit groß aufgemachten Reproduktionen von Originaldokumenten, aufwartete[166]. Neben der Entlarvung kommunistischer Unwahrheiten war der Grundtenor der Kampagne: „Moskau predigt die Revolution und bewaffnet die Gegenrevolution". Josef Felder, ein alter SPD-Funktionär, erinnert sich, daß er zahlreiche Versammlungen zu diesem Thema abgehalten hat, die vorrangig gegen die KPD gerichtet waren[167]. Im März 1927 gab der SPD-Vorstand eine Broschüre dazu heraus, deren ausführliche Schilderungen der geheimen militärischen Zusammenarbeit in der Parole gipfelten: „Das Spiel der KPD ist vorbei. Die einzige deutsche Arbeiterpartei ist die Sozialdemokratische Partei."[168]

Schon am 7. Januar hatte der stellvertretende sowjetische Außenminister Litvinov Botschafter Brockdorff-Rantzau gefragt, ob mit einer Fortsetzung der sozialdemokrati-

---

[164] „Reichswehr und Rußland", Vorwärts Nr. 91 vom 23. 2.; „Sowjetgranaten und KPD.-Lügen", ebenda, Nr. 92 vom 24. 2. und „Gessler über die Sowjetgranaten", ebenda, Nr. 150 vom 30. 3. 1927.

[165] ADAP Serie B, Bd. II, 2, Nr. 173 (Aufzeichnung des StS im AA von Schubert, Berlin 17. 12. 1926), S. 440; ADAP Serie B, Bd. 4: 1. Januar bis 16. März 1927. Göttingen 1970, S. 20, Fußnote 5.

[166] „Die Sowjetgrananten. Die KPD wird von der KAPD gestellt", Vorwärts Nr. 15 vom 10. 1.; „Die Giftgasfabrik in Trozk. Bekundungen zweier Augenzeugen", Vorwärts Nr. 16 vom 11. 1. (ebenfalls in LVZ Nr. 4 vom 6. 1. unter dem Titel „Hakenkreuz und Sowjetstern"); „Die abgeleugneten Sowjetgranaten. Aber es gibt Dokumente!", Vorwärts Nr. 28 vom 18. 1.; „Die Sowjetgranaten im Landtag. Erklärung des Genossen Kuttner", Vorwärts Nr. 29 vom 18. 1.; „Die Sowjetgranaten. Bucharin sagt: sie dürfen bei uns produziert werden", Vorwärts Nr. 45 vom 27. 1.; „Zusammenstöße in der letzten Nacht", Vorwärts Nr. 47 vom 28. 1., „Keine Sowjetgranaten mehr!", Vorwärts Nr. 54 vom 2. 2.; „Wie war es in Stettin? Bekundungen von Hafenarbeitern über die Sowjetgranaten", Vorwärts Nr. 87 vom 21. 2. (ebenso in LVZ Nr. 39 vom 22. 2.: „Die Sowjetgranaten für Deutschland"); „Die Sowjetgranaten in Stettin. Verzweiflungssprünge der ‚Roten Fahne'", Vorwärts Nr. 89 vom 22. 2.; „Dollar für Sowjetgranaten. Es hilft kein Versteckspiel und kein Leugnen!", Vorwärts Nr. 90 vom 23. 2. (ebenso in LVZ Nr. 46 vom 24. 2.: „Es gibt nichts mehr abzuleugnen"); „Reichswehr und Rußland", Vorwärts Nr. 91 vom 23. 2.; „Sowjetgranaten und KPD.Lügen", Vorwärts Nr. 92 vom 24. 2.; „Die Munition aus Rußland", Vorwärts Nr. 93 vom 24. 2.; „Die Kommunisten lügen weiter", Vorwärts Nr. 95 vom 22. 2.; „Die Theorie der Sowjetgranaten", Vorwärts Nr. 101 vom 1. 3.; „Der Parteitag der Granatenpartei", Vorwärts Nr. 105 vom 3. 3.; „Gessler über die Sowjetgranaten", Nr. 150 vom 30. 3.; „Hintergründe des Granatengeschäfts. Ein Artikel von Philips Price im ‚New Leader'", Vorwärts Nr. 158 vom 3. 4. (unter demselben Titel in LVZ Nr. 80 vom 5. 4.); ferner: „Sowjetgranaten", Mitteilungsblatt der SPD, Januar 1927.

[167] Gespräch mit Josef Felder, München, 10. Oktober 1988.

[168] Die Broschüre mit dem Titel „Sowjetgranaten" ist in englischer Übersetzung abgedruckt bei Melville, Russian Face, S. 177–204, hier: S. 203f. Das deutsche Original konnte bibliographisch nicht ermittelt werden; siehe auch Müller, Deutsch-sowjetische Beziehungen, S. 500, Fußnote 16.

schen Enthüllungen zu rechnen sei. Er glaube das nicht, hatte Rantzau geantwortet, vorausgesetzt, die sowjetische Presse stelle ihre Kampagne gegen die SPD ein[169]. Die Einschätzung des deutschen Botschafters war nicht sehr realistisch. Nachdem weder der Sturz Gesslers noch die Bildung einer großen Koalition geglückt waren und sich die SPD mit ihren Reichswehrenthüllungen von allen in Frage kommenden Koalitionspartnern isoliert hatte, wäre der Einsatz ganz verspielt gewesen, wenn die „Sowjetgranaten" nicht noch – bis in den März 1927 hinein – nach Kräften auf die KPD abgefeuert worden wären[170].

Obwohl die geheime militärische Zusammenarbeit mit der Sowjetunion der SPD stets Unbehagen verursachte, wiederholte sich Scheidemanns effektvoller Auftritt nicht. Der politische Ertrag hatte sich wohl doch als zu gering erwiesen. So trug am 21. März 1928 Rudolf Hilferding im außenpolitischen Ausschuß neue Informationen über die Kooperation zwischen Reichswehr und Roter Armee vor, erklärte aber, die SPD wolle das Material nicht gegen die KPD ausnützen. Sie wolle nur rechtzeitig auf Mißstände aufmerksam machen[171]. Veröffentlichungen unterblieben diesmal, Konsequenzen ebenso. Aber auch als die SPD wieder Regierungspartei war, gelang es ihr nicht, die unerwünschten Verbindungen der Reichswehr zur Sowjetunion abzubrechen. Bereits am Tage seines Amtsantritts, dem 29. Juni 1928, stimmte der sozialdemokratische Reichskanzler Hermann Müller widerwillig der Entsendung von Flugschülern nach Lipezk zu[172].

Weltfriede in Gefahr?

Seit 1926 spitzte sich das britisch-sowjetische Verhältnis zu. Das – von den Trade Unions allerdings abgelehnte – sowjetische Angebot zur Unterstützung des großen englischen Bergarbeiterstreiks von 1926 und die kommunistischen Aktivitäten in China forderten die konservative britische Regierung heraus[173]. Ende Februar 1927 drohte diese der Sowjetunion mit dem Abbruch der diplomatischen Beziehungen.

Die Exekutive der SAI warnte, dieser Schritt würde den Weltfrieden gefährden[174]. Der *Vorwärts* sprach etwas zurückhaltender von einer Erhöhung der internationalen Spannungen. Deutschland solle in dem Konflikt strikte Neutralität wahren und die verstärkte Kooperation mit Frankreich suchen. Gemeinsam hätten Deutschland und Frankreich die Macht, „den Frieden des Kontinents gegen alle Eventualitäten sicherzustellen"[175]. Die *Leipziger Volkszeitung* kritisierte in ihrer ersten Reaktion, daß der *Sozialdemokratische Pressedienst* die englische Note als „sachlich begründete Warnung" eingestuft hatte. In einem Kommentar wurde die Sorge geäußert, die DNVP

---

[169] ADAP Serie B, Bd. 4, Nr. 10, S. 19f.
[170] Die Kampagne endete schließlich mit einem gerichtlichen Nachspiel: Mitte Juni wurde eine Redakteurin einer kommunistischen Zeitung wegen Beleidigung zu 150 Mark Geldstrafe beziehungsweise 15 Tagen Haft verurteilt. Sie hatte Franz Künstler wegen seiner Interviews als „Lügen-Künstler" bezeichnet. Vgl. „Wer hat Angst?", Vorwärts Nr. 284 vom 20. 6. und „Sowjetgranaten vor Gericht", Vorwärts Nr. 288 vom 21. 6. 1927.
[171] ADAP, Serie B, Bd. 8: 1. Januar 1928 bis 30. April 1928. Göttingen 1976, Nr. 181, S. 381f.
[172] ADAP, Serie B, Bd. 9: 1. Mai bis 30. August 1928. Göttingen 1976, Nr. 105, S. 248f.
[173] von Rauch, Sowjetunion, S. 233; Handbuch der Geschichte Rußlands, S. 664f.
[174] Jahrbuch Sozialdemokratie 1927, S. 229–232.
[175] „England an Rußland", Vorwärts Nr. 93 vom 14. 2. 1927.

8. Mit dem Rücken zur Sowjetunion: SPD und Außenpolitik (1924–1927)

werde die Bürgerblockregierung auf ein deutsch-englisches Bündnis festlegen[176]. Einhellig und entschieden wandte sich die SPD gegen einen derartigen Kurs. Der Vorwärts warnte davor, sich „von Chamberlain als Sturmbock gegen Rußland benutzen zu lassen". Er lehnte aus diesem Grund auch eine vom britischen Außenminister angebotene Vermittlung in deutsch-polnischen Streitigkeiten ab, die er als Maßnahme zur langfristigen Vorbereitung eines antisowjetischen Bündnisses beargwöhnte[177]. Rudolf Breitscheid erklärte am 22. März im Reichstag einen militärischen Konflikt für unwahrscheinlich. Aber auch an einem Wirtschaftsboykott werde man sich nicht beteiligen. „Wir werden so wenig Preiswächter Englands wie Vorposten Rußlands sein."[178].

Mit der Durchsuchung der sowjetischen Handelsvertretung in London verschärfte sich der englisch-russische Konflikt weiter. Allzuviel an belastendem Material scheint dabei nicht gefunden worden zu sein[179]. Dennoch brach Großbritannien am 27. Mai 1927 die diplomatischen Beziehungen zur Sowjetunion ab und kündigte den Handelsvertrag. Kanada schloß sich diesem Schritt an[180].

Nicht nur die UdSSR reagierte auf den im britischen Unterhaus mit großer Mehrheit gefaßten Beschluß stark beunruhigt. Auch der linke SPD-Flügel sah den Weltfrieden in Gefahr[181]. Der Vorwärts dagegen kritisierte auch die sowjetische Seite, die mit „frivolem Leichtsinn" nur wegen ihrer „Umsturzpropaganda" die Beziehungen zu England aufs Spiel gesetzt habe. Das Interesse englischer Wirtschaftskreise am Geschäft mit der Sowjetunion und der Widerstand der Labour Party werde jedoch die „Diehards" daran hindern, den Konflikt mit der Sowjetunion weiterzutreiben[182].

Die SPD verhielt sich in dieser Situation ähnlich wie während des polnisch-sowjetischen Krieges. Sie erklärte, sie werde die Einhaltung der von der Regierung proklamierten deutschen Neutralität sichern. Sie wandte sich zugleich gegen kommunistische Parolen, die zur „Massenmobilisation gegen den Krieg" aufriefen. Es gebe keine unmittelbare Bedrohung des Weltfriedens[183]. Als „offenbaren Irrsinn" bezeichnete der Vorwärts einen Aufruf der Komintern, in dem der SPD und der SAI vorgeworfen wurde, englische Kriegspläne gegen die Sowjetunion zu unterstützen, und der sich insbesondere gegen den linken Flügel der Sozialdemokratie wandte[184].

In der Tat wäre eine solche Frontstellung bei tatsächlicher Kriegsgefahr nicht besonders rational gewesen. Auch wenn ein gewisses Mißtrauen gegen die SPD nach der

---

[176] „England und Rußland. Und wir.", LVZ Nr. 47 vom 25. 2. 1927; Richard Kleineibst: Hände weg von Sowjet-Rußland", LVZ Nr. 61 vom 14. 3. 1927.
[177] "Ost- und Westfragen", Vorwärts Nr. 111 vom 7. 3. 1927.
[178] Verhandlungen Reichstag, Bd. 392, S. 9816–9819 (Zitat S. 9819). Kritisch dazu: „,Wanderer zwischen zwei politischen Welten'", LVZ Nr. 69 vom 23. 3. 1927.
[179] Handbuch der Geschichte Rußlands, S. 665; Dyck, Weimar Germany, S. 88. Dagegen meint von Rauch, Sowjetunion, S. 233, die Razzia habe „reichhaltiges Material" zutage gebracht. Er tendiert jedoch zu einer Überbetonung der Rolle der Komintern, wie auch seine Einschätzung des englischen Bergarbeiterstreiks erkennen läßt.
[180] Von Rauch, Sowjetunion, S. 234.
[181] Hugo Saupe: Hände weg von Sowjet-Rußland! Der Weltfrieden in Gefahr, in: LVZ Nr. 121 vom 25. 5. 1927.
[182] „Labour fordert Untersuchung", Vorwärts Nr. 246 vom 26. 5. 1927.
[183] „Krieg in Sicht", Vorwärts Nr. 250 vom 28. 5. 1927. Zur Haltung der deutschen Regierung siehe Dyck, Weimar Germany, S. 87–98.
[184] „Ein Moskauer Aufruf", Vorwärts Nr. 258 vom 2. 6. 1927.

„Sowjetgranaten"-Kampagne nicht unverständlich ist, so hatte doch die Labour Party, die in dem Aufruf ebenfalls angegriffen wurde, stets eine sowjetfreundliche Haltung gezeigt. Es gibt jedoch starke Hinweise darauf, daß die Sowjetführung an die von ihr beschworene Kriegsgefahr selbst nicht glaubte und sie in erster Linie als ein Mittel zur inneren Integration und zum Kampf gegen die innerparteiliche Opposition einsetzte[185]. Offenbar wurde die Kriegsfurcht analog zu ihrer innersowjetischen Instrumentalisierung von der Komintern zur Mobilisierung gegen die Sozialdemokratie eingesetzt. Die Wende zu dem radikalisierten Kurs, der durch das Stichwort „Sozialfaschismus"-Theorie gekennzeichnet ist, deutete sich hier bereits an.

Kriegsfurcht und antisozialdemokratische Propaganda verstärkten sich, als am 7. Juni in Warschau der sowjetische Gesandte P. L. Vojkov von einem monarchistischen russischen Emigranten ermordet wurde. Als die Sowjetunion darauf mit der Erschießung von 20 inhaftierten Monarchisten reagierte, war sich die SPD-Presse einig, daß das die Spannungen nur verschärfte. Unterschiede gab es jedoch in der Bewertung dieser Reaktion. Sprach der *Vorwärts* von „Schreckensherrschaft" und „Raserei in Moskau", so wandte sich die *Leipziger Volkszeitung* „nicht grundsätzlich gegen derartige Maßnahmen, wenn sie durch Akte der Notwehr gegeben sind, und wenn sie erforderlich scheinen, um den Vorstoß konterrevolutionärer Bestrebungen abzuwehren". Ob diese Voraussetzungen in Rußland gegeben seien, vermöge man nicht zu entscheiden, es sei jedoch wahrscheinlich. Die LVZ warnte jedoch vor einer bonapartistischen Entwicklung in Rußland[186]. Daß der *Vorwärts* die von kommunistischer Seite behauptete Beteiligung englischer Stellen an dem Attentat auf Vojkov bestritt, trug ihm heftige Angriffe in der sowjetischen Presse ein. Das Organ des Leningrader Sowjet *Krasnaja gazeta* schrieb am 10. Juni: „Die Niedertracht besteht hier darin, daß der internationale Menschewismus [...] die mehrmals auf frischer Tat ertappte weitverzweigte Brandstiftungs-, Spionen- und Mörderorganisation deckt [...]"[187]

Besorgt wies Rudolf Breitscheid auf die Gefahr hin, daß das innenpolitisch motivierte „Alarmgeschrei" der kommunistischen Parteien die sowjetische Diplomatie in die Irre führe. Tatsächlich gebe es keinerlei Kriegsabsichten[188]. In der Tat griff die Kriegsfurcht Anfang September, wie Botschafter Brockdorff-Rantzau nach Berlin meldete, auch auf „besonnene Regierungsmitglieder" in Moskau über[189].

Um so freudiger begrüßte die SPD, daß sich die Sowjetunion an den Vorbereitungsgesprächen für eine allgemeine Abrüstungskonferenz im November 1927 in Genf beteiligte[190]. Der Plan für eine allgemeine Abrüstung, den der stellvertretende sowjetische Volkskommissar M. M. Litvinov dort vortrug, stieß bei den deutschen Sozialdemokra-

---

[185] Heller, Sowjetunion, S. 204; Handbuch der Geschichte Rußlands, S. 666.
[186] „Die Erschießungen in Rußland", LVZ Nr. 134 vom 11. 6. (Zum zwiespältigen Verhältnis von Vertretern der SPD-Linken zur Todesstrafe siehe auch. „Sozialdemokratie und Todesstrafe", LVZ Nr. 178 vom 2. 8. 1927, 1. Beilage.); „20 Hinrichtungen in Moskau. Die Schreckensherrschaft beginnt", Vorwärts Nr. 271 vom 10. 6.; „Zwanzig! Die Geiselerschießungen in Moskau", Vorwärts Nr. 274 vom 11. 6. und „Raserei in Moskau", Vorwärts Nr. 276 vom 14. 6. 1927.
[187] Zitiert nach „Ein Feldzug gegen den Vorwärts", RSD Nr. 25 vom 29. 6. 1927.
[188] Rudolf Breitscheid: Das nervöse Rußland, in: Vorwärts Nr. 270 vom 10. 6. 1927.
[189] ADAP, Serie B, Bd. 6: 1. Juli bis 30. September 1927. Göttingen 1974, Nr. 171, S. 391 f.
[190] „Rußland geht nach Genf!", Vorwärts Nr. 515 vom 31. 10. 1927.

ten auf ein zwiespältiges Echo. Der *Vorwärts* stufte ihn als „propagandistische Demonstration" ein und wies darauf hin, daß die von Litvinov verlangte vollständige Abrüstung auch die Abschaffung der Gewaltmittel im Inneren bedeute. Das aber laufe auf eine Negation der Diktatur hinaus. Dennoch wurde der Sowjetunion Friedenswille bescheinigt. Wenn die Genfer Konferenz den Frieden zwischen der Sowjetunion und den anderen europäischen Staaten fördere, sei schon etwas gewonnen[191].

Sehr kritisch äußerte sich auch Paul Levi zu Litvinovs Abrüstungsplan: „[...] den Ernst dieses Vorschlages konnte jeder ermessen, wer im Stillen die Gegenfrage stellte: und was würde – ohne Armee – aus Rußland werden? Die Zeiten sollen ja vorüber sein, da man von Stalin sagen konnte, daß ‚er sein Haupt konnt' ruhig legen jedem Untertan in'n Schoß'."[192] Damit allerdings endete Levis Übereinstimmung mit der SPD-Mehrheit auch schon. Denn wenn diese die Beteiligung der Sowjetunion an der Genfer vorbereitenden Abrüstungskonferenz als einen Bruch mit der Selbstisolation der weltrevolutionären Phase begrüßte[193], so sah Levi darin eine Verleugnung marxistischer Grundsätze. Aus seiner Sicht hatte die Sowjetunion mit der Teilnahme an den Genfer Beratungen den Kampf gegen den Kapitalismus, dem die kriegerischen Tendenzen immanent seien, zugunsten bürgerlicher Abrüstungsillusionen aufgegeben[194].

Aber auch für den linken SPD-Flügel war Levis marxistischer Fundamentalismus nicht repräsentativ. So bezeichnete im Januar 1928 in der erst kurz zuvor ins Leben gerufenen zweiten reichsweiten Zeitschrift der SPD-Linken *Der Klassenkampf*[195] F. Petrich die sozialdemokratische Kritik an Litvinovs Genfer Rede als schweren politischen Fehler. Sie fördere das Werk der Abrüstungssaboteure. Stattdessen hätte man Litvinovs Vorschlag, trotz möglicher Zweifel an seiner Ehrlichkeit, beim Wort nehmen sollen[196].

---

[191] "Rußlands Auftreten in Genf", Vorwärts Nr. 566 vom 30. 11. 1927; „Die Waffen nieder!", Vorwärts Nr. 567 vom 1. 12. 1927.
[192] Paul Levi: Die Russen in Genf, in: SPW Nr. 49 vom 9. 12. 1927.
[193] So auch die LVZ: „Ein Telegramm Tschitscherins nach Genf", LVZ Nr. 255 vom 1. 11. 1927.
[194] Levi, Die Russen in Genf.
[195] Zur Gründung des „Klassenkampf" siehe Wolowicz, Linksopposition, S. 513f.
[196] F. Petrich: Zwischen den Fronten und nachträgliche nachdenkliche Betrachtungen, in: KK Nr. 1 vom 1. 1. 1928, S. 17–20, hier: S. 19; vgl. auch „Der unbequeme Vorschlag", LVZ Nr. 69 vom 21. 3. 1928.

9. „Die Wahrheit über Sowjetrußland": Sozialdemokratische Perspektiven 1924–1927

In der Mitte der 20er Jahre erblickte die SPD die großen Chancen der deutschen Außenpolitik im Westen. Der Sowjetunion wandte sie den Rücken zu, nicht ohne indes stets mißtrauisch über die Schulter zu blicken. Da das „sowjetische Modell" nach wie vor eine große Anziehungskraft auf die deutsche Arbeiterschaft ausübte, sah sich die SPD aber auch immer wieder gezwungen, eigene Antworten auf Entwicklungen in der UdSSR zu geben.

Die Solowezkij-Gefangenen und der georgische Aufstand

Als im Sommer 1923 die Auslandsdelegation der Sozialrevolutionäre die Mitgliedsparteien der SAI bat, zum Jahrestag der Verurteilung der inhaftierten Sozialrevolutionäre eine Kampagne für deren Freilassung zu organisieren[1], blieb der Appell im krisengeschüttelten Deutschland ohne Widerhall. Dagegegen nutzte die Labour Party ihren infolge ihres Wahlerfolgs vom Dezember 1923 stark gestiegenen Einfluß für eine Initiative zugunsten der verurteilten Sozialrevolutionäre aus. Die Sowjetregierung war angesichts der bevorstehenden Regierungsübernahme von Labour und ihrer dann zu erwartenden diplomatischen Anerkennung auf ein gutes Verhältnis zur britischer Arbeiterpartei bedacht. Daher konnte Tom Shaw, einer der beiden Sekretäre der SAI, im Dezember in einem Gespräch mit dem sowjetischen Regierungsvertreter Rakovskij in London Erleichterungen für die gefangenen Sozialrevolutionäre erreichen. Die sowjetische Regierung verkündete am 24. Januar 1924 die Umwandlung der zwölf Todesurteile in Haftstrafen von fünf Jahren Gefängnis. Die verhängten zehnjährigen Freiheitsstrafen wurden halbiert. Anschließend sollten die Gefangenen drei Jahre innere Verbannung verbüßen. Sie stellten keine Gefahr mehr dar, hieß es zur Begründung[2].

Während die prominenten Sozialrevolutionäre aus Rücksicht auf eine künftige Labour-Regierung begnadigt wurden, verschärften sich zugleich die allgemeinen Bedingungen für die politischen Gefangenen in der Sowjetunion. Am 31. Januar berichtete die *Leipziger Volkszeitung* von einem „Massenmord auf den Solowietzki-Inseln". Dort sei Anfang Januar auf politische Gefangene geschossen worden[3]. Tatsächlich hatten sich die Vorgänge schon am 19. Dezember 1923 ereignet. Die Solowezkij-Inseln im Weißen Meer, die im Winterhalbjahr völlig vom Festland abgeschnitten waren, hatte die Sowjetregierung zu einem großen Deportationslager ausbauen lassen. Neben Tausenden von Kriminellen und „Konterrevolutionären" befand sich dort in einer alten Einsiedelei auch eine Gruppe von einigen hundert politischen Gefangenen, das heißt nach damaligem sowjetischem Sprachgebrauch: Angehörigen oppositioneller sozialistischer

---

[1] Archiv SAI, 2594/10.
[2] Protokoll Zweiter SAI-Kongreß, S. 41; Jansen, Show Trial, S. 170. Sergej Morozov, einer der zum Tode Verurteilten, hatte zuvor in der Haft Selbstmord begangen. Die anderen Angeklagten des SR-Prozesses kamen in der Zeit von Stalins „großen Säuberungen" ums Leben; ebenda, S. 179 ff.
[3] LVZ Nr. 26 vom 31. 1. 1924.

Parteien und anarchistischer Gruppen[4]. Die politischen Gefangenen organisierten sich gemäß alten Traditionen aus zaristischer Zeit in Fraktionen und waren auf die Wahrung ihrer Rechte bedacht. Der Verwaltungsdirektor der Solowezkij-Lager, Nogtev, dagegen wollte auch sie schrittweise dem allgemeinen Gefängnisregime unterwerfen und verordnete, der bislang unbeschränkte Hofgang der Gefangenen habe ab 20. Dezember um 18 Uhr zu enden. Aber schon am 19. Dezember um 17.30 Uhr wurde ohne Vorwarnung auf spazierengehende Häftlinge geschossen. Sechs Gefangene, die meisten junge Menschewiken, wurden getötet[5]. Nachdem die Auslandsdelegation der Menschewiki einigermaßen gesicherte Nachrichten über die Vorgänge erhalten hatte, versuchte sie eine Kampagne gegen die verschärften Verfolgungen in der Sowjetunion in Gang zu bringen[6].

Besonderen Nachdruck erhielten diese Bemühungen, als im August ein Appell von 233 auf den Solowezkij-Inseln inhaftierten Sozialisten in Berlin ankam, der im Juni verfaßt worden war. Darin schilderten diese den Hergang der Ereignisse vom Dezember des Vorjahres, die für die Verantwortlichen ohne Konsequenzen geblieben waren. Die Gefangenen schlossen daraus, daß die Morde auf Befehl aus Moskau begangen worden waren. „Im Namen des Sozialismus protestieren wir vor dem Proletariat der ganzen Welt gegen die Politik des blutigen Terrors den russischen Sozialisten gegenüber. Und wir wissen, daß unser Protest bei jedem ehrlichen Arbeiter, jedem Sozialisten brüderlichen Widerhall finden wird", schloß der Appell[7].

Das allerdings war etwas zu hoffnungsvoll. Vor allem die Labour Party, von deren Unterstützung sich die Auslandsdelegation der Menschewiki am meisten Wirkung versprach, zeigte sich äußerst zurückhaltend. Die Independent Labour Party wollte dem Appell der Gefangenen in ihrem Organ *New Leader* keinen Platz geben. Es sei besser, unmittelbar mit sowjetischen Vertretern zu sprechen meinte der Redakteur H. N. Brailsford[8]. Der französische Sozialist Paul Faure hingegen hatte den Brief der Gefangenen am 21. August 1924 sogar im französischen Parlament verlesen[9]. In Deutschland

---

[4] Broido, Lenin and the Mensheviks, S. 98. Über die unterschiedliche Behandlung von sozialistischen und anderen Gefangenen im Solowezkij-Lager berichtet auch der ehemalige Weißgardist Youri Bezsonov: Mes vingt-six prisons et mon évasion de Solovki. Paris 1928, S. 204f.

[5] „Prestuplenie" [Verbrechen], Socialističeskij Vestnik, Nr. 4 vom 25. 2. 1924; „Na sovetskoj Katorge (Pis'mo s Solovkov)" [In der sowjetischen Katorga. (Ein Brief von den Solowezkij-Inseln)], ebenda, Nr. 5 vom 8. 3. 1924; R. Abramowitsch, W. Suchomlin, I. Zereteli: Der Terror gegen die sozialistischen Parteien in Rußland und Georgien, hrsg. vom Exekutivkomitee der Sozialistischen Arbeiter-Internationale. Berlin 1925, S. 49–67; Boris Sapir: 19oe Dekabrja 1923 Goda. [Der 19. Dezember 1923], in: Socialističeskij Vestnik, 6. 12. 1926, wieder abgedruckt in ebenda, Nr. 12 vom 31. 12. 1948; „Die Greuel auf den Solowietzki-Inseln", RSD Nr. 5 vom 23.2. 1924.

[6] „K socialističeskim partijam i rabočim organizacijam" [An die sozialistischen Parteien und Arbeiterorganisationen], Socialističeskij Vestnik Nr. 6 vom 24. 3. 1924; Abraham Ascher: The Solovki Prisoners, the Mensheviks and the Socialist International, in: The Slavonic and East European Review 47 (1969), Bd. 109, S. 423–435, S. 425ff.

[7] Abgedruckt in Abramowitsch und a., Der Terror S. 121–129; „Hilferuf russischer Sozialisten", Vorwärts Nr. 396 vom 23. 8. 1924.

[8] Briefe Dan an Brailsford, 1. 9. 1924 und Brailsford an Dan, 5. 9. 1924, Archiv SAI, 2595/10 und 2595/12. Zur Haltung der Labour Party siehe auch die Briefe Abramowitsch an Tom Shaw, 20. 3. 1924, Abramowitsch an Adler, 28. 3. 1924, und Adler an Abramowitsch, 15. 4. 1924, Archiv SAI, 2623/41–45, ferner Ascher, Solovki Prisoners, S. 427.

[9] Dan an Brailsford.

hatte der sozialdemokratische Abgeordnete Kurt Rosenfeld die Situation der Solowezkij-Gefangenen im Reichstag zur Sprache gebracht[10]. Im September verabschiedete auch die Exekutive der SAI eine Resolution zugunsten der Inhaftierten. Die der SAI angeschlossenen Parteien sollten, hieß es darin, „unverzüglich eine energische Aktion unter der Arbeiterklasse einleiten, um das Leben der heldenmütigen Kämpfer für die Freiheit zu retten und eine allgemeine Amnestie für politische Gefangene in Rußland durchzusetzen".[11]

Die kommunistische *Internationale Pressekorrespondenz* versuchte der Solidaritätskampagne entgegenzuwirken, indem sie Photos „aus Solowetzk, dem Gefängnisort der russischen politischen Gefangenen", veröffentlichte, die große wohnliche Landhäuser mit angenehmen, gut möblierten Zimmern zeigten. Personen waren auf den Bildern allerdings nicht zu sehen[12]. Die Auslandsdelegation der Menschewiki entlarvte die Bilder später als Photos aus zaristischer Zeit, die nicht die Zellen der Einsiedeleien zeigten, in denen die Gefangenen hausten, sondern ehemalige Wohnräume für höhergestellte Klosterbrüder und Wallfahrer[13]. Mittlerweile spitzte sich die Situation auf den Solowezkij-Inseln weiter zu. Die Gefangenen befürchteten neue Anschläge auf ihr Leben, wenn im herannahenden Winter die Verbindung zum Festland wieder unterbrochen sein würde. Am 26. September kam die Nachricht, daß über 250 sozialistische und anarchistische Gefangene in Hungerstreik getreten waren. Sie forderten ihre Überführung aufs Festland und die Erfüllung der Zusage, eine Kommission werde die Umstände des Todes der sechs Gefangenen vom 19. Dezember 1923 untersuchen[14].

Am 8. Oktober erschien im *Vorwärts* ein Appell für die russischen Gefangenen, den neben so prominenten Sozialdemokraten wie Bernstein, Hilferding, Kautsky, Löbe und Ströbel auch Liberale wie Hugo Preuß und Otto Nuschke, ferner bekannte Pazifisten wie Ludwig Quidde, Graf Harry Kessler, der Generalsekretär des Internationalen Verbandes der Friedensgesellschaften L. H. Golap und der Dichter Arno Holz unterzeichnet hatten[15].

Der internationale Druck erreichte, daß 1925 die politischen Gefangenen auf den Kontinent überführt wurden. Die Sowjetregierung erklärte, das Solowezkij-Lager werde aufgelöst. Von einem Erfolg der Kampagne kann dennoch nicht gesprochen werden. Die politischen Gefangenen wurden nämlich in die Gefängnisse von Werchne-Uralsk, Susdal, Jaroslawl, Tobolsk und Tscheljabinsk verlegt, wo sie unter schlechten Haftbedingungen und einem äußerst strengen Regime zu leiden hatten. Überdies war die

---

[10] R. Abramowitsch an Sekretariat der SAI, 10. 10. 1924, Archiv SAI, 2595/20–29.

[11] Prot. SAI-Kongreß Marseille, S. 45.

[12] Internationale Pressekorrespondenz. Sonderbeilage zu Nr. 37, Wien 13. 9. 1924. Fundort: Archiv SAI, 2595/14–15.

[13] Abramowitsch u. a., Der Terror, S. 75.

[14] Telegramm Dan an SAI, 26. 9. 1924, Archiv SAI, 2595/18. (Dan spricht von 400 Hungerstreikenden); „Die Verzweiflung der Gemarterten", Vorwärts Nr. 456 vom 27. 9. 1924; „Der Hungerstreik auf den Solowetzki-Inseln", Vorwärts Nr. 467 vom 3. 10. 1924; „Hungerstreik auf den russischen Teufelsinseln", LVZ Nr. 227 vom 27. 9. 1924; Fritz Adler, der Sekretär der SAI, verdächtigte zeitweilig die Auslandsdelegation der Menschewiki, den Hungerstreik initiiert zu haben, um den Sondierungen, die Raphael Abramowitsch zur gleichen Zeit in Großbritannien unternahm, Nachdruck zu verleihen; Abramowitsch an Adler, 11. 10. 1924, Archiv SAI, 2595/45–47.

[15] „Helft den russischen Gefangenen!", Vorwärts Nr. 474 vom 8. 10. 1924.

Mitteilung über die Auflösung des Lagers auf den Solowezkij-Inseln unzutreffend. Die dort inhaftierten Weißgardisten, Bauernrebellen, Spekulanten und Kriminellen blieben auf den Inseln. Auch Sozialisten wurden weiter dorthin verbracht, allerdings zunächst meist unter falschen kriminellen Anklagen. Das Solowezkij-Lager wurde zum Grundstein des stalinistischen Lagerimperiums[16].

Die Kampagne für die Solowezkij-Gefangenen verebbte 1925. Sie war die dritte und letzte große internationale Aktion für eine bestimmte Gruppe von verfolgten Sozialisten in der Sowjetunion. Man könnte allenfalls noch die Forderung nach einer politischen Amnestie im Zusammenhang mit dem zehnten Jahrestag der Oktoberrevolution 1927 in die Reihe der Aktionen für die Butyrki-Gefangenen, die Sozialrevolutionäre und die Solowezkij-Häftlinge stellen. Doch hatte sich schon in den ersten drei Fällen gezeigt, daß selbst begrenzte Forderungen sich gegen die Sowjetregierung nur teilweise durchsetzen ließen. In allen drei Fällen, in denen verfolgte russische Sozialisten in den Genuß der energischen Solidarität ihrer west- und mitteleuropäischen Genossen kamen, waren besondere Bedingungen im Spiel. Entweder wurde, wie im Fall der Butyrki- und der Solowezkij-Gefangenen, ein Hungerstreik unternommen, oder es waren, wie ebenfalls bei den Butyrki-Gefangenen und im Prozeß der Sozialrevolutionäre, prominente Sozialisten betroffen. Im Fall der Sozialrevolutionäre ging es zudem um außenpolitische Interessen der Sowjetunion. Der Verlauf der drei Konflikte um verfolgte russische Sozialisten zwischen der internationalen Sozialdemokratie und der Sowjetunion zeugt von der Festigung der kommunistischen Diktatur. Er macht aber auch deutlich, daß die Solidarität der westlichen Sozialdemokraten mit ihren russischen Genossen eine punktuelle und zudem nicht immer unumstrittene war. Kontinuierliche politische Solidaritätsarbeit wurde nicht geleistet[17]. Daran änderte sich auch nichts wesentliches, als die SAI im April 1926 den „Matteotti-Fonds" und im Februar 1927 eine Kommission zur Untersuchung der Lage der politischen Gefangenen einrichtete[18]. Sie beschränkten sich weitgehend auf humanitäre Hilfe und Dokumentation von Sozialistenverfolgungen.

Ein Grund dafür, daß die Aufmerksamkeit der SPD für die Solowezkij-Gefangenen so bald nachließ, war, daß sie von dem Aufstand, der Ende August 1924 in Georgien ausgebrochen war, stark in Anspruch genommen war. Dieser Aufstand war ein elementarer Protest gegen die rüde Bolschewisierung des Landes – bis Ende 1923 hatte es 30000 politische Verhaftungen gegeben, zu 80 Prozent waren Sozialdemokraten davon

---

[16] „Immer noch Terror in Rußland", Vorwärts Nr. 588 vom 13. 12. 1925; Boris Sapir: Die politischen Gefangenen in den Sowjetgefängnissen, in: RSD Nr. 5 vom 1. 2. 1927; Broido, Lenin and the Mensheviks, S. 98. Zur Bedeutung des Solowezkij-Lagers siehe auch: Robert Conquest: The Great Terror. Stalin's Purge of the Thirties. London ³1969, S. 335. In ihrem eindrucksvollen Dokumentarfilm „Vlast' soloveckaja – Die Macht von Solovki" (Moskau 1988) schildert die sowjetische Regisseurin Marina Golodavskaja mit einer Fülle von Zeitzeugeninterviews die Entwicklung des Lagers, unter anderem auch die Vorgänge vom 19. Dezember 1923.

[17] Zu dieser Einschätzung kommt auch Jansen, Show Trial, S. 167.

[18] Dritter Kongreß der Sozialistischen Arbeiter-Internationale Brüssel, 5. bis 11. August 1928. 2 Bde. Berichte und Verhandlungen. Zürich 1928, Bd. 1, S. 24 [Kongreßprotokolle der SAI, Bd. 3,1.2. Nachdr. Glashütten 1974]. Im Matteotti-Fonds (benannt nach dem 1924 von Faschisten ermordeten italienischen Sozialisten Giacomo Matteotti) wurden Spenden für verfolgte Sozialisten gesammelt. Vorsitzende der Untersuchungskommission waren der belgische Senator Louis de Brouckère und Artur Crispien.

betroffen[19] –, aber auch ein Ausdruck der generellen bäuerlichen Unzufriedenheit in der Sowjetunion[20]. Nach georgischen menschewistischen Quellen war die kommunistische Regierung des Landes über die Aufstandsvorbereitungen informiert, lehnte es jedoch ab, den verzweifelten Appellen inhaftierter georgischer Menschewiki Gehör zu schenken, die sich anerboten, den Aufstand, von dem sie nur sinnloses Blutvergießen erwarteten, zu verhindern[21]. Obwohl die Aufständischen kurzzeitig weite Teile Georgiens in der Hand hatten[22], wurden sie bald niedergeworfen. Die Zahl der Opfer auf beiden Seiten war deshalb begrenzt. Doch begann nunmehr ein blutiger Rachefeldzug der Sieger[23]. Die SPD-Presse berichtete ausführlich über die Massenhinrichtungen, denen auch bereits vor dem Aufstand inhaftierte Menschewiki zum Opfer fielen. Der SPD-Vorstand protestierte dagegen am 12. September 1924 in einer öffentlichen Erklärung[24].

Die Forderungen, den Konflikt durch ein Schiedsgericht oder eine Volksbefragung zu lösen, die der ehemalige georgische Ministerpräsident Noë Jordania und der französische Sozialist Renaudel erhoben hatten, wies die Sowjetregierung ebenso brüsk zurück wie ein Vermittlungsangebot des Völkerbundes, das auf englische, französische und belgische Initiative hin erging[25]. Ebenso ungehört verhallte die Forderung der SAI, die bolschewistischen Truppen aus Georgien zurückzuziehen und ein Referendum über die künftige Regierungsform durchzuführen[26].

Mit hilfloser Wut verfolgte die deutsche Sozialdemokratie die Vorgänge in Georgien. Paul Levis Art war es jedoch nicht, in den Chor der Empörung einzustimmen. Auch er sei gegen die bolschewistische Unterdrückung Georgiens, führte er in seiner Zeitschrift *Sozialistische Politik und Wirtschaft* aus, doch warf er der Exekutive der SAI vor, den britischen Imperialismus in Vorderasien nicht in gleicher Weise zu brandmarken. Sie sei, so warf er ihr vor, ins „Fahrwasser des englischen Imperialismus" geraten[27].

Der Sekretär der SAI, Friedrich Adler, reagierte darauf mit einer verärgerten Replik, in der er Levi Unkenntnis der Tatsachen und „Methoden aus seiner Moskauer Lehrzeit" vorwarf. Der Streit blieb eine Episode, wenn auch eine bezeichnende. Er endete mit der Veröffentlichung von Adlers Antwort und einer weiteren Entgegnung Levis[28].

---

[19] Abramowitsch u.a., Der Terror, S. 100.
[20] Von Rauch, Sowjetunion, S. 198; Handbuch der Geschichte Rußlands, S. 741.
[21] Abramowitsch u.a., Der Terror S. 111–113.
[22] Ebenda, S. 113f.
[23] Niko Imnaischwili spricht von jeweils einigen hundert Opfern des Aufstands auf beiden Seiten, aber von etwa 4000 Erschießungen in seiner Folge. Etwa 1000 der Opfer sollen am Aufstand nicht beteiligt gewesen sein. Niko Imnaischwili: Die georgische Frage, in: SM vom 15.7. 1929, S. 592–601, S. 600.
[24] „Keine Rache an Georgien", Vorwärts Nr. 431 vom 12.9.; „Die Exekutionen", ebenda; „Das Blutbad in Georgien", Vorwärts Nr. 437 vom 16.9.; „Die Henkersarbeit in Georgien", Vorwärts Nr. 453 vom 25. 9. 1924.
[25] „Hilfe für Georgien!", Vorwärts Nr. 429 vom 11. 9.; „Rußland will keine Vermittlung", Vorwärts Nr. 436 vom 16. 9.; „Eine Hilfsaktion für Georgien", Vorwärts Nr. 446 vom 21. 9.; „Die Henkersarbeit...", „Hilferuf der georgischen Sozialisten", LVZ Nr. 214 vom 12. 9. 1924.
[26] Prot. SAI-Kongreß Marseille, S. 25f.
[27] Paul Levi: Quo vadis? in: SPW Nr. 61 vom 8. 10. 1924.
[28] „Ausgerechnet Georgien", SPW Nr. 64 vom 22. 10. 1924. Adlers Manuskript im Archiv SAI, 206/22–29.

9. „Die Wahrheit über Sowjetrußland"

Karl Kautsky veranlaßte der georgische Aufstand zu einem Vorstoß, der die SAI zu einer anderen Haltung gegenüber der bolschewistischen Regierung bewegen sollte. In einem ausführlichen Memorandum an die Exekutive der SAI, das später auch im SPD-eigenen Dietz-Verlag als Broschüre veröffentlicht wurde, legte er seine Auffassung vom militärdespotischen und reaktionären Charakter dieses Regimes dar. Wie jeder Despotismus sei wohl auch dieser nur durch Gewalt zu stürzen. Die Internationale dürfe daher nicht aus ihrer Ablehnung bewaffneter Putsche heraus den Fehler begehen, jeden Aufstand gegen die kommunistische Herrschaft zu verurteilen und ihren Mitgliedsparteien die Teilnahme daran zu untersagen. Es komme vielmehr darauf an, daß die Sozialisten die Führung möglicher spontaner Aufstände übernähmen und ihre Richtung bestimmten[29].

Kautskys Thesen stießen auf entschiedenen Widerspruch des SAI-Sekretärs Friedrich Adler[30] und vor allem der Vertreter des Mehrheitsflügels der menschewistischen Emigration, Raphael Abramowitsch und Theodor Dan[31]. Insbesondere Dan erläuterte Kautsky ausführlich, warum seiner Meinung nach jeglicher Aufstand gegen die bolschewistische Herrschaft in die Konterrevolution münden müsse und daher keine Alternative zur menschewistischen Linie der „friedlichen Liquidation" der kommunistischen Diktatur bestehe. Dagegen begrüßten die rechten Opponenten in der menschewistischen Emigration um Gregor Bienstock, Peter Garwy und auch Paul Axelrod Kautskys Memorandum als einen Vorstoß zu einer aktiveren antibolschewistischen Politik der Internationale, wenngleich die Aufstandsfrage für sie dabei nicht im Vordergrund stand[32]. Ohne jede Einschränkung wurde das Memorandum von den georgischen Menschewiki gutgeheißen[33].

Die Diskussion blieb jedoch auf die Emigrantengruppen aus der Sowjetunion und die Exekutive der SAI beschränkt und letztlich ohne Ergebnis. Da auf der Sitzung der Exekutive am 5./6. Januar in Brüssel kein Kompromiß, geschweige denn ein Konsens gefunden werden konnte, wurde die „russische Frage" als „vorläufig erledigt und vertagt" erklärt[34]. Obwohl im deutschen Parteiverlag veröffentlicht, hatte Kautskys Me-

---

[29] Karl Kautsky: Die Internationale und die sogenannte Sowjetregierung. Ms. im Nl. Kautsky, A 128; Karl Kautsky: Die Internationale und Sowjetrußland. Berlin 1925. Kautsky gehörte selbst keinem der Leitungsgremien der Sozialistischen Arbeiter-Internationale an; vgl. die Übersicht über deren Zusammensetzung in Kowalski, SAI, S. 282–285. Nach wie vor genoß er aber große Autorität in der internationalen Sozialdemokratie.
[30] Adler an Kautsky, London 23. 12. 1924, Nl. Kautsky, G 15,96–97.
[31] Abramowitsch an Kautsky, Berlin 21. 11. 1924, ebenda, G 15,90; Theodore Dan: Letters (1899–1946). Selected, annotated and with an outline of Dan's political biography by Boris Sapir [in russ. Sprache]. Amsterdam 1986, Dan an Kautsky, 19. 12. 1924, S. 322–329, hier: S. 322.
[32] Gregor Bienstock und Peter Garwy an Karl Kautsky, Berlin 14. 12. 1924, Nl. Kautsky, G 15,103–104 und Axelrods umfangreiche Stellungnahme zum Memorandum im Nl. Kautsky, D VII 331.
[33] Brief Ceretelis an Kautsky, 27. 11. 1924, ebenda, G 15,138; Cereteli an das Sekretariat der SAI, Paris 26. 12. 1924, ebenda.
[34] Kowalski, SAI, S. 67. Neben Kautskys Memorandum lag der Exekutive auch ein Gegenentwurf der Auslandsdelegation der Menschewiki vor, der in Abramowitsch' und Dans Sinn argumentierte: „Rezoljucija Zagraničnoj Delegacii RSDRP. O Taktike russkich socialističeskich partij", Socialističeskij Vestnik Nr. 1 vom 17. 1. 1925. Deutsch in: Martow/Dan, Russische Sozialdemokratie, S. 323–329.

morandum in der SPD kaum ein Echo³⁵. Überlegungen zur Umgestaltung der inneren Verhältnisse der Sowjetunion waren ihre Sache nicht. Seit jeher betonte sie das Prinzip der gegenseitigen Nichteinmischung. Die Überwindung der Diktatur betrachtete man als Angelegenheit des russischen Volkes und der russischen Sozialisten. Selbst wenn sie intensiver diskutiert worden wäre, hätte daher Kautskys Idee, Fortschritte der zwischenstaatlichen Beziehungen mit der Liberalisierungsforderungen zu verknüpfen³⁶, in der SPD keine Aussicht auf eine Mehrheit gehabt, zumal die außenpolitische Haltung der deutschen Sozialdemokratie zur Sowjetunion nicht der ideologischen Gegnerschaft zum Kommunismus sondern dem „realpolitischen" Konzept des Ausgleichs mit den Siegermächten und des Aufbaus eines umfassenden europäischen Sicherheitssystems entsprang. „Sozialistischer Internationalismus" à la Kautsky hatte in diesem Konzept keinen Platz.

Auf dem Marseiller Kongreß der SAI vom August 1925 spielte die „Memorandumsfrage" keine nennenswerte Rolle. Über die Sowjetunion wurde dort vor allem in der Kommission „Kriegsgefahren im Osten" beraten. Sie war auf Initiative der Menschewiki zustande gekommen, die damit dem von den Polnischen Sozialisten und den Sozialrevolutionären verfolgten Plan einer antibolschewistischen Konferenz sozialistischer Parteien der Anrainerstaaten der UdSSR erfolgreich das Wasser abgruben³⁷. Der fehlgeschlagene, von Moskau aus gesteuerte kommunistische Putsch in Estland vom 1. Dezember 1924 einerseits³⁸ und die Verschärfung des englisch-sowjetischen Verhältnisses nach dem Abbruch der Beziehungen andererseits bildeten den Hintergrund der Diskussionen. Die Resolution über die Kriegsgefahren im Osten, die aus der Kommission hervorging und bei Stimmenthaltung der Sozialrevolutionäre einstimmig verabschiedet wurde, wandte sich denn auch gleichermaßen gegen offene oder versteckte Interventionen gegen die Sowjetunion wie gegen deren Bestrebungen, andere Staaten auf kriegerischem Wege zu revolutionieren und antikoloniale Bewegungen für eigene Zwecke einzuspannen³⁹. In der Kommission hatten sich die deutsche Delegation gemeinsam mit

---

[35] Ohne energische Reaktionen hervorzurufen, erhob Paul Levi den Vorwurf, Kautsky bereite mit seinen Thesen einer militärischen Intervention in der Sowjetunion den Weg; Paul Levi: Westlich oder östlich? in: SPW Nr. 40 vom 8.10. und LVZ Nr. 237 vom 10.10. 1925. Den Vorwurf, Kautsky schüre den Krieg gegen die Sowjetunion, erhob auch Bucharin in einer Artikelserie der „Pravda" gegen Kautsky, die später als Broschüre erschien und die offizielle kommunistische Antwort auf das Kautsky-Memorandum darstellt: N. Bucharin: Karl Kautsky und Sowjetrußland. Leipzig o.J. [1926], S. 7. Vgl. ferner die zusammenfassende Darstellung „Die Internationale und Sowjetrußland (Eine Diskussion zwischen Kautsky, Kunfi und Otto Bauer)", LVZ Nr. 193 vom 20. 8. 1925, sowie F. Dan: Kautskij o russkom bol'ševizme [Kautsky über den russischen Bolschewismus], in: Socialističeskij Vestnik, Nr. 11/12 vom 20. 6. 1925, und die „Affäre" um eine Kautsky-kritische Bemerkung in einer Geburtstagswürdigung für Paul Axelrod: „Paul Axelrod. Zu seinem 75. Geburtstag", LVZ Nr. 197 vom 25. 8. 1925. Entgegnung: Paul Axelrod: Kautsky und Sowjetrußland, in: LVZ Nr. 235 vom 8. 10. 1925, 1. Beilage. Zu seiner Reaktion auf den LVZ-Artikel seinen Brief an Kautsky vom 17. 9. 1925, Nl. Kautsky, D II 334; Siehe auch die Briefe von Karl und Luise Kautsky am Emma Woytinski vom 2. und 9. 10. 1925; IISG Amsterdam, Nl. Vojtinskij.
[36] Kautsky, Internationale und Sowjetrußland, S. 35.
[37] Dan, Letters, S. 343 f.; Kowalski, SAI, S. 68 f. erwähnt zwar die Initiative der Menschewiki, nicht aber die zugrundeliegende Absicht.
[38] Braunthal, Internationale, S. 357.
[39] Prot. SAI-Kongreß Marseille, S. 362 ff.

der Labour Party, den Menschewiki und den Österreichern gegen die Bestrebungen der französischen, belgischen und der Sozialisten einer Reihe von Randstaaten ausgesprochen, den Bolschewismus zur Hauptkriegsgefahr zu erklären[40]. Die Einstimmigkeit, mit der die Resolution verabschiedet wurde, war nur eine äußerliche. Tatsächlich reichte das Spektrum in der Internationale, was die „russische Frage" betraf, von Parteien, die nichts sehnlicher wünschten als den Sturz der kommunistischen Herrschaft, bis hin zur sowjetfreundlichen Labour Party.

Was sahen deutsche Arbeiter in Sowjetrußland?
Der Streit um die Arbeiterdelegationen

Zur gleichen Zeit, als Kautsky über Möglichkeiten nachdachte, die seiner Meinung nach „militärdespotische" Herrschaft des Bolschewismus zu stürzen, stellten ihr internationale Gewerkschaftsführer ein vorzügliches Zeugnis aus. Den Anfang machte der Sekretär der Internationalen Transportarbeiterföderation, der Holländer Edo Fimmen, der zum linken Flügel der Sozialdemokratischen Arbeiterpartei der Niederlande zählte und die Zusammenarbeit mit den sowjetischen Gewerkschaften befürwortete[41]. Er unternahm im Herbst 1924 zusammen mit Susan Lawrence von der Labour Party eine private Rußlandreise. Daß er während seines Aufenthalts in der Sowjetunion erklärte, die deutschen Arbeiter wären froh, wenn sie die gleiche Freiheit genießen könnten wie die Proletarier in Sowjetrußland, rief den *Vorwärts* auf den Plan. Fimmen sei einer Fata Morgana aufgesessen, erklärte das SPD-Zentralorgan[42]. Auch die in der Illegalität arbeitenden russischen Sozialdemokraten reagierten aufgebracht. In einem offenen Brief, der auch in der *Gewerkschaftszeitung* des ADGB erschien, warf das Büro des ZK der SDAPR Fimmen vor, die politische Unterdrückung in Rußland verschwiegen und damit seine Pflicht als Arbeiterführer verletzt zu haben. Unter erheblichen Risiken war es russischen Sozialdemokraten gelungen, Kontakt mit dem von seinen Gastgebern gut abgeschirmten Fimmen aufzunehmen, wobei er sich jedoch nicht sehr gesprächsfreudig zeigte[43]. Am 18. November brachte der *Vorwärts* einen Brief einer anonymen Gruppe von Arbeitern der Leningrader Putilov-Werke, die gegen seine Auftritte in der Sowjetunion protestierten und die moralische Unterstützung der SAI im Kampf um die Demokratie erbaten[44].

---

[40] „Marsel'skij kongress Rabočego Soc. Internacionala", Socialističeskij Vestnik Nr. 17/18 vom 28. 9. 1925. Siehe auch Prot. SAI-Kongreß Marseille S. 341 f. und Raimund Löw: Otto Bauer und die russische Revolution. Wien 1980, S. 110–114.

[41] „Gewerkschaftliche Einheitsfront", SPW Nr. 40 vom 12. 7. 1923.

[42] „‚Freiheit' der Arbeiter in Rußland. Wie sie Edo Fimmen sieht und wie sie ist.", Vorwärts Nr. 474 vom 8. 10. 1924.

[43] „Otkrytoe pis'mo tov. Fimmenu", Socialističeskij Vestnik Nr. 19 vom 8. 10. 1924; deutsch: „Offener Brief an Genossen Fimmen", Gewerkschaftszeitung Nr. 41 vom 11. 10. 1924. „Èdo Fimmen v Sovetskoj Rossii" [Èdo Fimmen in Sowjetrußland], Socialističeskij Vestnik Nr. 20 vom 22.10. 1924; „Ešco o Fimmene" [Noch einmal über Fimmen], ebenda Nr. 22/23 vom 1. 12. 1924.

[44] „Aus dem Petersburger Arbeiterleben", Vorwärts Nr. 544 vom 18. 11. 1924. Übernommen aus: RSD Nr. 38/39 vom 11.11.: „An das Büro der SAI und der Amsterdamer Gewerkschaftsinternationale", zuerst russisch unter demselben Titel in Socialističeskij Vestnik Nr. 21 vom 10. 11. 1924.

Im November und Dezember hielt sich dann eine offizielle siebenköpfige Delegation der englischen Gewerkschaften zu einer Studienreise in der Sowjetunion auf. In ihrem umfangreichen und mit einer Vielzahl von Daten angereicherten Bericht zeichnete sie das Bild eines Landes, das auf einem guten Weg war. Von einer Herrschaft des Terrors könne keine Rede sein, die Löhne seien in vieler Hinsicht besser als im übrigen Europa, die Sozialpolitik verdiene Anerkennung:

> „Die Delegation hat sich überzeugt, daß diese guten Resultate mit Ausnahme einer sehr kleinen Minderheit alle Einwohner dazu gebracht haben, auf das Recht der Opposition zu verzichten, das in anderen Ländern zur politischen Freiheit unentbehrlich ist. Die Beseitigung dieses Rechts ist auf keinen Widerstand gestoßen, teils deshalb, weil dieses Recht unter dem Sowjetsystem durch andere, wertvollere ersetzt worden ist, und teils deshalb, weil die jüngste Entwicklung sich in der Richtung auf seine Wiedereinführung bewegt."[45]

Auch in Georgien, wo eben erst der Aufstand blutig niedergeschlagen worden war, registrierte man unter der bolschewistischen Verwaltung einen raschen Aufstieg, auch wenn eingeräumt wurde, daß die Mehrheit der Bevölkerung wohl nicht hinter der Regierung stehe[46].

Die russischen Menschewiki sprachen in einem offenen Brief an die Labour Party und den Generalrat der Trade Unions der englischen Delegation Takt und Anstand ab und protestierten gegen ihr Auftreten[47]. Friedrich Adler, der Sekretär der SAI, schrieb eine kritische Entgegnung auf den Delegationsbericht[48], und die SPD-Presse hob die Ausführungen John Turners hervor, der den Auffassungen seiner Mitreisenden widersprach und die politische Unterdrückung in der Sowjetunion geißelte[49].

Es ist wenig verwunderlich, daß der Bericht der Engländer in Deutschland im „Neuen Deutschen Verlag" des Sowjetpropagandisten Willi Münzenberg erschien, denn er war, ebenso wie die im April 1925 erfolgte Bildung eines ständigen englisch-sowjetischen Gewerkschaftskomitees, ein Erfolg der Einheitsfronttaktik der Komintern. Sie zielte darauf ab, einen möglichst großen Teil der sozialdemokratisch eingestellten Arbeiterschaft von ihrer Führung zu isolieren und insbesondere in den Gewerkschaften einen linken, das heißt: sowjetfreundlichen Flügel zu bilden[50]. Für diesen Zweck sollte die in der Arbeiterschaft weit verbreitete Sympathie für Sowjetrußland ausgenützt werden. Seit Januar 1925 gab Willi Münzenberg die *Arbeiter Illustrierte Zeitung* heraus, die sich hauptsächlich der Berichterstattung über die Sowjetunion widmete und mit einer Auflage von 500000 Stück bald zur zweitgrößten Illustrierten Deutschlands wur-

---

[45] Rußland. Offizieller Bericht der englischen Gewerkschaftsdelegation Nov.-Dez. 1924. Berlin 1925, S. 211.
[46] Ebenda, S. 257.
[47] „Otkrytoe pis'mo Ispolnitel'nomu Komitetu Angliskoj Rabočej Partii i Generalnomu Sovetu Tred-Junionov", Socialističeskij Vestnik Nr. 24 vom 20. 12. 1924.
[48] Claus Remer: Die deutsche Arbeiterdelegation in der Sowjetunion. Berlin (O) 1963, S. 36.
[49] „Das Ende eines Schwindelfeldzuges", Vorwärts Nr. 33 vom 20. 1. 1925; „Purcell in Rußland", LVZ Nr. 1 vom 2.1. und „Was Purcell in Rußland nicht gesehen hat", LVZ Nr. 22 vom 27. 1. 1925. Turner hatte Nachforschungsaufträge des „Vereinigten Komitees zum Schutze der in Rußland verhafteten Revolutionäre" mit auf die Reise genommen, dem neben den Menschewiki die beiden sozialrevolutionären Parteien und die Anarchisten angehörten. Vgl. Bulletin des Vereinigten Komitees... Nr. 10, Berlin Januar [1925], Fundort: Nl. Dan, Nr. 15.
[50] Winkler, Normalität, S. 424.

de[51]. "Sie war ganz unkritisch und bediente sich der fragwürdigsten Mittel", schreibt Babette Gross in ihrer Biographie ihres Lebensgefährten Willi Münzenberg über die Rußlandberichterstattung der AIZ. "Viele Arbeiter wollten eine Fata Morgana sehen, nicht die triste Wirklichkeit. Daran änderten alle kritischen Tatsachenberichte im ‚Vorwärts' und alle Artikel Karl Kautskys nichts."[52]

An diese Bewußtseinslage knüpfte die Komintern mit ihrem Programm der Entsendung sogenannter „Arbeiterdelegationen" nach Rußland an, den die Agitprop-Abteilung ihres Exekutivkomitees ausgearbeitet hatte[53]. Allerdings sollte dabei die Regie der Kommunistischen Partei möglichst nicht erkennbar sein, ging es doch darum, die häufig skeptisch aufgenommenen Berichte von Kommunisten über Sowjetrußland von Sozialdemokraten und Parteilosen bestätigen zu lassen[54]. Geschickt wurde zu der Initiierung der ersten deutschen Arbeiterdelegation ein Brief einer Gruppe oppositioneller Putilov-Arbeitern an den *Vorwärts* ausgenutzt. Die Verfasser beklagten sich darin über die politische Verfolgung und bescheinigten dem SPD-Zentralorgan, daß es die Lage der russischen Arbeiter richtig einschätze. Der *Vorwärts* veröffentlichte den Brief am 8. Januar 1925[55]. In Leningrad kam es daraufhin zu einem, wie die kommunistische Geschichtsschreibung erklärt, einstimmigen Protest der Putilov-Belegschaft gegen diese Publikation. Der *Vorwärts* wurde aufgefordert, eine „Delegation aus deutschen Betriebsarbeitern" zu entsenden, um die Lage in den Putilov-Werken zu überprüfen[56].

Damit war nicht nur das SPD-Zentralorgan in den Verdacht gerückt, gefälschte

---

[51] Franz-Ferdinand Mentzel: Die Sowjetunion in der Publizistik der Weimarer Republik (1929–1932). Ein Beitrag zur Geschichte des Antikommunismus und seiner Bekämpfung in Deutschland. Phil. Diss. Humboldt Universität Berlin 1971, S. 11 f.; Gross, Münzenberg, S. 164.

[52] Gross, Münzenberg, S. 164.

[53] Bei einer Razzia im Hauptquartier der britischen KP wurde 1925 ein Exemplar dieses Planes gefunden; Sylvia Margulies: The Pilgrimage to Russia. The Soviet Union and the Treatment of Foreigners 1924–1937. Madison, Milwaukee, London 1968, S. 35. 1925/26 gab es insgesamt 24 solche Delegationen aus fast allen westeuropäischen Ländern; Oleksandr Andrijovyč Makarenko: Mogučaja sila proletarskoj solidarnosti (1921–1925). Moskva 1976, S. 291. Zum politischen Stellenwert der Arbeiterdelegationen siehe auch Geyer, Sowjetrußland, S. 27–31.

[54] Claus Remer: Die drei großen Arbeiterdelegationen nach der Sowjetunion (1925–1927), in: ZfG 4 (1956) S. 343–365, hier: S. 344f. Remer ist bemüht, die Arbeiterdelegationen als eine spontane Massenbewegung des Proletariats erscheinen zu lassen, die von den sozialdemokratischen Führern sabotiert, von den Kommunisten aber „unterstützt" worden sei.

[55] „Ein Gruß aus Rußland", Vorwärts Nr. 12 vom 8. 1. 1925; „Putilow-Arbeiter an den ‚Vorwärts'", RSD Nr. 1 vom 6. 1. 1925. Im Text hieß es u. a.: In der letzten Zeit sind in der offiziellen Sowjetpresse häufig Auszüge aus Eurem Vorwärts veröffentlicht worden. Ihr werdet natürlich in unflätigster Weise beschimpft, aber aus diesen Auszügen ersehen wir, daß die deutsche Sozialdemokratie, wie keine andere Partei der sozialistischen Internationale, die entsetzliche russische Wirklichkeit erkannt hat und unsere Lage als die der Anhänger der europäischen Arbeiterbewegung richtig einschätzt. Ihr gewährt uns dadurch moralische Unterstützung in unserem schweren Kampfe, den wir in der Sowjet-Satrapie für Demokratie und Sozialismus führen."

[56] Was sahen 58 deutsche Arbeiter in Rußland? Bericht der deutschen Arbeiter-Delegation über ihren Aufenthalt in Rußland vom 14. Juli bis zum 28. August 1925. Berlin 1925, S. 14; Remer, Deutsche Arbeiterdelegation, S. 53f.; K. T. Luk'janov: Nemeckie rabočie delegacii v SSSR [Deutsche Arbeiterdelegationen in der UdSSR (1925–1932), in: Ežegodnik Germanskoj istorii. Moskva 1975, S. 113–137, hier: S. 115.

Briefe aus der Sowjetunion zu veröffentlichen[57], es war auch der Anstoß zur Bildung der ersten deutschen Arbeiterdelegation gegeben. Allerdings wurde sie nicht vom *Vorwärts* organisiert, und das wäre wohl auch nicht im Sinne der Initiatoren des Putilov-Protestes gewesen. Während in dem Blatt Anfang Februar noch darüber reflektiert wurde, daß man sich hinsichtlich der Zusammensetzung einer Rußland-Delegation keine Vorschriften machen lassen dürfte und daß zu ihr als Dolmetscher und Experten auch sozialistische russische Emigranten gehören müßten, wurde in Berliner Betrieben bereits für die Aufstellung einer Arbeiterdelegation geworben[58]. Um den erwünschten Eindruck der Überparteilichkeit hervorzuheben, übernahm diese Tätigkeit nicht die KPD, sondern ein von der „Internationalen Arbeiter-Hilfe" (IAH) gebildetes Komitee[59]. In der aus der Hungerhilfe für Rußland 1921 hervorgegangenen IAH hatten bis zu einem Unvereinbarkeitsbeschluß der SPD im Jahre 1924 auch eine Reihe prominenter Sozialdemokraten mitgearbeitet[60]. Die Werbung für die Delegation zielte vor allem auf angesehene, langjährige Sozialdemokraten und SPD-Betriebsratsmitglieder[61]. Auf diese Weise sollte sie auch bei SPD-Mitgliedern Autorität gewinnen. Ferner wollte man so wohl auch Spekulationen vorbeugen, die sozialdemokratischen Delegierten seien von kommunistischer Seite in die SPD eingeschleuste „U-Boote".

Der *Vorwärts* entfaltete währenddessen eine rege Gegenkampagne. Mit der Mitgliedschaft in SPD und Gewerkschaft sei es nicht vereinbar, wenn man sich von den Kommunisten für eine angeblich „sozialdemokratische Arbeiterdelegation nach Rußland" mißbrauchen lasse, warnte die Zeitung[62]. Den Reisenden würden nur Potemkinsche Dörfer vorgeführt werden[63], und wer auf eigene Faust mehr erfahren wolle, dem drohe ein ähnliches Schicksal wie den Studenten Kindermann, Wolscht und von Ditmar, die Anfang Juli in Moskau zum Tode verurteilt worden waren[64]. Manchen Sozialdemokraten, die an der der Rußlandreise teilnehmen wollten, wurde der Parteiausschluß angedroht[65].

Trotz dieser Störmanöver war die Kampagne für die Entsendung der Arbeiterdelegation letztlich ein Erfolg. Von der Gruppe aus 55 Arbeitern, zwei Lehrern und einem Angestellten, die am 14. Juli in Rußland eintrafen, waren 29 Mitglieder der SPD, unter

---

[57] Der Protest der Putilov-Belegschaft ist allerdings kaum ein ausreichender Beleg dafür, daß der im Vorwärts veröffentlichte Brief eine Fälschung war, wie Remer, Deutsche Arbeiterdelegation, S. 53, und Luk'janov, Rabočie delegacii, S. 115, es darstellen. Selbst so unverdächtige Zeugen wie die Mitglieder der englischen Gewerkschaftsdelegation stellten fest, daß bei Angriffen auf die KPR(b) die Meinungsfreiheit in der Sowjetunion endete; Rußland, S. 147. Eine Verweigerung bei der Protesterklärung hätte mit Sicherheit Repressionen zur Folge gehabt.
[58] „Die Putilov-Aktion", Vorwärts Nr. 60 vom 5. 2. 1925.
[59] Luk'janov, Rabočie delegacii, S. 115.
[60] Borys Michajlovič Zabarko: Klassovaja bor'ba i meždunarodnaja rabočaja pomošč. Kiew 1974, nennt die Reichstagsabgeordneten Mathilde Wurm und Oskar Cohn; Babette Gross, Münzenberg, S. 153, nennt Paul Löbe.
[61] Remer, Die drei großen, S. 346; Wolfgang Ruge: Berichte der Vertreter des Deutschen Reiches in der UdSSR über die erste deutsche Arbeiterdelegation in der Sowjetunion (1925), in: BzG 4 (1962), S. 107–114, hier: S. 111.
[62] „Die Putilov-Aktion", Vorwärts Nr. 60 vom 5. 2. 1925.
[63] „Ferienreisen nach Sowjetrußland", Vorwärts Nr. 296 vom 26. 6. 1925.
[64] „Der Arbeitslohn in Rußland", Vorwärts Nr. 311 vom 4. 7. 1925. Zum Fall „Kindermann-Wolscht" siehe Kapitel 8.
[65] Ein Dokument dazu ist abgedruckt bei Remer, Deutsche Arbeiterdelegation, S. 286.

ihnen auch der nominelle Leiter der Delegation, Xaver Freiberger aus München. Der KPD gehörten 17 der Rußlandreisenden an, 12 waren parteilos. Bis auf vier waren aber alle Gewerkschaftsmitglieder, 36 sogar Betriebsräte[66]. Einige Teilnehmer waren mit Mandaten von Gewerkschaftsgliederungen und Betriebsräten ausgestattet[67]. Die deutsche Botschaft in der Sowjetunion berichtete an das Auswärtige Amt, die Arbeiterdelegation sei „ein von der kommunistischen Regie glänzend eingeleitetes und durchgeführtes Unternehmen", nicht zuletzt, weil vor allem „ältere, erfahrene und nüchtern denkende Arbeiter", die das Vertrauen ihrer Kollegen genössen, ausgewählt worden seien[68].

Die glänzende kommunistische Regie beschränkte sich aber nicht nur auf die Auswahl der deutschen Akteure. Sie behielt auch beim weiteren Ablauf des Schauspiels die Fäden in der Hand. Bereits bei der Ankunft in Leningrad und an allen weiteren Stationen wurde die Delegation von enthusiastischen Massendemonstrationen begrüßt, die ihren Eindruck auf die Gäste nicht verfehlten[69]. „In den größeren Städten, wo fahrplanmäßig wenige Minuten Aufenthalt vorgesehen waren, zeigte uns das überall herbeigeeilte Proletariat seine Freude an unserem Kommen", berichtete etwa die Gruppe der Delegation, die den Kaukasus bereiste[70]. In Baku wurde sie durch den Vorbeimarsch von 80000 Arbeitern geehrt[71]. Den Höhepunkt bildete jedoch die Empfangsdemonstration in Moskau auf dem Roten Platz, die etwa 150000 bis 200000 Teilnehmer zählte. „Als für die deutsche Delegation Genosse Freiberger das Wort ergreift, steigert sich der Sturm der Begeisterung zu einem gewaltigen Orkan. Die Masse versucht, die aufgestellten Postenketten zu durchbrechen, jeder wollte selbst die deutschen Delegierten gesehen und gesprochen haben, möchte sie persönlich von der Liebe der russischen Arbeiter für das deutsche Proletariat überzeugen", vermerkt darüber in hymnischen Tönen der Delegationsbericht[72]. Daß sie sich beim anschließenden stundenlangen Vorbeidefilieren der Kundgebungsteilnehmer am Lenin-Mausoleum in der Position von Feldherren befanden, die eine Truppenparade abnehmen, scheint dem proletarischen Klasseninstinkt der Delegierten nicht widersprochen zu haben.

Eigenartig kontrastiert zu dem hochgespannten Pathos, das die Passagen über die Massenversammlungen kennzeichnet, der betont nüchterne Stil der mit einer Vielzahl von Daten und Zahlen angereicherten Ausführungen über die Verhältnisse in sowjetischen Betrieben. Offenkundig hatte hier der Bericht der englischen Gewerkschaftsdele-

---

[66] Ebenda, S. 281–283; Luk'janov, Rabočie delegacii, S. 115f. Die Delegierten erhielten vollen Lohnersatz, wahrscheinlich aus Kominternmitteln; „Reise nach Rußland", Mitteilungsblatt der SPD Juli 1925.
[67] Beispiele abgedruckt bei Remer, Die drei großen, S. 353f.
[68] Ruge, Berichte, S. 111f.
[69] Bernd Klemm (Hrsg.): „... durch polizeiliches Einschreiten wurde dem Unfug ein Ende gemacht." Geheime Berichte der politischen Polizei Hessen über Linke und Rechte in Offenbach 1923–1930. Frankfurt a.M., New York 1982, S. 100; Die Wahrheit über Sowjetrußland berichten die Rußland-Delegierten Freiberger und Baer/München. Reden des Vorsitzenden der ersten deutschen Arbeiterdelegation nach Sowjetrußland Xaver Freiberger und des Münchener Delegierten Baer in der Münchener Betriebsräte-Vollversammlung vom 9. September 1925. München o.J. [1925], S. 7f.
[70] Was sahen..., S. 127
[71] Ebenda, S. 129.
[72] Ebenda, S. 36.

gation Pate gestanden. Die Delegation bewältigte bei ihrem sechswöchigen Aufenthalt ein immenses Besichtigungsprogramm. Ihre ersten Stationen waren Leningrad und Moskau, dann wurden drei Teildelegationen auf die Krim, in den Ural und in den Kaukasus entsandt. Der generelle Tenor des von allen Mitfahrern ausdrücklich gebilligten offiziellen Abschlußberichtes ist, es seien große Fortschritte sowohl in der Produktion als auch hinsichtlich der Entlohnung und der Gewährung von Urlaub gemacht worden. Im Zusammenhang mit der Besichtigung der Siemens-Schuckert-Werke wurde ausdrücklich erklärt, die Verhältnisse seien besser als in Deutschland[73]. Entsprechend wurden auch die als beispielhaft empfundenen betrieblichen und außerbetrieblichen Sozialleistungen gewürdigt, ebenso wie die im Vergleich zur Bezahlung der technischen Spezialisten niedrige Entlohnung der „Roten Direktoren"[74]. Der Vorwurf, die Arbeiter seien in einen Zustand der Rechtlosigkeit hinabgedrückt worden, der in dem vom *Vorwärts* abgedruckten „Putilov-Brief" erhoben wurde, wurde in dem Bericht an keiner Stelle bestätigt.

Der Eindruck, die Delegierten seien erst nach einem sorgfältigen Studium der sowjetischen Verhältnisse zu ihrem positiven Urteil gekommen, den der Bericht zu erwecken versucht, trügt jedoch. Jedenfalls läßt sich damit nicht vereinbaren, daß Xaver Freiberger schon am Tag nach der Ankunft im Anschluß an die Besichtigung der Putilov-Werke erklärte: „Heute haben wir uns davon überzeugt, daß alles, was man uns über Sowjet-Rußland erzählt hat, Lüge und Verleumdung ist."[75]

Der Besuch von Gefängnissen, wo es auch zu Begegnungen mit politischen Gefangenen kam, bestätigte diesen Eindruck. Solche Besichtigungen waren auch schon Bestandteil der Besuche von Fimmen und der englischen Gewerkschaftsdelegation gewesen, war das Programm doch „bis ins Detail darauf abgestimmt, der sozialdemokratischen und bürgerlichen Bolschewismuskritik den Boden zu entziehen"[76], bei der die politische Verfolgung eine wesentliche Rolle spielte. Fimmen war dabei allerdings ein peinliches Mißgeschick unterlaufen. Seine Aussage, er habe den 1922 verurteilten Sozialrevolutionär Goc nicht im Gefängnis sondern in einer Villa angetroffen, wurde einige Zeit später von Goc in einem Brief beantwortet, in dem er erklärte, er habe Fimmen nie gesehen. Man müsse ihm einen anderen als „Goc" vorgestellt haben[77].

Die deutsche Delegation bekam keine prominenten politischen Häftlinge zu Gesicht und nennt in ihrem Bericht auch nicht die Namen der Gefangenen, mit denen ihre Vertreter sprachen. Dafür zeigten sich die Delegierten zunächst angetan von den sowjetischen Gefängnissen als solchen. „Wir hatten den Eindruck, daß wir uns nicht in einer Strafanstalt, sondern in einer Besserungsanstalt befanden", lautete etwa der durchaus repräsentative Kommentar über das Gefängnis von Perm[78]. Fast alle Gefangenen, mit denen die deutschen Besucher sprachen, drückten ihre Zufriedenheit mit den Haftbedingungen aus. Einige inhaftierte Teilnehmer des georgischen Aufstandes erklärten gar,

---

[73] Ebenda, S. 27 ff.
[74] Ebenda, S. 32.
[75] „Dlja čego germanskie delegaty ezdili v Rossiju?" [Wozu fuhren die deutschen Delegierten nach Rußland], Socialističeskij Vestnik Nr. 17/18 vom 28. 9. 1925. Der „Vestnik" zitiert Freiberger nach der sowjetischen Gewerkschaftszeitung „Trud" vom 16. 7. 1925.
[76] Geyer, Sowjetrußland, S. 29.
[77] „Sowjetrussische Justiz", RSD Nr. 35/36 vom 23. 9. 1925; Jansen, Show Trial, S. 172 f.
[78] Was sahen..., S. 102.

„daß sie das Gewesene vergessen hätten und daß nach den jetzt ausgesprochenen Urteilen der Weg für eine Zusammenarbeit mit der Sowjetregierung gegeben sei"[79]. Das Mitspielen bei diesen gespenstischen Inszenierungen war den Delegierten auch dann noch nicht verleidet, als sie im Gefängnis von Sverdlovsk auf drei Menschewiki und einen Anarchisten stießen, die ihnen die Auskunft über die Gründe ihrer Verhaftung verweigerten, „mit der Motivierung, sie hätten zu uns kein Vertrauen, weil wir Gäste der Sowjetregierung seien, mit dem Auto ankamen und mit Extra-Zug im Lande herumfahren, während sie im Gefängnis sitzen". Die Delegation zog, nicht ohne eine gewisse Indignation, ihre Schlüsse aus dieser Widersetzlichkeit: „Man kann ohne weiteres annehmen, daß jemand, der sich schuldig fühlt, sich nicht selbst belastet. Wer nichts Strafbares begangen hat, kann die Wahrheit jedermann mitteilen."[80] Auffallend ist im übrigen, daß der Delegationsbericht in den meisten Fällen Angaben über die Haftgründe der Gefangenen enthält – ihre Berechtigung wird an keiner Stelle bezweifelt –, über das jeweilige Strafmaß jedoch gar nichts aussagt.

Beeindruckend waren für die deutschen Delegierten sicher auch die Begegnungen mit führenden sowjetischen Politikern wie Bucharin, Trotzki oder Sinowjew. Mit letzterem diskutierten sie über die Einheitsfront, wobei durchaus auch kritische Worte über die Politik der KPD fielen[81]. Dem Gesprächsprotokoll zufolge, das der kommunistische Verlag Carl Hoym Nachfolger veröffentlichte, stimmte Sinowjew dieser Kritik zu, was jedoch wenig verwunderlich ist, denn die sozialdemokratischen Delegierten bemängelten genau die Fehler der KPD, die das EKKI ungefähr gleichzeitig in einem „Offenen Brief an alle KPD-Mitglieder" der „Fischer-Maslow-Zentrale" vorwarf, die die Partei zu diesem Zeitpunkt führte[82].

Als die deutsche Delegation nachhause zurückkehrte, waren die meisten ihrer Mitglieder überzeugt, ein wahrheitsgetreues Bild von Rußland gewonnen zu haben. Die Delegation habe 20000 Kilometer im Lande zurückgelegt, da könne man unmöglich nur Potemkinsche Dörfer gesehen haben, erklärte Freiberger[83]. Er unterschätzte jedoch das Organisationstalent, das seine Gastgeber an den Tag legen konnten, wenn es um Abschirmung, Überwachung und Manipulation ging. Der deutsche Journalist Theodor Seibert, der für einige bürgerliche Blätter von 1925 bis 1929 als Korrespondent aus der Sowjetunion berichtete, hatte ein Zimmer in dem Moskauer Hotel, in dem auch die Arbeiterdelegation einquartiert wurde. Er schildert, wie vor der Ankunft der Delegation er und die anderen Gäste ihre Zimmer räumen mußten, weil, wie ihm der Hoteldirektor erklärte, seine Landsleute unter sich sein wollten. Erstaunt beobachtete er, wie das schlichte Hotel in kürzester Zeit mit eleganten Möbeln und Teppichen ausgestattet wurde. Den Speiseraum, in dem die Delegation ihr Essen einnahm, durfte Seibert nicht betreten, und einer seiner russischen Bekannten machte ähnliche Erfahrungen. Als er

---

[79] Ebenda, S. 144.
[80] Ebenda, S. 110.
[81] Die deutsche Arbeiterdelegation in Sowjetrußland. Zwei Besprechungen mit Genossen Sinowjew. Hamburg 1925, S. 7ff.; Remer, Die drei großen, S. 349, erwähnt bezeichnenderweise nur eine Begegnung mit Stalin.
[82] Winkler, Normalität, S. 421 ff.; Hermann Weber: Die Wandlung des deutschen Kommunismus. Die Stalinisierung der KPD in der Weimarer Republik. 2 Bde, Frankfurt 1969, Bd. 1, S. 120–126.
[83] Die Wahrheit, S. 8.

zwei Mitgliedern der Delegation, die ihn auf deutsch nach einem Weg gefragt hatten, anbot, sie zu begleiten, wurde er von einer Amtsperson angewiesen, sich zu entfernen[84].
Seibert war nicht der einzige Zeuge solcher Vorbereitungen. In einer Denkschrift teilte die illegale Führung der Menschewiki in der Sowjetunion mit, die Arbeiter in den besuchten Betrieben seien genau darüber instruiert worden, was sie zu sagen hätten, „Unzuverlässige" seien entlassen, teilweise sogar inhaftiert worden[85]. Freiberger hat die Denkschrift erhalten[86], ohne daß dies allerdings sein Verhalten beeinflußt hätte. Daß es mit der vielbeschworenen Selbstbestimmung der Delegationen bei ihren Besichtigungen nicht ganz soweit her war, geht auch aus dem Bericht von Arthur Koch hervor, eines sozialdemokratischen Teilnehmers der zweiten Delegation, die 1926 Rußland bereiste. Die Delegierten hätten nur die Auswahl aus einer begrenzten Anzahl von Betrieben und Einrichtungen gehabt. Gespräche mit den Direktoren hätten unverhältnismäßig viel Zeit eingenommen, während die eigentlichen Besichtigungen recht eilig verlaufen seien. Abweichende Beobachtungen und Einschätzungen seien in die offiziellen Berichte nicht aufgenommen worden[87].

Auch der zweite Teil der Inszenierung, die Berichtskampagne der Arbeiterdelegierten in Deutschland, war eine große organisatorische Leistung, die allerdings ohne das auch nach der revolutionären Periode anhaltend große Interesse der deutschen Arbeiterschaft für Sowjetrußland nicht denkbar gewesen wäre[88]. Der Delegationsbericht wurde von Willi Münzenbergs „Neuem Deutschen Verlag" in 100000 Exemplaren zum Preis von 50 Pfennigen aufgelegt, die, nach dem Zeugnis von Babette Gross, „im Handumdrehen verkauft wurden"[89]. Eine zweite Auflage von 30000 Stück folgte kurz darauf[90]. Außerdem verfaßten einzelne Delegierte eigene Berichte, die insgesamt eine Auflage von rund 40000 Stück erreichten[91].

---

[84] Theodor Seibert: Das rote Rußland. Staat, Geist und Alltag der Bolschewiki. München ⁴1932, S. 30f.

[85] „Dokladnaja zapiska Bjuro Central'nogo Komiteta RSDRP. germaskoj delegacii" [Denkschrift des Büro des Zentralkomitees der SDAPR an die deutsche Delegation], Socialističeskij Vestnik Nr. 15/16 vom 18. 8. 1925; „Aus Sowjetrußland", Gewerkschaftszeitung Nr. 36 vom 5. und Nr. 37 vom 12. 9. 1925; ähnlich der Bericht eines anonymen Georgiers: „Potemkinsche Dörfer", LVZ Nr. 220 vom 21. 9. 1925.

[86] Remer, Deutsche Arbeiterdelegation, S. 96.

[87] Arthur Koch: Als Arbeiterdelegierter in Rußland. Hamburg 1927, S. 3–6. Koch war von Beruf Glaser und 1926 gerade 23 Jahre alt (frdl. Auskunft der Stadt Miesbach vom 7. 3. 1989), also ein vergleichsweise junges Delegationsmitglied. Es ist nicht ganz klar, wie er dazu kam, den kritischen Bericht zu schreiben, denn in einer ersten Reaktion hatte er sich über seine Erlebnisse in Rußland begeistert geäußert; vgl. Die Einheit Nr. 18 vom 15. 10. 1926. Von SPD-Teilnehmern an der dritten Arbeiterdelegation wurde Koch vorgeworfen, er habe die Broschüre gegen gute Bezahlung verfaßt, nachdem er von der „Einheit" kein Geld bekommen habe. Sie sei voller bewußter Lügen; Sowjetrußland – wir und unser Parteivorstand. Offener Brief 8 sozialdemokratischer Rußlandfahrer. Berlin o.J. [1927], S. 5.

[88] Vgl. dazu auch die Äußerung des Menschewisten Gregor Bienstock in seinem Brief an Karl und Luise Kautsky vom 19. 12. 1925: „Ich habe in der letzten Zeit ziemlich viele Vorträge über Sowjetrußland vor deutschen Zuhörern gehalten. Es ist merkwürdig, wie das Interesse für Rußland noch heute rege ist." Nl. Kautsky, D VI 19.

[89] Gross, Münzenberg, S. 169.

[90] Remer, Deutsche Arbeiterdelegation, S. 111.

[91] „Was hat die deutsche Arbeiterdelegation seit ihrer Rückkehr nach Deutschland getan?", „Die Einheit" Nr. 4 vom 15. 3. 1926.

Aber vielleicht noch wichtiger als die Publikationen waren die Auftritte der Delegierten vor Arbeitersportvereinen, auf Betriebsversammlungen, auf Vortragsabenden von Rußlandkomitees oder der IAH und natürlich auch der KPD. Schließlich erklärten sich den Angaben der Zeitschrift *Die Einheit* zufolge auch immer mehr Gewerkschaftsgliederungen zu Veranstaltungen mit den Rußlanddelegierten bereit, obwohl bei der Mehrzahl von ihnen die Referate meist als kommunistische Manöver abgelehnt wurden. Vereinzelt gelang es ihnen trotz des Widerstandes der führenden Parteigremien auch, vor SPD-Ortsvereinen zu sprechen[92]. Bis Mitte März fanden 1400 derartige Versammlungen statt, die in der Regel besser besucht waren als die üblichen Versammlungen der Arbeiterorganisationen[93]. Eine von der KPD in Offenbach am 18. September 1925 einberufene Berichtsversammlung etwa zog 1500 Besucher an. „Die KPD dürfte sich in der Entsendung der Arbeiterdelegation ein für die Zukunft wirksames Propagandamittel geschaffen haben. Die Offenbacher KPD hat wohl noch nie eine ähnlich wirksame Propagandaversammlung abgehalten", bemerkte dazu ein Beobachter von der politischen Polizei[94].

Um die Kampagne auf eine breitere Basis zu stellen, wurde eine eigene Zeitschrift, *Die Einheit*, gegründet. Gleichnamige Organe gab es auch in Großbritannien, den Niederlanden und Belgien. Zur Mitarbeit hatten sich auch die sowjeterfahrenen Gewerkschaftsfunktionäre Purcell und Fimmen bereit erklärt[95]. *Die Einheit* sollte als Organ der Berichterstattung für die Arbeiterdelegierten, darüberhinaus aber auch der Förderung der Einheitsfronttendenzen und als Sammelzentrum für oppositionelle SPD- und Gewerkschaftsmitglieder dienen. Außerdem war sie maßgeblich an der Organisation der zweiten und dritten großen Arbeiterdelegation 1926 und 1927 beteiligt[96]. „Die russische Regierung hat ein neues Propagandablatt unter falscher Flagge", kommentierte die *Gewerkschaftszeitung*[97]. Ihre Startauflage von 1800 konnte die zweiwöchentlich erscheinende Zeitschrift bis zum November 1927 auf 7800 Exemplare steigern[98]. Das Ziel, zum Kristallisationspunkt einer einheitsfrontwilligen linken Opposition in der SPD zu werden, erreichte *Die Einheit* aber nicht. Sie war trotz der maßgeblichen Beteiligung des SPD-Mitglieds Willy Bennewitz[99] zu eindeutig als kommunistisch gesteuertes Organ erkennbar. So uneingeschränkt, wie die Arbeiterdelegationen das verfochten, mochte die SPD-Linke die Sowjetunion nicht als proletarischen Staat anerkennen. In der Kritik an der Verfolgung oppositioneller Sozialisten in der UdSSR waren sich alle Flügel der SPD einig. Die „Einheits"-Verfechter blieben eine Rander-

---

[92] Ebenda; Xaver Freiberger: Sowjetrußland und die Sozialdemokratie. Warum wurde ich aus der S.P.D. ausgeschlossen? München o.J. [1926], S. 5; Remer, Deutsche Arbeiterdelegation, S. 202; Klemm, Unfug, S. 99.
[93] „Was hat die deutsche Arbeiterdelegation..."
[94] Klemm, Unfug, S. 99 und S. 105.
[95] Die Einheit Nr. 1 vom 1. 2. 1926; „Einheit, Eenheid, Unité, Unity", ebenda, Nr. 4 vom 15. 3. 1926; Dagmar Goldbeck: Der Verlag Die Einheit G.m.b.H. Berlin (1926–1929), in: BzG 28 (1986), S. 80–86.
[96] Remer, Die drei großen, S. 346.
[97] „Die ‚Einheit'", Gewerkschaftszeitung Nr. 15 vom 10. 4. 1926.
[98] „An die Freunde der Einheitsbewegung", Die Einheit Nr. 24 vom 26. 11. 1927.
[99] Goldbeck, Der Verlag Die Einheit, S. 81.

scheinung[100]. Nachdem Komintern und KPD vom Einheitsfront zum „Sozialfaschismus"-Kurs geschwenkt waren, wurde die Zeitschrift denn auch funktionslos und 1929 mit dem Organ der „Revolutionären Gewerkschaftsopposition", *Betrieb und Gewerkschaft*, verschmolzen[101].

Dennoch war die intensive Propaganda der Arbeiterdelegationen gewiß nicht ohne Wirkung auf Teile der SPD-Mitgliedschaft. So fand beispielsweise eine Grußadresse der *Einheit* an die russischen Arbeiter aus Anlaß des 10. Jahrestages der Oktoberrevolution in kurzer Zeit 250 000 Unterzeichner, die gleichzeitig jeweils zehn Pfennige für die dritte Arbeiterdelegation spendeten, die an den Revolutionsfeiern teilnahm[102]. Diese Zahl überstieg die der KPD-Mitglieder um mehr als 100 000[103]. Es ist anzunehmen, daß auch eine ganze Reihe von Sozialdemokraten darunter waren.

Die SPD war gegenüber dieser Kampagne eindeutig in die Defensive geraten. Sie reagierte mit dem Versuch, die Glaubwürdigkeit der Delegationsberichte in Zweifel zu ziehen. Artur Crispien und der ADGB-Sekretär Vollmerhaus die bereits in Sowjetrußland gewesen waren, berichteten im *Vorwärts* über die Schwierigkeiten, sich ein wirkliches Bild von den Verhältnissen im Lande zu machen und erklärten in altgewohnter Weise, man werde den Arbeiterdelegationen Potemkinsche Dörfer vorführen[104]. Sozialdemokratische und gewerkschaftliche Organe, vor allem der *Vorwärts* und die *Gewerkschaftszeitung*, brachten verstärkt kritische Berichte über die Lage der Arbeiter in der Sowjetunion. Bestätigt wurden sie von einem „Renegaten" aus der Arbeiterdelegation, dem sozialdemokratischen Delegierten Adolf Tonn. Er führte in einer Versammlung in Hamburg aus, die Betriebe in der Sowjetunion seien rückständig. Es herrsche ein uneingeschränktes Akkordsystem und die Löhne seien niedrig. Bei dem Besuch im Gefängnis von Sverdlovsk habe er bemerkt, daß die Dolmetscherin nicht korrekt übersetzt habe[105].

Auf dem Heidelberger Parteitag der SPD, der kurz nach der Rückkehr der Delegation stattfand, enthüllte Otto Wels, auf einer Zusammenkunft der kommunistischen Distriktsleiter sei erklärt worden, die Berichte der Delegierten müßten bei der KPD-Leitung vorgelegt werden, „wo sie dann sachgemäß ausgearbeitet würden"[106]. Neben verstärkter Gegenpropaganda in ihrer Presse griff die SPD vor allem zu administrativen Maßnahmen. Eine ganze Reihe von Arbeiterdelegierten wurde aus der Partei ausgeschlossen. Dabei scheint allein die Teilnahme an solchen Delegationen nicht das ausschlaggebende Kriterium gewesen zu sein. So wurde Xaver Freibergers Ausschluß

---

[100] Richard Buschhardt (SPD Leipzig): Aufgaben der Opposition in der SPD, in: Die Einheit Nr. 11 vom 26. 5. 1927; Willi Bennewitz: Wir und die Parteiopposition, ebenda, Nr. 19 vom 17. 9. 1927.
[101] Fritz Heckert: Umstellung! in: Die Einheit Nr. 16/17 vom 10. 6. 1929.
[102] Vgl. Die Einheit Nr. 16 vom 3. 8. 1927, S. 329–331; „An die Freunde der Einheitsbewegung", Die Einheit Nr. 24 vom 26. 11. 1927. Zu dem Erfolg hat wohl auch der Wettbewerbscharakter der Unterschriftensammlung beigetragen. Die zehn erfolgreichsten Sammler durften an der Delegation teilnehmen.
[103] Zur Mitgliederzahl der KPD siehe Winkler, Normalität, S. 445.
[104] „Arbeiterdelegationen nach Rußland", Vorwärts Nr. 333 vom 17. 7. 1925; Artur Crispien: Rußlandreisen, in: Vorwärts Nr. 348 vom 25. 7. 1925.
[105] „Die Wahrheit über die Rußlanddelegation", Vorwärts Nr. 457 vom 25. 9. 1925, 2. Beilage.
[106] Sozialdemokratischer Parteitag 1925 in Heidelberg. Protokoll mit dem Bericht der Frauenkonferenz. Berlin 1925. [Nachdr. Glashütten u. a. 1974], S. 82.

Anfang 1926 seitens des Parteivorstandes damit begründet, daß Freiberger bei der Organisation von Berichtsversammlungen mit der KPD zusammengearbeitet und erklärt habe, die Einführung eines parlamentarischen Systems nach westlichem Muster in Rußland wäre ein Verbrechen. Dies widerspreche, erklärte ihm brieflich der Parteisekretär Johannes Stelling, nicht nur den Grundsätzen der SPD, sondern auch den Beschlüssen des SAI-Kongresses in Marseille[107].

Gegen den Versuch, eine KPD-freundliche Opposition in der SPD aufzubauen, waren die Ausschlüsse gewiß das effektivste Mittel. Die Proteste der Betroffenen blieben ohne Widerhall[108]. In propagandistischer Hinsicht blieb die SPD aber zunächst wohl im Hintertreffen. Die Zurückweisung einer Delegation der Bergarbeiter-Internationale durch die sowjetischen Behörden wegen der von ihr vorgeschlagenen menschewistischen Dolmetscher wurde nicht breiter thematisiert[109]. Theodor Dans „Leitfaden für Arbeiterdelegierte", der auch vom ADGB vertrieben wurde, entstand nicht, wie Claus Remer meint, auf Initiative des Vorstandes der SPD, sondern der Deutschen Sozialdemokratischen Arbeiterpartei in der Tschechoslowakischen Republik[110].

Als jedoch die zweite deutsche Arbeiterdelegation vom 27. Juli bis 14. September 1926 im wesentlichen auf denselben Routen wie die erste reiste und auch zu denselben Ergebnissen kam[111], nutzte die SPD die Gelegenheit zu einer propagandistischen Gegenoffensive. Die sowjetischen Behörden hatten nämlich gleichzeitig einem Korrespondenten des Sozialdemokratischen Pressedienstes die Akkreditierung verweigert. „Eingelassen werden gemeinhin nur Leute, von denen man voraussetzen kann, sie würden von den Festreisen, die man für sie veranstaltet, in entsprechender Stimmung berichten", kommentierte der *Vorwärts*[112]. Der „Fall Heinig" (so der Name des verhinderten Korrespondenten) wurde von der sozialdemokratischen Presse ausgiebig als Beleg für die manipulativen Absichten behandelt, die die Sowjetregierung mit den Arbeiterdelegationen verfolgte[113]. Die Rechtfertigungsversuche der *Einheit*, die sogar eine eigene

---

[107] Stellings Brief ist abgedruckt in Freiberger, Sowjetrußland und die Sozialdemokratie, S. 4. Freiberger wurde bald darauf KPD-Mitglied.
[108] Vgl. dazu „Ausgeschlossene Rußlanddelegierte" Die Einheit Nr. 4 vom 15. 2. 1927; Sowjetrußland - wir und unser Parteivorstand; Sozialdemokratischer Parteitag 1927 in Kiel. Protokoll [...]. [Nachdr. Glashütten und a. 1974], S. 225 f.
[109] Quellen zur Gewerkschaftsbewegung, Bd. 3,1.2: Die Gewerkschaften von der Stabilisierung bis zur Weltwirtschaftskrise 1924–1930. Bearb. von Horst A. Kukuck und Dieter Schiffmann. Köln 1986. Dok. 63: 29./30. 8., 2. 9. 1925 Sitzung des Bundesausschusses, S. 503–516, hier: S. 504; Heinrich Löffler: Studienfahrten nach Rußland, in: Gewerkschaftszeitung, Nr. 2 vom 9. 1. 1926; „Eine unerwünschte Delegation", RSD Nr. 39 vom 14. 10. 1925; „Eine deutsche Gewerkschaftsdelegation nach Rußland", „Einheit" Nr. 5 vom 1. 4. 1926.
[110] Theodor Dan: Sowjetrußland, wie es wirklich ist. Ein Leitfaden für Rußlanddelegierte. Prag 1926; Remer, Deutsche Arbeiterdelegation, S. 184. Zur Entstehungsgeschichte von Dans Broschüre vgl. den Briefwechsel mit der DSDAP im Nl. Dan, Mappe 16.
[111] Manifest der 2. Delegation, abgedruckt bei Remer, Die drei großen, S. 362. Die zweite und dritte Delegation sowie weitere Jungarbeiter-, Lehrerdelegationen etc. werden hier nicht genauer behandelt. Die erste Delegation gab das Muster vor und war politisch am wichtigsten.
[112] „Rußland und der ‚Vorwärts'", Vorwärts Nr. 418 vom 5. 9. 1926.
[113] „Die russische Mauer", Vorwärts Nr. 421 vom 7. 9.; „Kommunistisches Russentheater", Vorwärts Nr. 445 vom 21. 9.; „Rußland und der ‚Vorwärts'", Vorwärts Nr. 460 vom 30. 9.; „Rußland für sozialdemokratische Journalisten gesperrt", LVZ Nr. 208 vom 7. 9. 1926; „Journalisten willkommen – nur Sozialisten nicht!", RSD Nr. 39 vom 28. 9. 1926 (mit Hinweis auf den Parallelfall eines polnischen sozialistischen Journalisten).

Broschüre zu dem Vorgang herausbrachte, blieben wenig überzeugend[114], denn das propagandistische Prinzip der „Arbeiterdelegationen" war ja gewesen, daß die sowjetische Realität jeden, der sie eingehend studierte, von der Überlegenheit des Sozialismus kommunistischer Machart überzeugen mußte[115]. Weiteres Terrain im Kampf um das Bild von der Sowjetunion gewann die SPD kurz darauf durch die Enthüllung der geheimen Militärbeziehungen zwischen Deutschland und der Sowjetunion und der damit verbundenen Kampagne gegen die KPD[116].

Zehn Jahre nach der Oktoberrevolution

„Am 7. November feiert ihr das zehnjährige Bestehen der Sowjetrepublik. Ihr sollt es in dem Bewußtsein tun, daß das deutsche Proletariat mit ganzem Herzen bei Euch ist", stand in dem Aufruf der *Einheit* zu lesen, den 250 000 deutsche Arbeiter unterschrieben hatten[117]. Aber wenn darunter wohl auch der eine oder andere Sozialdemokrat war – zumindest jene 34, die an der dritten deutschen Arbeiterdelegation teilnahmen[118] –, fielen die sozialdemokratischen Würdigungen des zehnten Jahrestages der Oktoberrevolution im allgemeinen weniger herzlich aus. Sie standen unter dem Eindruck der inneren Kämpfe in der KPdSU, die kurz darauf in Stalins Sieg über die vereinigte Linksopposition um Trotzki und Sinowjew mündeten. Die Artikel, die zu dem Jubiläum in der sozialdemokratischen Presse erschienen, geben ein gutes Bild von dem Meinungsspektrum, das in der SPD bezüglich der Sowjetunion existierte.

Peter Garwy sprach im *Vorwärts* von einem „Jubiläum ohne Freude". Stalin wolle die Feiern im Vernichtungskampf gegen die Opposition instrumentalisieren. Die Repressionen gegen diese basierten aber gerade auf dem, was Trotzki gewollt habe, dem Zusammenwachsen von Partei und Staat[119].

Ein weiterer Leitartikel, der vermutlich von Friedrich Stampfer stammt, stellte das zehnjährige Jubiläum der Oktoberrevolution in einen Zusammenhang mit dem fünften Jahrestag des faschistischen Marsches auf Rom. Darin wurde die bereits von Crispien auf dem Berliner Parteitag von 1924 vorgetragene These, daß der Bolschewismus dem Faschismus den Boden bereite, erneuert. Rußland und Italien hätten die politische Entwicklungsstufe von Staaten wie Deutschland, Frankreich und England nicht hinter, sondern noch vor sich. Trotz des Vergleichs mit dem faschistischen Italien fanden sich in dem Artikel doch noch vergleichsweise positive Töne über die Sowjetunion: „Die deutsche Sozialdemokratie kann die politischen Herrschaftsmethoden des Bolschewismus nicht billigen, aber sie kann seine kulturellen und ökonomischen Leistungen vorurteilslos würdigen. Sie verwirft jeden Versuch, ihn von innen oder außen mit Gewalt

---

[114] Hans Beck: Der „Fall" Heinig, in: Die Einheit Nr. 17 vom 1. 10. 1926. Vom gleichen Autor auch die Broschüre mit dem gleichen Titel.
[115] Daneben hatten die Arbeiterdelegationen wohl auch noch die zweite Funktion, der Bevölkerung der Sowjetunion durch die ausländischen Gäste demonstrieren zu lassen, wie gut es ihr ging. Auf diese Funktion, von der die intensive Berichterstattung der sowjetischen Presse über die Delegationsbesuche zeugt, kann hier jedoch nicht eingegangen werden.
[116] Siehe Kapitel 8.
[117] Wie Anm. 102.
[118] Remer, Die drei großen, S. 348.
[119] „Zehn Jahre Sowjetdiktatur. Ein Jubiläum ohne Freude", Vorwärts Nr. 505 vom 25. 10. 1927.

zu stürzen, sie stellt sich also keineswegs auf den Standpunkt, daß sein Sturz für Rußland und die übrige Welt ein Glück wäre."[120]

Die *Sozialistischen Monatshefte* teilten diese „menschewistische" Orientierung nicht. Sie überließen die Jubiläumsbeiträge zur russischen Revolution Vertretern der Sozialrevolutionäre, für die die Februarrevolution die eigentliche russische Revolution war[121]. Die Oktoberrevolution würdigte deren prominentestes Opfer, der gestürzte Ministerpräsident Kerenskij, in den *Monatsheften* als ein „Jubiläum der Reaktion". Das bolschewistische Experiment, dem Rußland geopfert worden sei, erklärte er für gescheitert. Erstaunlich sei das Unvermögen der europäischen Sozialisten, den Bolschewimus als Rückschritt zu erkennen[122].

In der neuen Zeitschrift der SPD-Linken, *Klassenkampf*, die zum zehnjährigen Jubiläum der Oktoberrevolution eine eigene Rußlandnummer herausbrachte, erinnerte der österreichische Marxist Max Adler hingegen daran, daß die Regierung Kerenskij den Krieg fortgeführt habe. Die Oktoberrevolution habe die „erste wirklich befreiende Macht gegen den Krieg" ans Ruder gebracht und zugleich die soziale Revolution eingeleitet[123]. Die Sowjetunion sei „auch noch heute trotz aller inzwischen erlebten Enttäuschung eine Vorpostenstellung des Proletariats"[124]. Adler warnte vor allzu negativer Kritik an ihr. Dadurch würde in der Arbeiterschaft das Solidaritätsgefühl mit Rußland beeiträchtigt. Er erklärte den Bolschewismus als eine den dortigen spezifischen Verhältnissen angemessene Erscheinung. Die außerrussischen kommunistischen Parteien seien dagegen zu bekämpfen[125]. Dagegen kritisierte Theodor Dan den Leninismus als einen „modernen Jakobinismus", der einer bonapartistischen Entwicklung in Rußland den Boden bereite[126]. Bauernmacht oder Bonapartismus lautete für den LVZ-Redakteur Hugo Saupe die Alternative, auf die sich die von ihm als spezifisch russisch und antifeudalistisch eingestufte Oktoberrevolution zubewege[127].

Paul Levi hatte in seiner eigenen Zeitschrift *Sozialistische Politik und Wirtschaft* die Sowjetunion als erstarrtes System gekennzeichnet[128] und den Sieg Stalins über die Par-

---

[120] „Allerlei Jubiläen. Moskau und Rom", Vorwärts Nr. 514 vom 30. 10. 1927.
[121] Wladimir Sensinow: Der geschichtliche Sinn der russischen Märzrevolution, in: SM vom 14. 3.1927, S. 173–175; Viktor Tschernow: Die Sozialrevolutionäre Partei Rußlands und ihre Stellung in der Agrarrevolution, in: Ebenda, S. 176–183; Mark Wischniak: Die Idee der Revolution Rußlands, in: SM vom 27. 6. 1927, S. 448–454.
[122] Alexander Kerenskij: Das Jubiläum der Reaktion, in: SM vom 14. 11. 1927, S. 871–873. Die Sozialistischen Monatshefte orientierten als einzige Gruppe in der SPD ihr Rußlandverständnis an den Auffassungen der Sozialrevolutionäre. Die menschewistische Emigration, die sonst in „russischen Fragen" weithin die SPD-Publizistik dominierte, kam bei ihnen nicht zu Wort. Zur Erklärung dieses Umstandes kommen zwei Gründe in Betracht: Die SM verstanden sich als Organ des Revisionismus. Von daher mußten ihnen die Sozialrevolutionäre näher stehen als die orthodox marxistischen Menschewiki. Zum zweiten entsprach die frankophile Haltung der Sozialrevolutionäre den kontinentalpolitischen Auffassungen, die die SM verfochten.
[123] Max Adler: Die dritte Internationale und wir, in: KK Nr. 3 vom 1. 11. 1927, S. 68–73, hier: S. 69.
[124] Ebenda, S. 70.
[125] Ebenda, S. 71–73.
[126] Theodor Dan: Leninismus, ebenda, S. 89–96. Dan hatte zunächst erhebliche Bedenken gegen eine Mitarbeit beim „Klassenkampf" gehabt; vgl. Dan, Letters, S. 359–362. Kritisch zu Dan: Arthur Rosenberg: Noch einmal Leninismus, in: KK Nr. 6 (1927) S. 172–175.
[127] Hugo Saupe: Zum 10. Jahrestage der Sowjetunion, in: LVZ Nr. 260 vom 7. 11. 1927.
[128] Paul Levi: Nach zehn Jahren, in: SPW Nr. 44 vom 4. 11. 1927.

teiopposition vorausgesagt, da er der Vollstrecker der Interessen der russischen Bauernschaft sei. Levi kritisierte dabei besonders die NEP, die die Arbeiterklasse geschwächt habe[129]. Zur Rußlandnummer des *Klassenkampf* trug Levi einen Artikel mit dem Titel „Der Terror in Rußland" bei, in dem er die bemerkenswerte Aussage machte: „Wir wollen nicht erörtern, was in Rußland an Akten des Terrors von oben geschieht. Genau weiß man es nicht: jedes Wort zuviel, das wir sagten, würde als ‚Antibolschewismus' angekreidet, und das möchten wir vermeiden."[130]

Wieder einmal war Levis Standpunkt nicht repräsentativ für die deutsche Sozialdemokratie. Diese beteiligte sich vielmehr durchaus mit Nachdruck an der internationalen Kampagne für eine politische Amnestie in der Sowjetunion. Den Anlaß dafür hatte die sowjetische Jubiläumsamnestie gegeben, von der politisch Verfolgte ausgeschlossen worden waren. Die Forderung nach Freilassung der politischen Gefangenen und vollständiger Abschaffung der Todesstrafe, die vor allem die Menschewiki energisch erhoben hatten[131], fand Ende 1927/28 auch einen stetigen Widerhall im *Vorwärts*[132]. In einer ganzen Reihe von deutschen Städten veranstaltete die SPD im Dezember 1927 und Januar 1928 Versammlungen mit menschewistischen Rednern, bei denen zumeist auch Solidaritätserklärungen mit den verfolgten Sozialisten Rußlands verabschiedet wurden[133].

Namens der SAI wandten sich die beiden Vorsitzenden der Kommission zur Untersuchung der Lage der politischen Gefangenen, der Belgier Louis de Brouckère und Artur Crispien, am 1. Dezember an das sowjetische Staatsoberhaupt Kalinin. Nachdem ihre Forderung nach einer politischen Amnestie unbeantwortet geblieben war, sandten sie am 2. Februar 1928 ein zweites Schreiben ab, in dem auch gegen die inzwischen erfolgte Verbannung von Trotzki und anderen Mitgliedern der linken innerparteilichen Opposition der KPdSU protestiert wurde. Aber auch dieser Brief blieb ohne Resonanz[134].

Der Vorgang war symptomatisch für den Stand, auf dem sich die Beziehungen zwischen der internationalen Sozialdemokratie und der Sowjetunion jetzt befanden. Bei der Berliner Konferenz der drei internationalen Exekutivkomitees 1922 hatten die Kominternvertreter aus Rücksicht auf die Anhänger der Sozialdemokratie, die sie für sich zu gewinnen hofften, Garantien für die inhaftierten Sozialrevolutionäre zugestanden. Doch die Hoffnung auf die Revolution im Westen (wie später auch in China) war

---

[129] Paul Levi: Dem Ende zu, in: SPW Nr. 46 vom 18. 11. 1927.
[130] Paul Levi: Der Terror in Rußland, in: KK Nr. 3 vom 1. 11. 1927, S. 85f., hier: S. 85.
[131] D. Dalin: Amnestie und Todesstrafe, in: RSD Nr. 42 vom 26. 10. 1927; R. Abramowitsch: Amnestie! in: RSD Nr. 43/44 vom 2. 11. 1927.
[132] „Moskaus Jubiläumsgaben. Wo bleibt die politische Amnestie?", Vorwärts Nr. 491 vom 17. 10. 1927; „Sozialistenschicksale in Sowjetrußland. Die ergänzungsbedürftige Novemberamnestie", Vorwärts Nr. 521 vom 3. 11.; „‚Abschaffung' der Todesstrafe in Rußland. Neue Todesurteile", Vorwärts Nr. 522 vom 4. 11.; „Arbeiterverfolgungen in Sowjetrußland. Unzureichende Jubiläumsamnestie", Vorwärts Nr. 532 vom 10. 11.; „Sozialistenkerker der Sowjetunion", Vorwärts Nr. 574 vom 5. 12.; „Amnestiepraxis in Preußen und Rußland", ebenda, Nr. 575 vom 6. 12. 1927.
[133] „R. S. I. i bor'ba za amnistiju v rossiju" [Die SAI und der Kampf für die Amnestie in Rußland], Socialističeskij Vestnik Nr. 1 vom 12. 1. 1928; „Russkie s.-d. pered inostrannymi rabočami" [Russische Sozialdemokraten vor ausländischen Arbeitern], ebenda, Nr. 4 vom 21. 2. 1928.
[134] Dritter SAI-Kongreß, Bd. 1, S. 29f.

enttäuscht worden. Entsprechend Stalins Doktrin vom „Sozialismus in einem Land" zog sich die Sowjetunion stärker auf sich selbst zurück. Die rudimentäre direkte Kommunikation in dem Familienzwist zwischen Sozialdemokratie und Sowjetunion war von Moskau abgebrochen worden. Eine weitere Verschärfung des Kampfes zwischen Kommunismus und Sozialdemokratie kündigte sich an.

III. Teil:
Zwischen Koexistenz und Konfrontation (1928–1933)

10. Das Kabinett Hermann Müller II und die Krise der deutsch-sowjetischen Beziehungen

Als Ende März 1930 das Kabinett des sozialdemokratischen Reichskanzlers Hermann Müller nach 19 Monaten Amtszeit demissionierte, rief ihm die sowjetische Presse keine sehr freundlichen Abschiedsworte nach. Diese Regierung habe alles nur Mögliche zur Verschärfung der deutsch-sowjetischen Beziehungen getan, erklärte die Regierungszeitung *Izvestija*, und das Parteiorgan *Pravda* stellte fest, das Kabinett Hermann Müller sei das gegenüber der Sowjetunion feindlichste seit dem Vertrag von Rapallo gewesen[1]. Angesichts der eindeutigen Parteinahme der SPD für eine Westorientierung der deutschen Außenpolitik, angesichts der Enthüllungen über die Kooperation von Reichswehr und Roter Armee und der beständigen äußerst kritischen Berichterstattung der sozialdemokratischen Presse über die Verhältnisse in der Sowjetunion erstaunt es wenig, daß, wie sich der deutsche Diplomat Gustav Hilger erinnert, „der Kreml der Bildung einer sozialdemokratischen Regierung in Deutschland mit allen ihm zur Verfügung stehenden Mitteln entgegenarbeitete und daß Tschitscherin und Litwinow sogar in Gesprächen mit Mitgliedern der Deutschen Botschaft in dieser Hinsicht kein Blatt vor den Mund nahmen"[2].

Das gegenseitige Mißtrauen, das zwischen der SPD und der Sowjetunion herrschte, war mit dem Regierungsantritt Hermann Müllers gewiß auch ein belastender Faktor für die deutsch-sowjetischen Beziehungen geworden. Ausschlaggebend für den Tiefstand, den sie in Hermann Müllers Amtszeit erreichten, war es aber nicht. Entscheidend waren grundlegendere Konstellationen.

Nachdem Großbritannien seine Beziehungen zur Sowjetunion abgebrochen hatte, befand sich diese bis zu einem gewissen Grad in derselben Lage wie vor 1924, wenn auch außer Kanada andere Staaten dem britischen Schritt nicht folgten. Doch Deutschland, der Rapallo-Partner von damals, hatte inzwischen wichtige Fortschritte bei der Verständigung mit den Siegermächten des Ersten Weltkrieges gemacht, deren voller Ertrag noch keineswegs eingebracht war. Noch war das Reparationsproblem nicht endgültig geregelt und das Rheinland nicht vollständig von den Entente-Truppen geräumt. Mit dem Regierungswechsel ging kein außenpolitischer Kontinuitätsbruch einher – nach wie vor hieß der Außenminister Stresemann –, doch mußte in der gegebenen Konstellation gerade diese Kontinuität sowjetischen Interessen zuwiderlaufen. Stresemann hatte es verstanden, seine Westpolitik gegenüber der Sowjetunion mit dem Han-

---
[1] Karlheinz Niclauss: Die Sowjetunion und Hitlers Machtergreifung. Eine Studie über die deutsch sowjetischen Beziehungen der Jahre 1929 bis 1935. Bonn 1966, S. 41.
[2] Hilger, Wir und der Kreml, S. 120; vgl. auch Niclauss, Machtergreifung, S. 39.

delsabkommen von 1925 und dem Berliner Vertrag vom folgenden Jahr abzufedern. Bereits im Januar 1927 stellte jedoch Generalkonsul Moritz Schlesinger in einer Bilanz der deutsch-sowjetischen Beziehungen fest, daß sich diese auf einen toten Punkt zubewegten. Die ersten Abkommen mit der Sowjetunion seien als Mittel gemeinsamer Abwehr gegen den Westen zustande gekommen. Nach Locarno habe dieses Motiv für Deutschland seine Bedeutung verloren. Der deutsche Versuch, im Verhältnis zur Sowjetunion nunmehr „konstruktive Zwecke" zu verfolgen, sei aber erfolglos geblieben. Schlesinger machte dafür die inneren Verhältnisse der UdSSR verantwortlich. Insbesondere verhindere die mangelnde Leistungsfähigkeit der sowjetischen Wirtschaft eine Ausweitung der ökonomischen Kooperation mit Deutschland[3].

Blieben die geheimen militärischen Beziehungen. Indem er bereits am ersten Tag seiner Kanzlerschaft der Entsendung von Flugschülern zur Ausbildung nach Lipezk zustimmte, zeigte Hermann Müller, daß die SPD trotz allen Unbehagens nicht entschlossen und auch nicht in der Lage war, diese Beziehungen abzubrechen[4]. Die Kontinuität der Militärbeziehungen mag beruhigend auf Moskau gewirkt haben, als Basis für ein gedeihliches deutsch-sowjetisches Verhältnis war sie zu schmal. Schwerer wogen da die Rückwirkungen der politischen und gesellschaftlichen Umbrüche in der Sowjetunion auf das Verhältnis zur Weimarer Republik, insbesondere der aus diesen Umbrüchen resultierende verschärfte Kurs der Komintern, der sich an erster Stelle gegen die deutsche Sozialdemokratie richtete. Die Bühne der deutsch-sowjetischen Beziehungen war in einem zu morschen Zustand, als daß sie die heftigen Auftritte von SPD und KPD unbeschadet hätte überstehen können.

Belasteter Auftakt

Die Schwierigkeiten in den deutsch-sowjetischen Beziehungen begannen nicht erst mit dem sozialdemokratischen Wahlsieg. Ende 1927 hatte die Verleihung eines hohen sowjetischen Ordens an Max Hölz, den Leiter der Roten Garden im mitteldeutschen Aufstand von 1921, eine Verstimmung hervorgerufen. Immerhin saß Hölz, wegen Mordes zu einer lebenslangen Freiheitsstrafe verurteilt, in einem deutschen Zuchthaus[5]. Die wirtschaftlichen Beziehungen hatten sich seit Schlesingers Bestandsaufnahme, die den sowjetischen Anteil am deutschen Exportvolumen trotz eines 300-Millionen-Mark Kredits mit Reichsgarantie auf gerade drei Prozent veranschlagt hatte, nicht verbessert. Durch neuerliche deutsch-sowjetische Wirtschaftsverhandlungen hoffte man, eine Belebung herbeiführen zu können[6]. Bei einer Begegnung zwischen Spitzenbeamten des Auswärtigen Amtes und führenden SPD-Politikern, die das SPD-Mitglied Schlesinger im Februar 1928 arrangiert hatte, herrschte Konsens über die Fortsetzung bestmöglicher Beziehungen zur Sowjetunion. Die sozialdemokratischen Politiker betonten allerdings auch die Notwendigkeit, sowjetische Einmischungen in innere Angelegenheiten

---

[3] Das sog. „Schlesinger-Memorandum" in: ADAP, Serie B, Band 4: 1. Januar bis 16. März 1927. Göttingen 1970, Nr. 34, S. 71 ff.
[4] ADAP, Serie B, Bd. 9: 1. Mai bis 30. August 1928. Göttingen 1976, Nr. 105, S. 248 f.
[5] Dyck, Weimar Germany, S. 117 f. Hölz wurde 1928 aus der Haft entlassen; Winkler, Normalität, S. 699.
[6] „Schlesinger-Memorandum", S. 78; Dyck, Weimar Germany, S. 121–123.

Deutschlands entschieden abzuwehren[7]. Die kritischen Berichte des *Vorwärts* und anderer sozialdemokratischer Zeitungen über die sowjetische Wirtschaftslage und insbesondere den als Neuauflage des Kriegskommunismus aufgefaßten schärferen Kurs, den Stalin nach dem Sieg über die kommunistische Linksopposition den Bauern gegenüber einschlug, waren allerdings keine sehr harmonische Begleitmusik zu den deutsch-sowjetischen Wirtschaftsverhandlungen[8].

Als die Verhandlungen gerade drei Wochen liefen, wurden am 7. März 1928 im Donezbecken fünf deutsche Techniker der Firmen AEG und Knapp unter dem Vorwurf verhaftet, in eine gegenrevolutionäre Verschwörung verwickelt zu sein. „Ein Monarchisten-Komplott in Rußland" überschrieb die *Leipziger Volkszeitung* ihre erste Meldung über das Vorkommnis, während der *Vorwärts* distanzierter von einer „Hochflut von Spionageaffären" sprach[9].

Das Zentralorgan der SPD stand dem sowjetischen Vorgehen mit äußerstem Mißtrauen gegenüber. Die Anklage klinge phantastisch. Wenn die Sowjetregierung behaupte, die den verhafteten Deutschen und Russen vorgeworfene Sabotagetätigkeit sei unentdeckt möglich gewesen, erkläre sie damit, daß die russischen Techniker und Arbeiter entweder mit den Verschwörern im Bunde seien oder „vollendete Trottel sind". Die Vorwürfe seien nicht stichhaltig, vielmehr gehe es darum, „Sündenböcke für das totale Versagen des russischen Industrieplanes" zu finden[10]. Diesen Tenor behielt das Blatt in seiner gesamten Berichterstattung über die sogenannte „Šachty-Affäre" bei. Verstärkt brachte es, offenkundig in dem Bemühen, die sowjetischen Vorwürfe zu entkräften, Berichte über wirtschaftliche Mißstände in der Sowjetunion, die durch Bürokratie und Schlamperei bedingt waren[11]. Im selben Sinne argumentierte fast die gesamte deutsche Presse. Der *Vorwärts* aber stand, wie die *Pravda* vermerkte, der der Historiker Harvey Leonhard Dyck in diesem Punkt beipflichtet, eindeutig an der Spitze, was Ausmaß und Schärfe der Kritik an der UdSSR betraf[12].

---

[7] Helbig, Träger der Rapallo-Politik, S. 199. Die SPD war durch Breitscheid, Hilferding, Löbe, Müller und Wels vertreten, vom AA nahmen u. a. Staatssekretär von Schubert und der wenig später zum Nachfolger Brockdorff-Rantzaus ernannte Ministerialdirektor von Dirksen teil.

[8] „Sinkende Ausfuhr nach Rußland", Vorwärts Nr. 63 vom 7. 2.; „Die brüchige Smytschka. Diktatur und Bauern in Rußland", Vorwärts Nr. 73 vom 12. 2.; „Rußland in Not. Schwere Lebensmittelknappheit", Vorwärts Nr. 85 vom 19. 2.; „Stimmungsbild aus Rußland. Es wird gehamstert", Vorwärts Nr. 89 vom 22. 2.; „Konsumvereine in Sowjetrußland", Vorwärts Nr. 107 vom 3. 3.; „Linkskurs gegen Sowjetbauern" [gez. A. J.], Vorwärts Nr. 117 vom 9. 3., 2. Beilage; „Die Verhandlungen mit Rußland", Vorwärts Nr. 127 vom 15. 3. 1928; „Die Krise in Rußland", LVZ Nr. 14 vom 17. 1. 1928, 1. Beilage; A. Jugow: Die Industrialisierung Rußlands und die Sowjetpolitik, in: RSD Nr. 8 vom 22. 2. 1928.

[9] LVZ, Nr. 61 vom 12. 3. 1928; Vorwärts Nr. 122 vom 12. 3. 1928. Ausführlich zum sogenannten „Šachty-Prozeß": Wilhelm Ziehr: Die Entwicklung des „Schauprozesses" in der Sowjetunion. (Ein Beitrag zur sowjetischen Innenpolitik 1928-1938). (Diss.) Tübingen 1970, S. 73-133.

[10] „Rußland schweigt", Vorwärts Nr. 125 vom 14. 3. 1928.

[11] „Sowjetrussischer Wirtschaftsaufbau. Vernichtende Selbstkritik. Hintergründe zur Verhaftung der Ingenieure", Vorwärts Nr. 127 vom 15. 3.; „Sabotage oder Verwaltungsfehler", Vorwärts Nr. 158 vom 3. 4.; „Das Wunder von Taschkent", Vorwärts Nr. 162 vom 4. 4.; „Ein Vorspiel zum Donez-Prozeß", Vorwärts Nr. 167 vom 7. 4.; „Paläste der Kultur", Vorwärts Nr. 168 vom 8. 4.; „Sabotage! Sabotage! Aus dem Alltag der Sowjetwirtschaft", Vorwärts Nr. 175 vom 13. 4. 1928; „Stimmungsmache vor dem Prozeß", ebenda.

[12] Müller, Deutsch-sowjetische Beziehungen, S. 259; Dyck, Weimar Germany, S. 141.

Empört über die Verhaftungen, erreichten die deutschen Wirtschaftsverbände am 15. März die Aussetzung der Wirtschaftsverhandlungen mit der Sowjetunion[13]. Der *Vorwärts* billigte diesen Schritt „rückhaltlos" und bezeichnete das sowjetische Vorgehen als „katastrophale Dummheit", versäumte aber nicht hinzuzufügen: „Wir haben stets den Ausbau der deutsch-russischen Wirtschaftsbeziehungen unterstützt, wenn wir auch über die Erfolgsmöglichkeiten skeptischer urteilen als manche Kapitalistenkreise."[14]

Das SPD-Zentralorgan, das schon bei den vorausgegangenen deutsch-sowjetischen Konflikten für eine harte Gangart plädiert hatte, konnte sich bestätigt fühlen, als unmittelbar darauf zwei deutsche Ingenieure freigelassen wurden. Es argwöhnte jedoch, der Kreml wolle nur abwiegeln und ermahnte die deutsche Regierung zu einer standhaften Haltung. Man erwarte daher von den zuständigen Stellen, daß sie in ihren Bemühungen um die Freilassung der übrigen „Opfer der neuen Moskauer Psychosen" nicht nachließen. Zweifellos sei das schnelle Einlenken Moskaus auf das energische Auftreten der Reichsregierung zurückzuführen[15].

Die *Leipziger Volkszeitung*, eines der wichtigsten Sprachrohre des linken Flügels der SPD, stand dem harten Kurs des *Vorwärts* mit unverhohlener Ablehnung gegenüber. Die ständig lauernde Gefahr konterrevolutionärer Verschwörungen gegen die Sowjetunion, die trotz aller Kritik als ein „Aktivposten des Weltproletariats" betrachtet wurde, war ein fester Bestandteil des politischen Weltbildes der linken Sozialdemokraten. Deshalb mochten sie nicht so schnell wie der *Vorwärts* an die Haltlosigkeit der Vorwürfe gegen die Inhaftierten glauben. Und deshalb hieß ihre geradezu reflexartige Reaktion in allen Konflikten, in die die Sowjetunion verwickelt war, zunächst stets „Hände weg von Sowjetrußland!". Wenn die LVZ auch die amtliche Meldung von der Aussetzung der Wirtschaftsverhandlungen erst einmal kommentarlos abdruckte, so war doch für ihre Leser die Überschrift „Stresemann aktiv gegen Rußland" wohl schon alarmierend genug[16]. Drei Tage später erklärte das Leipziger Parteiblatt, die Aufregung um die Verhaftung einiger Ingenieure sei Meinungsmache, die von einem gleichzeitig aufgedeckten Korruptionsskandal im Reichswehrministerium ablenken solle. Die Behauptungen offiziöser deutscher Stellen und der gesamten bürgerlichen Presse, daß die Verhaftungen ohne Grund erfolgt und die deutschen Angeklagten unschuldig seien, seien erhoben worden, noch ehe das Ergebnis einer Untersuchung habe vorliegen können. Die LVZ meldete Zweifel an dieser Auffassung an und verwies zur Bekräftigung auf eine eben erst aufgedeckte konterrevolutionäre Verschwörung im Nordkaukasus. Sie verurteilte daher den Abbruch der Wirtschaftsverhandlungen und ließ zugleich den *Vorwärts* – ohne ihn oder andere SPD-Zeitungen mit ähnlicher Tendenz beim Namen zu nennen – wissen, daß er sich nach ihrer Auffassung in falsche Gesellschaft begeben hatte: „Die Arbeiterklasse und ihre Presse hat keine Veranlassung, sich in die Front der kapitalistischen Gegner Sowjetrußlands einzureihen. Auch in diesem Falle nicht. Ihre

---

[13] AdR. Kab. Marx III und IV, Nr. 447 (Kabinettssitzung vom 15. 3. 1928), S. 1366 f.; Kurt Rosenbaum: The German Involvement in the Shakhty-Trial, in: Russian Review 21 (1962), S. 238–260 und S. 238–241.
[14] „Antwort an Moskau", Vorwärts Nr. 129 vom 16. 3. 1928.
[15] „Wiegelt Moskau ab?", Vorwärts Nr. 133 vom 18. 3. 1928.
[16] „Stresemann aktiv gegen Rußland", LVZ Nr. 65 vom 12. 3. 1928.

Aufgabe ist es, Sowjetrußland in seinem Kampfe gegen seine übermächtigen kapitalistischen Gegner beizustehen."[17]

Dagegen war für Paul Levi war die Šachty-Affäre Anlaß zu einer scharfen Abrechnung mit der Sowjetunion. Ausgehend von dem Bestechungsvorwurf gegen einen der deutschen Angeklagten – dem einzigen Punkt der Anklage übrigens, der wahrscheinlich einen realen, wenn auch viel harmloseren Gehalt hatte als dort dargestellt[18] – erklärte Levi, die Korruption sei in der Sowjetunion nicht ausgerottet, sondern wuchere. Wenn die Sozialisten auf nichts Besseres hinzuweisen hätten als auf die Verhältnisse in Rußland, könnten sie ehrlicherweise den „Golgothaweg der Revolution" nicht mehr propagieren. „So ist die Auseinandersetzung mit diesem Rußland nicht nur ein Akt politischer, sondern moralischer Notwendigkeit."[19]

Inzwischen versuchten die *Izvestija* und auch das Staatsoberhaupt Kalinin persönlich, den außenpolitischen und ökonomischen Schaden zu begrenzen, den das Šachty-Manöver zu verursachen drohte. Sie erklärten, es gehe bei dem Prozeß, der am 18. Mai begonnen hatte, keinesfalls um die deutsch-sowjetischen Beziehungen. Angeklagt seien auch nicht die deutschen Firmen, sondern nur einzelne Personen, was allerdings im Widerspruch zu den ursprünglichen Vorwürfen stand. Für die LVZ war das eine „Verbeugung vor der Bourgeoisie"[20]. Der *Vorwärts* nahm die Signale positiver auf, erklärte aber, ein rechtsstaatliches Verfahren für die Angeklagten sei eine Voraussetzung für die beschworene deutsch-russische Freundschaft[21].

Dieser Hinweis verhallte jedoch wirkungslos. Den mit dem Šachty-Prozeß verfolgten Zwecken hätte es nicht entsprochen, ihm nachzukommen, handelte es sich doch um den bisher größten Schauprozeß. Dazu gehörten aufwendige propagandistische Begleitmusik, die Verlegung der Verhandlung ins Haus der Gewerkschaften, wo Platz für 1500 Zuschauer und Logen für das diplomatische Korps vorhanden waren, sowie die Akkreditierung von 136 Journalisten[22]. (Ausgeschlossen war lediglich, wie der *Vorwärts* vermerkte, „die gesamte sozialistische Presse der Welt"[23].) Entlastungszeugen paßten dagegen nicht ins Bild. Dennoch kam es zu einigen für den Ankläger Krylenko und den Gerichtspräsidenten Vyšinski peinlichen Szenen[24]. Nicht alle der russischen Angeklagten wollten in den Chor der Selbstbezichtigungen einstimmen, die offensichtlich zuvor einstudiert worden waren. Von den deutschen Angeklagten war nur einer, Badstieber, zu Geständnissen bereit. Ein anderer, Meier, entlarvte hingegen auch die Selbstbeschuldigungen eines russischen Mitangeklagten als haltlos[25].

---

[17] „Front gegen Rußland? Der Vorwand der Verhaftungen", LVZ Nr. 67 vom 19. 3. 1928.
[18] Rosenbaum, German Involvement, S. 242.
[19] Paul Levi: Das große Rätsel, in: SPW Nr. 19 vom 11. 5. 1928.
[20] „Sowjetrußlands Verbeugung vor der Bourgeoisie", LVZ Nr. 128 vom 4. 6. 1928.
[21] „Moskauer Zureden. Deutschrussische Freundschaft trotz Schachty-Prozeß", Vorwärts Nr. 251 vom 30. 5. 1928.
[22] Seibert, Das rote Rußland, S. 204. Seibert nennt den Prozeß „das größte Schauspiel, das ich in vier Rußland-Jahren erlebt habe", ebenda, S. 203; seine ausführliche und eindrucksvolle Schilderung: ebenda, S. 201–215.
[23] „Beginn des Schachty-Prozesses", Vorwärts Nr. 234 vom 19. 5. 1928.
[24] Vgl. dazu neben Seiberts Schilderung auch Conquest, The Great Terror, S. 547–551.
[25] Vgl. Theo Overhagen: Bei Badstieber im Gefängnis. in: Die Einheit Nr. 17 vom 15. 7. 1928; Seibert, Rußland, S. 205 f. und S. 209 f.

Der Prozeß endete nach über sechs Wochen Verhandlungsdauer mit Freisprüchen für Meier und seinen deutschen Mitangeklagten Otto, während Badstieber eine zur Bewährung ausgesetzte einjährige Gefängnisstrafe erhielt. Die sowjetischen Angeklagten, denen kein diplomatischer Druck zuhilfe gekommen war, trafen zumeist weit härtere Strafen. Elf von den fünfzig wurden sogar zum Tode durch Erschießen verurteilt[26].

Brockdorff-Rantzau und seine Mitarbeiter waren zufrieden, die Befreiung der deutschen Angeklagten ohne weitere Belastungen des deutsch-sowjetischen Verhältnisses erreicht zu haben, und Außenminister Stresemann bat die deutsche Presse, das Urteil objektiv zu würdigen und damit den Weg zur Wiederaufnahme der Wirtschaftsverhandlungen mit der Sowjetunion zu bahnen[27]. Obwohl mittlerweile die SPD Reichskanzler stellte, fühlte sich ihr Zentralorgan in diesem Punkt der Regierung keineswegs verpflichtet. Der *Vorwärts* bezichtigte die sowjetische Justiz „unerhörter Grausamkeit"[28] und stellte nach der Urteilsverkündung nicht die Freisprüche beziehungsweise die Bewährungsstrafe der deutschen Angeklagten in den Mittelpunkt, sondern die Todesurteile, für die es keine wirkliche Begründung gebe. Die Todesurteile gegen einzelne Personen, schrieb das Blatt, „sollen eine angebliche Schuld rächen, die in Wirklichkeit den Namen führt: Unfähigkeit des bolschewistischen Wirtschaftssystems"[29].

Während auch Paul Levi von einer „Cliquenwirtschaft" sprach, die den Massen Sündenböcke liefern wolle – ein Vorgang, der seiner Meinung nach zu Lenins Zeiten unmöglich gewesen wäre[30] –, zeigte sich die *Leipziger Volkszeitung* nach wie vor eher zurückhaltend. Die LVZ stellte fest, der Prozeß sei auch eine Anklage gegen die Herrschaft der bolschewistischen Partei und das von ihr zu verantwortende Durcheinander der Wirtschaftsorganisation gewesen. Denn, so fragte das linke SPD-Blatt, wie hätte sonst, falls es sie wirklich gab, die langjährige Sabotage unentdeckt bleiben können. Anders als der *Vorwärts*, für den dieses Argument von Anfang die Haltlosigkeit der Anklage aufgezeigt hatte, hatte die LVZ daran aber nach wie vor Zweifel. In dem Prozeß habe Aussage gegen Aussage gestanden. „Widerlich" fand die LVZ, wie die Sowjetregierung die deutschen Firmen aus geschäftlichen Rücksichten von jedem Verdacht freigesprochen hatte. Die moralische Aufregung der bürgerlichen Presse sei unaufrichtig, da sie ähnliche Vorgänge im faschistischen Italien nicht gleichermaßen anprangere[31].

Anders als die deutsche Diplomatie gab sich eine Reihe von deutschen Politikern und Persönlichkeiten des öffentlichen Lebens mit dem glimpflichen Ausgang des Prozesses für die deutschen Angeklagten nicht zufrieden. Am 8. Juli veröffentlichte der *Vorwärts* unter der Überschrift „Ihr sollt nicht töten" einen Appell an die Sowjetregierung, die Todesurteile aufzuheben. Unterzeichnet hatten neben anderen der sozialdemokratische Reichstagspräsident Paul Löbe, der ehemalige Reichskanzler Josef Wirth, Paul Levi und der Chefredakteur der *Vossischen Zeitung* und DDP-Reichstagsabgeordnete Georg

---

[26] Rosenbaum, German Involvement, S. 256.
[27] Ebenda, S. 257f.
[28] „21 Todesurteile beantragt!", Vorwärts Nr. 305 vom 30. 6. 1928; „Schachty-Urteil erst in der Nacht", Vorwärts Nr. 315 vom 6. 7. 1928.
[29] „Elf Todesurteile in Moskau!", Vorwärts Nr. 316 vom 6.7. und „Elf Todesurteile – keine Gründe!", Vorwärts Nr. 317 vom 7. 7. 1928.
[30] Paul Levi: Das Ende eines Schwindels. in: SPW Nr. 27 vom 6. 7. 1928.
[31] „Elf Todesurteile in Moskau", LVZ Nr. 156 vom 6. 7. 1928.

Bernhard[32]. Doch der Ruf dieses bemerkenswerten Bündnisses, dem mit Paul Levi immerhin ein Kampfgefährte Liebknechts und Luxemburgs und ehemaliger KPD-Vorsitzender angehörte und, was gewiß schwerer wog, mit Joseph Wirth auch der Reichskanzler, zu dessen Amtszeit und unter dessen Mitwirkung der Rapallo-Vertrag zustandegekommen war, war vergeblich. Zwar wurden sechs der zum Tode Verurteilten zu Freiheitsstrafen begnadigt, die anderen fünf jedoch wurden am Nachmittag des 10. Juli erschossen. Der *Vorwärts* verurteilte nicht nur die Hinrichtungen, sondern auch die KPD und ihre Zeitung *Rote Fahne*, die die sowjetische Propaganda in Deutschland reproduziert hatte, in scharfen Worten: „[...] aus ihrem blutrünstigen Gekreische wird nur das schlechte Gewissen von Menschen sprechen, die in geistiger und finanzieller Hörigkeit einer fremden Regierung Dinge verherrlichen müssen, die bei jedem europäischen Arbeiter nur das Gefühl des Ekels erzeugen!"[33]

Angesichts der vorbehaltlosen Identifikation der KPD mit der Sowjetunion lag es nahe, die Kritik an den sowjetischen Zuständen zugleich gegen ihre deutschen Apologeten zu wenden. Der *Vorwärts* hatte dies bereits im vorausgegangenen Wahlkampf praktiziert. In einer Artikelserie mit sechs Folgen zog der Ökonom Wladimir Woytinski, ein emigrierter Menschewik, der im selben Jahr zum Leiter der statistischen Abteilung des ADGB berufen wurde, eine kritische Bilanz der sowjetischen Entwicklung. Er schilderte mit einer Fülle von Zahlenangaben die schwierige ökonomische Situation, die schlechten Arbeitsbedingungen und die Unzulänglichkeiten im Bildungswesen. Er würdigte jedoch durchaus soziale Errungenschaften wie die Bestimmungen über den Jahresurlaub und die Arbeit von Schwangeren, Regelungen, die in der Sowjetunion besser seien als anderswo. Zugleich aber wies er auf die im Vergleich zu Deutschland stärkere Lohndifferenzierung und die besonders schlechte Bezahlung von Landarbeitern und Volksschullehrern hin. Wenn den Organisationen der Arbeiterschaft in Deutschland auch noch viel zu tun bleibe, so hätten sie sich doch bessere Bedingungen erkämpft, als in der Sowjetunion herrschten, lautete sein Fazit[34].

Die Sowjetunion zwischen „rotem Militarismus"
und „sozialdemokratischer Außenpolitik"

Gewinner der Wahl vom 20. Mai 1928 waren SPD und KPD. Die SPD konnte sich gegenüber den Reichstagswahlen vom 7. Dezember 1924 um 3,8 Prozentpunkte auf 29,8 Prozent der Wählerstimmen steigern. Sie hatte fast 1 300 000 Stimmen dazugewonnen. Der Stimmenzuwachs, den die KPD erzielen konnte, war relativ gesehen sogar noch größer. Sie kam von 9,0 auf 10,6 Prozent der Wählerstimmen, in absoluten Zahlen

---

[32] „Ihr sollt nicht töten. Ein Mahnruf an die Machthaber Sowjetrußlands", Vorwärts Nr. 319 vom 8. 7. 1928.
[33] „‚Bereits vollstreckt!'", Vorwärts Nr. 323 vom 11. 7. 1928.
[34] Wladimir Woytinski: Sozialismus-Bolschewismus. Die Entwicklung der Industrie und das russische Experiment, in: Vorwärts Nr. 163 vom 6. 4.; ders.: Die russische Agrarrevolution, in: Vorwärts Nr. 171 vom 11. 4.; ders.: Elektrizität und Sowjetmacht, in: Vorwärts Nr. 199 vom 27. 4.; ders.: „Russisches ‚Wirtschaftswunder'. Oder der verschwundene Mehrwert", in: Vorwärts Nr. 215 vom 8. 5.; ders.: Das Licht aus dem Osten, in: Vorwärts Nr. 229 vom 16. 5.; ders.: Arbeitslohn/Arbeitslosigkeit. In Sowjetrußland und anderwärts, in: Vorwärts Nr. 207 vom 3. 5. 1928.

10. Das Kabinett Hermann Müller II und die Krise der deutsch-sowjetischen Beziehungen

war das ein Zuwachs um mehr als eine halbe Million Wählerstimmen. Verloren hatten dagegen alle Parteien des vormaligen Bürgerblocks, insbesondere die DNVP[35]. Die scharfe Opposition gegen den Bürgerblock in den letzten anderthalb Jahren hatte sich für die SPD in einer hohen Mobilisierung ihrer Wählerschaft ausgezahlt. Gegen den Widerstand der Parteilinken kam es zur Bildung einer großen Koalition. Die SPD sah sich einerseits in dieser Konstellation dem Zwang zu unpopulären Kompromissen und andererseits einer gestärkten KPD gegenüber. Das erforderte verstärkte Integrationsleistungen zur Bindung der Anhängerschaft an die Partei.

In außenpolitischer Hinsicht bedeutete die Bildung der Regierung Hermann Müller eine verstärkte Westorientierung, da mit der DNVP die – abgesehen von der KPD – am stärksten antiwestliche Partei aus der Regierung ausgeschieden war. Obwohl das aus der Sicht der Sowjetunion eher bedenklich war, kamen von dort zunächst vorsichtig positive Signale. In einem Leitartikel der *Izvestija* vom 17. Juni wurden die Kontinuität und der mögliche Ausbau der deutsch-sowjetischen Beziehungen unter der neuen Regierung betont. Der unbefriedigende Stand bei der Räumung der besetzten Gebiete sei für die SPD kaum ein günstiges Zeichen für eine außenpolitische Westorientierung, und die Regierung Müller übernehme von ihren Vorgängerinnen neben der westlichen auch die östliche Orientierung. Die neue Etappe müsse eine der weiteren Stärkung und Vertiefung der deutsch-sowjetischen Beziehungen sein. Die bestehenden Verträge seien dazu notwendig, aber ungenügend.

Die Antwort der SPD kam umgehend im *Vorwärts* und war in einem verbindlichen Ton gehalten, wie er in diesem Blatt im Zusammenhang mit der Sowjetunion äußerst selten angeschlagen wurde. Man freue sich über die Bereitschaft, „die guten Beziehungen Rußlands zu einem sozialdemokratisch mitregierten Deutschland zu erhalten und noch weiter auszubauen", hieß es am Ende des Artikels. Doch was dem vorausging, war ein eindeutiges Bekenntnis zum Primat der Westorientierung[38]. Spekulationen, die SPD könne durch mangelnde Erfolge der bisherigen Westpolitik zu einer grundsätzlichen Umorientierung ihrer Außenpolitik veranlaßt werden, wurde eine deutliche Absage erteilt. Die *Izvestija* müßten wissen, daß die sogenannte „Westorientierung" alten, schon in der Vorkriegszeit gültigen Prinzipien der SPD entspreche. Für sie sei es ein „unumstößlicher Grundsatz", daß die Sicherung des europäischen Friedens ohne vertrauensvolle Zusammenarbeit mit den Westmächten nicht möglich sei. Der unbefriedigende Stand der Räumungsfrage ändere daher nichts an ihrer Außenpolitik:

„Im Rahmen dieser Politik ist der weitere Ausbau der deutsch-russischen Beziehungen keineswegs unmöglich, sondern vielmehr möglich und wünschenswert. Wir würden es für falsch und äußerst bedenklich halten, wenn Berlin seine guten Beziehungen zu Moskau als Trumpf gegen Paris und London ausspielen wollte; wir können nicht der sehr wünschenswerten Freundschaft mit Rußland das für Europa lebensnotwendige gute Einvernehmen zwischen Deutschland und den Westmächten opfern. Dagegen scheint uns die Rolle eines Mittlers, der auf beiden Seiten Vertrau-

---

[35] Eine genaue Analyse der Wahl findet sich bei Winkler, Normalität, S. 521–527.
[36] Ebenda, S. 527; Wolowicz, Linksopposition, S. 531.
[37] Zur Haltung der SPD-Linken zur Bildung der großen Koalition siehe Wolowicz, Linksopposition, S. 531–545.
[38] „Bessere Beziehungen zu Rußland. Die ‚Iswestija' an die deutsche Sozialdemokratie", Vorwärts Nr. 285 vom 19. 6. 1928. Darin werden auch die Aussagen des Izvestija-Artikels wiedergegeben.

en genieße und auf keiner Mißtrauen erweckt, der geographischen Lage Deutschlands und der geschichtlichen Entwicklung angemessen."[39]

Deutschland könne Rußland gute Dienste leisten, indem es den Alpdruck der Intervention von ihm nehme. Die russische Presse habe es allerdings bisher versäumt, ihre Leser über die Haltung der SPD in dieser Hinsicht aufzuklären. Verschiedene Auffassungen über den Sozialismus müßten kein Hindernis für ersprießliche deutsch-russische Beziehungen sein. Der *Izvestija*-Artikel biete ein Beispiel dafür, wie eine sachliche Auseinandersetzung aussehen könne, fuhr der *Vorwärts* fort, allerdings nicht ohne im gleichen Atemzug das Festhalten an sozialdemokratischen Essentials zu betonen: „Man muß aber in Moskau verstehen, daß die Methode der deutschen Kommunisten, Rußland als das Mutterland des Sozialismus zu preisen, die Sozialdemokratie zur Abwehr zwingt. Man muß weiter auch verstehen, daß die deutsche Sozialdemokratie nicht gleichgültig sein kann gegenüber der Art, wie die nichtbolschewistischen Sozialisten in Rußland behandelt werden."[40]

Trotz seines um Verständnis bemühten Tenors war der *Vorwärts*-Artikel letztlich nur eine Aufzählung von Hindernissen für die Fortentwicklung der deutsch-sowjetischen Beziehungen. Die einzige definitive positive Zusage an die Sowjetunion, die darin enthalten war, war die Erklärung, man werde sich allen Interventionsversuchen entgegenstellen, doch war dieses Problem gerade nach der Einschätzung der deutschen Sozialdemokraten überhaupt nicht aktuell. Auf die Erklärung der *Izvestija*, die bestehenden Abkommen zwischen Deutschland und der Sowjetunion seien nicht ausreichend für die weitere Entwicklung der deutsch-sowjetischen Beziehungen, ging der *Vorwärts* gar nicht ein. Dagegen ordnete er diese Beziehungen eindeutig denen zu den Westmächten unter, und führte die Politik, ja im Grunde die Existenz der KPD ebenso wie die Verfolgung oppositioneller Sozialisten in der UdSSR als Belastungen des deutsch-sowjetischen Verhältnisses aus sozialdemokratischer Sicht an.

Der Primat der Westorientierung zeigte sich deutlich, als Hermann Müller Anfang Juli sein Regierungsprogramm vortrug. Darin wurde die Bedeutung der Locarno-Verträge und des Völkerbundes besonders gewürdigt. Als vorrangige Ziele der deutschen Außenpolitik nannte Hermann Müller die vorzeitige Räumung des Rheinlandes und des Saarlandes von Besatzungstruppen und die Lösung des Reparationsfrage. Die Beziehungen zur Sowjetunion kamen hingegen in seinem Programm überhaupt nicht vor[41]. „Wir sind eben durch die Verhältnisse gezwungen, in erster Linie eine Bereinigung unserer Beziehungen mit England und Frankreich anzustreben, und bei dem Versuch, dieses Ziel zu erreichen, können uns die anderen kaum unterstützen", erklärte der SPD-Vorstand im Rückblick auf das Jahr 1928 den Umstand, daß man sich fast ausschließlich mit den Beziehungen zu den Westmächten befaßt habe und auch im Reichstag in keiner Sitzung die Beziehungen zum Osten ausführlicher behandelt worden seien[42].

---

[39] Ebenda.
[40] Ebenda; zu der gegenseitigen Positionsbestimmung von Izvestija und Vorwärts siehe auch Dyck, Weimar Germany, S. 142f.
[41] Verhandlungen des Reichstags. Stenographische Protokolle. Bd. 423, S. 38–47.
[42] SPD-Parteivorstand (Hrsg.): Jahrbuch der Deutschen Sozialdemokratie für das Jahr 1928. Berlin 1929, S. 28.

In einem eigentümlichen Kontrast zu den werbenden Tönen der *Izvestija* vom Juni standen die Beschlüsse des sechsten Weltkongresses der Kommunistischen Internationale, der vom 17. Juli bis 1. September 1928 in Moskau stattfand. Darin wurde die Ablösung der „relativen Stabilisierung des Kapitalismus" durch eine krisenhafte Epoche vorausgesagt, in der es unvermeidlich zu Kriegen und Revolutionen kommen müsse. Ungeachtet der Gegensätze, die sie untereinander hätten, bereiteten die kapitalistischen Staaten nach wie vor den Krieg gegen die Sowjetunion vor. Die Sozialdemokratie wurde in den Resolutionen des Kongresses scharf kritisiert. Die pazifistischen Illusionen, die sie verbreite, sollten die Proletarier von der Gefährdung der Sowjetunion ablenken. In der Praxis der Sozialdemokratie und der Gewerkschaftsbürokratie gebe es „Keime faschistischer Methoden", wie sie auch die Bourgeoisie gegenüber der „revolutionären Arbeiterbewegung" anwende[43].

Der *Vorwärts* störte sich vor allem an der Vorhersage neuer Kriege, die die proletarische Weltrevolution auslösen würden. „Die Geschichte soll von 1914 an noch einmal anfangen", kommentierte er sarkastisch die Zukunftsperspektiven der Komintern[44]. „Welcher Wahnsinn, die Hoffnungen der Arbeiterklasse auf neue Kriege zu setzen, statt alle Arbeiter der Welt zum unermüdlichen Kampfe gegen die Wiederkehr der blutigen Barbarei zu vereinigen", stellte auch das Manifest des dritten SAI-Kongresses vom August 1928 fest[45]. Dieses Manifest kritisierte auch die Sowjetunion in bisher nicht dagewesener Deutlichkeit:

„[...] elf Jahre nach der Revolution zeigt die Fortdauer wirtschaftlicher Krisen, daß die Diktatur einer terroristischen Minderheit die Entfaltung der Produktivkräfte des Landes verhindert, während sie gleichzeitig den Arbeitern der Sowjetunion verwehrt, ihre Interessen zu verteidigen, und während sie unterdrückte Völker wider ihren Willen unter ihrer Herrschaft hält [...] Wir [...] sind nach wie vor entschlossen, die Sowjetrepublik gegen jede Feindseligkeit kapitalistischer Regierungen und gegen jeden konterrevolutionären Angriff zu verteidigen und von allen Staaten zu fordern, daß sie friedliche und normale Beziehungen zu ihr unterhalten. Aber gleich den Arbeitern der ganzen Welt rufen wir auch die Arbeiterklasse der Sowjetunion auf, sich mit uns zu vereinigen auf der Grundlage einer proletarischen Weltpolitik, die nicht begründet ist auf der Hoffnung eines neuen Krieges, sondern auf der Erkenntnis der Notwendigkeit, Demokratie zu verteidigen, wo sie bedroht ist, sie wiederherzustellen, wo sie zerstört worden ist, und sie zu einem Instrument der Befreiung der Arbeiterklasse zu machen."[46]

Die verschärfte Konfrontation zwischen Sozialdemokratie und Kommunismus, die sich in den Beschlüssen von Komintern und SAI manifestierte, mußte sich natürlich insbesondere in Deutschland auswirken, wo beide Strömungen der sozialistischen Arbeiterbewegung Gewicht hatten. Die SPD bewegte zunächst jedoch vor allem ein ganz anderer Konflikt. Von ihrer Vorgängerin hatte die Regierung Müller den Plan zum Bau des Panzerkreuzers A geerbt. Die SPD war im Wahlkampf gegen dieses Projekt mit der

---

[43] Braunthal, Internationale, S. 357f. und S. 387; Winkler, Normalität, S. 661–665; Luks, Kommunistische Faschismustheorie, S. 134f.

[44] „Das Wunder aus dem Osten. Der neue Weltkrieg – die Hoffnung der Komintern", Vorwärts Nr. 343 vom 22. 3. 1928.

[45] Dritter Kongreß der Sozialistischen Arbeiter-Internationale Brüssel, 5. bis 11. August 1928. 2 Bde. Berichte und Verhandlungen. Zürich 1928, Abt. IX, S. 6ff. [Kongreßprotokolle der SAI, Bd. 3, Nachdr. Glashütten 1974]; auch abgedruckt bei Braunthal, Internationale, S. 566–569.

[46] Ebenda.

Losung „Kinderspeisung statt Panzerkreuzer" angetreten. Doch zeigte es sich sehr bald, daß der Kanzler und die sozialdemokratischen Minister sich den koalitionspolitischen Zwängen nicht entziehen konnten. Am 10. August stimmte die Reichsregierung inklusive ihrer sozialdemokratischen Mitglieder dem Bau des Panzerkreuzers zu.

Die Folge war eine Woge der Empörung in der sozialdemokratischen Partei. Die Parteilinke sah sich in ihren Warnungen vor der großen Koalition bestätigt. Aber die Kritik an dem Beschluß reichte bis weit in die Parteirechte hinein[47]. Die Auseinandersetzung um den Panzerkreuzerbau erschütterte die SPD und die Koalition fast ein Vierteljahr lang. Sie fand einen vorläufigen Schlußpunkt in der Abstimmung im Reichstag vom 16. November, bei der die sozialdemokratischen Regierungsmitglieder unter Fraktionszwang gegen den Bau des Panzerkreuzers stimmten und damit, wie es Heinrich August Winkler ausdrückt, „eine Art Mißtrauensvotum gegen sich selbst" aussprachen[48]. Mit der SPD stimmte nur die KPD.

Das kann allerdings nicht als Ausdruck einer weiterreichenden politischen Übereinstimmung interpretiert werden, im Gegenteil. Die KPD hatte während des Streits um den Panzerkreuzerbau ihre Chance wahrgenommen und versucht, Anhänger der Sozialdemokratie auf ihre Seite zu bekommen. Wichtigstes Mittel dazu war ein Volksbegehren, mit dem der Bau des Panzerkreuzers auf außerparlamentarischem Wege verhindert werden sollte. Für ihre am 16. August beschlossene Initiative fand die KPD allerdings nur einige radikalpazifistische Gruppen als Bundesgenossen[49]. Daß sich die *Einheit* für das Volksbegehren erklärte, war wenig erstaunlich[50], aber ebensowenig wie über die Arbeiterdelegationen gelang es der KPD und dem Häufchen der ihr verbundenen SPD-Mitglieder, in der Frage des Volksbegehrens einen nennenswerten Einfluß auf die SPD auszuüben. Auch die SPD-Linke lehnte das kommunistische Volksbegehren ab. Einige ihrer Vertreter waren allerdings der Meinung, die SPD solle – nicht zuletzt, um der KPD-Initiative das Wasser abzugraben – ein eigenes Volksbegehren einleiten. Die Initiative der KPD war ja nichts anderes als ein Versuch, das zu ernten, was die SPD im vorausgegangenen Wahlkampf gesät hatte. Diese Forderung drang in der Partei aber nicht durch[51]. Statt mit einem eigenen Volksbegehren reagierte die SPD auf diese Gefahr mit einer intensiven Kampagne gegen den „roten Militarismus" der Sowjetunion, durch die die Unglaubwürdigkeit der KPD aufgezeigt werden sollte.

Eine knappe Woche, nachdem die KPD ihre Entscheidung für ein Volksbegehren getroffen hatte, setzte dieser Propagandafeldzug mit voller Wucht ein. Der *Vorwärts* brachte am 24. August 1928 einen mit dreispaltiger Balkenüberschrift versehenen Artikel von Franz Künstler über „Sowjetrußlands Rüstungen". Künstler, selbst ein eindeutiger Gegner der Kabinettsentscheidung vom 10. August, wies die Vorwürfe der KPD, die SPD betreibe mit der Zustimmung zum Panzerkreuzerbau Aufrüstung gegen die Sowjetunion," zurück und drehte den Spieß um. Er verwies darauf, daß die Rote Armee

---

[47] Zu dem innerparteilichen Konflikt um den Bau des Panzerkreuzers siehe Winkler, Normalität, S. 541–555 und Wolowicz, Linksopposition, S. 545–565.
[48] Winkler, Normalität, S. 551.
[49] Ebenda, S. 545; Wolowicz, Linksopposition, S. 558.
[50] W. Bennewitz: Für den Volksentscheid gegen den Panzerkreuzer. in: Die Einheit Nr. 27 vom 23. 9. 1928.
[51] Fritz Bieligk: Volksentscheid abgelehnt! in: KK Nr. 18 vom 15. 9. 1928; Wolowizc, Linksopposition, S. 558–561.

über eine Friedensstärke von mehr als einer Million Mann [also das zehnfache der Reichswehr, JZ] verfügte. Bereits die Jugend werde vormilitärisch geschult. „In keinem Lande, mit Ausnahme Frankreichs, wird die Massenmilitarisierung der Bevölkerung so stark betrieben wie in Rußland."[52]. Einige Wochen später wartete Künstler in der *Leipziger Volkszeitung* mit neuen Enthüllungen über die Zusammenarbeit zwischen Reichswehr und Roter Armee auf, die allerdings kein größeres Aufsehen erregten[53].

„Die deutschen Kommunisten sind russische Militaristen", verkündete das SPD-Zentralorgan Ende August. Sie sollten besser in der Sowjetunion für Abrüstung eintreten, dort wäre ihnen dafür allerdings die Verbannung nach Sibirien sicher[54]. Kurz darauf brachte das ansonsten mit Illustrationen eher sparsame Blatt auf seiner ersten Seite unter der Überschrift „Panzerkreuzer unterm Sowjetstern" gleich vier große Photos von Manövern der sowjetischen Ostseeflotte[55].

Ende September meldete sich der Vorstand der SPD mit einem Aufruf zu Wort, der angriffslustig „Die Maske vom Gesicht!" betitelt war. Das Volksbegehren der Kommunisten wurde unter Berufung auf die von der Parteipresse bereits ausführlich dargelegten Argumente als unehrliches Manöver abqualifiziert. Die „militärische Epidemie" in der Sowjetunion und bei den deutschen Kommunisten stelle eine ebensolche Kriegsgefahr dar wie der Rüstungswahnsinn der kapitalistischen Staaten, erklärte die SPD-Führung und versäumte nicht, auf die geheime Zusammenarbeit zwischen der deutschen und der sowjetischen Armee hinzuweisen[56].

Gebündelt fanden sich all die Argumente in einer vom Parteivorstand herausgegebenen Flugschrift wieder[57], und rechtzeitig zum Oktober erschien im SPD-Verlag Dietz Nachfolger auch in der relativ hohen Auflage von 7500 Stück eine umfangreichere Broschüre mit dem Titel „Der rote Militarismus" aus der Feder von Peter Garwy[58]. Man täte Garwy allerdings Unrecht, wollte man behaupten, er habe eine reine Propagandaschrift verfaßt. Was für die deutschen Sozialdemokraten in erster Linie Propagandamunition darstellte, war für ihn als Menschewisten vor allem eine Auseinandersetzung mit der Realität seines eigenen Landes. Garwy schilderte eingehend das kräftig wachsende Militärwesen der Sowjetunion und seine historische Entwicklung, er beschwor die von allen Menschewisten gefürchtete Gefahr, die Rote Armee könne zur Keimzelle eines bonapartistischen Umsturzes werden, und er machte auf die eigentümliche Zweideutigkeit der sowjetischen Außenpolitik aufmerksam: Diese sei gekennzeichnet durch das Sicherheitsbedürfnis der UdSSR einerseits, das auf eine „Einschließung in das sich aufbauende Friedenssystem der internationalen Beziehungen und der Weltwirtschaft" dränge, aber auf der anderen Seite auch durch eine Politik der Selbstisolierung und des Revolutionsexports. Die Parole des sechsten Weltkongresses der

---

[52] „Sowjetrußlands Rüstungen", Vorwärts Nr. 400 vom 24. 8. 1928.
[53] „320 Kriegsflugzeuge pro Jahr. Der Chef der russischen Luftflotte verhandelte persönlich mit den Geßlerleuten", LVZ Nr. 236 vom 8. 10. 1928.
[54] „Das doppelte Gesicht der KPD. Sowjetmilitarismus und Kommunisten-Volksentscheid", Vorwärts Nr. 407 vom 29. 8. 1928.
[55] Vorwärts Nr. 410 vom 30. 8. 1928.
[56] „Die Maske vom Gesicht!", LVZ Nr. 223 vom 22. und Vorwärts vom 23. 9. 1928.
[57] SPD-Parteivorstand (Hrsg.): Informationsmaterial über Sowjetmilitarismus. O. O. 1928.
[58] Peter Garwy: Der Rote Militarismus. Berlin 1928. Die Angaben zum Erscheinungsmonat und zur Auflage in Jahrbuch Sozialdemokratie 1928, S. 208.

Komintern vom „vernichtenden Kampf gegen die Sozialdemokratie" nannte Garwy „verbrecherisch": „Denn gegen die Sozialdemokratie zu kämpfen, heißt die stärkste Säule des Weltfriedens und der Unantastbarkeit Rußlands zu unterwühlen."[59].

Am 24. Oktober 1928, dem Stichtag des Volksbegehrens konnten die Sozialdemokraten aufatmen. Die notwendige Unterstützerzahl war bei weitem nicht erreicht worden. Statt der erforderlichen zehn Prozent der Wahlberechtigten hatten sich nur 2,94 Prozent für das Volksbegehren ausgesprochen. In absoluten Zahlen waren das 1 216 989, also erheblich weniger als die 3 263 354 Wähler, die die KPD am 20. Mai für sich hatte gewinnen können. 4 134 000 Stimmen wären für den Erfolg des Volksbegehrens nötig gewesen[60]. Hochzufrieden stellte der SPD-Vorstand im Rückblick auf die Ereignisse fest:

„In seiner Sitzung vom 11. September 1928 hat es der Parteiausschuß der Sozialdemokratie einstimmig als Pflicht der Parteimitglieder erklärt, dem Volksbegehren der Kommunisten, dieser gegen die Sozialdemokratische Partei gerichteten Aktion, auf das entschiedenste entgegenzutreten. Mit diesem Beschluß und seiner mit Sicherheit zu erwartenden Befolgung durch die Mitglieder und Anhänger der Sozialdemokratischen Partei war auch der Ausgang und Mißerfolg des Volksbegehrens besiegelt."[61]

Da stellt sich allerdings die Frage, warum dann die SPD die ganze Rote Armee samt ihren paramilitärischen Nachwuchs- und Nebenorganisationen gegen die deutschen Kommunisten hatte aufmarschieren lassen.

Die Kampagne gegen den „Sowjetmilitarismus" paßte gar nicht so recht zu den in ihren Augen positiven Tendenzen, die die SPD in der Entwicklung der sowjetischen Außenpolitik im Zusammenhang mit dem Kellogg-Pakt gleichzeitig feststellen konnte. Auf Initiative des französischen Außenministers Briand und seines amerikanischen Kollegen Kellogg war das Projekt eines internationalen Kriegsächtungspaktes zustandegekommen[62]. Da zwischen ihr und den USA keine diplomatischen Beziehungen bestanden, war die Sowjetunion zu den Vorverhandlungen und zur Unterzeichnung des Paktes nicht eingeladen worden. Das weckte in Moskau alte Einkreisungsängste[63], die ihr Echo auch bei der SPD-Linken fanden. Der Kellogg-Pakt sehe „einem Versuch verdammt ähnlich, auch auf diesem Wege eine antirussische Allianz zustande zu bringen", argwöhnte etwa Fritz Bieligk in der *Sozialistischen Politik und Wirtschaft*[64]. Das Hauptargument der SPD-Linken gegen den Kellogg-Pakt war allerdings seine weitgehende Unverbindlichkeit, enthielt er doch weder Abrüstungsverpflichtungen noch Sanktionsklauseln gegen Friedensstörer[65]. Der Kellogg-Pakt ändere überhaupt nichts am Bisherigen, erklärte Paul Levi und die *Leipziger Volkszeitung* sprach gar von „Lüge" und „Komödie"[66].

---

[59] Ebenda, S. 45f.
[60] Das Ergebnis des Volksbegehrens nach Stimmkreisen aufgeschlüsselt in Jahrbuch Sozialdemokratie 1928, S. 127.
[61] Ebenda, S. 126.
[62] Graml, Europa, S. 235.
[63] Von Rauch, Sowjetunion, S. 239.
[64] Fritz Bieligk: Ein Kriegspakt von fünfzehn, in: SPW 27 vom 6. 7. 1928.
[65] Graml, Europa, S. 235.
[66] Paul Levi: Der Kelloggpakt, in: SPW Nr. 29 vom 20. 7. 1928; „Vor der Unterzeichung der Lüge", LVZ Nr. 199 vom 25.8.; „Der Gipfel der Komödie", LVZ Nr. 201 vom 28. 8. 1928.

10. Das Kabinett Hermann Müller II und die Krise der deutsch-sowjetischen Beziehungen

Dagegen nannte der „Vorwärts" die Verhandlungen über den Kellogg-Pakt voll Enthusiasmus das „Ringen um ein Welt-Locarno". Der Vergleich war insofern gut gewählt, als, wie das SPD-Zentralorgan auch vermerkte, auch diesmal die Sowjetunion nicht beteiligt war[67]. Der „Vorwärts" sprach sich allerdings eindeutig für den Beitritt der Sowjetunion aus, wobei Deutschland als Mittler eine besondere Aufgabe zukomme[68]. Daß die Sowjetunion der nachträglich erfolgten Einladung, dem Pakt beizutreten, Folge leistete, begrüßte das SPD-Zentralorgan als „Fortschritt der Friedenspolitik". Die Wiederherstellung der britisch-sowjetischen Beziehungen und der Beitritt der Sowjetunion zum Völkerbund müßten nun folgen. Nach Einschätzung des „Vorwärts" stand der sowjetische Schritt „im Einklang nicht mit den Kriegsrichtlinien der Komintern, sondern mit der Stellungnahme des Brüsseler Kongresses der Sozialistischen Arbeiter-Internationale zu dem Kellogg-Pakt".[69] Die LVZ hingegen, die einen Standpunkt „links" von der Sowjetunion einnahm, verwies darauf, daß der Kellogg-Pakt auf dem SAI-Kongreß stärker kritisiert worden sei als vom sowjetischen Außenminister Čičerin. Kommunistische Parolen ironisierend stellte sie fest, daß nunmehr „der einzige proletarische Staat" dem Pakt der „imperialistischen Räuber" beitrete[70].

Nach der Beilegung der Šachty-Affäre machten auch die deutsch-sowjetischen Beziehungen Fortschritte. Im November 1928 wurden die unterbrochenen Wirtschaftsverhandlungen wieder aufgenommen, erneut begleitet von kritischen Tönen des *Vorwärts*. Er machte darauf aufmerksam, daß sich der 300-Millionen-Mark-Kredit, den Deutschland der UdSSR 1926 gewährt hatte, nicht bezahlt gemacht habe. Weder habe er zu einer wesentlichen Verbreiterung der sowjetischen Produktionsbasis noch zu einem bedeutsamen Anstieg der Importe aus Deutschland geführt. Die französischen und US-amerikanischen Exporte in die Sowjetunion hätten sich günstiger entwickelt als die deutschen Ausfuhren dorthin, obwohl diese Länder der Sowjetunion keinen Kredit gewährt hätten[71].

Trotz der nicht ganz einfachen Ausgangslage gingen die deutsch-sowjetischen Verhandlungen aber rasch voran. Bereits Ende Dezember waren die Vorverhandlungen erfolgreich abgeschlossen[72], und einen Monat später wurde das neue Wirtschaftsabkommen unterzeichnet, dessen wichtigster Bestandteil die Vereinbarung über eine regelmäßig tagende deutsch-sowjetische Schiedskommission bildete. Wenn H. L. Dyck unter Hinweis auf einen Artikel im *Hamburger Volksecho* vom 26. Januar 1929 feststellt, die SPD-Presse habe das Abkommen als überflüssigen und gefährlichen Versuch kritisiert, in der Reparationsfrage Druck auf die Westmächte auszuüben[73], so muß dem die repräsentativere Stellungnahme des *Vorwärts* entgegengehalten werden. Zwar kriti-

---

[67] „Ringen um ein Welt-Locarno", Vorwärts Nr. 169 vom 10. 4. 1928.
[68] „Der Verzicht auf den Krieg", Vorwärts Nr. 351 vom 27. 7. 1928; „Die Teilnehmer haben angehängt", Vorwärts Nr. 368 vom 6. 8. 1928.
[69] „Rußland und der Kellogg-Pakt", Vorwärts Nr. 415 vom 2. 9. 1928; vgl. auch D. Dalin: Rußland und der Kellogg-Pakt, in: RSD Nr. 33 vom 5. 9. 1928.
[70] „Die Russen für den Kellogg-Pakt", LVZ Nr. 205 vom 1. 9. 1928.
[71] „Russisch-deutsche Wirtschaft", Vorwärts Nr. 547 vom 18. 11. 1928; vgl dazu Dyck, Weimar Germany, S. 121.
[72] Ebenda, S. 146f.; „Das deutsch-russische Abkommen. Freie Bahn für kommende Verhandlungen", Vorwärts Nr. 612 vom 29. 12. 1928.
[73] Dyck, Weimar Germany, S. 150.

sierte auch das SPD-Zentralorgan die Heimlichkeit der Verhandlungen, die im Westen Beunruhigung hätten hervorrufen können, doch verlieh es dem Abkommen den Ehrentitel eines „deutsch-russischen Locarno". Das Schiedsabkommen mit der Sowjetunion, meinte der *Vorwärts*, „verlängert sozusagen den in Locarno mit Warschau geschlossenen Schiedsvertrag bis nach Moskau hin". Die darin vorgesehenen regelmäßigen Tagungen der Schiedskommission seien eine Notwendigkeit, da es wegen der Nichtmitgliedschaft der Sowjetunion im Völkerbund zu ihr keine regelmäßige Kontaktmöglichkeit gebe. „Somit ist der Vertrag eine Art Völkerbundsersatz." Diese hohe Einschätzung des Abkommens wurde allerdings durch den Hinweis relativiert, daß die Schiedskommission nicht berechtigt sei, eigene Entscheidungen zu treffen, sondern nur dazu, den Regierungen Berichte vorzulegen. Das liege daran, daß die Sowjetunion ebensowenig wie die kapitalistischen Großmächte übernationale Instanzen anerkennen wolle[74].

Die Einschätzung des deutsch-sowjetischen Schiedsabkommens als Völkerbundsersatz war sicherlich überhöht. Dennoch rechtfertige die weitere Entwicklung der sowjetischen Außenpolitik die optimistische Hoffnung des *Vorwärts*, daß nun auch die Sowjetunion beginne, sich in das von der SPD angestrebte, umfassende europäische Vertragssystem einzugliedern. Am 9. Februar 1929 unterzeichneten in Moskau Vertreter der Sowjetunion, Polens, Rumäniens, Estlands und Lettlands das nach dem stellvertretenden sowjetischen Außenminister benannte „Litvinov-Protokoll" über die vorzeitige Inkraftsetzung des Kellogg-Pakts, dem kurz darauf auch Litauen, die Türkei und Persien beitraten. Damit nahm die Sowjetunion erstmals an einer Politik kollektiver Sicherheit teil[75].

„Die prinzipiellen politischen Gegensätze zwischen Bolschewismus und Demokratie treten so mehr und mehr zurück. Die wirtschaftlichen Gesetze des internationalen Lebens beginnen sich allmählich durchzusetzen", kommentierte der *Vorwärts* und zollte der sowjetischen Politik die höchste Anerkennung, die seit dem Sommer 1918 in dem Blatt zu lesen gewesen war: „Mit Kellogg-Pakt und Litwinow-Protokoll haben die Moskauer Machthaber ein Gesellenstück sozialdemokratischer Außenpolitik fertiggebracht. Die Meisterprüfung werden sie dann ablegen, wenn sie den anderen in Genf offenliegenden Protokollen zur Sicherung des Friedens, der obligatorischen Schiedssprechung und dem Schlichtungsverfahren des Völkerbundes beitreten." Natürlich durfte aber auch der Hinweis nicht fehlen, daß die KPD im Reichstag den Kellogg-Pakt abgelehnt hatte[76].

Kein Asyl für Trotzki

Am 6. Februar 1929 hielt der sozialdemokratische Reichstagspräsident Paul Löbe eine Ansprache zum zehnten Jahrestag der Eröffnung der Weimarer Nationalversammlung. Auf störende Zwischenrufe der Kommunisten entgegnete er: „Wir haben Ihnen und den anderen erst die staatsbürgerlichen Rechte gegeben. Vielleicht kommen wir sogar dazu, Herrn Trotzki in Deutschland ein freiheitliches Asyl zu gewähren."[77]

---

[74] „Deutsch-russisches Locarno. Schlichtungsvertrag mit der Sowjetunion", Vorwärts Nr. 48 vom 29. 1. 1929.

[75] Von Rauch, Sowjetunion, S. 239f.; Handbuch der Geschichte Rußlands, S. 668.

[76] „Moskaus Außenpolitik. Auf den Wegen der internationalen Sozialdemokratie", Vorwärts Nr. 71 vom 12. 2. 1929.; „Zwei beachtenswerte Bilder", SPK Nr. 4/1929.

[77] „Trotzki will nach Deutschland", Vorwärts Nr. 42 und LVZ Nr. 83 vom 19. 2. 1929.

Trotzki, der nach einjähriger Verbannungszeit in Kasachstan soeben in die Türkei ausgewiesen worden war, reagierte prompt. Er schickte ein Telegramm, in dem er unter Berufung auf Löbes Äußerung um Asyl in Deutschland bat. Mit dieser Bitte löste er eine heftige Kontroverse in Deutschland aus. Insbesondere die Rechte lehnte die Asylgewährung für Trotzki aus politischer Gegnerschaft und wegen der Befürchtung, er könne die öffentliche Ordnung in Deutschland gefährden, heftig ab[78]. Die SPD hingegen sprach sich eindeutig für das Asyl für Trotzki aus. Der *Vorwärts* wies alle Einwände dagegen zurück. Für eine unerwünschte politische Tätigkeit Trotzkis in Deutschland gebe es keine Massenbasis. Es wäre eine Schande, wenn sich die deutsche Regierung vor Trotzki fürchten würde, meinte das SPD-Zentralorgan. Den Einwand, man könne nicht für die Sicherheit Trotzkis garantieren, ließ es ebenfalls nicht gelten. Auch das Leben deutscher Staatsbürger könne schließlich nur im Rahmen des allgemeinen Schutzes durch die Polizei gesichert werden. Ebensowenig überzeugend fand der *Vorwärts* die Befürchtung, Trotzkis Aktivitäten könnten die deutsch-sowjetischen Beziehungen beeinträchtigen. Es gebe genug andere politische Emigranten aus Rußland in Deutschland, deren politische Tätigkeit den deutsch-sowjetischen Beziehungen bisher nicht abträglich gewesen sei. Schaden befürchtete der *Vorwärts* dagegen, wenn Trotzkis Gesuch aus Rücksicht auf die Sowjetunion abgelehnt werde: „Die Abweisung Trotzkis würde dem Glauben an den demokratischen Geist in der Deutschen Republik einen empfindlichen Stoß versetzen."[79]

Einen weiteren, für den *Vorwärts* jedoch wohl kaum ausschlaggebenden Grund nannte die *Leipziger Volkszeitung*. Obwohl er ein Gegner der Sozialdemokratie und ein Utopist sei, sei Trotzki doch auch ein Kämpfer des Proletariats und ein revolutionärer Sozialist[80]. Diese Auffassung war aber in der SPD wohl die einer Minderheit. Die meisten deutschen Sozialdemokraten sahen Trotzki wahrscheinlich so, wie ihn eine Karikatur des *Vorwärts* zeigte, nämlich als abgehalfterten Bolschewisten, der sich sein Schicksal selbst zuzuschreiben hatte. Unter der Überschrift „Das gelobte Land" zeigte die Karikatur Trotzki mit seinem Reisegepäck und seiner Familie und legte ihm die

---

[78] AdR Das Kabinett Müller II, 28. Juni 1928 bis 27. März 1930. 2 Bde. Bearb. von Martin Vogt. Boppard 1970, Nr. 435 (Ministerbesprechung 25. 2. 1929), S. 449; Müller, Deutsch-sowjetische Beziehungen, S. 174f.; „Um Trotzki. Westarps plumper Einmischungsversuch", Vorwärts Nr. 89 vom 22. 2. 1929; vgl. auch die teilweise wüste Beschimpfungen enthaltenden Briefe zum „Fall Trotzki" an den damaligen preußischen Innenminister Grzesinski; IISG Amsterdam, Nl. Grzesinski, Nr. 1596.

[79] „Trotzki will nach Deutschland", Vorwärts.

[80] „Trotzki will nach Deutschland", LVZ. Mindestens ein SPD-Mitglied war ganz anderer Auffassung, nämlich Carl Obertüschen aus Bochum. Er schrieb am 16. März an Albert Grzesinski: „Herr Minister, wenn Sie den 10 000 fachen Massenmörder und Raubmörder Trotzki in's Land lassen, dann können Sie sich bei der nächsten Reichstagswahl Ihr Ministerium von außen besehen und Ihre Pensionsansprüche in den Kamin schreiben. Wir wollen eine republikanische Regierung, ja, aber wir Sozialisten wollen kein Liebäugeln mit Massen-Raubmördern. Schreiben Sie sich das hinter die Ohren." Nl. Grzesinski, Nr. 1594. Zu den sozialdemokratischen Einschätzungen der trotzkistischen Opposition in der Sowjetunion vgl. auch Olga Domanewskaja: „Demokratischer" Trotzkismus, in: LVZ Nr. 25 vom 30. 1. 1929; Theodor Dan: Trotzkys Schicksal, in: KK Nr. 6 vom 15. 3. 1929; ferner den Brief von Peter Garwy an Luise Kautsky, Berlin 18. 9. 1926; Nl. Kautsky, D XI 26; Raphael Abramowitsch: Die Entwicklung Sowjetrußlands, in: DG 3 (1926), 1. Halbband, S. 322–345, hier: S. 345; Löw, Otto Bauer, S. 143f.

Worte in den Mund: „Welch ein Glück für uns, meine Lieben, daß uns die Bolschewisierung Deutschlands vor zehn Jahren nicht geglückt ist"[81].

Der SPD ging es darum, ein Exempel von der Überlegenheit der Demokratie über die kommunistische Diktatur anhand eines kommunistischen Ex-Diktators zu statuieren. Daraus wurde jedoch nichts. Und nicht ganz zu Unrecht nennt der Trotzki-Biograph Isaac Deutscher die Lehre, die die deutschen Sozialdemokraten Trotzki in Sachen Demokratie erteilen wollten, „wenig erbaulich"[82]. Nachdem nämlich die deutsche Reichsregierung immer restriktivere Bedingungen für einen Aufenthalt Trotzkis formuliert hatte, wurde sein Gesuch schließlich Anfang April 1929 abgelehnt[83]. Die Regierung hatte allerdings kaum eine andere Wahl, wollte sie die Sowjetunion nicht vor den Kopf stoßen.

Am 30. Januar 1929 hatte nämlich bereits der stellvertretende Außenminister Litvinov dem deutschen Botschafter in Moskau, von Dirksen, die Bitte seiner Regierung vorgetragen, Trotzki in Deutschland aufzunehmen. Gegen Einwände von Dirksens, dies könne möglicherweise nachteilige Folgen für die deutsch-sowjetischen Beziehungen haben, hatte Litvinov dabei, ganz wie später der *Vorwärts*, auf die anderen russischen politischen Emigranten in Deutschland verwiesen[84]. Ähnliche Bedenken wie von Dirksen hatte auch Reichskanzler Müller, der zudem befürchtete, Trotzkis persönliche Sicherheit könne in Deutschland nicht gewährleistet werden[85]. In einer Ministerbesprechung vom 5. Februar, in der die Problematik besprochen wurde, beschloß man, einem Vorschlag von Reichsinnenminister Severing zu folgen, und die Aufnahme Trotzkis zunächst abzulehnen, bei weiterem Drängen der Sowjetregierung aber nachzugeben[86]. Paul Löbe war bei seiner Äußerung im Reichstag offenkundig von dieser Beschlußlage ausgegangen.

Das weitere Drängen der Sowjetregierung blieb aber aus, stattdessen klopfte der in die Türkei verschickte Trotzki auf Löbes als Einladung aufgefaßte Äußerung hin persönlich an die Tür. Ihn daraufhin aufzunehmen hätte, wie Botschafter von Dirksen aus Moskau telegraphierte, einen Affront gegen die Sowjetregierung bedeutet[87]. Entsprechend argumentierte auch Außenminister Stresemann in der Ministerbesprechung vom 7. April 1929. Er beantragte, dem Gesuch Trotzkis nicht stattzugeben. Der Reichskanzler stimmte dem zu. Finanzminister Hilferding wollte sich angesichts der sich abzeichnenden Mehrheitsverhältnisse nicht weiter für die Einreise einsetzen. Für den abwesenden Innenminister Severing erklärte sein Staatssekretär, er halte die Einreise innenpolitisch für tragbar. Doch das war nicht ausschlaggebend. Mehrheitlich wurde Trotzkis Antrag abgelehnt[88].

---

[81] Vorwärts Nr. 85 vom 20. 2. 1929.
[82] Isaac Deutscher: Trotzki. Bd. 3: Der verstoßene Prophet. Stuttgart 1963, S. 28.
[83] Ebenda, S. 28f.
[84] ADAP, Serie B, Bd. 11: 1. Januar bis 31. Mai 1929. Göttingen 1978. Nr. 42 (Der Botschafter in Moskau, von Dirksen, an das Auswärtige Amt, 30. 1. 1929), S. 74–76.
[85] Ebenda, Nr. 47 (StS in der Reichskanzlei Pünder an StS im AA von Schubert), S. 86f.
[86] AdR Kab. Müller II, S. 405f.
[87] ADAP, Serie B, Bd. 11, Nr. 90, S. 202f.
[88] AdR Kab. Müller, Nr. 165, S. 530f. Unklar ist, wie Müller, Deutsch-sowjetische Beziehungen, S. 181, zu seinem Urteil kommt, Hilferding habe sich bei der Ablehnung „besonders exponiert". Auch der „Klassenkampf" bezeichnete Hilferding als Gegner von Trotzkis Einreise; „Trotzki", KK Nr. 7 vom 1. 4. 1929.

10. Das Kabinett Hermann Müller II und die Krise der deutsch-sowjetischen Beziehungen 251

In der SPD stieß diese Entscheidung auf breites Unverständnis. Die Parteipresse pochte auf das Asylrecht (das allerdings in der Weimarer Republik keinen Verfassungsrang hatte) und erklärte, man habe der KPD mit dem Beschluß, Trotzki nicht nach Deutschland zu lassen, Schwierigkeiten erspart[89]. Die „zarte Rücksicht auf die Empfindlichkeit der Moskauer Gewalthaber wird wahrscheinlich nicht einmal von diesen selbst verstanden werden", schrieb der *Vorwärts*[90], und sein Chefredakteur Friedrich Stampfer kritisierte wenig später auf dem Magdeburger Parteitag die sozialdemokratischen Minister, die Paul Löbe desavouiert und gegen den erklärten Willen des SPD-Fraktionsvorstandes entschieden hätten[91]. Kritisch über den Beschluß äußerte sich auf dem Parteitag auch Kurt Rosenfeld[92]. Ihm war vielleicht ein Stück von dem Triumph vergönnt, der seiner Partei versagt blieb. Ihn, der mit Vandervelde und Liebknecht zusammen 1922 in Moskau die Sozialrevolutionäre verteidigt hatte, die Trotzki zu Geiseln machen ließ, hatte der Ausgewiesene als Rechtsanwalt mit der Vertretung seines Einreisegesuchs nach Deutschland betraut[93].

Konfrontation

Die Verschärfung des politischen Kurses der Komintern zeigte sich in Deutschland seit dem Herbst 1928 unter anderem in der Zunahme politischer Gewaltakte, an denen Kommunisten beteiligt waren. Vor allem die zunehmenden handgreiflichen Auseinandersetzungen zwischen Kommunisten und Nationalsozialisten forderten nicht selten Menschenleben. Angesichts dieser Lage verhängte der Polizeipräsident von Berlin, Karl Friedrich Zörgiebel, am 13. Dezember 1928 ein Verbot aller Versammlungen und Demonstrationen unter freiem Himmel. Im April beschloß er, dieses auch am 1. Mai nicht aufzuheben. „Eine kluge Entscheidung war das schwerlich. Arbeiterdemonstrationen ausgerechnet am 1. Mai, dem traditionellen Tag der Arbeit, zu verbieten, mußte die Kommunisten provozieren", kommentiert Heinrich August Winkler diesen Schritt[94]. Die KPD ließ keinen Zweifel daran, daß sie sich nicht an das Demonstrationsverbot halten und auch gewaltsame Zusammenstöße mit der Polizei in Kauf nehmen würde. Die SPD warf ihr daraufhin vor, sie spiele bei der Verfolgung ihrer politischen Ziele mit Menschenleben[95]. Am 1. Mai gab es über 30 Tote und fast 200 Verletzte. Die Verantwortung für diese blutige Bilanz lag jedoch vor allem bei der Berliner Polizei, die auf die verbotenen Demonstrationen völlig unangemessen reagiert hatte. Selbst vollkommen unbeteiligte Personen waren von der Polizei erschossen worden, die selbst keine Toten zu beklagen hatte. Dieses brutale Vorgehen war nicht zuletzt auf die Anweisungen des

---

[89] Vgl. die Presseübersicht in: „Die Stimmung in der Partei. Das Asylrecht der Republik", KK Nr. 9 vom 1. 5. 1929; „Die Furcht vor dem Revolutionäre", LVZ Nr. 86 vom 13. 4. 1929.
[90] „Kein Asyl für Trotzki!", Vorwärts Nr. 171 vom 12. 4. 1929; „Trotzki erläutert sein Einreisegesuch", Vorwärts Nr. 125 vom 15. 3. 1929.
[91] Sozialdemokratischer Parteitag in Magdeburg 1929 vom 26. bis 31. Mai in der Stadthalle. Magdeburg 1929. [Nachdr. Glashütten u. a. 1974], S. 173.
[92] Ebenda, S. 90.
[93] „Trotzkis Einreisegesuch", Vorwärts Nr. 129 vom 17. 3. 1929.
[94] Winkler, Normalität, S. 672.
[95] „KPD braucht Leichen! Sie wünscht Schüsse am 1. Mai", Vorwärts Nr. 185 vom 20. 4. 1929.

Polizeipräsidenten Zörgiebel zurückzuführen, der offenbar ein Exempel statuieren wollte[96].

Der Parteivorstand und die Reichstagsfraktion der SPD sahen das anders. „Diese Opfer sind auf Befehl der kommunistischen Zentrale gefallen", erklärten sie in einem gemeinsamen Aufruf, der am 3. Mai im *Vorwärts* erschien. In der Proklamation, in der ausführlich Gewalttaten von KPD und NSDAP aufgezählt wurden, hieß es ferner, die Drahtzieher der Vorgänge säßen in Moskau, eine Behauptung, die der *Vorwärts* gleich mit zwei Karikaturen illustrierte. Die eine zeigte einen deutschen Kommunisten, der vor dem Hintergrund von Barrikaden und Leichen in militärischer Haltung Stalin Meldung von dem ausgeführten Befehl macht, auf der anderen waren Mitglieder des KPD-Vorstandes zu sehen, die Leichen zu einer bolschewistischen Götzenfigur tragen, neben der, wie stets in den *Vorwärts*-Karikaturen, mit der Knute in der Hand, Stalin steht[97].

Daß der *Vorwärts* das Mittel der Karikatur so ausführlich benutzte, hatte seinen Grund nicht zuletzt darin, daß es für Berichte keinen Stoff gab, weil sich eine direkte Beteiligung Moskauer Stellen an den Berliner Vorgängen nicht nachweisen ließ. In der Ministerbesprechung vom 6. Mai stellte Innenminister Severing fest, „es liege kein Anhalt vor, daß die Unruhebewegungen in Berlin in besonders starkem Maße von Rußland geschürt worden seien, obwohl eine gewisse Verbindung mit Rußland unzweifelhaft bestehe"[98]. Als Beleg für diese „gewisse Verbindung" verwies Severing auf abgefangene Telegramme des sowjetischen Metallarbeiterverbandes und des „Politischen Büros" aus Moskau, in denen die „heldenhaften Kämpfer für den Sozialismus" gepriesen und die „sozialdemokratischen Meuchelmörder" verflucht wurden[99]. Doch waren diese Telegramme nach den Ereignissen vom 1. Mai abgesandt worden, und konnten daher nur in einer „gewissen", nicht aber in einer ursächlichen Verbindung mit ihnen stehen. Auch andere Versuche der SPD, eine sowjetische Mitverantwortung für den „Blutmai" nachzuweisen, gelangen nicht[100].

Dennoch vertrat der Parteivorsitzende Otto Wels auf dem Magdeburger Parteitag der SPD Ende Mai 1929 die These vom Moskauer Einfluß, dessen Endziel die Entscheidungsschlacht gegen Polen und Frankreich auf deutschem Boden sei[101]. Das vor allem durch das Litvinov-Protokoll neugewonnene Vertrauen der SPD in die sowjetische Außenpolitik erlitt durch die Berliner Vorgänge schweren Schaden. Die Ansätze zu

---

[96] Winkler, Normalität, S. 673 f.; detailliert belegt diese Einschätzung Thomas Kurz: „Blutmai". Sozialdemokraten und Kommunisten im Brennpunkt der Berliner Ereignisse von 1929. Berlin usw. 1988.
[97] „Meldung in Moskau", Vorwärts Nr. 204 vom 3. 5. 1929; „Moskauer Opfergang", Vorwärts Nr. 208 vom 5. 5. 1929; abgebildet in Müller, Deutsch-sowjetische Beziehungen, S. 183 f.
[98] AdR Kab. Müller Nr. 197, S. 644.
[99] Ebenda; Kurz, „Blutmai", S. 105.
[100] Kurz, „Blutmai", S. 104. Thomas Kurz' Befund, die sozialdemokratische Presse habe dennoch an diesem Punkt festgehalten, trifft in dieser Pauschalität allerdings nicht zu. So gab zwar auch die „Leipziger Volkszeitung", obwohl sie Zörgiebels Demonstrationsverbot kritisierte, der KPD die Hauptschuld, erwähnte aber die Sowjetunion mit keinem Wort; „Die Blutschuld", LVZ Nr. 101 vom 2. 5. 1929; „22 Tote", LVZ Nr. 102 vom 3. 5. 1929. Ähnlich: Kurt Rosenfeld: Berliner Blutmai, in: KK Nr. 10 vom 15. 5. 1929.
[101] SPD-PT Magdeburg, S. 15 f.; die These vom Moskauer Befehl auch im Jahrbuch der Deutschen Sozialdemokratie für das Jahr 1929. Berlin 1930. [Nachdr. Berlin usw. 1976].

einer Politik der kollektiven Sicherheit wurden in der Wahrnehmung der Sozialdemokraten von der aggressiven Kominternpolitik überdeckt, deren Signum die Theorie vom „Sozialfaschismus" war. Allerdings hatte der sozialdemokratische Polizeipräsident Zörgiebel dieser Theorie, die besagte, die Sozialdemokratie sei nur ein Flügel des Faschismus, erst zum Durchbruch verholfen. Der Berliner „Blutmai" und das anschließende Verbot der *Roten Fahne* und des „Roten Frontkämpferbundes" waren ausschlaggebend dafür, daß der Kampf gegen den „Sozialfaschismus" auf dem 12. Parteitag der KPD Anfang Juni zum beherrschenden Thema und zur offiziellen Parteilinie wurde[102].

Ebenso wie die herkömmlichen Vorstellungen von den Zielen und Mitteln der sowjetischen Außenpolitik lebte zur gleichen Zeit auch in der SPD die Tendenz zur Gleichsetzung von Faschismus und Kommunismus wieder auf, die bereits 1923/24 aufgetreten war. So sprach Wels auf dem Magdeburger Parteitag von den Rechtsradikalen und „ihre[n] kommunistischen Brüdern von Moskau"[103], die *Leipziger Volkszeitung* brandmarkte die kommunistische Taktik als „KPD-Faschismus"[104], und der *Vorwärts* referierte ausführlich einen Artikel des Staatssekretärs im italienischen Ministerium für das Verbändewesen, Guiseppe Bottai, in dem dieser über Gemeinsamkeiten von Faschismus und Bolschewismus reflektierte, die das SPD-Zentralorgan aus seiner Sicht so zusammenfaßte: „Mit der Idee der Menschenrechte wurde in Rußland wie in Italien gründlich aufgeräumt. Beide sind der Demokratie und der Freiheit feindlich gesinnte Staaten. In beiden Staaten wird nur eine Nationalpartei geduldet. In Italien war ja auch der Kommunismus der Wegbereiter des Faschismus."[105]

Die scharfe Konfrontation zwischen Sozialdemokratie und Kommunismus in Deutschland konnte nicht ohne Rückwirkung auf die deutsch-sowjetischen Beziehungen bleiben, zumal die Vorgänge um den 1. Mai auch in der Sowjetunion ein kräftiges Echo hervorriefen. Bei der Moskauer Maidemonstration hatte Kriegskommissar Vorošilov in Anwesenheit des gesamten diplomatischen Korps erklärt, die Arbeiter Berlins würden trotz des Verbotes auf die Straße gehen. Zudem hatte er höhnische Bemerkungen über die SPD gemacht. In dem Demonstrationszug waren das Modell eines Panzerkreuzers und Karikaturen der sozialdemokratischen Regierungsmitglieder sowie des Reichswehrministers mitgeführt worden. Dieser Vorgang führte zu einer Démarche des deutschen Botschafters von Dirksen im sowjetischen Außenministerium, die eine besänftigende Erklärung Vorošilovs zur Folge hatte[106]. Der diplomatische Zwist um seinen Auftritt war zusätzlich begleitet von heftigen Protesten gegen den „Blutmai" in der Sowjetunion.[107]

---

[102] Winkler, Normalität, S. 679–683.
[103] SPD-PT Magdeburg, S. 14.
[104] „KPD-Faschismus", LVZ Nr. 104 vom 6. 5. 1929.
[105] „Faschismus und Bolschewismus", Vorwärts Nr. 214 vom 9. 5. 1929. Bestätigt fühlten sich die Sozialdemokraten, als Ende Juli 1929 eine Gruppe sowjetischer Militärpiloten in Italien von Mussolini persönlich herzlich empfangen wurde. „Faschistengruß der Kommunisten", Vorwärts Nr. 352 vom 30. 7. 1929; vgl. auch „Faschistisch-kommunistische Brüder", Vorwärts Nr. 345 vom 25. 7. 1929; „Moskau huldigt dem Faschismus!", Vorwärts Nr. 347 vom 27. 7. 1929; I. Grekow: Wahlverwandtschaft. Faschistisch-bolschewistische Freundschaft, in: RSD Nr. 28 vom 18. 7. 1929.
[106] AdR Kab. Müller, S. 645, Fußnote 6; ADAP, Serie B, Bd. 11, Nr. 211, 221 und 230. Dyck, Weimar Germany, S. 154f.; „Rückzieher Woroschilows", Vorwärts Nr. 217 vom 11. 5. 1929.
[107] Dyck, Weimar Germany, S. 154; Rosenfeld, Sowjetunion und Deutschland, S. 335.

Weiter verschlechtert wurde die Atmosphäre durch die Angriffe der sowjetischen Presse auf die SPD, die an Schärfe denen des *Vorwärts* und Wels' auf die Sowjetunion in nichts zurückstanden. Durchweg wurden in den Berichten die kommunistischen Demonstranten heroisiert und als die Verkörperung des deutschen Proletariats dargestellt. Die *Pravda* schrieb, die SPD habe das Kundgebungsverbot erwirkt, weil sie begriffen habe, „daß eine erlaubte Arbeiterdemonstration die moralisch-politische Verurteilung der Sozialdemokratie bedeuten würde". Die Gewerkschaftszeitung *Trud* erklärte, die „sozialdemokratischen Herrscher Deutschlands" würden in Bezug auf den Terror bald Mussolini und andere Rechtsdiktatoren einholen. „Die Sozialdemokratie hat dem deutschen Proletariat den offenen Krieg erklärt." Die Arbeiter Deutschlands und ihre revolutionäre Vorhut hätten den Fehdehandschuh aufgenommen. Die *Izvestija*, die ebensowenig wie die anderen Blätter an der bewußten Herbeiführung des „Blutmai" durch die SPD zweifelte, machten hingegen außenpolitische Motive dafür verantwortlich. Vor dem Hintergrund der laufenden Reparationsverhandlungen habe die Sozialdemokratie demonstrieren wollen, daß die bolschewistische Gefahr, die durch die Reparationslast verstärkt werde, eine Realität sei[108].

Wenn diese Gedankenkonstruktion auch etwas abenteuerlich anmutet, so sprachen die *Izvestija* damit doch einen realen Faktor an, der das deutsch-sowjetische Verhältnis noch mehr belastete. Die Verhandlungen über die weiteren Reparationsleistungen Deutschlands in der von dem amerikanischen Bankier Owen D. Young geleiteten Sachverständigenkommission hatten in der ersten Jahreshälfte 1929 die Aufmerksamkeit der deutschen Außenpolitik voll in Anspruch genommen. Die Beziehungen zur Sowjetunion waren völlig in den Hintergrund getreten. Darüberhinaus wurden die Verhandlungen und ihr Endprodukt, der sogenannte „Young-Plan", wie alle deutschen Schritte zur Verständigung mit dem Westen von der Sowjetunion mit großem Mißtrauen beobachtet, zumal ihre Beziehungen zu Großbritannien immer noch unterbrochen waren[109]. Zudem drohten sich in der zweiten Jahreshälfte von 1929 die seit blutigen Zusammenstößen zwischen Kuomintang und Kommunisten bestehenden sowjetisch-chinesischen Spannungen in einem Krieg zu entladen.

Den Anlaß dazu bildete der chinesische Versuch, den sowjetischen Einfluß in der Mandschurei auszuschalten. Am 27. Mai 1929 wurde der sowjetische Generalkonsul in Charbin verhaftet, und nach weiteren Inhaftierungen übernahm Anfang Juli China auch die alleinige Verwaltung der ostchinesischen Eisenbahn. Gemäß einer Übergangsregelung, die 1924 zwischen der Sowjetunion und China getroffen worden war und die diesbezüglichen „ungleichen Verträge" des Zarismus ersetzen sollte, wurde die ostchinesische Eisenbahn von der Sowjetunion und China gemeinsam verwaltet, wobei China das Recht zustand, die sowjetischen Rechte finanziell abzulösen. Für die Sowjetunion war die Bahn als direkte Verbindung zwischen Vladivostok und Zentralsibirien von besonderer Bedeutung, sie garantierte ihr aber zugleich auch einen gewissen Einfluß in der Mandschurei[110]. Am 17. Juli 1929 brach die Sowjetunion die diplomatischen Bezie-

---

[108] „Die Berliner Ereignisse im Lichte der Sowjetpresse", RSD Nr. 19 vom 16. 5. 1929.
[109] Dyck, Weimar Germany, S. 152f.; Thomas Weingartner: Stalin und der Aufstieg Hitlers. Berlin 1970, S. 16.
[110] Von Rauch, Sowjetunion, S. 242f.; vgl. ferner „Der chinesisch-russische Konflikt", SPK Nr. 9/ 1929 (wahrscheinlich aus der Feder von Peter Garwy).

hungen zu China ab. Die deutsche Regierung schaltete sich daraufhin vermittelnd ein und erklärte sich bereit, die sowjetischen Interessen in China wahrzunehmen, zugleich aber auch die chinesischen Interessen der Sowjetunion gegenüber zu vertreten, was bei dieser erhebliches Mißtrauen auslöste[111].

Die Kommunisten in aller Welt demonstrierten gegen die angebliche englisch-japanisch-chinesische Verschwörung gegen die Sowjetunion, und die KPD sparte dabei auch nicht mit Vorwürfen gegen die SPD, wie dem, die SPD-Führer könnten „gar nicht den Tag erwarten, an dem der heilige Krieg gegen den Arbeiter- und Bauernstaat beginnt"[112]. Die SPD wies diese Verleumdungen ebenso zurück wie die Verschwörungsthese und revanchierte sich mit dem Vorwurf, die Sowjetunion verfolge dieselben imperialistischen Interessen wie das zaristische Rußland, dessen Verträge mit China sie übernommen habe. Auch wenn die SPD das chinesische Vorgehen nicht billigte, wurden Chinas Ansprüche doch als berechtigt anerkannt[113]. Der *Vorwärts* verwickelte sich darüber in eine heftige Polemik mit der kommunistischen *Roten Fahne*, der er, ebenso wie der Sowjetführung, Kriegstreiberei und Greuelpropaganda vorwarf[114]. Tatsächlich konnte das SPD-Blatt nachweisen, daß die *Rote Fahne* ein Photo aus dem Boxeraufstand der Jahrhundertwende benutzt hatte, um angebliche Grausamkeiten der Truppen Tschiang-Kai-scheks zu illustrieren[115].

Der *Vorwärts* war so sehr in die Polemik mit der KPD verstrickt, daß er nicht einmal die Resolution veröffentlichte, die die Exekutive der Sozialistischen Arbeiter-Internationale auf ihrer Sitzung vom 28./29. Juli beschlossen hatte, offenbar, weil darin auch die Interessen der Sowjetunion im Mandschurei-Konflikt eingehender berücksichtigt wurden. Er begnügte sich mit einer knappen Meldung über die Sitzung der Exekutive, während die *Leipziger Volkszeitung* die Resolution im Wortlaut brachte[116].

In den Grundzügen entsprach die einstimmig verabschiedete Resolution durchaus dem Standpunkt des *Vorwärts*. Die SAI anerkannte darin das Recht Chinas, die Beseitigung der russischen Kontrolle über die Ostchinabahn zu verlangen, soweit sie auf chinesischem Boden liege. Die Sowjetregierung, die so oft die Abschaffung aller Privilegien der fremden Mächte auf chinesischem Boden gefordert habe, habe kein Recht, dieses Prinzip zu bestreiten, wenn es um ihre eigenen Privilegien gehe. Die chinesische Seite dürfe dabei aber keinen friedensgefährdenden Weg einschlagen. Es müsse Garantien für den ungestörten Verkehr zwischen Vladivostok und Sibirien und dafür geben,

---

[111] Dyck, Weimar Germany, S. 156f.
[112] Mentzel, Publizistik, S. 166; „Wir Kriegstreiber!", Vorwärts Nr. 327 vom 16. 7. 1929.
[113] Peter Garwy: Moskau und Nanking, in: Vorwärts Nr. 303 vom 2. 7. 1929; „Kriegsgefahr im Fernen Osten", Vorwärts Nr. 325 vom 14. 7. 1929; „Imperialismus. Rußland und die Chinesische Mandschurei", Vorwärts Nr. 329 vom 17. 7. 1929; „Der chinesisch-russische Konflikt"; Ernst Reinhard: Kampf um die Mandschurei, in: LVZ Nr. 164 vom 17. 7. 1929; R. Abramowitsch: China und Rußland, in: RSD Nr. 33 vom 22. 8. 1929.
[114] P. G. [= Peter Garwy]: Sturmzeichen im Fernen Osten, in: Vorwärts Nr. 329 vom 17. 7. 1929, 1. Beilage; „Verbrechen am Frieden. Von der Befreiungsideologie zum Kriegsgeschrei", Vorwärts Nr. 337 vom 21. 7. 1929; „Morgenröte im Osten", ebenda Nr. 415 vom 5. 9. 192; „Ein Millionenschwindel", Vorwärts Nr. 358 vom 2. 8. 1929; Vorwärts Nr. 337 vom 21. 7. 1929, 2. Beilage.
[115] „Schamlose Kriegslügen", Vorwärts Nr. 340 vom 23. 7. 1929.
[116] „Die Internationale zur Lage", Vorwärts Nr. 351 vom 30. 7. 1929; „Die Kriegsgefahr im Osten. Die Internationale an die Arbeiter der Welt", LVZ Nr. 179 vom 3. 8. 1929.

daß die Bahn nicht zum Stützpunkt für russische Weißgardisten werde. Die SAI forderte die Einstellung der militärischen Vorbereitungen auf beiden Seiten und kritisierte die Auflösung der Gewerkschaften und Arbeiterorganisationen in der Mandschurei durch die chinesischen Machthaber, auch wenn diese Organisationen von der Sowjetunion für ihre Politik mißbraucht worden seien[117].

Es ist anzunehmen, daß die Haltung der SPD als führender Regierungspartei nicht unwesentlich zu dem wachsenden Mißtrauen beigetragen hat, mit dem die Sowjetunion die deutsche Vermittlertätigkeit betrachtete. Ein weiterer Grund dürfte die Unterzeichnung des Young-Plans Ende August gewesen sein, der in der Sowjetunion den Verdacht nährte, Deutschland wolle in die Reihe der imperialistischen Staaten eintreten. Anfang September beschwerte sie sich offiziell darüber, daß sich die deutsche Regierung nicht ausreichend für den Schutz von Sowjetbürgern in China einsetze, was diese allerdings zurückwies[118].

Die Auseinandersetzung um den Young-Plan, den die nationalistische Rechte, deren Organisationen sich zu diesem Zweck erstmals verbündeten, mit einem Volksbegehren zu verhindern hoffte, nahm im weiteren die SPD stärker in Anspruch als der weit entfernte sowjetisch-chinesische Konflikt. Nachdem im Oktober 1929 russische Streitkräfte in beträchtlicher Zahl in der Mandschurei eingerückt waren, akzeptierten die Chinesen die sowjetische Forderung nach Wiederherstellung des alten Zustandes[119]. Wiewohl er sich erleichtert über das Ende des Konflikts zeigte, war der *Vorwärts* mit seinem Ausgang nicht zufrieden, denn aus seiner Sicht handelte es sich um einen „Sieg des Imperialismus"[120].

Daß der sozialdemokratische „Antibolschewismus" aber sehr scharfe und genau definierte Grenzen hatte, hatte sich im September 1929 gezeigt, als bekanntgeworden war, daß der deutschnationale Reichstagsabgeordnete Moritz Klönne Sondierungen über ein deutsch-französisches Kriegsbündnis gegen die Sowjetunion betrieben hatte, wohl mit dem Ziel, auf Kosten Rußlands zu einer Verständigung mit Frankreich über die besetzten Gebiete und die Reparationen zu kommen. Die SPD trat solchen abenteuerlichen Plänen entschieden entgegen. Die deutsche Sozialdemokratie, schrieb der *Vorwärts*, „stellt die Ideen des europäischen Sozialismus gegen die bolschewistischen Methoden, aber nicht die Reichswehr gegen die Rote Armee"[121].

Während die Klönne-Sondierungen eine absonderliche, wenn auch beunruhigende Episode blieben, kam im Spätherbst eine neue Belastungsprobe auf das deutsch-sowjetische Verhältnis zu. Tausende durch die Zwangskollektivierung der Landwirtschaft in der Sowjetunion ruinierte deutschstämmige Bauern versuchten das Land zu verlassen. Es handelte sich zumeist um Mennoniten, deren Vorfahren in der Zeit Katharinas der

---

[117] Vierter Kongreß der Sozialistischen Arbeiter-Internationale Wien, 25. Juli bis 1. August 1931. Berichte und Verhandlungen. 2 Bde. Zürich 1932, S. 90f. [Kongreßprotokolle der SAI, Bd. 4, Nachdr. Glashütten 1974]; Archiv SAI, 330/1-2.
[118] „Moskaus Beschwerde abgewiesen", Vorwärts Nr. 423 vom 10. 9. 1929; Dyck, Weimar Germany, S. 160.
[119] Von Rauch, Sowjetunion, S. 243.
[120] „Die Unterwerfung Mukdens", Vorwärts Nr. 559 vom 29. 11. 1929.
[121] „Krieg gegen Rußland! Gut und Blut für die internationale Schwerindustrie", Vorwärts Nr. 445 vom 22. 9. 1929; „Die Sozialdemokratie lehnt jede Kriegshetze gegen Sowjetrußland ab!", SPK Nr. 10/1929.

Großen nach Rußland gekommen waren. Zwischen 13 000 und 18 000 von ihnen waren bis Ende Oktober aus ihren Dörfern nach Moskau gezogen, wo sie vor den Toren der Stadt lagerten und die Genehmigung zur Ausreise verlangten. In Deutschland löste dieser Vorgang eine Welle von Mitgefühl, aber auch nationaler Emotionen aus[122]. Auch die deutsche Sozialdemokratie stand hier mehrheitlich nicht abseits. Wie auch für die bürgerliche Presse war die „Kolonisten-Affäre" für den *Vorwärts* Anlaß zu kritischen Berichten über die Zwangskollektivierung in der UdSSR[123].

Das Reichskabinett berief am 18. November den SPD-Abgeordneten Daniel Stücklen zum „Reichskommissar für Deutschrussenhilfe"[124], und es bildete sich ein „Ausschuß für die Ansiedlung der flüchtigen rußlanddeutschen Bauern", dem neben anderen der Agrarexperte der SPD, Fritz Baade, angehörte[125].

Nicht alle Sozialdemokraten ließen sich jedoch von der Sympathiewelle für die Kolonisten mittragen. Die *Leipziger Volkszeitung*, deren Berichterstattung in dieser Angelegenheit recht zurückhaltend gewesen war, erteilte einem Kritiker der allgemeinen Volksstimmung das Wort. Georg Engelbert Graf sprach sich in seinem Artikel „Die russischen Bauernemigranten und wir" gegen den „nationalen Rummel" aus. Statt die Kolonisten in Deutschland anzusiedeln, sollte man ihnen die Weiterreise nach Amerika ermöglichen, wohin die meisten von ihnen ohnehin wollten, weil sie dort Verwandte hatten. Grafs Motiv war aber primär ein politisches: „Wir haben starre, fortschrittsfeindliche Bauern genug in Deutschland." Auch in die allgemeine Kritik an der Kollektivierung wollte er nicht einstimmen. Sie sei aus der Zwangslage heraus entstanden, daß die Kulaken die Getreideablieferung boykottiert hätten. Allerdings sei sie „sachlich übertrieben" und psychologisch für die Kolonisten „unverständlich"[126]. In den unterschiedlichen Stellungnahmen zur Kollektivierung zeichnete sich bereits der Beginn der Diskussion über Stalins „Revolution von oben" ab, die in den folgenden Jahren in der internationalen Sozialdemokratie eine erhebliche Bedeutung gewinnen sollte.

Neben dem Umbruch in der Sowjetunion belastete vor allem die Radikalisierung der KPD die deutsch-sowjetischen Beziehungen. Seit ihrem Wedding-Parteitag vom Juni 1929 bis zum März 1930 verfolgte die KPD einen Kurs des bedingungslosen Kampfes gegen die Sozialdemokratie. Dabei wurde im Gegensatz zu früher auch nicht mehr zwischen den einfachen Mitgliedern der SPD und ihren angeblich „rechten" Führern unterschieden[127]. Die einsetzende Weltwirtschaftskrise trug zur weiteren Verschärfung des politischen Kampfes in Deutschland bei. Daß die sowjetische Presse einerseits

---

[122] Eine ausführliche Schilderung der sog. „Kolonisten-Affäre" gibt Dyck, Weimar Germany, S. 162–177.
[123] Mentzel, Publizistik, S. 172; Müller, Deutsch-sowjetische Beziehungen, S. 198; „Volkswanderung aus dem Osten", Vorwärts Nr. 534 vom 13. 11. 1929; vgl. auch: „Sowjet-Terror gegen Bauern", Vorwärts Nr. 532 vom 12. 11. 1929; „Die russische Bauernkatastrophe", Nr. 533 vom 13. 11. 1929.
[124] Rosenfeld, Sowjetunion und Deutschland, S. 351.
[125] „Rettet die russisch-deutschen Bauern. Unterbringung und Aussiedelung in Deutschland", Vorwärts Nr. 539 vom 16. 11. 1929.
[126] LVZ Nr. 274 vom 26. 11. 1929.
[127] Hermann Weber: Zur Politik der KPD 1929–1933, in: Manfred Scharrer (Hrsg.): Kampflose Kapitulation. Arbeiterbewegung 1933. Reinbek bei Hamburg 1984, S. 121–182, hier: S. 129–131.

kommunistisch inspirierte, gewalttätige Arbeitslosendemonstrationen als Zeichen eines „revolutionären Aufschwunges" pries, die Sowjetregierung aber in einem offiziösen Artikel in den *Izvestija* vor Belastungen des deutsch-sowjetischen Verhältnisses warnte, falls die in diesem Zusammenhang von der bürgerlichen und der sozialdemokratischen Presse an der Sowjetunion geübte Kritik fortgesetzt werden sollte, löste eine wütende Reaktion des *Vorwärts* aus, der von einer „Sowjetfrechheit" sprach. Die Unterscheidung zwischen der Sowjetregierung und der Komintern sei nur eine Fiktion, die ersterer den Verkehr mit anderen Staaten ermöglichen solle. Tatsächlich bestehe eine „Verantwortlichkeit des offiziellen Rußland für die verbrecherische Politik der deutschen Kommunisten". Der *Vorwärts* gab die Warnung vor einer Belastung der deutsch-sowjetischen Beziehungen an die Moskauer Adresse zurück. „Die Ansicht, daß diese Beziehungen darin bestehen, daß Deutschland schweigend zusehen müßte, wie die Sowjets in Deutschland Putsche organisieren, ist etwas zu russisch primitiv."[128]

Eine Woche später sprach ein Berliner Gericht eine Gruppe von Geldfälschern frei, die aus politischen Gründen sowjetische Banknoten nachgemacht hatten. Es berief sich dabei auf das 1928 beschlossene Amnestiegesetz. In der sozialdemokratischen Presse fand der Richterspruch zunächst ein durchaus kritisches Echo. „Ein unverständiches Urteil", überschrieb der *Vorwärts* seine Meldung, und die *Leipziger Volkszeitung* sprach von einer „Prämie für Fälscher"[129]. Die Kritik der *Izvestija*, das Gericht habe sich damit auf den Standpunkt gestellt, daß jede Aktion gegen die Sowjetunion den innenpolitischen Interessen Deutschlands entspreche und Verbrechen gegen die UdSSR nicht als solche zu bewerten seien, provozierte den *Vorwärts* jedoch erneut zu einer scharfen Replik. Die offiziöse Entgegnung, die die deutsche Regierung über *Wolffs Telegraphen-Bureau* verlautbaren ließ, war seiner Meinung nach eine „sanfte Zurückweisung" und entsprach „einer fast achtjährigen Tradition, bei der man auf die offenkundigsten Provokationen mit diplomatischer Höflichkeit reagiert"[130].

Anders als die Wilhelmstraße war der *Vorwärts* jederzeit bereit, Blitze gen Moskau zu schleudern. Zwei Tage später berichtete er, das KPD-Zentralorgan *Rote Fahne* werde in hohem Maße von der Sowjetbotschaft und der sowjetischen Handelsmission subventioniert. Sie hielten 5000 Abonnements des Blatts, was etwa 20 Prozent der Gesamtauflage entspreche. Das SPD-Organ berief sich dabei auf Angaben eines Mittelsmannes, über den die SPD mit der KPD Verhandlungen über den Kauf von Druckereigebäuden führte. Ein sofortiges Dementi der sowjetischen Botschaft bezweifelte der *Vorwärts* und bekräftigte seine Behauptungen[131]. Das Trommelfeuer zeigte Wirkung. Der sowjetische Geschäftsträger Bratman-Brodovskij kam am 13. Februar persönlich ins Außenministerium, um die Behauptungen des *Vorwärts* zu dementieren. Die sowjetische Botschaft beziehe genau elf Exemplare der *Roten Fahne*, erklärte er[132].

---

[128] „Sowjetfrechheit. Sie organisieren Putsche und beschweren sich über die Abwehr", Vorwärts Nr. 50 vom 30. 1. 1930; „Das Spiel mit dem Aufstand. Sowjetpresse treibt die deutschen Kommunisten an", Vorwärts Nr. 37 vom 23. 1. 1930.
[129] „Freispruch der Geldfälscher. Ein unverständliches Urteil", Vorwärts Nr. 66 vom 8. 2. 1930; „Zum Urteil im Tscherwonzenfälscherprozeß", LVZ Nr. 34 vom 10. 2. 1930, 1. Beilage.
[130] „‚Iswestija' provozieren", Vorwärts Nr. 69 vom 11. 2. 1930.
[131] „Subventionen für die ‚Rote Fahne'", Vorwärts Nr. 74 vom 13. 2.; „Das Sowjetgeld", Vorwärts Nr. 75 vom 14. 2. 1930.
[132] ADAP Serie B, Bd. 14: 1. Januar bis 30. April 1930. Göttingen 1980, Nr. 100, S. 219f.

10. Das Kabinett Hermann Müller II und die Krise der deutsch-sowjetischen Beziehungen

Wenn in einer Aufzeichnung des Ministerialdirektors Trautmann vom 15. Februar von einem „Tiefstand der deutsch-sowjetischen Beziehungen" die Rede war und die führende Rolle der sozialdemokratischen Presse in „dem Feldzug gegen die russische Politik" vermerkt wurde[133], entsprach das sicherlich der Realität. Das wurde auch in dem Gespräch deutlich, das Staatssekretär von Schubert zwei Tage später mit dem sowjetischen Botschafter Krestinskij führte. Die Atmosphäre dieses Gespräches war, soweit man das den nüchternen Aufzeichnungen des Diplomaten entnehmen kann, reichlich kühl. Von Schubert nahm die Beschwerden Krestinskijs über das Urteil im Tscherwonzen-Fälscher-Prozeß und die angeblichen Falschmeldungen des *Vorwärts* über die Unterstützung der *Roten Fahne* zur Kenntnis, hielt dessen Forderung, die deutsche Regierung müsse eingreifen, um die Pressekampagne gegen die Sowjetunion zu stoppen, jedoch seine Auffassung entgegen, die Hauptursache der Verstimmung sei die sowjetische Einmischung in deutsche innere Angelegenheiten[134]. Über Krestinskijs Ausführungen notierte von Schubert: „Er betonte mehrfach, die von den sozialdemokratischen Organen ausgehende Propaganda müsse unbedingt aufhören. Es würden die unerhörtesten und unbegründetsten Verleumdungen von dieser Presse gegen Rußland geschleudert. Er warnte mich vor den Folgen, die ein Fortbestehen dieser Propaganda haben müsse."[135] Auf die redaktionelle Linie des *Vorwärts* hatten Krestinkijs Beschwerden im Auswärtigen Amt keinerlei Auswirkung. Er setzte nicht nur seine kritische Berichterstattung über die Vorgänge in der Sowjetunion fort, sondern begrüßte auch vorsichtig den vom Papst verkündeten „Gebetsfeldzug" gegen die religiöse Verfolgung in der Sowjetunion[136]. Eigentlich hätte die Initiative für eine Protestbewegung für Geistesfreiheit vom demokratischen Sozialismus ausgehen müssen und nicht von der durch eine lange Unterdrückungsgeschichte belasteten katholischen Kirche, lautete der Tenor seiner Stellungnahmen[137].

Die Parteilinke sah das allerdings ganz anders. Sie stufte die kirchliche Kampagne nicht als Feldzug für Religionsfreiheit ein, sondern als einen „Kreuzzug der Heuchelei", wenn nicht gar einen gegen den Sozialismus an sich gerichteten Propagandafeldzug. Es müsse aufs schärfste verurteilt werden, daß der *Sozialdemokratische Pressedienst*, dessen Artikel die Mehrzahl der Parteiblätter kritiklos nachdrucke, in die Hetze gegen Sowjetrußland einfalle und sich damit an die Seite der Bourgeoisie stelle, schrieb Fritz Bieligk im *Klassenkampf*[138].

Am 20. Februar befaßte sich die Regierung Müller noch einmal mit dem deutsch-sowjetischen Verhältnis. Wege aus der Krise wurden dabei nicht deutlich. Eine vom deutschen Botschafter in Moskau, von Dirksen, vorgeschlagene deutsch-sowjetische Erklärung über das gegenseitige Verhältnis lehnte der Kanzler entschieden ab. Innenminister Severing plädierte für eine mehrmonatige Zurückhaltung gegenüber der Sowjet-

---

[133] Ebenda, Nr. 103, S. 225–231, hier: S. 225f.
[134] Ebenda, Nr. 108 u. Nr. 109 (Aufzeichng. StS im AA von Schubert, 17. 2. 1930), S. 239–245.
[135] Ebenda, S. 244.
[136] Vgl. dazu Rosenfeld, Sowjetunion und Deutschland, S. 350; Dyck, Weimar Germany, S. 192.
[137] Friedrich Wendel: Geistesknecht in der Sowjetunion, in: Vorwärts Nr. 76 vom 14. 2. 1930; Peter Garwy: Zweikampf Moskau-Rom, in: Vorwärts Nr. 123 vom 14. 3. 1930.
[138] Fritz Bieligk: Los von Rußland, in: KK Nr. 5 vom 1. 3. 1930; „Ein moderner Kreuzzug" (Hartwig), Ebenda Nr. 6 vom 15. 3. 1930; Olga Domanewskaja: Kreuzzug der Heuchelei, in: RSD Nr. 13 vom 27. 3. 1930.

union, um in dieser Zeit „die Kommunisten scharf anzufassen", und setzte sich im übrigen für einen Abbau der militärischen Beziehungen zur Roten Armee ein[139].

Ein Gespräch zwischen Außenminister Curtius und Botschafter Krestinskij Anfang März führte wegen der Berichterstattung des *Sozialdemokratischen Pressedienstes* darüber zu neuerlichen Irritationen. Der *Pressedienst* hatte geschrieben: „Dr. Curtius ließ dem russischen Botschafter keinen Zweifel darüber, daß die Reichsregierung in Zukunft zwischen Äußerungen und Handlungen der Komintern und denen der russischen Regierung keinen Unterschied mehr machen und die russische Regierung künftig für Äußerungen und Handlungen der Komintern verantwortlich machen werde."[140] Diese Darstellung wurde von Krestinskij umgehend dementiert und veranlaßte ihn zu einem Protest beim Außenministerium[141]. Der *Vorwärts* hingegen verlangte eine Revision der deutsch-sowjetischen Verträge, insbesondere die Aufnahme von Schutzbestimmungen gegen sowjetische Einmischungen in deutsche innere Angelegenheiten[142].

Die SPD-Führung, die den Kampf gegen sowjetische Einmischungen seit Joffes Ausweisung im Jahre 1918 führte, war offensichtlich entschlossen, die deutsch-sowjetischen Beziehungen zur „Geisel" für das Wohlverhalten der KPD zu machen. Der Versuch der SPD, das deutsche Verhältnis zur Sowjetunion unter den Primat der deutschen Innenpolitik zu stellen, scheiterte jedoch schon allein deshalb, weil Ende März das Kabinett Müller, und damit die letzte parlamentarische Regierung der Weimarer Republik zerbrach.

Die sozialdemokratische Kritik an der Gestaltung der deutsch-sowjetischen Beziehungen wurde daraufhin nur noch entschiedener. Hatte Hermann Müller bei der Ministerbesprechung vom 20. Februar noch erklärt, die große Linie der deutschen Politik gegenüber der Sowjetunion wie sie durch den Rapallo- und den Berliner-Vertrag vorgegeben sei, müsse beibehalten werden[143], so stellte der *Sozialdemokratische Pressedienst* Mitte April fest, der Rapallo-Vertrag habe seinen „Zweck verfehlt". Auch in wirtschaftlicher Hinsicht stellten die deutsch-sowjetischen Beziehungen eine Enttäuschung dar[144]. Es scheint sogar, daß die SPD ihre Politik gegenüber der Sowjetunion nach ihrem Ausscheiden aus der Reichsregierung von ihrer preußischen Machtbastion aus fortsetzen wollte. Im Rechtsausschuß des preußischen Landtages stellte die SPD Ende April einen Antrag, mit dem die preußische, SPD-geführte Landesregierung beauftragt wurde, vom Auswärtigen Amt Initiativen im Fall des deutschen Kommunisten Fridolin Leutner zu fordern, der 1923 unter rätselhaften Umständen in Moskau ermordet worden war. Die SPD glaubte Hinweise zu haben, daß Leutner als innerparteilicher Opponent habe beseitigt werden sollen. „Unglaublich" nannte der SPD-Abgeordnete Kuttner, daß sich das Auswärtige Amt 1923 mit einer Auskunftsverweigerung der sowjetischen Regierung abgefunden habe[145].

---

[139] AdR Kab. Müller II, S. 1478f., Fußnote 2.
[140] Zit. nach „Schärferer Kurs gegen Rußland", LVZ Nr. 59 vom 10. 3. 1930.
[141] ADAP Serie B, Bd. 14, Nr. 154, S. 361.
[142] „Deutschland und Sowjetrußland. Revision der Verträge?", Vorwärts Nr. 129 vom 18. 3. 1929.
[143] AdR Kab. Müller, S. 1478, Fußnote 2.
[144] Müller, Deutsch-sowjetische Beziehungen, S. 219.
[145] „Niederlage der Todesstrafe!", Vorwärts Nr. 202 vom 1. 5. 1930; „Deutscher in Rußland ermordet", Vorwärts Nr. 205 vom 3. 5. 1930; „Ein Opfer der Tscheka?", LVZ Nr. 141 vom 20. 6. 1930.

10. Das Kabinett Hermann Müller II und die Krise der deutsch-sowjetischen Beziehungen

Unter diesen Umständen erstaunt es wenig, daß das deutsch-sowjetische Kommuniqué vom 13. Juni, in dem die Ausräumung der wesentlichen in der Krise von 1929/30 entstandenen Gegensätze und die Fortsetzung der gegenseitigen Beziehungen im Geiste des Rapallo-Vertrages erklärt wurde, auf die SPD im Gegensatz zu den bürgerlichen Parteien keinen positiven Eindruck machte[146]. Der *Vorwärts* kritisierte insbesondere die vage gehaltene Nichteinmischungsformel und verwies darauf, daß die englische Labour-Regierung bei der Wiederaufnahme der Beziehungen zur Sowjetunion 1929 eine konsequentere Regelung durchgesetzt habe. Über das deutsch-sowjetische Kommuniqué würden dagegen „in Moskau die Hühner lachen"[147].

---

[146] Der Text in ADAP, Serie B, Bd. 15: 1. Mai bis 30. September 1930. Göttingen 1980. Zur Entstehung und Wirkung Dyck, Weimar Germany, S. 202–207.
[147] „Neuer Rückzug vor Moskau", Vorwärts Nr. 273 vom 14. 6. 1930; vgl. auch: Jahrbuch der Deutschen Sozialdemokratie für das Jahr 1930. Berlin 1931. [Reprint Berlin usw. 1976], S. 37.

11. Sozialistischer Aufbau im Reich des „Roten Duce"? SPD und Sowjetunion am Ende der Weimarer Republik

Nach dem Rücktritt der Regierung Hermann Müller nahm die unmittelbare Auseinandersetzung zwischen SPD und Sowjetunion ab. Dennoch waren die Entwicklung der Sowjetunion und ihre Perzeption für die deutsche Sozialdemokratie in den frühen dreißiger Jahren ein bedeutsamer Faktor, denn vor dem Hintergrund der Weltwirtschaftskrise erneuerten, wie Erich Matthias feststellte, Realität und Mythos des sowjetischen Fünfjahresplans die „Ausstrahlungskraft des bolschewistischen Beispiels der ‚Tat'"[1]. Nicht allein durch die kommunistische Propaganda mit den angeblichen oder tatsächlichen sowjetischen Aufbauleistungen wurde die SPD dazu gezwungen, sich mit der „zweiten Revolution" zu befassen. Der Versuch, die Sowjetunion mit einem großen Sprung in ein Industrieland zu verwandeln, löste auch innerhalb der internationalen Sozialdemokratie eine kontroverse Diskussion darüber aus, ob der sowjetische Weg nicht doch zum Sozialismus führen könne.

Im Zentrum der Aufmerksamkeit der deutschen Sozialdemokratie stand jedoch die immer bedrohlichere Gefährdung der Weimarer Republik durch die erstarkende NSDAP. In der Diskussion darüber, ob eine Einheitsfront mit der KPD zur Abwehr dieser Gefahr möglich sei, spielte ebenfalls die Beurteilung der Sowjetunion durch die SPD eine Rolle.

Stalins Durchbruch – sozialdemokratische Reaktionen

Anfang 1929 erschien ein in sozialdemokratischen Kreisen vielbeachtetes Buch des menschewistischen Ökonomen Aron Jugow über „Die Volkswirtschaft der Sowjetunion und ihre Probleme". In seiner detaillierten Bilanz der sowjetischen Wirtschaftsentwicklung kam Jugow zu dem Ergebnis, daß in der Sowjetunion keine vergesellschaftete Wirtschaft, sondern lediglich ein schlecht funktionierender, bürokratischer Staatskapitalismus entstanden sei. Eine weitere Ausdehnung der Sphäre der privatkapitalistischen Produktionsverhältnisse, die durch die NEP in begrenztem Maße wieder zugelassen worden war, stehe auf der Tagesordnung. Die nominell sozialistische Staatsführung sei durch die objektiven Verhältnisse gezwungen, „sich entweder für im vorhinein zum Mißerfolg verurteilte Maßnahmen (‚Linkskurs') zu entscheiden oder die Politik dem Proletariat fremder und auch feindlicher Klassen zu verwirklichen."[2] Nur die Liquidierung der Diktatur und der Abschied von einer utopischen Wirtschaftspolitik, die auf Verstaatlichung baue, wiesen laut Jugow einen Weg aus der krisenhaften Situation der Sowjetunion, wie sie um die Jahreswende 1928/29 offenkundig geworden war[3].

Stalin war anderer Meinung. Er war entschlossen, den gordischen Knoten der sowjetischen Wirtschaftsprobleme nach Art Alexanders des Großen zu lösen. Das zeigte sich,

---

[1] Matthias, Deutsche Sozialdemokratie und der Osten, S. VI.
[2] A. Jugow: Die Volkswirtschaft der Sowjetunion und ihre Probleme. Dresden 1929, S. 356; vgl. auch A. Gurland: Russische Probleme. Bemerkungen zu Jugows Rußland-Buch, in: KK Nr. 5 vom 1. 3. 1929. (Gurland hatte Jugows russisches Manuskript ins Deutsche übersetzt.); A. Jugow: Grundprobleme der russischen Volkswirtschaft, in: DG 4 (1927) 2. Halbband, S. 419–454.
[3] Ebenda, S. 371.

als im April 1929 von der 16. Parteikonferenz die Maximalvariante des ersten Fünfjahresplans beschlossen wurde, die gigantische Produktionssteigerungen vor allem in der Schwerindustrie vorsah. Und es offenbarte sich ferner, als im Herbst 1929 in einem schwindelerregenden Tempo die zwangsweise Kollektivierung der sowjetischen Landwirtschaft einsetzte[4].

Solchen Projekten hatte Jugow das unweigerliche Scheitern vorausgesagt, und diese Auffassung herrschte auch in der deutschen Sozialdemokratie. Die Lobpreisungen des Fünfjahresplans auf der Parteikonferenz vom Mai 1929 als „Poesie des Sozialismus" aufgreifend, schrieb Peter Garwy im *Vorwärts*: „Der Wirtschaftsplan ist gewiß eine schöne Dichtung, aber der Warenhunger, die Brotkarten, das Schlangestehen, der Lohndruck, die Einschränkung der Anbaufläche ist die traurige Wahrheit."[5] Damit hatte Garwy den Grundton angeschlagen, der die Berichterstattung der deutschen sozialdemokratischen Publizistik über die forcierte Industrialisierung in der Periode des ersten Fünfjahresplanes vorwiegend prägte. Nicht die Erfolge des wirtschaftlichen Aufbaus standen in ihrem Zentrum, sondern die Entbehrungen, die er der Bevölkerung und insbesondere der Arbeiterschaft aufbürdete[6]. Auch die Kollektivierung hatte keine gute sozialdemokratische Presse. Die *Leipziger Volkszeitung* schrieb, hinter der Parole „Kampf gegen den Kulak" [= Großbauern, JZ] unter der sie durchgeführt werde, stehe in Wirklichkeit ein Kampf gegen den Fleiß. Die Kulaken seien mit deutschen Großbauern nicht zu vergleichen, sondern stellten die Gruppe russischer Bauern dar, die durch besonderen Fleiß ihren Wohlstand etwas über den Durchschnitt hätten heben können. Mit den von der Sowjetregierung eingeleiteten Maßnahmen werde das Niveau der Landwirtschaft künstlich gesenkt[7].

Besonders aber entsetzte die Sozialdemokraten die Brutalität, die den neuen Kurs kennzeichnete, insbesondere die massenhaften Hinrichtungen, die Ende 1929 ein seit den Zeiten des Bürgerkrieges nicht mehr dagewesenes Ausmaß erreichten. Allein vom 1. Oktober bis 15. November 1929 waren 500 Erschießungen zu verzeichnen[8]. Im November 1929 protestierte das Büro der SAI gegen die Hinrichtungswelle[9].

Im deutschsprachigen *Mitteilungsblatt der Russischen Sozial-Demokratie*, RSD, er-

---

[4] Von Rauch, Sowjetunion, S. 205–216; Richard Lorenz: Die Sowjetunion (1917–1941), in: Fischer Weltgeschichte Bd. 31: Rußland. Frankfurt a.M. 1973, S. 271–353, hier S. 316–353.

[5] Peter Garwy: Stalins Sieg, in: Vorwärts Nr. 212 vom 8. 5. 1929; „‚Einholen und Überholen' in fünf Jahre!" [sic!], SPK Nr. 5, Mai 1929. Alle Beiträge zur Sowjetunion in der SPK, die zumeist ohne Nennung des Autorennamens veröffentlicht wurden, stammten von Peter Garwy; vgl. Garwy an Karl Kautsky 30. 4. 1930; Nl. Kautsky, G 16,42–45.

[6] Siehe dazu Heller, Geschichte der Sowjetunion, S. 216f.

[7] „Der Kampf gegen den Kulak", LVZ Nr. 14 vom 17. 1. 1930; vgl. auch: „Kampf um das Brot", SPK Nr. 11, November 1929.

[8] R. Abramowitsch: Die politischen Gefangenen in der Sowjetunion. Mit einem Vorwort der Vorsitzenden der „Kommission zur Untersuchung der Lage der politischen Gefangenen", Senator Louis de Brouckère, Brüssel und Artur Crispien, MdR Berlin. Berlin 1930, S. 15; vgl. auch: „Terror in Permanenz", SPK Nr. 11, November 1929; Emile Vandervelde: Stalins neue Terrorwelle, in: Vorwärts Nr. 79 vom 16. 2. 1930. „Stalin der Schreckliche", Vorwärts Nr. 104 vom 3. 3. 1930; D. Dalin: Der kleine Bürgerkrieg, in: RSD Nr. 44 vom 7. 11. 1929; „Der Terror wütet in Rußland", RSD Nr. 2 vom 9. 1. 1930; D. Dalin: Tausende von Hinrichtungen, in: RSD Nr. 4 vom 23. 1. 1930; „Bürgerkrieg in Vorbereitung", RSD Nr. 9 vom 27. 2. 1930.

[9] Protokoll vierter SAI-Kongreß, S. 40f.; SPD-Parteivorstand (Hrsg.): Jahrbuch der Deutschen Sozialdemokratie für das Jahr 1929. Berlin 1930 [Nachdr. Berlin, Bonn 1976.], S. 260.

schien eine Reihe von Briefen aus Moskau, die eine bedrohliche Atmosphäre schilderten. Das Leben der Sowjetbürger sei mit zwei Dingen voll ausgefüllt: „die ‚Säuberung' zu überleben, ohne die Arbeitsstelle zu verlieren, und sich die Nahrung wenigstens für morgen und übermorgen zu sichern"[10].

Aufmerksam registriert wurde in der SPD-Presse auch die Entmachtung der „rechten Opposition" in der KPdSU um Bucharin, Rykow und Tomskij, die an der NEP hatte festhalten wollen. Unter dem Titel „Die Stalinisierung der russischen Gewerkschaften" berichtete die *Sozialdemokratische Parteikorrespondenz* über die Absetzung des Gewerkschafsvorsitzenden Tomskij. Zwar seien die sowjetischen Gewerkschaften auch schon zuvor der KPdSU unterworfen gewesen und hätten nur in Ausnahmefällen unter dem Druck ihrer Mitglieder Arbeiterinteressen vertreten, doch für die forcierte Industrialisierung, die mit „den schlimmsten Ausbeutermethoden der Intensivierung der Arbeit" betrieben werde, sei selbst dies störend. „Die Entartung der Parteidiktatur in die persönliche Diktatur des russischen ‚Duce' führte unvermeidlich zum Verlust des letzten Schattens der Gewerkschaftsautonomie [...]"[11] Der Umbruch in der Sowjetunion forderte eine Reaktion der Sozialdemokratie heraus. Insbesondere der rechte Flügel der menschewistischen Emigration sah jetzt den Zeitpunkt gekommen, an dem die SAI aktiver in das sowjetische Geschehen eingreifen sollte. Die rechten Menschewiki reagierten auf die Renaissance des Kriegskommunismus, als der der neue Stalinsche Kurs vielen erschien, gewissermaßen mit einer Erneuerung von Axelrods Idee der sozialistischen Intervention[12]. Statt Stellungnahmen von Fall zu Fall abzugeben, müsse die SAI die öffentliche Meinung des internationalen Proletariats mit einer planmäßigen Kampagne gegen Terror, religiöse Verfolgungen, die Unterdrückung von Arbeiter und Bauern, aber auch „gegen das gesamte System der bolschewistischen Diktatur und ihre Politik der utopistischen Experimente" mobilisieren, forderten sie[13].

Mit dieser Strategie hofften die rechten Menschewiki nicht nur demokratische politische Aktivitäten der Massen in der Sowjetunion anzufachen, sondern auch Illusionen über die sowjetische Entwicklung begegnen zu können, die sich ihrer Meinung nach in der westlichen Arbeiterbewegung erneut auszubreiten begannen. Als einen Urheber solcher „Illusionen" sahen die rechten Menschewiki den in der SAI einflußreichen österreichischen Sozialisten Otto Bauer[14]. In der Tat war die Reaktion der österreichi-

---

[10] „Politik im Sowjetalltag", RSD Nr. 48 vom 5. 12. 1929; „Brief aus Moskau", RSD Nr. 45 vom 14. 11. 1929; „Brief aus Moskau", RSD Nr. 47 vom 28. 11. 1929.

[11] „Die Stalinisierung der russischen Gewerkschaften", SPK Nr. 7, Juli 1929. Daß es in der Logik der Diktatur liege, daß die Entscheidungsgewalt auf immer engere Gruppen übertragen werde, hatte bereits 1926 R. Abramowitsch festgestellt: „Nach der Konferenz der KPdSU", RSD Nr. 47 vom 23. 11. 1926; vgl. auch Theodor Dan: Der höchsterhabene Diktator, in: RSD Nr. 1 vom 3. 1. 1930.

[12] Siehe dazu S. 48.

[13] Zur Position der rechten Menschewiki siehe „Položenie v Rossii i Zadači RSI. Tézisy opposicii'" [Die Lage in Rußland und die Aufgaben der SAI. Thesen der „Opposition"], Socialističeskij Vestnik Nr. 16 vom 30. 8. 1930. Die Thesen waren schon im April verfaßt worden. Die Publikation im Vestnik war jedoch offensichtlich von der in der Redaktion dominierenden Mehrheitsgruppe aus politischen Gründen hinausgezögert worden; „Entwurf der Thesen über die russische Frage", Nl. Kautsky, G 16, 103–111. Unterstützer waren u. a. Garwy, Bienstock und Woytinski.

[14] Denkschrift von Aronson, Bienstock, Garwy u. a.; Nl. Kautsky, G 16, 42–45.

schen Sozialisten auf die neue Entwicklung in der Sowjetunion zwiespältig. So stellte die Wiener *Arbeiterzeitung* im Juli 1930 dazu fest, es sei „etwas Heroisches in diesem Versuch, eine ganze Generation der Zukunft zu opfern, ohne Rücksicht auf die schwersten Opfer von hundert Millionen Menschen den Sieg einer Idee zu erzwingen". Ob daraus eine gefährliche Utopie werde, könne erst die Geschichte erweisen[15].

Die Begeisterung für das große Experiment, das in der Sowjetunion ablief, beschränkte sich aber nicht auf marxistische Theoretiker. So wurde im Mai 1930 in einer Versammlung der Breslauer SPD nahezu einstimmig eine Resolution angenommen, in der ausgeführt wurde, daß die ökonomischen und sozialen Fortschritte der Sowjetunion der Welt das Beispiel gäben, daß eine Gesellschaft auch ohne Kapitalisten existieren könne. Die Sozialdemokraten müßten den Skeptizismus gegenüber Sowjetrußland ablegen und die Einheit der Arbeiterklasse unter der Losung herstellen: „Proletarier aller Länder, vereinigt euch zum Schutz der Sowjetunion!"[16].

Der Vorstoß der rechten Menschewiki für eine Offensive der SAI gegen das System des Bolschewismus und die prosowjetischen Tendenzen in der Sozialdemokratie blieb schon in den Anfängen stecken. Da sie als Minderheit nicht für die russische sozialdemokratische Partei sprechen konnten, wurde ein von ihnen eingereichtes Memorandum vom SAI-Sekretär Friedrich Adler zurückgeschickt, ohne daß es von der SAI-Exekutive diskutiert worden wäre[17].

So kam in der Internationale nur die SDAPR-Mehrheit zum Zug, die im Bolschewismus nach wie vor einen, wenn auch deformierten, revolutionären Faktor sah und sich auf die Kritik der Folgen seiner Politik beschränkte. In welche Richtung ihre Argumentation ging, hatte bereits eine die Sowjetunion betreffende Passage im Maiaufruf der SAI gezeigt, die von Theodor Dan verfaßt worden war. Die bolschewistische Diktatur entfremde sich die beiden tragenden Klassen der russischen Revolution, nämlich die Arbeiterklasse und die Bauernschaft, hatte es darin geheißen. Sie beschwöre damit die Konterrevolution herauf. Die sozialistischen Arbeiter Rußlands bemühten sich dagegen um die Demokratisierung des Sowjetstaates, durch die allein die drohende konterrevolutionäre Gefahr von der russischen Revolution abgewendet werden und die Grundlage für die Wiederherstellung der Einheit der internationalen Arbeiterbewegung geschaffen werden könnte[18]. Zur Exekutivtagung der SAI legte die Führungsgruppe der Menschewiki ein Memorandum vor, in dem die ökonomischen und politischen Gefahren des Stalinschen Kurses ausführlich beschrieben wurden und die im Mai-Aufruf gezeichnete Perspektive im einzelnen begründet wurde[19]. Das Ergebnis war eine Proklamation der SAI-Exekutive an die Arbeiter Rußlands, in dem eindringlich die Gefahr beschworen wurde, die Stalinsche Politik werde zu einer Kluft zwischen Bauernschaft und Arbeiter-

---

[15] Zit. nach Löw, Otto Bauer, S. 154.
[16] „Begeisterung für Sowjetrußland", „Das Freie Wort" (FW) Nr. 22 vom 1. 6. 1930.
[17] P. Garwy an Karl Kautsky vom 30. 4. 1930, Nl. Kautsky G 16,42–45; Sekretariat SAI (F. Adler) an G. Aronson, 12. 5. 1930, Nl. Kautsky G 16, 82.
[18] „An die Arbeiter aller Länder!", LVZ Nr. 92 vom 19. 4. 1930.
[19] „O sovremennom političeskom položenii v Sovetskom Sojuse. Memorandum Zagr. Deleg. RSDRP." [Über die gegenwärtige politische Lage in der Sowjetunion. Memorandum d. Ausl. del. d. SDAPR], Socialističeskij Vestnik Nr. 9 vom 17. 5. 1930. Deutsch in: Sozialistische Revolution in einem unterentwickelten Land. Texte der Menschewiki zur russischen Revolution. Hamburg 1981, S. 163–176. Ferner: Nl. Kautsky, G 16, 84–102.

klasse führen, und die Verzweiflung der Bauern werde von weißen Konterrevolutionären für ihre Zwecke mißbraucht werden. Parteilose und kommunistische Arbeiter sollten sich mit den Sozialisten zur Rettung der Revolution verbünden. Vor allem, so der Aufruf, müsse das Bündnis der Arbeiter mit den Bauern wiederhergestellt werden. Dazu müsse mit der gewaltsamen Kollektivierung Schluß gemacht werden. Außerdem müßten Meinungs- und Organisationsfreiheit wieder eingeführt werden[20].

Der Aufruf, der vom *Socialističeskij Vestnik* als „historisches Dokument" eingestuft wurde, weil sich damit die SAI erstmalig direkt mit einer grundsätzlichen Erklärung zum Kampf mit der bolschewistischen Diktatur an die Arbeiter Rußlands gewendet habe[21], war einstimmig verabschiedet worden. Otto Bauer allerdings hätte das Thema am liebsten nicht auf der Tagesordnung gesehen[22] und gehörte zu jenen Delegierten, die argumentierten, die Krise habe noch nicht den Punkt erreicht, an dem eine Intervention der SAI erforderlich sei[23]. Dagegen sprachen sich Otto Wels und Artur Crispien von der SPD wärmstens für den russischen Vorschlag eines Manifestes an die russischen Arbeiter aus[24].

In einem Brief an Karl Kautsky würdigte Peter Garwy, daß sich die SAI erstmals an die Arbeiter Rußlands gewendet habe. Aber dem Inhalt nach sei der Aufruf eine Bestätigung der Position von Dan und Bauer. Im Forderungskatalog fehlten – wie Garwy meinte „kaum zufällig" – die Freiheit des Gewissens – „(Religionsverfolgungen!)", vermerkte Garwy dazu – und das Streikrecht. Es würden freie und geheime Wahlen gefordert, aber nicht gleiche und direkte, was auf eine Anerkennung des Rätesystems hinauslaufe, das doch nur der Deckmantel der Parteidiktatur sei. Der Grundfehler des Aufrufs sei, daß die utopistische Versuchspolitik nicht kritisiert werde[25].

Schon Ende April hatte Garwy Kautsky aufgefordert, öffentlich seine Meinung über die forcierte Industrialisierung, die Zwangskollektivierung und die Stellung der Sozialdemokratie kundzutun[26]. Mit Theodor Dan hatte Kautsky 1929/30 brieflich ausführlich über die Zukunftsaussichten Sowjetrußlands und die Strategie der menschewistischen Emigration debattiert[27]. Eingehend legte Kautsky seinen Standpunkt im Herbst 1930 in dem Büchlein „Der Bolschewismus in der Sackgasse" dar[28]. Darin geht es im wesentlichen um drei Fragen, nämlich die Verwirklichungschancen des Fünfjahresplans, den Charakter des bolschewistischen Regimes und die notwendige Strategie der demokratischen und sozialistischen Emigration Rußlands.

Die wirtschaftlichen Aussichten der Sowjetunion schätzte Kautsky äußerst negativ ein, so negativ, daß Garwy, der das Korrekturlesen von Kautskys Broschüre übernommen hatte, ihn darauf aufmerksam machte, daß gewisse quantitative Erfolge in der industriellen Entwicklung nicht zu bestreiten seien. Die Argumentation sollte vor allem

---

[20] Prot. Vierter SAI-Kongreß, S. 92f.
[21] „Istoričeskij dokument", Socialističeskij Vestnik Nr. 10 vom 31. 5. 1930.
[22] Uli Schöler: Otto Bauer und Sowjetrußland. Berlin 1987, S. 31.
[23] „Sessija ispolkoma RSI" [Die Sitzung der SAI-Exekutive], Socialističeskij Vestnik Nr. 10 vom 31. 5. 1930; Brief P. Garwy an K. Kautsky, 27. 5. 1930, Nl. Kautsky, G 16,50–53.
[24] Ebenda.
[25] Garwy an Kautsky, 27. 5. 1930 . In der geltenden Räteverfassung wogen Arbeiterstimmen mehr als die von Bauern.
[26] Garwy an Kautsky, 30. 4. 1930 .
[27] Dan, Letters, S. 369–382, S. 395–398, S. 405–407 und S. 583–600.
[28] Karl Kautsky: Der Bolschewismus in der Sackgasse. Berlin 1930.

auf die Aussichtslosigkeit des Systems der Zwangswirtschaft allgemein hinauslaufen, ferner darauf, daß sie den Grundsätzen des Sozialismus widerspreche, weil sie keine Befreiung der Arbeitenden bringe[29].

Mit sicherem politischen Instinkt hatte Garwy erkannt, daß es gefährlich war, die Beurteilung des neuen sowjetischen Kurses von seinem ökonomischen Mißerfolg abhängig zu machen. Verlief die wirtschaftliche Entwicklung anders als vorhergesagt, mußte das weitreichende Konsequenzen für die eigene Ausgangsposition haben, wie sich im weiteren Verlauf der Diskussion noch zeigen sollte.

Bei Kautsky bestand jedoch nicht die Gefahr, daß er wegen ökonomischer Erfolge in der Sowjetunion seine grundsätzliche Position zum Bolschewismus änderte. „Die Kategorien, mit denen er die politisch-gesellschaftlichen Systeme beurteilte, waren die Kategorien der politischen Freiheit, der bürgerlichen Rechte, der Vereinigungs- und Versammlungsfreiheit, der Bewegungs- und Handlungsfreiheit für alle Parteien und der vollen Organisationsfreiheit für das Proletariat und die arbeitenden Schichten im allgemeinen", stellt der Politikwissenschaftler Massimo L. Salvadori fest[30]. Die weitere Einschränkung der Grundfreiheiten, die mit dem ökonomischen Umbruch in der Sowjetunion einherging, mußte Kautsky daher zu einer Verschärfung seines negativen Urteils über den Bolschewismus führen.

Kautsky ging über die etwas verschwommenen Warnungen vor der bonapartistischen Entartung der kommunistischen Diktatur hinaus und setzte sie eindeutig mit dem Faschismus gleich: „Der Faschismus ist aber nichts als das Gegenstück des Bolschewismus, Mussolini nur der Affe Lenins."[31] Aus dieser Voraussetzung mußte sich eine andere Strategie für die Demokratisierung der Sowjetunion ergeben, als sie im Aufruf der SAI vorgeschlagen worden war. Ein friedlicher Übergang, wie er darin skizziert worden war, schien Kautsky unwahrscheinlich. Er verwies darauf, daß selbst die beschränkten Zugeständnisse der NEP erst eine Folge des Kronstädter Aufstandes waren[32]. Seine Perspektive führte Kautsky zu ähnlichen Schlüssen wie die rechte Opposition der SDAPR. Wie sie meinte er, es müsse ein Bündnis zwischen Arbeitern, demokratisch und sozialistisch gesinnten Intellektuellen und Bauern angestrebt werden, das allein dem von ihm vorhergesagten antibolschewistischen Aufstand eine positive Richtung geben könne[33]. Er ging aber noch einen Schritt weiter, indem er forderte, dieses Bündnis solle gewissermaßen in der Emigration vorweggenommen werden. Die sozialistischen und demokratischen Organisationen der russischen Emigration sollten sich zusammentun, um die Zukunftsperspektiven ihres Landes zu diskutieren. Kautsky verwies dabei auf ähnliche Zusammenschlüsse der italienischen Emigration. Seiner Meinung nach kam der Emigration wegen ihrer Auslandserfahrung in der nachbolschewistischen Ära eine bedeutende Rolle zu[34].

---

[29] Peter Garwy an Karl Kautsky, 16. 7. 1930, Nl. Kautsky, G 16,54.
[30] Salvadori, Sozialismus und Demokratie, S. 420f.
[31] Kautsky, Sackgasse, S. 102.
[32] Ebenda, S. 105.
[33] Ebenda, S. 117.
[34] Ebenda, S. 119–132. Sehr skeptisch zur Rolle der Emigration äußerte sich dagegen Gregor Bienstock in einem Brief an Kautsky vom 3. 5. 1929. Die russische Sozialdemokratie sei inzwischen „kaum mehr als eine geheime Gesellschaft von Propagandisten". Würde sie in die Lage kommen, politische Macht auszuüben, würde sie wegen des Sektencharakters der verschiedenen Richtungen in ihr „kläglich scheitern". Nl. Kautsky, G 16,24–27.

Kautskys Buch erschien im SPD-Verlag Dietz Nachfolger, jedoch war es, wie schon sein Memorandum von 1925 „Die Internationale und Sowjetrußland", in weiten Teilen vorwiegend für ein sowjetisches Publikum geschrieben. Es wurde denn auch von Theodor Dan ins Russische übersetzt und mit einem kritischen Nachwort versehen[35]. Für die deutsche Sozialdemokratie war vor allem Kautskys Bekräftigung der Wesensverwandtschaft von Bolschewismus und Faschismus bedeutsam. Dies mußte auch ihre Beurteilung der deutschen Kommunisten beeinflussen. Im August 1930, also kurz bevor Kautskys Buch erschienen war, hatte die KPD eine „Programmerklärung zur nationalen und sozialen Befreiung des deutschen Volkes" veröffentlicht, in der sich starke Anklänge an den „Schlageter-Kurs" des Jahres 1923 fanden[36] – Grund genug für die SPD, ihren Vorwurf der kommunistisch-faschistischen Einheitsfront zu erneuern. Die KPD werde nationalistischer als Hitler, erklärte der *Vorwärts*[37] und nannte die „Programmerklärung" der KPD das „Programm mit dem Fememörderjargon"[38]. Kautskys Buch lieferte gewissermaßen den Beleg dafür, daß nicht nur die KPD, sondern auch das von ihr gepriesene „proletarische Vaterland" mit dem Faschismus wesensverwandt war.

In der SPD-Theoriezeitschrift *Die Gesellschaft* kritisierte Raphael Abramowitsch nach dem Erscheinen von Kautskys Buch dessen Auffassung, der Bonapartismus sei in der Sowjetunion bereits Realität. „Die klassischen Formen des Bonapartismus, die Machtergreifung Napoleons I. und Napoleons III. bedeuteten jede in ihrer Art eine antidemokratische Liquidierung der Revolution durch aus der Revolution selbst hervorgegangene Kräfte im Interesse der durch die Revolution neugeschaffenen besitzenden Klassen", definierte Abramowitsch den umstrittenen Begriff[39]. Das Merkmal der besitzenden Klassen fehle aber in der Sowjetunion. Die mehreren Zehntausend führender Funktionäre könnten nicht als solch eine Klasse eingestuft werden. „Wirklicher Bonapartismus für Rußland würde demnach bedeuten, daß die terroristische Diktatur der Bolschewiki mit kapitalistischem Inhalt erfüllt werde", folgerte er[40].

Kautsky dagegen hielt solche Diskussionen über historische Analogien für fruchtlos. Mit fiktiven Schreckbildern werde dabei nur „die Wucht unseres Angriffs gegen die unerbittlichen Schrecknisse der Diktatur" geschwächt[41].

Sozialdemokratie auf der Anklagebank

Allzu groß war die von Kautsky beschworene „Wucht des Angriffs" ohnehin nicht. Ein Anfang Oktober 1930 ergangener neuerlicher Aufruf der Menschewiki, gegen den

---

[35] Wolin, Mensheviks under the NEP and in Emigration, S. 323. Kautskys Buch wurde vom Dietz-Verlag in 4000 Exemplaren aufgelegt. Demgegenüber erreichte der von R. Abramowitsch verfaßte Bericht über die politischen Gefangenen in der Sowjetunion eine Auflagenhöhe von 25000; SPD-Parteivorstand (Hrsg.): Jahrbuch der Deutschen Sozialdemokratie für das Jahr 1930. Berlin 1931. [Reprint Berlin usw. 1976], S. 285.
[36] Heinrich August Winkler: Der Weg in die Katastrophe. Arbeiter und Arbeiterbewegung in der Weimarer Republik 1930 bis 1933. Berlin usw. 1987, S. 182–185.
[37] „Ein neues kommunistisches Programm", Vorwärts Nr. 396 vom 25. 8. 1930.
[38] „Die geborgte Ideologie", Vorwärts Nr. 397 vom 26. 8. 1930.
[39] R. Abramowitsch: Revolution und Konterrevolution in Rußland. Das neue Kautsky-Buch über Rußland, in: DG 7 (1930), 2. Halbband, S. 532–541, hier: S. 536.
[40] Ebenda, S. 536f.
[41] Karl Kautsky: Sozialdemokratie und Bolschewismus, in: DG 8 (1931), 1. Halbband, S. 54–71, hier: S. 56 und S. 61.

Terror in Rußland zu protestieren, blieb praktisch ohne Resonanz[42]. Die anhaltende Wirtschaftskrise und der große Erfolg der NSDAP bei den Reichstagswahlen vom 14. September 1930 absorbierten die Aufmerksamkeit der deutschen Sozialdemokratie fast völlig.

Im November/Dezember fand in Moskau der große Schauprozeß gegen die sogenannte „Industriepartei" statt. Angeklagt war eine Gruppe von acht Ingenieuren, der vorgeworfen wurde, eine illegale Partei gebildet und in Zusammenarbeit mit ehemaligen russischen Kapitalisten und dem französischen Ministerpräsidenten Poincaré die Intervention der kapitalistischen Staaten vorbereitet und Sabotage in der sowjetischen Industrie betrieben zu haben. In der sozialdemokratischen Presse fand der Prozeß nicht allzuviel Beachtung. Er wurde als Sündenbock-Manöver im Sinne des Šachty-Prozesses behandelt[43]. Auch die im Anschluß an diesen Prozeß in der Sowjetunion einsetzende Kampagne gegen die internationale Sozialdemokratie wurde zunächst kaum registriert[44]. Das änderte sich jedoch schlagartig, als bekannt wurde, daß in Moskau ein Prozeß gegen ein sogenanntes „Unionsbüro" der Menschewiki vorbereitet wurde.

Das eigentümliche an dem Prozeß war, daß die 14 Angeklagten mit einer Ausnahme gar keine aktiven Sozialdemokraten waren. Bei den meisten von ihnen handelte es sich um führende Mitarbeiter sowjetischer Wirtschaftsbehörden, die früher einmal zur SDAPR gehört, dann aber mit ihr gebrochen hatten, um sich als „Neutrale" in den Dienst des wirtschaftlichen Aufbaus der Sowjetunion zu stellen. Zu ihnen gehörten Vladimir Groman, der in der Staatlichen Planungskommission gearbeitet hatte, Vasilij Šer von der Staatsbank, der Direktor des Marx-Engels-Institutes und Altbolschewik D. B. Rjazanov und der Historiker N. Suchanov, der sich während der Revolution kurzzeitig zu den Menschewiki gerechnet hatte. Sie alle hatten mit dem tatsächlich existierenden Büro des ZK der SDAPR nichts zu tun. Das einzige Mitglied dieses Büros, das angeklagt war, war Ikov, der erst 1928 aus der Emigration nach Moskau zurückgekehrt war. Im Zentrum der Anklage stand aber nicht die tatsächliche Untergrundarbeit der Menschewiki. Vielmehr wurden die Angeklagten beschuldigt, das besagte „Unionsbüro" im Jahre 1928 ins Leben gerufen zu haben, um systematische Sabotage zu betreiben, die ausländische Intervention vorzubereiten und schließlich die Sowjetregierung zu stürzen, an deren Stelle eine Koalition der Menschewiki mit der „Industriepartei" und anderen Gruppen treten sollte. Angeleitet worden seien sie bei ihren Verbrechen von der Auslandsdelegation der SDAPR, die wiederum mit Wissen und erheblicher finanzieller Unterstützung der SPD und der SAI gehandelt habe. Alle Angeklagten waren geständig[45].

Die internationale Sozialdemokratie wies die Anschuldigungen mit Nachdruck zu-

---

[42] „Die Terrorwelle steigt. Protestaktion der russischen Sozialdemokratie", Vorwärts Nr. 472 vom 8. 10. 1930.
[43] „Stalin braucht Entlastung", Vorwärts Nr. 551 vom 25. 11. 1930; „Ramsin und Genossen begnadigt", Vorwärts Nr. 575 vom 9. 12. 1930; „Der Moskauer Propaganda-Prozeß", LVZ Nr. 286 vom 9. 12. 1930.
[44] „Die Lage in Sowjetrußland", SPK Nr. 1, Januar 1931.
[45] Der sogenannte „Menschewiki"-Prozeß ist mehrfach beschrieben worden: Raphael Abramowitsch: Die Sowjetrevolution. Hannover 1963, S. 346–350; Broido, Lenin and the Mensheviks, S. 163–166; Conquest, The Great Terror, S. 552f.; Roy A. Medwedew: Die Wahrheit ist unsere Stärke. Frankfurt a. M. 1973, S. 134f. und S. 140–156; Simon Wolin: The „Menshevik" Trial of 1931, in: Haimson, The Mensheviks, S. 394–402; Ziehr, Schauprozeß, S. 176–190.

rück. Emile Vandervelde, der Vorsitzende der SAI-Exekutive, erklärte, sowohl die SAI als ganzes als auch die Menschewiki seien stets gegen die Intervention in Sowjetrußland aufgetreten[46]. Der *Vorwärts* publizierte ausführliche Auszüge aus der Anklageschrift unter der dreispaltigen Schlagzeile „Lügenanklage gegen die Menschewiki". Zum Beweis brachte er zugleich eine Erklärung Raphael Abramowitsch', in der dieser versicherte, entgegen den Behauptungen der Anklage sei er seit 1920 nicht mehr in Rußland gewesen. In der Darstellung des Anklägers Krylenko kam Abramowitsch eine zentrale Rolle zu. Er habe sich im Sommer 1928 in der Sowjetunion aufgehalten und die Gründung des „Unionsbüros" veranlaßt[47].

Wie dies bei den Schauprozessen üblich war, wurde die Verhandlung gegen das „Unionsbüro" von einer ausgedehnten Propaganda-Kampagne in der Sowjetunion begleitet, die von den kommunistischen Parteien auch in andere Länder getragen wurden. Diesmal entwickelte sich eine regelrechte Propagandaschlacht zwischen den Akteuren in Moskau samt ihren Anhängern im Ausland und der internationalen Sozialdemokratie.

Die kommunistischen Zeitungen in Deutschland gaben dem Prozeß breiten Raum und identifizierten sich natürlich mit den Behauptungen der Anklage. Dabei standen für sie die Vorwürfe, die im Rahmen des Prozesses gegen die SPD erhoben wurden, im Mittelpunkt des Interesses. Die *Leipziger Volkszeitung* zitierte ihr kommunistisches Konkurrenzorgan, die *Sächsische Arbeiter-Zeitung*, mit Schlagzeilen wie „Hilferding führt die Interventionskasse" und „Die SPD finanziert die menschewistische Konterrevolution"[48]. Auch Krylenkos Anklageschrift wurde von der KPD publiziert. Hermann Remmele, der später selbst ein Opfer des Stalinismus wurde[49], schrieb das Vorwort dazu. Er bezeichnete führende Politiker der internationalen Sozialdemokratie wie Vandervelde, Otto Wels, Fritz Adler und Rudolph Hilferding als die eigentlichen Angeklagten des Prozesses und bedauerte, daß sie sich „leider noch nicht physisch im Machtbereich der revolutionären Gerichtsbarkeit" befanden. Eigens wies er darauf hin, daß Krylenko Kautskys Buch „Der Bolschewismus in der Sackgasse" den Anklageakten beigelegt habe[50]. Die deutschsprachige *Moskauer Rundschau*, die normalerweise wöchentlich erschien, berichtete in fünf Sonderausgaben, die im Abstand von ein bis drei Tagen herauskamen, ausführlich über den Verlauf des Prozesses[51].

Während die Kommunisten Krylenkos Vorwürfe wiederholten, konterten die Sozialdemokraten mit neuen Fakten. Theodor Dan erläuterte, daß die Angeklagten, soweit sie der russischen Sozialdemokratie angehört hatten, fast ausnahmslos schon vor einem Jahrzehnt aus der SDAPR ausgetreten seien und dies auch öffentlich kundgetan hätten. Anders als bei früheren Schauprozessen führe diesmal nicht Vyšinski den Vorsitz, weil er zur selben Zeit wie die meisten Angeklagten die menschewistische Partei verlassen habe[52].

---

[46] „Protest gegen Sowjetmethoden", Vorwärts Nr. 97 vom 27. 2. 1931.
[47] „Lügenanklage gegen die Menschewiki", Vorwärts Nr. 98 vom 27. 2. 1931.
[48] „Die Schändung der Revolution", LVZ Nr. 58 vom 10. 3. 1931.
[49] Conquest, Terror, S. 429.
[50] Die Sozialdemokratie auf der Anklagebank. Die Interventions- und Schädlingsarbeit vor dem Moskauer Volksgericht. Hamburg 1931, S. 3 f.
[51] Moskauer Rundschau Nr. 10 (= Sonderausgabe I) bis Nr. 15 (= Sonderausgabe V) vom 2. bis 12. 3. 1931. Fundort: Nl. Kautsky, H 40.
[52] Theodor Dan: Moskau mordet das Recht! in: Vorwärts Nr. 99 vom 28. 2. 1931.

11. Sozialistischer Aufbau im Reich des „Roten Duce"?

Der Vorstand der SPD, von dem in der Anklageschrift behauptet wurde, er habe der Auslandsdelegation der SDAPR 480000 Rubel zukommen lassen, wies diese Behauptung am 28. Februar zurück. Insbesondere habe man niemals irgendwelche Schädlingsarbeit oder Interventionsprojekte finanziell unterstützt. Die Behauptungen, die die russische Bruderpartei diskreditieren sollten, seien unsinnige Lügen[53].

Aus einer Erklärung der menschewistischen Auslandsdelegation vom selben Tag war zu ersehen, daß sich die SPD ihr gegenüber sogar besonders zugeknöpft gezeigt hatte. Speziell bei den Einnahmen der Jahre 1929/30, die sich, wie immer, aus Sammlungen unter Gesinnungsgenossen in Europa und den USA und aus Subventionen von Bruderparteien zusammensetzten, sei die SPD „nicht mit einer einzigen Mark vertreten"[54]. Eindrucksvoller als diese Versicherungen war aber, daß Raphael Abramowitsch der Nachweis gelang, daß er zu der Zeit, als er laut der Anklageschrift in der Sowjetunion das Unionsbüros organisierte, sich in Wirklichkeit an einem Urlaubsort in Mecklenburg und anschließend beim dritten Kongreß der SAI in Marseille aufgehalten hatte.

Für den ersten Zeitraum konnte er zwei Zeugen benennen, für die Teilnahme am SAI-Kongreß war das nicht erforderlich, darüber hatte sogar die *Pravda* berichtet. Da Abramowitsch' angebliche Rußlandreise ein zentrales Element der Anklage war, wurde ihre Unmöglichkeit in den Mittelpunkt der sozialdemokratischen Agitation gestellt. Spöttisch fragte Abramowitsch angesichts dieses plumpen Regiefehlers, ob sich beim sowjetischen Geheimdienst nicht vielleicht ein „menschewistischer Schädling" eingeschlichen habe[55]. Die SAI, die im Mai eine Broschüre zu dem Moskauer Prozeß herausbrachte, die von der SPD in einer Auflage von 10000 Stück vertrieben wurde, setzte auf das Titelblatt ein Photo, das Abramowitsch im Kreise der Teilnehmer des SAI-Kongresses von Marseille zeigte[56].

Krylenko ließ seine Prozeßstrategie durch diese Störmanöver nicht durcheinanderbringen. Er erklärte die von Abramowitsch vorgebrachten Fakten schlichtweg für nicht beweiskräftig[57]. Auch die Angeklagten, die man mit brutalen Folterungen zu ihren Selbstbezichtigungen bewegt hatte, hielten an ihren Aussagen fest[58]. Obwohl Krylenko in fünf Fällen die Todesstrafe beantragt hatte, wurden schließlich nur Freiheitsstrafen verhängt. Sieben Angeklagte mußten zehn Jahre, die anderen sieben zwischen fünf und acht Jahren verbüßen[59].

Wie sehr der Menschewiki-Prozeß die in der SPD weit verbreitete Auffassung von der Zwillingsbruderschaft von Faschismus und Kommunismus bestärkte, zeigte ein-

---

[53] „Parteivorstand gegen Justizmord. Krylenkos Behauptungen sind unsinnige Lügen", Vorwärts Nr. 100 vom 28. 2. 1931.
[54] „Gegen den Moskauer Justizmord", Vorwärts Nr. 101 vom 1. 3. 1931.
[55] R. Abramowitsch: Meine Reise nach Moskau, in: Vorwärts Nr. 113 vom 8. 3. 1931; „Die Schändung der Revolution", LVZ Nr. 58 vom 10. 3. 1931.
[56] Fritz Adler, Raphael Abramowitsch, Léon Blum, Emile Vandervelde: Der Moskauer Prozeß und die Sozialistische Arbeiter-Internationale. Berlin 1931. Die Angaben zur Auflage und zum Erscheinungsmonat in: SPD-Parteivorstand (Hrsg.): Jahrbuch der Deutschen Sozialdemokratie für das Jahr 1931. Berlin 1932 [Nachdr. Berlin usw. 1976], S. 187.
[57] „Das Urteil", Moskauer Rundschau Nr. 14 (= Sonderausgabe IV) vom 11. 3. 1931.
[58] Vgl. dazu die Aussage, die der Angeklagte Michail Jakubowitsch 1967 an den Generalstaatsanwalt der UdSSR sandte, in: Medwedew, Wahrheit, S. 144–151.
[59] „Fünf Todesurteile beantragt", Vorwärts Nr. 112 vom 7. 3. 1931; Ziehr, Schauprozeß, S. 184.

drucksvoll eine Großkundgebung der Berliner SPD unter dem Motto „Gegen Gewalt und Justizmord". Mehr als 20 000 Teilnehmer kamen dazu in den Sportpalast. Als Hauptredner traten zwei Exilierte auf: der italienische Sozialist Pietro Nenni und Raphael Abramowitsch, der über den „Menschewiki"-Prozeß sprach. Otto Wels stellte in seiner Eröffnungsansprache fest, an diesem Abend säßen die faschistische und die bolschewistische Diktatur, die viele Berührungspunkte hätten, gemeinsam auf der Anklagebank des internationalen Proletariats[60]. In dieselbe Kerbe hieb Raphael Abramowitsch: „In dem Augenblick, wo die internationale Arbeiterklasse im Entscheidungskampf gegen den Faschismus steht und mehr denn je ihre ganze Energie, ihre ganze Konzentrierungsfähigkeit braucht, springt der Bolschewismus diesem seinem Verbündeten bei und spaltet die Arbeiterklasse durch diesen unglückseligen verhängnisvollen Prozeß."[61]

Tatsächlich war der „Menschewiki"-Prozeß der vorläufige Höhepunkt der 1928 begonnenen verschärften Kampagne gegen die Sozialdemokratie. In Deutschland fand er seine Entsprechung in der Beteiligung der KPD an dem vom rechtsextremen „Stahlhelm" initiierten Volksentscheid gegen die preußische Regierung im Sommer 1931. Die Teilnahme war der KPD, die sie ursprünglich ablehnte, vom EKKI auferlegt worden[62].

Schwerindustrielle im Kreml

Für zusätzliche Erbitterung über die Sowjetunion sorgte bei den deutschen Sozialdemokraten, daß gleichzeitig mit dem „Menschewiki"-Prozeß eine hochrangige Delegation von Vertretern der deutschen Schwerindustrie auf Einladung der sowjetischen Regierung in die UdSSR gereist war. In der 17köpfigen Delegation waren alle namhaften deutschen Firmen dieses Industriezweiges vertreten. Es handelte sich, wie Günther Rosenfeld schreibt, „bei den Delegationsteilnehmern um Konzernherren, die die politische Entwicklung Deutschlands maßgebend bestimmten"[63]. Die *Leipziger Volkszeitung* drückte sich etwas undiplomatischer aus: „Es ist also der Teil der Industrie, der der politisch und sozial reaktionärste und, weil gleichzeitig auch der bestorganisierte, im Reichsverband [der Deutschen Industrie, JZ] führend ist." Die Delegation sei nicht nach ökonomischen, sondern nach politischen Kriterien zusammengestellt worden. Die Sowjetunion suche einen politischen Rückhalt für den Fall, daß unter amerikanischer Führung eine internationale konzertierte Aktion gegen ihre Dumpingexporte zustandekommen sollte. Während die KPD mit ihrer antigewerkschaftlichen Politik den Kampf der Arbeiterklasse gegen die „Trustmagnaten" schwäche, verbünde sich die Sowjetunion mit diesen zur Durchführung des Fünfjahresplanes. „Fürwahr ein anmutiges Spiel mit verteilten Rollen!" kommentierte das Leipziger SPD-Blatt[64]. Denselben Ton schlug

---

[60] „Gegen Gewalt und Justizmord!", Vorwärts Nr. 103 vom 3. 3. 1931; „Mitingi i sobranija" [Treffen und Versammlungen], Socialističeskij Vestnik Nr. 6/7 vom 3. 4. 1931.
[61] „Zum Moskauer Prozeß. Prozeß gegen die Arbeiterklasse", RSD Nr. 10 vom 5. 3. 1931.
[62] Winkler, Katastrophe, S. 385–391.
[63] Rosenfeld, Sowjetunion und Deutschland, S. 401. Die Namensliste der Teilnehmer ebenda, S. 400 f.
[64] „Stalins Bündnis mit der Schwerindustrie", LVZ Nr. 46 vom 24. 2. 1931.

der *Vorwärts* in seiner Berichterstattung an[65], und Otto Wels erklärte bei der großen Berliner Kundgebung vom 2. März: „Vielleicht ladet man die Herren Borsig, Koettgen und Poensgen in eine Ehrenloge als Zuschauer [des „Menschewiki"-Prozesses, JZ] ein. Die Herren werden ihre Freude daran haben, wie sie, die den Nationalsozialisten ihre Unterstützung leihen, die Bolschewisten gegen Sozialdemokraten vorgehen sehen."[66]

Die *Rote Fahne* hielt der sozialdemokratischen Polemik entgegen, die deutschen Kapitalisten wollten sich in Moskau Aufträge erbetteln[67]. Die *Moskauer Rundschau* erklärte etwas distinguierter, die Industriellen hätten durch die Annahme der sowjetischen Einladung „eindeutig für ein Gelingen des Fünfjahresplans votiert und ihren Wunsch, zu diesem Erfolg beizutragen, gezeigt"[68]. Trotz ihrer recht derben Ausdrucksweise hatte die *Rote Fahne* die Motive der Industriellen präziser beschrieben. In einer Besprechung mit Mitgliedern der Reichsregierung führten diese aus, ihre Auftragslage sei unbefriedigend. In der Sowjetunion aber winke ein Auftragsvolumen von 300 Millionen Mark. Das, so rechneten die Industriellen vor, würde die Einstellung von 100 000 Arbeitern ermöglichen. Allerdings verlangten die Sowjets einen erneuten Kredit in derselben Höhe. Die Industriellen erklärten, dieser sei zu beschaffen, verlangten aber eine 70prozentige Ausfallgarantie[69].

Wenn bereits vier Wochen später ein entsprechendes Abkommen mit der Sowjetunion abgeschlossen wurde[70], das auch einen bedeutenden Anstieg der deutschen Exporte in die UdSSR zur Folge hatte[71], so war dies gewiß kein Verdienst der deutschen Sozialdemokratie. Sie war den Wirtschaftsbeziehungen zur Sowjetunion gegenüber äußerst skeptisch. Der *Vorwärts* berichtete wiederholt über Firmen, die sowjetische Aufträge angenommen hatten, bei denen die Preise von den Auftraggebern so stark gedrückt worden waren, daß die Betriebe nun zu Lohnkürzungen schritten[72]. Der Reichstagsabgeordnete und Nationalökonom Kurt Heinig kritisierte vor allem die geplante Reichsgarantie für das Rußlandgeschäft. Der größte Teil des Risikos werde damit auf die öffentliche Hand abgewälzt. „Warum ist sie nur am Risiko beteiligt und nicht auch am Gewinn?" fragte er[73]. Julius Kaliski spitzte das Argument in den *Sozialistischen Monatsheften* noch zu und stellte fest, die Bestellungen der UdSSR könnten nur unter Bedingungen erfolgen, „die mit einer Finanzierung dieser Aufträge durch Deutschland

---

[65] „Die neuesten Moskaupilger", Vorwärts Nr. 95 vom 26. 2. 1931. Karikaturen: „Die Industriellen in Moskau", Vorwärts Nr. 103 vom 3. 3. 1931; „Die Industriellen amüsieren sich in Moskau", Vorwärts Nr. 113 vom 8. 3. 1931, auch wiedergegeben bei Müller, Deutsch-sowjetische Beziehungen, S. 295f.
[66] „Gegen Gewalt und Justizmord!", Vorwärts Nr. 103 vom 3.3. 1931. Die Versuchung zur Polemik ließ Wels offenbar vergessen, daß es sich bei den meisten Angeklagten im „Menschewiki"-Prozeß gar nicht um Sozialdemokraten handelte.
[67] „Warum fährt Borsig nach Moskau?", FW Nr. 10 vom 8. 3. 1931.
[68] „Nach der Reise der deutschen Industriellen", Moskauer Rundschau Nr. 16 vom 15. 3. 1931.
[69] ADAP, Serie B, Bd. 17: 1. März bis 30. Juni 1931. Göttingen 1982, Nr. 14, S. 38–40; Dyck, Weimar Germany, S. 223f.
[70] Dyck, Weimar Germany, S. 224.
[71] Vgl. die Tabelle in: Deutsche Geschichte in Daten. Hrsg. vom Institut für Geschichte der Deutschen Akademie der Wissenschaften zu Berlin. Berlin (O) 1967, S. 607.
[72] „Moskau drückt deutsche Löhne", Vorwärts Nr. 122 vom 13. 3. 1931; „Rußland-Aufträge", Vorwärts Nr. 147 vom 28. 3. 1931; vgl. auch „Neue Rußlanddelegation", Vorwärts Nr. 125 vom 15. 3. 1931, 3. Beilage.
[73] „Rußlandgeschäft und Reichsgarantie", FW Nr. 16 vom 19. 4. 1931.

identisch wären". Kredite für die Sowjetunion seien ökonomisch nicht zu rechtfertigen, ihr eigentlicher Grund sei außenpolitischer Natur[74].

Im Oktober 1931 zog der Sekretär des ADGB, Wilhelm Eckert, eine ernüchternde Bilanz des Rußlandgeschäftes und verwies insbesondere auf den negativen Handelsbilanzsaldo der Sowjetunion. Es sei sinnvoller, vorhandene Reichsmittel in Deutschland einzusetzen, als daß sie der Wirtschaft früher oder später in Rußland verlorengingen[75]. Ein halbes Jahr später allerdings sahen sich die freien Gewerkschaften zu einer Maßnahme gedrängt, die dieser Einschätzung geradewegs zuwiderlief. Das Auswärtige Amt hatte vorgeschlagen, die Finanzierungsschwierigkeiten des 300-Millionen-Kredits durch eine Exportanleihe zu überwinden. Die Arbeiter der Firmen, die für den Export in die Sowjetunion produzierten, sollten einen Teil ihres Lohnes in Form von Anleihestücken erhalten. Das AA warb beim ADGB um Einverständnis. Trotz verschiedener Vorbehalte konnte er sich dem nicht gänzlich entziehen, da die anderen Gewerkschaftsrichtungen und die Belegschaften der betroffenen Betriebe schon ihre Zustimmung erklärt hatten[76].

Die wachsende Bedeutung der Sowjetunion für den deutschen Export und die steigende Arbeitslosigkeit im Reich drängten die Zweifel am „Russengeschäft" mehr und mehr zurück. So ließ die *Gewerkschaftszeitung* am 3. September 1932 R. von Ungern-Sternberg mit Ausführungen über „Arbeitsbeschaffung und Außenpolitik" zu Wort kommen, in denen die antisowjetische Politik der Regierung Papen und der NSDAP kritisiert und die Fortsetzung der Rapallo-Politik im Hinblick auf Arbeitsbeschaffung gefordert wurde[77].

Neuer Sonnenaufgang im Osten?
Die Debatte über den Fünfjahresplan

„Eine Depression liegt über Deutschland und eine Sehnsucht. Wir sind bedrückt durch die offenbare Not des Tages, der keine sichtbare Kraft entgegenwirkt. Wir sehen uns nach einer klaren Linie gesellschaftlichen Aufbaues, die dem brüchigen Gelände unserer Zeit neue Fundamente und Träger gibt. Hier aber ist zugleich die empfindliche Stelle unseres Wesens, auf die lockend und verheißend der Ruf trifft, den täglich der Moskauer Sender über Europa funkt: An alle, an alle! Aus Rußland wetterleuchtet heute dank einer sehr geschickten Propaganda das Leuchtfeuer eines Konstruktivismus, den wir bei uns zu vermissen meinen. Die Eindeutigkeit einer Zielsetzung, die Logik einer Idee, die den Staat beherrscht, eine scheinbar unbeirrte dogmatische Staatspraxis erscheint auch uns als ein ernsthaftes Rezept zur Gesundung des erkrankten gesellschaftlichen Organismus. [...] Rußland in seiner Projektion auf Europa empfiehlt sich als das Land des produktiven Aufstiegs, im Gegensatz zu den kapitalistischen Ländern des Niedergangs."[78]

---

[74] Julius Kaliski: Die deutsch-bolschewistische Politik, in: SM vom 13. 4. 1931, S. 329–334, hier: S. 330f.

[75] Quellen zur Gewerkschaftsbewegung, Bd. 4: Die Gewerkschaften in der Endphase der Republik. Bearb. von Peter Jahn. Köln 1988. Dok. 56: 2. 10. 1931: Sitzung des Bundesausschusses, S. 396–409, hier: S. 401.

[76] Ebenda, Dok. 80: 9. 3. 1932: Sitzung des Bundesvorstandes, S. 525f. und Dok. 84: 12. 4. 1932: Sitzung des Bundesausschusses, S. 540–544.

[77] R. v. Ungern-Sternberg: Arbeitsbeschaffung und Außenpolitik, in: Gewerkschaftszeitung Nr. 36 vom 3. 9. 1932.

[78] Herbert und Elsbeth Weichmann: Alltag im Sowjetstaat. Berlin 1931, S. 6.

Anschaulich haben der sozialdemokratische Oberregierungsrat im Preußischen Staatsministerium Herbert Weichmann und seine Frau Elsbeth die Stimmung beschrieben, die im Deutschland des Jahres 1931 vor allem unter linken Intellektuellen und in der Arbeiterschaft immer mehr um sich griff. Die Beobachtungen, die sie auf ihrer Reise durch Rußland machten, bestärkten sie allerdings in der Überzeugung, daß die hoffnungsvollen Blicke nach Osten auf ein Wunschbild und nicht auf die sowjetische Realität gerichtet waren[79]. Das Bild von Elend und Desorganisation, das sie in ihrem Buch „Alltag in Sowjetrußland" zeichneten, führte sogar zu einem Protest der sowjetischen Botschaft[80].

Die kommunistische Propaganda bemühte sich dagegen nach Kräften, den Kontrast zwischen der Wirtschaftskrise im bürgerlich-demokratischen Deutschland und dem „sozialistischen Aufbau" im Lande der proletarischen Diktatur herauszustreichen. Seit der Fünfjahresplan angelaufen war, wurde er von der KPD-Presse in den Mittelpunkt ihrer Berichterstattung gestellt und in einer Vielzahl von Broschüren gepriesen[81]. „Die Sowjetunion zeigt Euch den Weg!" lautete die Botschaft, die den deutschen Arbeitern vermittelt werden sollte[82], und das war, wenn man den Behauptungen der KPD Glauben schenkte, ein Weg, der sich lohnte: „Der Reallohn der Arbeiterschaft wird innerhalb der nächsten 13 Jahre auf das Vier- und Fünffache der heutigen Löhne gesteigert werden. Dem heutigen Siebenstundentag wird 1938 der Sechsstundentag und ab 1943 der Fünfstundentag folgen. Jede Erwerbslosigkeit wird der Vergangenheit angehören, und alle Personen im Alter von unter 20 Jahren und über 50 Jahren werden von jeder Arbeit befreit werden."[83]

Erneut sah sich die SPD einer auch auf ihre Anhängerschaft gerichteten kommunistischen Propagandaoffensive gegenüber, bei der die Anziehungskraft des sowjetischen Modells ausgenutzt wurde. Sie konterte mit einer Berichterstattung, in deren Mittelpunkt die Belastungen standen, die die forcierte Industrialisierung den Arbeitern in der Sowjetunion auferlegte, und in der die Zahlenangaben über Fortschritte des industriellen Aufbaus kritisch hinterfragt und interpretiert wurden. Die Artikel, Bücher und Broschüren befaßten sich vorrangig mit der durch Industrialisierung und Kollektivierung verschlechterten Ernährungs- und Wohnungssituation, mit Maßnahmen zur Intensivierung der Arbeit, mit der zunehmenden Einschränkung der Freizügigkeit der Arbeiter, mit dem Verhältnis von Nominal- und Reallöhnen, mit der Nichteinhaltung von Planvorgaben, mit der Behauptung, in der Sowjetunion sei die Arbeitslosigkeit beseitigt und der Abschaffung der Arbeitslosenversicherung. Zuweilen schilderten

---

[79] Ebenda, S. 150.
[80] Erdmann/Grieser, Deutsch-sowjetische Beziehungen, S. 419f.
[81] Wilhelm Braun: Sowjetrußland zwischen SPD und KPD. Eine Untersuchung zum Problem des gegenseitigen Verhältnisses von SPD und KPD in den Jahren des Zerfalls der Weimarer Republik (1930–1933) Phil. Diss. (masch.) Tübingen 1959, S. 80f.; Mentzel, Publizistik, S. 279–281.
[82] „3 Millionen fordern Arbeit und Brot". Berlin o.J. [1931], S. 15.
[83] „Was ist der Fünfjahrplan?" Berlin o.J. [1930], S. 14. Weitere Titel der Broschürenreihe zum Fünfjahresplan: Turksib. 1442 Kilometer für den Fünfjahrplan. Berlin o.J. [1930]; Der Fünfjahrplan und seine Feinde. Berlin o.J. [1931]. Auf dem Deckblatt der letztgenannten Broschüre wird ferner für folgende weitere Titel des Internationalen Arbeiter-Verlages geworben: „Die befreite Frau in der Sowjetunion und der Fünfjahrplan." „Der Arbeiter in der Sowjetunion und der Fünfjahrplan". Putz: Der Bauer mit dem Traktor. Kollektiv-Wirtschaften und Staatsgüter in der Sowjetunion. Der Preis der Broschüren betrug je 10 Pfennige.

Deutsche, die von Arbeitsaufenthalten in der Sowjetunion zurückkehrten, ihre – meist negativen – Erfahrungen, vor allem aber wurde die sowjetische Presse ausgewertet, wobei wie stets die Menschewiki und ihr Mitteilungsblatt RSD eine große Rolle spielten[84].

Aber die sozialdemokratische Kritik, mochte sie noch so viel sowjetisches Zahlenmaterial verwerten, beschränkte sich doch immer auf die Ablehnung, während die kommunistische Propaganda bemüht war, Hoffnungen zu wecken. In einer Zeit, in der sich die Wirtschaftskrise verschärfte und die Arbeitslosigkeit zunahm, die SPD sich aber in der Zwangslage befand, zur Abwehr einer Regierungsbeteiligung der NSDAP das Kabinett Brüning tolerieren zu müssen, das ihr die Zustimmung zu bei der Parteibasis äußerst unpopulären Maßnahmen wie etwa dem Bau des Panzerkreuzers B aufzwang[85] – in solch einer Zeit waren Hoffnung und positive Perspektiven mehr gefragt als noch so fundierte Kritik. Diese Tatsache sollte sich auch in der SPD bemerkbar machen.

„Es gibt [...] für den demokratischen Sozialismus nichts Gefährlicheres, als unter dem Eindruck des Zahlenrausches vor bolschewistischen „Erfolgen" schwindlich [sic!] zu werden und die Identifizierung des bolschewistischen Experiments mit dem Sozialismus gutzuheißen", hatte die *Sozialdemokratische Parteikorrespondenz* bereits im Herbst 1930 gewarnt[86]. 1931 wurde diese Gefahr insbesondere unter dem Einfluß der Schriften des Österreichers Otto Bauer in der SPD aktuell. Aber schon bevor die Linksopposition in der SPD den „österreichischen Bazillus" systematisch einzuschleppen begann, waren ähnliche Gedankengänge in der Partei durchaus virulent gewesen.

---

[84] Z.B. Peter Garwy: Das gelobte Land. Abbau der Sozialpolitik in Rußland – Sozialdemagogie für das Ausland, in: Vorwärts Nr. 73 vom 13. 2. 1930; „Russische Wirtschaftskatastrophe", Vorwärts Nr. 115 vom 9. 3. 1930; „Sowjetrussische Momentbilder. Russische Arbeiter über ihre Arbeits- und Lebensverhältnisse", Vorwärts Nr. 242 vom 25. 5. 1930, 2. Beilage; „Sowjetrussisches Hungerdrama", Vorwärts Nr. 311 vom 6. 7. 1930, 2. Beilage; „Russisches Industriefiasko", Vorwärts Nr. 369 vom 9. 8. 1930; „Aus dem Sowjetparadies zurück. Zwei Bergarbeiter aus dem Ruhrgebiet erzählen", Vorwärts Nr. 388 vom 20. 8. 1930; „Land ohne Arbeitslose", Vorwärts Nr. 417 vom 6. 9. 1930; „Leibeigene des Fünfjahresplans", Vorwärts Nr. 428 vom 12. 9. 1930; „Löhne in Sowjetrußland", Vorwärts Nr. 121 vom 13. 3. 1931; „Wird der Fünfjahresplan gelingen?", Vorwärts Nr. 182 vom 14. 4. 1931; „Das Rätsel des Arbeitermangels in Sowjetrußland", Vorwärts Nr. 381 vom 16. 8. 1931; „Verschärfte Ausbeutung in Sowjetrußland", LVZ Nr. 206 vom 4. 9. 1930, 1. Beilage; Olga Domanewskaja: Gefährliche Tendenzen, in: LVZ Nr. 217 vom 17. 9. 1930; „Stalins kapitalistischer Kurs", LVZ Nr. 156 vom 8. 7. 1931; „Das Versagen der Stalinschen Versuchspolitik und die neue Terrorwelle in Rußland", SPK Nr. 10, Oktober 1930; „,Sofortiger Sozialismus', wie er nicht sein soll", SPK Nr. 11, November 1930; „Ein Blick ins ‚Paradies der Arbeiter'", SPK Nr. 2, Februar 1931; „Die Lage der Arbeiter unter dem Fünfjahresplan", SPK Nr. 5, Mai 1931; SPD Groß-Leipzig: Das kapitalistische Sowjetrußland. Leipzig 1930; Raphael Abramowitsch: Wandlungen der bolschewistischen Diktatur. Berlin 1931; A. Jugow: Fünfjahresplan. Mit einem Nachwort von Theodor Dan. Berlin 1931 (Die Broschüren von Abramowitsch und Jugow erschienen im Sommer 1931 im SPD-Verlag Dietz Nachfolger in einer Auflage von 20000 beziehungsweise 5000 Stück; SPD-Parteivorstand (Hrsg.): Jahrbuch der Deutschen Sozialdemokratie für das Jahr 1931. Berlin 1932 [Nachdr. Berlin usw. 1976.], S. 187.); Otto Mänchen-Helfen: Rußland und der Sozialismus. Von der Arbeitermacht zum Staatskapitalismus. Berlin 1932.

[85] Winkler, Katastrophe, S. 288–305.

[86] „Das Ergebnis des Parteitages der Kommunistischen Partei der Sowjetunion", SPK Nr. 8/9, August/September 1930. „Schwindlig vor Erfolg" war der Titel eines Artikels, mit dem Stalin am 2. 3. 1930 in der „Pravda" das Signal gab, die gewaltsame Kollektivierung abzubremsen, weil sie in katastrophale Zustände zu münden drohte; Heller, Sowjetunion, S. 228.

Dies zeigte sich an einer Reaktion auf zwei Artikel Felix Stössingers im *Freien Wort*. Stössinger, Redakteur der *Sozialistischen Monatshefte*[87], berichtete im SPD-Diskussionsorgan wiederholt und äußerst erbittert über das Schicksal obdachloser, verwahrloster Kinder in der Sowjetunion und verband dies mit einer grundsätzlichen Kritik des Sowjetstaates[88]. In einer Zuschrift warf daraufhin das Berliner SPD-Mitglied Theodor Schwieger Stössinger Gehässigkeit gegenüber der Sowjetunion vor. Bei deren Beurteilung müsse die Erblast von Zarismus, Welt- und Bürgerkrieg berücksichtigt werden. So „gigantische Ideen" wie der Fünfjahresplans ließen sich selbstverständlich nur unter größten Entbehrungen verwirklichen. „Wir bestimmen unsere Kampfmethoden zur Erreichung des Sozialismus selbst gemäß unserer demokratischen Tradition. Aber gerade deshalb dürfen wir auch nicht den Vormund Sowjetrußlands spielen wollen", schrieb Schwieger und drückte seine Hoffnung aus, „daß dort der Bolschewismus die Übergangsstufe zum Sozialismus werde"[89].

Das entsprach exakt den Gedankengängen, die Otto Bauer 1931 entwickelte. Beeindruckt durch unleugbare, wenn auch unter den Planvorgaben bleibende Erfolge der sowjetischen Industrialisierung, kam Bauer zu der Ansicht, es sei nicht ausgeschlossen, ja sogar wahrscheinlich, daß in der Sowjetunion eine nichtkapitalistische, staatlicher Planung unterworfene und hochentwickelte Wirtschaft entstehe. Die Entbehrungen, die der Bevölkerung dazu auferlegt werden müßten, könne aber nur eine Diktatur durchsetzen. Wenn jedoch als Folge der Industrialisierung auch eine umfangreiche Komsumgüterproduktion entstehe und der Wohlstand wachse, werde die Diktatur funktionslos und unter dem Druck der Bevölkerung schrittweise demokratisiert werden, was schließlich die Vollendung des Sozialismus bedeute. Das Gelingen des Fünfjahresplans wäre somit eine Stärkung der Arbeiterbewegung der ganzen Welt[90].

Otto Bauers Thesen bedeuteten einen Bruch mit herkömmlichen sozialdemokratischen Anschauungen, wie sie sich noch in dem SAI-Aufruf an die russischen Arbeiter vom Mai 1930 manifestiert hatten. Darin war ja die Erhöhung der konterrevolutionären Gefahr durch die Stalinsche Politik beschworen worden. Jetzt erklärte Otto Bauer das genaue Gegenteil. Er löste damit eine internationale Diskussion aus, die in der Literatur schon des öfteren behandelt wurde[91]. Hier sollen daher nur die wesentlichen Argumente und Positionen skizziert und ihre Auswirkungen auf die SPD geschildert werden.

---

[87] Freundl. Auskunft von Fritz Heine, Bad Münstereifel (Brief vom 26. 1. 1990).
[88] Felix Stössinger: Kinderelend in Sowjetrußland, in: FW Nr. 31 vom 3. 8. 1930; ders.: Münzenberg bestätigt die Sowjetkinderhölle, in: FW Nr. 3 vom 18. 1. 1931.
[89] Theodor Schwieger: Unsere Einstellung zu Sowjetrußland, in: FW Nr. 5 vom 1. 2. 1931.
[90] Löw, Otto Bauer, S. 163–165; Schöler, Otto Bauer, S. 31–33; Peter Kulemann: Am Beispiel des Austromarxismus. Sozialdemokratische Arbeiterbewegung in Österreich von Hainfeld bis zur Dollfuß-Diktatur. Hamburg ²1984, S. 289–291.
[91] Löw, Otto Bauer, S. 165–173; Braun, Sowjetrußland, S. 102–112; Gerd Storm, Franz Walter: Weimarer Linkssozialismus und Austromarxismus. Historische Vorbilder für einen „Dritten Weg" zum Sozialismus? Berlin 1984, S. 99–112; Giovanni Battista Gardoncini: Die Sowjetunion im Urteil der Austromarxisten, in: Detlev Albers, Josef Hindels, Lucio Lombardo Radice (Hrsg.): Otto Bauer und der „Dritte" Weg. Die Wiederentdeckung des Austromarxismus durch Linkssozialisten und Eurokommunisten. Frankfurt usw. 1979, S. 99–116; Abramowitsch, Sowjetrevolution, S. 326–329; Wolin, Mensheviks under the NEP and in Emigration, S. 326–328; André Liebich: Marxism and Totalitarianism. Rudolf Hilferding and the Mensheviks, in: Dissent 34 (1987), S. 223–240, hier: S. 226f.

In Deutschland gab die linke Opposition in der SPD den Anstoß zur Debatte. Der *Klassenkampf* brachte Mitte Februar 1931 einen Auszug aus der Wiener *Arbeiterzeitung*, in dem die wesentlichen Gedanken, wie sie Bauer entwickelt hatte, wiedergegeben wurden. Es sei noch nicht ausreichend erkannt worden, welch bedeutende Rolle die Sowjetunion und der Fünfjahresplan für den Kampf der Arbeiterklasse um die Überwindung der Weltwirtschaftskrise spielten, erklärte die Redaktion der Zeitschrift in einer Vorbemerkung[92]. Einer der führenden Köpfe der Linksopposition, der Reichstagsabgeordnete und Leiter der Wirtschaftsschule des Deutschen Metallarbeiterverbandes in Bad Dürrenberg, Georg Engelbert Graf, lehnte sich in einer eigenen Schrift an Otto Bauers Thesen an. Das Gelingen des Fünfjahresplanes scheine sicher, nicht zuletzt wegen der großen Leidens- und Begeisterungsfähigkeit des russischen Volkes, führte er aus, und erklärte unter Berufung auf Bauer, aber auch auf Bertrand Russell, daß die Minderheitendiktatur, die sich auf Gewalt und Terror stütze, „den historischen Bedingungen in Rußland wenigstens für die Gegenwart entspricht"[93]. Im April machte Albert Maurüber im *Klassenkampf* klar, welche Konsequenzen aus der neuen Einschätzung der Sowjetunion zu ziehen seien. Wenn, wie Bauer erklärt habe, das Gelingen des Fünfjahresplans der Arbeiterbewegung in allen Ländern nützen, sein Scheitern ihr aber schaden würde, dann habe die Arbeiterschaft aktiv am Gelingen des Planes mitzuarbeiten. „Daß die Formen für unser Mittun schwierig zu finden sind, ist richtig", räumte Maurüber ein. Jedenfalls müsse die SAI die Sowjetunion nach Kräften unterstützen, forderte er[94]. Auf dem Leipziger Parteitag der SPD, der vom 31. Mai bis 5. Juni 1931 stattfand, hielt Otto Wels es für geboten, auf die Diskussion einzugehen. Er habe vor kurzem einen Brief von Karl Kautsky erhalten, in dem dieser auf die „wirren Meinungsverschiedenheiten" in den Reihen der Arbeiterschaft hingewiesen habe, erklärte Wels in seiner Eröffnungsansprache:

„Wir müssen das große Erbe unbeirrt festhalten. Das Wort war für mich nicht notwendig, aber ich sage es hier, weil ich weiß, wie viele es gibt, die schwanken, die nach anderen Wegen suchen, als die, die wir seit Jahrzehnten gegangen sind. Parteigenossen, es gibt niemand in der deutschen Sozialdemokratie, der dem großen Experiment, das die Bolschewisten in Rußland unternommen haben, der Durchführung des Fünfjahresplans, Mißlingen wünschte. Die Eingliederung von 125 Millionen Menschen in den Wirtschaftsprozeß der Welt ist ein Erfolg."[95]

Unmißverständlich machte er jedoch zugleich deutlich, daß es sich dabei seiner Auffassung nach nicht um einen Erfolg des Sozialismus handelte. In Rußland werde – wie in der frühkapitalistischen Epoche in Deutschland und England – eine Großindustrie auf Kosten der Arbeiter aufgebaut[96]. Solange nicht die Gesellschaft über die Produktionsmittel verfüge, sondern nur eine Parteigruppe, könne von Sozialismus nicht die Rede sein. „Das Proletariat kann nicht von noch so wohlmeinenden Intellektuellen befreit werden. Aufgeklärter Absolutismus ist nicht die Regierungsform der sich bil-

---

[92] „Das entscheidende Jahr in Sowjetrußland", KK Nr. 4 vom 15. 2. 1931.
[93] Georg Engelbert Graf: Die Industrialisierung der Sowjetunion. Berlin 1931, S. 4 und S. 32 (Zitat).
[94] Albert Maurüber: Der Fünfjahresplan und die Aufgaben der Sozialdemokratie, in: KK Nr. 8 vom 15.4.; O. Jenssen: Sowjetrußlands Perspektiven, in: KK Nr. 10 vom 15. 5. 1931.
[95] Sozialdemokratischer Parteitag in Leipzig 1931 vom 31. Mai bis 5. Juni im Volkshaus. Leipzig 1931. [Nachdr. Glashütten usw. 1974], S. 17.
[96] Ebenda, S. 18.

denden neuen Gesellschaft. [...] die tiefste aller Lehren, die wir aus den russischen Verhältnissen ziehen, ist die: ohne Demokratie ist der Sozialismus unmöglich."[97] Auch der Vorsitzende des Deutschen Holzarbeiterverbandes, Fritz Tarnow, der das Grundsatzreferat zum Thema „Kapitalistische Wirtschaftsanarchie und Arbeiterklasse" übernommen hatte, konnte in der Sowjetunion kein zukunftsweisendes Modell erkennen. „Wie man mit einem einzigen Ruck eine Industriewirtschaft vom kapitalistischen auf das sozialistische System umstellen kann, das wissen wir nicht, und darüber gibt uns das russische Beispiel keine andere Antwort, als daß wir es so unmöglich machen können."[98]

Diese Äußerungen stießen auf starke Ablehnung bei Vertretern der linken Opposition, doch blieb deren Kritik eigentümlich defensiv und unkonkret. Engelbert Graf forderte mehr Sachlichkeit gegenüber der Sowjetunion. Auch in Deutschland gebe es Elend. Wenn man den dortigen Verhältnissen gerecht werden wolle, dürfe man nicht einen Vergleich mit Deutschland anstellen, sondern man müsse das heutige Rußland mit dem zaristischen vergleichen[99]. Fritz Bielik, wie Graf aus dem Leipziger Parteibezirk, wies darauf hin, daß „immer größere Massen von Arbeitern wieder eine gewisse Hoffnung bekommen, wenn sie nach Rußland sehen [...], weil sie glaubten, daß von Rußland aus irgendeine Erleichterung der Wirtschaftskrise kommen könnte"[100]. Der Kreis um den *Klassenkampf* teilte diese Hoffnung. Aber weder auf dem Parteitag noch in dem wenig später erschienen, von Max Seydewitz herausgegebenen Buch „Unsere Stellung zu Sowjetrußland" wurde erklärt, worin der konkrete Beitrag der sowjetischen Entwicklung zu einer sozialdemokratischen Krisenüberwindungsstrategie bestehen sollte. Tatsächlich hatte sich auf dem Leipziger Parteitag gezeigt, daß der linke Flügel in den wirtschaftspolitischen Forderungen kaum Differenzen mit der Mehrheit hatte[101]. Der eigentliche Streitpunkt war die Tolerierungspolitik, an deren Stelle die Linke einen entschiedenen außerparlamentarischen Kampf gegen den Abbau demokratischer Rechte und sozialpolitischer Errungenschaften durch die Regierung Brüning setzen wollte[102].

Die Sowjetunion nahm in der Strategie der Linken weniger die Funktion eines konkreten Gegenmodells zur kapitalistischen Realität in Deutschland ein, als die eines psychologischen Stimulans, das der Arbeiterschaft Selbstbewußtsein und Kampfbereitschaft verleihen sollte. So erklärte Max Seydewitz in dem Rußlandbuch der Linksopposition, die harten Opfer, die die Arbeiterschaft in der Sowjetunion für die Verwirklichung des Fünfjahresplans zu bringen habe, widerlegten die Überlegenheit des Sozialismus über den Kapitalismus nicht, sondern sprächen im Gegenteil „für die Bereitschaft der Proletarier, für ihren Glauben an und ihren unerschütterlichen Willen für den

---

[97] Ebenda, S. 19.
[98] Ebenda, S. 47.
[99] Ebenda, S. 55.
[100] Ebenda, S. 61.
[101] Wolowicz, Linksopposition, S. 745 f.
[102] Winkler, Katastrophe, S. 327 f.; Ulrich Heinemann: Linksopposition und Spaltungstendenzen in der sozialdemokratischen Arbeiterbewegung, in: Wolfgang Luthardt (Hrsg.): Sozialdemokratische Arbeiterbewegung und Weimarer Republik. Materialien zur gesellschaftlichen Entwicklung 1927–1933. Bd. 2. Frankfurt a.M. 1978, S. 118–138, hier: S. 123–125.

Sozialismus"¹⁰³. Theodor Hartwig bezeichnete in derselben Publikation die Sowjetunion als „unersetzlichen seelischen Aktivposten für das Weltproletariat"¹⁰⁴. Max Adler rechtfertigte das von ihm nicht bestrittene Elend breiter Massen in der Sowjetunion als unvermeidliche Begleiterscheinung auf dem Weg zu einer besseren Gesellschaft. Die Entbehrungen würden im übrigen durch „den Gewinn an proletarischem Kraftbewußtsein und die Freude, die Anfänge einer neuen Welt selbst mitzuschaffen", aufgewogen¹⁰⁵. Auch den stalinistischen Terror stufte Adler als Notwendigkeit ein. Auf Abramowitsch' Kritik an Bauer, wenn der Terror für den Fünfjahresplan erforderlich, dieser aber ein Aktivposten für das gesamte Weltproletariat sei, dann sei jeder Kampf gegen den Terror konterrevolutionär, hatte Adler nur die lapidare Antwort bereit, dies sei im Sinne einer marxistischen Entwicklungslehre „sehr richtig"¹⁰⁶.

Derartige Einschätzungen wurden allerdings nicht vom gesamten linken Flügel der SPD geteilt. Das zeigte sich sehr deutlich, nachdem sich der radikale Teil der Linken im Oktober von der SPD abgespalten und die Sozialistische Arbeiter-Partei (SAP) gegründet hatte. Die zweite Nummer der *Marxistischen Tribüne*, die für die in der SPD verbliebenen Linken den *Klassenkampf* ersetzte (dieser wurde von der SAP weitergeführt), enthielt einen Grundsatzartikel von Otto Jenssen, der schon mit seinem Titel „Bolschewismus oder demokratischer Sozialismus?" die Alternative benannte, die die radikale Linke durch zweierlei Maßstäbe für Rußland und für Westeuropa hatte auflösen wollen. Jenssen betonte die Untrennbarkeit von Sozialismus und Demokratie¹⁰⁷.

Im Gegensatz dazu stand die Prinzipienerklärung der SAP, die auf ihrem ersten Reichsparteitag vom März 1932 beschlossen worden war. Die SAP, zu der inzwischen auch eine Reihe kommunistischer Rechtsabweichler gestoßen war, traf die Aussage, in der Sowjetunion würden unter der Führung der KPdSU die Grundlagen für den Sozialismus geschaffen. Kritik übte die SAP nur an der „Überbürokratisierung der Partei", an der Nichtachtung der Grundsätze des demokratischen Zentralismus und an der „antileninistischen Theorie von der Möglichkeit, den Sozialismus in einem Lande zu vollenden". Dem entsprach, daß die SAP sich selbst als Avantgardepartei begriff, die nach den Prinzipien des „demokratischen Zentralismus" aufgebaut war¹⁰⁸. Arkadij Gurland bezeichnete diese Entwicklung seiner früheren Mitstreiter vom linken Flügel

---

[103] Unsere Stellung zu Sowjetrußland. Lehren und Perspektiven der russischen Revolution. Vorw. von Max Seydewitz. Berlin 1931, S. 8.
[104] Theodor Hartwig: Die Bedeutung der Sowjetunion für die proletarische Weltrevolution, ebenda, S. 9–16, hier: S. 11.
[105] Max Adler: Unsere Stellung zu Sowjetrußland, ebenda, S. 157–189.
[106] R. Abramowitsch: Fünfjahresplan und Sozialdemokratie, in: DG 8 (1931) 2. Halbband S. 24 39, hier: S. 36; Max Adler: Der Weg zu einer Internationale der Tat, in: KK Nr. 15 vom 1. 8. 1931.
[107] Otto Jenssen: Bolschewismus oder demokratischer Sozialismus? in: Marxistische Tribüne Nr. 2 vom 20. 11. 1931.
[108] Prinzipienerklärung der Sozialistischen Arbeiterpartei Deutschlands (SAP), beschlossen auf dem 1. Reichsparteitag vom 25.–28. März 1932 in Berlin, in: Luthardt, Sozialmokratische Arbeiterbewegung, S. 185–190, hier S. 188–190. Zur SAP siehe Theodor Bergmann: Das Zwischenfeld der Arbeiterbewegung zwischen SPD und KPD 1928–1933, in: Scharrer, Manfred (Hrsg.): Kampflose Kapitulation. Arbeiterbewegung 1933. Reinbek bei Hamburg 1984, S. 162–182, hier S. 174–180; Drechsler, SAPD; Bernd Dieter Fritz: Die Kommunistische Arbeitsgemeinschaft (KAG) im Vergleich mit der KPO und SAP. Eine Studie zur politischen Ideologie des deutschen „Rechts"Kommunismus in der Zeit der Weimarer Republik. Phil. Diss. Bonn 1966.

der SPD als „leninistische Bekehrung" und „Hinwendung zum bolschewistischen Wunderglauben"[109].

In mancher Hinsicht erinnert die Entwicklung, die zur Gründung der SAP führte, an die Spaltung der USPD. In beiden Fällen war die Einschätzung der Sowjetunion ein wichtiges Orientierungsthema gewesen, wenn sie auch bei der USPD-Spaltung von erheblich größerer Bedeutung gewesen war. In beiden Fällen war der Hinweis auf Unterdrückung und Massenelend in Rußland an einem enthusiastischen Zukunftsglauben abgeprallt. Und schließlich hatte sich in beiden Fällen die politische Labilität der zentristischen Position gezeigt, die für Rußland andere Prinzipien gelten lassen wollte als für Westeuropa. Ein halbes Jahr nach ihrer Gründung war die SAP keine „zentristische" oder linkssozialdemokratische Partei mehr, sondern eine „rechtskommunistische"[110].

Kein „Nichtangriffspakt" mit der SPD

Die Auseinandersetzung über die Bewertung der Sowjetunion auf dem Leipziger Parteitag fand ein lebhaftes Echo im *Freien Wort*. Dazu trug, neben den Äußerungen der Parteitagsdelegierten, nicht unwesentlich Felix Stössinger bei, der sich im SPD-Diskussionsorgan für einen „aktiven Antibolschewismus" aussprach. Die SPD dürfe konsequenterweise nicht nur die KPD bekämpfen, sie müsse mit gleicher Entschiedenheit auch den Bolschewismus in der Sowjetunion bekämpfen, war der Kerngedanke von Stössingers Aufsatz. Diese Auffassung richtete sich nicht nur gegen die Anhänger Otto Bauers, die auf dem Parteitag aufgetreten waren. Auch der Aufruf der SAI vom Mai 1930 mit seiner Sorge vor einem Sieg der Konterrevolution schien Stössinger unbefriedigend. Damit würden die Freiheitskräfte, die sich in der Arbeiter- und Bauernschaft gegen das bolschewistische Regime erheben könnten, von vorneherein denunziert. Man könne aber dem russischen Bolschewismus keine Konzession machen, die nicht auch dem deutschen Bolschewismus nütze[111].

Unter den Leserbriefen zu Stössingers Stellungnahme waren einige, die das Problem der Einstellung zur Sowjetunion mit seiner deutschen Kehrseite, der Einstellung zur KPD, verbanden. Diese Reaktionen fielen durchaus unterschiedlich aus. Georg Bauer aus Konstanz konnte Stössingers Auffassung nicht gutheißen. Die SPD-Anhänger sähen in den Kommunisten nicht vorrangig Mitglieder einer gegnerischen Partei, die dem

---

[109] Arkadij Gurland: Leninistische Bekehrung der SAP, in: Marxistische Tribüne Nr. 7 vom 1. 4. 1932.
[110] In diese Kategorie stuft auch Fritz, KAG im Vergleich mit KPO und SAP, die SAP ein. Von der Komintern und der KPD wurde die SAP allerdings ebenso als „sozialfaschistisch" bekämpft wie die SPD; Bergmann, Zwischenfeld, S. 178; Theodor Hartwig: Unser Rußlandbuch – eine Schmähschrift gegen Sowjetrußland? in: KK Nr. 2. vom 1. 2. 1932. Das ist insofern von Bedeutung, als die SAP ihre außenpolitische Einstellung ganz aus dem Grundsatz der Verteidigung der Sowjetunion gegen imperialistische Angriffe ableitete. Dies ist ein weiteres Faktum, das der Ableitung des kommunistischen „Sozialfaschismus"-Kurses aus außenpolitischen Interessen der Sowjetunion widerspricht.
[111] Felix Stössinger: Aktiver Antibolschewismus, in: FW Nr. 27 vom 5. 7. 1931. Stössingers Vorstoß war offensichtlich vom Gedankengut der sozialrevolutionären Emigration beeinflußt, die ihm als „Kontinentalpolitiker" besonders nahestand. Er zitiert in seinem Artikel auch das französischsprachige sozialrevolutionäre Blatt „La Russie Opprimeé".

Proletariat unermeßlich geschadet habe, sondern ihre proletarische Klassengenossen. Der von Stössinger beklagte Mangel an Entschiedenheit bei der Kritik des Bolschewismus resultiere aus dieser klassenmäßigen Verbundenheit. Sie sei auch die Basis des millionenfachen Wunsches nach einer Einheitsfront von SPD und KPD. Ein aktiver Antibolschewismus im Sinne Stössingers würde von diesen Massen nicht verstanden und schärfstens abgelehnt werden[112].

Robert Schölz aus Aken, wo die Kommunisten die Mehrheit hatten, forderte dagegen verstärkte Aufklärung über die Verhältnisse in der Sowjetunion, vor allem, um prosowjetischen Sympathien unter jugendlichen SPD-Mitgliedern zu begegnen, die diese anfällig für die Werbung der KPD machten[113]. Der Herausgeber des *Freien Wort*, Ernst Heilmann, ließ in seiner abschließenden Betrachtung keinen Zweifel an seinem Standpunkt. „Nach Wort, Programm und Farbe unterscheidet sich die Sowjetdiktatur vom Faschismus; im Wesen und in der Wirkung nicht", schrieb er[114].

Anlässe, die die in der SPD schon seit langem verbreitete Auffassung von der „Zwillingsbruderschaft" von Kommunismus und Faschismus bestätigten, gab es zur Genüge. So veröffentlichte Anfang März die *Leipziger Volkszeitung* unter der Überschrift „Moskau wünscht Hitlers Sieg" Auszüge aus einem Sitzungsprotokoll des EKKI. Der Kominternreferent für Deutschland, Manuilski, hatte demnach erklärt, bei der Aufgabe, die sich vorbereitende Intervention gegen die Sowjetunion zu verhindern, könne sogar eine Machtergreifung Hitlers hilfreich sein. Sie müsse zu einem deutsch-französischen Konflikt führen und so Druck von der Sowjetunion nehmen. Die LVZ veranlaßte das im Hinblick auf die bevorstehenden Reichspräsidentenwahlen zu der Feststellung: „Wer Thälmann wählt, wählt Hitler!"[115]

Auf Seiten der KPD galt nach wie vor die Devise, der Hauptstoß sei gegen den „Sozialfaschismus" zu führen. Kleinere Modifikationen dieser Linie mußten dem Außenstehenden weitgehend bedeutungslos erscheinen[116].

Angesichts des immer bedrohlicheren Anwachsens des Nationalsozialismus war die Frage, ob Faschismus und Kommunismus gleichzusetzen seien, von einem Vergleich der Regierungssysteme fremder Länder zu einem eminent praktischen innenpolitischen Problem in Deutschland geworden. Die SPD-Vorstandsmitglieder Breitscheid und Stampfer sahen seit Ende 1931 eine Lösung dieses Problem darin, mit der KPD zu einem Modus vivendi zu kommen, der eine Konzentration aller Kräfte auf den Kampf gegen die Bedrohung von rechts erlaubte. Dahinter stand die klare Einsicht, daß Sozialdemokraten wie Kommunisten von einer Herrschaft der Nationalsozialisten gleichermaßen Schlimmstes zu befürchten hatten, aber auch ein nüchtern-taktisches Kalkül, das der *Vorwärts* knapp so ausdrückte: „Es gibt keine bolschewistische, aber es gibt eine faschistische Gefahr."[117] Stampfer versuchte, die KPD zum Einschwenken auf die von

---

[112] Georg Bauer: Die kommunistische Masse, in: FW Nr. 31 vom 3. 8. 1931.
[113] Robert Schölz: Verwirrt nicht die Jugend, ebenda. Mit ähnlicher Tendenz: Heinrich Fieberling: Kommunisten und Nazi, ebenda.
[114] E[rnst] H[eilmannn]: A. Jugow: Fünfjahresplan, in: FW Nr. 33 vom 16. 8. 1931.
[115] „Moskau wünscht Hitlers Sieg", LVZ Nr. 52 vom 2. 3. 1932.
[116] Hermann Weber: Zur Politik der KPD 1929–1933, in: Scharrer, Kampflose Kapitulation, S. 121–182.
[117] „Der Feind steht rechts", Vorwärts Nr. 547 vom 22. 11. 1931; Stampfer, Erfahrungen und Erkenntnisse, S. 264.

ihm und Breitscheid vorgeschlagene Linie eines Abwehrbündnisses zu bewegen, indem er die KPD-Führung bezichtigte, die SPD stärker zu bekämpfen als die NSDAP und zugleich relativ wohlwollend über die Anhänger der KPD schrieb[118].

Erich Matthias meint, im Rahmen dieser politischen Kampagne habe sich der *Vorwärts* auch aller Angriffe auf Sowjetrußland enthalten[119]. Auch Franz-Ferdinand Mentzel meint feststellen zu können, seit 1932 sei in der SPD-Presse die Mitarbeit von Menschewiki zurückgegangen und es seien auch weniger Emigrantenquellen bei der Berichterstattung über die Sowjetunion herangezogen worden[120]. Daß eine stärkere Zurückhaltung gegenüber der Sowjetunion Bestandteil von Stampfers Strategie gewesen sein könnte, darauf deutet auch die Feststellung „Wie sie [die deutsche Sozialdemokratie, JZ] grundsätzlich zum Kommunismus steht, weiß alle Welt; sie braucht es nicht alle Tage zu wiederholen [...]" aus dem oben zitierten Artikel vom November 1931 hin[121].

Dennoch ist festzustellen, daß es einen generellen Verzicht des *Vorwärts* auf Kritik an der Sowjetunion 1932 nicht gegeben hat. Was Mentzels Behauptung bezüglich der menschewistischen Autoren betrifft, so ist sie schwer zu überprüfen, da sich der *Vorwärts* in diesem Jahr ein neues Layout gab, bei dem wesentlich seltener als zuvor Autorennamen genannt wurden. Jedenfalls fallen auch und gerade in die Zeit, in der Stampfer seine Kontakte zur sowjetischen Botschaft aufnahm, also um die Jahreswende 1932/33, einige kritische Artikel des *Vorwärts* über die wirtschaftliche Lage und die Parteisäuberung in der UdSSR[122].

Immerhin hatte im November 1932 Rudolf Breitscheid, der Stampfers Versuche zur Verständigung mit der KPD vorsichtig stützte, im Parteiausschuß gefordert, man müsse versuchen, die Verhältnisse in Rußland ganz genau kennenzulernen. „Die unterschiedlichen Verhältnisse in Deutschland und Rußland müssen herausgearbeitet werden. Wir müssen auch sagen, was in Rußland gut ist und warum wir das bei uns nicht anwenden können."[123] Breitscheid wollte offenbar durch Aktualisierung der alten zentristischen

---

[118] Z.B. „Eine Woche ‚Rote Fahne!' Hetze gegen die Sozialdemokratie 95 Prozent – Kampf gegen Hitler 5 Prozent", Vorwärts Nr. 559 vom 29. 11. 1931; Friedrich Stampfer: Einheitsfront! Ein Ziel – aber wo ist der Weg? in: Vorwärts Nr. 285 vom 19. 6. 1932; Friedrich Stampfer: Wieder Bülowplatz. Bemerkungen zu einer kommunistischen Demonstration, in: Vorwärts Nr. 43 vom 26. 1. 1933.

[119] Erich Matthias: Die Sozialdemokratische Partei Deutschlands, in: Ders., Rudolf Morsey (Hrsg.): Das Ende der Parteien 1933. Düsseldorf 1960, S. 101–278, hier: S. 155.

[120] Mentzel, Publizistik, S. 41.

[121] „Der Feind steht rechts", Vorwärts Nr. 547 vom 22. 11. 1931.

[122] „Stalins Parteiguillotine", Vorwärts Nr. 481 vom 12. 10. 1932; „‚Vaterland der Arbeit'. Zerstörte Illusionen eines Rußlandgläubigen", Vorwärts Nr. 534 vom 11. 11. 1932; „Die Diktatur säubert", Vorwärts Nr. 584 vom 12. 12. 1932; „Sowjet-Paßzwang", Vorwärts Nr. 611 vom 28. 12. 1932; „Facharbeiter in Rußland", Vorwärts Nr. 612 vom 29. 12. 1932; „Stalins Bilanz. Licht und Schatten in der Sowjetunion", Vorwärts Nr. 17 vom 11. 1. 1933; „Stalins Agrarsorgen", Vorwärts Nr. 28 vom 17. 1. 1933. Fritz Heine, der zu jener Zeit technischer Leiter der Werbeabteilung des SPD-Vorstandes war, teilte dem Autor dazu mit: „Nach meiner Erinnerung habe ich keine Schrift (Broschüre, Flugblatt usw.) herausgegeben, die bewußt Zurückhaltung gegenüber der SU geübt hätte. Aber: man muß bedenken, daß damals die Nazis ja unser Hauptgegner waren und daß ich bei der Begrenztheit unserer Mittel mich auf die nächstliegenden Ziele einzuschießen hatte." (Brief vom 26. 1. 1990)

[123] Hagen Schulze (Hrsg.): Anpassung oder Widerstand? Aus den Akten des Parteivorstandes der deutschen Sozialdemokratie 1932/33. Bonn 1975, S. 46.

Position, die durch Otto Bauers jüngere Schriften erneut an Bedeutung gewonnen hatte, der Verständigung mit der KPD die Wege ebnen. Artur Crispien, der die Spaltung der USPD unter dem Eindruck der Faszination durch Sowjetrußland als einer der Hauptakteure erlebt hatte, warnte davor, für Rußland und Westeuropa unterschiedliche Maßstäbe anzulegen: „Das ist im Grunde genommen in der Konsequenz eine Rechtfertigung des Bolschewismus. Wenn er in Rußland gerechtfertigt ist, dann ist er auch für das westliche Europa gerechtfertigt." Die Einheitsfront konnte nach Crispiens Meinung allenfalls auf internationaler Ebene ausgehandelt werden. Dazu fehlten aber die Voraussetzungen. Die Stimmgewinne der KPD und vor allem die nach Crispiens Einschätzung „katastrophale" Lage in der Sowjetunion wirkten im Gegenteil auf eine Verschärfung des antisozialdemokratischen Kurses hin. Die Nichtangriffsverträge dienten der Absicherung gegen äußere Gefahren, um umso entschiedener einem weltrevolutionären Kurs folgen zu können[124].

Trotz solcher Einwände nahm Friedrich Stampfer im Herbst 1932 auf eigene Initiative, aber mit Wissen des SPD-Vorstandes Kontakt zur sowjetischen Botschaft auf. Er erklärte Botschafter Chinčuk[125], er wolle das Verhältnis der SPD zur sowjetischen Regierung „normalisieren". Stampfer argumentierte, es sei widersinnig, daß die Sowjetunion zu den kapitalistischen Staaten und auch zur deutschen Reichswehr gute Beziehungen unterhalte, während sie sich gegenüber den Sozialdemokraten als Todfeind geriere. Eine Verständigung zwischen den Arbeiterparteien in Deutschland müsse gerade in ihrem Interesse sein. Chinčuk erklärte, er wolle mit Stampfer in Fühlung bleiben, und es kam zu einigen Begegnungen mit dem Botschaftssekretär Vinogradov, bei denen Stampfer seinen Standpunkt weiter vertrat[126]. Offenbar als flankierende Maßnahmen dazu dienten zwei Artikel im *Vorwärts* vom 25. Januar und vom 11. Februar 1933, in denen unter Hinweis auf die Nichtangriffspakte, die die Sowjetunion 1932 mit osteuropäischen Staaten und mit Frankreich abgeschlossen hatte, eine entsprechende Übereinkunft zwischen den Parteien der III. und der II. Internationale angeregt wurde[127]. In einer Sitzung des Parteivorstandes mit Vertretern des ADGB am 5. Februar plädierte Stampfer für ein Gesprächsangebot an die Kommunisten über die Frage des Generalstreiks, er blieb damit jedoch in der Minderheit. Insbesondere Hilferding und Dittmann widersprachen scharf[128]. Wie sich Josef Felder erinnert, der im November 1932 in den Reichstag gewählt wurde, berichtete Stampfer auch der Reichstagsfraktion von seinen Sondierungen. Die Mehrheit habe das mit Skepsis aufgenommen. Man sei nicht gegen die Initiative gewesen, habe aber nicht an einen Erfolg geglaubt, da man an der Aufrichtigkeit der Kommunisten zweifelte[129].

---

[124] Ebenda, S. 67.
[125] Chinčuk war ein ehemaliger Menschewik und erst 1920 zu den Bolschewiki übergetreten. Er verstand sich als Wirtschaftsfachmann und hatte den Berliner Botschafterposten im Dezember 1930 nur widerstrebend übernommen, weil er sich der politischen Seite dieser Aufgabe nicht gewachsen fühlte; Niclauss, Sowjetunion und Hitlers Machtergreifung, S. 44.
[126] Stampfer, Erfahrungen, S. 264; Matthias, SPD, S. 156f.
[127] „Nichtangriffspakt. Warum nur mit kapitalistischen Staaten?", Vorwärts Nr. 42 vom 25. 1. 1933; Friedrich Stampfer: Einheitsfront. Offener Brief an die kommunistischen Arbeiter, in: Vorwärts Nr. 71 vom 11. 2. 1933.
[128] Schulze, Anpassung, S. 161–165, insbes. S. 163f.
[129] Freundl. Auskunft von Josef Felder (Gespräch am 10. Oktober 1988).

Die Skepsis war berechtigt. Kurz vor dem Reichstagsbrand erklärte Vinogradov Stampfer, weitere Unterhaltungen hätten wenig Sinn, da man in Moskau überzeugt sei, die Machtübernahme Hitlers sei ein notwendiges Durchgangsstadium zum Sieg des Kommunismus in Deutschland[130].

---

[130] Matthias, SPD, S. 157; Stampfer, Erfahrungen, S. 264. Stampfer schreibt hier, die letzte Unterredung mit Vinogradov hätte im Januar stattgefunden. Matthias beruft sich jedoch auf einen Aufsatz Stampfers vom November 1933, dessen Datierung auch wegen der weiteren Zusammenhänge wahrscheinlicher erscheint.

12. Zusammenfassende Überlegungen

Phasen und Faktoren der Interaktion

Die Auseinandersetzung mit der Sowjetunion war ein prägender Faktor für die Geschichte der deutschen Sozialdemokratie in der Zeit der Weimarer Republik. Über kein anderes Land wurde soviel in der Parteipresse geschrieben, kein anderes Staatswesen war Anlaß für solch intensive Diskussionen, Polemiken und Kämpfe. Die besondere Herausforderung durch die Sowjetunion bestand darin, daß sie das Selbstverständnis der Sozialdemokratie als sozialistischer Bewegung in Frage stellte und zum Leitmodell der um die Vorherrschaft in der Arbeiterbewegung kämpfenden kommunistischen Parteien wurde. Die Konkurrenz der Kommunisten zwang zur Auseinandersetzung mit deren Ideal. Das gilt insbesondere für Länder, in denen die Kommunisten stark waren, vor allem für Deutschland und Frankreich. In diesen Ländern standen die Sozialdemokraten der Sowjetunion denn auch besonders kritisch gegenüber, während etwa die Sozialdemokraten in Österreich und England, wo die Kommunisten politische Randgruppen geblieben waren, das sozialistische Experiment in Rußland wesentlich wohlwollender betrachteten.

Die Phase der intensivsten Interaktion zwischen der deutschen Sozialdemokratie und Sowjetrußland setzte unmittelbar mit der Oktoberrevolution ein und erstreckte sich über sechs Jahre bis zum gescheiterten „Deutschen Oktober" von 1923. Die Machtübernahme der Bolschewiki löste in Deutschland neue Hoffnungen auf einen baldigen Frieden aus. Sie standen zunächst im Vordergrund. Die beginnende Diskussion zwischen Kritikern und Bewunderern der Bolschewiki war eher eine Sache der Theoretiker. Als jedoch nach den Mißerfolgen im Westen und Süden die deutsche Militärmacht und damit das ganze Kaiserreich ins Wanken kam, als um Waffenstillstand gebeten werden und Sozialdemokraten der Zutritt zum Zentrum der Macht gestattet werden mußte, änderte sich das sehr schnell. Nun erwies sich, daß Sowjetrußland gewissermaßen als Antagonist der deutschen Sozialdemokratie geboren worden war. Die Mehrheitssozialdemokraten hatten die Novemberrevolution in Deutschland nicht gewollt, aber sie identifizierten sich voll und ganz mit ihrem Ergebnis: Die SPD wurde *die* staatstragende Partei der Weimarer Republik, in der sie ihre Vorstellungen von Sozialismus auf parlamentarisch-demokratischem Wege zu realisieren hoffte. Lenin und Trotzki hingegen hatten die Oktoberrevolution ganz auf die Vision von der proletarischen Weltrevolution gegründet. Die Diktatur des Proletariats konnte sich im industriell rückständigen Rußland nach der ursprünglichen Auffassung der Bolschewiki nur halten, wenn sie ihren Siegeszug in die entwickelteren Staaten, allen voran Deutschland, fortsetzte. Es lag auf der Hand, daß Sowjetrußland das seine dazu tun mußte, um diese seine vermeintliche Existenzvoraussetzung in Deutschland zu realisieren. Der ideologische Kampf um Demokratie und Diktatur, der unter dem Eindruck der Oktoberrevolution in der deutschen sozialistischen Arbeiterbewegung entbrannte, wurde so überlagert von den zwischenstaatlichen Konflikten, die die sowjetischen Interventionsversuche in die deutsche Innenpolitik auslösten. Bis zum gescheiterten „Deutschen Oktober" von 1923 und der bald darauf verkündeten These Stalins vom „Sozialismus in einem Land" blieb der Versuch des „Revolutionsexports" ein bestimmender Faktor im deutsch-sowjetischen Verhältnis.

12. Zusammenfassende Überlegungen

In derselben Periode fand auch die Umgruppierung der politischen Formationen des deutschen und internationalen Sozialismus statt. Lenins Projekt einer neuen, wirklich revolutionären Internationale und der Streit um das Modell „Sowjetrußland" und die Weltrevolution gaben dabei die entscheidenden Impulse. In Deutschland bildete das Kampffeld dieses konfliktreichen Prozesses die USPD. Erst deren Spaltung machte die Kommunisten in Deutschland zu einer Massenpartei. Zwei Jahre später vereinigte sich die Rest-USPD wieder mit den Mehrheitssozialdemokraten, ein Vorgang, der in der Bildung der Sozialistischen Arbeiter-Internationale im Mai 1923 ein Pendant auf internationaler Ebene fand. Alle Hoffnungen der „Zentristen" auf eine gleichberechtigte und offene Kooperation mit den Kommunisten waren zuvor enttäuscht worden.

Zu den entscheidenden Weichenstellungen, die die Intensität der Interaktion zwischen deutscher Sozialdemokratie und Sowjetunion in der ersten Phase ausmachen, gehören schließlich auch der Bruch und die Wiederherstellung der deutsch-sowjetischen Beziehungen.

Weniger spektakulär, aber für die deutsche Sozialdemokratie ebenfalls von nicht zu unterschätzender Bedeutung war die Ansiedlung der menschewistischen Emigranten in Deutschland. Alexander Stein, der bereits vor dem Ersten Weltkrieg nach Deutschland gekommen und hier geblieben war, hatte schon 1917 als Verbindungsmann zwischen den Menschewiki und dem bolschewismuskritischen Teil der USPD fungiert. Weitere Verbindungen hatten Dittmann und Crispien am Rande des zweiten Kominternkongresses aufgenommen, und spätestens seit Martows Auftritt auf dem Parteitag von Halle nahmen die Menschewiki die Rolle der sozialdemokratischen Kronzeugen gegen das bolschewistische Regime ein.

In der zweiten Phase war die unmittelbare Interaktion zwischen der deutschen Sozialdemokratie und der Sowjetunion deutlich schwächer ausgeprägt. Diese Phase deckt sich weitgehend mit den Jahren der Stabilisierung der Weimarer Republik. Stalins Kurs des „Sozialismus in einem Land" ließ die weltrevolutionären Aspirationen der Sowjetunion in den Hintergrund rücken. Man widmete sich dort verstärkt inneren Problemen. Dazu gehörte nicht zuletzt der Kampf um Lenins Nachfolge. Die innerparteilichen Streitigkeiten, die auch in der KPD ihren Widerhall fanden, wurden von den deutschen Sozialdemokraten als Schwächezeichen des Kommunismus interpretiert. Obwohl Komintern und KPD nicht ohne Erfolge versuchten, mit dem Programm der „Arbeiterdelegationen" Ausstrahlung und Attraktion des sowjetischen Modells auf das deutsche Proletariat zu erneuern, lag das Hauptgebiet der Auseinandersetzung zwischen der SPD und der Sowjetunion in dieser Periode auf dem Feld der Außenpolitik. Die ideologische Auseinandersetzung um den sowjetischen Weg zum Sozialismus lief daneben in mittlerweile gewohnter Weise weiter, ohne daß sie durch wesentlich neue Impulse gespeist wurde. Was die internationalen Beziehungen betraf, so war es das primäre Ziel der SPD-Mehrheit, die Verständigungspolitik mit dem Westen nicht durch sowjetische Interventionen stören zu lassen – eine Haltung, die beim linken Flügel der Sozialdemokraten wegen des Verdachts antisowjetischer Tendenzen auf Argwohn stieß, der die Linke aber gleichwohl keine Alternative entgegenzusetzen wußte.

In der kurzen Regierungszeit des Kabinetts Hermann Müller und der langen Phase des Niedergangs der Weimarer Republik war die Interaktion zwischen deutscher Sozialdemokratie und Sowjetunion erneut durch scharfe Konfrontation gekennzeichnet. Insbesondere während der sozialdemokratischen Kanzlerschaft verschränkten sich ideologische und außenpolitische Konfrontation erneut, wie dies vor allem bei den Vorgängen um den „Blutmai" von 1929 deutlich wurde. In der KPD verhalfen diese Ereignisse dem Sozialfaschismus-Kurs zum endgültigen Durchbruch. Die neue Komintern-Politik ist in engem Zusammenhang mit dem Beginn der Zwangskollektivierung der Landwirtschaft und der forcierten Industrialisierung in der Sowjetunion zu sehen – ein Umbruch, der in der Sozialdemokratie neue Diskussionen über die Rolle der UdSSR für den internationalen Sozialismus auslöste.

Ihre Einordnung in ein Konzept eines umfassenden, auf verschiedenen Wegen zu verwirklichenden Sozialismus blieb jedoch nur ein Gedankenkonstrukt einiger linkssozialdemokratischer Theoretiker. Das zeigt nicht zuletzt die sowjetische Reaktion auf den Vormarsch des Nationalsozialismus in Deutschland. Friedrich Stampfers Versuch, auf dem Umweg der Verständigung mit der diplomatischen Vertretung der UdSSR in Deutschland zu einem Nichtangriffspakt mit den Kommunisten zu kommen, um die Kräfte auf die Abwehr der Bedrohung durch die Machtübernahme der NSDAP konzentrieren zu können, blieb erfolglos. Die Führung der Sowjetunion setzte keinerlei Hoffnungen auf eine Stärkung der deutschen Sozialdemokratie, und so wurden auch die geringen Hoffnungen einiger deutscher Sozialdemokraten auf sowjetische Hilfe im Kampf gegen den Nationalsozialismus enttäuscht.

Perzeption: Das sozialdemokratische Bild der Sowjetunion und sein politischer Rahmen

Das Bild, das sich die deutsche Sozialdemokratie von der Sowjetunion machte, war in hohem Maße standortgebunden. Die sozialdemokratische Perzeption war beeinflußt durch ideologische Traditionen, innerdeutsche Verhältnisse und die Notwendigkeit, auf die Herausforderung eines sich als sozialistisch verstehenden Staatswesens zu reagieren. Große Bedeutung kam dem altgewohnten Rußlandbild der SPD zu. Der Zar als oberster Reaktionär Europas war schon seit 1848 der Lieblingsfeind der deutschen Linken gewesen, und das blieb bis 1917 so. Aber bei aller Bewunderung für die russischen Revolutionäre erschien der Sozialdemokratie auch die russische Nation als sozioökonomisch und zivilisatorisch zurückgeblieben. Mehr noch als die Tradition der Rußlandfeindschaft von Marx und Engels – die ja auch das revolutionäre Potential im Zarenreich hoch eingeschätzt hatten – prägte das vom Liberalismus übernommene linear-evolutionäre Fortschrittsdenken den sozialdemokratischen Blick auf Rußland. Der Stand der Industrialisierung und der Arbeiterbewegung, des Rechtsstaates und der Demokratie waren die Indikatoren, die darüber entschieden, welche Sprosse ein Land auf der zum Sozialismus führenden Leiter der historischen Entwicklung erklommen hatte. Rußland kam dabei zweifellos nur ein unterer Platz zu. Ihren klarsten Ausdruck hat diese Einstellung in den Theorien Kautskys gefunden, doch entsprach sie auch den vielen, vielen Erfahrungen des zähen Ringens um kleine Fortschritte, die die deutsche Arbeiterbewegung prägten. Der Versuch jedenfalls, in dem rückständigen Agrarland Rußland den Sozialismus zu verwirklichen, erschien aus dieser Perspektive als unmögliches Unterfangen und trug den Bolschewiki den Vorwurf des Voluntarismus und Blanquismus ein.

Diese Kritik setzte aber nicht unmittelbar nach der Oktoberrevolution ein. Die Bolschewiki erschienen vielmehr als die russische Friedenspartei. Dieser Zug dominierte zunächst in dem Bild, das sich die deutsche Sozialdemokratie von ihnen machte. Zwar wurde die Zerschlagung der Konstituante heftig kritisiert, doch übte die SPD vom Frühjahr bis Herbst 1918 wieder große Zurückhaltung, ja sie griff sogar die sozialistischen Opponenten der Bolschewiki an. Der Grund dafür war, daß Lenins Partei als einzige politische Kraft in Rußland den Frieden von Brest-Litowsk trug, dessen Inhalt die SPD zwar ablehnte, den sie aber doch einem Wiederaufleben der Kämpfe vorzog. Mit dem deutschen Waffenstillstandsangebot war diese Konstellation hinfällig. Die SPD orientierte sich nach Westen, unterstützte aus außen- und innenpolitischen Gründen den Abbruch der diplomatischen Beziehungen zu Rußland und konnte nun ihrer Bolschewismuskritik freien Lauf lassen, für die – von tagespolitischen Rücksichten unbeeinflußt – das USPD-Mitglied Karl Kautsky mittlerweile die theoretischen Grundlagen geschaffen hatte. Diese Kritik war dabei seit der Novemberrevolution nicht nur eine Auseinandersetzung mit dem sozialistischen Anspruch, den Sowjetrußland für sich reklamierte, sondern auch mit den deutschen Linksradikalen, für die der Bolschewismus zunehmend, und zwar in dem Maße, in dem sie von der deutschen Entwicklung enttäuscht wurden, Modellcharakter erhielt. Dadurch wurde die Vergleichsperspektive auch in der sozialdemokratischen Perzeption zu einem dominierenden Faktor. Im Zentrum der Wahrnehmung stand daher das, was aus sozialdemokratischer Sicht auch für die deutsche Arbeiterklasse von entscheidender Bedeutung war, vor allem das materielle Wohlergehen der Arbeiterschaft und die Demokratie. Zum Maßstab für letztere wurde vor allem die Aktionsfreiheit von Gewerkschaften und Sozialdemokraten gemacht. Verfolgungen von Kirchen und Intellektuellen, Nationalitätenkonflikte und auch die Lage der Bauern, die immerhin die Bevölkerungsmehrheit ausmachten, interessierten die deutsche Sozialdemokratie hingegen kaum.

Welchen Realitätsgehalt konnte die sozialdemokratische Perzeption unter diesen Voraussetzungen erreichen? Peter Lösche hat darauf eine sehr negative Antwort gegeben: „Das Bolschewismusbild der SPD hat sich in den ersten zwei Jahren nach der Oktoberrevolution geformt und blieb bis in die Jahre der Weltwirtschaftskrise ungebrochen. In der Auseinandersetzung mit den deutschen Linksradikalen erstarrte der Bolschewismus für die Mehrheitspartei zu einem Fetisch, [...] so daß die Wandlung des Bolschewismus vom Leninismus zum Stalinismus in ihrer qualitativen Bedeutung nicht recht reflektiert werden konnte."[1] Tatsächlich waren die Brandmarkung der bolschewistischen Diktatur – nach der Anfangsphase des Bürgerkriegs, wo weniger von der Diktatur als vom „bolschewistischen Chaos" die Rede war – und der Hinweis darauf, daß sie den Arbeitenden nicht das gebracht habe, was man sich vom Sozialismus versprach, dauerhafte Konstanten der sozialdemokratischen Bolschewismuskritik. Begriffe wie „Fetisch" und „Erstarrung" werden dieser Haltung jedoch nicht gerecht. Vielmehr wurde die einmal gefundene Grundsatzposition der Sozialdemokratie durch die weitere Entwicklung der Sowjetunion bestätigt. Daß sich das politische System von einer Parteidiktatur zu einer persönlichen Diktatur entwickelte, wurde in der deutschen Sozialdemokratie durchaus wahrgenommen. Man sah darin – m. E. mit guten Gründen – aber keine qualitative Veränderung, sondern eher eine folgerichtige und zwangsläufige Entwicklung.

Die sozialdemokratische Wahrnehmung der Sowjetunion war, entgegen der zitierten

---

[1] Lösche, S. 250.

Einschätzung, sogar ziemlich genau und differenziert. Dazu trugen ganz wesentlich die menschewistischen Exilierten bei, die eine rege publizistische Tätigkeit in deutschen Partei- und Gewerkschaftsorganen entfalteten. Abgesehen von außenpolitischen Fragen stammt das meiste, was darin über Rußland erschien, aus menschewistischen Federn. Die emigrierten Menschewiki kannten die politischen Akteure und die sozialen Verhältnisse der Sowjetunion aus eigenem Erleben. Sie sorgten, unter anderem durch ihr Informationsbulletin „RSD", für einen steten Fluß von Übersetzungen von Nachrichten auch entlegenerer sowjetischer Zeitungen, die die sozialen Verhältnisse kritisch beleuchteten, und erhielten von ihren Vertrauensleuten im Lande ungefilterte Informationen und Stimmungsberichte. Dabei legten die menschewistischen Autoren trotz ihres eindeutigen Standpunktes ein bemerkenswertes Bemühen um Sachlichkeit und Präzision an den Tag. So war ein „Vorwärts"-Leser mit Sicherheit besser über die Sowjetunion informiert als einer der Hugenbergpresse, die unseriöse Sensationsmeldungen über die Sowjetunion verbreitete, aber wohl auch besser als die Leser seriöser bürgerlicher Zeitungen, die, selbst wenn sie Korrespondenten in Moskau stationiert hatten – was der sozialdemokratischen Presse ja von der Sowjetregierung verweigert worden war –, zumeist nur in vergleichsweise geringem Umfang über die Sowjetunion berichteten[2].

Bei der Kritik an der Sowjetunion standen die zentralen, vom Parteivorstand beeinflußten Organe wie vor allem der „Vorwärts" oder die „Sozialdemokratische Parteikorrespondenz" in vorderster Linie. Publikationen des linken Flügels hielten sich in dieser Hinsicht stärker zurück. Jedoch hatte die Parteilinke, die sich nach der Wiedervereinigung von SPD und USPD neu formierte, keine grundsätzlich andere Sicht der Sowjetunion als die Mehrheit. Bezeichnend für sie war eher eine Art „Anti-Antibolschewismus", am prägnantesten veranschaulicht durch Paul Levis Aussage, er wolle kein Urteil über den Terror in der Sowjetunion abgeben, um nicht als Antibolschewist zu gelten[3]. Erst unter dem Eindruck der Weltwirtschaftskrise, des sowjetischen Fünfjahresplans und der daran anknüpfenden Theorien Otto Bauers kam ein Teil der sozialdemokratischen Linken zu der Ansicht, daß sich die Sowjetunion auf ihrem spezifischen Weg zum Sozialismus befinde, wobei es sie zu unterstützen gelte.

Ganz neu war dieser Gedankengang allerdings nicht. Er war nur die Anwendung einer alten Denkfigur auf eine neue Entwicklung, nämlich der Idee, für Rußland könnten andere politische Maßstäbe gelten als für Westeuropa. Interessanterweise hat als einer der ersten Friedrich Stampfer die Ansicht vertreten, in Rußland könnten möglicherweise zuerst grundlegende gesellschaftliche Umwälzungen vorgenommen werden, bevor die Demokratie eingeführt werde[4]. Ähnlich argumentierte die „zentristische" Richtung des internationalen Sozialismus, die sich zeitweilig in der IASP organisierte. Man machte den russischen Kommunisten nur zum Vorwurf, daß sie ihre Erfahrungen anderen sozialistischen Parteien aufdrängen wollten, nahm aber davon Abstand, ihre politische Praxis in der Sowjetunion zu kritisieren. Kritiker dieser Haltung haben stets darauf aufmerksam gemacht, daß damit die Demokratie als Prinzip in Frage gestellt werde. Die Berechtigung ihrer Einwände zeigte sich im Scheitern aller „zentristischen"

---

[2] Müller, Deutsch-sowjetische Beziehungen, S. 13 ff.
[3] Siehe oben S. 232.
[4] Siehe oben S. 39 f.

Versuche, den prinzipiellen Gegensatz von Demokratie und Diktatur durch Kompromißlösungen zu überbrücken.

„Fernwirkungen"

Der Einfluß der sowjetischen Entwicklung auf die deutsche Sozialdemokratie blieb nicht auf eine theoretische Auseinandersetzung beschränkt. An einigen Punkten des hier betrachteten Geschichtsabschnitts hatte sie eine bedeutsame Orientierungsfunktion mit wichtigen politischen Folgen.

Von ganz erheblicher Bedeutung für die Politik der Mehrheitssozialdemokratie war das sowjetische Beispiel in der Zeit der deutschen Revolution. Rußland war für die SPD ein warnendes Beispiel für die katastrophalen Folgen einer linksradikalen Politik. Die Errichtung einer Räterepublik müsse auch in Deutschland Bürgerkrieg, wirtschaftlichen Zusammenbruch und allgemeines Chaos zur Folge haben, lautete ihr ceterum censeo in dieser Zeit. Das „Ordnungsbündnis" Ebert-Groener war eine Folge dieser Furcht. Das hat schon Peter Lösche herausgearbeitet, wenngleich er verkennt, daß „Chaos" und „Bolschewismus" in der Revolutionszeit als Synonyma gebraucht wurden und die Bedeutung von letzterem keineswegs auf eine zielgerichtete Umsturzpolitik beschränkt war[5]. Der zweite „Basiskompromiß von 1918" (H. A. Winkler), das Stinnes-Legien-Abkommen zwischen Gewerkschaften und Unternehmern, wäre aufgrund des gewerkschaftlichen Pragmatismus wahrscheinlich auch zustande gekommen, hätte man das russische Beispiel nicht vor Augen gehabt, doch diente auch den Gewerkschaften der Hinweis auf die katastrophale ökonomische Entwicklung in Rußland als Warnung vor einer überstürzten Sozialisierungspolitik und damit zur Abstützung der Zentralarbeitsgemeinschaft.

Auch wenn Karl Liebknecht bei seiner Proklamation der sozialistischen Republik ausdrücklich auf das russische Vorbild Bezug nahm, bestand die vorherrschende Reaktion der Linken, auf die die mehrheitssozialdemokratischen Argumente zielten, zunächst nicht darin, offensiv die bolschewistische Politik zu verteidigen. Zwar stellte man die vorgebrachten Zusammenhänge in Abrede und verwies auf die Erbschaft von Zarismus und Krieg, doch – so argumentierte etwa Ernst Däumig – wollte man durchaus die „Fehler" der Bolschewiki vermeiden. Worin diese Fehler bestanden, wurde allerdings nie explizit ausgesprochen. Selbst Rosa Luxemburg, die sich darüber tatsächlich Gedanken gemacht hatte, ließ sich ja davon abbringen, sie öffentlich auszusprechen. Auch die USPD-Presse brachte ab 1919 nur noch dürre Meldungen über den Verlauf des russischen Bürgerkrieges und offizielle sowjetische Verlautbarungen; Kritisches über die politische Lage blieb ausgespart. So wurde der Boden bereitet für den Ausgang der zweiten wichtigen Entwicklung in der eine sowjetische „Fernwirkung" bedeutsam war: die Spaltung der USPD.

In diesen Prozeß intervenierten sowjetische Politiker auch ganz unmittelbar, doch ausschlaggebend für die Entscheidung der breiten Mitgliedermassen, die in einer Urabstimmung über den Beitritt zur dritten Internationale zu Wort kamen, war weithin die Einschätzung Sowjetrußlands und der weltrevolutionären Perspektiven. Die steigende

---

[5] Lösche, Bolschewismus, S. 168.

Sympathie für Sowjetrußland stand, wie Robert F. Wheeler herausgestellt hat, in direktem Zusammenhang mit der Enttäuschung der Linken über den Gang der Dinge in Deutschland. Sie kam daher erst mit einem gewissen zeitlichen Abstand zur Oktoberrevolution zur Wirkung. Ihren Höhepunkt erreichte sie während und unmittelbar nach dem polnisch-sowjetischen Krieg. In weiten Kreisen der Arbeiterschaft herrschte eine eigentümliche Mischung von Gefühlen der Solidarität mit den Verteidigern der russischen Revolution, aber – gerade angesichts eben erlittener eigener Niederlagen, etwa der der Roten Ruhrarmee – auch eine vage Hoffnung auf die zeitweilig vermeintlichen sowjetischen Sieger. Durch die mobilisierende Wirkung der Aktionen gegen Waffentransporte für Polen über deutsches Gebiet wurde dieses Gefühl bestärkt. Weil sie darin eine Entscheidung für Sowjetrußland sah, entschied sich die Mehrzahl der aktiven USPD-Mitglieder für den Beitritt zur Komintern und damit für die Verschmelzung mit der KPD. Daß Wilhelm Dittmann das in der USPD herrschende Schweigen über die tatsächlichen sowjetischen Zustände brach, konnte daran nichts mehr ändern.

Seinen tieferen Grund hatte dies darin, daß hier zwei unterschiedliche Wahrnehmungsweisen vorlagen. Am sinnfälligsten zeigte sich dies an der Begegnung der vier USPD-Delegierten zum zweiten Komintern-Kongreß mit den deutschen Auswanderern in Kolomna. Alle vier hatten die heruntergekommene Fabrik dort besichtigt und die Klagen ihrer Landsleute gehört, und Stoecker und Däumig haben Dittmanns Angaben auch nicht bestritten. Dennoch kamen die Delegierten zu völlig kontroversen Einschätzungen Sowjetrußlands. Aber während die Kritiker auf die triste Gegenwart hinwiesen, hatten die Anhänger des sowjetischen Modells die Zukunftshoffnungen vor Augen, die die russische Revolution in ihnen erweckt und die eigene deutsche Revolution nicht eingelöst hatte. Bezeichnenderweise waren es vor allem die jungen, erst durch die Revolution politisierten USPD-Mitglieder ohne gewerkschaftliche oder parteipolitische Erfahrung, die zur Dritten Internationale tendierten und die revolutionäre Naherwartung ihrer Propagandisten teilten[6].

Mit der Spaltung der USPD war der Einfluß der sowjetischen Entwicklung auf die organisatorische Umgruppierung des deutschen Sozialismus noch nicht beendet. Im Verein mit anderen linkssozialistischen Parteien versuchte die USPD zunächst, ein linkes Zentrum zu konstituieren, das die schrittweise Zusammenarbeit aller Strömungen des Sozialismus herbeiführen sollte. Dieses Vorhaben erhielt schon während der Gründung der Wiener Union durch die sowjetische Invasion im sozialdemokratisch regierten Georgien einen schweren Stoß und scheiterte nach dem für die Zweite Internationale und die Komintern nur taktisch motivierten Zwischenspiel der Berliner Konferenz der drei Internationalen Exekutivkomitees aufgrund des Prozesses gegen die Sozialrevolutionäre völlig. Die Desillusionierung der Zentristen über die Möglichkeiten einer Zusammenarbeit mit den Kommunisten war ein wesentlicher Faktor für die Wiedervereinigung der sozialdemokratischen Parteien in Deutschland und auf internationaler Ebene.

Daß solche wirksamen Einflüsse wie 1920 nicht auf synthetischem Wege zu erzeugen waren, mußte die KPD erfahren, als sie Mitte der 20er Jahre versuchte, mittels der „Arbeiterdelegationen" einen KP-freundlichen Flügel in den Gewerkschaften und der

---

[6] Vgl. dazu Wheeler, USPD und Högl, Gewerkschaften und USPD.

SPD aufzubauen. Zwar hatten die Arbeiterdelegationen eine große Resonanz, der erhoffte politische Ertrag blieb jedoch aus. Erst als der Kontrast zwischen Weltwirtschaftskrise im Westen und industriellem Aufbau im Zeichen des Fünfjahresplans dem Sowjetmythos neuen Glanz verlieh, wurde die Sowjetunion wieder zu einem Orientierungsthema für innerhalb der Sozialdemokratie. Allerdings spielte bei der Abspaltung der SAP die Rußland-Diskussion bei weitem keine so bedeutende Rolle wie bei der Spaltung der USPD.

Kampfplatz Sowjetunion: Der Streit zwischen SPD und KPD

Die Existenz einer großen kommunistischen Partei, die sich vollständig mit der Sowjetunion identifizierte, auch von ihr abhängig war und mit der Sozialdemokratie um den Einfluß auf die Arbeiterschaft konkurrierte, war für die letztere ein ständiger Antrieb zur Auseinandersetzung mit der Sowjetunion. Während die Kommunisten auf das leuchtende Vorbild des Arbeiter- und Bauernstaates verwiesen, bemühten sich die Sozialdemokraten, diese Behauptungen zu widerlegen und neigten dazu, sich sowjetische Mißerfolge auf dem eigenen politischen Konto gutzuschreiben. So charakterisierte der „Vorwärts" die Einführung der NEP 1921 als Kapitulation der russischen Kommunisten vor dem Kapitalismus und Bestätigung der reformistischen Politik der SPD.

Zumeist reagierte die Sozialdemokratie allerdings defensiv auf die KPD-Propaganda, wie dies besonders bei den Arbeiterdelegationen und der Fünfjahrplan-Kampagne deutlich wurde. Offensive Kampagnen gegen die KPD mit „sowjetischen Themen" führte die SPD eigentlich nur zweimal: einmal, als sie die eigentlich anderen Motiven entspringenden Enthüllungen der geheimen militärischen Zusammenarbeit zwischen Reichswehr und Roter Armee immer mehr gegen die Kommunisten zuspitzte, und zum zweitenmal, als sie zur Abwehr des kommunistischen Volksbegehrens gegen den Panzerkreuzer A die Kampagne gegen den „Sowjetmilitarismus" entfesselte.

Allerdings stellte die oben angesprochende laufende Berichterstattung der sozialdemokratischen Presse einen ständigen Angriff auf das rosige Bild von der Sowjetunion dar, das die KPD zu zeichnen versuchte.

Die außenpolitische Stellung zur Sowjetunion

Etwas überspitzt formuliert könnte man sagen: Die erste außenpolitische Entscheidung, die die deutsche Sozialdemokratie entscheidend mit beeinflußt und zu verantworten hatte, war der Abbruch der diplomatischen Beziehungen zu Sowjetrußland im November 1918. Für diese Entscheidung war zum einen die zunehmende revolutionäre Agitation ausschlaggebend, die von der sowjetischen Botschaft ausging, zum anderen aber auch der Versuch, sich das Wohlwollen der Westmächte und damit günstige Friedensbedingungen zu erwerben. Diese doppelte Option gegen die bolschewistische Revolution im Inneren, für den Primat der Westorientierung in der Außenpolitik blieb im Grunde in der gesamten Zeit der Weimarer Republik ausschlaggebend für das außenpolitische Verhältnis der deutschen Sozialdemokratie zur Sowjetunion. Karl Dietrich Erdmanns Aussage, die „innere Staatsräson" der Weimarer Republik habe auf den liberal-demokratischen Westen verwiesen, aber „die äußere Staatsräson wies in die entgegengesetzte Richtung"[7], hätte kein zeitgenössischer Sozialdemokrat unterschrieben. In der Zeit der Revolution hätte die östliche Option, wie besonders in dem Fernschreibergespräch Haases mit Čičerin und Radek und in Radeks Rede auf dem Gründungsparteitag der KPD deutlich wurde, den revolutionären Krieg einer deutsch-sowjetischen Allianz gegen die Entente bedeutet. Die SPD war aber nicht bereit, den Frieden gegen den Krieg und die eben errungene Demokratie gegen die vorgebliche Diktatur des Proletariats einzutauschen, und selbst dem äußersten linken Flügelmann des Rats der Volksbeauftragten, Emil Barth, schien dies kein gangbarer Weg. Bei der USPD-Basis war die Forderung nach Wiederherstellung der Beziehungen zu Sowjetrußland dagegen aus ideologischen Gründen äußerst populär. Die Weigerung der Regierung Bauer im Herbst 1919, sich der alliierten Blockade gegen Rußland anzuschließen, machte aber andererseits auch die Grenzen der Bereitschaft der SPD, sich mit den Westmächten zu arrangieren, deutlich. Schon zuvor waren erste vorsichtige Kontakte zu Vertretern der Sowjetregierung aufgenommen worden. Aber erst mit der Konsolidierung der bolschewistischen Herrschaft, dem Ende der alliierten Intervention und dem Eindruck des polnisch-sowjetischen Krieges, dessen Übergreifen auf Deutschland die Mehrheitssozialdemokraten befürchtet hatten, kam es Ende 1920 zu entschiedeneren Initiativen der SPD zur Wiederherstellung normaler Beziehungen zu Rußland. Die Art und Weise, wie dies dann schließlich 1922 am Rande der Konferenz von Genua geschah, mißfiel allerdings der Mehrheit der Sozialdemokraten, weil dies die Westmächte verprellte. Schon hier zeigte sich aber an Stimmen wie der der „Leipziger Volkszeitung", daß die Westorientierung auch nach dem Übergang des linken USPD-Flügels ins kommunistische Lager nicht unumstritten war. Die Sozialdemokraten stimmten dem Rapallo-Vertrag zu, waren aber überwiegend der Meinung, nun habe Deutschland seinen Beitrag zu besseren Beziehungen zur Sowjetunion im wesentlichen geleistet. Vorstellungen von „aktiver Außenpolitik" mit sowjetischem Rückhalt, wie sie in der Ostabteilung des Auswärtigen Amtes ventiliert wurden, waren ihre Sache nicht. Sie strebte im Rahmen einer „demokratischen Außenpolitik" ein umfassendes europäisches Vertragssystem an. Den Rapallo-Vertrag interpretierte sie als ein Element dieses Systems. Die Sowjetunion hingegen sah die Rapallo-Partnerschaft als ein exklusives Verhältnis an und war dementsprechend mißtrauisch gegen die nach der Ruhrbesetzung beginnende deutsche Verständigungspolitik mit dem Westen, die ihr ihren Rapallo-Partner zu entfremden drohte. Die SPD interpretierte dies als Folge einer imperialistischen Politik in zaristischer Tradition, die darauf aus sei, die europäischen Mächte gegeneinander auszuspielen. Zumal nach der Welle der diplomatischen Anerkennungen des Jahres 1924 schienen ihr bezüglich der Sowjetunion alle außenpolitischen Aufgaben erledigt – bis auf eine, die man nur in Moskau lösen konnte, aber nicht wollte: den sowjetischen Beitritt zum Völkerbund.

Geradezu als Exekutor ihrer ureigenen Westpolitik erschien der SPD Außenminister Stresemann, den sie, obwohl zumeist als Oppositionspartei, bei allen entscheidenden Schritten seiner Verständigungspolitik unterstützte. Zugleich wandte sie sich vehement gegen Moskauer Störversuche und Abstriche bei der Westpolitik aus Rücksicht auf die Sowjetunion. Stresemanns ausbalancierende Vereinbarungen, das Handelsabkommen

---

[7] Erdmann, Ost- und Westorientierung, S. 137.

12. Zusammenfassende Überlegungen

mit der UdSSR von 1925 und den Berliner Vertrag, nahm sie hin; von ihr selbst wäre die Initiative wohl kaum ausgegangen. Immerhin begrüßte der Teil des linken SPD-Flügels, für den die „Leipziger Volkszeitung" sprach, diese Verträge. Die Linke begleitete die Westpolitik aus Angst vor antisowjetischen Akzenten mit Mißtrauen, hatte aber selbst keine alternative Konzeption vorzuweisen. Das hing nicht zuletzt mit einem gewissen marxistischen Dogmatismus zusammen, wie er in Reinkultur von Paul Levi vertreten wurde. Für ihn war nahezu jeder außenpolitische Vertrag, den die Weimarer Republik abgeschlossen hatte, des Teufels. Unermüdlich betonte er, die einzig richtige sozialistische Außenpolitik bestehe in der Stärkung des Proletariats. Welche Folgen das für das Verhältnis zu anderen Staaten haben sollte, erklärte er allerdings nicht.

Daß die Sozialdemokraten im Verhältnis zur Sowjetunion als „Falken" erscheinen, hängt auch mit ihrer besonderen Allergie gegen sowjetische Einmischungsversuche in deutsche Angelegenheiten zusammen, die ja ihrer Konkurrenzpartei KPD zugute kamen und die die von ihnen hauptsächlich getragene Republik unterminierten. Da sie zudem auf die Sowjetunion keinerlei außenpolitische Hoffnungen setzte, galten ihr diplomatische Rücksichten in solchen Fällen nichts, wie etwa die Durchsuchung der sowjetischen Handelsmission 1924 zeigte. Auch bei der innenpolitisch motivierten Enthüllung der militärischen Zusammenarbeit zwischen Reichswehr und Roter Armee bildeten eventuelle Belastungen des deutsch-sowjetischen Verhältnisses kein Hemmnis.

Auch wenn die SPD stets im Einklang mit der SAI jegliche Intervention gegen die Sowjetunion ablehnte und beispielsweise den Abbruch der diplomatischen Beziehungen durch die britische Regierung 1927 kritisierte, war der Mangel an außenpolitischen Berührungspunkten mit der Sowjetunion stets konfliktträchtig. Das zeigte sich, als die SPD 1928 wieder Regierungsmacht übernahm. Obwohl die „Izvestija" um Verständigung warben und die Sowjetunion, begleitet vom höchsten Lob des „Vorwärts", erste Schritte zu einer Politik der kollektiven Sicherheit machte, waren die deutsch-sowjetischen Beziehungen zur Zeit der Regierung Müller schweren Belastungen ausgesetzt. Da sich die Regierung ganz auf das Verhältnis zum Westen konzentrierte, trat in den Beziehungen zur Sowjetunion die Abwehr der Unterstützung der KPD stark in den Vordergrund, zumal sich deren Politik im Zuge des „Sozialfaschismus"-Kurses radikalisierte. Der „Blutmai" von 1929 für den die Hauptverantwortung auf den sozialdemokratischen Polizeipräsidenten von Berlin, Zörgiebel, fiel, tat ein übriges. Schließlich versuchte die SPD, allerdings erfolglos, die deutsch-sowjetischen Beziehungen vom Wohlverhalten der KPD abhängig zu machen.

Die reine ideologische Gegnerschaft zur Sowjetunion war jedoch kein ausschlaggebender Faktor für die Außenpolitik der SPD. Schon Anfang 1920 hatte der „Vorwärts" erklärt, die deutsche Politik gegenüber Rußland könne nicht davon abhängen, welche Partei dort an der Macht sei. Kautskys 1925 vorgebrachter Vorschlag, die Beziehungen zur Sowjetunion zu nutzen, um dort eine Liberalisierung der politischen Verhältnisse zu erzwingen, verhallte ungehört. Die Außenpolitik der SPD war nicht von ideologischen Sympathien oder Anipathien geprägt, sondern trug durchaus „realpolitische" Züge. Das außenpolitische Mißverhältnis zur Sowjetunion erwuchs aus deren langjähriger Weigerung, sich in Systeme kollektiver Sicherheit einzuordnen, die der SPD als zuverlässigste Garanten des Friedens erschienen, und der ständigen Mißachtung der inneren Souveränität Deutschlands. Gerade als der erste Grund wegfiel, gewann der zweite um so mehr an Aktualität.

Sozialdemokratisches Selbstverständnis und Sowjetunion

Auf die Frage, welche Folgen die permanente Auseinandersetzung mit der Sowjetunion für die deutsche Sozialdemokratie hatte, scheinen die Quellen auf den ersten Blick kaum eine Antwort zu geben. Natürlich markiert die Stellung zur Sowjetunion die Grenze zwischen Sozialdemokraten – oder, wie sie sich, um die Abgrenzung zu betonen, auch nannten, demokratischen Sozialisten – und Kommunisten, was besonders bei der Spaltung der USPD deutlich wurde. Danach spielt die Sowjetunion in der programmatischen Diskussion der Sozialdemokratie jedoch keine Rolle mehr. Bezeichnenderweise war die Sowjetunion auch weniger ein Thema sozialdemokratischer Parteitage (die USPD immer ausgenommen) als der sozialdemokratischen Publizistik, die es um so intensiver bearbeitete. Daß von der Sowjetunion keine positiven programmatischen Impulse auf die deutsche Sozialdemokratie ausgingen, ist jedoch insofern verständlich, als dieser der Bolschewismus als ein Produkt historisch rückständiger Verhältnisse erschien. So fielen die Antworten auf die Frage, was die Sozialdemokratie von der Sowjetunion lernen könne, negativ aus. Die tiefste Lehre aus den russischen Verhältnissen sei, so erklärte etwa Otto Wels auf dem Leipziger Parteitag von 1931: „Ohne Demokratie ist der Sozialismus unmöglich". Und der Vorsitzende des Deutschen Holzarbeiterverbandes, Fritz Tarnow, sagte ebenda, das russische Beispiel gebe auf die Frage, wie man eine Industriewirtschaft mit einem Ruck vom kapitalistischen auf das sozialistische System umstellen könne, keine andere Antwort, als daß man es so unmöglich machen könne.

Obwohl sie wenig Greifbares zu enthalten scheinen, geben Wels' und Leiparts Aussagen doch einen wichtigen Hinweis darauf, was die deutsche Sozialdemokratie von der Sowjetunion lernte. In der Weimarer Republik, wo sie erstmals die Chance zu effektiver politischer Mitgestaltung hatte, begann ihr Wandel von einer Partei des „revolutionären Attentismus", die sich letzten Endes durch die Erwartung des in unbestimmter Zukunft eintretenden, alles verändernden „großen Kladderadatsch" legitimierte, zu einer sozialen Reformpartei, die versuchte, Theorie und Praxis in Einklang zu bringen. Davon zeugt vor allem die Diskussion über Wirtschaftsdemokratie Mitte der zwanziger Jahre. Die Sowjetunion war in diesem Zusammenhang eine stete Warnung vor dem Rückfall in utopische Vorstellungen, deren Folgen sie in ihrer nackten, entzauberten Gestalt vorführte. Was man von ihr lernen konnte, war, „wie man den Sozialismus nicht machen darf".

Abkürzungen

AA	Auswärtiges Amt
ADAP	Akten zur Deutschen Auswärtigen Politik
ADGB	Allgemeiner Deutscher Gewerkschaftsbund
AdR	Akten der Reichskanzlei
AfS	Archiv für Sozialgeschichte
AsD	Archiv der sozialen Demokratie
BzG	Beiträge zur Geschichte der deutschen Arbeiterbewegung
DDP	Deutsche Demokratische Partei
DG	Die Gesellschaft
DNVP	Deutschnationale Volkspartei
DVP	Deutsche Volkspartei
EKKI	Exekutivkomitee der Kommunistischen Internationale
FW	Das Freie Wort
GWU	Geschichte in Wissenschaft und Unterricht
HZ	Historische Zeitschrift
IAH	Internationale Arbeiterhilfe
IASP	Internationale Arbeitsgemeinschaft Sozialistischer Parteien
IISG	Internationales Institut für Sozialgeschichte
IRSH	International Review of Social History
IWK	Internationale wissenschaftliche Korrespondenz zur Geschichte der deutschen Arbeiterbewegung
KK	Der Klassenkampf
Kong.	Kongreß
KPD	Kommunistische Partei Deutschlands
KPR(B)	Kommunistische Partei Rußlands (Bolschewiki) [bis 1925]
KPdSU	Kommunistische Partei der Sowjetunion [ab 1925]
LSI	Labour and Socialist International
LVZ	Leipziger Volkszeitung
Nachdr.	Nachdruck
Nl.	Nachlaß
NEP	Novaja Ékonomičeskaja Politika (Neue Ökonomische Politik)
NPL	Neue Politische Literatur
NSDAP	Nationalsozialistische Deutsche Arbeiterpartei
O.J.	Ohne Jahresangabe
O.O.	Ohne Ortsangabe
Prot.	Protokoll
PT	Parteitag
PVS	Politische Vierteljahresschrift
RSD	Mitteilungsblatt der Russischen Sozial-Demokratie
RSDRP	Rossijskaja Social-Demokratičeskaja Rabočaja Partija [siehe SDAPR]
SAP(D)	Sozialistische Arbeiterpartei (Deutschlands)
SAI	Sozialistische Arbeiter-Internationale

SDAPR	Sozialdemokratische Arbeiterpartei Rußlands
SM	Sozialistische Monatshefte
SPD	Sozialdemokratische Partei Deutschlands
SPK	Sozialdemokratische Parteikorrespondenz
SPW	Sozialistische Politik und Wirtschaft
USPD	Unabhängige Sozialdemokratische Partei Deutschlands
VfZ	Vierteljahrshefte für Zeitgeschichte
ZfG	Zeitschrift für Geschichtswissenschaft
ZK	Zentralkomitee

Zur Schreibweise russischer Namen und Begriffe

In der Regel wurde versucht, bei der Schreibung russischer Namen und Begriffe der ISO-Transliteration zu folgen. Diese Schreibweise wurde jedoch nicht konsequent durchgehalten, da in den Quellen häufig andere Varianten vorkommen. Die russischen Sozialdemokraten im deutschen Exil paßten beispielsweise auch ihre Namen selbst der deutschen Sprache an und werden so auch in der Regel in den deutschen Quellen angesprochen, z.B. Paul Axelrod statt Pavel Aksel'rod, Theodor statt F[edor] I. Dan etc. Andere Namen und Begriffe wie beispielsweise Trotzki, Sinowjew, Bolschewiki, Menschewiki waren bei den Zeitgenossen in der hier verwendeten Schreibweise geläufig und sind es auch heute – zum Teil auch in der wissenschaftlichen Literatur – noch. Um im Interesse der Lesbarkeit die Vielfalt der Schreibweisen zu minimieren, wurde in diesen Fällen die gebräuchliche Transkription beibehalten.

Quellen- und Literaturverzeichnis

1. Archivalien

Archiv der sozialen Demokratie (AsD), Bonn
Nachlaß Emil Barth
Nachlaß Arthur Crispien
Nachlaß Wilhelm Dittmann
Nachlaß Carl Giebel
Ältere Nachlässe, Polizeiakten
Fraktionsprotokolle USPD 1919–1922 (Mikrofilm, Original im IISG Amsterdam)

Internationales Institut für Sozialgeschichte (IISG), Amsterdam
Nachlaß Rafail Abramovič
Nachlaß Pavel Borisovič Aksel'rod
Nachlaß Eduard Bernstein
Nachlaß Grigorij Ossipovič Binštok
Nachlaß Fedor Il'ič Dan
Nachlaß Petr Abramovič Garvi
Nachlaß Albert Grszesinski
Nachlaß Karl Kautsky
Nachlaß Theodor Liebknecht
Nachlaß Alexander Stein
Teilnachlaß Vladimir Savel'evič Vojtinski
Wilhelm Dittmann, Erinnerungen (Typoskript)
Archiv Labour and Socialist International
Archiv Sozialistische Arbeiter-Internationale
Unterlagen Georgien

2. Biographische, bibliographische und chronologische Hilfsmittel

Baumgart, Winfried: Bücherverzeichnis zur deutschen Geschichte. Hilfsmittel, Handbücher, Quellen. München ⁷1988.

Bibliographie zur Geschichte der deutschen Arbeiterbewegung, hrsg. von der Bibliothek des Archivs der sozialen Demokratie Jgg. 1981–1988.

Bibliographie zur Zeitgeschichte. Beilage der Vierteljahrshefte für Zeitgeschichte 1–37 (1953–1989).

Biographisches Handbuch der deutschsprachigen Emigration nach 1933. Geleitet u. bearb. v. Werner Röder u. Herbert A. Strauss. Bd. 1. München, New York, London, Paris 1980.

Bourguina, Anna M.: Russian Social Democracy: the Menshevik Movement. A Bibliography. Stanford 1968.

Deutsche Geschichte in Daten. Hrsg. v. Institut für Geschichte der Deutschen Akademie der Wissenschaften zu Berlin. Berlin (O) 1967.

Emig, Dieter: Bibliographie der USPD-Broschüren 1917–1922. Teil 2. Von Dieter Emig, Hartfried Krause und Rüdiger Zimmermann, in: IWK 15 (1979), S. 405–420.

Encyclopaedia Judaica. Jerusalem 1971.

Hösch, Edgar; Grabmüller, Hans-Jürgen: Daten der sowjetischen Geschichte. Von 1917 bis zur Gegenwart. München 1981.

Institut po izučeniju istorii i kultury SSSR [Institut für Erforschung der Geschichte und Kultur der UdSSR]: Ukazatel' periodičeskich izdanij emigracii iz Rossii i SSSR za 1919–1952 g.g. [Verzeichnis periodischer Publikationen der Emigration aus Rußland und der UdSSR] München 1953.

Klotzbach, Kurt: Bibliographie zur Geschichte der deutschen Arbeiterbewegung 1914–1945. Sozialdemokratie, freie Gewerkschaften, christlich-soziale Bewegungen, kommunistische Bewegung und linke Splittergruppen. Bonn ³1981.
Koszyk, Kurt; Eisfeld, Gerhard: Die Presse der deutschen Sozialdemokratie. Bonn ²1980.
Kurata, Minoru: Rudolf Hilferding. Bibliographie seiner Schriften, Artikel und Briefe, in: IWK 10 (1974), S. 327–346.
Meyer, Georg P.: Bibliographie zur deutschen Revolution 1918/19. Göttingen 1977.
Osterroth, Franz: Biographisches Lexikon des Sozialismus. Bd. 1: Verstorbene Persönlichkeiten. Hannover 1960.
Soviet Foreign Policy and World Communism. A selected, annotated Bibliography of 7000 Books in 30 Languages. Compiled and edited by Thomas T. Hammond. Princeton, New Jersey 1965
Tarumi, Setsuko; Krause, Hartfried: Bibliographie der USPD-Broschüren 1917–1922. Teil 1. In: IWK 10 (1974), S. 457–471.

3. Akteneditionen, Kongreßprotokolle

Akten zur deutschen auswärtigen Politik

Serie A: 9. November 1918–30. November 1925
Band 1: 9. November 1918 bis 5. Mai 1919. Göttingen 1982.
Band 2: 7. Mai bis 31. Dezember 1919. Göttingen 1984.
Band 3: 1. Januar bis 30. September 1920. Göttingen 1985.
Band 4: 1. Oktober bis 30. April 1921. Göttingen 1986.
Band 5: 1. Mai 1921 bis 28. Februar 1922. Göttingen 1987.
Band 6: 1. März bis 31. Dezember 1922. Göttingen 1988.

Serie B: 1. Dezember 1925–29. Januar 1933
Band 2,1: Deutschlands Beziehungen zur Sowjet-Union, zu Polen, Danzig und den baltischen Staaten, 3. Dezember 1925 bis 5. Juni 1926. Göttingen 1967.
Band 2,2: Dasselbe, 8. Juni bis 31. Dezember 1926. Göttingen 1967.
Band 4: 1. Januar bis 16. März 1927. Göttingen 1970.
Band 5: 17. März bis 30. Juni 1927. Göttingen 1972.
Band 6: 1. Juli bis 30. September 1927. Göttingen 1974.
Band 7: 1. Oktober bis 31. Dezember 1927. Göttingen 1974.
Band 8: 1. Januar bis 30. April 1928. Göttingen 1976.
Band 9: 1. Mai bis 30. August 1928. Göttingen 1976.
Band 10: 1. September bis 31. Dezember 1928. Göttingen 1977.
Band 11: 1. Januar bis 31. Mai 1929. Göttingen 1978.
Band 12: 1. Juni bis 2. September 1929. Göttingen 1978.
Band 13: 3. September bis 31. Dezember 1929. Göttingen 1979.
Band 14: 1. Januar bis 30. April 1930. Göttingen 1980.
Band 15: 1. Mai bis 30. September 1930. Göttingen 1980.
Band 16: 1. Oktober 1930 bis 28. Februar 1931. Göttingen 1981.
Band 17: 1. März bis 30. Juni 1931. Göttingen 1982.
Band 18: 1. Juli bis 15. Oktober 1931. Göttingen 1982.
Band 19: 16. Oktober 1931 bis 29. Februar 1932. Göttingen 1983.
Band 20: 1. März bis 15. August 1932. Göttingen 1983.
Band 21: 16. August 1932 bis 29. Januar 1933. Göttingen 1983.

Akten der Reichskanzlei

Das Kabinett Scheidemann, 13. Februar bis 20. Juni 1919. Bearb. von Hagen Schulze. Boppard 1971.
Das Kabinett Bauer, 21. Juni 1919 bis 27. März 1920. Bearb. von Anton Golecki, Boppard 1980.
Das Kabinett Müller I, 27. März bis 21. Juni 1920. Bearb. von Martin Vogt. Boppard 1971.
Das Kabinett Fehrenbach. 25. Juni 1920 bis 4. Mai 1921. Bearb. von Peter Wulf. Boppard 1972.

Die Kabinette Wirth I und II, 10. Mai 1921 bis 26. Oktober 1921, 26. Oktober 1921 bis 22. November 1922. Bearb. von Ingrid Schulze-Bidlingmaier. 2 Bde. Boppard 1973. Das Kabinett Cuno, 22. November 1922 bis 13. August 1923. Bearb. v. Karl-Heinz Harbeck. Boppard 1968. Die Kabinette Stresemann I und II, 13. August bis 6. Oktober 1923, 6. Oktober bis 30. November 1923. Bearb. v. Karl Dietrich Erdmann und Martin Voigt. 2 Bde. Boppard 1978. Die Kabinette Marx I und II, 30. November 1923 bis 3. Juni 1924, 3. Juni 1924 bis 15. Januar 1925. Bearb. v. Günther Abramowski. 2 Bde. Boppard 1973. Die Kabinette Luther I und II, 15. Januar 1925 bis 20. Januar 1926, 20. Januar 1926 bis 17. Mai 1926. Bearb. v. Karl Heinz Minuth. 2 Bde. Boppard 1977. Die Kabinette Marx III und IV, 17. Mai 1926 bis 19. Januar 1927, 29. Januar 1927 bis 29. Juni 1928. Bearb. v. Günther Abramowski. 2 Bde. Boppard 1988. Das Kabinett Müller II, 28. Juni 1928 bis 27. März 1930. 2 Bde. Bearb. v. Martin Vogt. Boppard 1970. Die Kabinette Brüning I und II, 30 März bis 10. Oktober 1931, 10. Oktober 1931 bis 1. Juni 1932. Bearb. v. Tilman Koops. 2 Bde. Boppard 1982. Das Kabinett von Papen. 1. Juni bis 3. Dezember 1932. Bearb. v. Karl-Heinz Minuth. 2 Bde. Boppard 1989. Das Kabinett von Schleicher. 3. Dezember 1932 bis 30. Januar 1933. Bearb. v. Anton Golecki. Boppard 1986.

Allgemeiner Kongreß der Arbeiter- und Soldatenräte Deutschland. Vom 16. bis 21. Dezember 1918 im Abgeordnetenhause zu Berlin. Stenographische Berichte. Unveränd. Nachdruck d. Ausgabe Berlin 1919. Glashütten i. Ts. 1972. Eingeleitet v. Friedrich Helm und Peter Schmitt-Egner.

Der I. und II. Kongreß der Kommunistischen Internationale. Dokumente der Kongresse und Reden W. I. Lenins. Hrsg. vom Institut für Marxismus-Leninismus beim ZK der SED. Berlin (Ost) 1959.

Bibliothek der Kommunistischen Internationale, Bd. 1: Manifest, Richtlinien, Beschlüsse des ersten Kongresses. Aufrufe und offene Schreiben des Exekutivkomitees bis zum zweiten Kongreß. Hamburg 1920 (Nachdruck Mailand 1967).

Der Zentralrat der Deutschen Sozialistischen Republik 19. 12. 1918–8. 4. 1919. Vom ersten zum zweiten Rätekongreß. Bearbeitet von Eberhard Kolb unter Mitwirkung von Reinhard Rürup. Leiden 1968.

Die Regierung der Volksbeauftragten. Bearb. v. Susanne Miller und Heinrich Potthoff. 2 Bde. Düsseldorf 1969.

Die SPD-Fraktion in der Nationalversammlung 1919–1920. Eingeleitet von Heinrich Potthoff, bearbeitet von Heinrich Potthoff und Hermann Weber. Düsseldorf 1986.

Die Zweite Internationale 1918/19. Protokolle, Memoranden, Berichte und Korrespondenzen. Herausgegeben, eingeleitet und kommentiert von Gerhard A. Ritter. Kommentierung unter Mitwirkung von Konrad von Zwehl. 2 Bde. Berlin, Bonn 1980.

Kongreßprotokolle der Sozialistischen Arbeiter-Internationale. Nachdr. Glashütten i. Ts. 1974. Band 1: Protokoll des Internationalen Sozialistischen Arbeiterkongresses in Hamburg 21.–25. Mai 1923. Berlin 1923.
Band 2: Zweiter Kongreß der Sozialistischen Arbeiter-Internationale Marseille, 22.–27. August 1925. Bericht des Sekretariats und Verhandlungsprotokoll. Berlin o. J. Band 3: Dritter Kongreß der Sozialistischen Arbeiter-Internationale Brüssel, 5. bis 11. August 1928. 2 Bde. Berichte und Verhandlungen. Zürich 1928.
Band 4: Vierter Kongreß der Sozialistischen Arbeiter-Internationale Wien, 25. Juli bis 1. August 1931. Berichte und Verhandlungen. 2 Bde. Zürich 1932.

Kongreßprotokolle der Zweiten Internationale. Ergänzungsheft: Bericht vom zehnten Internationalen Sozialistenkongreß in Genf 31. Juli bis 5. August 1920. Hrsg. vom Sekretariat der Sozialisten- und Arbeiter-Internationale. Brüssel 1921. [Nachdr. Berlin, Bonn 1979].

Lademacher, Horst (Hrsg.): Die Zimmerwalder Bewegung. Protokolle und Korrespondenz. 2 Bde. Den Haag 1967.

Protokoll der internationalen Konferenz der drei Exekutivkomitees: in Berlin vom 2.–5. 4. 1922, hrsg. vom Neunerkomitee der Konferenz. Nachdr. der Ausgabe Wien 1922. Mit einer Einleitung von Konrad von Zwehl. Berlin, Bonn 1980.

Protokoll der Internationalen Sozialistischen Konferenz in Wien: vom 22.–27. Februar 1921. Mit einer Einleitung von Konrad von Zwehl. Nachdruck der 1921 erschienen 1. Auflage. Berlin, Bonn 1978.

Quellen zur Geschichte der deutschen Gewerkschaftsbewegung im 20. Jahrhundert. Hrsg. von Hermann Weber, Klaus Schönhoven und Klaus Tenfelde

Band 1: Die Gewerkschaften in Weltkrieg und Revolution 1914–1919. Bearb. von Klaus Schönhoven. Köln 1985.

Band 2: Die Gewerkschaften in den Anfangsjahren der Republik 1919–1923. Bearb. von Michael Ruck. Köln 1985.

Band 3,1.2: Die Gewerkschaften von der Stabilisierung bis zur Weltwirtschaftskrise 1924–1930. Bearb. von Horst A. Kukuck und Dieter Schiffmann. Köln 1986. Band 4: Die Gewerkschaften in der Endphase der Republik. Bearb. von Peter Jahn. Köln 1988.

Protokolle der Sitzungen des Parteiausschusses der SPD 1912 bis 1921, hrsg. v. Dieter Dowe. 2 Bde. Berlin, Bonn 1980.

Protokoll über die Verhandlungen des Parteitages der Sozialdemokratischen Partei Deutschlands. Abgehalten zu Jena vom 17. bis 23. September 1905. Berlin 1905.

Protokoll über die Verhandlungen des Parteitages der Sozialdemokratischen Partei Deutschlands, abgehalten zu Mannheim vom 23. bis 19. September 1906. Berlin 1906.

Protokoll über die Verhandlungen des Parteitages der SPD, abgehalten in Würzburg vom 11. bis 20. Oktober 1917. Berlin 1917 (Nachdr. Glashütten 1973).

Protokoll über die Verhandlungen des Parteitages der Sozialdemokratischen Partei Deutschlands, abgehalten in Weimar vom 10. bis 15. Juni 1919. Berlin 1919 (Nachdr. Glashütten i. Ts. 1973).

Protokoll über die Verhandlungen des Parteitages der Sozialdemokratischen Partei Deutschlands, abgehalten in Kassel vom 10. bis 16. Oktober 1920. Berlin 1920 (Nachdr. Glashütten u. a. 1973).

Protokoll über die Verhandlungen des Parteitages der Sozialdemokratischen Partei Deutschlands, abgehalten in Görlitz vom 18. bis 24. September 1921. Berlin 1921 (Nachdr. Berlin, Bonn 1973).

Protokoll der Sozialdemokratischen Parteitage in Augsburg, Gera, Nürnberg 1922. Berlin 1923 (Nachdr. Glashütten u. a. 1973).

Protokolle der USPD

Band 1: Protokoll über die Verhandlungen des Gründungsparteitages der USPD vom 6. bis 8. April 1917 in Gotha. Berlin 1921

Protokoll über die Verhandlungen des außerordentlichen Parteitages vom 2. bis 6. März 1919 in Berlin. Berlin o. J. (Nachdr. Glashütten i. Ts. 1975)

Band 2: Protokoll über die Verhandlungen des außerordentlichen Parteitages vom 30. November bis 6. Dezember 1919 in Leipzig. Berlin o. J.

Protokoll der Reichskonferenz vom 1. bis 3. September 1920 zu Berlin. Berlin o. J. (Nachdr. Glashütten i. Ts. 1976)

Band 3: Protokoll über die Verhandlungen des außerordentlichen Parteitages in Halle vom 12. bis 17. Oktober 1920. (USPD-Rechte) Berlin o. J. (Nachdr. Glashütten i. Ts. 1976)

Band 4: Protokoll über die Verhandlungen des Parteitages in Leipzig vom 8. bis 12. Januar 1922. Leipzig o. J.

Protokoll über die Verhandlungen des Parteitages der U. S. P. D., abgehalten in Gera vom 20. bis 23. September 1922. Berlin 1923. (Nachdr. Glashütten i. Ts. 1976).

Protokolle der Landesversammlungen der USPD Sachsens 1919–1922. (Im Anhang: Protolle der Landeskonferenz der U.S.P. Badens und des Bezirksparteitages der U.S.P. des Niederrheins 1919) Mit einer Einleitung von Hartfrid Krause. Berlin, Bonn 1979.

Sozialdemokratischer Parteitag 1924. (Berlin) Protokoll mit dem Bericht der Frauenkonferenz. Berlin 1924. (Nachdr. Glashütten u. a. 1974).

Sozialdemokratischer Parteitag 1925 in Heidelberg. Protokoll mit dem Bericht der Frauenkonferenz. Berlin 1925. (Nachdr. Glashütten u. a. 1974).

Sozialdemokratischer Parteitag 1927 in Kiel. Protokoll mit dem Bericht der Frauenkonferenz. (Nachdr. Glashütten u. a. 1974).
Sozialdemokratischer Parteitag in Magdeburg 1929 vom 26. bis 31. Mai in der Stadthalle. Magdeburg 1929. (Nachdr. Glashütten u. a. 1974).
Sozialdemokratischer Parteitag in Leipzig 1931 vom 31. Mai bis 5. Juni im Volkshaus. Leipzig 1931. (Nachdr. Glashütten u. a. 1974).
Weber, Hermann (Hrsg.): Der Gründungsparteitag der KPD. Protokoll und Materialien. Frankfurt a. M. 1969.
II. Kongreß der Arbeiter-, Bauern- und Soldatenräte Deutschlands. Vom 8. bis 14. April 1919 im Herrenhaus zu Berlin. Stenographisches Protokoll. Anhang: Vom I. Rätekongreß zur Nationalversammlung. Die Tätigkeit des Zentralrates der sozialistischen Republik Deutschlands. Berlin o. J. (Nachdr. Glashütten im Taunus 1975).

4. Weitere Quelleneditionen und -sammlungen

Aufrufe des Exekutivkomitees der Kommunistischen Internationale zur polnischen Frage. Hrsg. vom Westeuropäischen Sekretariat der Kommunistischen Internationale. Berlin 1920.
Ay, Karl Ludwig (Bearb.) Appelle einer Revolution – Dokumente aus Bayern zum Jahr 1918/1919. München 1968.
Beradt, Charlotte (Hrsg.): Paul Levi. Zwischen Spartakus und Sozialdemokratie. Schriften, Aufsätze, Reden und Briefe. Frankfurt a. M. 1969.
Dan, Theodore: Letters (1899–1946). Selected, annotated an with an outline of Dan's political biography by Boris Sapir [in russ. Sprache]. Amsterdam 1986.
Die russische Revolution und die sozialistische Internationale. Aus dem literarischen Nachlaß von Paul Axelrod. Jena 1932.
Die Verfassung des Deutschen Reichs vom 11. 8. 1919. Stuttgart 1982.
Dokumente und Materialien zur Geschichte der deutschen Arbeiterbewegung. Hrsg. vom Institut für Marxismus-Leninismus beim ZK der SED, Reihe II: 1914–1945.
Band 1: Juli 1914–Oktober 1917. Berlin (O) 1958.
Band 3: Januar 1919–Mai 1919. Berlin (O) 1958.
Band 7,1: Februar 1919–Dezember 1921. Berlin (O) 1966.
Band 7,2: Januar 1922–Dezember 1923. Berlin (O) 1966.
Band 8: Januar 1924–Oktober 1929. Berlin (O) 1975.
Ebert, Fritz: Schriften, Aufzeichnungen, Reden. Hrsg. v. Friedrich Ebert jun. 2 Bde. Dresden 1926.
Flechtheim, Ossip K. (Hrsg.): Rosa Luxemburg. Politische Schriften. Bd. 3. Frankfurt a. M. 1968
Haase, Ernst: Hugo Haase. Sein Leben und Wirken. Mit einer Auswahl von Briefen, Reden und Aufsätzen. Berlin 1929.
Haferkorn, Katja; Schmalfuß, Peter: Für die Bolschewiki. Eine bisher unbekannte Arbeit Clara Zetkins vom Jahre 1918, in: BzG 30 (1988), S. 620–631.
Jacob, Mathilde: Von Rosa Luxemburg und ihren Freunden, hrsg. v. Sibylle Quack u. Rüdiger Zimmermann, in: IWK 24 (1988), S. 435–515.
Klemm, Bernd (Hrsg.): „... durch polizeiliches Einschreiten wurde dem Unfug ein Ende gemacht." Geheime Berichte der politischen Polizei Hessen über Linke und Rechte in Offenbach 1923–1930. Frankfurt a. M., New York 1982.
Lübbe, Peter (Hrsg.): Kautsky gegen Lenin. Berlin, Bonn 1981.
L'vunin, Ju. A.; Poljanskij, I. S.: Pis'ma V. I. Leninu o dejatel'nosti mežrabpoma 1921- 1922, in: Istorija SSSR 6/1973, S. 96–108.
Massmann, Ernst: Ein Dokument der Kommunistischen Internationale zur Berliner Konferenz der drei Internationalen 1922, in: BzG 14 (1972), S. 463–470.

Naumann, Horst: Revolutionäre Berliner Sozialdemokraten 1917/18 zur Oktoberrevolution, in: ZfG 35 (1987), S. 912–920.

Nyassi, Ulrike: Der Nachlaß Wilhelm Sollmann. Köln, Wien 1985. = Mitteilungen aus dem Stadtarchiv von Köln hrsg. v. Hugo Stehkämper, 68. Heft.

Prinzipienerklärung der Sozialistischen Arbeiterpartei Deutschlands (SAP), beschlossen auf dem 1. Reichsparteitag vom 25.–28. März 1932 in Berlin, in: Luthardt, Wolfgang (Hrsg.): Sozialdemokratische Arbeiterbewegung und Weimarer Republik. Materialien zur gesellschaftlichen Entwicklung 1927–1933. Bd. 2. Frankfurt a.M. 1978, S. 185–190.

Radek, Karl: Leo Schlageter, der Wanderer ins Nichts. Rede, gehalten inn der Sitzung der Erweiterten Exekutive der Kommunistischen Internationale am 20. Juni 1923, in: Internationale Presse-Korrespondenz. 3 (1923) Nr. 105 v. 25. Juni, S. 885f.

Ritter, Gerhard A.; Miller, Susanne (Hrsg.): Die deutsche Revolution 1918/19. 2., erheblich erweiterte und überarbeitete Ausgabe. Hamburg 1975.

Roth, Joseph: Berliner Saisonbericht. Reportagen und journalistische Arbeiten 1920–1939. Hrsg. v. Klaus Westermann. Köln 1984.

Rubel, Maximilian (Hrsg.): Karl Marx/Friedrich Engels. Die russische Kommune. Kritik eines Mythos. München 1972.

Schüddekopf, Otto-Ernst: Das Heer und die Republik. Quellen zur Politik der Reichswehrführung 1918 bis 1933. Hannover und Frankfurt a.M. 1955.

Schulz, Ursula (Hrsg.): Die deutsche Arbeiterbewegung 1848–1919 in Augenzeugenberichten. TB-Ausg. München ³1981.

Sowjetrußland und Polen. Reden von Kamenew, Lenin, Trotzki, Marchlewski, Sokolnikow, Radek und Martow in der Vereinigten Sitzung des Allrussischen Zentral-Exekutiv-Komitees des Moskauer Rates der Arbeiter- und Bauerndelegierten, der Gewerkschaftsverbände und der Betriebsräte am 5. Mai 1920. Hrsg. von der Redaktion Russische Korrespondenz. O. O., 1920.

Sozialistische Revolution in einem unterentwickelten Land. Texte der Menschewiki zur russischen Revolution. Hamburg 1981.

Zeman, Zbigniew A. B. (Hrsg.): Germany and the Revolution in Russia 1915–1918. London 1958.

Zetkin, Clara: Für die Sowjetmacht. Artikel, Reden und Briefe 1917–1933. Redaktion: Katja Haferkorn, unter Mitarbeit von Marie-Anetta Bayer und Ursula Rämisch. Frankfurt a.M. 1977 (zugleich Berlin (O) 1977).

5. Zeitungen und Zeitschriften

Das freie Wort 1929–1933.

Der Arbeiterrat 1919–1920.

Der Kampf. Südbairische Tageszeitung der USPD 1919.

Der Klassenkampf. Marxistische Blätter. Sozialistische Politik und Wirtschaft 1927–1932. (Nachdr. Vaduz 1982).

Die Einheit 1926–1929.

Die Freiheit 1918–1922.

Die Gesellschaft 1924–1933.

Die Neue Zeit 1919–1923.

Gewerkschafts-Zeitung 1924–1933.

Kommunistische Rundschau. 1920 (unvollständig).

Korrespondenzblatt des ADGB Nov. 1918–1923.

Leipziger Volkszeitung November 1917-November 1932.

Les Échos de Russie (Stockholm) 1918, Juli 1919.

Marxistische Tribüne 1931–1932.

Mitteilungsblatt der SPD 1924–1928.

Nachrichten der Internationalen Arbeitsgemeinschaft Sozialistischer Parteien. Wien April 1921–Juni 1923. (Nachdr. Glashütten i. Ts. 1973).
RSD – Mitteilungsblatt der russischen Sozial-Demokratie 1924–1932 (teilweise fragmentarisch).
Russkij Socialist 19. 11. 1918–8. 2. 1919.
Socialističeskij Vestnik (Der Sozialistische Bote) 1921–1933.
Sozialdemokratische Parteikorrespondenz 1917–1922. 1929–1933.
Sozialistische Monatshefte 1918–1933.
Sozialistische Politik und Wirtschaft 1923–1928.
Vorwärts 1918–1933.

6. Weitere publizistische Quellen

Abramowitsch, Mark: Diktatur ODER Demokratie? nein: Diktatur DURCH Demokratie! Berlin 1932.
Abramowitsch, Raphael: Die Zukunft Sowjet-Rußlands. Jena 1923.
ders.: Julius Martow und das russische Proletariat, in: Julius Martow. Sein Werk und seine Bedeutung für den Sozialismus. Berlin 1924, S. 7–20.
ders.; Suchomlin, W.; Zereteli, I.: Der Terror gegen die sozialistischen Parteien in Rußland und Georgien, hrsg. v. Exekutivkomitee der Sozialistischen Arbeiter-Internationale. Berlin 1925.
ders.: Die politischen Gefangenen in der Sowjetunion. Mit einem Vorwort der Vorsitzenden der „Kommission zu Untersuchung der Lage der politischen Gefangenen" Louis de Brouckère und Arthur Crispien. Berlin 1930.
ders.: Wandlungen der bolschewistischen Diktatur. Berlin 1931.
Adler, Fritz; Abramowitsch, Raphael; Blum, Léon; Vandervelde, Emile: Der Moskauer Prozeß und die Sozialistische Arbeiter-Internationale. Berlin 1931.
ders.: Das Stalinsche Experiment und der Sozialismus. Wien 1932.
An den Pranger! (Zum Prozeß gegen die Sozialrevolutionäre). Hamburg 1922.
Annehmen oder Ablehnen? Die Unabhängige Sozialdemokratie uund der Friede. Mit Beiträgen von K. Kautsky, Gg. E. Graf, C. Ballod, A. Stein, R. Hilferding u. H. Haase. Berlin 1919.
Antibolschewistische Liga (Hrsg.): Und dennoch! Worte der Hoffnung und des Willens in des Vaterlandes Not. (Revolutions-Flugschriften Heft 3. O. O., o. J.).
dies.: Die Zustände in Rußland – eine Warnung! O. O., o. J.
Ballod, Karl: Sowjet-Rußland. Berlin 1920.
Barth, Erwin: Marxismus und Bolschewismus. Eine Auseinandersetzung. Vortrag, gehalten am 20. Februar 1919 im Kaisersaal zu Berlin. Berlin 1919.
Bauer, Otto: Der „neue Kurs" in Sowjetrußland. Wien 1921.
ders.: Julius Martow, in: Julius Martow. Sein Werk und seine Bedeutung für den Sozialismus. Berlin 1924, S. 21–25.
Bezsonov, Jurij: Mes vingt-six prisons et mon évasion de Solovki. Paris 1928.
Böttcher, Paul: Der Klassenkampf in Rußland. Ein Leitfaden und Literaturnachweis zur Geschichte der russischen Revolution. Leipzig 1919.
Braunthal, Julius: Kommunisten und Sozialdemokraten. Wien 1920.
ders.: Vom Kommunismus zum Imperialismus. Bilder aus dem bolschewistischen Georgien. Wien 1922.
Broh, J.: Entwurf eines Programms der U. S. P. verfaßt im Auftrag der politischen Kommission des Aktionsrats Charlottenburg sowie Kritik des Aktionsprogramms. Berlin 1920.
Buch, Martin: Sozialdiktatur oder Sozialdemokratie? Hrsg. im Auftrag des Vorstandes des Sozialdemokratischen Wahlvereins Bielefeld-Wiedenbrück. Bielefeld 1919.
Bucharin, N.: Das Programm der Kommunisten. Berlin 1919.

ders.: Karl Kautsky und Sowjetrußland. Leipzig o. J. [1926].

Bystranski, W.: Menschewiki und Sozialrevolutionäre. Hamburg 1922.

Cleinow, Franz: Bürger, Arbeiter – Rettet Europa. Erlebnisse im sterbenden Rußland. Berlin 1920.

ders.: Roter Imperialismus. Eine Studie über Verkehrsprobleme der Sowjetunion. Berlin 1931.

Crispien, Artur: Dem Andenken Martows, in: Julius Martow. Sein Werk und seine Bedeutung für den Sozialismus. Berlin 1924, S. 33–39.

Däumig, Ernst: Der Aufbau Deutschlands uund das Rätesystem. Koreferat und Schlußwort auf dem 2. Rätekongreß in Berlin 8.–14. April 1919. Berlin 1919.

Dan [=Gurvič], Theodor: Gewerkschaften und Politik in Sowjetrußland. Berlin 1923.

ders.: Der Arbeiter im Sowjetstaat. Die Bilanz der kommunistischen Wirtschaftspolitik. Berlin, Stuttgart 1923.

ders.: Sowjetrußland, wie es wirklich ist. Ein Leitfaden für Rußlanddelegierte. Prag 1926.

Der Fünfjahrplan und seine Feinde. Berlin o. J. [1931].

Die Aufgaben der Nationalversammlung. O. O., o. J. [1919].

Die deutsche Arbeiterdelegation in Sowjetrußland. Zwei Besprechungen mit Genossen Sinowjew am 20. und 28. August 1925. Hamburg 1925.

Die Kommunisten auf Stimmenfang. Die Irreführung der Arbeiter und Bauern durch Propagierung des „heroischen Beispiels der Sowjetunion". Sonderausgabe der sozialdemokratischen Parteikorrespondenz. Berlin 1928.

Die Revolution. Unabhängiges sozialdemokratisches Jahrbuch für Politik und proletarische Kultur. Schriftleitung: Felix Stössinger. Berlin 1920.

Die Sozialdemokratie. Berlin 1924. (Deutschnationales Rüstzeug, Heft Nr. 2, Jg. 1924).

Die Sozialdemokratie auf der Anklagebank. Die Interventions- und Schädlingsarbeit vor dem Moskauer Volksgericht. Hamburg 1931.

Die Wahrheit über Rußland. Die Auswanderung nach Sowjet-Rußland und das Diktat der Dritten Internationale. Mitteilungen der deutschen U.S.P.-Moskau-Delegierten und anderer Zeugen. Zusammengestellt und eingeleitet von A. Franke. Hrsg. von „Aufbauen und Werden", Gesellschaft für praktische Volksaufklärung und Steigerung der nationalen Arbeitskraft. Berlin 1920.

Die Wahrheit über Sowjetrußland berichten die Rußland-Delegierten Freiberger und Baer/München. Reden des Vorsitzenden der ersten deutschen Arbeiterdelegation nach Sowjetrußland Xaver Freiberger und des Münchener Delegierten Baer in der Münchener Betriebsräte-Vollversammlung vm 9. September 1925. München o. J. [1925].

Domnick, Adolf: Woher kommt die Ohnmacht der Gewerkschaften? O. O., o. J. [Braunschweig, ca. 1920] (Sozialdemokratische Flugschriften, Heft 4).

Drahn, Ernst/Friedegg, Ernst (Hrsg.): Deutscher Revolutionsalmanach 1919. Hamburg, Berlin 1919.

Eck, Nikolaus: Die Spartakl-Herrschaft im bayerischen Oberland. Miesbach o. J. [1919].

Eisenberger, Josef: Lenin aus nächster Nähe. Die russischen Genossen an der Arbeit. München 1919.

Farbman, Michael: „Piatiletka". Der Fünfjahresplan. Die neue Offensive des Bolschewismus. Aus dem Englischen von R. Hilferding. Berlin 1931.

Frankenberg, Gerhard von: Ordnung als Ziel der Volkswirtschaft. Braunschweig o. J. [1922] (Sozialdemokratische Flugschriften, Heft 13).

ders.: Sozialismus und Anarchie. Braunschweig o. J. (Sozialdemokratische Flugschriften, Heft 4).

Freiberger, Xaver: Sowjetrußland und die deutsche Sozialdemokratie. Warum wurde ich aus der S.P.D. ausgeschlossen. München o. J. [1926].

Friedl, Otto: Erlebnisse eines Deutschen in der Roten Armee. Berlin 1919. (Generalsekretariat zum Studium des Bolschewismus, Flugschrift 2).

Galin, L.: Die Verfassung der russischen Sowjetrepublik in der Praxis. Berlin 1921. (III. Sonderheft der sozialistischen Rundschau „Der Firn").
Garwy, Peter: Der rote Militarismus. Berlin 1928.
ders.: Sowjetdeutschland? Berlin o.J. [1932].
Gawronsky, Dimitry: Die Bilanz des russischen Bolschewismus. Auf Grund authentischer Quellen dargestellt. Berlin 1919.
Generalsekretariat zum Studium und zur Bekämpfung des Bolschewismus (Hrsg.): Die Wahrheit über Sowjet-Rußland! Von einem soeben aus Petersburg zurückgekehrten Internierten. O. O. 1919.
Geyer, Curt (Hrsg.): Für die dritte Internationale! Die USPD am Scheidewege. Mit Beiträgen von Curt Geyer, Walter Stoecker und Paul Hennig. Vorwort von Ernst Däumig. Berlin 1920.
ders.: Der Radikalismus in der deutschen Arbeiterbewegung. Jena 1923.
Graf, Engelbert: Die Industrialisierung der Sowjetunion. Berlin 1931.
Gumbel, Emil Julius: Vom Rußland der Gegenwart. Berlin 1927.
Hartmann, Hans Erich: Demokratie oder Diktatur? Zittau 1919.
Heise, Stephan: Zertrümmerer der proletarischen Einheitsfront. Frankfurt a.M. 1921.
Hilferding, Rudolf: Martow und die Internationale, in: Julius Martow. Sein Werk und seine Bedeutung für den Sozialismus. Berlin 1924, S. 30–33.
Jordania, Noë: Marxismus und Demokratie. Ein Vortrag von Noë Jordania, Ministerpräsident der georgischen Republik, gehalten am 24. Juli 1918 vor dem Arbeiter- und Soldatenrat Tiflis. Geleitwort von Eduard Bernstein. Berlin 1921.
ders.: Imperialismus unter revolutionärer Maske. Eine Antwort an Trotzki. Berlin 1922.
Jugow, A[ron]: Die Volkswirtschaft der Sowjetunion und ihre Probleme. Dresden 1929.
ders.: Fünfjahresplan. Mit einem Nachwort von Theodor Dan. Berlin 1931.
Kasper, Willi: SPD-Arbeiter fragt. Wir antworten. Berlin o.J. [ca. 1932].
Kautsky, Karl: Die Diktatur des Proletariats. Wien 1918.
ders.: Terrorismus und Kommunismus. Berlin 1919.
ders.: Das Weitertreiben der Revolution. Berlin, o.J. [1919].
ders.: Volksherrschaft oder Gewaltherrschaft? Berlin-Bern o.J. [1919].
ders.: Gegen die Diktatur. Berlin 1919.
ders.: Demokratie oder Diktatur. Berlin 1920.
ders.: Vergangenheit und Zukunft der Internationale. Wien 1920.
ders.: Georgien. Eine sozialdemokratische Bauernrepublik. Wien 1921.
ders.: Von der Demokratie zur Staatssklaverei. Eine Auseinandersetzung mit Trotzky. Berlin 1921.
ders.: Mein Verhältnis zur Unabhängigen Sozialdemokratischen Partei. Ein Rückblick. Berlin 1922.
ders.: Julius Martow zum Gedächtnis, in: Julius Martow. Sein Werk und seine Bedeutung für den Sozialismus. Berlin 1924, S. 25–29.
ders.: Die Internationale und Sowjetrußland. Berlin 1925.
ders.: Der Bolschewismus in der Sackgasse. Berlin 1930.
ders.: Kommunismus und Sozialdemokratie. Berlin o.J. [1932].
Knjasew, W.: W. Wolodarski. Hamburg 1922.
Koch, Arthur: Als Arbeiterdelegierter in Rußland. Hamburg 1927.
Kollontai, A[lexandra]: Wem nützt der Krieg – Komu nužna vojna? Hrsg. v. Komitee der kriegsgefangenen Sozialdemokraten Internationalisten, Hotel Dresden Zimmer 361–64. Moskau 1918.
Krieg! Berlin o.J. [1930].
Krylenko, N.: Weißer und roter Terror. Wien 1927.

ders.: Die Kriminalpolitik der Sowjetmacht. Wien 1927.

Landsberg, Otto: Der Rat der Volksbeauftragten, in: Friedrich Ebert und seine Zeit. Charlottenburg o.J. [ca. 1925], S. 183–210.

Leder, Z.: Die Offensive des Kapitals und die Einheitsfront des Proletariats. Hamburg 1922.

Lessing, Walter: Zahlenwahnsinn und Bolschewismus. Geisteskrankheiten des Weltkrieges.(Revolutions-Flugschriften hrsg. u. verlegt vom Generalsekretariat zum Studium und zur Bekämpfung des Bolschewismus, 2. Heft. O. O., o.J.).

Levi, Paul: Sachverständigengutachten und was dann? Zur innen- und außenpolitischen Orientierung. Berlin 1924.

Liga zum Schutze der deutschen Kultur (Hrsg.): Der Kommunismus, sein Wesen und seine Ziele. Berlin 1920.

L'Internationale Socialiste et la Géorgie. Éd. du Comité Central du Parti Ouvrier Socialdemocratique de Géorgie. Paris 1921.

Mänchen-Helfen, Otto: Rußland und der Sozialismus. Von der Arbeitermacht zum Staatskapitalismus. Berlin 1932.

Marchionini, Karl: Revolutionen. Ein Gang durch die Geschichte der großen Klassenkämpfe und Staatsumwälzungen. Berlin o.J. [1919].

ders.: Was will die Unabhängige Sozialdemokratie? Hrsg. vom Zentralkomitee der USPD. O. O., o.J. [1920].

Martow, L.: Down with Executions! London 1918.

ders. (Martow, Julius): Geschichte der russischen Sozialdemokratie. Mit einem Nachtrag von Th. Dan: Die Sozialdemokratie Rußlands nach dem Jahre 1908. Berlin 1926. [Nachdr. Erlangen 1926].

Marx, Karl; Engels, Friedrich: Manifest der Kommunistischen Partei. Berlin (O) [31]1969.

Melgunow, S. P.: Der rote Terror in Rußland, 1918–1923. Berlin 1924.

Melville, Cecil F.: The Russian Face of Germany. An Account of the Secret Military Relation Between the German and Soviet-Russian Governments. London [2]1932.

Müller[-Franken], Hermann: Völkerbeziehungen und Internationale, in: Adolf Braun (Hrsg.): Programmentwurf der SPD. Ein Kommentar. Berlin 1921, S. 75–83.

Münzenberg, Willi: Brot und Maschinen für Sowjetrußland. Ein Jahr proletarischer Hilfsarbeit. Berlin o.J. [1922].

Noske, Gustav: Die Abwehr des Bolschewismus, in: Zehn Jahre deutsche Geschichte 1918–1928, S. 21–38.

Olberg, Paul: Die Bauernrevolution in Rußland. Die alte und die neue Politik Sowjetrußlands. Leipzig 1922.

Paquet, Alfons: Im kommunistischen Rußland. Briefe aus Moskau. Jena 1919.

ders.: Aus dem bolschewistischen Rußland. Frankfurt 1919. (Flugschriften der Frankfurter Zeitung „Zur deutschen Revolution" 4).

Price, M[organ] Philips: Die Wahrheit über Sowjet-Rußland. Mit einem Vorwort von E[rnst] Däumig. Berlin 1919.

Radek, Karl: Nach Genua und Haag. Hamburg 1922.

Reyher Wolfgang von: Caveant Consules. Berlin 1919. (Flugschrift Nr. 3 des Generalsekretariats zum Studium des Bolschewismus).

Rjasanoff, N.: Karl Marx über den Ursprung der Vorherrschaft Rußlands in Europa. Kritische Untersuchungen. Ergänzungsheft zur Neuen Zeit Nr. 5 1908/1909. Ausgeg. 5. März 1909.

Rohleder, Oswald: Kennst du Rußland? Reichenbach im Vogtland 1931.

Rubiner, Frida: Der beste Fabrikdirektor. Hamburg 1923.

dies.: Sowjetrußland von heute. Metz/Moselle 1925.

dies.: Die Grundlagen des Sowjetstaates. Elementarkurs in vier Abenden. Berlin 1927.

Rußland. Offizieller Bericht der englischen Gewerkschaftsdelegation nach Rußland Nov.-Dez. 1924. Berlin 1925.

Rußland unter der Herrschaft der Bolschewiken. O. O. (Steyrermühl) 1918.

Scheidemann, Philipp: An die Heimgekehrten! Rede am 22. Dezember 1918 beim Einzug der Gardetruppen. O. O. [Berlin].

Seibert, Theodor: Das rote Rußland. Staat, Geist und Alltag der Bolschewiki. München ⁴1932.

Sender, Tony: Diktatur über das Proletariat oder: Diktatur des Proletariats. Das Ergebnis von Moskau. Frankfurt a. M. o. J. [1920].

Sinowjew, G[rigorij]: Zwölf Tage in Deutschland. Hamburg 1921.

ders.: Über die antisowjetischen Parteien und Strömungen. Referat auf der Allrussischen Konferenz der Kommunistischen Partei Rußlands. Moskau, August 1922. Hamburg 1922.

Sosnowski, Leo: Rußland. Kein Märchen, keine Legende, sondern Wirklichkeit. Hamburg 1923.

Sowjetrußland – wir und unser Parteivorstand. Offener Brief 8 sozialdemokratischer Rußlandfahrer. Berlin o. J. [1927].

Sowjetstern oder Hakenkreuz. Die Rettung Deutschlands aus der Youngsklaverei und Kapitalsknechtschaft. Berlin o. J. [1930].

Sozialdemokratische Partei in Baden – Landesvorstand: Wie sieht es in Rußland aus? O. O., o. J. [1924].

Sozialdemokratische Partei in Bayern – Landeszentrale (Hrsg.): Die bayerische Sozialdemokratie vom 8. November 1918 bis 2. Juni 1920. München 1921.

Sozialdemokratische Partei Deutschlands – Groß-Leipzig: Das kapitalistische Sowjetrußland. Leipzig 1930.

Sozialdemokratische Partei Deutschlands – Parteivorstand (Hrsg.): Die Arbeit der Sozialdemokratie im Reichstag von Mai bis August 1924. Berlin o. J. [1924]. (Wie werbe ich für die Sozialdemokratie H. 2).

Sozialdemokratische Partei Deutschlands – Parteivorstand (Hrsg.): Die Sozialdemokratie im Reichstag 1925. Bericht über die Tätigkeit der sozialdemokratischen Reichstagsfraktion von Januar bis August 1925. Berlin o. J. [1925].

ders.: Das Heidelberger Programm. Grundsätze und Forderungen der Sozialdemokratie. Berlin 1925.

ders. (Hrsg.): Völkerbund oder Bündnis mit Sowjetrußland. Der Kampf um den europäischen Frieden. Berlin o. J. [1925/6].

ders. (Hrsg.): Jahrbuch der Deutschen Sozialdemokratie für das Jahr 1926. Berlin 1927.

ders. (Hrsg.): (Sowjetgranaten. Berlin 1927) [nur greifbar in der englischen Übersetzung: Soviet Shells – Sowjetgranaten. Soviet Russia as the supplier of Munitions to the German Army. Berlin March 1927. Published by the Executive of the Social Democratic Party of Germany, in: Melville, Cecil F.: The Russian Face of Germany. An Account of the Secret Military Relation Between the German and Soviet-Russian Governments. London ²1932, S. 177–204.

ders. (Hrsg.): Jahrbuch der Deutschen Sozialdemokratie für das Jahr 1927. Berlin 1928. (Reprint Berlin, Bonn 1976).

ders. (Hrsg.): Informationsmaterial über Sowjetmilitarismus. O. O. 1928.

ders. (Hrsg.): Jahrbuch der Deutschen Sozialdemokratie für das Jahr 1928. Berlin 1929.

ders. (Hrsg.): Jahrbuch der Deutschen Sozialdemokratie für das Jahr 1929. Berlin 1930. (Reprint Berlin, Bonn 1976).

ders. (Hrsg.): Reichstagswahl 1930. Referentenmaterial. Berlin 1930.

ders. (Hrsg.): Jahrbuch der Deutschen Sozialdemokratie für das Jahr 1930. Berlin 1931, Bonn 1976).

ders. (Hrsg.): Jahrbuch der Deutschen Sozialdemokratie für das Jahr 1931. Berlin 1932, Bonn 1976).

Sozialismus ist Arbeit. An die deutschen Arbeiter. Ein Aufruf der Regierung. O. O., o. J. [1918].

Sozialismus und Bolschewismus in Stimmen führender Männer. Berlin o.J. [1918].
Stampfer, Friedrich: Der 9. November. Gedenkblätter zu seiner Wiederkehr. Berlin 1919.
ders.: Das Görlitzer Programm. Erläutert von Friedrich Stampfer. Berlin 1922.
Stein, Alexander: Das Problem der Internationale. Berlin 1919.
ders.: Sowjetrußland und Europa. Karlsbad o.J. [1936].
Ströbel, Heinrich: Die deutsche Revolution. Ihr Unglück und ihre Rettung. Berlin 1920.
ders.: Nicht Gewalt, sondern Organisation. Der Grundirrtum des Bolschewismus. Berlin 1921. (II. Sonderheft der sozialistischen Rundschau „Der Firn").
ders.: Die Aufgaben der Arbeiter-Internationale. Berlin 1922. Flugschriften des Bundes Neues Vaterland 28).
Troeltsch, Ernst: Spektatorbriefe. Aufsätze über die deutsche Revolution und die Weltpolitik 1918–22. Tübingen 1924.
Trotzki, Leo: Arbeit, Disziplin und Ordnung werden die sozialistische Sowjet-Republik retten. Berlin 1919, S. 9.
Unabhängige Sozialdemokratische Partei Deutschlands. Kleine Druckschriften 1918/19. (Sammlung von Flugblättern in der Bayerischen Staatsbibliothek München).
Unsere Rußlandreise. Bericht der ersten Delegation deutscher Genossenschafter aus Sowjet-Rußland (von Karl Bittel, Karl Ertinger und E. Oberdörster). Halle-Merseburg 1923.
Unsere Stellung zu Sowjetrußland. Lehren und Perspektiven der russischen Revolution. Vorw. v. Max Seydewitz. Berlin 1931.
Verow, N. E.: Die große russische Revolution. Berlin 1917.
Wardin, I.: Die sozialrevolutionären Mörder und die sozialdemokratischen Advokaten (Tatsachen und Beweise). Hamburg 1922.
Warski, A[dolf]: Rosa Luxemburgs Stellung zu den taktischen Problemen der Revolution. Hamburg 1922.
Warum Arbeiterdelegationen nach Rußland? Berlin 1925.
Was erwartet den deutschen Arbeiter in Sowjetrußland? O. O. 1920.
Was ist der Fünfjahrplan? Berlin o.J. [1930].
Was sahen 58 deutsche Arbeiter in Rußland? Berlin 1925.
Was will die Sozialistische Arbeiter-Partei Deutschlands? Material über das Aktionsprogramm und die Organisationsgrundsätze der SAPD. Berlin o.J. [1931/32].
Weichmann, Herbert und Elsbeth: Alltag im Sowjetstaat. Macht und Mensch, Wollen und Wirklichkeit in Sowjetrußland. Berlin 1931.
Wie sichert eine Arbeiter- und Bauernregierung die Volksernährung? Berlin 1923.
Zetkin, Clara: Um Rosa Luxemburgs Stellung zur russischen Revolution. Hamburg 1922.
Zeutschel, Walter: Im Dienst der kommunistischen Terror-Organisation. (Tscheka-Arbeit in Deutschland) Berlin 1931.

7. Erinnerungen

Aksel'rod, Pavel B.: Perežitoe i peredumannoe [Durchlebtes und Durchdachtes]. Berlin 1923.
Baden, Prinz Max von: Erinnerungen und Dokumente. Stuttgart, Berlin, Leipzig 1927.
Barth, Emil: Aus der Werkstatt der Revolution. Berlin 1919.
Blücher, Wipert von: Deutschlands Weg nach Rapallo. Erinnerungen eines Mannes aus dem zweiten Gliede. Wiesbaden 1951.
Braun, Otto: Von Weimar zu Hitler. New York 1940.
Brecht, Arnold: Aus nächster Nähe. Lebenserinnerungen 1884–1927. Stuttgart 1966.
ders.: Mit der Kraft des Geistes. Lebenserinnerungen Zweite Hälfte 1927–1967. Stuttgart 1967.
Broido, Eva: Wetterleuchten über Rußland. Nachdruck Berlin 1977 [Erstausgabe: Berlin 1929].

Dan [=Gurvič], F[edor] I[lič]: Dva goda skitanii [Zwei Jahre der Wanderschaft] (1919–1921). Berlin 1922.
Diamant, Max: Erzählte Lebensgeschichte, bearb. v. Manfred Scharrer, in: Die Neue Gesellschaft/ Frankfurter Hefte 35 (1988), S. 805–814.
Gessler, Otto: Reichswehrpolitik in der Weimarer Zeit. Stuttgart 1958.
Geyer, Curt: Die revolutionäre Illusion. Zur Geschichte des linken Flügels der USPD. Hrsg. v. Wolfgang Benz und Hermann Graml. Stuttgart 1976.
Goltz, Rüdiger von der: Meine Sendung in Finnland und im Baltikum. Leipzig 1920.
Hilger, Gustav: Wir und der Kreml. Erinnerungen eines Diplomaten. Frankfurt a.M. 1956.
Keil, Wilhelm: Erlebnisse eines Sozialdemokraten. 2 Bde. Stuttgart 1947 u. 1948.
Kerenskij, Aleksandr F.: Die Kerenskij Memoiren. Rußland und der Wendepunkt der Geschichte. Wien 1966.
Löbe, Paul: Der Weg war lang. Lebenserinnerungen. Berlin ³1954.
Meissner, Otto: Staatssekretär unter Ebert – Hindenburg – Hitler. Hamburg 1950.
Müller, Hermann: Die November-Revolution. Erinnerungen. Berlin 1928.
Nadolny, Rudolf: Mein Beitrag. Erinnerung eines Botschafters des Deutschen Reiches. Wiesbaden 1955, Köln 1985.
Rathmann, August: Ein Arbeiterleben. Erinnerungen an Weimar und danach. Wuppertal 1983.
Scheidemann, Philipp: Der Zusammenbruch. Berlin 1921.
ders.: Memoiren eines Sozialdemokraten. 2 Bde. Dresden 1928.
Schlesinger, Moritz: Erinnerungen eines Außenseiters im diplomatischen Dienst. Köln 1977.
Sender, Tony: Autobiographie einer deutschen Rebellin. New York 1939, Frankfurt 1981.
Serge, Victor: Erinnerungen eines Revolutionärs 1901–1941. Hamburg ³1977.
Severing, Carl: Mein Lebensweg. 2 Bde. Köln 1950.
Solomon, Georg: Unter den roten Machthabern. Was ich im Dienste der Sowjetrepublik sah und erlebte. Berlin 1930.
Stampfer, Friedrich: Die vierzehn Jahre der ersten deutschen Republik. Karlsbad 1936.
ders.: Erfahrungen und Erkenntnisse. Aufzeichnungen aus meinem Leben. Köln 1957.
Woytinski, Wladimir S.: Stormy Passage. A Personal History Through Two Russian Revolutions to Democracy and Freedom. 1905–1960. New York 1961.

8. Zeitzeugen

Josef Felder, München, Gespräch am 10. 10. 1988.
Fritz Heine, Bad Münstereifel, Briefe vom 26. und 30. 1. 1990.
Boris Sapir, Blaricum/Niederlande, Gespräch vom 25. 6. 1989; Briefe vom 14. 8., 31. 10. und 19. 11. 1989.

9. Darstellungen

Abendroth, Wolfgang: Die Oktoberrevolution und die deutsche Arbeiterbewegung, in: Oktoberrevolution 1917. Ihre weltgeschichtliche Bedeutung und die Bundesrepublik Deutschland. Frankfurt a.M. 1977, S. 25–32.
Abramowitsch, Raphael R[ein]: Die Sowjetrevolution. Hannover 1963.
ders. [R. Abramovič]: Men'ševiki i socialističeskij internacional 1918–1940, in: Ju. Fel'štinskij (Hrsg.): Men'ševiki. Benson, Vermont 1988, S. 253–297.
Adolph, Hans J. L.: Otto Wels und die Politik der deutschen Sozialdemokratie 1894–1939. Eine politische Biographie. Berlin 1971.

Anderle, Alfred: Die deutsche Rapallo-Politik. Deutsch-sowjetische Beziehungen 1922–1929. Berlin (O) 1962.

Angress, Werner T.: Die Kampfzeit der KPD 1921–1923. Düsseldorf 1973.

Aronson, Grigorij: P. A. Garvi v emigracii, in: Garvi, P[etr] A[bramovič]: Vospominanija social-demokrata. Stat'i o žizni i dejatel'nost' P. A. Garvi. New York 1946, S. VIII–XII.

Ascher, Abraham: Russian Marxism and the German Revolution 1917–1920, in: AfS 6/7 (1966/67), S. 391–439.

ders.: The Solovki Prisoners, the Mensheviks and the Socialist International, in: The Slavic and East European Review 47,109. (1969), S. 423–435.

ders.: The Mensheviks in the Russian Revolution. Ithaca 1976.

Bahne, Siegfried: „Sozialfaschismus" in Deutschland. Zur Geschichte eines politischen Begriffs, in: IRSH 10 (1965), S. 211–245.

ders.: Zum Verhältnis russischer Sozialdemokraten zu SPD-Führern vor dem Ersten Weltkrieg, in: IWK 15 (1979), S. 58–62.

Baranowa-Schestowa, Natalja (Hg.): Berdjajew, Nikolaj; Schestow, Lew: Briefwechsel und Erinnerungen, in: Kontinent Magazin Nr. 23, Frankfurt, Berlin, Wien 1982.

Baumgart, Winfried: Deutsche Ostpolitik 1918. Von Brest-Litowsk bis zum Ende des Ersten Weltkrieges. Wien, München 1966.

ders.: Brest-Litowsk und Versailles. Ein Vergleich zweier Friedensschlüsse, in: HZ 210 (1970), S. 582–619.

ders.: Deutsche Ostpolitik 1918–1926, in: Rußland, Deutschland, Amerika. Festschrift für Fritz T. Epstein. Zum 80. Geburtstag hrsg. v. Alexander Fischer, Günter Maltmann u. Klaus Schwabe. Wiesbaden 1978, S. 239–256.

Beitel, Werner; Nötzold, Jürgen: Technologietransfer und wirtschaftliche Entwicklung. Zur Konzeption der Sowjetunion in der Zeit der Neuen Ökonomischen Politik und des ersten Fünfjahresplanes. Berlin 1979.

Beradt, Charlotte: Paul Levi. Ein demokratischer Sozialist in der Weimarer Republik. Frankfurt a.M. 1969.

Bergmann, Theodor: Das Zwischenfeld der Arbeiterbewegung zwischen SPD und KPD 1928–1933, in: Scharrer, Manfred (Hrsg.): Kampflose Kapitulation. Arbeiterbewegung 1933. Reinbek bei Hamburg 1984, S. 162–182.

Beyrau, Dietrich: Die russische Revolution im Meinungsstreit, in: NPL 30 (1985), S. 51–71.

Blänsdorf, Agnes: Friedrich Ebert und die Internationale, in: AfS 9 (1969), S. 321–428.

dies.: Die Zweite Internationale und der Krieg. Die Diskussion über die internationale Zusammenarbeit der sozialistischen Parteien 1914–1917. Stuttgart 1979.

Blumenberg, Werner: Kämpfer für die Freiheit. Berlin, Hannover 1959.

ders.: Karl Marx in Selbstzeugnissen und Bilddokumenten. Reinbek bei Hamburg [12]1973.

Bock, Manfred: Syndikalismus und Linkskommunismus von 1918 bis 1923. Meisenheim am Glan 1969.

Borowski, Peter: Die „bolschewistische Gefahr" und die Ostpolitik der Volksbeauftragten in der Revolution 1918/19, in: Industrielle Gesellschaft und politisches System. Beiträge zur politischen Sozialgeschichte. Festschrift für Fritz Fischer zum 70. Geburtstag. Hrsg. von Dirk Stegmann, Bernd-Jürgen Wendt, Peter-Christian Witt. Bonn 1978, S. 389–403.

Bracher, Karl Dietrich: Europa in der Krise. Innengeschichte und Weltpolitik seit 1917. Frankfurt a.M. 1979.

Brachmann, Botho: Russische Sozialdemokraten in Berlin 1895–1914. Berlin (O) 1962.

Brandt, Willy; Löwenthal, Richard: Ernst Reuter. Eine politische Biographie. München 1957.

Braun, Wilhelm: Sowjetrußland zwischen SPD und KPD. Eine Untersuchung zum Problem des gegenseitigen Verhältnisses von SPD und KPD in den Jahren des Zerfalls der Weimarer Republik (1930–1933). (Diss.) Tübingen 1959.

Braunthal, Gerhard: Der Allgemeine Deutsche Gewerkschaftsbund. Zur Politik der Arbeiterbewegung in der Weimarer Republik. Köln 1981.

Braunthal, Julius: Geschichte der Internationale. Band 1 und 2. Bonn, Berlin ³1978.

Broido, Vera: Lenin and the Mensheviks. The prosecution of Socialists under Bolshevism. Aldershot, Boulder/Colorado 1987.

Broué, Pierre: La Révolution Russe et le mouvement ouvrière allemande, in: Fay, Victor (Hg.): La révolution d'octobre et le mouvement ouvrier européen. Etudes et Documentation Internationales. Paris 1967, S. 51–74.

Brovkin, Vladimir N.: The Mensheviks under Attack. The Transformation of Soviet Politics, June-September 1918, in: Jahrbücher für Geschichte Osteuropas. Neue Folge Bd. 32 (1984), S. 378–391.

ders.: The Mensheviks after October. Socialist Opposition and the Rise of the Bolshevik Dictatorship. Ithaca and London 1987.

ders.: Robert Conquest's „Harvest of Sorrow": A Challenge to the Revisionists, in: Harvard Ukrainian Studies XI Number 1/2 (June 1987), S. 234–245.

Buber-Neumann, Margarete: Kriegsschauplätze der Weltrevolution. Stuttgart 1967.

Calkins, Kenneth R.: Hugo Haase – Demokrat und Revolutionär. Berlin 1978.

Carr, Edward Hallett: Berlin – Moskau. Deutschland und Rußland zwischen den beiden Weltkriegen. Stuttgart 1954.

ders.: The Bolshevik Revolution 1917–1923. London 1961.

ders.: Die Russische Revolution. Lenin und Stalin 1917–1929. Stuttgart 1980.

Carroll, Eber Malcolm: Soviet Communism and Western opinion 1919–1921 ed. by Frederic B. M. Holliday. Chapel Hill 1965.

Carstens, Francis L.: Reichswehr und Politik 1918–1933. Köln, Berlin ³1966.

Cecil, Lamar: The Kindermann-Wolscht Incident. An impasse in Russo-German relations 1924–1926, in: Journal for Central European Affairs 21 (1961/62), S. 188–199.

Colotti, Enzo: Über die Weimarer Sozialdemokratie: Kritische Bemerkungen der österreichischen Sozialdemokraten am Beispiel Otto Leichters, in: Konrad, Helmut; Neugebauer, Wolfgang (Hrsg.): Arbeiterbewegung – Faschismus – Nationalbewußtsein. Festschrift zum 20 jährigen Bestehen des Dokumentationsarchivs des österreichischen Widerstandes und zum 60. Geburtstag von Herbert Steiner. Wien, München, Zürich 1983.

Conquest, Robert: The Great Terror. Stalin's Purge of the Thirties. London ⁴1969.

Cordes, Annette: Der Prozeß der politischen Polarisierung in Deutschland November 1918–Juni 1920. (Magisterarbeit) München 1979.

Craig, Gordon A.: Deutsche Geschichte 1866–1945. München ³1981.

Cziomer, Erhard: Die politischen Parteien der Weimarer Republik und der Kampf um die Normalisierung der deutsch-sowjetischen Beziehungen während des polnisch-sowjetischen Krieges, in: Jahrbuch für Geschichte der sozialistischen Länder Europas. Bd. 23/1 Berlin (O) 1979, S. 127–151.

Dallin, David: Between the World War and the NEP, in: Haimson, Leopold H. (Hrsg.): The Mensheviks. From the Revolution of 1917 to the Second World War. Chicago and London 1974, S. 191–240.

Denicke, George [= Ju. Denike]: From the Dissolution of the Constituent Assembly to the Outbreak of the Civil War, in: Haimson, Leopold H. (Hrsg.): The Mensheviks. From the Revolution of 1917 to the Second World War. Chicago and London 1974, S. 107–155.

ders.: Men'ševiki v 1917 godu. [Die Menschewiki im Jahre 1917], in: Ju. Fel'štinskij (Hrsg.): Men'ševiki. Benson, Vermont 1988, S. 34–54.

Deutscher, Issac: Trotzki. Bd. 1: Der bewaffnete Prophet. Stuttgart 1962.

ders.: Trotzki. Bd. 3: Der verstoßene Prophet. Stuttgart 1963.

Dischereit, Esther: Rose Fröhlich – ein Leben für den Sozialismus, in: Die Neue Gesellschaft/ Frankfurter Hefte 35 (1988), S. 157–162.

Döser, Ute: Das bolschewistische Rußland in der deutschen Rechtspresse 1918–1925. (Diss.) Berlin 1961.

Donneur, André: Histoire de l'Union des Partis Socialistes Pour l'Action Internationale. (Diss.) Sudbury 1967.

Dorpalen, Andreas: SPD und KPD in der Endphase der Weimarer Republik, in: VfZ 31 (1983), S. 77- 107.

Drechsler, Hanno: Die Sozialistische Arbeiterpartei Deutschlands. Erlangen 1971.

Dupeux, Louis: „Nationalbolschewismus" in Deutschland 1919–1922. Kommunistische Strategie und konservative Dynamik. München 1985.

Dyck, Harvey Leonhard: Weimar Germany and Soviet Russia 1926–1933. A Study in Diplomatic Instability. London 1966.

Friedrich-Ebert-Stiftung (Hrsg.): Einheit oder Freiheit? Zum 40. Jahrestag der Gründung der SED. Materialien zur politischen Bildungsarbeit. Bonn 1985.

Eisner, Freya: Das Verhältnis der KPD zu den Gewerkschaften in der Weimarer Republik. Köln, Frankfurt a.M. 1977.

Eliasberg, George: Der Ruhrkrieg von 1920. Mit einem Vorwort von Richard Löwenthal. Bonn 1974.

Erdmann, Karl Dietrich: Das Problem der Ost- oder Westorientierung in der Locarno-Politik Stresemanns, in: GWU 6 (1955), S. 133–162.

ders.: Deutschland, Rapallo und der Westen, in: VfZ 11 (1963), S. 105–165.

ders.: Der Erste Weltkrieg. München 1980.

ders.: Die Weimarer Republik. München 1980.

ders. u. Grieser, Helmut: Die deutsch-sowjetischen Beziehungen in der Zeit der Weimarer Republik als Problem der deutschen Innenpolitik, in: GWU 26 (1975), S. 403–426.

Feldman, Gerald D.; Kolb, Erhard; Rürup, Reinhard: Die Massenbewegungen der Arbeiterschaft in Deutschland am Ende des Ersten Weltkrieges, in: PVS 13 (1972), S. 84–105.

Finker, Kurt: Zur Auseinandersetzung des Roten Frontkämpferbundes mit der Wehrpolitik der rechten SPD-Führer in den Jahren der relativen Stabilisierung des Kapitalismus, in: ZfG 7 (1959), S. 787–819.

Fischer, Benno: Theoriediskussion der SPD in der Weimarer Republik. Frankfurt a.M., Bonn 1987.

Fisher, Conan: Class enemies or class brothers? Communist-Nazi relations in Germany, in: European history quarterly 15 (1985), S. 259–279.

Flechtheim, Ossip K.: Die KPD in der Weimarer Republik. Frankfurt a.M. ²1976.

ders.; Rudzio, Wolfgang; Vilmar, Fritz; Wilke, Manfred: Der Marsch der DKP durch die Institutionen. Frankfurt a.M. ²1981.

Frank, Pierre: Geschichte der Komintern. Bd. 1. Frankfurt 1981.

Fritz, Bernd Dieter: Die Kommunistische Arbeitsgemeinschaft (KAG) im Vergleich mit der KPO und SAP. Eine Studie zur politischen Ideologie des deutschen „Rechts"-Kommunismus in der Zeit der Weimarer Republik. (Diss.) Bonn 1966.

Fülberth, Georg: Die deutsche Sozialdemokratie und die Oktoberrevolution, in: Oktoberrevolution 1917. Ihre weltgeschichtliche Bedeutung und die Bundesrepublik Deutschland. Frankfurt a.M. 1977, S. 50–52.

Galili y Garcia, Ziva: The Origin fo Revolutionary Defensism: I. G. Tsereteli and the „Siberian Zimmerwaldists", in: Slavic Review 41 (1982), S. 454–476.

Gardoncini, Giovanni Battista: Die Sowjetunion im Urteil der Austromarxisten, in: Albers, Detlev; Hindels, Josef; Radice, Lucio Lombardo (Hrsg.): Otto Bauer und der „Dritte" Weg. Die

Wiederentdeckung des Austromarxismus durch Linkssozialisten und Eurokommunisten. Frankfurt, New York 1979, S. 99–116.

Gatzke, Hans W.: Von Rapallo nach Berlin. Stresemann und die deutsche Rußlandpolitik, in: VfZ 4 (1956), S. 1–29.

Geiss, Immanuel: Das Deutsche Reich und der Erste Weltkrieg. München 1985.

Getzler, Israel: Martov. A Political Biography of a Russian Social Democrat. Cambridge, Melbourne 1967.

Geyer, Dietrich: Die russische Parteispaltung im Urteil der deutschen Sozialdemokratie 1903–1905, in: IRSH 3 (1958), S. 195–219 und S. 414–444.

ders.: Lenin und der deutsche Sozialismus, in: Markert, Werner (Hrsg.): Deutsch-russische Beziehungen von Bismarck bis zur Gegenwart. Stuttgart 1964.

ders.: Voraussetzungen sowjetischer Außenpolitik in der Zwischenkriegszeit, in: Osteuropa-Handbuch, (begründet von Werner Markert. Sowjetunion, Außenpolitik 1917–1955 hrsg. von D. Geyer). Köln, Wien 1972, S. 19–29.

ders.: Sowjetrußland und die deutsche Arbeiterbewegung 1918–1932, in: VfZ 24 (1976), S. 2–37.

ders.: Deutschland und die Perspektiven der Weltrevolution, in: Tradition und Reform in der deutschen Politik. Gedenkschrift für Waldemar Besson. Berlin 1976, S. 42–53.

ders.: Zur „Ostpolitik" der deutschen Sozialdemokratie vor dem Ersten Weltkrieg. In: GWU 35 (1984), S. 145–154.

ders.: Kautskys Russisches Dossier. Deutsche Sozialdemokraten als Treuhänder des russischen Parteivermögens 1910–1915. Frankfurt a.M., New York 1981.

ders.: Ostpolitik und Geschichtsbewußtsein in Deutschland, in: VfZ 34 (1986), S. 147–159.

ders.: Perestrojka und die sowjetische Geschichte, in: Geschichte und Gesellschaft 15 (1989), S. 303–319.

Girard, Ilse: Zur politischen Auswirkung der ersten Arbeiterdelegation nach der Sowjetunion, in: ZfG 4 (1956), S. 1009–1019.

Goldbach, Marie-Luise: Karl Radek und die deutsch-sowjetischen Beziehungen 1918–1923. Bonn 1973.

Goldbeck, Dagmar: Der Verlag Die Einheit G.m.b.H. Berlin (1926–1929), in: BzG 28 (1986), S. 80–86.

Graml, Hermann: Europa zwischen den Kriegen. München ^{5}1982.

ders.: Die Rapallo-Politik im Urteil der westdeutschen Forschung, in: VfZ 18 (1970), S. 366–391.

Gransow, Volker; Krätke, Michael: Vom „Koalitionspopo", von unsozialistischen Praktikern und unpraktischen Sozialisten. Paul Levi oder Dilemmata von Linkssozialisten in der Sozialdemokratie, in: Saage, Richard (Hrsg.): Solidargemeinschaft und Klassenkampf. Politische Konzeptionen der Sozialdemokratie zwischen den Weltkriegen. Frankfurt a.M. 1986, S. 134–148.

Graubard, Stephen Richards: British Labour and the Russian Revolution 1917–1924. Cambridge Mass. 1956.

Grebing, Helga: Geschichte der deutschen Arbeiterbewegung. München ^{4}1973.

Grebing, Helga: Der Revisionismus. Von Bernstein bis zum Prager Frühling. München 1977.

Grieser, Helmut: Die Sowjetpresse über Deutschland in Europa 1922–1932. Stuttgart 1970.

Groh, Dieter: Negative Integration und revolutionärer Attentismus. Die deutsche Sozialdemokratie am Vorabend des Ersten Weltkrieges. Frankfurt a.M., Berlin, Wien 1973.

Gross, Babette: Willi Münzenberg. Eine politische Biographie. Stuttgart 1967.

Grupp, Peter: Vom Waffenstillstand zum Versailler Vertrag. Die außen- und friedenspolitischen Zielvorstellungen der deutschen Reichsführung, in: Bracher, Karl Dietrich; Manfred Funke; Hans-Adolf Jacobsen (Hrsg.): Die Weimarer Republik 1918–1933. Politik, Wirtschaft, Gesellschaft. Bonn 1987, S. 285–302.

Haffner, Sebastian: Die deutsche Revolution 1918/19. Wie war es wirklich? München ^{2}1979.

ders.: Der Teufelspakt. Die deutsch-russischen Beziehungen vom Ersten zum Zweiten Weltkrieg. Zürich ³1989.

Haupt, Georges: Der Kongreß fand nicht statt. Die sozialistische Internationale 1914. Wien, Frankfurt, Zürich 1967.

Heinemann, Ulrich: Linksopposition und Spaltungstendenzen in der sozialdemokratischen Arbeiterbewegung, in: Luthardt, Wolfgang (Hrsg.): Sozialdemokratische Arbeiterbewegung und Weimarer Republik. Materialien zur gesellschaftlichen Entwicklung 1927–1933. Bd. 2. Frankfurt a.M. 1978, S. 118–138.

Helbig, Herbert: Die Träger der Rapallo-Politik. Göttingen 1958.

Heller, Michail: Geschichte der Sowjetunion. Bd. 1. 1914–1939. Königstein/Ts. 1981.

Hermann, Peter: Das „Rußland außerhalb der Grenzen". Zur Geschichte des antibolschewistischen Kampfes der russischen Emigration seit 1917, in: Zeitschrift für Politik 15 (1968), S. 214–236.

Herzfeld, Hans: Die deutsche Sozialdemokratie und die Auflösung der nationalen Einheitsfront im Weltkriege. Leipzig 1928.

Hildebrand, Klaus: Das deutsche Reich und die Sowjetunion im internationalen System 1918–1932. Legitimität oder Revolution, in: Stürmer, Michael (Hrsg.): Die Weimarer Republik. Belagerte Civitas. Königstein/Ts. 1980.

Hildermeier, Manfred: Die russische Revolution 1905–1921. Frankfurt a.M. 1989.

Hill, Leonidas E.: Signal zur Konterrevolution? Der Plan zum Vorstoß der deutschen Hochseeflotte am 30. Oktober 1918, in: VfZ 36 (1988), S. 113–129.

Hirsch, Helmut: Friedrich Engels in Selbstzeugnissen und Bilddokumenten. Reinbek bei Hamburg 1968.

Hirsch, Helmut: Rosa Luxemburg in Selbstzeugnissen und Bilddokumenten. Reinbek bei Hamburg ⁸1979.

Högl, Günther: Gewerkschaften und USPD von 1916–1922. Ein Beitrag zur Geschichte der deutschen Arbeiterbewegung unter besonderer Berücksichtigung des Deutschen Metallarbeiter-, Textilarbeiter- und Schuhmacherverbandes. (Diss.) München 1982.

Holl, Karl; Wette, Wolfram (Hrsg.): Pazifismus in der Weimarer Republik. Beiträge zur historischen Friedensforschung. Paderborn 1981.

Hürten, Heinz: Bürgerkriege in der Republik. Die Kämpfe um die innere Ordnung von Weimar 1918–1920, in: Bracher, Karl Dietrich; Funke, Manfred; Jacobsen, Hans-Adolf (Hrsg.): Die Weimarer Republik 1918–1933. Politik, Wirtschaft, Gesellschaft. Bonn 1987, S. 91–94.

Ihlau, Olaf: Die roten Kämpfer. Ein Beitrag zur Geschichte der Arbeiterbewegung in der Weimarer Republik und im Dritten Reich. Meisenheim am Glan 1969.

Jansen, Marc: A Show Trial under Lenin. The Trial of the Socialist Revolutionaries, Moscow 1922. The Hague, Boston, London 1982.

Jelen, Christian: L'aveuglement. Les socialistes et la naissance du mythe soviétique. Avec le concours d'Ilios Yannakakis. Préface de Jean-François Revel. Paris 1984.

Jena, Kai von: Polnische Ostpolitik nach dem Ersten Weltkrieg. das Problem der Beziehungen zu Sowjetrußland nach dem Rigaer Frieden von 1921. Stuttgart 1980.

Kaiser, Angela: Lord D'Abernon und die Entstehung der Locarno-Verträge, in: VfZ 34 (1986), S. 85–104.

Kastning, Alfred: Die deutsche Sozialdemokratie zwischen Koalition und Opposition 1919–1933. Paderborn 1970.

Kautsky, Benedikt (Hrsg.): Ein Leben für den Sozialismus. Erinnerungen an Karl Kautsky. Hannover 1954.

Kennan, George F.: Sowjetische Außenpolitik unter Lenin und Stalin. Stuttgart 1961.

Kindermann, Gottfried Karl: Weltverständnis und Ideologie als Faktoren auswärtiger Politik, in: ders. (Hrsg.): Grundelemente der Weltpolitik. Eine Einführung. München ²1981, S. 107–126.

Klein, Fritz: Die diplomatischen Beziehungen Deutschlands zur Sowjetunion 1917–1932. Berlin (O) 1953.

Klenke, Dietmar: Die SPD-Linke in der Weimarer Republik. Eine Untersuchung zu den regionalen und organisatorischen Grundlagen und zur politischen Praxis und Theoriebildung des linken SPD-Flügels in den Jahren 1922–1932. 2 Bde. Münster 1983.

Klepsch, Rudolf: Die Auswirkungen der russischen Revolutionen von 1917 in der britischen Arbeiterbewegung, in: GWU 38 (1987), S. 193–208.

Klinkhammer, Reimund: Die Außenpolitik der Sozialdemokratischen Partei Deutschlands in der Zeit der Weimarer Republik. (Diss.) Freiburg i. B. 1955.

Klönne, Arno: Die deutsche Arbeiterbewegung. Geschichte, Ziele, Wirkungen. München 1989.

Kluge, Ulrich: Die deutsche Revolution 1918/19. Frankfurt a. M. 1985.

Knopp, Guido F.: Einigungsdebatte und Einigungsaktion in SPD und USPD 1917–1920. Unter besonderer Berücksichtigung der „Zentralstelle für Einigung der Sozialdemokratie". (Diss.) Würzburg 1975.

Koch-Baumgarten, Sigrid: Aufstand der Avantgarde. Die März-Aktion der KPD 1921. Frankfurt a. M., New York 1986.

Kochan, Lionel: Rußland und die Weimarer Republik. Düsseldorf 1955.

Köhler, Eberhard: Die Politik der KPD gegenüber der SPD 1920–1933. (Magisterarbeit) München o. J.

Könke, Günter: Organisierter Kapitalismus, Sozialdemokratie und Staat. Eine Studie zur Ideologie der sozialdemokratischen Arbeiterbewegung in der Weimarer Republik 1924–1932. Stuttgart 1987.

Kolakowski, Leszek: Hauptströmungen des Marxismus. Bd. 2. München, Zürich ²1981.

Kolb, Eberhard: Internationale Rahmenbedingungen einer demokratischen Neuordnung in Deutschland 1918/19, in: Bracher, Karl Dietrich; Funke, Manfred; Jacobsen, Hans-Adolf (Hrsg.): Die Weimarer Republik 1918–1933. Politik, Wirtschaft, Gesellschaft. Bonn 1987, S. 257–284.

Korsunskij, A.: Rapall'skij dogovor i nemeckaja socialdemokratija, in: Voprosy Istorii, 8/1950, S. 91–101.

Kowalski, Werner u. a.: Geschichte der Sozialistischen Arbeiter-Internationale (1923–1940). Von einem Autorenkollektiv unter Leitung von Werner Kowalski. Berlin (O) 1985.

Krause, Hartfried: USPD. Zur Geschichte der Unabhängigen Sozialdemokratischen Partei Deutschlands. Köln 1975.

Krause, Helmut: Marx und Engels über das zeitgenössische Rußland. Gießen 1958.

Krüger, Peter: Die Außenpolitik der Republik von Weimar. Darmstadt 1985.

ders.: Versailles. Deutsche Außenpolitik zwischen Revisionismus und Friedenssicherung. München 1986.

Krumbein, Wolfgang: Vorläufer eines „Dritten Weges zum Sozialismus"? Bemerkungen zu einigen theoretischen Konzepten der Weimarer Sozialdemokratie, in: Saage, Richard (Hrsg.): Solidargemeinschaft und Klassenkampf. Politische Konzeptionen der Sozialdemokratie zwischen den Weltkriegen. Frankfurt a. M. 1986, S. 167–190.

Krummacher, Friedrich A.; Lange, Helmut: Krieg und Frieden. Geschichte der deutsch-sowjetischen Beziehungen. München 1970.

Kulemann, Peter: Am Beispiel des Austromarxismus. Sozialdemokratische Arbeiterbewegung in Österreich von Hainfeld bis zur Dollfuß-Diktatur. Hamburg ²1984.

Lahdiri, Tayeb: Lenins Revolutionstheorie und Kautskys Kritik an der bolschewistischen Revolution. Phil. Diss. Frankfurt a. M. 1965.

Landauer, Carl: European Socialism. Vol. 2: The socialist struggle against capitalism and totalitarism. Berkeley, Los Angeles 1959.

Lange, Hermann: Ideen und Praxis der sozialdemokratischen Außenpolitik in der deutschen Republik (1918–1926) (Diss.) Erlangen 1949.

Laqueur, Walter: Deutschland und Rußland. Frankfurt a. M., Berlin 1965.
ders.: Mythos der Revolution. Deutungen und Fehldeutungen der sowjetischen Geschichte. Frankfurt a. M. 1967.
Lehnert, Detlef: Sozialdemokratie und Novemberrevolution. Die Neuordnungsdebatte 1918/19 in der politischen Publizistik von SPD und USPD. Frankfurt, New York 1983.
Leonhard, Wolfgang: Völker hört die Signale. Die Anfänge des Weltkommunismus 1919–1924. München 1981.
Lersch, Edgar: Die auswärtige Kulturpolitik der Sowjetunion in ihren Auswirkungen auf Deutschland 1921–1929. Frankfurt a. M. 1979.
Liebich, André: Marxism and Totalitarianism. Rudolf Hilferding and the Mensheviks, in: Dissent 34 (1987), S. 223–240.
Lindemann, Albert S.: The „Red Years". European Socialism versus Bolshevism 1919–1921. Berkeley, Los Angeles, London 1974.
Linke, Horst Günter: Deutsch-sowjetische Beziehungen bis Rapallo. Köln 1970.
Lösche, Peter: Der Bolschewismus im Urteil der deutschen Sozialdemokratie 1903–1920. Mit einem Vorwort von Georg Kotowski. Berlin 1967.
Löw, Raimund: Otto Bauer und die russische Revolution. Wien 1980.
Löwe, Heinz-Dietrich: Antisemitismus in der ausgehenden Zarenzeit, in: Martin, Bernd; Schulin, Ernst (Hrsg.): Die Juden als Minderheit in der Geschichte. München 1981, S. 184–208.
Löwenthal, Richard: Rußland und die Bolschewisierung der deutschen Kommunisten, in: Markert, Werner (Hrsg.): Deutsch-russische Beziehungen von Bismarck bis zur Gegenwart. Stuttgart 1964, S. 97–116.
Lorenz, Richard: Die Sowjetunion (1917–1941), in: Fischer Weltgeschichte Bd. 31: Rußland, S. 271–353. Frankfurt a. M. 1973.
ders.: Sozialgeschichte der Sowjetunion I. 1917–1945. Frankfurt a. M. 1976.
Ludewig, Hans-Ulrich: Die „Sozialistische Politik und Wirtschaft". Ein Beitrag zur Linksopposition in der SPD 1923 bis 1928, in: IWK 17 (1981), S. 14–41.
Lübbe, Peter: Kommunismus und Sozialdemokratie. Eine Streitschrift. Berlin, Bonn 1978.
Lüpke, Reinhard: Zwischen Marx und Wandervogel. Die Jungsozialisten in der Weimarer Republik. Marburg 1984.
Luk'janov, K. T.: Nemeckie raboĉie delegacii v SSSR [Deutsche Arbeiterdelegationen in der UdSSR] (1925–1932), in: Ežegodnik Germanskoj istorii. Moskva 1975, S. 113–137.
Luks, Leonid: Die Entstehung der kommunistischen Faschismustheorie. Die Auseinandersetzung der Komintern mit Faschismus und Nationalsozialismus 1921–1935. Stuttgart 1984.
ders.: Bolschewismus, Faschismus, Nationalsozialismus – verwandte Gegner? in: Geschichte und Gesellschaft 14 (1988), S. 96–115.
ders.: Intelligencija und Revolution. Geschichte eines siegreichen Scheiterns, in: HZ 249 (1989), S. 265–294.
Luthardt, Wolfgang: Staat, Demokratie, Arbeiterbewegung. Hermann Hellers Analysen im Kontext der zeitgenössischen sozialdemokratischen Diskussion, in: Müller, Christoph; Staff, Ilse (Hrsg.): Der soziale Rechtsstaat. Gedächtnisschrift für Hermann Heller 1891–1933. Baden-Baden 1984, S. 259–271.
ders.: Sozialdemokratische Verfassungstheorie in der Weimarer Republik. Opladen 1986.
Lux, Leo [= Leonid Luks]: Lenins außenpolitische Konzeptionen in ihrer Anwendung. (Diss.) München 1976.
Maehl, William: The German Socialists and the Foreign Policy of the Reich from the London conference to Rapallo, in: Journal of Modern History 19 (1947), S. 35–54.
ders.: The Anti-Russian Tide in German Socialism 1918–1920, in: American Slavonic and East European Review 18 (1959), S. 187–196.
ders.: The Role of Russia in German Socialist Policy, 1914–1918, in: IRSH 4 (1959), S. 177–198.

Makarenko, Oleksandr Andrijovyč: Mogučaja sila proletarskoj solidarnosti. [Die mächtige Kraft der proletarischen Solidarität] (1921–1925). Moskva 1976.

Mammach, Klaus: Der Einfluß der russischen Februarrevolution und der Großen Sozialistischen Oktoberrevolution auf die deutsche Arbeiterklasse. Berlin (O) 1955.

Margulies, Sylvia: The Pilgrimage to Russia. The Soviet Union and the Treatment of Foreigners 1924–1937. Madison, Milwaukee, London 1968.

Markelow, Andrej: „Die russische Revolution ist unsere Hoffnung". Deutsche Internationalisten im Kampf für die Sowjetmacht, in: „Sowjetunion heute" Nr. 11, November 1987, S. 36–39.

Matthias, Erich: Die deutsche Sozialdemokratie und der Osten 1914–1945. Köln, Graz, Tübingen 1954.

ders.: Kautsky und der Kautskyanismus. Die Funktion der Ideologie in der deutschen Sozialdemokratie vor dem Ersten Weltkriege, in: Fetscher, Iring (Hrsg.): Marxismusstudien, 2. Folge, Tübingen 1957, S. 151–197.

ders.: Die Rückwirkung der russischen Oktoberrevolution auf die deutsche Arbeiterbewegung, in: Neubauer, Helmut (Hrsg.): Deutschland und die Russische Revolution. Stuttgart, Berlin, Köln, Mainz 1968, S. 69–93.

Mautner, Wilhelm: Zur Geschichte des Begriffs „Diktatur des Proletariats", in: Archiv für die Geschichte des Sozialismus und der Arbeiterbewegung, hrsg. v. Carl Grünberg, 12 (1926) [Nachdr. Graz 1966], S. 280–283.

Medwedjew, Roy A.: Die Wahrheit ist unsere Stärke. Geschichte und Folgen des Stalinismus. Frankfurt a. M. 1973.

Meenzen, Johann: Außenpolitik und Weltfriedensordnung der deutschen Sozialdemokratie 1914–1919. (Diss.) Hamburg 1951.

Mehringer, Harmut: Permanente Revolution und Russische Revolution. Die Entwicklung der Theorie der permanenten Revolution im Rahmen der marxistischen Revolutionskonzeption 1848–1907. Frankfurt a. M., Bern, Las Vegas 1978.

Melville, Cecil F.: The Russian Face of Germany. An Account of the Secret Military Relation Between the German and Soviet-Russian Governments. London ²1932.

Mentzel, Franz-Ferdinand: Die Sowjetunion in der Publizistik der Weimarer Republik (1929–1932). Ein Beitrag zur Geschichte des Antikommunismus und seiner Bekämpfung in Deutschland. (Diss.) Berlin (O) 1971.

Meyer, Fritjof: Sozialistische Opposition gegen den Staatskapitalismus in Rußland, in: Dutschke, Rudi; Wilke, Manfred (Hrsg.): Die Sowjetunion, Solschenizyn und die westliche Linke. Reinbek bei Hamburg 1975, S. 155–184.

Meyer, Gerd: Die Reparationspolitik. Ihre außen- und innenpolitischen Rückwirkungen, in: Bracher, Karl Dietrich; Manfred Funke; Hans-Adolf Jacobsen (Hrsg.): Die Weimarer Republik 1918–1933. Politik, Wirtschaft, Gesellschaft. Bonn 1987, S. 327–342.

Meyer, Gert (Hrsg.): Wir brauchen die Wahrheit. Geschichtsdiskussion in der Sowjetunion. Köln ²1989.

Meyer, Klaus: Sowjetrußland und die Anfänge der Weimarer Republik, in: Forschungen zur osteuropäischen Geschichte 20 (1973), S. 77–91.

Michalka, Wolfgang: Deutsche Außenpolitik 1920–1933. In: Bracher, Karl Dietrich; Manfred Funke; Hans-Adolf Jacobsen (Hrsg.): Die Weimarer Republik 1918–1933. Politik, Wirtschaft, Gesellschaft. Bonn 1987, S. 303–326.

Miller, Susanne: Burgfrieden und Klassenkampf. Die deutsche Sozialdemokratie im Ersten Weltkrieg. Düsseldorf 1974.

dies.: Die Bürde der Macht. Die deutsche Sozialdemokratie 1918–1920. Düsseldorf 1978.

Möller, Horst: Weimar. Die unvollendete Demokratie. München 1985.

Morgan, David W.: The Socialist Left and the German Revolution. A History of the German Independent Social Democratic Party, 1917–1922. Ithaca and London 1975.

Müller, Wolfgang: Deutsch-sowjetische Beziehungen 1924–1934 im Spiegel der deutschen Presse. (Diss.) Saarbrücken 1982.

ders.: Informationen über die Sowjetunion: Zum Problem der deutschen Berichterstattung über die UdSSR 1924–1933, in: Niedhart, Gottfried (Hrsg.): Der Westen und die Sowjetunion. Paderborn 1983.

Nettl, Peter: Rosa Luxemburg. Köln, Berlin 1965.

Niclauss, Karlheinz: Die Sowjetunion und Hitlers Machtergreifung. Eine Studie über die deutsch-russischen Beziehungen der Jahre 1929 bis 1935. Bonn 1966.

Niemeyer, Manfred: Die Formung des Sowjetunion-Bildes durch das Zentralorgan der Kommunistischen Partei Deutschlands „Die Rote Fahne" und durch das Zentralorgan der Sozialdemokratischen Partei Deutschlands „Vorwärts", dargestellt am Beispiel der sowjetischen Verfassungsgesetzgebung von 1918 bis 1937. (Diss.) Greifswald 1980.

Nohlen, Dieter (Hrsg.): Pipers Wörterbuch zur Politik, Bd. 1, 2 München 1985.

Nolte, Ernst: Der Faschismus in seiner Epoche. München 1963.

ders.: Der europäische Bürgerkrieg 1917–1945. Nationalsozialismus und Bolschewismus. Berlin 1987.

Die Oktoberrevolution und Deutschland. Referate und Diskussionen zum Thema: Der Einfluß der Großen Sozialistischen Oktoberrevolution auf Deutschland. Redaktion: Albert Schreiner. Berlin (O) 1958.

Die Große Sozialistische Oktoberrevolution und die Stellung Deutschlands zum Sowjetstaat, Band 1, Berlin (O) 1967.

Opitz, Eckhardt: Sozialdemokratie und Militarismus in der Weimarer Republik, in: Müller, Klaus-Jürgen; Opitz, Eckhardt (Hrsg.): Militär und Militarismus in der Weimarer Republik. Düsseldorf 1978, S. 269–286.

Pipes, Richard: Rußland vor der Revolution. München 1984.

Pistorius, Peter: Rudolf Breitscheid 1974–1944. Ein biographischer Beitrag zur deutschen Parteiengeschichte. (Diss.) Nürnberg 1970.

Plamenatz, John: German Marxism and Russian Communism. London, New York, Toronto 1954.

Plum, Werner (Hrsg.): Georg Denicke – Georg Decker. 7. November 1887–29. Dezember 1964. Erinnerungen und Aufsätze eines Menschewiken und Sozialdemokraten. Bonn 1980.

Potthoff, Heinrich: Gewerkschaften und Politik zwischen Revolution und Inflation. Düsseldorf 1979.

ders.: Die Freien Gewerkschaften. Perspektiven, Programme und Praxis, in: Saage, Richard (Hrsg.): Solidargemeinschaft und Klassenkampf. Politische Konzeptionen der Sozialdemokratie zwischen den Weltkriegen. Frankfurt a.M. 1986, S. 15–42.

Potthoff, Heinrich: Freie Gewerkschaften 1918–1933. Der Allgemeine Deutsche Gewerkschaftsbund in der Weimarer Republik. Düsseldorf 1987.

Prager, Eugen: Das Gebot der Stunde. Geschichte der USPD. Berlin, Bonn [4]1980. [1. Aufl. Berlin 1921].

Rabehl, Bernd: Auf dem Wege in die nationalsozialistische Diktatur. Die deutsche Sozialdemokratie zwischen „Großer Koalition" und der legalen „Machtübernahme" Hitlers, in: Scharrer, Manfred (Hrsg.): Kampflose Kapitulation. Arbeiterbewegung 1933. Reinbek bei Hamburg 1984, S. 18–72.

Ratz, Ursula: Perspektiven über Karl Kautsky, in: NPL 33 (1988), S. 7–24.

Rauch, Georg von: Geschichte der Sowjetunion. Stuttgart [7]1987.

Reiman, Michal: Lenin, Stalin, Gorbačev: Kontinuität und Brüche in der sowjetischen Geschichte. Hamburg 1987.

Reisberg, Arnold: Lenins Beziehungen zur deutschen Arbeiterbewegung. Berlin (O) 1970.

Reisser, Claus Thomas: Menschewismus und Revolution 1917. Probleme einer sozialdemokratischen Standortbestimmung. (Diss.) Tübingen 1981.

Remer, Claus: Die drei großen Arbeiterdelegationen nach der Sowjetunion (1925–1927), in: ZfG 4 (1956), S. 343–365.

ders.: Die deutsche Arbeiterdelegation in der Sowjetunion. Die Bedeutung der Delegationsreisen in den Jahren 1925–26. Berlin (O) 1963.

Rieseberg, Klaus E.: Die SPD in der „Locarno-Krise" Oktober/November 1925, in: VfZ 30 (1982), S. 130–161.

Ritter, Gerhard A.: „Direkte Demokratie" und Rätewesen in Geschichte und Theorie, in: Scheuch, Erwin K. (Hrsg.): Die Wiedertäufer der Wohlstandsgesellschaft. Eine kritische Untersuchung der „Neuen Linken" und ihrer Dogmen. Köln ²1968, S. 215–243.

ders.: (Hrsg.): Parlament und Demokratie in Großbritannien. Göttingen 1972.

ders. (Hrsg.): Arbeiterbewegung, Parteien und Parlamentarismus. Aufsätze zur Sozial- und Verfassungsgeschichte des 19. und 20. Jahrhunderts. Göttingen 1976.

ders.: Die sozialistischen Parteien in Deutschland zwischen Kaiserreich und Republik, in: Pöls, Werner (Hrsg.): Staat und Gesellschaft im politischen Wandel. Beiträge zur Geschichte der modernen Welt. Walter Bußmann zum 14. Januar 1979. Stuttgart 1979, S. 100–155.

ders.: Die Sozialdemokratie im deutschen Kaiserreich in sozialgeschichtlicher Perspektive, in: HZ 249 (1989), S. 295–362.

Ritzel, Heinrich G.: Kurt Schumacher in Selbstzeugnissen und Bilddokumenten. Reinbek bei Hamburg 1972.

Rokitjanskij, Ja. G.: V. I. Lenin i Nezavisimaja social-demokratičeskaja partija Germanii. [W. I. Lenin und die Unbhängige Sozialdemokratische Partei Deutschlands], in: Novaja i Novejšaja Istorija 2/1977, S. 24–40.

Rosenbaum, Kurt: The German Involvement in the Shakhty Trial, in: Russian Review 21 (1962).

ders.: Community of Fate. German-Soviet Diplomatic Relations 1922–1928. New York 1965.

Rosenberg, Arthur: Geschichte des Bolschewismus. Mit einer Einleitung von Ossip K. Flechtheim. Berlin 1932, Frankfurt a. M. 1966.

Rosenfeld, Günther: Sowjetrußland und Deutschland. (1917–1933) 2 Bde. Köln 1984.

Ruge, Wolfgang: Zur Problematik und Entstehungsgeschichte des Berliner Vertrages von 1926, in: ZfG 9 (1961), S. 809–848.

ders.: Berichte der Vertreter des Deutschen Reiches in der UdSSR über die erste deutsche Arbeiterdelegation in der Sowjetunion (1925), in: BzG 4 (1962), S. 107–114.

ders.: Die Stellungnahme der Sowjetunion gegen die Besetzung des Ruhrgebietes. Zur Geschichte der deutsch-sowjetischen Beziehungen von Januar bis September 1923. Berlin (O) 1962.

Salvadori, Massimo L.: Sozialismus und Demokratie. Karl Kautsky 1880–1938. Stuttgart 1982.

Sapir, Boris: Notes and Reflections on the History of Menshevism, in: Haimson, Leopold Henry (ed.): The Mensheviks. From the Revolution of 1917 to World War II. Chicago 1975, S. 349–391.

Scharlau, Winfried B.; Zeman, Zbynek A.: Freibeuter der Revolution. Parvus-Helphand. Eine politische Biographie. Köln 1964.

Scharrer, Manfred: Die Spaltung der deutschen Arbeiterbewegung. Stuttgart 1983.

ders.: Von Erfurt nach Moskau: Ein ideengeschichtlicher Beitrag zu den Ursachen und Folgen der Spaltung der deutschen Arbeiterbewegung 1914–1918, in: Ebbighausen, Rolf; Tiemann, Friedrich (Hrsg.): Das Ende der Arbeiterbewegung in Deutschland? Ein Diskussionsband für Theo Pirker. Opladen 1984, S. 55–69.

Schieder, Theodor: Probleme des Rapallo-Vertrages. Eine Studie über die deutsch-sowjetischen Beziehungen 1922–1926. Köln, Opladen 1956.

ders.: Die Entstehungsgeschichte des Rapallo-Vertrages, in: HZ 204 (1967), S. 545–609.

Schissler, Jakob: Gewalt und gesellschaftliche Entwicklung. Die Kontroverse zwischen Sozialdemokratie und Bolschewismus. Meisenheim 1967.

Schleifstein, Josef: Die deutschen Linken und die Oktoberrevolution, in: Oktoberrevolution 1917. Ihre weltgeschichtliche Bedeutung und die Bundesrepublik Deutschland. Frankfurt a. M. 1977, S. 25–32.

Schmacke, Ernst: Die Außenpolitik der Weimarer Republik 1922–1925 unter Berücksichtigung der Innenpolitik. (Diss.) Hamburg 1951.

Schmalfuß, Peter: Die Bewegung proletarischer deutscher Auswanderer nach Sowjetrußland 1919 bis 1921, in: BzG 28 (1986), S. 29–44.

Schöler, Uli: Otto Bauer und Sowjetrußland. Mit einem Interview mit Wolfgang Abendroth. Berlin 1987.

Schönhoven, Klaus: Reformismus und Radikalismus. Gespaltene Arbeiterbewegung im Weimarer Sozialstaat. München 1989.

Scholz-Doutiné, Heike: Das deutsch-russische Verhältnis im Spiegel der Hamburger Presse 1917–1923. (Diss.) Köln 1978.

Schorske, Carl E.: Die große Spaltung. Die deutsche Sozialdemokratie von 1905 bis 1917. Berlin 1981.

Schramm, Gottfried (Hrsg.): Handbuch der Geschichte Rußlands. Bd 3: 1856–1945. Von den autokratischen Reformen zum Sowjetstaat. 1. Halbband. Stuttgart 1983.

Schulz, Gerhard: Revolutionen und Friedensschlüsse 1917–1920. München ⁶1985.

Schwabe, Klaus: Der Weg der Republik vom Kapp-Putsch 1920 bis zum Scheitern des Kabinetts Müller 1930, in: Bracher, Karl Dietrich; Funke, Manfred; Jacobsen, Hans-Adolf (Hrsg.): Die Weimarer Republik 1918–1933. Politik, Wirtschaft, Gesellschaft. Bonn 1987, S. 95–133.

Schwan, Gesine: Rosa Luxemburgs Stellung zu Freiheit und Sozialismus, in: GWU 39 (1988), S. 543–547.

Schwarz, Solomon M.: Populism and Early Russian Marxism on Ways of Economic Development of Russia (The 1880's and 1890's), in: Simmons, Ernest J. (Hrsg.): Continuity and Change in Russian and Soviet Thought. Cambridge 1955.

Snell, John L.: The Russian Revolution and the German Social Democratic Party in 1917, in: The American Slavic and East European Review. 15 (1956), S. 339–350.

Solschenizyn, Alexander: Der Archipel GULAG. Bd. 1. Bern, München 1974.

Sontheimer, Kurt: Die politische Kultur der Weimarer Republik, in: Bracher, Karl Dietrich; Funke, Manfred; Jacobsen, Hans-Adolf (Hrsg.): Die Weimarer Republik 1918–1933. Politik, Wirtschaft, Gesellschaft. Bonn 1987, S. 454–464.

Speidel, Helm: Reichswehr und Rote Armee, in: VfZ 1 (1953), S. 9–45.

Stamm, Christoph: Der Béla-Kun-Zwischenfall im Juli 1920 und die deutsch-sowjetischen Beziehungen, in: Jahrbücher für Geschichte Osteuropas 31 (1983), S. 365–385.

Stein, Alexander: Rudolf Hilferding und die deutsche Arbeiterbewegung. Gedenkblätter. Hannover 1946.

Stern, Leo: Der Einfluß der Großen Sozialistischen Oktoberrevolution auf Deutschland und die deutsche Arbeiterbewegung. Berlin 1958.

Stillig, Jürgen: Die russische Februarrevolution und die sozialistische Friedenspolitik. Köln, Wien 1977

Storm, Gerd; Walter, Franz: Weimarer Linkssozialismus und Austromarxismus. Historische Vorbilder für einen „Dritten Weg" zum Sozialismus? Berlin 1984.

Strzelewicz, Willy: Die russische Revolution und der Sozialismus. Hannover 1956.

Timmermann, Heinz: Die KPdSU und die internationale Sozialdemokratie. Akzentänderungen im Zeichen des „neuen Denkens", in: Die Neue Gesellschaft/Frankfurter Hefte 35 (1988), S. 1157–1162.

Tobias, Henry J.; Snell, John K.: A Soviet Interpretation of the SPD 1895–1933. In: Journal of Central European Affairs 13 (1953/54), S. 61–69.

Torke, Hans-Joachim (Hrsg.): Lexikon der Geschichte Rußlands. München 1985.

Tormin, Walter: Zwischen Rätediktatur und sozialer Demokratie. Die Geschichte der Rätebewegung in der deutschen Revolution 1918/19. Düsseldorf 1954.

ders.: Die deutschen Parteien und die Bolschewiki im Weltkrieg, in: Neubauer, Helmut (Hrsg.): Deutschland und die Russische Revolution. Stuttgart, Berlin, Köln, Mainz 1968, S. 54–68.

Traut, Johannes Ch.: Rußland zwischen Revolution und Konterrevolution. Bd. 2: Berichte 1917–1922. München 1975.

Trotnow, Helmut: Karl Liebknecht. Eine politische Biographie. Köln 1980.

Tych, Felyks: Le mouvement ouvrier polonais et la révolution d'Octobre, in: Fay, Victor (Hrsg.): La révolution d'Octobre et le mouvement ouvrier européen. Etudes et Documentations Internationales. Paris 1967, S. 127–157.

ders.: Die Beziehungen zwischen der deutschen und der polnischen Arbeiterbewegung 1889–1920, in: IWK 15 (1979), S. 34–49.

Volkmann, Hans-Erich: Die russische Emigration in Deutschland 1919–1929. Würzburg 1966.

Voslensky, Michail: Nomenklatura. Die herrschende Klasse der Sowjetunion. Wien, München, Zürich, Innsbruck 1982.

Wagner, Gerhard: Deutschland und der polnisch-sowjetische Krieg 1920. Wiesbaden 1979.

Walsdorff, Martin: Westorientierung und Ostpolitik. Stresemanns Rußlandpolitik in der Locarno Ära. Bremen 1971.

Weber, Hermann: Die Wandlung des deutschen Kommunismus. Die Stalinisierung der KPD in der Weimarer Republik. 2 Bde. Frankfurt a. M. 1969.

ders.: Stalinismus. Zum Problem der Gewalt in der Stalin-Ära, in: Crusius, Reinhard; Wilke, Manfred (Hrsg.): Entstalinisierung. Der XX. Parteitag der KPdSU und seine Folgen. Frankfurt a. M. 1977, S. 263–284.

ders.: Zur Politik der KPD 1929–1933, in: Scharrer, Manfred (Hrsg.): Kampflose Kapitulation. Arbeiterbewegung 1933. Reinbek bei Hamburg 1984, S. 121–182.

Weil, Boris: Dokumente eines nichttotalitären Marxismus. Eine Rezension, in: Osteuropa-Info H. 3 1982, S. 92–95.

Weill, Claudie: Deutsche und russische Sozialdemokraten um die Jahrhundertwende, in: IWK 15 (1979), S. 54–57.

Weingartner, Thomas: Stalin und der Aufstieg Hitlers. Die Deutschlandpolitik der Sowjetunion und der Kommunistischen Internationale 1929–1934. Berlin 1970.

Wette, Wolfram: Sozialdemokratie und Pazifismus in der Weimarer Republik, in: ASG 26 (1986), S. 281–300.

Wette, Wolfram: Gustav Noske. Eine politische Biographie. Düsseldorf 1987.

Wheeler, Robert F.: The Failure of „Truth and Clarity" at Berne: Kurt Eisner, the Opposition and the Reconstruction of the International, in: International Review of Social History 18 (1973), S. 173–201.

ders.: USPD und Internationale. Sozialistischer Internationalismus in der Zeit der Revolution. Frankfurt a. M., Berlin, Wien 1975.

ders.: Die „21 Bedingungen" und die Spaltung der USPD im Herbst 1920. Zur Meinungsbildung der Basis, in: VfZ 23 (1975), S. 117–154.

ders.: „Ex oriente lux?" The Soviet Example and the German Revolution 1917–1922, in: Charles L. Bertrand (Hrsg.): Revolutionary Situations in Europe 1917–1922. Germany, Italy, Austria-Hungary. Quebec 1977, S. 39–50.

Williams, Robert C.: Culture in Exile. Russian Emigrés in Germany 1881–1941. Ithaca, London 1972.

Winkler, Heinrich August: Von der Revolution zur Stabilisierung. Arbeiter und Arbeiterbewegung in der Weimarer Republik 1918 bis 1924. Berlin, Bonn 1984.

ders.: Der Schein der Normalität. Arbeiter und Arbeiterbewegung in der Weimarer Republik 1924 bis 1930. Berlin, Bonn 1985.

ders.: Der Weg in die Katastrophe. Arbeiter und Arbeiterbewegung in der Weimarer Republik 1930 bis 1933. Berlin, Bonn 1987.

ders.: Die verdrängte Schuld. Angst vor dem „Wahrheitsfimmel": Das Versagen von 1914 blieb unbewältigt, in: Die Zeit vom 17. März 1989.

Witt, Peter-Christian: Friedrich Ebert. Bonn 1987.

Wolin, Simon: The Mensheviks under the NEP and in Emigration, in: Haimson, Leopold H. (Hrsg.): The Mensheviks. From the Revolution of 1917 to the Second World War. Chicago and London 1974, S. 241–348.

ders.: The „Menshevik" Trial of 1931, in: ebenda, S. 394–402.

Wolowicz, Ernst: Linksopposition in der SPD von der Vereinigung mit der USPD 1922 bis zur Abspaltung der SAPD 1931. (Diss.) München 1983.

Wrynn, John Francis Patrick: The Socialist International and the Politics of European Reconstruction 1919–1930. (Diss.) Amsterdam 1976.

Zabarko, Borys Michajlovič: Klassovaja bor'ba i meždunarodnaja rabočaja pomošč. Kiew 1974.

Zechlin, Egmont: Bethmann Hollweg, Kriegsrisiko und SPD 1914, in: Schieder, Wolfgang (Hrsg.): Erster Weltkrieg. Ursachen, Entstehung und Kriegsziele. Köln, Berlin 1969, S. 165–190.

Ziehr, Wilhelm: Die Entwicklung des „Schauprozesses" in der Sowjetunion. (Ein Beitrag zur sowjetischen Innenpolitik 1928–1938). (Diss.) Tübingen 1970.

Personenregister

Abramowitsch, Raphael 119, 122, 126, 136, 141, 147–150, 152, 161, 174, 180, 217, 267, 270ff., 280
Achmeteli, Vladimir 160
Adler, Friedrich 80–83, 133, 135f., 138, 151, 161f., 216f., 220, 265, 270
Adler, Max 231, 280
Albert, Heinrich 110
Alexander II. 20f.
Alibekoff 139
Armstrong 131
Axelrod, Paul 29, 38, 48, 52, 81, 83, 86, 116, 134, 136, 217, 264
Baade, Fritz 257
Badstieber, Wilhelm 238f.
Bakunin, Michail 20
Ballod, Karl 123, 142f.
Barth, Emil 70, 72ff., 294
Barth, Erwin 90
Bauer, Georg 281
Bauer, Gustav 72, 132, 156, 294
Bauer, Otto 141, 264, 266, 276, 278, 280f., 284, 290
Bennewitz, Willy 227
Bernhard, Georg 239f.
Bernstein, Eduard 66, 72, 94, 96f., 129, 139, 144, 186f., 206
Bethmann Hollweg, Theobald von 24f.
Bieligk, Fritz 246, 259, 279
Bienstock, Gregor 217
Blanqui, Auguste 95
Blum, Léon 190, 194
Böttcher, Paul 77
Borsig, Ernst von 191, 272
Bottai, Guiseppe 253
Botzenhardt, Johannes 184ff.
Brailsford, Henry Noel 175, 213
Branting, Hjalmar 49, 81f., 172
Bratmann-Brodovskij, Stephan I. 187, 258
Braun, Adolf 114
Braun, Otto 42–44, 132
Breitscheid, Rudolf 38, 61, 109, 111, 116, 122, 125, 158f., 171, 189f., 193ff., 198f., 204, 209f., 282f.
Briand, Aristide 246
Brockdorff-Rantzau, Ulrich von 180f., 185, 192, 199, 205, 207f., 210, 239
Bronskij, M. G. 137
Brouckère, Louis de 134, 160, 232
Brusilov, Aleksiej j A. 112
Bucharin Nikolaj I. 51, 164, 171, 225, 264
Buxton, Charles 194

Cereteli, Iraklij 27, 134, 154, 160
Chamberlain, Neville 209
Čcheidze, Nikolaj S. 27, 134, 138f.
Chinčuk, Leo 284
Čičerin, Georgij V. 47, 68f., 71, 113, 169, 180, 185, 195ff., 234, 247, 294
Cohen-Reuß, Max 58, 75f., 93, 95, 170
Cohn, Oscar 44, 61, 68, 74, 97, 99, 114, 125
Crispien, Artur 71, 99, 117–119, 122f., 126, 129, 159, 165, 178, 228, 230, 232, 266, 284, 287
Cuno, Wilhelm 169, 172, 176
Cunow, Heinrich 60, 157
Curtius, Julius 260
Curzon, George N. 112, 173, 175
Däumig, Ernst, 67, 75f., 84, 95, 118–120, 123–125, 291f.
Dalin, David 136
Dan, Theodor 27, 32, 149, 217, 229, 231, 265f., 270
David, Eduard 23, 29f., 34, 44, 70, 104
Dawes, Charles Gates 189
Denikin, Anton 68
Dirksen, Herbert von 204f., 250, 253, 259
Ditmar, Max von 191ff., 222
Dittmann, Wilhelm 25f., 42, 100, 106, 115, 118–124, 126, 148, 284, 287, 291
Drews, Bill 61
Dschingis Khan 20
Düwell, Wilhelm 53
Eberlein, Hugo 84f.
Ebert, Friedrich 29, 33, 42, 57, 59f., 66f., 70, 77, 89, 93, 98, 132, 156, 158f., 178, 206, 291
Eckart, Dietrich 89
Eckert, Wilhelm 274
Eggerstedt, Otto 199
Eichhorn, Emil 61, 78
Eisenberger, Josef 88
Eisner, Kurt 80–83
Engels, Friedrich 19f., 24f., 288
Erzberger, Matthias 68
Faure, Paul 153, 213
Fehrenbach, Konstantin 110, 129
Felder, Josef 18, 207, 284
Fenner 204
Fimmen, Edo 219, 224, 227
Fischer, Ruth 225
Foch, Ferdinand 110
France, Anatole 165
Freiberger, Xaver 223–226, 228f.
Frossard, Oscar-Louis 162
Garwy, Peter 217, 230, 245f., 263, 266f.

Gessler, Otto 199–202, 206, 208
Geyer, Curt 98, 117, 124
Goc, Abram 164, 224
Golap, L. H. 214
Goltz, Rüdiger von der 96
Gorew, Hellmuth siehe Skoblewski
Gorki, Maxim 26, 38, 143, 165
Graf, Georg Engelbert 257, 278 f.
Grigorjanz, A. 39, 48
Grimm, Robert 138
Groener, Wilhelm 110 f., 291
Groman, Vladimir 269
Groß 204
Gross, Babette 221, 226
Grüner 184 f.
Gučkov, Aleksandr I. 26
Gurland, Arkadij 280
Haase, Hugo 21, 23, 30, 34, 42, 59, 67–74, 76, 80, 83 f., 86, 125, 294
Hartwig, Theodor 280
Hauptmann, Gerhart 143
Heckert, Fritz 76
Heichen, Arthur 103 f.
Heilmann, Ernst 282
Heine, Fritz 18
Heinig, Kurt 229, 273
Helphand-Parvus, Alexander 33 f.
Henderson, Arthur 28, 100, 150, 174
Henke, Alfred 137
Henschel, Oscar 130
Herriot, Edouard 183, 189
Hertling, Georg von 33
Herzfeld, Josef 30, 80 f.
Heye, Wilhelm 199 f.
Hilferding, Rudolf 72, 99–101, 118, 125, 142, 158, 183, 190, 194, 208, 214, 250, 270, 284
Hilger, Gustav 120, 191 f., 234
Hintze, Paul von 50, 57
Hitler, Adolf 89, 282
Hölz, Max 235
Hoffmann, Adolph 111
Holz, Arno 214
Hoover, Herbert 145
Horthy, Nikolaus von 173
Huysmans, Camille 160
Ikov, Vladimir 269
Jäckel, Hermann 80, 82
Jenssen, Otto 280
Joffe, Adolf A. 51, 61–63, 70 f., 73 f., 89, 260
Jordania, Noë 138, 216
Judenič, Nikolaj N. 93, 97
Jugow, Aron 262 f.
Käser 184 f.
Kalinin, Michail I. 232
Kaliski, Julius 273
Kamenew, Lew 36, 111, 144

Kampffmeyer, Paul 45
Katharina II. 256 f.
Kautsky, Karl 16 f., 21, 23, 35, 37, 50 f., 53–57, 60, 66, 70 f., 79–83, 85 f., 91 f., 99, 112 f., 115, 117 f., 127 f., 134 f., 139, 144, 171, 214, 217 ff., 221, 266 ff., 270, 278, 288 f., 295
Kellogg, Frank Billings 246
Kerenskij, Alexander 206, 231
Kessler, Harry 214
Kindermann, Karl 191 f., 198, 222
Klönne, Moritz 256
Koch, Arthur 226
Koch, Johann 204
Koettgen, Carl 273
Kopp, Viktor A. 97, 103 f., 113 f., 130 f.
Krasnov, Pëtr N. 68
Krassin, Leonid B. 130 f.
Krestinskij, Nikolaj N. 162, 180, 184 f., 207, 259 f.
Krupp von Bohlen und Halbach, Gustav 130
Krylenko, Nikolaj 164 f., 192, 238, 270 f.
Kühlmann, Richard von 74
Külz, Wilhelm 201
Künstler, Franz 204 f., 244 f.
Kuttner, Erich 201, 204, 260
Lande, Lev 147
Landsberg, Otto 95
Larin, Jurij 51
Ledebour, Georg 30, 42, 59, 138, 167, 219
Legien, Karl 291
Lenin, Vladimir Il'ič 21, 23, 30, 32, 34, 36, 46, 49, 52 f., 55–57, 59, 70 f., 84, 87, 91, 93, 96, 112 f., 116, 139–142, 147, 151, 155 f., 161, 163, 166, 184, 239, 267, 286 f., 289
Leutner, Fridolin 260
Levi, Paul 61, 146, 184 f., 188, 195, 198, 211, 216, 231 f., 239 f., 246, 290, 295
Levien, Max 77
Liber, Mark 163
Liebknecht, Karl 21, 25, 63, 66, 68, 70, 78, 240, 291
Liebknecht, Theodor 162, 165–167, 191, 251
Liebknecht, Wilhelm 188
Litvinov, Maksim M. 207, 210 f., 234, 250
Lloyd, George, David 150, 152, 155
Loeb, Walter 194
Löbe, Paul 214, 239, 248–251
Lomonosov, Ju. V. 130 f.
Longuet, Jean 80–82, 132 f., 138
Loriot, Fernand 80
Lunačarskij, Anatolij V. 164
Luther, Hans 190, 194
Luxemburg, Rosa 22, 25, 70, 74, 77, 85, 146 f., 240, 291
MacDonald, Ramsey James 134, 154, 161, 182 f., 193

Maltzan, Ago von 131, 158
Manuilski, Dimitrij Z. 282
Marchlewski, Julian 113
Martow, Julius 38, 51f., 89, 112, 115, 119, 122, 125, 126f., 134, 136, 147, 287
Marx, Karl 19f., 54, 75, 288
Marx, Wilhelm 188, 199–203
Maslow, Arkadij 225
Maurüber, Albert 278
Max von Baden 61
Mehring, Franz 23, 36, 50
Meier, Max 238f.
Meyer, Ernst 165
Miljukov, Pavel N. 26
Mirbach, Wilhelm von 47
Molkenbuhr, Hermann 80
Müller, August 132
Müller, Hermann 29, 61, 80, 96–98, 104, 132, 159, 172, 183, 189, 195, 199, 201–205, 208, 234f., 241ff., 250, 259f., 262, 287, 295
Münzenberg, Willi 143, 145, 220, 226
Mussolini, Benito 254, 267
Nadolny, Rudolf 61f., 71, 74
Nenni, Pietro 272
Neumann, Felix 191
Nikolaus II. 184
Nogin, Viktor P. 36
Nogtev 213
Noske, Gustav 79, 178
Noulens, J. 144
Nuschke, Otto 214
Olberg, Paul 114, 124, 141
Otto, Ernst 238
Panin 29
Peter I. 20
Petrich, Franz 211
Petrov, Michail 180f.
Pilsudski, Jozef 105
Poensgen, Ernst 273
Poincaré, Raymond 169, 183, 269
Preuß, Hugo 214
Purcell, Alfred 227
Quessel, Ludwig 103, 198
Quidde, Ludwig 214
Radek, Karl 68f., 77f., 103, 112, 124, 153ff., 161f., 164, 177, 180, 294
Rakovskij, Christian G. 212
Ramischwili, Noë 138
Rappoport, Charles 165
Rathenau, Walter 150, 158, 165, 167
Rausch, Johann 191
Remmele, Hermann 270
Renaudel, Pierre 216
Reventlow, Ernst von 177f.
Reyher, Wolfgang von 90
Riezler, Kurt 34

Rjazanov, David B. 269
Rosenfeld, Kurt 162, 165f., 214, 251
Roth, Joseph 116
Rusanov, P. 49
Rubanovič, I. 151
Russell, Bertrand 278
Rykow, Aleksej Ivanovič 36, 264
Sapir, Boris 18
Saupe, Hugo 205, 231
Scheidemann, Philipp 26f., 33f., 40, 42, 45f., 61–63, 65f., 68f., 75, 77, 95, 129, 132, 199, 201ff., 205f.
Šer, Vasilij 269
Schlageter, Albert Leo 177
Schlesinger, Moritz 128, 132, 205, 235
Šljapnikov, A. G. 106
Schölz, Robert 282
Scholl 198
Scholz, Ernst 201, 203
Schubert, Carl von 259
Schwieger, Theodor 277
Seeckt, Hans von 178, 191, 199
Seibert, Theodor 225f.
Semenov 163
Sender, Tony 194
Severing, Carl 30, 161, 180, 184–187, 203, 250, 252, 259
Seydewitz, Max 279
Shaw, Bernard 165
Shaw, Tom 212
Simons, Walter 108, 116, 129
Sinowjew, Grigorij 36, 117, 120, 125, 162, 178f., 225, 230
Skoblewski, Peter Alexander 190ff., 198
Skoropadski, Pavlo 68
Solf, Wilhelm 61, 70f., 74
Sollmann, Wilhelm 180
Stadtler, Eduard 89
Stalin, Josif Vissarionovič 182, 191, 211, 230f., 233, 236, 252, 257, 262, 286f.
Stampfer, Friedrich 19, 22, 39f., 43ff., 160, 203, 230, 251, 282–285, 288, 290
Stein, Alexander 25, 35f., 38, 50–52, 60, 105, 112f., 115–117, 125, 146, 152, 287
Steiner-Jullien, J. 157
Stelling, Johannes 229
Stinnes, Hugo 191, 291
Stoecker, Walter 101, 118–120, 123f., 291
Stössinger, Felix 277, 281f.
Stresemann, Gustav 180, 182, 184f., 187, 190, 194, 196f., 199, 201, 205, 234, 237, 239, 250, 294
Ströbel, Heinrich 60, 66, 71, 115, 142, 214
Stučka, P. 61
Stücklen, Daniel 204, 257
Suchanov, N. N. 269

Tarnow, Fritz 278, 296
Thälmann, Ernst 126, 172, 282
Thomas, Albert 28, 81, 100
Tomskij, Michail P. 264
Tonn, Adolf 228
Trautmann, Oskar 259
Trotzki, Leo 21, 36, 41, 43, 59, 89, 112f., 140, 155, 164, 166, 180, 184, 191, 225, 230, 248–251, 286
Tschachotin, G. 179f.
Tschiang Kai-schek 255
Turner, John 220
Ungern-Sternberg, Rolf von 274
Vandervelde, Emile 23, 28, 134, 153, 161f., 164f., 251, 270
Verow, N. E. 60
Vinogradov 284f.
Voigt, Frederick A. 200, 204f.
Vojkov, P. L. 210
Vollmerhaus, Carl 228
Vorošilov, Kliment 253
Vorovskij, V. V. 40, 174
Vyšinski, Andrej J. 238, 270
Wallhead, Richard C. 138
Warski, Adolf 146
Webb, Beatrice 175
Webb, Sidney 165
Weichmann, Elsbeth 275
Weichmann, Herbert 275
Weiß, Bernhard 187
Wels, Otto 76, 80–82, 97, 113f., 128f., 132, 150, 152, 161f., 167, 170, 176, 184, 199–202, 228, 252ff., 266, 270, 272f., 278, 296
Wiedenfeld, Kurt 132
Wilhelm II. 27
Wirth, Josef 157, 239f.
Wissell, Rudolf 97, 104, 158
Wolscht, Theodor 191f., 198, 222
Woytinski, Wladimir 240
Wrangell, Pëtr N. 128
Young, Owen D. 254
Zetkin, Clara 23, 35f., 50, 83f., 146, 164ff.
Zickler, Arthur 98
Zörgiebel, Karl Friedrich 251ff., 295

www.ingramcontent.com/pod-product-compliance
Lightning Source LLC
Chambersburg PA
CBHW050857300426
44111CB00010B/1283